HARRIET CALOIDY □ MBE-MBONG

Harriet Caloidy

Mbe-Mbong

oder

das ferne Leuchten

Reisen
am Rande des Harmattan

**Bibliografische Information
der Deutschen Bibliothek**

Die Deutsche Bibliothek verzeichnet diese Publikation in der Deutschen Nationalbibliografie; detaillierte bibliografische Daten sind im Internet über http://dnb.ddb.de abrufbar.

© 2005 Alle Rechte liegen bei der Autorin
Herstellung und Verlag: Books on Demand, Norderstedt
ISBN 3-8334-3795-2

VORSPIEL
DIE OSTAFRIKANISCHE AMEISE

ERSTES BUCH
JAHRE IM REGENWALD
UND DIE GRÜNEN HÜGEL VON SANYA

1. Kapitel
Der volle Mond von Ndumkwakwa
2. Kapitel
Die grünen Hügel von Sanya
3. Kapitel
Das Geheimnis Mireille

ERSTE ZWISCHENZEIT
WISSENSCHAFT ALS UMWEG
DIE ERSTE REISE NACH MBE-MBONG

ZWEITES BUCH
UNTER DEM HARMATTAN
DAS JAHR IN MBEBETE
UND DIE ZWEITE REISE NACH MBE-MBONG

1. Kapitel
Ein Stübchen in Mbebete
2. Kapitel
Besuche in Bandiri
3. Kapitel
Durch die Elefantenberge
4. Kapitel
In der Baumsteppe von Ola
5. Kapitel
Erinnerungskonfitüre Nko-Sanya
6. Kapitel
Das Unglück Mireille
7. Kapitel
Die zweite Reise nach Mbe-Mbong
Das Wunder. Der Bausiberg. Das Buschkatzenfell.
Das ferne Leuchten

ZWEITE ZWISCHENZEIT
DOPPELLEBEN ZWISCHEN EUROPA UND AFRIKA
LITERATUR ALS ZIEL

Drittes Buch
DIE WIEDERHOLUNG
Revenant-Reise und Mbe-Mbong III

Teil Eins
UMWEGE
Annäherungen an das ferne Leuchten

1. Kapitel
Wiedersehen mit Ndumkwakwa
2. Kapitel
Wiedersehen in Mbebete
3. Kapitel
Die Ratten von Ntumwi
4. Kapitel
Die Braut von Bandiri
5. Kapitel
Die Lianenbrücke

Teil Zwei
MBE-MBONG III
Das nahe Leuchten blakt

1. Kapitel
Glück ohne Zwischendecke
2. Kapitel
Das Dorf als Kulisse
3. Kapitel
Initiation in Sippensozialismus
4. Kapitel
Der Palazzo
5. Kapitel
Ahnenberg. Reisfeld. Bausi
6. Kapitel
Das Traumhäuschen
7. Kapitel
Einsam. Allein. Zu zweit

Nachspiel
Wie das ferne Leuchten langsam erlosch

VORSPIEL

Die ostafrikanische Ameise

Friedliche Insel Korbsessel. Ein freundlicher Sonntagmorgen, schattengrün und zitronengelb gesprenkelt. Durch das obere Geblätter blinzelt es ferienblau. Da hinauf ins flachgewölbte Chlorophyllgekröse bäumt sich nackt und glatt Pythonschlangengeäst. Nachschlängelt der bebrillte Blick, und es züngelt nach Worten, das vielverzweigte, kleingekrauste Riesengemüse herabzuholen aufs Papier. Ein leicht verbogener Schmerz im Nacken irrt umher im Laublabyrinth, ruht aus am grüngold zerfransten Rande der Lagunen so blau und sinkt zurück.

Sinkt in eine Lichtung Morgensonne neben Hand und Bleistift. Über die Lichtung läuft eine Ameise hin und weg über den Rand des Papiers. Zufall auf sechs Beinchen – bist du mir geschickt als Antwort auf die unbedachte Frage: wozu und für wen?

Zwischen den hausumfriedenden Hecken ist viel wohlbeschatteter Raum. Ist viel feiertägliche Stille. Nur der Korbsessel knarrt. Sechzig bedächtige Schritte in die eine Richtung, siebzig in die andere, dazwischen die ungerade Zahl der abgelebten Jahre, straff und züchtig ins graue Haar geknotet. Was da nachschleift am weiten Rocksaum, grünviolett und staubrosenrot – ja, ach, es sind die Jahre in Afrika, und das Gras wird schon wieder gelb. Februar, tropische Trockenzeit. Die letzte eines halben Jahrzehnts an den sanft auslaufenden immergrünen Hängen eines ostafrikanischen Viertausenders.

Sieh dich noch einmal um, eh das hier auch zu Ende geht. Entwirf einen Rahmen, nach innen gestaffelt, für ein Stück einzuholende Vergangenheit. Für das, was ein Hauch Abenteuer war: für die Reisen von einst, heraus aus dem Regenwald, hinauf in die Savanne, *ich und allein* und wie es dazu kam – das Gesicht im westafrikanischen Vollmond, greinend, grinsend, grübelnd, weiß es. Und möge, was es weiß, hinterm Berge halten, bis die ostafrikanische Morgensonne den äußersten, am weitesten in die Gegenwart vorspringenden Teil des Rahmens, das Hier und Jetzt, beleuchtet hat.

Die Ameise aber, die da beiläufig über das Papier und durch die Morgensonne lief, hat sie nicht im voraus die Frage beantwortet, für wen hier erinnert, ab-, aus- und schöngeschrieben werden soll? *Für die Ameise.* Es war eine kleine, harmlose. Memoiren für eine Ameise als zufällige Verkörperung des flüchtig über das erste Wort hinlaufenden Gedankens, *für wen*? Außer für die Ameise – vielleicht für den einen, den dergleichen auch nach zwanzig Jahren noch angehen könnte.

Die Morgensonne der Gegenwart – schon längst nicht mehr die Sonne Homers; untergegangen ist sie im Abendland, und in Ostafrika lächelte sie nie, nicht einmal in eine weitberühmte Bibliothek hinein – sie beleuchtet einen Campus an einem Berg, der mit gezacktem Vulkankegel felsengrau über einem luftig schlanken Glockenturm und inzwischen auch im Internet steht. Friedlich ist alles ringsum und wohlumhegt. Ungestört, seit eine dichte Dornenhecke und solide Schiebetore den gesamten Lehrkörper und seine *raison d'être*, eine ansehnliche Zahl von Studenten und ihre Familien, vor Überfällen und Einbrüchen schützten. Wer als *resident alien* hier seine Tage und letzten Berufsjahre zubringt, kann in Ruhe dem täglichen Unterricht nachgehen und nachts ungestört schlafen. Wer nichts Dringlicheres vorhat oder Ablenkung sucht von Sorgen, wie sie überall und jederzeit dem Einzelnen zur Heimsuchung werden können, der mag nebenher Brot bakken, in Jowetts Platon herumschmökern oder zur Selbsterbauung eine ‚History and Religion of Ancient Greece' verfassen als Ausgleich zu all dem leergedroschenen Stroh aus dem Alten Orient, das, den Musen von Parnaß und Helikon sei's geklagt, viel zu viel Lebenszeit in Anspruch genommen hat.

Wahrhaftig, schade um alle die Jahre. Sonne Homers, und du, Sapphos Selanna, am Lebensabend lächelt auch mir. Denn auf dem Hochplateau des Lebens, vor dem Abstieg und endlicher Rückkehr zum Musenhügel über dem alten, dem veilchenumkränzten Athen; unter die Phädriaden von Delphi und in die Gefilde am Kronoshügel von Olympia, breiten sich Regenwald und Savanne und die langen Jahre in Afrika. Es wird Zeit. An Papier ist kein Mangel. Den alten Griechen die letzte Liebe; dem jungen Afrika und der eigenen Lebensmitte das Bemühen, Reisetagebüchern ein Stück Leben und ein Stück Afrika nachschreibend abzugewinnen.

Als erstes sei der äußere Rahmen über das Knie gelegt, um ihn mit Lokalfarbe anzumalen.

Ein schöner Campus

Die Lokalfarbe ist, wie zu erwarten, überwiegend grün, auch wenn das Gras schon wieder gelb wird. Ein Grundstück im Grünen, größer als der große Garten in Berlin, umgibt sich mit malerisch verwilderter Thujahecke nach der einen Seite hin; nach der anderen grenzt ein morscher Zaun den Bananengarten von dem des Nachbarn ab. Genügend hoch und dicht, um Einblicke zu verwehren, ist die Hecke aus zurechtgestutzter Bougainvillea längs der kiesknirschenden Hauptallee. An der Längsseite gegenüber steht wildrebendurchflochten an grasigem Pfade entlang altes Euphorbiengestrüpp, unterbrochen von einem rosablühenden Bougainvilleabogen, unter dem hindurch ein Fußweg führt. Von hier aus lustwandelt das Auge hinaus und hinüber zu einer Allee von Jakarandabäumen, die schräg im Morgen- und Abendlicht und in weiten Rasenflächen stehen. Jeden Oktober und letzthin zum fünften Male hob müdes Staunen das Haupt; der betagte Blick nippte an überbordend wildem Fliederblütenblau – vorbei.

So schön und so groß, so schattenreich und so wohlgepflegt ist der Campus, in dem das Anwesen liegt, in dem der Korbsessel steht und die Bäume in den Morgenhimmel steigen. Es sind ihrer noch sechs. Der siebente fiel eines stillen, warmen Nachmittags lautlos um, ohne Schaden anzurichten. Vieles gibt es hier, was es in dem anderen, dem westafrikanischen Campus auch gab; sogar ein paar Palmen und hier und da einen Eukalyptus. Nahe der Haustür aber blüht unermüdlich, purpurn, rosa, weiß und violett zur Laube gewölbt, durch Regen- und Trockenzeiten noch eine Bougainvillea.

Hinter dem Haus, vor den Schlafzimmerfenstern, sind aus Stecklingen hochgeschossen Stauden, eines Riesenfräuleins Blumensträuße, breitblättriges Hellgrün behangen mit armlangen Blütenrispen aus dicken dunkelroten Schuppen, schön nicht, aber exotisch. Der namenlosen Schuppenrispen eine, sie ward zum Grabschmuck. Sollte sagen: da komme ich her. Von weit her und zu spät. So alt zu werden. So lange auf die endgültige Rückkehr der Tochter zu warten, um schließlich doch, unerwartet, im November zuvor, eine Woche zu früh...

Vielleicht beginnt das Schreiben im Februar darauf nur, um auf andere Gedanken zu kommen. Um das eigene Leben noch rechtzeitig zu Papier zu machen.

Wenn die Abendkühle kommt, duften vanillegelb und übersüß, schnell welkend in den Vasen die Trompetenblüten des ‚Mondblumenstrauches'. Unerfunden blüht der Name einer Exotin, deren jedwede Blüte, aus hellen Schäften brechend, ein Ikebana-Kunstwerk darstellt: Strelitzien. Indes, was nützt ein Name, wenn sich keine Vorstellung damit verbindet von Reiherschnäbeln aus spitzem Quittengelb und weitgespreiztem Storchenrot? Was gibt es noch? Zwei magere Sträucher und ein Bäumchen geben das Blühen und Duften nicht auf: Kaffee und Orangen blühen, und es wird kein Gedicht mehr daraus. Drei hochgeschossene Rosenstöcke bringen zu jeder Regenzeit ein paar Röslein rot und rosa hervor. ‚Hier, ich stell dir eins ins Glas und auf den Schreibtisch. Weil alles so traurig und vergangen ist.' Dann wären da noch ein Avocadobaum, der Früchte, die das Katzenaffenvolk nicht holt, freiwillig herabwirft, und ein Mangobaum, der keine guten Mangos, aber dem Gemüsegarten Schatten spendet. Konfitüre liefert der Maulbeerstrauch. Ein Zitronenbaum träufelt liebliche Säure in den Frühstückstee, und Papayas, grün und gelb, dicht an dicht an kerzengeraden Stämmen sprossend, brüsten sich mit milder Nachtischsüße. Was der Erinnerung entfallen wird, möge sich dem Papier einprägen. Auch unter diesen Bäumen, zwischen diesen Sträuchern ward Leben gelebt.

In der Mitte des Anwesens das Haus, einstöckig. Das graue, unverputzte Mauerwerk verdecken blaue Scylla, rote Geranien und Namenloses, blühend und rankend bis zu den niederen Fenstern und hinauf unter das rostbraune Asbestziegeldach. Innen ist es geräumig. Nur die Graue Villa in Berlin war geräumiger. Kühler Betonboden. Über dem großen Wohnzimmer dunkle Bretter und Bohlen. Für die Regenzeit ein Kamin. In den übrigen, kleineren Räumen weißgetünchte Decken aus geleimter Pappe. Termiten lieben das. Vergitterte Fenster, Moskitogaze – ein Haus wie alle Dozentenhäuser im Campus, gedacht für Familien mit Kindern und daher viel Raum für nur zwei allein. Fließendes Wasser, Boiler, Kühlschrank, Gas- und Elektroherd – und immer öfter auch Elektrizität. Hausgehilfen zum Kochen, Putzen, Wäschewaschen und für den Garten. Einer Hausfrau bedarf es nicht. Wenn die Frau des Hauses Brot bäckt oder Konfitüre kocht, so ist das ihre Freizeitbeschäftigung. Im übrigen geht sie, im Schatten eines Ehemannes und wie einst viele Jahre lang im Regenwald Westafrikas, Berufspflichten nach – ΕΝ.ΑΡΧΗ.ΗΝ.ΗΟ.ΛΟΓΟΣ und *fides quaerens intellectum*...

Spaziergänge für ältere Leutchen

Mit licht bewaldeten Vorbergen und einem trutzigen Felsenhaupt zeichnet der Berg, wofern er sich nicht olympisch in Wolken hüllt, eine markante Linie in den Himmel. Jüngere unter den Weißen der Umgebung hören seinen ‚Ruf', machen sich auf und bezwingen ihn. Ältere stellen sich taub oder sind es gar. Was soll's? Knie und Kreislauf schaffen es nicht mehr. Aber die nähere Umgebung lädt ein zu spätnachmittäglichen Spaziergängen. ‚Tunatembelea mazingira', sagen die Fremden, und die Einheimischen grüßen, meist freundlich und sichtbarlich verwundert, daß Weiße zu Fuß unterwegs sind abseits der großen Straße, statt auf derselben im Landrover einherzurollen.

Anfangs zog man zu zweit los: über die Kuhwiese zum Kuhstein; durch die bewaldete Affenschlucht ein Stück den Berg hinan zum Kaffeestein; durch eine andere Schlucht über einen Bach hinauf zum Jenseitsberg mit weiter Aussicht. Oder man wanderte ein Stück hinaus in die Steppe zur alten Eisenbahnlinie. Seltener ging man den langen, schattigen Wanderweg dem Berg entgegen, hinauf zur alten Missionsstation. Später dann kam Müdigkeit, Lustlosigkeit. Zudem schien die Zeit am Computer sinnvoller zugebracht. Seitdem zieht der eine rüstig und allein in alle vier Richtungen. ‚Kommst du mich einsammeln?' Ich komme dir entgegen. Durch Staub, durch Schlamm, durch die Abendkühle. Auch diese letzten Spazierwege unter dem Äquator sind es wert, im Rahmen einer Rahmenbeschreibung festgehalten zu werden.

Der *Kuhstein* steht in der Kuhwiese, wo statt der Kühe jetzt Bananenstauden stehen und große Mangobäume den Berg halb verdecken. Auf dem übermannshohen, schwarzen Felsbuckel haben ihrer zwei Platz, samt Buch und Regenschirm. Die Autostraße rauscht nahe vorbei. Es stört. Aber hier, in der Nähe des Campus, ist es notfalls am sichersten. Im Falle eines heraufziehenden Unwetters nicht nur. – Der *Kaffeestein* ist weiter weg, auf einem Vorberg in den Kaffeefarmen. Er wird nur noch selten aufgesucht. Auf dem Weg dahin ließ sich bei klarem Wetter von einer Lichtung aus zum ersten Male am Horizont ‚das Hügelchen' erblicken, winzig und blaß, damals, dreizehn Jahre vor dem neuerlichen und endgültigen Abschied. Der Kaffeestein, so flach, daß man darüber stolpern kann, hat für zwei kaum Platz. Aber G.F.W. Hegels Religionsphilosophie und Caspar David Friedrichs Sonnenuntergänge hatten damals darauf Platz samt der deutschen Wiedervereinigung. Die pastellenen Farbenspiele, goldbeigerosé hinter blaugrünen Hügeln; die ungestörte Stille: auch das bewog zum Wiederkommen und Längerbleiben. Es bewog den einen, während die andere halben Herzens und immer auf dem Sprunge zurück mitzog, anstatt zu Hause zu bleiben und die Mutter zu pflegen. Konnten die täglichen Sorgen dieser Jahre, das wöchentliche Faxen und die außerplanmäßigen Heimflüge das Daheimbleiben ersetzen? Der schöne Campus, die sinnvolle Arbeit und ein zwiegespaltenes Gewissen: der letzte aller Afrika-Aufenthalte war nicht gut...

Auf dem Rückweg vom Kaffeestein, auf anderen Wegen, kommt man an einen Bach, in dem einst Krebslein schwammen. Das ist die ‚Krebsbrücke', und der Weg führt, statt durch die Schlucht mit harmlos kreischendem Affenvolk, vorbei an einem weniger harmlosen ‚Bienenbaum'. Der heißt so, seit an einem schönen Februarabend ein aufgestörter Bienenschwarm die Umgebung überfiel – Kühe und Ziegen rannten und auch die, welche da vorbei ‚einsammeln' ging, sie rannte zurück mit strauchelnden Knien. Es summte, es verfing sich im Haar. Es stach zu. Leute, die am Campustor herumstanden, rannten, statt zu helfen, weg. Zwei ältere Studenten indes ließen sich bewegen, aus Nächstenliebe und gut vermummt dem Professor entgegenzugehen und ihn auf anderem Weg zurückzugeleiten. Die beiden bekamen ihre wilden Bienenstiche ab in der Bewährung von Höflichkeit und *Christian charity*.

Christian charity der weitaus häufigeren Art verknüpft sich mit zwei weiteren Spazierwegen. In der Steppe, hin zur Eisenbahnlinie aus Kolonialzeiten, wo man, auf dem Bahndamm sitzend, nicht nur den Hausberg in ganzer elegant geschwungener Zipfelmützenhöhenlinie vor sich hat. Wenn man Glück hat und das Wetter klar ist, steht im Nordosten ‚das Hügelchen', der weltberühmte Touristenberg, mit eisverkrustetem Haupt wie ein Elefant am Horizont. Auf dem Weg zum Anblick dieser Sehenswürdigkeiten, auf schmalem Graspfad zwischen Wasserreisfeldern, kam eines Tages ein junger Bauer herbeigeschlendert und sprach leidliches Englisch. Brachte eines späteren Tages Reis und Gemüse und bekam, was er brauchte: Schulgeld für die Kinder, mehrmals. – Auf dem Jenseitsberg mit schönem Ausblick über die Steppe bis hin zu den Bergen, wo der blaue Edelstein zu Tage gefördert wird, kam eines Tages ein anderer junger Mensch herbei und tat zu wissen, er brauche Geld, um ein Häuschen zu bauen und zu heiraten. Und erwartete es wie selbstverständlich von dem weißen Mann, der auf seinem Grundstück die schöne Aussicht genoß. Einfach so.

Kindliches Vertrauen in die Hilfsbereitschaft der *aliens*? Eingeborene Unverschämtheit? Die weiße Frau war nicht erbaut. Aber der Häuschenbauer bekam, was er wollte, für ein mageres Hühnlein und ein Heft mit Lebensbeschreibung. Er bekam eine schöne Summe, mehrmals. Dem grollenden Eheweib ward bedeutet, sie habe vor Zeiten anderwärts ganz andere Summen ‚in den Sand gesetzt' – und da stehen sie in der Tat, ein Palazzo und eine Eremitage, ‚Backstein geworden der Staubrosenwahn' der wunderbaren Jahre. Das ferne Leuchten – es hatte ganz andere Summen verschlungen. Und erlosch daran allmählich...

Sind das nicht Geschichten zum Erzählen? Die beiden Einheimischen, in freier Landschaft, baten und bekamen. Ein dritter nahm, als er nichts bekam. Das war zu Anfang des Jahres, wenige Wochen, ehe die Ameise über die Morgensonne lief. Da lauerte ein schmächtiges Bürschchen, halbwüchsig, fast ein Kretin, den Spaziergängern auf. Ging ihnen nach, quengelnd; griff nach Armbanduhr, Brille, Jacke. Ließ auf Gegenwehr hin wieder los. Ein dilettantischer Versuch von Raubüberfall, der glimpflich verlief, auf zwei ältere *residents alien*, die an einem Feriensonntag unvorsichtig und ahnungslos in einen abgelegenen, idyllischen Winkel am Bergeshang spazierten. Der Geldbeutel, den das Bürschchen dem vergeblich *mwizi* – Dieb! in die menschenleere Landschaft rufenden Professor nach einigem Gerangel aus der Hosentasche zog, enthielt tatsächlich Geld. Halb lächerlich, halb Schock. Manch anderem Weißen, Touristen oder frommem Helfer im Lande, ist es schlimmer ergangen. Noch immer begleitet das Dasein in Afrika ein Gefühl dankbaren Verwunderns, daß in so langen Jahren nichts Schlimmeres widerfahren ist.

Safari und Sonstiges

Was gibt es, außer beruflicher Pflichterfüllung, sonst noch Erlebenswertes für ältere Fremdlinge im Lande? Es ist das Land der großen Tierreservate, um derentwillen die Touristen kommen. Muß man das nicht mitnehmen? Muß man nicht ‚auf Safari gehen'? Man muß nicht. Aber man kann nicht gut Nein sagen, wenn eine freundliche Kollegin, die des öfteren übers Wochenende in einem kleineren, näheren Tierpark ausspannt, einlädt, mitzukommen.

Sie sitzt am Steuer. Der Landrover rollt, die Landschaft zieht vorüber, flach, dürr und gelb; der Hausberg schrumpft hinweg; entferntere Gebirgszüge schieben sich heran, wohlmodelliert, nackt und roséviolett. Maassaihirten mit ihren Herden ziehen rot- und blaukariert neben dem Asphalt her und sorgen für Staubwolken und Lokalkolorit. Nach einigem Pistengeratter der Tierpark. Vorne ein Tor und gleich dahinter die erste Elefantenherde quer über die Fahrbahn – ah! Und die Kameras klikken. Dann gleich noch zwei Giraffen, stocksteif auf Stelzen am Wegesrand, auf den Tourismus herabblickend mit dem Ausdruck genuin gelangweilter Verachtung. Dann strohgedeckte, solide zementierte Rundhäuschen mit abgedritteltem Sanitärteil; Moskitonetz über dem Doppelbett und Elektrizität – wo kommt die her, mitten in der Steppe? Wo kommt das Wasser her? Touristen fragen nicht; sie zahlen in US Dollar. Das Essen ist zu fett und zu viel. Kommt man, um zu schlemmen? Was will ich hier? Will ich einen triefäugigen Löwen sehen? Das Widerliche an den Pavianen, den Herdentrieb der Antilopen, den ganzen Zoo? Sehenswert sind die Affenbrotbäume: eine vegetabile Wucht mit ebenso wuchtigem Namen: Baobab. Sie erinnern an den ‚Kleinen Prinzen'. Der Fluß unterhalb der Lodge, in einer weiten Talebene herbei- und hinwegschlängelnd, ist auch sehenswert. Vielleicht noch ein paar buntbeschwipste Vögel in den Dornbüschen. Aber sonst? Man läßt sich stundenlang herumfahren, auf vorgeschriebenen Fahrwegen, und verbraucht Zelluloid nach Maßgabe dessen, was in den Weg läuft. Nach der fünften Elefantenherde – müdes Abwinken. Und das war's. Ein Baum, ein Fluß: Landschaft. Viel Himmel darüber. Wanderten hier nicht einst die ersten Horden *homo sapiens* unter den übrigen Herden umher? Auch lange her. Aber die Maassai wandern noch immer.

Im April nach der Februar-Ameise verordnet einer, der manches besser weiß und oft den richtigen Einfall hat, eine Safari als Therapie. Der schönste Campus kommt gegen Mühsal und Traurigkeit nicht an. Also raus und hinauf in geologisch höhere Regionen, wo touristische Sehenswürdigkeiten dicht beieinanderliegen. Ein perlmuttfarbener See, ovale Schale im Abendlicht tief unter dem Steilabfall, an dem das erste Safarihotel steht. Eine archäologisch berühmte Schlucht, eher ein gerölliges Tal, das mäßig beeindruckt, aber Anstoß gibt zu rückwärtsgewandtem Sinnieren über *homo sapiens* und *tantae molis erat*. Eine weite gelbgraue Grasebene mit malerisch zu einsamen Löwenschlössern aufgehäuften Felsbrocken unter Vierfünfteln dunstigem Himmel. Man müßte es aquarellieren statt fotografieren. Das zweite Safarihotel eine architektonische Kunstfigur aus gewachsenem Fels, Glas und Beton. Am nächsten Morgen der Vogelschwarm aus buntem Brokat, in Augenhöhe vorüberfunkelnd. Dann das Steppenperlhuhn, vornehm und bieder schwarzgefiedert, weißgepunktet, Halbtrauer mit Sinnlinien insinuierend und Anlaß, der Eltern und eigenes Schicksal in die Rundung dreier Ringe zurückzudenken. Der Steppenwind weht, die Sonne brennt, die Ebene rollt zurück. Schließlich noch der große und berühmte Krater; ein Flamingo-Ballett als Sondervorstellung, und am nächsten Morgen vom Hotel am Kraterrande ein Abschiedsblick. Also doch noch eine Safari. Der sie angeregt hatte, behielt recht: die Abwechslung hat gutgetan. Sie wehte sogar sechs Blätter Reisebeschreibung durch die elektronische Schreibanlage.

Sonstiges? Selten sonst, aber gelegentlich doch einmal läßt eine nicht mit Feldforschung befaßte Ehefrau sich herbei, die Jäger- und Sammlertätigkeit des Gatten zu begleiten. In der näheren Umgebung gibt es eine fast seßhaft Maassaigemeinde. Der einheimische Hirte seiner Herde lädt den Kollegen Professor ein. Weil sie höflichkeitshalber auch eingeladen ist, fährt die Gattin beim zweiten Male mit. In freier, topfebener Landschaft haben die Leute ein Lehm-und-Knüppel-Kirchlein gebaut. Weil es zu klein ist, findet der Gottesdienst unter einem großen, einsamen, noch nicht zu Feuerholz zerhackten Baume statt. Da sitzen, kahlgeschoren, in Rotlila und Hellblau, den Hals in ausladende, flache Ringscheiben aus winzigen bunten Glasperlen geklemmt, die Frauen des Frauenchors und singen bewegt und unentwegt. Da sitzt, in ein falten- und erinnerungsreiches Gewand wie in ein Inkognito gehüllt, die Frau des Gastpredigers und könnte Stunde um Stunden dasitzen und abwesen. Der gesprenkelte Schatten ist so schön. Ein leichtes Lüftlein spielt mit dem Spinnwebgrau der Jahre, die vergangen sind, seit anderswo, in den grünvioletten Bergen von Mbe-Mbong, der staubrosenrote Traum der wunderbaren Jahre sich einwärtskehrte und um sich selbst zu drehen begann...

Mit Geistesabwesenheiten dieser Art mitten in der ostafrikanischen Steppe; mit Erinnerungen an zweiundzwanzig Jahre zuvor und wenn noch ein halbes Jahrzehnt nach rückwärts hinzugefügt wird, ist der äußere Rand des gestaffelten Rahmens verlassen; ist die Gegenwart, über deren Morgensonne die Ameise lief, schon Kulisse geworden. Sie gleitet von selbst beiseite, und der volle Mond von Ndumkwakwa kann aufgehen. Abwechselnd mit klarem Tageslicht, und wofern die literarische Erfindung Nebelschwaden und Regengüsse ausblendet, kann im ersten Kapitel eines ersten Buches der innere und engere Rahmen der einsamen Reisen von einst beleuchtet werden.

Erstes Buch

Jahre im Regenwald

und die grünen Hügel von Sanya

Es war idyllisch. Es war sinnvoll. Es war traurig.
Es war am Ende nicht mehr auszuhalten.

ERSTES BUCH ◊ ÜBERBLICK

1. Der volle Mond von Ndumkwakwa
Idylle und Verfall
Die Menschenlandschaft
Ein Beruf als Rahmen
Studenten für Na´anya
Mondgesichter im Wandel der Jahre
Regen- und Nebelzeitferien

2. Die grünen Hügel von Sanya
An einem Montag im August
Hinauf in die Savanne
Der schöne Hügel über Chaa
Doppelte Vergangenheit in Ntumwi
Ins Unbekannte. Gestrandet
Afrikanische Gastlichkeit
Hügelglück Sanya
Ein Büchlein dunkelblau
Zwei weiße Tramps

3. Das Geheimnis Mireille
Ein gastfreies Haus. Rückblicke
Im Eukalyptuswald: die Offenbarung
Strickmuster des Schicksals
Rückreise mit Kollege
Heimkehr und Wiedersehen

ERSTE ZWISCHENZEIT
DER UMWEG WISSENSCHAFT
DIE ERSTE REISE NACH MBE-MBONG

Düsternisse
Reisen zu zweit
Alleinflüge für die Wissenschaft
Die erste Reise nach Mbe-Mbong
Das ferne Leuchten. Mythos und Muse
Das letzte Jahr im Regenwald

1. Kapitel

Der volle Mond von Ndumkwakwa

Androgyn im Safrangewande stieg er hinter dem schwarzen Berg hervor über tropischem Regenwald. Aus der Tiefebene vertrieben von Bananen und Ananas im Verein mit anderweitigen Interessen, kriecht der Wald über das Gebuckel eines Gebirgszuges bis zu den Kraterrändern eines Zweitausenders. Da oben an den Hängen des Ulupeh, nahe am milden Busen Lunas und inzwischen naturgeschützt, ist er in Sicherheit: echter graugrün dämmernder Urwald. Der Berg, in seinen krausen Blätterpelz gehüllt und von halber Höhe aus betrachtet, wo das Dorf sich hinzieht, ist ein gutgebautes Denkmal aus der Erdgeschichte, vergleichbar dem Viertausender am Meer, den ein antiker Seefahrer einst von seinem Abenteuerschiff aus Feuer speien sah. Später spieen Kanonenboote Feuer, die westliche Zivilisation stieg an Land und überlagerte autochthone Kulturen. Das ist die lange Schulbuchgeschichte, die jeder kennt und nach der einen oder anderen Seite hin für gut oder böse hält. Den einen mochte sie zu Feldforschungen locken; für die andere blieb am Ende nur der Berg als Kulisse für die Schattenspiele der Innerlichkeit. Der Berg und der Mond und der Regen, der zur Regenzeit vor beide einen dicken grauen Vorhang zog.

Auf halber Höhe das Dorf – damals noch mit letzten Rundhütten, Astwerk und Lehm, grasgedeckt; verräucherte Reste zwischen rechteckigen Behausungen aus rohen Brettern; als einziges Bauwerk aus Stein ein grauwackiger Häuptlingspalast in Anführungszeichen. Das Dorf und eine Dorfstraße, die, im Wechsel von Trocken- und Regenzeit bald Staub, bald Schlamm und mit Löchern wohlversehen ist. Hühner, Ziegen, Schweine schweifen frei. In den Rodungen Kaffee und Cocoyams. Die Dörfler, einst Sklavenhalter, lassen ihren Nachwuchs nunmehr in Amerika studieren. *Rapid social change*: wen interessiert das? Immerhin Einen unter den *residents alien*. Er treibt Feldforschung mit Folgen. Das Gesicht im Mond weiß es.

Zwischen Oberdorf und Unterdorf: eine von den Zeiten überholte Missionsstation. Ein Kirchlein aus Fachwerk; ein Wohnhaus, gleichfalls Fachwerk, denn so baute man damals, vor hundert Jahren, setzte den Bau auf Steinpfeiler, zog rundherum eine breite Bretterveranda und das Dach darüber wie eine dunkle Kapuze, und in den hohen Zimmern mit Edelhölzern zu Füßen und zu Häupten wurde es noch dunkler. Da zogen sie ein und aus, die Missionare erst und dann, nach einem zweiten Weltkrieg und mit dem Ende der Kolonialzeit, die *fraternals*, ‚brüderlichen Mitarbeiter', unter welchen die schwesterlichen ohne großes Verbaltheater miteinbegriffen waren: die Ehefrauen und die Krankenschwestern. Denn es gab am Ort außer der Schulen drei, an der Spitze eine höhere Anstalt, auch eine Erste-Hilfe- und Entbindungsstation und mithin eine Krankenschwester nach der anderen.

Idylle und Verfall

Für jeden Neuankömmling aus nördlichen Breiten jenseits der Alpen mußte der kleine Campus von Ndumkwakwa – bescheidener als der in Ostafrika, aber anfangs und ehe die indigene Verlotterung begann, ebenso gepflegt – er mußte als exotische Idylle wahrgenommen werden, wert, fotografiert, vielleicht sogar aquarelliert zu werden. Wen literarische Ambitionen plagten, mochte sich im Laufe der Jahre zu wiederholten Malen an dem Sujet versuchen, um am Ende, der Wiederholungen des Richtigen müde und am Rande des Versagens vor dem banal Schönen, zu erwägen, den Himmel spinatgrün anzumalen, die Palmen mit tomatenroten Halbaffen zu bevölkern und die Eukalyptusbäume als rachitische Skelette mit aufgepfropften Eisenveilchen darzustellen.

Die Eukalyptusbäume wurden aquarelliert: in leichter Schräge licht belaubt, fast schattenlos. Ein frühes Spiel für jedes poetische Lüftlein war die Gattung der Palmen, die, nie nach einem botanischen Zunamen befragt, breitgestreut herumstanden in vorbildlicher Schlankheit und ebenmäßig bewedelt. Hinter dem Haus, nahe an der Veranda, wiegte sich in besonderer Anmut eine Zwillingspalme und zwitscherte und schwirrte gelbgefiedert. Das war nicht die Dada-Fantasie einer überanstrengten Suche nach dem Ungewöhnlichen. Es waren die Webervögel, die ihre Kugelnester webten. Jenseits der Straße, vor dem Kirchlein, erhob sich dichtschattend ein stattlicher Tulpenbaum. Diesseits, neben dem Eingang durch die Hecke von der Straße her, stand ernst und finster wie ein Palastwächter ein Thujabaum und gab zu jedem sommerlichen Weihnachten ein paar Zweige her als Tannenbaumersatz. Agaven säumten den Pfad, Mini-Magnolien blühten, es blühten das Strelitziengebüsch, die Akazienbäumchen, von blauen Winden durchklettert, und die Rosen längs der Küchenveranda – Rosen! porzellanrosa und wie aus dem Poesiealbum. Gleich hinter dem Waschhaus ein verwildertes, lianenverfilztes Guavawäldchen: als ob da schon der urigste Urwald stehe, ohne Zaun davor. Um die eine Hälfte des Campus, wo außer dem denkmalschutzreifen Fachwerkhaus noch ein neuerer Schwesternbungalow und ein zweistöckiges Haus für die Anstaltsleitung versammelt waren, lief aussondernd eine Hecke stacheliger Bougainvillea.

Die Hecke läuft nicht mehr. Es steht da, seit den Jahren, da überall im Lande die Überfälle und Einbrüche sich mehrten, eine Betonmauer mit Glasscherben darauf und Eisengittern dazwischen. Wo die Zwillingspalme stand, steht leere Luft. Die Eukalyptusbäume fielen und auch der Tulpenbaum wurde umgelegt. Das sah der Besuch, zwölf Jahre nach der endgültigen Rückkehr nach Europa, und machte die Augen zu. Der Campus war ohne Lehranstalt; der Verfall, in den Augen der weißen *revenants*, war perfekt.

Der Verfall begann früh. Als erstes, schon bald nach der Ankunft derer, die da zehn Jahre ihres Lebens zubringen sollten, wurden die Eukalyptusbäume längs der Straße umgehauen. Auf dem Aquarell des ersten Jahres sind sie noch zu sehen. Dann fiel nach und nach das Gatter, erst aus den Angeln, dann in seine Lattenteile und wurde nicht erneuert. Der Winkel hinter dem nackten Betonpfosten in der verwildernden Hecke diente den Dörflern als Pissoir. Es fing an zu stinken. Die Umfriedung wurde nicht mehr ausgebessert. Schüler fingen an, eine Abkürzung quer durch den Campus zu trampeln, nahe vorbei an Veranda und Haus, lachend, lärmend. Es störte. Wenn nicht alle, so doch eine. Was Wunder, wenn es in der verkommenden Idylle keine runde zehn Jahre auszuhalten war. Weiter. Palmen wurden umgehauen, um leichter Palmwein zu gewinnen. Andere Bäume fielen als Brennholz. Stehen blieb noch eine Weile, was beim letzten Besuch auch nicht mehr stand: der mächtige Tulpenbaum. Er stand bis zum Abschied und warf Jahr für Jahr im Oktober, wenn die Stürme der Übergangszeit daherbrausten, ‚sein rubinrotes Hochzeitsglück achtlos in den Staub der Straße' – die Beschreibung vergangener Idylle begann früh, lyrisch berauscht und anspruchsvoll.

Das alles, erst die Idylle und dann den Verfall, beschien der volle Mond von Ndumkwakwa alle Monde einmal drei, vier Nächte lang während der Trockenzeit. Während der Regenzeit rückten Nebelwolken und Regenvorhänge dicht und graugrün zusammen; Tage und Wochen rauschten vorbei. Das waren am Ende die ‚Jahre im Regenwald'.

Durch all die Jahre ging der Mond auf, kam in klaren Nächten hinter dem Berg hervor und machte ein Gesicht – mal ein solches und mal ein anderes. Worüber *greinte* es? Über den Verfall der Idylle? Warum weinte es nicht einfach und ergreifend? Ja, warum. Warum und hinwiederum *grinste* es bisweilen? Warum lächelte es nicht nachsichtig oder lachte rundheraus? Warum, in seinem milden Schein, schien es gelegentlich zu *grübeln*? Und warum floß alles, Greinen, Grinsen, Grübeln, manchmal ununterscheidbar in einander?

Es wird sich zeigen. Die exotische Idylle und ihr langsamer Verfall ist die erste Innenkante des gestaffelten westafrikanischen Rahmens rings um das Bilderbuch der Reisen, die Mbe-Mbong und dem fernen Leuchten voraufgehen und danach ruhelos elliptisch umrunden. Was das Auge sieht und ein Aquarell, eine Kamera festhalten kann, ist eines und es kann entscheidend sein. Es entschied einst das Bleiben. ‚Hier ist es schön. Hier bleiben wir.' Ein Satz, der sitzen blieb auf der roten Bank vor dem Fachwerkgemäuer, während des Erkundungsbesuchs, als das Idyll seine Wirkung tat – vor blauem Himmel das Säuseln der Eukalyptusbäume und längs der Veranda porzellanrosa Rosen. Es war ein Satz, mit dem die Angst vor Afrika nicht völlig wich, aber doch eine mildere Farbe annahm. Dann war man eines nächsten Tages da für lange Jahre, und der Rahmen gewann Profil: nach den Bäumen kamen die Leute.

Die Menschenlandschaft

Sie war auf einmal da und stellte Ansprüche. Des eigenen Volkes Genossen, sie wohnten nebenan im gleichen Haus. Die blond-blonde Familie des Kollegen: stabil und energisch die Frau, lebhaft ihre drei Kinder, heimkehrreif desillusioniert der gelehrte Ehemann. Sie gingen alsbald und andere kamen, jung vermählt. Als Nachbar war man Hochzeitsgast gewesen während des ersten Heimaturlaubs, und zum ersten Male wohnte in dem alten Haus nun eine von Desdemonas nachkolonialen Schwestern: der Krankenschwestern eine und nicht die erste, die es wagte. Es war dies schon die dritte schwarz-weiße Verbindung, die unter den Palmen von Ndumkwakwa sich eingefädelt hatte. Na und? Meinetwegen. *Why not.* Ist doch ganz interessant. Und stand die Abkürzung ‚Ndze' nicht schon seit einem ganzen Jahr im Tagebuch? Hineingeraten schon nach wenigen Monaten, und sie kam immer häufiger vor... Es gab noch eine weitere Kollegenfamilie mit Kindern. Dem braven Schwaben platzte gelegentlich der Kragen. Seine Geduld mit der fragwürdigen Amtsführung vor Ort hatte sich mit den Jahren aufgebraucht. Der Leiter der Anstalt, neu im Amt, jung und unerfahren, ist der schwarzen Brüder einer. Auch die neue weiße Schwester und Kollegin war nicht begeistert von dem wortreichen Dilettantismus und den Amtsmißbräuchlichkeiten dieses Vorgesetzten. Außer Greinen, Grinsen und Grübeln stand dem Gesicht im Mond bisweilen eine vierte Ausdrucksmöglichkeit zu Gebote: es blickte grimmig.

Sodann – wohin gehörten die Krankenschwestern? In die Kranken- und Entbindungsstation. Natürlich. Aber sie wohnten in einem allerliebsten Schwesternbungalow: ein hübsches Häuschen mit Terrasse hinten hinaus dicht vor Urwaldkulisse in Gestalt eines riesigen Gummibaums und einer gelegentlichen schwarzen Mamba im WC. Drinnen gab es Musik und Kaffee oder bunte Schnäpse, wenn man zu Besuch kam. Man kam und war da und meistens gut aufgehoben. Man konnte sich, besonders als Mann, ein bißchen verstecken. Es schaffte einen gewissen Ausgleich. Ledige weiße Frauen verstehen so manches, was verheiratete nicht mehr verstehen.

Sodann die Leute im Gesindesinn: die Helfer im Haushalt. Es mußte gekocht werden mit Holz in einem altertümlichen eisernen Herd. Das Holz mußte gehackt werden. Der Kühlschrank kühlte auf Petroleumflamme. Wer geht auf die Knie, füllt die Wanne nach und schneidet den Docht gerade? Es mußte gewaschen werden von Hand, und gebügelt mit einem Holzkohlebügeleisen. Die Zimmer sollten gesäubert werden von Staub, Spinnweben und Kokrotschenkot. Wer einen Garten haben wollte, brauchte einen Gartenjungen. Wer Glück hatte, bekam die Leute, die er brauchte, ohne den Ärger dazu: ohne Diebstähle und ohne Ansprüche auf großzügige Beihilfen zu Häuschenbau, Farmkauf, Brautkauf. Die ersten drei Jahre war man schlecht beraten mit dem nicht nur klauenden, sondern auch unverschämt ‚Darlehen' einheimsenden Paulchen. Es mehrte den Ärger der Hausfrau. Dann erbte man von einer der Krankenschwestern den tüchtigen Mister M., und von vielen Problemen war wenigstens eins gelöst.

Mit den Gartenjungen hatte eine Hobby-Gärtnerin zunächst auch kein Glück. Wenn die Tomatenstöcke vom Mehltau befallen schon grau und welk waren, behauptete das Bürschchen mit strahlendem Optimismus: 'They will do well'. Die Kohlköpfe faulten hinweg, der Salat verkümmerte – die Burschen hatten keine Ahnung von Gartenarbeit und ließen sich dafür bezahlen.

Es änderte sich erst vier Jahre vor dem Alleingang hinweg von Ndumkwakwa, hinaus aus dem Wald, hinauf in die Savanne. Erst da kam ein Gärtner, der etwas verstand – vom Garten und von der Gärtnerin.

Schon bald kamen Leute aus dem Dorf und sagten Guten Tag. Wie nett. Sie kamen wieder und erwarteten von den Neuankömmlingen, was sie von allen Weißen erwarteten: Schulgeld für das halbwüchsige Söhnchen, Geld für eine Krankenbehandlung; für das Haus, für die Farm, für die Hochzeit oder gleich ein Stipendium fürs Studium in Amerika. Es kam auch der Händler Ali aus dem Tiefland herauf, in Erwartung kunstsinniger weißer Kundschaft, und er irrte sich nicht. Breitete seine mehr als sieben Sachen auf der Veranda aus, und der Herr des Hauses lernte das Ritual des Feilschens, während die Frau des Hauses skeptisch und dagegen war: gegen das Geldausgeben für exotischen Tinnef. Sie grollte, und das Gesicht im Mond grimmte.

Es kamen auch Gäste, offizielle und touristisch-private, meist der Kollegen nebenan. Selten, zweimal, eigene. Das Gästestübchen befindet sich in dem Anbauflügel, in dem sich auch Küche, Vorratskammer, Bad und WC befinden. Das symmetrisch gleiche Flügelstübchen auf der Nachbarseite ist privat und dient als Arbeitszimmer. Warum stellte der Anstaltsleiter kein Gastzimmer in seinem großen Hause zur Verfügung? Weil er zu viele Kinder hat? Natürlich benutzten die Gäste auch Bad und Klo. Es tangierte die europäische Privatsphäre. Das Gästezimmer für fremde Gäste im eigenen Wohnbereich störte empfindlich. Es störte die Nachttopfsphäre. Und der volle Mond von Ndumkwakwa – grinste er etwa?

Dann aber, nach Küche, Klo und Nachttopf, endlich und zum Glück: die höheren Sphären des Geistes und der Wissenschaft. Es gab inmitten der neuen Menschenlandschaft diejenige auserwählte Schar, um derentwillen zwei Weiße, verheiratet nach alter Vätersitte, Europa und eine moderne Appartementswohnung in einer alten Universitätsstadt verlassen hatten. Es gab, daher ‚Campus', Studenten. Ehe eine kleine Zahl dieser Objekte lustvoller Pflichterfüllung erinnert und vorgestellt wird, ist ein fester Zugriff und Rückgriff vonnöten – ein Griff nach den Rahmenbedingungen, die es einer Frau und Ehefrau zu Beginn der siebziger Jahre des vorigen Jahrhunderts ermöglichten, zu lehren – Männer, keine Knaben. Afrikaner. Nein, bitte, keine ‚Neger'. War es darum einfacher?

Ein Beruf als Rahmen

Er ist massiv und aus solidem Holz geschnitzt: Erststudium Shakespeare und Racine; Staatsexamen; Lehramt: Halbwüchsige, Aufmüpfige; Assessorin. Zweitstudium: Latinum, Graecum und dergleichen; Erstes Dienstexamen und *rite* berechtigt zu amten. Eine angefangene Dissertation hat als Nebensache zu gelten, Hauptsache, die Ehefrau ist bereit zu allem übrigen und besonders ‚wo du hingehst, da will ich auch' – auch wenn sie im Grunde gar nicht will. Hier hatten zwei, die ordentlich mit einander verheiratet waren, ausnahmsweise ein jeder einen Arbeitsvertrag in den Akten einer aussendenden Gesellschaft, die es noch immer irgendwie gibt, obgleich die heroisch-frommen Anfänge weit zurückliegen und vieles nun anders ist.

Ein ausgesandtes Ehepaar, sozial abgesichert. Auf das eigene Bedarfsgehalt muß die voll berufstätige Ehefrau nach einigem Gerangel mit den Patriarchen der sendenden Gesellschaft zwar verzichten. Es sollte keine ‚Doppelverdiener' geben, und ein Ehemann hat nun einmal ein Vorrecht. Die Ehefrau mit Beruf, aber ohne Kinder, erklärt sich zum Verzicht bereit. Es geht nicht ums Geld. Es ging um rechtliche Eigenständigkeit und einen vollen Lehrauftrag. Den gönnte man ihr. Was man einer Ehefrau damals nicht oder nur selten gönnte, war das Recht auf den eigenen Namen, auf dem Standesamt eingefordert nach Maßgabe des damals Möglichen. Vielleicht war es noch zu ungewohnt, für Gebildete wie Ungebildete. Dazu ein schwieriger, kein urdeutscher Name. Wem ist das zuzumuten. Die mit dem Namen des Ehemannes verbundene Identitätskrise und Gereiztheit dauerte lange Jahre. Der dafür nichts konnte, nahm es hin, heute begütigend therapeutisch; morgen, um den niederen Blutdruck zu erhöhen, auf ironisch provozierende Tour. Und gelegentlich ratlos: Lieschen, mußt du wirklich alle, die dich mit meinem Namen anreden, für blöd oder böse halten?

Dies also der rechtlich-berufliche Rahmen, realistisch und prosaisch-roh zurechtgezimmert im Gegensatz zu allem, was bislang mit literarischem Anspruch zu Papiere kam. Die wachsweichen, honigsüßen Lyrismen der Innerlichkeit werden zwar wieder zum Vorschein kommen. Aber erst einmal ist hier der rechte Ort, grob skizziert festzustellen, was einem ganzen Lebensjahrzehnt *de facto* und *de iure* zu Grunde lag. Der betonierte Grund war ein Beruf, der für eine Frau eheliche Absicherung überflüssig gemacht hätte, wenn die Zeiten damals schon so emanzipatorisch fortgeschritten, die Gesellschaft so offen und die vorgesetzten Behörden so ratlos gewesen wären wie zu heutigen glückseligen Zeiten bezwingender Toleranz. Zum anderen war es der lange vor Realisierung der ‚natürlichen Lösung' mitgeteilte Plan des weiland Klassenkameraden und späteren Ehegefährten, nach rückwärts und ‚in die Mission zu gehen'. Nach zwei Promotionen war es so weit: man stieg aus und zog um – immerhin nicht in die Iglus Alaskas, nicht in die Sümpfe am Amazonas. Afrika also, beängstigend gleichwohl für eine, die noch immer von Krieg und Flucht alpträumte und eben dabei war, wohlbeamtet nach zwanzig Jahren der Armut aus elenden Studentenbuden umzuziehen in bescheidenen Wohlstand und sich daselbst einzurichten. Warum fügte sie sich in späte Heirat und schwierige Ehe? Es war da etwas, gewesen und noch immer, das Gestalt und Lächeln einer Fügung hatte...

Der lange Roman ist hier nicht aufzurollen. Auch nicht die vorafrikanischen Ehejahre, erst brötchenverdienend für den promovierenden Angetrauten; dann Zweitstudium vom eigenen Ersparten, und der Liebste promoviert schon wieder. Ist aber endlich Assistent und daher die schöne Appartementswohnung. Das alles und bis nach einem Frühling mit weißen Narzissen und Übergangskrise das Flugzeug endgültig abhob und alles mit- und nachschleifte und der Landrover es an Ort und Stelle ablud: eine Krisenladung für die nächsten sechs Jahre. Es schattiert den Hintergrund. Hinzu gesellten sich neu aufgescheuchte Schatten des Ungenügens zu zwein – das Mondgesicht von Ndumkwakwa hatte genugsam Anlaß zum Greinen, Grimmen und Grübeln. Es möge sich hinter dem Berge gedulden, bis die Studentenlandschaft beleuchtet ist.

Studenten für Na´anya

Die *conditio sine qua non* der Jahre in Ndumkwakwa. Anfangs nur Schwärze diesseits der Sprache, aufblitzende Impressionen – ein scharfes Profil, eine tiefzerfurchte Stirn; ein blankes Staunen, rundes Lachen, ein skeptischer Blick – lebhaft bewegte *négritude*, eine kleine Schar, etwa sechsunddreißig. Familienväter, mit Weib und Kindern hausend in winzigen Häuschen; Junggesellen, untergebracht in Schlafbaracken jenseits der Bougainvillea. Nach Stammeszugehörigkeit solche aus dem Wald und solche aus der Savanne, die letzteren in der Mehrzahl. Berufserfahrene Ältere und Jüngere mit höherem Schulabschluß, die, das nächstbeste Stipendium ergreifend, in Ndumkwakwa auf der Bildungsleiter ein paar Sprossen höher kletterten, um dann abzuspringen. Es gab Begabte und Beschränkte, Zielstrebige und solche, die aus Barmherzigkeit mitgeschleppt und durchgeschleust wurden. Schließlich gibt es Vergessene und solche, die in Erinnerung geblieben sind – als Beweggründe oder Vorwände für die Reisen unter dem Harmattan. Von den Erinnerten eine kleine Revue. Sie drücken sich noch im Hintergrunde herum, darunter Undankbare, einstmals Begünstigte, die, sobald das Briefeschreiben unprofitabel wurde, nichts mehr von sich hören ließen.

Aus der Savanne kam das Jägerprofil mit dünnem Bärtchen. Ein Familienvater mit Frau aus dem einst verfeindeten Nachbarstamm und langjähriger Erfahrung in einem abgelegenen, schwierigen Gebiet. Einer, der schon etwas geleistet hatte und noch einmal die Schulbank drückte, weil mit einem Diplom ein besseres Gehalt in Aussicht stand. Hinten an der Wand saß er, von der sich schwarz auf Weiß abhob, was sich einprägte: hochgewölbte Backenknochen, Späheraugen, eine gebogene Nase, ganz und gar nicht bantu, dazu die Seltenheit eines Kinnbärtchens. Im schmalen Schädel hat er einen Haufen Stammesmythen; darüber schreibt er eine mittelmäßige Diplomarbeit. Er sorgt für die Zukunft seiner vielen Kinder, indem er ihnen nach Möglichkeit eine weiße Patin besorgt. Am besten eine Krankenschwester. Oder sonst eine Frau ohne Kinder. Was liegt näher, als das neue Baby der neuen Weißen im Campus anzutragen, die dazuhin seine Lehrerin ist? Die besinnt sich eine Weile; will eigentlich nicht, nimmt aber schließlich doch an. Es gehört sich wohl. Gehört wohl zu den neuen Pflichten und Verbindlichkeiten. Klein-Yuka ist fortan für seinen Vater eine intermittierende Quelle von Zuwendungen und während der Reisen in die Savanne ein Besuchsziel unter anderen. Eins nebenbei. Und Brieflein werden flattern, so lange das Geld fließt. Dann nicht mehr.

Aus dem Waldland kam ein kleiner Stämmiger, stabil und energisch, einer der zum Präfekten taugte, erinnerlich einer Seltsamkeit wegen. Als nämlich bald nach hastiger Heirat ein Töchterchen kam, wurde dasselbe zwar nicht als Patenkind angetragen, aber es bekam, zum Namen aus der Stammessprache hinzu, den Mädchen-, also Vatersnamen der neuen Lehrerin, die, halb überrumpelt, halb achselzuckend, Billigung nickte, sich jedoch nie um das Kind kümmerte. Warum. Wozu. Mithin und seitdem läuft, historisch völlig bewußtlos und wahrscheinlich nur urkundlich nachweisbar, in Westafrika Hugenottenerbe in Form eines Familiennamens unter schwarzer Haut umher...

Diese Klasse ging ab nach dem ersten Jahr; aufgenommen wurde eine neue, und so waren es wieder drei. Die während der folgenden zwei Jahre dem Diplom entgegenstreben, sind bis auf einen alles Leute aus dem Lehrberuf oder mit Sekundarschulabschluß, mithin im Durchschnitt Jüngere und Gescheitere. Für eine runde zehn Jahre Ältere sind die Unbeweibten unter ihnen Jünglinge, noch keine Männer. Diese Elf – zur Rechten, zur Linken und hinten an der Wand des kleinen Klassenzimmers unter Wellblech und Palmen – sie waren der Höhepunkt eines Lehrerinnendaseins in Afrika, höher noch als der zweite Gipfel, vier Jahre vor der Flucht in die Savanne. ‚*You have taught me the delight of being a tutor*' – das brauchten, die es anging, nicht zu erfahren. Eine denk- und diskutierfreudige Fußballmannschaft, scharfsinnig, herausfordernd, bisweilen aufsässig, sogar anzüglich. *Na'anya* – ‚ehrwürdige Mutter': als indigene Anrede eine Lösung des leidigen Namensproblems – fühlte sich auf der Höhe pädagogischer Kompetenz und in ihrem Element – bald Zirkusprinzessin, bald fußballbegeistert. Als Stürmer, Verteidiger, Linksaußen, Rechtsaußen und Torwart zugleich beherrschte sie das Feld und die Manege, schwang die Peitsche scharfer Argumente und schoß in überlegenen Bögen ihr Fach- und Allgemeinwissen ins Tor – oder knapp daneben. Sie dribbelte auch viel dozierend vor sich hin. Und begann schon bald Impressionen zu sammeln. Vielmehr und richtiger: Impressionen drängten sich auf, mitten im Unterricht und bisweilen am Rande ungewohnter Anwandlungen von Verwirrung. Von diesen elf sind alle noch erinnerlich; fast die Hälfte von ihnen wurden zu Vorwänden für die Reisen in die Savanne.

Da war der Präfekt aus dem Stamm um Mbebete, Familienvater und Lehrer, der lieber geistliche als weltliche Autorität ausüben wollte und über ‚Macht und Autorität' nachdachte. Ein würdiger und gesetzter Mensch, geeignet für sein Amt. Er konnte begütigende Reden halten. Vielleicht ein bißchen zu diplomatisch, um ehrlich zu sein; vielleicht nicht ganz so integer wie es den Anschein hatte; ansonsten unaufdringlich, ohne markante Eigenheiten. Zu ihm und seiner Familie führt eine der Reisen, und eine Motorradfahrt auf steiniger Gebirgspiste wird als seltenes Abenteuer zu verzeichnen sein. Es ging auch hier nicht ohne Zuwendungen zum Bau eines Häuschens ab. Che starb vor der Zeit, wenngleich nicht so früh wie sein Landsmann Nga.

Letzterer kam aus der gleichen Gegend, die am Wege liegt ins Land, das ferne leuchtet. Eher klein geraten, dafür mit Humor und Selbstbewußtsein begabt, zur Frau eine Lehrerin, zwei

Kinder. Eines Tages, in Philosophie, Platons Ideenlehre, beugt er sich, hinten an der Wand sitzend, langsam vornüber, den runden Kopf, das krause Kinn auf die verschränkten Arme gestützt, die Stirn in dicke quere Denkerfalten gelegt, die Augen groß auf die Lehrerin und die Frage gerichtet, ob zweimalzwei auch vier wäre, wenn es kein menschliches Bewußtsein gäbe, mathematische Gesetze zu denken. Hier ward vernehmbar, zum ersten Male, das Knistern der grauen Substanz unter der schwarzen Haut; das Aufblitzen der Erkenntnis im Blick – aaaha, *das* ist das Problem! Nicht, wie die Antwort ausfiel, blieb in Erinnerung. Das sichtbare Begreifen eines metaphysischen Problems legte eine Schranke nieder. – Die Diplomarbeit über kulturelle Identität war eigenwillig, abseits des allgemeinen Greinens wegen angeblich westlich verschuldeten Verlustes von *négritude*. Als ein weiteres Kind kam, wurde das Mädchen dem kinderlosen Ehepaar als Patenkind angeboten und erhielt einen Namen, der das Selbst-bewußt-sein des Vaters zweisprachig wiedergab. Zu einem Reisegrund wurden sechs Jahre später sein Grab und das verwaiste Patenkind. Nga, Kandidat fürs Weiterstudium, war in ein abgelegenes Plantagengebiet geschickt worden. Er starb dort an Typhus und weil er, angeblich, ärztliche Hilfe als überflüssig abgelehnt hatte.

Als dritter aus der gleichen Gegend kam Ngong, Familienvater und Lehrer auch er. Ein mürrisch runzliger Typ, geradezu häßlich, aber scharfsinnig und streitbar. Seine Rechthaberei machte den Tutoren zu schaffen. Er war kein Ziel für Reisen. Aber eines Tages kam er und führte zwei weiße Frauen seines eigenen vorgerückten Alters auf einen hohen Hügel im Savannenland, und der seelenbeflügelnde Blick über das grünwogende Hügelland von Mbebete ist mit seiner Person verknüpft. Er promovierte noch in vorgerückten Jahren (in den U.S.A., wo so etwas nicht schwierig ist), wurde alsbald zum Dozenten berufen und starb wenig später.

Aus einer anderen Gegend der Savanne kamen zwei eckige Charaktere; beide wurden indirekt Beweggrund der ersten Reise im Alleingang. Beide waren woanders, als *Na´anya* des einen Frau besuchte und des anderen heimatliche Täler und Hügel durchstreifte, eukalyptussäuselnden Träumen und Gedichten nachhängend... Aus der gleichen Gegend kam, im fünften Jahr, der Jüngling Eli, begabt und labil und eines späteren Tages ebenfalls ein Reiseziel und Vorwand. Ein fernes Echo zwischen den grünen Hügeln von Sanya...

Der eine Eckige war Ntu, ein Häuptlingssohn, der sich taufen ließ und damit seine traditionellen Herrschaftsansprüche aufgab. Ein stämmiger, strammer Feldwebeltyp mit Säbelbeinen, der eines Tages mitten im Unterricht aus ernst markantem Gesicht heraus so verträumt in die Gegend guckte, daß der neuen Lehrerin erstmals ganz poetisch zumute wurde. Was hat er bloß? Er hatte eine Braut. Heiratete alsbald, und seine Frau, mit Sekundarschulabschluß, hätte auch gerne studiert, mußte aber erst ein Kind kriegen. Außerdem waren Frauen noch nicht zugelassen. Sehen, was sich machen läßt; vielleicht ist in der Frauenarbeit eine Ausbildung und Anstellung zu finden. Auf einer Reise und bei einem Besuch wird man darüber reden.

Der andere Eckige, Ndze, ist ein ‚Gemeiner' in der traditionellen Hierarchie seines Stammes. Der Vater ist Katechist; der Sohn will höher hinaus. Ein Jüngling noch mit sechsundzwanzig, von spröder Intelligenz, introvertiert, abstrakt; in der Klasse aufmüpfig; eher scheu hingegen, wenn er auf schmalem Pfad allein Na'anya begegnet. Dann hält er wortlos ein leise verlegenes Lächeln vor sich hin (und das Mondgesicht, in der leeren Rundung einer schmalen Sichel noch gar nicht sichtbar, hat keine Möglichkeit, sich zu verziehen). Ndze, der Jüngling, schlank und wendig, ein guter Diskutierer nicht nur, auch als Fußballspieler so gut wie sein Landsmann mit den Säbelbeinen, war nicht schön von Angesicht. Nein, war er nicht. Da täuschte irgend etwas. Über die Stirn, so hoch wie breit, über die Brauen hin buckelt sich Eigensinn; ausgeprägte Jochbögen geben dem schmal umrandeten Blick je nachdem gedankenblitzende oder seelenvolle Tiefe. Er träumte bisweilen vor sich hin, und das war es wohl, was hinwegtäuschte über physiognomische Unebenheiten. Denn das Gehege, dem die Gedanken als Worte entflohen, war grob und geradezu verwildert. Das Gesicht als Ganzes hätte aus dem Gleichgewicht stürzen müssen, wäre der begründete Sinn der jeweiligen Wortfügungen nicht stützend hinzugekommen. Hinzu kam überdies das Nachdenkliche im Blick. Mit seltenem Lächeln verband es sich zu seltsam widersprüchlichem Ephebenreiz. Die es sah, erfühlte und ergrübelte sich Sokratisches.

Das war die je nachdem morgendlich lebhafte Denker- und Diskutiermannschaft oder eine mittagsmüde gähnende und magenknurrende Masse Mensch. Es war der Daseinssinn von Ndumkwakwa zehn Jahre lang – nein, nur acht. Ein Jahr fiel der Wissenschaft zum Opfer. Ein zweites der Emanzipation.

Mondgesichter im Wandel der Jahre

Nun mag er langsam hinter dem Berg hervorkommen und das Profil der Probleme beleuchten, die Anlaß zum Greinen, Grinsen oder Grübeln geben mochten. Nicht als Ateliergemälde, als lockere Freiluftskizze sei erinnert dies und das, aus welchem ersichtlich und begreiflich werden mag, wie es zu der ersten Reise allein und in die Savanne kam. Zum einen, was das Berufliche dazu beitrug: wie eine Tutorin sich betrug und zum Selbstbetrug neigte. Zum anderen das Häusliche: wie es eine Haus- und Ehefrau zum Greinen und Grübeln und von der Wissenschaft abbrachte. Schließlich eine bald lyrisch inspirierte, bald ausweglos verbohrte, bald grimmig entschlossene Innerlichkeit, anvertraut einem Tagebuch, das alles erfuhr, was das Mondgesicht und der allwissende Gott auch wußten.

Das Berufliche, die Lehrerin, ist bereits skizziert, aber noch nicht abgehakt. Es gibt da eine Episode, die das Mondgesicht vermutlich erstmals zum Grinsen brachte. Die Vorgeschichte ist bunt und sie stand teilweise im Lehrplan. Sie reichte von Platos Ideenlehre zu *Innisfree*, *Dover Beach* und Soyinkas *Interpreters*. Eines Tages aber im dritten Jahre kam hinzu, vorgetragen nach weithin eigenem Entwurf und geradezu inspiriert, Dogmatik II. Und weil es so schön war, tippte die Dogmatikerin alles in die Schreibmaschine und es entstanden ‚Dogmatic Notes' für die Studenten, fünfundfünfzig Seiten *foolscap* Format in Hellgrün. Mit einer besonderen Einleitung versehen, wurde das Opus ein Jahr später als schriftliche Hausarbeit zum Zweiten Dienstexamen eingereicht und angenommen. Bittesehr: die Dozentin doziert nicht nur so vor sich hin; sie unterbreitet ihre Weisheit auch schriftlich bis in amtlich vorgesetzte Gremien. Die Episode nun aber, was war's?

Warum *grinste* das Mondgesicht? Nein, es ahmte nicht den Gemahl nach. Der Gemahl grinste nicht. Ein nachsichtiges Lächeln, bisweilen freilich ins Ironische sich verschiefend, stand ihm besser. Das Mondgesicht aber, es grinste rundherum. Es gab Diplomarbeiten zu betreuen. Der Kandidaten einer und *justement* der, dessen Eigensinn und Denkvermögen den Dogmatikunterricht inspirierten bis hin zur Verschriftlichung; derselbe, mit einem politischen Thema besonders hingebungs- und hoffnungsvoll betreut, reichte seine Arbeit in einem äußerlich so verwahrlosten Zustande ein, daß die Betreuerin, ins Tagebuch flüchtend, demselben gestand: ‚So ein häßliches Kind. Ich bin ganz zerknautscht.' Sie straffte sich und machte sich daran, das Unfrisierte zu frisieren, das Schäbige zu verschönern. Der Kollege Ehemann kam hinzu, sah die Bemühungen, blickte erst skeptisch, denn was hier vor sich ging, war nicht ganz legal, und dann – ja dann. Nein, er grinste nicht. Er sagte kein einziges Wort. Das Gesicht im Vollmond war es, welches da grinste...

Das mündliche Examen, von der Prüferin hart und scharf durchgezogen – der Jüngling, grimmig entschlossen ins Universal-Abstrakte aufsteigend, so daß niemand mehr mitkam – rechtfertigte die gute Note und rettete das Bild in der Seele. Aber die Sache mit der tutorial verschönerten Diplomarbeit – das war schief und gewiß zum Grinsen. Wäre so etwas einem Manne unterlaufen? Vielleicht mit einer hübschen und nicht ganz dummen Studentin. Das Grinsen des Gesichts im Vollmond aber, galt es nicht einer Gluckhenne, die besorgt ihr Küchlein umgackert, bis es entwetzt ist? Tuck-tuck-tuck. Instinkte, anderweitig unverbraucht. Und kribbelte da gelegentlich nicht sogar etwas wie Eifersucht? Die unbedarfte Kollegin, von der bis dahin einzigen Frau im Kollegium herbeigeholt für ein Jahr, sie saß unbemannt in ihrem Häuschen und siehe: die Jünglinge kamen zu ihr, um Mikado zu spielen. Auch dieser eine, ja, und er besonders. Pädagogischer Eros des Sokrates? War es wirklich ein Grund zum Grinsen, du guter Mond so stille? Vor dem Häuschen am Hang, wo die Jünglinge wohnten, blühten die Sternblumen, rein und weiß wie in einem Gedicht.

Daß hier einer auf Weiterstudium hoffte, versteht sich. Daß er eine Braut hatte, erzählte er erst ganz zuletzt – dem Lehrer, nicht der Lehrerin. Und zog ab ohne Abschied. Wohin? In die Mangrovensümpfe. Der Campus war leer. Es fing an zu regnen. Der liebe Himmel weinte. Der Mond verhüllte das Gesicht. Zum Grinsen war ihm nicht mehr zumute. Eher zum Greinen.

       Warum *greinte* das Mondgesicht? Es weinte leise und kläglich nicht nur aus Sympathie mit der Einsamkeit einer Tutorin in einem leeren Campus. Es greinte auch in Übereinstimmung mit der zweiten Geige, die ein Eheweib, obgleich akademisch qualifiziert, dozierend und amtend, im Schatten des akademisch höher qualifizierten Eheherrn spielen – durfte. Die Ehre, eine Synode anzupredigen – ach. Ein zugeschobenes Almosen. Das Sichverliegen der Wissenschaft, es mochte viele Gründe haben. Auch eheliche Spiel-, Spül- und Abgründe. Während der ersten Regenzeit kam eine kleine Abhandlung zustande; mehr nicht. Alles war so grün ringsum, aber die Wissenschaft kam auf keinen grünen Zweig. Auch ein Stück Literatur lag noch unvollendet herum und wimmerte vor sich hin. Es kam immer wieder anderes dazwischen; und die Kräfte reichten einfach nicht hin.

Sie reichten auch nicht hin für das Haus- und Ehefrauendasein. Das herkömmliche Rollenspiel nervte, seit sechs Jahren schon. Passiver Widerstand – ich laß den Laden einfach laufen? Es beschert auch mir ein verdrecktes Waschbecken, den Schimmel, den Muff, die Motten und eine leere Vorratskammer. Zudem: heil von einer Überlandfahrt, von einem Großeinkauf, einer Tagung zurückzukommen war jahrelang wichtiger als alles andere. Das einfache Leben und Überleben ließ höhere Ziele vom Typ Wissenschaft als zweitrangig erscheinen.

Zum Häuslichen schließlich gehörte die schwierige Frau im Haus. Sie paßte nicht in ein altes Missionshaus mit patriarchalem Fachwerk. Sie paßte auch nicht in eine Ehe alten Stils. Das fand weithin Berücksichtigung. Aber, freilich und jedoch... Und das Mondgesicht greinte still vor sich hin. Alles, was da war und hinzukam an neuen Krisenmomenten – bisweilen war's zum Weinen, wahrlich, damals. Inzwischen sieht das meiste, aus der Entfernung der Jahre, eher nach einem *Greinen* aus. Es hängt etwas Unzufriedenes, Quengeliges, bisweilen nicht ganz Zurechnungsfähiges in der Atmosphäre jener Jahre, ausgedünstet von dem Gefühl einer Frau, die immer noch meinte, als Mann müßte ihr wohler sein in der Haut und in der Gesellschaft. In der Zwickmühle des Namensproblems schienen alle übrigen Probleme universalien-real präsent und festgefahren: wer bin ich, außer Ehefrau und eheliches Anhängsel?

Natürlich hatte die Ehefrau Rechte und sogar Vorrechte. Die letzte Unterrichtsstunde am Vormittag zum Beispiel wollte *man* ihr freigeben, damit *sie* den Koch beaufsichtigen könnte. Um die Studentenfrauen durfte sie sich kümmern, Wolle einkaufen, Kochkurse organisieren, Weiberquerelen schlichten – wie *komm ich dazu?!* Wie komme *ich* dazu, mich um den alltäglichen Kleinkram Haushalt zu kümmern? Sinnvolle Arbeitsteilung? Hab ich nicht alles selbst vollendet, seit ich zwölf und bis ich dreißig war? Und nun? Sollte es dem Ehemann einfallen, seinen Arbeitsvertrag zu kündigen: derjenige der Ehefrau wäre ebenfalls und wie von selbst gekündigt. Die Schwierigkeiten gingen eindeutig zu Lasten einer Frau, die eigentlich nicht Ehefrau sein wollte. Deshalb greinte das Mondgesicht. Und bisweilen ging das Greinen in ein Grimmen über.

Warum *grübelte* das Mondgesicht? Greinen und Grimmen mögen verwundern. Mit dem Verwundern aber beginnt das Grübeln. Was war und ist wohl Fundament und Dach eines solchen Ehegehäuses? Das Mondgesicht weiß es. Der liebe Gott und die Tagebücher wissen es auch. Durch Feld und Wald zu zweit streifte linker Hand eine idealische Chimäre aus freier Gefährtenschaft, je eigenem Beruf und ewiger Treue. Gekrochen war das aus einer Höhle mit dem Eingangsspruch, wie geschrieben steht: ‚In der Welt habt ihr Angst'. In einer Welt voller gespaltener Atomkerne und kompakter Machtblöcke. Das Schicksal, Gott und die Politik lagen unentwirrbar ineinander; an den nackten Trümmerwänden der nahen Vergangenheit bröckelten Reste von Fresken, michelangelisch, *lacrimae rerum*. Das sterbliche Gemüt aber war nicht nur berührt, es war am Ende und sah keinen Ausweg, keinen Halt und keinen Sinn im Dasein mehr. Ausgeliefert. Anonyme Mächte, gelassen oder rechthaberisch über das Schicksal von Millionen hin. Grenzsituation: das war das Leben – gewesen. Denn nun streifte rechter Hand durch Feld und Wiesen eine weniger verängstigte Existenz. Und so fand es sich. Langsam und mühsam; aber eines Tages war beides vorhanden, Halt und Sinn samt Dankbarkeit über die Maßen. Wie anders hätte die Entscheidung ausfallen sollen? Es war anders nicht zu haben und zu halten. Es und er, der Freund und Gefährte: altmodisch, fromm und vernünftig und daher. *Aut sine te vitae cura sit ulla meae? Tu mihi solus domus, tu solus parentes.* Ganz so fühlte eine schwierige Ehefrau im tiefsten Seelen- und Daseinsgrunde noch immer. Es gab noch immer schwerwiegende Gründe, dankbar zu sein, und die Gegengründe für quengelige Unzufriedenheit waren leichtwiegend – bei guter und frommer Vernunft. An solcher aber mangelte es oft und immer wieder, und das Gesicht im Mond hat, neben allem Greinen und Grimmen, Anlaß, sich darob ins Grüblerische zu verlieren.

Es vergrübelt sich ins Schweigen und ins Tagebuch und bisweilen auch ins Gedichtemachen. Nur ach, es wird nicht so schön, wie es sollte. Sind die Musen abhold? Eifersüchtig auf das bißchen Wissenschaft nebenher? Oder auf ein empfindliches Gewissen, das es nicht wagt, sich mit Ästhetischem zu befassen, wenn Lebenswichtigeres auf dem Spiele steht? Wo soll die Inspiration zu lyrischen Gesängen, *Bethabara* betreffend, herkommen, wenn der, den die Erinnerung daran traurig macht, unterwegs ist im Busch, Flüsse überquerend auf Hängebrükken, Krokodilen und Amöben ausgesetzt?

Regen- und Nebelzeitferien

Damit ist es schon beinahe genug des Rahmengestaffels und der Skizzen. Ein letzter Blick fällt in das Ferienloch der zweiten Regenzeit, zu Ende des dritten Jahres. In dem Ferienloch Juli ist es schwarz – ein totales Vergessen. In der großen Welt gab es die Geiselbefreiung von Entebbe und das Dioxin von Seveso – was aber gab es in der kleinen Welt von Ndumkwakwa? Sie war so verregnet und vernebelt, daß im nachhinein rein nichts mehr erinnerlich ist. Weggeschwemmt. Es muß aus den Tagebüchern hervorgekramt werden.

Im Tagebuch klagt es über den leeren Campus. Weder Studenten noch eine Krankenschwester waren vorhanden. Nur der Regen, der regnete, die Erde saugte sich voll, das Gras wuchs wie wild und es bedurfte der Stiefel zum Waten. Zurück also an die Wissenschaft. Altsyrische Göttinnen und eine alte Wellhausen-Konjektur. Wie mühsam. Als Unterbrechung ein Konvent, unten in der Provinzstadt, fromm und nutzlos für eine, die sowieso alles besser weiß. Die man gern wiedergesehen hätte, kamen nicht. Verlorene Tage. Vier Wochen später die lästige Verpflichtung, einem wohlgenährten, bunt gewickelten, im Putz der Kopftuchdrapierungen prangenden Haufen Frauen etwas Erbauliches zu erzählen. Also wieder hinunter nach Babakum und diesmal *public transport*. Ist es zum Grinsen oder zum Grimmen? War der Pflichteifer der Weißen nicht lächerlich?

Dazwischen das belegte Gästezimmer. Ist alles irgendwie zu ertragen, mitten im rheumatischen Regen- und Nebelgrau. Auf die Grenze des Ertragbaren zu quält sich unterschwellig anderes, und es gibt noch keine Worte, es zu sagen, so schmerzhaft verfilzt, so traumatisch war es und wäre es noch immer, stiege es voll ins Bewußtsein. Was da zu Anfang des Jahres noch einmal wider Erwarten zur Sprache gekommen war, belastete seitdem und noch fast drei Jahre lang Seele und Ehe, stellte die Wissenschaft und manches andere in Frage und mußte, so gut es ging, verdrängt werden. Es bleibe, wo es ist, aufgespart einem Quartett von Frauen, die dermaleinst und *sub conditione* ein Stück *Apologia pro vita sua* aufführen sollen.

Unterbrechung der Mühsal, an der Wissenschaft zu bleiben, brachte also nur das Unterwegssein auf vier Rädern. Die Piste hinab nach Meltom war wie üblich aufgeweicht und voller Schlammfallen, das Vehikel alt und klapprig, und ein vertrauensvoller Fatalismus holperte mit. Konnte man mehr als stekkenbleiben und verdreckt herauskriechen? In Meltom war auf der Fahrt zum Weiberverein ein bequemes Taxi zu haben, das elegant dahinschlängelte auf auch nicht ebener Lateritstraße. Es geschah aber eine Andeutung von Wunder: ‚Ich wundere mich, daß die ewige Angst nicht mehr da ist'. Vielleicht verlief sich die Angst in den Labyrinthen der anderen, größeren, der *Vier-Frauen*-Krise. Auf einer anderen Fahrt hinab fuhr der Fahrer auf der steilen Piste beim Wenden in den Straßengraben. Im Rieselregen, in einfallender Dämmerung stand man wartend herum und wußte: es kann nichts Schlimmes passieren. Notfalls ein paar Kilometer laufen. Ein geradezu wohliges Sichgehenlassen ins kleinere Übel hinein. Eine gute Vorübung für die erste Reise allein in die Savanne.

Was war der Anlaß? Gab es Vorwände? Die Gründe sind skizziert. Der grimmigste war das Bedürfnis einer Ehefrau nach Unabhängigkeit. Zu beweisen, daß die Selbständigkeit nicht verkümmert war im Laufe von neun Ehejahren. Schon mehr als einmal und immer wieder war der zielbewußt weiterstrebende Gemahl seiner eigenen feldforschenden Wege gegangen, zu Fuß in Tagesmärschen oder sich den Überlandtaxis anvertrauend. Und *die Weibe* saß daheim und sorgte sich. Konnte sich weder auf Wissenschaft noch auf Poetisches konzentrieren und brachte so die Tage hin, allein im Haus. Als Frau allein durch die Gegend, durch Farmen, Wald und Dörfer streifen? Es wäre nicht unmöglich gewesen; es fehlte indes ein Vorwand auf neugierig verwunderte Fragen am Wegesrand. Zudem. Die Weißen im Lande bewegten sich nur mit Vierradantrieb vorwärts. Allenfalls ein Feldforscher bewegte bisweilen die Beine ins Unwegsame. Oder er flog mit dem Flugzeug davon.

Der Anlaß für die erste Solo-Reise in die Savanne war eine Woche drohenden Alleinseins. Der Gemahl hatte sich eingelesen in ein aktuelles Problemthema und war damit qualifiziert für eine offizielle Einladung zu einer Konferenz im Nachbarland. Er würde fliegen. Es ist ein Katzensprung und war trotzdem weit weg. Hier mußte ein Gleichgewicht geschaffen werden. Fliegst du nach L., fahre *ich* in die Savanne. Und zwar *public transport*. Ich sitze nicht wieder allein im Hause herum und warte mich und die Zeit kaputt.

Vorwände waren vorhanden: ein Besuch bei Mireille, gleichzeitig ausgereist und zu Besuch in Ndumkwakwa ein paar Monate zuvor: ‚Komm mich doch mal besuchen.' Weiterhin ein Besuch beim Patenkind Klein-Yuka und auf dem Weg zurück eine Übernachtung bei Careli aus Bethabara. Vor allem aber ein Besuch bei der Frau des knorrigen Ntu, oben bei Nko, in den Hügeln von Sanya. Wer würde ziellos durch die Gegend reisen allein und um nichts als des Unterwegsseins willen?

Der eigentliche Grund blieb unterschwellig. *Ich* und das Abenteuer der Unabhängigkeit: es war das Äußere der Reise. Das Innere – eine nicht mehr nachvollziehbare Deviation. Ich und *allein*. Jenseits von Grinsen, Greinen und Grübeln sollte statt einer Abwesenheit ohne Abschied eine Landschaft anwesend sein. Eine, die schon andere Verweilende eingenommen und nicht mehr losgelassen hat. Landschaft wie geschaffen als Ausweg, Umweg und Symbol, zusammenwerfend unmögliche Nähe, lyrische Gefühle und grüne Hügel, eukalyptusrauschend.

Mitte August mußte man wieder einmal hinunter ans Meer, Großeinkäufe machen und zum Zahnarzt. Der plombierte einen Backenzahn mit Eiterfistel, statt ihn zu ziehen. Möglich nur in Afrika. Vor allem aber war der Konferenzteilnehmer zum Flugplatz zu begleiten. Die kleine Maschine einer afrikanischen Luftlinie entschwand im Wolkengrau. ‚Und ich, um mich abzulenken, ich entschwinde in die Savanne.'

Noch zwei Tage waren allein zu verbringen in dem großen düsteren Haus, in dem verregneten und vernebelten Campus. Das lyrische Fragment *Bethabara* und die übrigen Gedichte wurden noch einmal ins Reine geschrieben – wie für den Fall einer Hinterlassenschaft.

Dann war es Montagmorgen und der Wecker klingelte. Am späten Abend klingelte er auch im Tagebuch. ‚Es war noch stockdunkel. Zwei Schlucke Martini, sonst nichts bis Bassum.'

2. Kapitel

Die grünen Hügel von Sanya

Wie so jünglingsgrün, wie so poetisch verträumt schwimmen sie in der Erinnerung, die Hügel von Sanya und sie allein. Leuchtend steigen sie aus dem nebelgrauen Gewässer der Damaligkeit, in dem alles übrige untergetaucht ist. Sollte es an dem bißchen Ölfarbe liegen, Zitronengrasgrün überwölbt von einem dunklen Ultramarin auf quadratischer Pappe, eine Regenzeitlandschaft, die damals dem Auge, mehr noch der Seele sich einprägte: das sanft erhabene Wogenspiel der Höhenzüge und Talgründe, durchtröpfelt vom Regentropfenpräludium einer verklungenen Melodie. Verklungen, freilich. Einfach nicht mehr da. Nur noch auf dem Papier, in den Tagebüchern, sind einsehbar die gereimten sowohl als ungereimten Notationen, welchen eine gewisse Ähnlichkeit mit dem, was sich in der guten Mireille dunkelblauem Büchlein fand, nicht abzusprechen war...

An einem Montag im August

Es ist so weit. Der Wecker klingelt. Es ist noch stockdunkel. ‚Zwei Schlucke Martini...' Ohne die spätabendliche Notiz kaum noch zu glauben. Der Landrover, pünktlich um sechs. John, der verläßliche Fahrer, am Steuer, und es geht den Berg hinab.

Die erste lange, ins Vielverzweigte hinein geplante Reise allein beginnt, mitten in der Regenzeit. Allenthalben Schlamm statt Staub, daher Stiefel bis zu den Waden, zum Waten, sowie einen strapazierfähigen dunklen Hosenanzug mit tiefen Taschen: Ausweis und Geld leibesnah, diebessicher. Gepäck so wenig wie möglich: das, was in die kleine weiße Bordtasche geht, die vom allerersten Flug an begleitet hat. (Und die es noch gibt, rotverschrammt, eine Reliquie der Reisen jener Jahre.) Außerdem ein leichter dunkler Mantel und ein Regenschirm.

Der Landrover ist gemietet, um zeitig genug den Marktflecken Ulom an der großen Durchgangsstraße zu erreichen. Die seit drei Jahren vertraute Piste, hier ist der Ort, sie erstmals zu beschreiben. Zu beiden Seiten das mehr als mannshohe Elefantengras, dahinter Kaffeepflanzungen, darüber hohe Bäume; darunter und dazwischen die vom Berge stürzenden Bächlein mit dreizehn abgezählten Bohlenbrücken darüber, davon einige zum Durchgucken nach unten und zum Atemanhalten noch immer: werden die Räder in Übereinstimmung mit den beiden

Längsbohlen bleiben, die noch nicht verrottet sind? Durch eine große Schlammfalle zieht John das Vehikel mit gewohnter Eleganz. Dann das Großdorf Meltom. Was man so sieht, sieht verwahrlost aus und man sieht es überall: streunende Hunde, Gerippe unter gelbem, räudigem Fell. Dazu das übrige liebe Vieh: Ziegen, Hühner, Schweine zwischen dem Grau und Grellbunt der Bretterhütten und rohen Betonbauten. Die schiefen Masten, die durchhängenden Stromleitungen. Die Abfälle allüberall. Die Leute und was sie ohne Hast und meist auf dem Kopf herumtragen – Töpfe, Taschen, Körbe, Reisig; Stoffballen, einen Sack Cocoyams, eine Schachtel Streichhölzer. Kein Mensch rennt. Es schlendert so dahin, und der Blick im Vorüberfahren gleitet ab ins Gleichgültige. Hinter dem Großdorf geht es nach links bergab durch Bananenplantagen statt Kaffeefarmen, und ein verschwimmender Blick schweift über die regengraue Tiefebene Richtung Meer.

An der großen Durchgangsstraße liegt der Flecken Ulom. Ein Taxipark wie alle anderen, gedrängt voll mit Vehikeln aller Arten und dem Gewimmel dazwischen; Marktfrauen hocken am Boden, Maiskolben röstend, Erdnüsse feilbietend. Hühner, Ziegen. Leute, neugierig; Palaver allenthalben. Hier muß die weiße Reisende raus aus dem Sicheren ins Unsichere. Dank an John, den Fahrer, und bis Montagabend in einer Woche.

Hinauf in die Savanne

Von hier an und ab jetzt allein. Zum ersten Male allein. Allein die lange Reise aus der abgeholzten Tiefebene hinauf in die hügelwogende Savanne. Ein weißes Baumwollhütchen steht da verloren herum. Wird wer behilflich sein? Die weißen Stiefel staksen in der Menge der grauen Fußstapfen umher. Der Himmel ist auch grau, aber es regnet wenigstens nicht. Die weiße Reisetasche fest im Griff. ‚Daladala-Daladala?' ‚No. Bassum-Mende.' ‚Come.' Vielleicht war's ein Landrover. Vielleicht ein Mini-Bus. Vielleicht, hoffentlich nicht, ein alter Peugeot oder etwas dergleichen. Fünf Sitze, zehn Passagiere. In diesem Falle: Steig nicht ein. Warte. Der Tag ist lang. Irgendwann ist dann die Weiße, samt Hütchen, Stiefeln und Tasche zwischen den Beinen, anonym verstaut und schüttelsicher eingeklemmt. Aber es ist keine Schüttelstrecke, leider, nein. Es ist glatte Asphaltstraße mit Kurven und Gegenverkehr, Langholzlastern, Rasern, Überholen, Überholtwerden. Der Fahrer – meist ein junger Kerl mit Zigarette und verwegener Miene. Soll ich für ihn, für mich, für die ganze Fuhre beten?

Wortlos, anheimgegeben einem Gemisch aus Hoffnung und Fatalismus; reglos, brauner Jackettgabardine an einen gestickten Baumwollkittel oder eine bunte Polyesterbluse gequetscht, wird die Weiße ihrem Ziel entgegentransportiert samt den Gedanken, die sie sich macht. – Die Landschaft ist bereits vertraut. Struppig, wo etwas wächst, von Siedlungen zerfranst da, wo mitten hindurch die graue Asphaltschlange zischt. Sehenswert wird die Landschaft erst nach einer scharfen Rechtskurve um einen Felsvorsprung herum, wo linker Hand dicht heran ein breiter flacher Fluß sich schiebt.

Es geht hinauf ins Gebirgige, in ein zerstreusiedeltes Gebiet. Linker Hand taucht eine Gebirgskette auf und bleibt eine ganze Weile stehen, eine gezackte Wand, stahlgrau den Horizont abriegelnd. Der Höhepunkt aber, das ist der Paß von Basio. Da oben müßte man aussteigen und verweilen. Es ist zum Davonfliegen schön. Die namenlose Tallandschaft (was fügen Namen den Schönheiten einer Landschaft hinzu?) wirft sich nach Südwesten hinab bis zum Horizont meilenweit und breit hinschweifend mit zufließenden Seitentälern, dehnt und buckelt sich tief hinab, verhüllt vom grasig-grün wallenden Faltenwurf der Urmutter Gaia, durchfurcht vom ziegelrot gewundenen Bänderschmuck der Lateritstraßen und Feldwege – die wenigen Augenblicke, die da hinabsegeln auf seidenpapierenen Drachenflügeln des Entzückens – an den zwei Schluck Martini kann's doch wohl nicht liegen – im Abfahren der Kurven und schon vorüber, es muß genügen. Es genügt und es bleibt. Es sucht sich einen stillen Seelenwinkel und überdauert. Fast drei Jahrzehnte später ist es immer noch da und läßt sich hervorlocken ins Sagbare. – An Bassum, wohl so um die Mittagszeit, keine Erinnerung. Vielleicht eine Handvoll Erdnüsse auf den leeren Magen. Weiter mit einem anderen Taxi, und am frühen Nachmittag der Blick auf Mende, wo auf der Felsenbrüstung noch eine alte Kolonialfestung steht. In den Abwärtskurven trudelt der Blick hinab in einen weiten, sanft gewellten Talkessel, in welchem sich die Provinzhauptstadt rekelt: silbergrau hingesprenkelt die Blechdächer, dunkelgrün dazwischengetupft Zypressen und Thuja.

Hier ist nach glücklicher Ankunft am privilegierten Rande der Stadt auf dem Synodenhügel ein Gastzimmer bereitet. Was ist, nach langer Reise, der Seligkeit eines frisch bezogenen Bettes vergleichbar! Mireille, still und in sich gekehrt, geht am nächsten Tag ihrer Arbeit nach. Der Gast darf ausspannen.

Der schöne Hügel über Chaa

Am Mittwochmorgen hinab zum Taxipark. Gemächlich. Ein handlicher Vorratskorb Zeit ist vorhanden. Darinnen, gut verpackt in Vorwände aus bestem Haushaltspergament, verschiedenes, das verzehrt werden muß, ehe das Aufgesparte kommt. Das Beste, ganz unten, ist für zuletzt.

Im Taxipark, unter grauem Regenzeithimmel, zwischen Bretterbuden und Vehikeln aller Arten, bewegt sich wieder das bunte Durcheinander, das noch einigermaßen neu ist für eine Fremde, die sich bislang nur im Landrover umherkutschieren ließ. Womit sind die Leute beschäftigt? Sie kommen, sie warten, sie kaufen und verkaufen, reden mit einander, lachen, schimpfen, klauen vermutlich auch; fahren dahin und dorthin und haben ihre Sorgen. Nach Chaa, in eine höhere und kühlere Gegend, wollen viele mit ihren Sorgen und Hoffnungen; denn dort ist ein großes Krankenhaus, entwicklungsfreudig in freie Landschaft gebaut für die Landbevölkerung, bestückt mit überwiegend weißen *medical doctors*. Die Sprache der Angeln und Sachsen, wie ist sie so irritierlich *inklusiv*. Soll man sagen und schreiben ‚male and female doctors' oder gar ‚he-doctors and she-doctors' wie man ‚he-goats' und ‚she-goats' sagt? Ärzte und Ärztinnen – die Hautfarbe jedenfalls sieht man auch und selbst der deutschen Sprache nicht an.

Es ist nicht weit nach Chaa. Aber ins richtige Taxi muß man steigen. ‚Hoffentlich sitze ich im richtigen. Wartend, wegen mir. In Wirklichkeit – wo bin ich? In diesem Tagebuch bin ich, in das ich kritzle, und die Leute gucken neugierig, halb amüsiert, halb mißtrauisch. Ich fahre, das Patenkind zu besuchen, das mich nur unecht interessiert. Geld und Wollsachen schenken, weil's so kalt ist da oben.' – Die Reisende hat das Tagebuch mitgenommen. Wie sollte sie sich sonst mit sich selbst verständigen? Über das Reisevorhaben. Und überhaupt.

Sie sitzt im richtigen Taxi. Es kurvt aus der Stadt hinaus und hoppelt durch die Gegend, denn die Straße ist schlecht. Man kommt durch Ntumwi. Das ist für den Rückweg und zum Übernachten. Es geht jetzt steil bergan, eine breite Erdstraße. Hier war ich doch schon mal, zu Fuß und zu zweit oder dritt, wann? In jener ersten Regenzeit vermutlich, im Juli, grün und gelb. Wo muß ich aussteigen? Aus Verschlafenheit und weil Fragen so anstrengend ist, bleibt die Weiße sitzen, als das Taxi irgendwo hält, und plötzlich öffnen sich die Tore des Hospitals. Da muß ich jetzt wohl hinein und auf Leute zugehen, die ich nicht kenne. Aber ‚man' kennt *sie*. Zwei Krankenschwestern, Landsmänninnen – auch so ein Wortgezwitter – nehmen sich der Angekommenen und halb Gestrandeten an, und die eine fährt dahin, wo das Patenkind zu besuchen ist.

Das Haus steht hoch oben am Rande eines Abhangs und am Fuße eines großen, schönen Hügels. So hoch und so schön ist der Hügel, ganz übergrünt und so wohlgerundet die Kuppe, eine fast perfekte Sinuskurve, daß der Berg viel Aufmerksamkeit abzieht von dem Patenkind und seiner Familie. Es geschah aber doch eine Kleinigkeit zu Füßen des schönen Hügels; etwas, das zum Aha-Erlebnis wurde. Die *Soror* mit dem Auto nämlich neigte sich hinab und herzte das ältere Schwesterchen des dreijährigen Patensöhnchens. Es stellt sich heraus, daß auch sie Patentante ist. Aha. Da tut sich auf die Tür zum Patenparadeis. Der Vater sammelt Patinnen wie andere Leute Briefmarken. Ich bin nur eine unter anderen. Klein-Yuka ist lieb und zutraulich; fremdelt überhaupt nicht. Der Vater erzählt von seiner Arbeit und bekommt ein ansehnliches Geldgeschenk für das Kind. Die weiße Frau kann sich doch nicht lumpen lassen. Sie bekam ein Hühnlein geschenkt und zog damit ab. Was nahm sie heimlich mit? Den schönen Hügel von Chaa.

Wartend auf ein Taxi, das Huhn im grob geflochtenen Bastkorb bald still ergeben, bald unruhig, steht die Reisende und betrachtet den schönen Hügel über Chaa, die perfekte Sinuskurve in Hellgrün. Ihr wollt nichts als eure Kinder gut versorgen und mein Geld, ihr guten Leute. Ich will nichts als mir die unruhige Seele beruhigen mit schöner Landschaft.

Doppelte Vergangenheit in Ntumwi

Auf halbem Weg zurück liegt dicht an der Straße ein hübscher kleiner Campus. Eukalyptus und Thuja als malerischer Rahmen; längs der Veranda Blumen: ein Zeichen, daß hier noch eine *fraternal* wohnt. In ihrem hübsch eingerichteten Wohnzimmer lassen sich Nachmittag und Abend verbringen. Die Gastgeberin, knabenhaft und energisch, ist da zum Tee, und man kann sich ein bißchen unterhalten. Am Abend ist sie anderweitig verpflichtet. Da sitzt es sich geruhsam allein. Schreiben, schmökern, sich erholen – wovon? Grimms Märchen liegen da. Neben dem Kamin steht ein kleines Querformat in Öl, Ton-in-Ton in Graulila getaucht ein Stilleben mit Kaffeekanne, Tasse, Untertasse. Das erste Bild, gemalt mit den Ölfarben, die der Gemahl zum zweiten Weihnachtsfest als Geschenk aus Daladala brachte. Eigentlich gefällt es der Hobbymalerin. Weil es jedoch dem, von welchem der Malkasten war, nicht gefiel, ward es veräußert als Gastgeschenk, zwei Jahre zuvor, beim ersten Besuch in diesem stillen Campus. Wird sie es mitnehmen, die Careli? Sie ist verlobt, wird bald heiraten und hingehen, wo der Mann herkommt: in die Neue Welt. Eine Briefkarte, die zusammengefaltet auf dem Lesetischchen liegt, das ist dem Format nach vermutlich die Verlobungsanzeige. Lohnt es sich, sie zu lesen? Die Gedanken schweifen. Sie schweifen durch das kleine Anwesen. Hier also. Vor zwei Jahren wußte noch niemand nichts. Erst im Frühjahr ward die Sache ‚ruchbar' und sorgte für einen Skandal. Es wird sich nicht wiederholen. Hier nicht. Alle Spuren wurden entfernt. Die Fama aber wird noch lange durch die dunklen Thujahecken schlüpfen und flüstern...

Am Abend dann – ‚wen trifft es wie mich?' Für dergleichen ist das Tagebuch da. Aber ist es damit von der Seele? Was auf dem Tischchen lag den ganzen Nachmittag lang und wie eine Verlobungsanzeige aussah, es ist, herbeigezogen mit lässiger Gebärde, tatsächlich eine Familienanzeige. Aber eine andere. Noch ein Kind. Das vierte, fünfte im Bekanntenkreis und in diesem verquälten Jahre. Für das Paar, welches, ‚hocherfreut', die Anzeige schickt, ist es ein Erstgeborener. Das Glück ist endlich rund und vollkommen. Der Ausbruch ins Tagebuch – im nachhinein unbegreiflich und verfilzt mit einem Gefühl der Peinlichkeit. Damals freilich eine zur Arabeske stilisierte Woge hochaufrauschender Gemütsbewegung. Teil eines Rituals und fast neurotisch. Vielleicht, weil der Maienbesuch in Ndumkwakwa so erfolgreich überlagert war von einer Ersatz-Episode? Die Vergangenheit rauschte auf mit schwerem Flügel. Enttäuschung? Verrat? Wie? Hier ist einer endlich erwachsen und vernünftig geworden, während die andere sich weiterhin die Seele verrenkt in romantischer Absolutheitsartistik und in einem mutlosen Nein versinkt, dunkelblaue Traurigkeiten kultiviert, sich verkriechen und weg sein möchte. In Selbstgesprächen sich ermüdet bis tief in die Nacht und am nächsten Morgen die Traumscherben vergessen hat. Der kurze Besuch in Ntumwi: ein langer, nach rückwärts gewandter Tagebuchmonolog.

Am Morgen wieder in ein Taxi und auf schlängelnder Lehmstraße durchs Hügelige zurück in die Großmarktbuden- und Supermarktstadt Mende. Zurück auf den Hügel am Rande der Stadt und ins gastliche Haus. Der Vorrat an verfügbarer Zeit geht zu Ende. Was zu oberst lag, ist ausgepackt und verzehrt. Chaa – ein schöner Hügel grüngewölbt über dem Krauskopf von Klein-Yuka. Ntumwi – eine verlobte Careli und ein Seelenbitter. Das bürgerliche Glück als Wermut. Und im Hintergrunde die Fama über eine Unbekannte und ihr exotisches Glück als Skandal. Nun ein halber Ruhetag allein im gastlichen Haus. Mireille, bei aller Heiterkeit merkwürdig zurückhaltend, geht Berufspflichten nach.

Bleibt zu unterst eingepackt die Reise nach Sanya. Zum ersten Mal und allein in eine Gegend, aus der bisher und sieht man ab von einer einzigen Ausnahme, stattlich, schön und dumm, gescheite und charaktervolle Studenten kamen. Von der Stadt Nko soll es gleich weitergehen in das Nest Sanya. Bislang ein Name, sonst nichts. Dort wohnt der einzige Vorwand der Reise, die Frau des säbelbeinigen ‚Feldwebels' Ntu.

Ins Unbekannte. Gestrandet

Freitag beim Frühstück. Mireille mit ihrem geheimnisvoll versonnenen Lächeln schiebt ein schmales Büchlein, dunkelblau eingebunden, über den Tisch. Ob der Gast vielleicht unterwegs einen Blick hineinwerfen wolle. Ach, nichts Besonderes. Ich dachte nur. Du kennst dich doch aus. Gedichte. Von wem? Von einer Frau? Von einer Bekannten. Kenne ich sie? N – nein.

Wieder zum Taxipark. Wieder das Viele und Bunte; die kleine, labyrinthische Welt aus Buden und Blech; Pfützen, Abfall, Benzingeruch; Stoffsorten, Gepäcksorten, Leutesorten; Weißbrot in Plastik, Erdnüsse geröstet; Schuhe, billige Armbanduhren, Perlenkettchen. Aussteigen, Einsteigen, geduldiges Warten. Irgendwann wird man schon ankommen. Das Mit-Mitten-Darin-Sein nimmt nicht die Form von Inter-esse an. Es schafft Abstand. In einem leeren Raum aus Nicht-Dazu-Gehören steht die Weiße für sich, lang behost statt in langem Rock; brauner Anzugstoff statt türkisgrüner Spitze und Goldbrokat. Statt in zierlichen Sandalen steht sie gestiefelt herum und wartet. Wartet und wundert sich über die festliche Aufmachung, in der viele Frauen hier reisen als ginge es zur Hochzeit über Parkett.

Warten also. Es fängt nicht gut an. Wo bleiben die Taxis nach Nko? Bleiben sie aus, weil die Straße so schlecht ist, jetzt in der Regenzeit? Wer hat gewarnt und gesagt, die Pom-Ebene sei überschwemmt? Aber war da vorhin nicht ein Taxi nach Nko und im Nu voll, und ich bin nicht mitgekommen, weil ich zu langsam war und nicht mitgedrängelt habe? Drängeln ist peinlich, wenn man weiß ist und sofort auffällt. Was mach ich. Warten. Ein Soldat steht auch herum und wartet. Er knüpft ein Gespräch an. Er sei in Meltom stationiert, und es stellt sich heraus, daß man einen gemeinsamen Bekannten hat: Ntu mit den Säbelbeinen. Na schön. Man unterhält sich eine Weile, steht nicht mehr so isoliert in der Gegend. Nein, er will nicht nach Nko. Da kommt sein Taxi. Und wann kommt meins?

Drei Stunden Warten. Stehend. Keine Möglichkeit, sich irgendwo hinzusetzen, und der Rücken fängt an zu schmerzen. Die kleine Plastiktasche ist zu klein, sich darauf zu setzen. Sieht man der Weißen etwas an? Eine jüngere Frau bietet der älteren an, sich auf ihr stabiles Gepäck zu setzen. Danke. Eine Wohltat. Sie verringert ein wenig die Fremdheit unter Fremden. Irgendwann kommt schließlich ein Taxi nach Nko. Ein kleiner Bus, ebenfalls im Handumdrehen voll. Aber diesmal ist die Weiße mit drin. Der Fahrer ist ein Jüngling mit freundlichem Gesicht, schwarz in Schwarz gekleidet, mit schwarzem Schlapphut. Auf den muß man sich nun verlassen. Von seiner Geschicklichkeit und Geistesgegenwart hängt die vollgedrängte Fuhre ab.

Hinaus aus Mende, Richtung Südosten, und das Wetter klart mittäglich auf, wird blau und weiß. Bei Ubi, vor dem Paß, eine große Schlammfalle, obwohl es seit Tagen kaum geregnet hat. Die Fuhre, gut gesteuert, kommt gut durch. Von Ubi nach Bandiri – gute drei Kilometer. Und auf den Knien der Götter liegt noch, daß dermaleinst, noch sechs Jahre und vier Monate hin, nach fünfzehn Kilometern zu Fuß von Mbebete herüber, quer durch die schattenlosen Felder und den Staub der Trockenzeit, abbiegend rechter Hand und den waldigen Berg hinauf, wandelnd durch Traumdämmerblau, mit taghellen Vorwänden versehen und mit festem Schuhwerk, die Reisende von heut einst wandern wird. Für die zweite und dritte Reise wird Nko Umweg und Vorwand sein. Auf der ersten Reise, hier und jetzt, sind die Hügel von Sanya letztes Ziel und Geheimnis.

Den Nsuni-Paß erklimmt das Vehikel holpernd und hustend. Oben ein Halt und ein Landschaftserlebnis, nahezu alpin, bucklig und schroff. Dunkel- und hellgrau gesprenkelte Felsbrocken unter dünner Grasnarbe hervorstoßend, wie hingeworfen von Polyphem. Zur Rechten ein Klotz wie eine Turmruine. Hier oben darf, wer will, kurz aussteigen. Es steht genug an Gebüsch herum, hinter dem so Weib wie Mann mal eben verschwinden kann. Da steig ich auch mal eben aus, aber zu anderem Zwecke. Im Schatten des Felsenturms, die Stiefel unstet im Geröll, läßt sich das Ganze der Landschaft Höhenluft atmend umfassen. Eine Kamera ist vorhanden. Aber nein – hier soll allein die Seele sich erheben ins rauh Erhabene. Was das Auge nicht einsammeln und mitnehmen kann, mag stehen und liegen bleiben.

Und nun hinab in die Ebene von Pom. Überschwemmt scheint sie nicht zu sein. Aber viel Wasser ist zweifellos vorhanden. Es steht flach in den Reisfeldern. Die Ebene ist ein grüner Flickenteppich, unregelmäßig zusammengestückt; mit Teichen und Tümpeln dazwischen, in denen Kinder Fische, vielleicht auch Frösche oder Kaulquappen fangen. Zwischen den Feldern und Tümpeln, durch Ortschaften ohne Anfang oder Ende, windet sich der aufgeweichte Fahrweg. Ein oder zwei Tage Dauerregen, und er wäre nicht mehr da. Nur ein hochrädriger Landrover mit erfahrenem Fahrer käme hier durch und nicht von Wege ab. Nicht ein einziges Mal blieb das Fahrzeug stehen oder stecken. Schade. Wozu hab ich meine schönen Stiefel an. Wo bleibt das Abenteuer? Die Ebene, nach Südosten sich ausbreitend, sinkt nach einer halben Stunde zurück.

Es geht hinauf ins Gebirgige nach Kijari. Auf kurzer Strecke mehrere Kurven. Die sind nach außen, nach unten hin, merkwürdig geröllig und es geht ziemlich steil hinauf. Wenn hier die Bremsen versagen? Da wendet der Blick sich lieber hinweg. Weg vom unbefestigten Straßenrand hebt er ab zum Gleitflug über die Tiefebene hin – ah und oh! Bis zum fernen Mfu vermutlich, am hintersten Horizont, breitet sich Glitzerglanz. Das macht, die Sonne steht schon schräg im Westen, so daß der Blick über die weite Ebene vom Widerschein endloser Wasserflächen geblendet wird. Vermutlich alles überschwemmte Reisfelder. Denn von Wasseransammlungen in dieser Gegend, gar von einem solchen Riesensee, ist nie Kunde ins geographische Allgemeinwissen gedrungen. Wasserglanz von unten herauf, Seele so eindrücklich belichtend, daß die Erinnerung die Jahrzehnte überdauerte: nach Sils-Maria und Sète: die Ebene von Pom.

Und sonst kein Abenteuer? Kijari liegt oben. Leute steigen aus und andere zu. Weiter. Die Gegend ist hügelige Hochfläche mit Busch und Baum. Die rote Straße, immer häufiger von Eukalyptus gesäumt, richtige Alleen, wird immer schlechter. Irgendwo geht es dann wirklich nicht weiter. Ein Lastwagen steckt im Schlamm und es ist kein Vorbeikommen. Aussteigen. Warten. Wie soll der Laster zur Seite geschafft werden? Einer der Reisenden, ein junger Mensch mit roter Kappe und großer Klappe, gibt gute Ratschläge. Es dauert. Niemand zeigt Ungeduld. Wird man notfalls im Taxi übernachten? Wird von der anderen Seite ein Vehikel kommen, so daß die Reisenden ausgetauscht werden können? Eine ganze Stunde vergeht. Es ist schon 4 *post meridiem*. In drei Stunden ist es stockdunkel. Und ich will noch nach Sanya? Wo, in Nko, sollte ich übernachten? Der Lastwagen liegt, wo er lag. Aber eine halbe Stunde später ist man in Nko. Ein Wunder? Man hat, Spaten haben Taxifahrer offenbar immer dabei, ein Stück Böschung abgetragen. Dann mühte sich der Minibus leer hinauf, quetschte sich zwischen zwei Eukalyptusbäumen hindurch und rutschte auf der anderen Seite wieder auf die Straße hinunter. Das Hindernis war umgangen, und man kam an, statt kurz nach Mittag kurz vor Abend.

Da hatte die alleinreisende Weibe nun endlich ihr Abenteuer. An den Rand einer fremden Kleinstadt gespült, in der es weder Bekannte noch ein Hotel gibt. Wie, wenn die Nacht kommt, ehe das gastliche Haus in Sanya erreicht ist? Durchfragen zum Pfarrhaus. Die unbekannten schwarzen Brüder müßten die weiße Schwester von der Synode her kennen. Das Haus ist vorhanden, und die Tür steht offen. Das große Wohnzimmer ist menschenleer; um ein Sofatischchen stehen große tiefe Sessel mit dunklem Plastiküberzug. In diesem Schaumgummi wäre ein Übernachten möglich mit wenigstens einem Dach über dem Kopf. Wo sind die Leute? Auf Rufen und Klopfen keine Antwort. Wo wäre die nächste Adresse? Jede städtische Gemeinde hat einen kirchlichen Buchladen. Dessen lokaler Geschäftsführer ist dem Namen nach bekannt. Den Weg erfragen ist kein Problem. Wohl aber ankommen und den Mann nicht vorfinden. Er sei gerade anderen Geschäften nachgegangen, sagt die junge Frau im orangeroten Pullover. Popporange. Achselzucken. Zurück zum Taxiplatz. Also doch nach Sanya, und in einer Stunde wird es stockdunkel sein. Die Suche nach einem Taxi zieht sich hin. Nach einer Weile ist die junge Dame Popporange da und hilft suchen. Ein Taxifahrer wäre bereit, verlangt jedoch einen Preis, den zu zahlen die Weiße nicht bereit ist. Zudem – alleine mit einem unbekannten Taxifahrer durch eine unbekannte Gegend bei einbrechender Nacht? Vorsicht im Verein mit Empörung über den Wucherpreis ist's nicht allein. Es kommt hinzu die Vision der Plastiksessel in einem offenen Pfarrhaus. Also wieder hin, und die junge Frau in Popporange kommt mit. Im Hause sind nun zwei Halbwüchsige, die sagen auf unverständlich, nämlich in Muttersprache, Mutterlaut, und die Begleiterin übersetzt, alle seien in der Farm und kämen erst am nächsten

Tag zurück. Also gibt es auch hier die Nachthüttlein im Gurkenfeld, im Maisfeld... Na gut, dann werde ich in diesem Sessel hier übernachten, ohne Wasser, ohne Brot, einfach so.

Afrikanische Gastlichkeit

Wie einfältig. Wie unerfahren. Fährt man nicht durchs Unbekannte, um erfahren zu werden? Die Dame Popporange ist gegen das unbequeme Übernachten in einem Sessel. Sie weiß etwas Besseres: das eigene Haus als gastliche Stätte der Bewirtung und mit einem Bett. Gut. Eine Frau ist kein Taxifahrer. Außerdem befand sie sich hinter dem Ladentisch einer kirchlichen Einrichtung. Das macht sie unverdächtig. Denn natürlich haben weiße Reisende Geld bei sich und oft nicht wenig. Das Haus befindet sich ein wenig auswärts, und es wird schon dunkel. Die Umgebung sieht aus wie ein großes Fußballfeld, umgeben von Eukalyptusbäumen. An einem Hang reihen sich niedere, längliche Backsteingebäude und einzelne Häuschen. In den einen wird Schule gehalten für die Kleinen; in den anderen wohnen die Lehrer. Mama Ndi, nun stellt man sich vor, ist Lehrerin. Die Lehmschwelle ist überschritten. Da ist ein Tisch, da sind vier Stühle, und darüber ist das gastliche Blechdach. Bald schreit auch ein Baby, und wie herbeigerufen erscheint der Vater und Ehemann. Ha! Welch ein Zufall – das Rotkäppchen aus dem Taxibus! Der junge Mensch mit der großen Klappe und den guten Ratschlägen. Welche Fügung fürwahr. Die junge Frau säugt vermutlich das Baby oder bereitet ein Abendessen. Der junge Mann, über die große Klappe hinaus solider christlicher Jugendstil, unterhält sich lebhaft mit dem Gast.

Der Gast, ausgeliefert so unvermuteter Gastlichkeit, ist auch bewegt. Gefühle der Dankbarkeit, wer will sie verdenken? Das Verdenken wird erst später zwischenhinein kommen. Denn natürlich haben die beiden einen guten Fang gemacht. Hätten sie so eifrig ein armes eingeborenes Weiblein aufgenommen? So fragt man nicht im Zustande der Dankbarkeit. Nein, wahrhaftig nicht. Man tauscht Adressen aus. Die weiße Frau wird sich erkenntlich zeigen, am nächsten Morgen schon. Später Päckchen schicken mit Babysachen. Aber ein Stipendium besorgen – das leider nein, kann sie nicht. Aber und ach – wird sie nicht, ein halbes Jahrzehnt später, ähnlich nachdenklichen Gedanken nachhängen beim Anblick kleiner, krummer, schwarzer Schlammbeißerlein, auf weißen Reis gebettet dargebracht auf der Veranda von Ndumkwakwa: ‚*This is what I have from my village*' – und als Gegengabe, etwas später, ein blaßrosa Röslein nicht nur, sondern und vielmehr nebst vielen anderen schönen Sachen einen Haufen Backsteine, Wellblech und Zement ‚in den Sand setzen'? Wie der Zufall so spielt oder das Schicksal...

So korrumpiert Nach-Denken die Gefühle. Die da als Gast unter dem Blechdach sitzt, fühlt zunächst nichts als reine Dankbarkeit. Da ist eine kräftige Abendmahlzeit, Yams und braune Bohnen in Palmöl; da ist Wasser zum Trinken und sogar zum Waschen. Hier sitze ich in Sicherheit vor Dunkel, Hunger, Durst und wer weiß was; und da ist schließlich auch ein Bett, eine Holzpritsche, gewiß, aber mit ein paar Decken drauf so gut zum Schlafen, ‚daß ich schlief bis morgens früh, als die Hähne zu krähen anfingen'.

Eine kleine Überraschung bringt, nach gutem, heißen Tee und ein wenig Politik, der junge Tag. Er bringt Jung-Jambi herbei. Quer über das große Fußballfeld kommt er herbeigeschlendert, geradewegs vom Holzhacken. Ein hübsches und gescheites Kerlchen, noch zart, mit feinen Mädchenzügen und witzig-spitzer Zunge. Einer aus der zweiten Klasse und vielversprechend. Der Knabe ist nicht minder überrascht: Was bringt die Tutorin über den Nsuni-Paß durch die Pom-Ebene herauf nach Nko? Ja, mein Hübscher, das wüßtest du gern. Mal mir mal auf, wie ich nach Sanya komme zu Fuß. Denn ich will wandern und irgendwann zur Mittagszeit im Gehöft und Hause Ntu ankommen. Richtig; Frau Ntu will ich besuchen; es ist so abgemacht und versprochen. Und die Piseta-Schule, wo ist die? Gleich daneben? Gut; mehr brauch ich nicht. Aber wenn sich eine kleine Begleitung fände, Mädchen oder Bübchen, das wäre auch nicht schlecht. Denn ich habe eine Tasche, nicht schwer, aber hinderlich beim Wandern. Es fand sich ein Mädchen, etwa zwölfjährig. – Der Gast verabschiedet sich, preist die erwiesene Gastlichkeit, weiß, daß sie ihren Preis hat und verspricht weitere Erkenntlichkeit. Dann zieht man los. Zu dritt. Warum außer dem Mädchen auch der Gastgeber mitkommt, ist nicht ganz ersichtlich. Vielleicht wird es sich unterwegs zeigen.

Hügelglück Sanya

Das Wetter ist richtig: bedeckt, ohne Regen. Der Sonne Glut und Glanz ist abgebremst zu diffuser Helligkeit und erträglicher Wärme. Es geht ein Stück die große zerfahrene Straße entlang und dann seitwärts in einen Feldweg, zwischen bestellten Feldern und freiwucherndem Gestrüpp. Eukalyptus und Thuja – oder ist es Zypresse? Gleichgültig ist es, mit welchem Namen die Sprache nach dem kleingeschuppten, vielverzweigten Dunkelgrün der Hecken und Baumsäulen greift. Außerdem ist da wenig Muße für botanische oder anderweitige Betrachtungen. Mit munterem Mundwerk erzählt der begleitende Gastgeber unermüdlich von den wunderbaren Führungen Gottes in seinem Leben. Es führte sogar zu einem Briefpartner in Deutschland, aber noch zu keinem Stipendium für weiterführende Studien. Ist das die Katze im Sack? Hm, ja, soso. – Und so die Hügel auf und ab und eigentlich wäre ich lieber allein mit der Landschaft und ihrer Melodie. Nach einer Biegung zwischen Mais und hohem Gras zeigen sich Hütten: eine kleine Siedlung. Ein paar Leute begegnen und es ergibt sich eine Episode am Wegesrand.

Der alte Mann und die Deutschen.

Unter den Begegnenden ist ein sehr alter Mann, der auf die weiße Frau zugeht und sie freundlich begrüßt. Als er hört, die Fremde komme aus Deutschland, geschieht es wieder. Eine Merkwürdigkeit, die schon im Waldland begegnete und auffiel: der Alte wird lebhaft – o, die Deutschen! Und er rühmt sich, ihnen gedient zu haben. Wie kommt das? Es ist so lange her. Das lang Vergangene vergoldet sich für die Alten. Um abzulenken von den Deutschen; vielleicht auch, weil Zurückgedrängtes durchbricht, die plötzliche Frage: ob er, der Alte, einen alten Katechisten kenne, dessen Sohn soeben im Waldland unten das Seminar absolviert hat. ‚Ndze?' fragt der alte Mann, und seine Freundlichkeit leuchtet der Fremden väterlich ins Gesicht. ‚Ja' sagt die Frau, und das Echo ‚O ja', er kenne ihn – es kommt so strahlend, als habe der Zufall etwas Schönes, einen Goldtopas etwa, im Sande gefunden. Da ist der Name genannt, nebenbei am Wegesrand – aber der Weg führt doch zum Gehöft Ntu? Ja, sicher. Nun, sagt Mr. Ndi, wenn der Name früher gefallen wäre (aus dem silbergrauen Sichellaub der Eukalyptusbäumen hätte er fallen müssen, denn da hängt er) – dann hätte man den Vater begrüßen können; da hinten, in dem Kirchlein, an dem man vorbeikam, da amtet er gerade. Nein, nicht zurück, nicht stören. Keine Abweichung vom Wege. Es gibt keinen guten Grund und würde nur Verwirrung stiften. Es muß nicht sein. Weiter. – Man verabschiedet sich alsbald und trennt sich in drei Richtungen. Der alte Mann, der den Deutschen gedient hat und den Jüngling Ndze kennt, geht zurück ins Dorf. Ndi wendet sich nach rechts, wo er offenbar sowieso hinwollte, die Fremde nach links. Das kleine Mädchen, das jetzt die Tasche trägt, folgt und hält ein paar Schritte Abstand.

Endlich allein mit der Landschaft.
Frei und leicht dahinwandernd auf breitem Weg, der ocker, braun und rot zu Füßen liegt; zwischen Grau- und Gelbgrüntönen allein mit Gras, Gebüsch und Baum. Noch eine Wegbiegung, eine Hügelrundung hinauf und da – öffnet es sich, das liebliche Tal, das seitdem, Zitronengrün überwölbt von Ultramarin (war der Himmel nicht verhangen?!) auf quadratischer Pappe die Erinnerung rührend einfältig wiedergibt. Übersichtlich liegt es da, wohlbegrenzt in sich geborgen, und auf diesen Augenblick hat es gewartet mit kleinen Feldern und Wäldchen, mit Gehöften strohgedeckt und Höhenzügen, die nah und sanft in den Himmel tauchen, Hellgrün in Lichtgrau. Sie kommt, sie ist da: unmittelbare Vertrautheit wie beim Anblick von Gärten der Kindheit. Seelensänftigende Gefilde, zurückstrahlend, was sich verklärend ihnen entgegenwirft. Vielleicht wird auf dem Rückweg Zeit zum Verweilen sein...

Die vielen Wegbiegungen, das ockerrote Geschlängel durch Grün zu beiden Seiten – Gras, Gebüsch und Baum, bebautes Feld und Brache, und die schön gewölbten Hügel ringsum, wie friedlich. Ein anderer alter Mann begegnet, grüßt und bleibt stehen. Versteht Pidgin und daß die weiße Frau zum Gehöft der Familie Ntu will. Er schenkt eine Cola-Nuß. Die Fremde ist willkommen. Wie gänzlich unmöglich wäre es, hier aufs Geratewohl und nur der Landschaft wegen umherstreunen zu wollen. Das tun nur wilde Tiere auf Nahrungssuche. Kühe und Ziegen sind angebunden. Ein Seitental öffnet und weitet sich über eine kleine ebene Fläche hin – dort drüben, das sei die Piseta-Schule, sagt das Mädchen. Hier also haben sie die Schulbank gedrückt, der Häuptlingssohn und der gemeine Untertan. Nun gilt eine andere Hierarchie. Ntu wird nicht weiterstudieren; Ndze wird. Frauen mit Wassereimern auf dem Kopf kommen entgegen, sagen nichts, wundern sich wohl nur. Und da ist schon das Gehöft. Eine alte Hütte und dahinter ein neues Haus.

Zu Gast in Sanya.
Aus dem neuen Haus kommt die junge Frau Ntu. Würdevoll, still und freundlich führt sie den erwarteten Gast über die Schwelle. Rückt einen Holzsessel herbei. Das Ziel ist erreicht. Das Sitzen tut gut. Erst einmal nichts als Sitzen. Es beginnt ein wenig zu regnen. Die Melodie des Regens auf dem Blechdach – Chopin, afrikanisch. Keine Zwischendecke dämpft das Prélude, kein Glas in den Fenstern hindert den auffrischenden Luftzug, durch den geräumigen Raum wehend trockene Halme und Spelzen aufzuwirbeln. Dann das Gespräch, wie abgesprochen:

Möglichkeiten in der Frauenarbeit. Dann wieder und vor allem: Dasitzen und Dasein. Könnte ich hier Mireilles Büchlein hervorziehen und lesen? Nein, es wäre Entweihung der Gastlichkeit. Die Gedanken sollen gegenwärtig bleiben und dem Regentropfenprélude lauschen.

Nach einer Weile kommt die Mutter, begrüßt händeschüttelnd den Gast. Keiner spricht die Sprache des anderen, aber jedes Wort hat Sinn und kommt da an, wo es hin soll: im gegenseitigen Wohlwollen. Daß die Mutter die gleichen Augen hat wie der Sohn – es wird erst sechs Jahre später auffallen, bei einem zweiten und letzten Besuch, kurz vor ihrem Tod. Dann kommt ein großer Topf mit Kartoffeln, geröstet in rotem Palmöl, und es schmeckt. Es schmeckte ganz wunderbar und schmeckt bis in die späte Erinnerung hinein. So groß war der Hunger, nach der langen Wanderung. Heißen Tee gibt es auch; der Regen läßt langsam nach, das Gespräch auch, und so zieht die weiße Frau nach einer guten Weile, beschenkt mit einem Hühnchen und einem Kilo Bohnen und wie es sich gehört ein Stück weit begleitet, wieder ihres Wegs.

Ein Büchlein dunkelblau

Die weißen Stiefel sinken ein wenig in die Erde, die, vom Regen leicht aufgeweicht, einen Rotton tiefer liegt. Das Grün hingegen klingt um einen Ton erhöht durch Gras, Gebüsch und Bäume, und die Luft berührt angenehm kühl. Die Hügel, Täler, Winkel und Wegbiegungen, alles liegt freundlich vor Augen, ist da und wird bleiben. Die Fremde, *a passing phenomenon*, fühlt sich hindurch und vergehen. Warum kann es nicht dauern, das Dasein und die reine Gegenwart; das schmerzlose Ich und die friedliche Landschaft... Schon ein stechend Mücklein würde genügen, die Stimmung zu stören. Aber da ist kein Mücklein.

Es ist da wieder, ein wenig abseits, das Kirchlein. Ein Abbiegen wäre möglich – ‚I come to greet the father of Ndze.' Soll ich – ? Das Kirchlein ist leer. Es steht verloren im Grünen mit einer Bank davor. Auch gut. Sogar besser. Das geduldige Kind setzt sich ein paar Schritte seitwärts auf einen Stein. Hier ist Verweilen möglich. Hier wäre auch, was tags zuvor über den Frühstückstisch geschoben ward, eines Blickes wert.

Das schmale Büchlein, dunkelblau – o, Handschrift. Eindeutig Mireilles, groß und sanft gewölbt wie die Hügel ringsum. Wo mag sie das abgeschrieben haben? Sie hat es doch nicht etwa selber –? So oder so: warum hat sie Verse wie Prosa geschrieben, fortlaufend? Gewöhnlich ist doch das Umgekehrte, Prosa wie Verse zu drucken. Erwartet sie ein literaturkritisches Urteil? Will sie etwas andeuten? Über dem Dunkelblau schwebt ihr enigmatisch versonnenes Lächeln...

Fünf Gedichte, nicht mehr, nicht weniger, schnell überblättert. Die ersten drei in englischer Sprache. Ein Wagnis, sollte es von Mireilles hauseigener Muse stammen. Wenn aber nicht, was will sie damit sagen? Sie wünscht sich Worte. Sie leidet an Eifersucht. Zweimal Abschied. Am Ende etwas Neues. Und es reimt sich gelegentlich sogar.

She Wishes for Words
A few words only, but exquisite, choice Like precious stones of glistening gloomy glow, Words like a chisel, subtle, rare and keen To carve the hard dark marble of your brow. // Only a few such words if I could find To tear from time, to rescue from decay Those virgin secrets still asleep behind The almond hills of your day-dreaming eyes. // Alas for all vain words that cannot tell Both sweet and sadness mingled rising from The silent questions that you look at me // This heart goes wild and eyes withdraw for fear To openly offend and to betray My own most idle dreams that echo yours.

That echo yours – wer rief da wem? Und kann ein Echo nicht in viele Richtungen streunen? Auch um Ecken, um die man nicht sehen kann? Ein metaphorisch Nüßlein, das sich am Ende von selber knackt? Als nächstes das Schlänglein Eifersucht.

She suffers from Jealousy
Ah! Woe betide! How hopeless and in vain! It flashes headlong through both blood and bone A sudden fit a mad neuralgic pain That cripples words and voice into a groan. // And makes despair turn round if it might see Perchance some solid thing to grasp and hold Some thing as solid as a rock or tree. Or like a mountain sovereign and bold. // As if Mt. Kei in its bright morning glory Could save, god-like, from this absurdity Of sudden tantalizing jealousy // That threatens to destroy for aught I see For nothing really, this my common sense: A smile not intended for me.

Ein starkes Stück. Aber nicht schlecht. Die Reime rein. Nur das Ende gerät ins Schleudern. Der Affekt explodiert. Wer tat das wem an? Hat Mireille, die Sanfte, Stille, dergleichen erlitten hierzulande? Das Fieber der Eifersucht, die abgründige Irrationalität, irrationaler als die Quadratwurzel aus der Primzahl zwei. Ein Instinkt, nackt und völlig unbeleckt von Ethos und Moral, Verstehen oder Verständnis – was hat Mireille damit zu tun? Immerhin, der Affekt wurde in Verse gezwungen. Doch wohl nicht von Mireille. Sie wird es irgendwo abgeschrieben haben. Und warum schob sie *mir* das zu?

Farewell
Another farewell in silence endured With indifference affected. Again and anew Carefully concealing the pain of loss Of life that departs with you. And behold those illusions: that memories May live on that soon will decay. I have died this death so many a time. You add to it in your way, T. N.K.

Wiederum: Kann so etwas von Mireilles Muse stammen? Aber warum nicht. Die stillen Wasser. Das weiß man doch. Mireille, dieser ‚verwunschene Garten, blühend von schönen Gefühlen'. Wie weit liegt Bethabara hinter ihr? – Das nächste Gedicht.

Abschied in Lenye
Aus dem Creek von Lenye biegt ein Boot. Westwärts vom Mount Biko wuchern die Mangroven Längs der Küste Richtung Balaka. // Aus dem Creek und durch die Brandung Biegt das Boot und der Atlantik liegt Glatt und grau im Julirieselregen. Zögernd nähert sich Bakanabang.
Fast ein Jahr schon und die Zeit flog hin. Und den dunklen Arm entblößend: Look! I have suffered. I am sick. I will no longer – . You escape. They love you, Kei –. Madame!
Eine heftige Gebärde. Nähe schon zu nah. Jünglingszorn, der grimmig sich erwehrt Dieser Nähe einer Frau, die ihn verdächtigt. O sweet mother, die ihn heldisch will. Umsonst.
Was wird bleiben? Die Erinnerungen dunkeln. Ein verwirrtes Lächeln, Eukalyptuslaub. Halbe Ahnungen und letzte Höflichkeiten. Abschied in Lenye. Regenzeit. Kei – ?

Merkwürdig. Die Ähnlichkeiten. Rückkehr in die eigene Sprache. ‚*Sweet mother*' – man hört den Song aus jedem Transistorradio. Das Meer und Mireille – zwei Jahre, bevor sie in die Savanne zog, hat sie da unten gearbeitet. Hat sie sich etwa nach Bakanabang gewagt? Wer saß damals dort verloren auf einsamem Posten? Sie hat nie etwas davon erzählt. Wie sollte sie. So vertraulich ist das Verhältnis nicht. Die liebe Mireille, sie scheint ein Geheimnis zu haben. Im letzten der Gedichte tönen Erinnerung und Abgesang in eins:

Epithalamium für Fortunatus
Keine weiße Agbada, blau und silbergestickt. Keine lyrisch umrandete Hochzeitspredigt in Nko. ‚Dorian weds Doriana'. Faut-il, qu'il m'en souvienne? // ‚Sweet mother' in Bakanabang hat es schwer und Angst vor dem Wasser. Der schlammige Creek, das atlantische Meer ‚Ma pikin – De suffer weh I de suffer for you!'// Spröde und wehleidig, my black African son That warmed my heart and kept it from growing old. Old before time. Denn die Jahre, die zählen, verrinnen.// Nun also und endlich, Glücklicher du, Fortunatus. Fortan forgone, den Tagträumen selbst unantastbar. A la bonne heure. Denn während die Jünglingssonne verglüht // Steigt im Osten männlich ein Monde herauf Über die Reisfelder, Tümpel und Berge von Watah. Und listenflechtend lächelt das Abendgestirn.

Das fällt aus dem Rahmen. Es hört sich nur von fern und sehr uneigentlich nach Mireille an. Welche ihrer Freundinnen käme in Frage? Wie ähnlich, wie unähnlich wäre, was sich dahinter vermuten läßt? Vieles und verschiedenes mag sich hier verknüpfen. *The fates are propitious.* Hier und jetzt ließe sich ein Kränzlein winden, um es literarisch aufzuhängen in schwanken Eukalyptuszweigen. Eine Handvoll kleiner Blüten, kleiner Blätter, anekdotisch duftend nach Zypresse und Zitrone. Kleinigkeiten, dem Augenblicke, der sich auftut und Landschaft in sich saugt, hingestreut unter lichtgrauem Himmel, zu Füßen lehmrote Erde und grünes Gras. Die Hügel von Sanya als ideale Kulisse für nachgetragene Erinnerungen.

*

Es begann nicht mit einem Gedicht. Es begann mit Ausfälligkeiten, *We don't want Shakespeare and such European writers. We want Achebe and Soyinka.* Gut gebrüllt, Jungleu von Nko. Und wie so schön grimmig du gucken kannst. Wenn du nicht eben tagträumst so vor dich hin, mitten im Unterricht. Wenn du mir nicht eben allein begegnest unter den Eukalyptusbäumen. Ein Gedicht stand an der Wandtafel in kantig zerstückter Handschrift, wie aus hartem Holz geschnitzt und ganz ohne Ligaturen:

> *In the silence that soaks up time...*
> *birds pass...a woman walks by*
> *Playing light against darkness*

Es stand eines Tages an der Tafel und ward ohne Kommentar weggewischt. Sollte die Tutorin etwa wissen oder raten, von welchem *African Writer* dergleichen sein könnte? Sie wußte es nicht. Danach, auf schmalem Pfad im offenen Campus, erfordert die Höflichkeit einen Gruß, aber nicht dieses Lächeln, das sich wie eine *gratia gratum data* hinzuschenkt. Wäre es verwunderlich gewesen, wenn die Muse sich herbeigeschlichen und ein Gedichtlein ins Tagebuch geflüstert hätte?

Der Jüngling, in sich gekehrt und etwas im Abseits, und die weißen Frauen im Campus, beide nicht mehr jung. Eine mütterlich einfältige; eine selbstbewußt herbe, die sich sokratisch dünkt. Da träumt er von seiner Verlobten; daher der dunkle Glanz, die goldbraune Edelsteinfarbe. Es wirkt auf die, die es gar nicht angeht. Es bewirkt Almosenmilde bei der einen, bei der anderen bewirkt es – eine Irritation. Der Kern, der sich mit der Zeit herausschält, erweist sich als solide. Die kleine Made, ein bißchen Unterschlagung und ‚Suppose you are hungry and I give you a fruit, will you not take it?' Naiv-verwegene Metaphorik? Die samtene Pfirsichfrucht, die eine Tutorin naiv-verwegen in ihres Geistes Auge vor sich sah, rötlich wie Morgengewölk, sie verwandelte sich in gelbgraue Geldscheine und ein Silberkettchen. Die kleine Made Unehrlichkeit war bald vergessen. Sie war so häßlich nicht. Wie soll Armut sich auf dem schmalen Stege hoher ethischer Ideale bewegen?

Dann aber, wie war es doch? Der Besuch der einen Tutorin bei der anderen und in den roten Sesseln saß – eine Überraschung. Aber nein, so schlimm wie in dem Gedicht war es nicht. In klarer Erinnerung zwar ist die kühle Majestät des Berges im Morgenlicht geblieben; ein irrationales Gefühl jedoch, das Halt und Hilfe suchend sich ihm zugewandt hätte – abstrus.

Das eine der Abschiedsgedichte könnte von ferne erinnern. An den Abschied ohne Abschied im Juni. Wie da einer einfach auf- und davonging. Aber darob ein Gefühl von Lebensmüdigkeit und Verfall zu kultivieren – absurd. Wem wäre so etwas – oh! Sollte die Kollegin aus dem Häuschen mit den roten Sesseln, sollte sie – ? Wäre *sie* es, die sich nach Bakanabang gewagt hätte, den Einsamen zu besuchen? Es sähe ihr unähnlich. Vielleicht kann Mireille – aber wozu. Hier enden Erinnerungen, Ähnlichkeiten und Vermutungen. Das *Epithalamium* bleibt im Leeren hängen, wie in einer noch fernen Zukunft. Der ‚männliche Monde', der da im Osten heraufsteigt – was soll er zwischen den grünen Hügeln von Sanya und am lichtgrauen Tag?

Es ist Zeit, weiter zu wandern. Das ärmliche Lehmkirchlein läßt vermuten, daß in der Nähe sich das ebenso ärmliche Gehöft des alten Ndze befindet. Ein Besuch wäre möglich. ‚I come to greet the father of one of my students.' Soll ich – ? Vorübergehen sollst du. Möge eine Fremde, eine Frau, eine Weiße, da nicht auftreten, wo kein fester Grund, lange und sorgsam vorbereitet, vorhanden ist.

Ein Zweiglein vom dunkelgrünen Lebensbaum am Wegesrand, das immerhin sei mitgenommen und es sei, wie geschrieben stand an schwarzer Wandtafel – *a woman walks by, playing light...* Leicht vorübergehen. Die Hügel von Sanya bleiben zurück, ein schöner Rahmen für Gedichte aus einem dunkelblauen Büchlein und für Erinnerungen, die aufflattern und in den Eukalyptusbäumen sich einnisten mögen. Ein ‚Auf Wiedersehen' den grünen Hügeln von Sanya. Ich komme wieder. In einem, in zwei Jahren nicht; aber in sieben. Heute noch zurück nach Mende.

Zwei weiße Tramps

Auf dem Taxiplatz von Nko bekommt das kleine Mädchen ein Weißbrot und ein hübsches Seidentüchlein geschenkt und freut sich. Das Huhn und die Bohnen sollen die gastlichen Lehrersleute bekommen. Und nun wieder das Warten auf ein Taxi. Das erste fuhr davon während des Feilschens um das Seidentüchlein. Dann kommt wieder eine Wolke voll Regen, und bald hinterher ein alter Landrover, der im Nu voll ist. Ganz hinten sitzen zwei weiße Frauen. Wie hab ich das geschafft? Weil die eine, jung, lang, blond und offenbar landeserfahren, sich nicht genierte, kräftig zu drängeln, drängelte die andere, ältere, ermuntert hinterdrein. Wird Weiß mit Weiß, Frau mit Frau sich nun unterhalten, woher, wohin? Keineswegs. Die Jüngere, ein Typ mit abenteuerlich vertrampten Zügen, unterhält sich *native* mit anderen. Hm. Dacht ich doch, ich hätte was Aparts für mich. Bin ich nicht fast auch ein Tramp? Eine Landstreicherin? Aber offenbar nur eine unter anderen und nicht einmal der richtige Typ. Etwa schon zu alt? Da macht sich doch nicht etwa so etwas wie – na, was ist es wohl – bemerkbar? Eine weiße Abenteurerin allein in der Landschaft muß sicher interessanter wirken als ihrer zwei. Ich bin der jungen Blonden offenbar auch nicht willkommen. Würden zwei Afrikaner in der schwäbischen Eisenbahn sitzen und sich die kalte Schulter zeigen? Das ist er, der westliche Individualismus. Eingequetscht in einem afrikanischen Überlandtaxi macht er sich breit...

Und was gibt's da vorne für *palaver*? Warum es keine Quittungen für den bezahlten Fahrpreis gibt, will jemand wissen. Einige lachen. Der Fahrer lacht auch. Er schwenkt eine Bastflasche und sieht aus wie ein Räuberhauptmann. Das Vehikel ist überladen, wie üblich. Es regnet weiter. Ein Gefühl der Besorgnis schleicht sich an: werde ich ankommen vor der Dunkelheit? Das Geschüttel und Geholper geht los. Um 2 ist man aus Nko hinaus. Der Fahrer fährt erstaunlich vernünftig, nämlich langsam, erst die Kurven hinab, dann durch die Ebene, wo die Straße nun tatsächlich hier und da unter Wasser steht; dann über den Paß, und schon wird es dunkel. Weil die zwielichtige Gestalt am Steuer so vernünftig langsam fährt – möglich, daß eine Beschleunigung dem alten Vehikel nicht guttun würde – ist man bei Anbruch der Dunkelheit noch nicht einmal in Ubi.

Mehr als eine Stunde nach Einbruch der Nacht erreicht man den Stadtrand von Mende, und warum fährt der Mensch nicht gleich zum Taxipark? Was kurvt er da durch unbekannte Viertel? Das nächtliche Schweigen im Vehikel weicht einem ahnungsvollen Gemurmel. Da ist auch schon die Polizei und hält den Schwarzfahrer an. Eine geschlagene Stunde Aufenthalt im dunklen Unbekannten. Das Murrren der Leute nützt nichts. Geduld. Man lernt sie. Wie da mit der Illegalität verfahren wird – kann mir egal sein. Der Mensch ist vernünftig gefahren, meine Knochen sind heil, das ist die Hauptsache. Schließlich geht es weiter und noch eine Weile durchs verwinkelt Unbekannte. Dann eine breite Straße, die kommt bekannt vor; dann der große Buchladen – ‚Driver, make I come out for here'.

Die Straßenbeleuchtung ist dürftig; aber sie genügt. Betrunkene pöbeln Leute an, überall auf der Welt. Auch eine weiße Frau in männischer Verkleidung muß darauf gefaßt sein, bei Nacht allein unterwegs. Vorwärts mit energischem Schritt. Mit der Taschenlampe durch das dunkle Abseits zum Synodenhügel. Vielleicht auch nicht ungefährlich. Aber da ist dann doch das gastliche Haus erreicht und es ist spät. Mireille hat noch einen Besucher: Jiv, auch ein Jugendbewegter. Man kennt sich flüchtig. Ganz gut, für später, daß er hier erstmals Zeuge einer Alleinreise der Rev. N.N. aus Ndumkwakwa wird. Kurz und erschöpft ein Précis der Reise, ein wenig essen und trinken. Noch eben ins Bad und dann ins Bett – ein Stück vom Himmelreich und Schlaf als Glückseligkeit. Ich war in Sanya.

3. Kapitel

Das Geheimnis Mireille

Beim Aufwachen ist Sonntag. Ein Sonntagsfrühstück steht auf einem weißen Tischtuch, und eine sonntäglich lächelnde Mireille, die so seltsam verschwiegen von allerlei Nebensächlichkeiten redet, sitzt gegenüber. Aus dem goldbraunen Tee duftet ein besonderes Sonntagsgefühl: etwas gewagt zu haben und siehe, es ging gut. Man geht zur Kirche, wie es sich gehört, aber nicht in einem Hosenanzug; das gehört sich nicht. Die Gastgeberin leiht einen langen Rock, dunkelgrün mit rosa Blümchen. Die Blümchen passen zwar nicht ins herbe Selbstverständnis; wohl aber zum altrosa Oxfordhemd, darin sich das poetische Säuseln der Eukalyptusbäume von Sanya miteingewebt hat.

Ein gastfreies Haus. Rückblicke

Poetisches Säuseln, was nützt es, wenn die Nacht kommt und kein Dach über dem Kopf vorhanden ist? Das abendliche Stranden in Nko. Der Gast erzählt davon ausführlich. Mireille, die tüchtige *fraternal*, unverheiratet, hört lächelnd und ein wenig geistesabwesend zu. Sie führt ein gastfreies Haus. Man kommt und geht, fast wie in einem afrikanischen Haushalt. Wie schnell und gut hat sie sich eingewöhnt und angepaßt. Ganz anders als ihr meist gereizt auf Gäste reagierender Gast. Im wohnlich eingerichteten Hause der sanften Mireille ist jeder Gast willkommen und gut aufgehoben.

Hier war, am Montagabend, wie lange ist es her? Noch keine Woche – nach stundenlanger Fahrt und glücklicher Ankunft war hier ein Gastzimmer bereitet. Und das Bett – nur kühlem Wasser auf heißen Durst vergleichbar. Genuß der Leiblichkeit. Des Schlafes, traumlos, sorglos. War da noch ein Gedanke an den, der außer Landes in der Hafenstadt L. oder in A. weilte? Das Tagebuch hat nichts dergleichen festgehalten. Aber doch wohl das Abendgebet, kurz und dem Schlafe zusinkend wohliglich. Eigenes Reisen verdrängt das Besorgtsein um die Abwesenheiten anderer. Es lenkt ab ins Unmittelbare.

Am folgenden Tag, Dienstag, ausspannen. Gast sein ohne weitere Verpflichtungen. In einem bequemen Sessel sitzen neben Tee und Obstsaft, blätternd in Büchern und Zeitschriften. Meditationstechniken und Frauenemanzipation liegen überall herum. Die Gastgeberin war anderweitig verpflichtet. Ein wenig Unterhaltung ergab sich bei

Tisch, dies und jenes. Ja, aber und seltsam: der Maien-Besuch, die große Rundreise eines Paares, davon der eine doch nahe gewesen war, wenn auch die andere fremd bleiben mochte – warum blieb das unerwähnt? Als sei alles, was an *Bethabara* erinnert, tabu. Zumindest bei zwei Frauen, die es nahe betraf. Ist es vorbei, ohn' alles Bedauern? ‚Ach, *Bethabara*, das ist weit' – der Ausruf, schon zwei Jahre zurück, was mag es damit auf sich haben? Ja, und: bei wem unter den gemeinsamen Bekannten ein Kind erwartet wird oder schon da ist: wurde auch kurz erwähnt. Aber will ich das alles wissen? Geht es mich an? Auch hier: Verdrängen. – Auf dem Nachbarhügel haust in einem alten Missionshaus ein alter Missionar aus alten Zeiten. Den ging man gegen Abend eben mal besuchen. Krumm, weißhaarig und voller Agrarweisheit saß er am Kamin und erläuterte seine Methoden. Grasbrand zerstört Mikroben. Der ehrwürdig alte Papa Graß. Allein. Hat er keine Kinder? Werden wir einmal so sitzen und leben von den Besuchsalmosen der Jungen, die nach uns kommen? Wie weit ist das vorausgedacht. – Am nächsten Tag die kurze Reise nach Chaa und Ntumwi.

Nach der Rückkehr von Ntumwi, am Donnerstagvormittag, ein halber Ruhetag und wieder allein in dem gastlichen Haus. Die merkwürdig heitere, geheimnisvoll zurückhaltende Mireille scheint beruflich sehr in Anspruch genommen. Mit ihrem Bücherregal und einer Menge bunter Zeitschriften läßt sich Zeit zubringen. Herumspazieren und Leuten begegnen – nein, keine Lust. Soll kommen, wer mich begrüßen will. Es kam der Student Uchawa aus der Klasse III. Ein stabiler Typ, rundgesichtig, sanguinisch, selbstbewußt und nicht dumm. Er weiß was er will, nämlich Privatstunden in einem exegetischen Fach. Er weiß, wie man das erreicht und singt eine Bewunderungshymne. Bei keinem Tutor könne man so viel lernen wie bei ihr, der Tutorin. Er wird bekommen, was er wünscht und sich Kenntnisse aneignen, die ihn ein gutes Stück voranbringen werden. Ein Tüchtiger, wie sich zeigen wird. Warum ein solcher nie einem Promotionsstipendium nachgelaufen ist, bleibt rätselhaft. Der also kam und ging, und die Anwesenheit der Rev. N.N. war zur Kenntnis genommen. Hoffentlich nicht auch ihre Geistesabwesenheit.

Wie oft war ich schon hier – zweimal? Dreimal? Es ist schon das vierte Mal. Das erste Mal, vier Monate nach der Ankunft in Ndumkwakwa, kam man als Neulings-Ehepaar, sich zu treffen mit den übrigen *fraternals*. Deren ungenierte Verfressenheit – Kartoffelsalat und Würstchen

– verschlug den Appetit. Im selben Jahr kam man zum zweiten Mal, aber nur eben vorbei. Das war der Regenzeitbesuch, bei elender Verfassung, seelisch und leiblich, gelb und grün im Gesicht und voller Pickel, in Ntumwi bei Careli. Und in Batali, wohin man wanderte querfeldein, bei den Ebs klebten Fotos von ‚jungen Nymphen' an der Wand, neben dem Kamin, splitternackt. Beim drittes Male kam die Reverend unbemannt und predigte die Synode an. Beim hilfreichen Zuknöpfen der Amtstracht stutzte der Kollegen einer ob der weißen Frau unbefangenen Koketterie: ‚I have no mirror, except your eyes'. Nke, großäugig, schmal und jungenhaft sympathisch, schien verlegen. Wie sonst nur der Jüngling Ndze. Welch reizvolle Impressionen. Wie nahe an einem Gedicht...

Im Eukalyptuswald: die Offenbarung

Nun also ist Sonntag und die Hügel von Sanya liegen dahinten. Das schmale Bändchen Gedichte ward zurückgegeben in einem Augenblick, der keine Anmerkungen erlaubte. Später. Am Nachmittag nun der Spaziergang, Gastgeberin und Gast, hinüber auf den nächsten Hügel und durch einen lichten, menschenleeren Eukalyptuswald. Der Gast versucht, etwas freundlich Verwundertes zu den Gedichten anzumerken. Durch die langen Schweigepausen raschelt das Laub. Mireille, der ‚verwunschene Garten', noch oder wieder sichtbarlich blühend von schönen Gefühlen – ihre Zurückhaltung wirkt geheimnisvoll. Wie Alpenglühen. Ja, geradezu durchglüht wirkt sie wie sie von einem großen stillen Glück.

Was verschweigt sie? Die streifig schmal abblätternde Rinde der Eukalyptusbäume, rötlich, kieselgrau, muskat, fängt den schweifenden Blick ein. Er tastet fühlend darüber hin. Man redet dies und das, und der Harmattan weht. Wo will es hinaus? Unendlich zögernd offenbart sich das Geheimnis. Es öffnet sich so langsam, so widerstrebend; mehr fragend als sagend, daß unter solchem Zögern die jünglingshaft schlanken Stämme der Eukalyptusbäume noch höher in den Himmel wachsen, und das lichte Sichellaub, das silbrig graugrüne, wird nachsäuseln bis in die ‚Endmoränen' der späten Jahre:

Weht nicht der Wind, der warme, der staubrosenrote, über die Felsenbrüstung von Bandankwe? Er weht durch schattenlosen Eukalyptuswald. Er löst und verwirrt das Haar, das angegraute, und macht, daß es flattert, glückverwirrt, ins nahe, dunkle, unbewegte Schweigen gegenüber.

Mireille trägt das zehn Jahre jüngere Kastanienhaar lieblich gelockt und offen über schmalen Schultern. Das andere, im ersten, noch verspielten Angrauen begriffene Haar ist auf- und festgebunden. Das löst so leicht nichts. Und wenn doch dereinst, dann an poetisch überhöhten Orten – auf dem Berg von Bandiri etwa; mitten im fernen Leuchten von Mbe-Mbong; und, rein literarisch nachempfunden, in diesem Eukalyptuswald hinter dem Synodenhügel von Mende.

Mireille also offenbart ihr Geheimnis fragend. Sie möchte die Meinung der Älteren hören. Sicher hat sie schon manch andere Meinung erfragt und sich angehört. Und gibt es nicht die fraglosen Beispiele, die gelebten, und sind sie nicht alle gute Beispiele? Ihrer drei allein schon in der persönlichen Bekanntschaft. Es kann doch gut gehen, nicht wahr? Und du als Tutorin kennst ihn doch, den Robert L. Ist er nicht ein guter und begabter Student? Ah, der. O doch. Ein guter und begabter Student. Und ein recht ansehnlicher dazu. Geradezu ein Schöner. Soll man sich wundern? Drei Jahre kenne man sich schon – also hätte gleich nach Ausreise und Ankunft das Schicksal – es gefügt? Diese Scheue und Verscheuchte von Bethabara; dieser, noch einmal, ‚verwunschene Garten, blühend von schönen Gefühlen‘, sie hat ihr Herz in der Savanne verloren. Ein paar Jährchen älter ist sie als der Erwählte. Nein, das macht im Grunde nicht viel aus, wenn sonst alles stimmt. Drei Jahre sind nicht dreizehn Jahre. Zudem – es liegt in der Luft. Es ist ein echtes Abenteuer und etwas ganz Apartes. Vor allem aber: hier geht alles mit menschenrechtlich rechten Dingen zu.

(Ja, und daher anders als – um hier nachträglich eine Klammer zu öffnen – anders als in Ntumwi, zwei Jahre zuvor. Unter den Weißen versucht man offenbar, die Geschichte aus der Welt zu schweigen. Aber sie geht doch wohl weiter um und fliegt als Fama durch die Gegend. Vermutlich weiß es die ganze Savanne. Die Konstellation, nach innen hin vielleicht eine Tragödie, vielleicht aber auch nichts dergleichen, nach außen hin war sie eindeutig rechtswidrig. – Was sich derweilen auf einem alten Missionshügel eine halbe Tagesreise weiter südlichwestlich ins blatant Polygame hinein anbahnt, davon wird man in zwei weiteren Jahren mit halbem Ohr im Vorbeifahren hören. Im Wandel der Zeiten, ein Vierteljahrhundert später, wird ein spannender Lebensroman als Paperback darüber zu lesen sein. Die Geschichte von Ntumwi war gewißlich auch romanreif. Aber die Zeit war noch nicht reif, daraus ein Buch zu machen statt einen Skandal.)

Im Eukalyptuswald von Mende tut Mireille schließlich ihren Entschluß kund: sie werde sich demnächst verloben mit dem Robert L., Häuptlingssohn aus einem Stamm etwas weiter westlich. Das ist natürlich etwas Aparteres als einer von des eigenen Volkes Genossen. Mochte letzterer, wie im Falle Bethabara, auch noch so viel erlesenes Bildungsgut und verfeinerte Einfühlungsgabe mitzubringen imstande gewesen sein.

Mireille wird sich nehmen, was zu haben ist. Was noch wissenswert wäre, aber nicht erfragbar ist: war auch *sie*, wie bekannt von zwei der drei anderen Vorbilder, war sie ‚half the woer'? – Es ist hier nichts zu raten oder abzuraten. Es ist schon entschieden und nimmt seinen Lauf. Daß sie verstehe, wie so etwas passieren kann, läßt der Gast, die Ältere, die Mitwisserin von *Bethabara*, durchblicken durch's sichere Gitterwerk, hinter dem sie sich, zum Glück fürwahr, befindet. Da hinten liegen die Hügel von Sanya. Und das dunkelblaue Bändchen mit den fünf Gedichten? Ach ja, ach nein, darüber wolle sie nicht reden. Es genüge schon, wenn jemand wie die Tutorin von Ndumkwakwa sie nicht völlig unmöglich finde...

Strickmuster des Schicksals

Abends sitzt man noch zusammen in dem wohnlichen Wohnzimmer, Mireille und ihre unauffällige Hausgenossin Hanna, beide Socken strickend für den nach England zum Weiterstudium abzischenden Jiv, und als Dritte und nunmehr Eingeweihte, die Tutorin aus Ndumkwakwa, die da nun auch ein bißchen vor sich hinträumt. Sie strickt an ihrem eigenen Schicksalsgestrick. Das Muster ist bislang nicht ganz das übliche. Zu viele Luftmaschen; zu wenig herkömmlich solides Zwei-rechts-zwei-links. Das werden keine Socken. Das wird – man weiß noch nicht was. Da sind auch Bilderbücher, in denen es sich blättern läßt, die Alpen und andere schöne Landschaften. Und da ist ein falbes Kätzchen, noch sehr jung, das mit sich spielen läßt. Wer würde einem solchen Tierlein Salz in die Augen streuen? Nur um zu sehen, wie hilflos es sich windet und umherhüpft – ist nicht schon der Gedanke daran makaber? Wo kommt das her? Was nützt es, einen Namen dafür zu haben, ‚Atavismus' etwa? Was du ererbt von deinen Vätern – wie elend, wie *dysdaimon*, kann der Mensch sein, wenn er nichts zum Träumen und zum Spielen hat. Kleine Blüten, kleine Blätter...

Das Abenteuer der ersten Reise allein ist bis auf die Rückfahrt überstanden. Eine Tochter müßte einen Brief schreiben; wenn es sein muß, bis tief in die Nacht hinein. Das Abenteuer so harmlos unterhaltsam wie möglich erzählen. Sorge dich doch nicht; es ist so schön hier. Die Mutter wartet immer so auf Post. Der Mann, zu dem die Tochter gehört, hat das Vorrecht. Für kurze Zeit von allen Bindungen los – das ist gut für kurze Zeit, aber nicht für länger. Zurück. Und wieder Taxifahren. Ich von Osten, du von Westen kommend, sollten wir uns wieder treffen in dem alten Fachwerkhaus am Berge Ulupeh. Morgen um diese Abendzeit. Und weiterstricken an unserem Schicksal, so weit die Nadeln sich handhaben lassen und der Faden reicht...

Rückreise mit Kollege

Montagfrüh. Dank für gewährte Gastlichkeit und – ja-nein, Glückwünsche nicht so gerade heraus; aber alles Gute. Möge es gutgehen. – Zum Taxipark zu Fuß wie üblich. Warum ist die Tasche so schwer? Kommt das von dem traumwandelnden Gemütszustand? Unterwegs – wer ruft da meinen Namen hinter mir her? Es kennt mich doch keine Seele in dieser Stadt. Also kann auch niemand rufen. Der da eiligen Schrittes aufholt und auch zum Taxiplatz will und nach Ndumkwakwa, ist der Kollege Tomas. Gleich hinter dem Nsuni-Paß ist er zu Hause; dort hat er nach dem Rechten gesehen und ist auf dem Weg zurück zu Weib und Kind.

In diesem soliden und auch nicht unansehnlichen Kollegen, der demnächst promovieren wird, hat die Mireille eines ihrer Beispiele, die ihr Mut machen. Warum soll ihr Prinz sich nicht in gleicher Weise im Amt und als Ehemann bewähren? Hat der Kollege aus der Pom-Ebene gewußt, was für ein Früchtchen die Landsmännin seiner Frau sich vom Baume der Erkenntnis zu holen im Begriff war? Hätte es etwas genützt, es zu wissen?

Man erzählt; man muß ja reden, wenn man zusammen reist. Von der Reise selbst ist nichts in Erinnerung geblieben. Sie scheint glatt und gut verlaufen zu sein. Gegen 5 p m., nach einigem Warten in Ulom, ist man in Meltom und sitzt in einer Bar. Es kommt die Kunde, daß in dem letzten Taxi nach Ndumkwakwa ein *white man* saß. Nun ist alles andere gleichgültig. Meinetwegen kann ich in eine Ecke gequetscht auf Lehmboden übernachten. Er ist zurück. Man kommt bis ins nächste Dorf und sitzt wieder in der Bar. Dann großes Hallo: John mit dem Vehikel ist da. Er schaukelt beide Tutoren, den Afrikaner und die Europäerin, vollends die Piste hinauf, und man erreicht Ndumkwakwa mit Einbruch der Nacht.

Heimkehr und Wiedersehen

Im Hause ist seit zwei Stunden der aus dem Nachbarland zurückgekehrte Konferenzteilnehmer und Ehemann. Was macht man vor lauter Dankbarkeit? Der eine macht der anderen auf rarer Gasflamme einen Eimer Wasser warm zum Duschen. Die andere kocht für den Einzigen und für sich eine gute Zwiebelsuppe und bezieht die muffig gewordenen Betten frisch. Bei Tisch, nachdem der Heißhunger die Zwiebelsuppe verschlungen hat, Fragen und Erzählen. Ausführlich und schön der Reihe nach? Das ist fürs Tagebuch, morgen, nachholend alles ab Freitagfrüh. Hier nur das Wichtigste –

– das Stranden in Nko, das Wandern nach Sanya. Chaa, ja, auch, und Ntumwi, nein, nichts Besonderes. Die Careli heiratet und die Mireille muß besondere Beziehungen zur Berufsschule in Mende haben. Sie ist da Gemeindeälteste. Von mir wurde erwartet, beim Abendmahl mitzuamten. Es mußte halt sein. Aber weißt du – Nein. Es ließ sich nicht in Worte bringen. Wie das öffentliche Amten an der selbsteigenen Frömmigkeit zehrt. Ja, Frömmigkeit. Es gab noch keine nach Spiritus und Spiritismus riechende ‚Spiritualität'. Wer alles *rite* richtig machen muß, wie kann der still in sich gekehrt der eigenen Gefühle pflegen? Ein wenig Zeit zu dumpfer Dankbarkeit blieb ja doch und immerhin. ((Gott, in doppelter Klammer, du bist woanders. Ich lebe von der Güte in deinem Rücken. Da, wo du nicht hinguckst.)) Nun, es gab danach einen kleinen Stehempfang und es wurde auch eine Gruppenaufnahme gemacht, schwarz-weiß. Man sah sie, später: die beiden *fraternals* stehen im Hintergrund, lächelnd, beide, leicht abwesend in sich hinein. Als hätten sie ein Geheimnis, beide.

Außerdem, die Mireille, sie wird bald heiraten, rate, wen. Soso, den also. Hat er sich einfangen lassen. Hoffentlich geht das gut. – Einer, der ein Menschenkenner ist, äußerte Bedenken. Er schätzte den Robert L. (Von den Eskapaden des Geschätzten war noch nichts bekannt.) Das Abenteuer mit einer weißen Frau hätte sein Tutor ihm lieber erspart. Aber da ist nun nichts mehr zu machen.

Und du? Ich hab dir was mitgebracht. Wickelt etwas aus Zeitungspapier und reicht es über den Tisch: ein Halskettlein aus türkisblauen Glasperlchen, aufgereiht zwischen dünnen Kupferplättchen und mit Drahtspiralchen verbunden. Sieht lieblich-ältlich-vergammelt aus. Danke. Es paßt zu mir.

Am nächsten Morgen, nach all den wortlosen Ritualen der Dankbarkeit und des Da-Seins, nach Nähe und Wärme und wie schön, daß du wieder da bist, und du auch – am nächsten Morgen geht der eine entschlossen an seinen Schreibtisch und an die Wissenschaft. Die andere schreibt zwar auch ein bißchen, aber nur Tagebuch, und hängt dann den Tag über so herum, brütend über dem Neuerwerb einer großen Karte des Landes, wo alles grün in grün, mit Höhenlinien und Sumpfgestrichel verzeichnet ist. Da findet sich auch Bakanabang, das Fischerdorf am Meer. Da sitzt einer nun, mit dem großen grauen Meer vor der Nase statt grünen Hügeln...

Die grünen Hügel von Sanya: die Landschaft und die Muse, die aus den wenigen Gedichtlein eines schmalen Bändchens stieg und Erinnerungen herbeibeschwor, episodisch. Das Geheimnis der ersten Reise, ein sokratisches Geheimnis? Der Jünglingsreiz spröder Geistigkeit, dialektisch, abstrakt und introvertiert. Wird ein solcher seines Charismas verlustig gehen, sobald er das Allgemeine realisiert, heiratet und Familie gründet? Der Unterschied zum ‚Geheimnis Mireille' und zu allen übrigen Romanen weiß-und-schwarz – zeigte er sich nicht vor allem in diesem Reiz der Geistigkeit? Hinzu kam, gewiß, Amorphes, ein Duft, eine Stimmung, daraus sich Worte hätten machen lassen, von der Art vielleicht, wie sie in dem dunkelblauen Büchlein Mireilles zu finden waren, geschrieben in einer Handschrift, so schön gewölbt wie die grünen Hügel von Sanya...

◻

ERSTE ZWISCHENZEIT

DER UMWEG WISSENSCHAFT
DIE ERSTE REISE NACH MBE-MBONG

Die grünen Hügel von Sanya, bald nach der Rückkehr auf quadratische Pappe gemalt, standen vor der dunklen Bretterwand des Arbeitskabinetts, in dem die ersten *Dogmatic Notes* entstanden waren und die große Wissenschaft nicht gedeihen wollte. Sie standen im Halbdunkel wie eine erste Ahnung und Andeutung dessen, was da kommen und bleiben sollte: als Vorschein der Berge von Mbe-Mbong.

Die erste Zwischenzeit zog sich hin: Jahre im Regenwald, und es kriselte weiter zwei weitere Jahre lang, ehe der Tulpenbaum zu blühen begann; ein drittes Jahr, um die Wissenschaft abzuwürgen; noch ein Jahr bis zur ersten Reise nach Mbe-Mbong, die den Entschluß nach sich zog, für das letzte Jahr im Lande umzusiedeln in die Savanne.

Düsternisse

In dem alten Hause, im Campus von Ndumkwakwa, nahm das Schicksal, verknüpft mit den Entscheidungen des Einzelnen, die es fordert, seinen Lauf. Für den einen weiter und tiefer in die ertragreichen Gefilde der Feldforschung und zielbewußter Wissenschaft. Für die andere, bisweilen auch für beide, ins qualvoll Sprachlose. In mühsame Gesprächsversuche; in Brieffragmente von einem düsteren Zimmer ins andere; in verquälte Tagebuchmonologe, die das Für und Wider durchzudenken versuchten; in ein verfremdetes Selbstporträt mit Kristallballungen als Kopfgeburten und in ein düsteres, grell durchzucktes Ölgemälde, abstrakt, monströs. Ein bis dahin unbekanntes Gefühl ehelichen Alleingelassenseins und abgründiger Mutlosigkeit grundierte das Dasein, quergestreift durch demütigende Verweise an Leute, die es nichts anging.

Es kam hinzu der Besuch einer lebhaften und freundlichen älteren Dame. Sie kam, malte und modellierte, auch das Bübchen der Nachbarn. Und sie mischte sich in Dinge, die nach westlich-individualistischer Auffassung nur zwei angehen. Es sei ihr, der Schwiegermutter, verziehen. Die eigene Mutter fragte nie. Wie viel aufgegebene Hoffnung in ihrem Schweigen lag, zeigte sich erst, als die Tochter ihr die Nachricht vom Tod des ältesten und Lieblingsenkels bringen mußte. Tiefe Grabenbrüche in der Lebenslandschaft. Sie gehören nicht hierher. Sie gehören in eine *Apologia pro vita sua*. – Schließlich, am Rande der Selbstaufgabe, führte die Krise in die negative Entscheidung auch von Seiten dessen, der zu der Einsicht gelangte, daß die äußeren Umstände nicht günstig, die inneren Widerstände zu groß waren und es vermutlich nicht gutgehen würde. So leicht und bequem wie andere sich die Entscheidung bisweilen machen mochten, kam die von Ndumkwakwa in den düsteren Jahren auf Vierzig zu nicht zustande. So ging es nach außen hin irgendwie weiter. Man erwog und entschied zu zweit.

Reisen zu zweit

Man reiste auch immer wieder. Mit einem kleinen Sportflugzeug flog man zur Synode nach Mende, im Januar nach der ersten Reise allein, schaukelnd auf den Luftströmungen über dem nahen Waldgrün, dem Lehmrot und Grasgelb im faltigen Angesicht der Mutter Erde. Auf die gleiche ungemütliche Weise gelangte man zusammen mit der zu Besuch weilenden Schwiegermutter wenig später nach Mfu, wo das Kunsthandwerk entzückte und die Zwiebeln so billig waren. Es war bequem, es war bezahlbar, es war ungewöhnlich und nicht ganz geheuer.

In einem modernisierten Einbaum fuhr man im Rieselregen auf dem grauen Meer der Küste entlang, um den Einsamen von Bakanabang zu besuchen, der da saß und grollte, Gott, der Welt und den Vorgesetzten, die ihn in diesen Winkel verstoßen hatten. Das war auf dem Weg in den Heimaturlaub, im gleichen Jahr, und man besuchte auch ein junges Kollegenehepaar in Erwartung des ersten Kindes. (Die Erwartende: schmal und durchgeistigt blaß, still, fromm und glücklich, so anders, so Nicht-Ich.) Wenige Wochen später stürzte im Nebelwald an dem großen Berg das kleine Sportflugzeug, mit dem man zweimal geflogen war, ab. Unter den Toten war das ungeborene Kind samt der Mutter. Das Unglück geschah während des Heimaturlaubs, in dem eine letzte Dienstprüfung abzulegen war und ein erstes Fragment Wissenschaft zur Begutachtung vorgelegt wurde. Wozu Wissenschaft, wozu Dienstprüfung, wenn anderswo Leben und Hoffnung zerstört worden sind... Das Berufliche geriet an den Rand der Gleichgültigkeit. Es war der schlimme Spätsommer, der mit bundesdeutscher Hysterie und politischen Selbstmorden endete. Die große Welt und die kleine Welt, beide traf Unheil, und dem eigenen Leben ging es nahe.

Alleinflüge für die Wissenschaft

Ende Oktober des Unheilsjahres begannen die Alleinflüge. Vorausgeflogen war der Feldforscher; die Frau, dem Unheil zum Trotz, verbiesterte sich noch einige Wochen in die Wissenschaft. Dann, auf dem süddeutschen Flughafen, der Grenzschutz, die Karabiner im Anschlag; Verspätungen in Frankfurt, Brüssel; aber ein ruhiger Flug ohne Ängste. Als habe schon nicht mehr so viel am Leben gelegen. – Es kam das Jahr mit dem Karfreitagsgeburtstag. Wieder schwimmen die Erinnerungen wie Inseln auf dunklem Wasser. Zu viel mußte verdrängt werden und ist nur noch amorphe Gefühlsmasse.

Bis in die nächste Regenzeit, das ist der äquatornahe Sommer, zog sich die Krise, die mit einem Nein endete. Im Oktober, als nach drei Monaten konzentrierter Wissenschaft die Tutorin im Alleingang aus Europa zurückkehrte, war nach zwei Jahren wieder eine neue Klasse im Campus und etwas Neues begann. Der Tulpenbaum blüht. Der Roman beginnt. Aber fest bleibt der Entschluß: die Wissenschaft muß über die Runden gebracht werden. Und es ist wie es immer war: niemand hilft dabei. Du mußt es alles selbst vollenden, weit entfernt von ‚heilig glühend' – tief verbiestert, grimmig entschlossen mit dem Kopf durch die Wand und gleichwohl: ein Umweg. Schon dämmert morgenrot, was bald als fernes Leuchten am Horizont stehen wird.

Der Heimaturlaub des folgenden Jahres verlängerte sich in ein offiziell genehmigtes Freijahr zur Fertigstellung der Dissertation. Ein sonniger Herbst im Dachstübchen bei der Schwiegermutter; denn der Mutter Wohnung ist von Enkeln belegt. Dann ein Winter, ein Frühling und Sommer in einer Mansarde im einstmals berühmten Künstlerviertel einer kunstfrohen süddeutschen Stadt mit Alpenpanorama bei Föhn. Hinter der Schreibmaschine vergehen die Wochen. Dazwischen eine Konferenz in Bethabara: der Feminismus steht in öffentlicher Blüte. Rigorosum im Juli. Danach ein Gelöbnis: von jetzt an nur noch Literatur. Es fehlen nur noch zwei Voraussetzungen: die Veröffentlichung der Dissertation und der erste Besuch in Mbe-Mbong.

Ende September Alleinflug zurück. Für einen Besuch in Mbe-Mbong ist die Zeit noch nicht reif. Jetzt hat der Ehemann sein Freijahr und verbringt es teils feldforschend im Lande, teils, ab Mai, archivforschend in Bethabara. Die eine Haushälfte ist wieder nur zur Hälfte bewohnt. – Für die nächste Regenzeit steht wieder Heimaturlaub zu. Wieder Alleinflug; denn der Feldforscher ist ja vorausgeflogen. Dann sitzt eine inzwischen Vierundvierzigjährige noch einmal in der gleichen Mansarde, um eine Kurzfassung des umfänglichen Opus herzustellen. Der Ehemann fliegt zwischendurch eben mal nach Japan. Gemeinsam fliegt man zurück, und nun ist der erste Besuch in Mbe-Mbong nahe: drei Tage und zu dritt, im tropisch trockenen Dezember, kurz vor Weihnachten.

Die erste Reise nach Mbe-Mbong

Es ließe sich in drei Sätzen sagen. Das kleine Bergdorf reizte durch romantische Abgelegenheit und matrilineare Stammesverfassung. Die Stammesverfassung war etwas für den Feldforscher, das Romantische alles für die Romantikerin. Die Reise fand statt auf Einladung eines Studenten.

Damit ist so gut wie nichts gesagt. Und selbst das wäre nur die Hälfte der Wahrheit. Gewiß war die Stammesverfassung matrilinear; aber die Jagdgründe des Gemahls lagen im Waldland. Er ließ sich herbei als Begleiter, um eine Romantikerin vor sich selbst zu bewahren. Es sei ihm gedankt noch im nachhinein.

Die Reise zu dritt ergab sich auch nicht von heut auf morgen oder auf die Frage: wo könnten wir denn mal eben für drei Tage hinfahren, um aus dem Wald herauszukommen? Die erste Reise nach Mbe-Mbong mußte mit vorsichtiger Hand eingefädelt werden. Sie hatte eine dreijährige Vorgeschichte, unterbrochen von einem ganzen Jahr gewissenhafter Wissenschaft.

Die Vorgeschichte also.
Im Anfang war Oktober und der Tulpenbaum blühte. Das eine endete, das andere begann. Ähnlich wie in dem Gedicht aus Mireilles dunkelblauem Bändchen, lächelte listenflechtend das Abendgestirn. Lächelte, zwinkerte bisweilen, schielte auch wohl gelegentlich, grinste indes nie. Umgeben von mythologischer Bildungsaura, gemalt in Öl auf Pappe, nicht, wie die Hügel von Sanya, quadratisch, sondern in schmalem Hochformat, thront das Abendgestirn achtstrahlig im filigranen Wipfel eines Eukalyptusbaumes. Der Nachthimmel versinkt in tiefem Türkisblau, davor ganz oben das lockere Laubgebüschel der Eukalyptin, das gedrungene Dunkel eines Thujabaums überragend und bedrängend mit huldvoller Nähe. Öl auf Pappe – der Malkasten aus Daladala tat seine therapeutische Wirkung. Ein Triptychon entstand. In der Mitte großflächig eine Edelsteinknospe, leuchtend in theophanem Lichtgrün auf ‚melanidem Grunde'. Auf dem anderen Flügel eine symmetrisch schräge Spiegelung von Festge-

wändern hell und dunkel vor einer Handvoll leuchtend roter Beeren auf schwarzem Häuptlingsschemel, überblüht vom reinen Weiß einer Sternenblume in einem Wasserglas.

Zu Mitten des dritten Jahres, zwischen zwei Tulpenbaumblüten, war die Reise nach Mbe-Mbong endlich eingefädelt. Nur drei Tage und im Schatten leibhaftiger Legalität. Den Ehemann zur Seite, machte eine Frau Mitte Vierzig, ehemüde und nicht ganz im Gleichgewicht, sich auf die Suche nach – ja, wonach? Nach den Wurzelgründen von etwas, das am Horizont steht in ungenauen Konturen. In violetter Morgendämmerung bricht man auf, und der Landrover rollt hinauf ins Savannenland. Der Gastgeber weist dem Fahrer den Weg. Endlich beginnt das Abenteuer – statt es noch einmal nachzuerzählen mit noch einmal anderen Worten, mögen ein paar Romanfragmente aneinandergereiht so etwas wie literarische Inspiration dokumentieren. Denn gleich nach der Rückkehr entstanden die ersten Entwürfe der bis heute unvollendeten *Reise nach Mbe*.

Es war schon spät am Nachmittag, als man in das Tal von Ubum einbog. Es war ein langgestrecktes, flachhügeliges Tal zu beiden Seiten der steinigen Straße, an den Horizonten begrenzt durch kahle Höhenzüge. Der Staub, den das Fahrzeug in dichten Schwaden aufhob und nach sich zog, legte sich im Zurücksinken auf dürres Gras und dürftiges Gestrüpp am Wegesrand. Alles ringsum war dürftig, staubig und grau. Über die Hügel breitete sich das Olivgrau des Grases, schattenlos. An mageren Ackerfurchen vorbei kroch das trockene Ockergrau der Fußpfade; unter der dünnen Erdkrume duckte sich hier und da das dunkelgefleckte Granitgrau des Felsgesteins an den Hügelabsprüngen.

Sie sah nach links und sah nach rechts, als suchte sie etwas oder als könnte ihr etwas entgehen. Was wird sein und bleiben, wenn dies alles vorbei und vergangen ist? Woran werde ich mich erinnern? Verstreut an den Hängen standen niedere, fast laublose Bäume, knotig und krumm, verkrüppeltes Gewächs. Von den dürren Ästen hingen starr breite runzlig-dunkle Schoten. Die überreifen, aufgesprungenen ließen von nahem und im Vorüberfahren in ihr Inneres sehen: da lagen große, schwarzglänzende Samenkerne an seidig-weiße Fruchtwände gebettet. Seltsam, dachte sie, und nahm es mit.

Und es wuchs da nahe an der Straße und weit über das Tal hin etwas, das weder Gras noch Strauch, am ehesten wohl Staude war. Es blühte mannshoch mit purpurvioletten Blüten,

73

namenlos zwischen Malve und Orchidee. Und war der einzige klare Farbklang in der staubig gedämpften, eintönigen Melodie dieses Tals.
Sie nahm es wahr und wußte nichts damit anzufangen. Etwas wie Enttäuschung kam hoch. Es war ein so kahles und nüchternes Tal. Ohne Überraschungen, glanzlos lag es unter einem kreidig-gleichgültigen Himmel, der Licht und Wärme lustlos vergab und den langen Tag dem Abend entgegenzögerte.
Staub und Schwüle und das Schütteln des Vehikels auf der steinigen Hochtalpiste ließen auch die letzten dürftigen Reste an Gespräch verstummen. Und während so das Tal ereignislos vorüberzog und der Staub durch die schlecht schließenden Fenster des Fahrzeugs drang und sich gleichmäßig mischte mit Schweiß und Müdigkeit; und vielleicht auch, weil das Ziel durch den Sog seiner immer näheren Nähe Zögern und Widerstreben wachrief, zog sie sich innerlich zurück und wiederholte sich die Beweggründe dieser Reise, deren Sinn die Ringelreihen widersprüchlicher Gefühle noch immer unschlüssig umspielten.

So weit die Beschreibung der Fahrt durch das Hochtal von Ubum. Auf einem Bergsporn mußte der Landrover zurückgelassen werden. Die Straße ist zu Ende. Auf schmalem Fußpfad ein beschwerlicher Abstieg zum Fluß und ein mühsamer Aufstieg bei einfallender Nacht.

Nun ist es dunkel. Die Nacht ist schwarz und ohne Mond. Nun kommt der endlose Aufstieg durch Waldiges und über eine Stunde lang. Unendlich langsam geht es voran; man nimmt Rücksicht auf den Gast – keine leichtfüßige Jägerin, jugendlich beschwingt mit Pfeil und Bogen durch Gebirg und Tal, sondern eine wachsende Mühsal von Schritt zu Schritt. Das Zeitgefühl erschöpft sich im Atemholen und in gezählten Herzschlägen. Drei Herzschläge auf einen Schritt: tam-ta-ta, tam-ta-ta. Kein Tangoschritt. Auch kein wiegendes Treten auf der Stelle, nachts in der Bar. Das Bewußtsein verengt sich auf dreimal vier Handbreit Fußpfad; das Ichgefühl zieht sich ins Rückgrat zurück und beugt sich weit vornüber; der Blick kriecht am Boden entlang im Banne des schwachen Lichtkegels einer Taschenlampe. Wenige Schritte vorauf schwankt das Schattenspiel einer Buschlaterne. Jetzt ist die Böschung, die in den Nachthimmel ragt, zur Rechten, und linker Hand ist der mögliche Absturz. Das Zittern der überanstrengten Knie; der Muskelschmerz; die Mühsal des Atemholens; das Hämmern des Herzens – das alles läßt die Vorstellung: stehenbleiben und auf der Stelle zusammenbrechen, in die unmittelbare Nähe des jeweils nächsten Schrittes rücken.

Es zog sich hin und nahm auch ein Ende. An einer Wegbiegung kurz vor der letzten Steigung begegnete ein zufälliger Blick in den Nachthimmel empor dem Abendstern. Das war die Poesie über aller Mühsal. Die Listenflechtende, sie stand westwärts über Mbe-Mbong während der langen Wanderung bergab und bergauf, steile, gewundene und schmale Pfade, und doch so schmal, gewunden und steil nicht wie die Pfade im Irrgarten der Innerlichkeit. Es war wie in einer alten Ballade: 'For he tied her long hair to the evening-star / And led her captive to some place afar...

Ein großer Empfang mit Trommeln und Tanz im Häuptlingsgehöft am folgenden Nachmittag. Die Tanzvorführungen zu Ehren der Gäste, auch sie sind bereits durchformuliert:

Das ganze Dorf versammelt im Häuptlingsgehöft. Der ältliche Häuptling, in bunt gesticktem Staatsgewande, eine schwarzweiße Igelmütze auf dem Haupt, auf den Knien ein krummes Zeremonialschwert, sitzt, umgeben vom Ältestenrat, unter dem Vordach des ‚Palastes'. Unter einem besonderen Schattendach sitzen die Gäste und einer, der ihnen hin und wieder etwas erklärt. Nachmittags um drei fängt es an und dauert. Die Sonne brennt; die Musikinstrumente lärmen, der Staub wirbelt: die verschiedenen Gruppen tanzen eine nach der anderen ihre Gruppentänze. Stundenlang... Schließlich, gegen Abend, als Höhepunkt der Vorführungen, die Altersgruppe der heiratsfähigen Mädchen. Zögernd erst, dann schneller, dann immer wilder, zum Rhythmus der Trommeln und Rasseln der Kalebassen federn, stampfen und wirbeln zwanzig nackte Füße, und eine Wolke aus rötlichem staubfeinen Sand steigt bis zu den Hüften. Allen voran und am wildesten die Vortänzerin: saftstrotzend, im Bersten begriffen, eine pralle Schöne, sechzehnjährig, die prachtvoll aufblühte in dampfender Lebenslust. Barhäuptig, mit dichtem Wuschelhaar. Die Tradition hätte nichts erfordert als ein Lendentuch, knielang. Auf daß man sehe: geschaffen für Männerhände und Kindermünder – Brüste wie Papaya; wie nahrhafte Yams, zum Spielen und Stillen geeignet wunderbar. Diese hüpfende Zwillingslust hat fremde Prüderie in schwarze Büstenhalter gezwängt. Wenigstens nicht in lachsfarbene, denkt es auf der Bank der Ehrengäste; denn da sitzt Na'anya zur Rechten des Interpreten. Der ist auf einmal stumm. Was geht da vor sich?.
Am Abend saß man im Hause des Gastgebers bei Buschlampenlicht, trank noch ein Bier und redete dies und das, zu dritt. Da trat das Mädchen über die Schwelle, die Vortänzerin, und wurde vorgestellt – als Braut. Da hakte etwas aus. Gut. Es wurde aufgefangen, geistesgegenwärtig und mit ironischer Nachsicht

von dem, der zum Glück mit dabei war. Aber etwas davon fiel in den Sand vor der Schwelle und blieb da liegen. Und am nächsten Morgen nicht nur, für alle Jahre danach blieb die Spur davon, hingetropft wie vom abnehmenden Monde herab. – Dann der Abstieg gegen Mittag, ganz verschleiert und wie aus der Welt. Die Nacht in Mah, in dem alten, verlassenen Gästehaus, zu dritt. Am nächsten Morgen die rote Amaryllis am Fuße des Bumabaums, und eine blasse, mühsam akklimatisierte Rose, sich daran zu klammern auf der langen Fahrt zurück ins Waldland.

Seit jenen drei Tagen hatte die Unruhe ein Ziel. Am Horizont entzündete sich ein fernes Leuchten, smaragdgrün und staubrosenrot. Ein viertes Bild wurde nicht gemalt, nur skizziert: mitten in dem fernen Leuchten sitzt neben einem großen schwarzen Stein zwischen strohgedeckten Lehmhütten eine Frau mit aufgebundenem und angegrautem Haar. Sitzt da sichtlich in Trance. Wortwörtlich im Übergang begriffen. Eine Entwurzelte, Wurzeln schlagend im falben Sand in grünvioletten Bergen zwischen Atlantik und Niger. Luftwurzeln. Kein Ölgemälde auf Pappe, aber eine Seele voller Landschaft, Berge, Reisfelder, Hütten und ein Haus mit grünen Fensterläden brachte der erste Besuch zurück in den Regenwald, und als Vorwand für eine Rückkehr das Versprechen, mit Spendengeldern zu helfen, ins Abseits der Berge eine Straße zu bauen.

Im übrigen schwoll das Tagebuch an. Es war der erste Besuch der inspirativste und von mythopoetischer Leuchtkraft. Was seit dem Oktoberblühen des Tulpenbaums, drei Jahre zuvor, an Neuem im Campus von Ndumkwakwa sich bewegte, das smaragdene Geringel durchs gelbe und durchs grüne Gras, es kam an sein Ziel und nahm Gestalt an in einer Landschaft, darin die Suche nach einem innerweltlichen Eschaton ans Ziel kam. Es ist gefunden. Weder Zitronen blühen hier, noch ragen Zypressen; aber der falbe Sand weckt Halluzinationen, und die grünvioletten Berge ersetzen Helikon, Parnaß und Pierien zugleich. Hier ist der Ort, wo, wenn kein Grab gegraben, so doch ein Kenotaph errichtet werden müßte...

Unmittelbar nach der Rückkehr, in selbiger Nacht noch, suchte die Muse, schleppfüßig und verworren, das alte Verandahaus in Ndumkwakwa heim. Auf dem blanken Bretterboden lag ausgebreitet die ganze irre Innerlichkeit, verwilderte Gärten mit roter Amaryllis, flache Flüsse mit Krokodilsrippen aus schwarzem Lavagestein; Sandwüsten, Felsgeröll, rosenroter Staub und veilchenblaue Traurigkeit – eine ganze Nacht lang nach der

Rückkehr allein, denn der, welcher ehelich so umsichtig begleitet hatte, war unterwegs feldforschend ausgestiegen. Die Muse, die da kam in so fragwürdiger Gestalt, sie tat, was sie konnte und hatte am nächsten Morgen immerhin den ersten, unüberholbaren Satz bereit: *Es war schon spät am Nachmittag...* Die Fortschritte freilich, die sie machte, waren unbeholfene Umwege. Sie war schleppfüßig, wie gesagt. Ihre Zeit war noch nicht gekommen. Sie kam mit Mbebete, ein Jahr später.

Das ferne Leuchten – Mythos und Muse

Die erste Reise nach Mbe-Mbong inspirierte nicht nur den ersten Satz eines in Umrissen aufdämmernden Romans; sie modelte auch am Paradox eines wortlosen Mythos nach dem Muster ‚ein Mensch, ein Ding, ein Traum.' Das Ding war das Dorf hinter den sieben Bergen – Sand, Backstein, Dunst und am Hang ein Baum, der da unbezweifelbar steht. Ein Traum entsteht, wer weiß, wie und woraus? Aus dem antik-berühmten Schaum vielleicht, anadyomenisch, steigt er aus weinfarbnem Meer, fliegt auf und nistet sich ein in dem unbezweifelbaren Baum, der als pars pro toto für das Dorf dasteht. Vor Baum und Traum aber steht eine Träumende, die, wenngleich bisweilen zweifelnd mit den Augen zwinkernd, nicht aufwachen will. Wegen eines Salzkörnleins Zweifel können die drei, ein Mensch, ein Baum, ein Traum, nicht völlig eins werden. Es bleibt immer ein Zipfel Schatten, der nicht übersprungen werden kann.

Mbe-Mbong, ein Privatmythos. Zu den *res* der äußeren Realität gehören außer Hütten, Hühnern, Reis und Sand gewißlich auch die Leute, mit und ohne Namen, einzeln und in amorpher Menge. Ja, auch die Leute. Die alten matrilinearen Tanten und junge reisbauende Männer; die beiden Häuptlinge und der tüchtige Vetter Allan. Und auch der Gastgeber, Gegenwart bekundend durch Wort, Blick, Lachen, Schweigen, auch er ist *res* – Tatsache, Ereignis, Wirklichkeit, die auch wäre ohne irgendwelche Traumzutaten. Ein Mensch, gewiß; aber nicht der, welcher hier drei zu eins anzunähern versucht. Das bleibt vorbehalten einer Träumenden. Die Träume aber, *somnia diurna tam antiqua et tam nova,* wo kommen sie her? Die Stimmungen, das Wortlose, das in sich Uneindeutige: bestimmte Dinge scheinen es von sich abzuschuppen, auszudünsten – bis zu Tränen Trauriges und Sternschnuppenzufälle des Glücks. Doch es bleibt dergleichen durchsichtig auf Täuschung und Enttäuschung hin. Die Träume, sie nisten sich ein in den Dingen und vermischen sich mit ihnen. Was kann traumgestaltiger sein als eine Wolke aus

Staub und fernem Leuchten? Heimatgefühle in einem fremden Dorf oder eine Handvoll Wasser aus nicht vorhandenen Händen? Die Träumende hat hinter sich den Schatten, den sie selbst wirft, einen schützenden Schatten, der das völlige Einswerden mit Ding und Traum auf schickliche Weise verhindert.

Um den Glanz der Berge von Mbe-Mbong aus konturenlosem Traumgefühl und wortlosem Schattenhintergrunde hervorzuheben und aufzuheben in etwas, das schon da ist und bedeutet, macht der Privatmythos Anleihen bei alten Bildungsschätzen. Das ferne Leuchten ist, wo nicht das gleiche, so doch ähnlich dem, davon der Biedermeierdichter dichtet, und es ist das Wesentliche. Alles andere ist anders: statt besonntem Strand bewaldete Berge; statt heiliger Wasser Sand und Staub; und da, wo von ‚verjüngt um deine Hüften, Kind' in hüpfenden Rhythmen die Rede ist, tut sich sprachliche Verlegenheit beim Anblick schwerfälliger Leibhaftigkeit kund. Auch keine Könige als Wärter wird es zu besingen geben. Alte Männer sitzen da, Ratgeber der Häuptlinge, und junge Reisbauern umgeben den Gast. Sie neigen sich nicht; sie blicken mit hohen Erwartungen auf zu dem einen der Ihren, der die Gäste und damit Hoffnungen ins Dorf gebracht hat. Das ferne Leuchten, ein nahezu theophanes Phänomen, steht fortan über den Bergen von Mbe wie in anderen Breiten ein Nordlicht steht.

Bedarf der Mythos einer Muse? Homer rief eine an, Hesiod zur Sicherheit ihrer gleich mehrere. Auch Abwehr ist möglich: *O Muse, spectre insatiable, ne m'en demande pas si long / L'homme n'écrit rien sur le sable à l'heure où passe l'aquilon'*. Nur wenn gerade kein kalter Wind der Angst, der Sorge, oder auch nur ehelicher Verstimmung weht, ist die Muse willkommen. Mit dem fernen Leuchten steht sie in einem Verhältnis, und mit dem Baum am Bergeshang desgleichen. Ihm mochte es an Schönheit und Gestalt mangeln. Daß ein Traum sich einnistete, ihn behängte mit allerlei, mit Tugendattributen, Silberkettchen, Plüschpullovern, hilfswissenschaftlichen Verpflichtungen und Spitzenkitteln blau und weiß, das war Sache einer Träumenden, die sich ein Vierteljahrhundert später erinnert und die knapp werdende Zeit damit ausfüllt, dem Blätterwald ein paar hundert Blättchen hinzuzufügen. Blätter, über deren erstes eine ostafrikanische Ameise hinlief...

Der Privatmythos – ein changierendes *mixtum compositum* aus Ding, Dorf, Baum, Traum, Träumender, Mythos und Muse. Die Muse war es, die Schwierigkeiten machte. Sie war nicht mehr die alte, antike, anrufbare abendländischer Tradition. Die Muse von Mbe-Mbong, sie hüllte sich zu oft in vorsichtiges Schweigen, und bisweilen erschien sie nackt im Lendentuch. Ins Gedicht ging sie ein als seltener Glücksaugenblick, ‚apfelgrün auf melanidem Grunde'. Sie kam aus den Bergen von Mbe-Mbong, die ein großer Fluß in weitem Bogen umarmt. Der Fluß fließt in den Niger.

Seit dem ersten Besuch in Mbe-Mbong sind zweiundzwanzig Jahre vergangen. Ein zweiter und ein dritter Besuch folgten, beide im Alleingang. Der vierte, fünfte und der bisher letzte Besuch ergaben sich in ehelicher Begleitung. Immer wenn der Ehemann von Berlin aus ein Gastsemester plante und die Ehefrau als willkommene Erweiterung des Lehrangebots mitzog, ward auch ein Besuch in Mbe-Mbong mit eingeplant. Das Gastzimmer befand sich vom vierten Besuch an im neuerbauten ‚Palazzo', in welchen kurz nach dem fünften Besuch endlich auch eine Haus- und Ehefrau einzog.

Das letzte Jahr im Regenwald

Es ist durchdrungen von dem Wunsch, zurückzukehren – wenigstens in ein Irgendwo der Nähe. Zu diesem Zwecke müssen sich allgemein einsichtige Gründe finden und vorgeben lassen. Wo so viele Bäume in der Gegend stehen, kann eine Ehefrau nicht einfach davonlaufen, Auf Wiedersehen. Bis in einem Jahr. Ich bin ja brav. Ich komme ja wieder – es wäre wider die guten Sitten nicht nur, sondern auch wider die pragmatische Vernunft. Der guten Gründe fanden sich mühelos mehrere.

Das Idyll im Regenwald, drei Menschenalter, aber noch kein Jahrhundert lang gepflegt von Weißen (porzellanrosa Rosen längs der Veranda!) bekam die eingeborene Unabhängigkeit mit einer Verzögerung von etwa zwei Jahrzehnten zu spüren. Die Anzeichen des Niedergangs mehrten sich von Jahr zu Jahr. Der Campus verlotterte. Wozu das alles wiederholen? Um nachdrücklich einzuprägen, warum es nicht mehr auszuhalten war. Schlimmer als gefällte Bäume und verwildernde Hecken war der neue Trampelpfad am Haus vorbei. Das schrille Kreischen der Schulkinder und ein besonders lausiger Bengel mit provozierender Trillerpfeife störten die Mittags- und danach die Arbeitsruhe empfindlich. In den Guavabäumen hinter dem Haus hockten die Halbwüchsigen auf einmal wie die Affen und sprangen lachend davon, wenn die Weiße auf der Veranda erschien und zu schimpfen anfing. In den Mondnächten rasten wie von einem bösen Geist gejagt Schafherden über den Campus, die es zuvor nicht gegeben hatte. Ziegen, losgelassen, fraßen die ungestohlenen Tomaten ab, und in der Regenzeit richteten sich unter dem Bretterboden des Hauses (auf Steinpfeilern errichtet zum Schutz gegen Schlangen und Überschwemmungen) Dorfschweine ein und störten grunzend die Nachtruhe.

Das mochte alles noch zu ertragen sein. Als aber schließlich vom Überseestudium zurückkehrte der indigene Kollege Hampelmann, der schon in den ersten beiden Jahren durch allerlei Amtsmißbrauch Mißfallen erregt hatte, spannte sich die Atmosphäre im Campus. Es wurde alles immer ärgerlicher. Zwei neue Jahrgänge an Studierenden fielen auf durch Leistungen weit unter dem bisherigen Niveau. Die Begabteren bewarben sich inzwischen anderweitig um Studienplätze. Es gab noch drei Weiße im Kollegium. Die einzige Frau darunter hatte es schließlich satt und blätterte den Vorgesetzten alle guten Gründe vor, die es vernünftig erscheinen ließen, ein Jahr früher als vorgesehen den Dienst zu quittieren und den Campus zu verlassen.

Einen letzten Alleinflug nach Europa und zurück forderte die Wissenschaft im Jahr nach dem ersten Besuch in Mbe-Mbong. Die Dissertation war im Druck, es mußte Korrektur gelesen werden. Dann stand der Titel im Reisepaß, die Mutter war stolz, die Tochter ganz woanders. Beide verbrachten einen Kuraufenthalt zwischen Endmoränen. Zum ersten Male wurden Tagebücher fotokopiert in der nahen Landeshauptstadt. Es gab nichts Geschriebenes, das kostbarer gewesen wäre. Die staubrosenroten Tagträume wanderten voraus durch die Felder von Mbebete, inmitten lichter Laubwälder zwischen Endmoränen...

In Mbebete, einem Dorf an der Straße, auf welcher man Mbe-Mbong ein schönes Stückchen näher kommen kann und von wo der Blick bei klarem Wetter bis zu den Bergen und dem fernen Leuchten reicht, standen durch freundliches Entgegenkommen zwei Stübchen zur Verfügung. Ehe im Oktober der Umzug stattfand, verließ im Juni eine weitere Klasse den Campus von Ndumkwakwa. Dann endlich, gekräftigt durch den Kuraufenthalt in den Endmoränen, zog die Tutorin, Kollegin und Ehefrau, der Ruhe bedürftig, aus dem Waldland hinauf ins Savannenland, um sich in Mbebete einzurichten. Eine mildere Form der Fama zog mit.

□

ZWEITES BUCH

UNTER DEM HARMATTAN

DAS JAHR IN MBEBETE
UND DIE ZWEITE REISE NACH MBE-MBONG

Wind, von Bandiri kommst du her
    Kommst von den Bergen, nicht vom Meer
Kommst durch den Eukalyptuswald
    Erst kühl, dann trocken und warm
Kommst mir zu sagen: bald bist du alt
    Du bist der Harmattan

ZWEITES BUCH ◊ ÜBERBLICK

1. Ein Stübchen in Mbebete
Glückliche Fügung
Endmoränen
Landschaft unter dem Harmattan
Rückblick: Flickenteppich

2. Besuche in Bandiri
Eine Orange. Zwanzig Kilometer. Ein Ehemann
Sternenrieseln. Kratersee. Operettenprinz. Abschied
Reisen auf Umwegen und nach Strickmuster

3. Durch die Elefantenberge
Chaa. Da saß eine Jungvermählte...
Hinauf ins Kolossale
Scheppernd zurück nach Chaa
Hinab in den Kessel von Kendek
Kumpel in der Bierbar
Freie Rede am Freitag
Die Fama, ein Motorrad und die Piste
Zurück in Mbebete

4. In der Baumsteppe von Ola
Reisetaschenpalaver
Nsunipaß und Männerpalaver
‚Fahr ich dahin mein Straßen...'
Zeitzubringen in Ndudum
Über die Berge rollt der Vollmond...
Hinab ans Ende der Welt
Die diskreten Reize des einfachen Lebens
Die eine kalte Nacht in Ola
Kurzbesichtigung mit Häuptling
Schnell wieder weg

5. Erinnerungskonfitüre Nko
Nko erster Teil: Die kleinen Negerlein. Das große Krankenhaus
Ein weißes Tier, das nicht beißt. ‚Hundekot und Bohnenbrei'. Ein Ruck und das Staunen. Der Jüngling Eli, Bier und Redseligkeit. Die Falle der Verpflichtungen
Nko zweiter Teil: Unter Mißvergnügten. Eli, Sanya und Ki
Abendliche Bierwahrheiten. Nachdenken über Armut I. Ein Reicher rechtfertigt sich. Nachdenken über Armut II. Mit Eli In Sanya. Aufbruch zu den Müttern. Dem Tod entgegenlächelnd. Mit Eli in Ki. Eine rote Bluse. Kartoffeln in Palmöl. Zurück nach Nko und bis Mende. Die Sterne über dem Nsuni-Paß. Katzen und die Fama. Zurück nach Mbebete

6. Das Unglück Mireille
Rückblick auf Nko
Nachdenken über Desdemonas Schwestern
Das Unglück als Fama

7. Die zweite Reise nach Mbe-Mbong
Für die Ameise
Nixenbluse und grünes Buch
Gemütsfinsternis mit Begleitschutz

I D*AS* W*UNDER*
Das Hochtal. Die Straße. Die Staubrosen
Erster Abend. Hausherr und Häuptling
Der andere Häuptling. Besuche im Dorf
Das Planierraupenwunder als Mythos

II D*ER* B*AUSIBERG*
Abschied in Hellblau
Berg und   Hexenpilzring
In Bausi: der Stein, der ins Wasser fiel
Die mitgenommene Maske
Der Abstieg, der Fluß und der Durst
Der steinerne Schlaf

III D*AS* B*USCHKATZENFELL*
Amtsauftritt
Im Häuptlingsgehöft
Letzte Runde durchs Dorf
Das gefleckte Fell

IV D*AS* *FERNE* L*EUCHTEN*
Das wilde Alleinsein
Biographische Brocken
Die Rückseite des Wunders
Blick zurück auf das Leuchten
Erlebnisschatz Tagebuch
Besuch im Malvenstübchen
‚*You are the god of Mbe-Mbong.*'

☐

Z*WEITE* Z*WISCHENZEIT*
D*OPPELLEBEN ZWISCHEN* E*UROPA UND* A*FRIKA*
L*ITERATUR ALS* Z*IEL*

Rückkehr nach Europa
Tagtraum Afrika und Berufspflichten
Einen Palazzo bauen
Der Februarbrief und die Muse
Der Mutterroman
Die Entscheidung

1. Kapitel

Ein Stübchen in Mbebete

Eng ist es. Ärmlich, abgelegen. Fast eine Eremitage. Etwas zum Sichverkriechen und Alleinsein. Die Vorhänge zugezogen; schilfgrüne Dämmerung. Draußen glüht die Februarsonne aufs Wellblechdach. Die schütteren Eukalyptuswipfel um das Haus werfen keinen Schatten, der die Glut mildern könnte. Es ist zu warm für eine Fiebernde.

Es waren der Stübchen zwei, und sie wären einer Beschreibung von Stifterscher Liebe zu kleinen Dingen wert. Sie waren das Wohnlichste, das sich in Afrika je bot. Die beiden Fenster, nach außen vergittert, nach innen verschleiert durch Stores, abschirmbar gegen Sonne und Mond mit Tüchern aus kühlendem Grün und lichtlinderndem Braunviolett, ließen den Blick nach Osten laufen. Er lief durch kurzes Gras zwischen den Bäumen hin und stieß nirgends an. Er kam zurück, glitt über Bett und Schrank und den Luxus eines Waschbeckens, hangelte an der Kleiderleine entlang und war rundum zufrieden. Mehr brauchte es nicht. Tisch, Stuhl, Bücherregal und ein Gastbett überfüllten das zweite Stübchen. Was die Enge wohnlich machte, waren die gestickten Decken und Wandbehänge in allen Farben der Savanne, Sandbeige, Lateritbraun und das Violett der wilden Malve. Neben der Tür hing der cognacbraune Morgenmantel mit rosenholzfarbenem Taillenschwung, Ersatz für einen verschenkten Plüschpullover. Daneben in ausgefallenem Altrosa, goldgestickt, ein Festgewand aus ehelicher Schenkfreude, und ein Plüschpullover, winterheidelila. Bambushocker, bauchige Bastkörbe mit filigraner Rautenverzierung, ein kleiner Kasettenrecorder, braun und bronze, das Triptychon in Öl aus den Jahren in Ndumkwakwa, eine lila Vase mit weißen Rosen ließen vergessen, daß alles nur für ein knappes Jahr so sparsam und so schön eingerichtet war.

Glückliche Fügung

Das Savannenland ist groß; aber nicht an jedem Ort findet sich ein Refugium für eine *fraternal*, die nach neun Jahren angespannter Lehrtätigkeit, unterbrochen von noch viel angespannterer Wissenschaft, ausspannen und zwischendurch reisen möchte. So nahe wie möglich bei Mbe-Mbong will sie wohnen. Mah, wo verwildert die rote Amaryllis blühte und der Bumabaum steht, zu dessen Füßen das zusammengekauerte Elend ein Fotomotiv abgab – das alte Haus in Mah steht zwar leer, wird aber nicht zur Verfügung gestellt. Mende ermangelt der Abgelegenheit und der Stille. Aber Mbebete –

Mbebete als Ort des Rückzugs und der Annäherung an Mbe-Mbong war eine glückliche Fügung. Sie verdankte sich der Gastlichkeit, wohl auch dem Geselligkeitsbedürfnis, einer älteren *fraternal,* in deren Hause und Haushalt eine Waldlandmüde Aufnahme und einen Platz bei Tische fand. Man blieb bei aller Freundlichkeit auf Abstand und beim Sie. Es war nicht durchweg und rundum ideal (bisweilen zogen auch hier Schulkinder lärmend vorbei), aber es war bequem. Hier war der Ort, an welchem noch einmal öffentlich vorweisbare *Dogmatic Notes* entstehen sollten. Denn ‚Ausspannen' heißt Schreiben. Endlich schreiben. Auch der Roman der ersten Reise nach Mbe-Mbong (*Es war schon spät am Nachmittag...*) sollte hier vorankommen. Er kam voran – mäandernd und versickernd in einem monströsen Delta von Bildungsroman. Vor allem aber war Mbebete Ausgangspunkt für alle Reisen und für alle Besuche ringsum. Auch für den denkwürdigen ersten Besuch allein im nahen Bandiri. Wie viele Träume, dunkelblaugefiedert, waren voraufgeflogen! Nie war das Leben in Afrika tagtraumreicher und adventlicher gestimmt...

Endmoränen

Der Advent begann zwischen den Endmoränen mit Alpenblick. Mit Warten von Tag zu Tag auf die Ankunft der Papierabzüge vom ersten Besuch in Mbe-Mbong, sieben Monate zuvor: werden die Bilder sich gleichen? Wird, was als fernes Leuchten vor dem inneren Auge steht, vom Auge der Kamera mit schärferem Blick nähergerückt, wirklicher werden? Der Kurbetrieb störte. Das Tagebuch weiß, warum.

Kurpark, im September. Ein Vielzuviel an Rosen in den Rondellen und Leuten auf allen Spazierwegen, und selbst die Eichhörnchen – es stört. Es verstellt Weltinnenraum, zerstreut das Vorgefühl der Rückkehr, noch drei Wochen, und des Wiedersehens.

Dann die Tagträume, morgens beim Waldlauf, abends im Konzert, unversehens abhebend und davonschwebend. Dazwischen, selten, plötzliche Einsichten: ‚Ich betrüge mich selbst.' Dann wieder Anfälle von Deutschlandmüdigkeit: ‚Nein zu diesem Land. Ich möchte in Afrika sterben und in Mbe-Mbong begraben sein.' Es begann das Sammeln von Spendengeldern für eine Straße. In Bethabara ein Gedanke an ‚Xenias' und eine gescheiterte Ehe. Traurig. Ich aber, ich laufe dem Scheitern davon... Nachtflug nach Daladala. Auf der Terrasse bei den katholischen Schwestern fängt das *envoûtement* an: alte Schlagermelodien, mitgebracht auf Kassetten. (‚Denn sie fuhr von ihm fort und schenkte ihm einen Ta-lis-man..') Eine Rose für den Liebsten, der Liebstes bleibt trotz allem Gekrisel. Die eigene Ehe – ‚sanfte Flamme, ephemeres Glück'. Aber nicht lange. ‚Es geht alles wieder durch den Reißwolf der Mißverständnisse, und die Tränen kullern...' schon während der ersten wenigen Tage in Ndumkwakwa. Einer, der die Trennung auf Zeit zwar hinnimmt, aber nicht damit einverstanden ist, erklärt sich widerstrebend bereit, begleitend und Verdächte ablenkend mitzufahren. Hinaus aus dem Regenwald, hinauf in die Savanne.

Landschaft unter dem Harmattan

Mbebete, als Siedlung mit Umgebung: von außen und nüchtern betrachtet, insbesondere in der Trockenzeit, keine Ideallandschaft, arkadisch oder elysäisch. Von innen her empfunden lag sie dem fernen Leuchten freilich so nahe, daß eine Nebenaura seliger Gefilde sie umgab. Die Beschreibung übte sich an der Dürftigkeit der äußeren Erscheinung. ‚Die Felder von Mbebete' –

– *abgeerntet, zu Staub gedörrt; flachhügelig und reizlos liegen sie unter dem Harmattan, der mit rötlichem Dunst die Horizonte verhängt, den Himmel entwölbt und die Sonne auflöst in lustlos streunendes Licht. Dürftig ist die ersehnte Gegend; spärlich bestückt mit den laublosen Gerippen der Krüppelakazien. Eukalyptusgrüppchen. Selten ein Mangobaum, schattenspendend über einem ärmlichen Gehöft, das verloren zwischen leeren Ackerfurchen in einer Mulde hockt. Es ist Februar, trocken und trostlos.*

Hier lustwandeln vorweg die Tagträume. Hier findet es statt und steht einen Augenblick still, das ‚schillernde Flügelschwirren Glück'. Hier, in dieser Gegend, wird ein weißer Schatten fallen zwischen das gewöhnliche Leben im Lande und die Erinnerung an eine unmögliche Möglichkeit. Und eine Malariafiebernde erwartet Besuch von Bandiri herüber...

Bandiri, ebenfalls eine glückliche Fügung, und die zweite Reise nach Mbe-Mbong ergänzten einander auf das beste, ja, bis zum Umkippen gut. Das ferne Leuchten sonderte ein Nebenleuchten von sich ab, und das stand über dem Berg, zu dem die vergitterten Fenster der beiden Stübchen in Mbebete blickten. Sie blickten zu dem Berg, hinter dem Sonne und Vollmond aufgingen. Aufging er allmonatlich hinter dem schwarzen Gitterlaub der Eukalyptusbäume, ‚rund vor gebändigter Sehnsucht.'

Rückblick auf einen Flickenteppich

Am 11. Oktober notiert das Tagebuch Ankunft. Nach stundenlanger Fahrt rollte der Landrover vor das Häuschen in Mbebete, lud ein paar Habseligkeiten und vor allem Bücher ab. Es war kein guter Anfang. Hinüber und hinauf nach Bandiri war die eheliche Begleitung verweigert worden. Man – ein Ehepaar – schied grollend. Schade. Es hätte schöner sein können. Erst zu Anfang des neuen Jahres wandte sich mit einem gemeinsamen Besuch in Bandiri alles zum Besseren. Eine große Summe Spendengelder für das Straßenprojekt wurde übergeben. Und der Ehemann, großmütig und gelassen, fädelte einer Frau, die es so sehr wünschte, die zweite Reise nach Mbe-Mbong ein. Er gab seinen Segen, stieg in Bassum in ein Flugzeug und entflog nach Nga zu Forschungszwecken. Briefe zwischen Mbebete und Ndumkwakwa brauchen Wochen. Mit Taxi geht es schneller. Zwei Reisen hinab ins Waldland werden stattfinden auf die Nachricht hin, es gehe dem allein Zurückgelassenen gesundheitlich nicht gut; die eine zu Ostern, Anfang April, die andere Anfang Mai. Sie machten deutlich, wer und was wichtig war im Ernstfall. Lebenswichtig war und blieb: *Tu mihi solus domus.* Auch und gerade in Zeiten des Aushäusigkeit.

Leerlauf im Oktober.

Endlich also in Mbebete. Was hielt im Oktober vom Schreiben ab? Zum einen die nachwirkende eheliche Mißstimmung. Briefe, vorwurfsvoll, eifersüchtig. ‚Sein Leiden in stummer moralischer Überlegenheit macht mir alle Poesie kaputt.' Weder die Musik, abends aus dem Kassettenrecorder, Albinoni und *Lago Maggiore* durcheinander, noch *Tod in Venedig, Die Betrogene* und dergleichen, verhalfen zu eigener Kunstprosa. Aber immerhin zu leiser Einsicht in die eigene Situation. Zum anderen verging die Zeit mit dem Pflegen von Geselligkeit. Bekannte in der Nachbarschaft erwarteten es, und wie sollte man sich entziehen ohne zu beleidigen? Ein Grab ist in der Nähe, nur zwölf Kilometer entfernt. Eine Tageswanderung hin und zurück, gleich zweimal hintereinander, die Witwe besuchen und beschenken. Dazwischen kamen Ehemalige, *Na'anya* zu begrüßen, neugierig, was macht sie denn hier? Und es kam die Lilian mit ihrem Verlobten, einzuladen zur Hochzeit im Dezember.

Sorge im November. Es begann gerade ein erster Hauch von Inspiration zu wehen bis hinein in ein Gedicht, *Wind von Bandiri*; es kam auch, mitgebracht von Missionstouristen, angereist zu einem Jubiläum, ein versöhnlicher Brief aus Ndumkwakwa – da streckte aus weiter Ferne die Sorge einen langen, abgezehrten Arm aus der Mutterhöhle. Die Nachricht von einer Operation am 9. erreichte Mbebete am 17. Was war seitdem geschehen? Hab ich nicht vor ein paar Tagen geträumt, meine Mutter sei gestorben und liege ‚da irgendwo herum'? Ist es das, was mir hier in Mbebete widerfahren soll? Das geängstete Grübeln, auf der Bank hinter dem Haus, wo wenige Tage zuvor eine Schlange die friedlich Sitzende und diese die Schlange erschreckt hatte, ist fast alles, was von den ersten drei Monaten in Mbebete in Erinnerung geblieben ist. Am nächsten Tag die Taxifahrt ins 30 km entfernte Bassum, wo es ein Hotel mit interkontinentaler Telefonverbindung gab. Schweiß, Staub und das Heulen vor Erschöpfung und Erleichterung: sie lebt noch. Noch im Krankenhaus. Es gehe ordentlich. Der dumpfe moralische Druck bleibt. Grippegefühl. Rückenschmerzen. Der Totensonntag fällt dazwischen. Eine Woche später noch einmal nach Bassum. Die Mutter sei ‚ganz vergnügt', läßt die Schwiegermutter hören. Aufatmen. Darf ich jetzt wieder an anderes denken? – Es wandte sich also noch einmal zum Guten. Noch zwanzig Jahre werden hingehen. Erst dann, und die Tochter ist wieder in Afrika, wird ein langes Leben sich vollenden.

Vermischtes im Dezember.
Eine Braut, später unter die ‚Brautgeschichten' geraten und mit Hölderlinpathos bedacht, ‚Weh mir, wo nehm ich...', ergab sich in ihr Schicksal. Gleichzeitig kamen kleine Briefe aus Ndum kwakwa, die wieder müde und bitter machten. Zynisch, gefühllos, arrogant? Ein langer Antwortbrief bewirkte Katharsis wenigstens des eigenen Leidens. Zusammen mit einer roten Rose nahm ein Kollege ihn mit nach Ndumkwakwa. – Dann kam Besuch aus Bandiri, brachte Gemüse und zog mit einem Geldgeschenk ab. Die Straße war im Bau. Innerhalb von wenigen Wochen waren fast vier Monatsgehälter verschenkt. Schnödes Nachrechnen von Geschenken? Das meiste ging an den Glücklosen von Bandiri. Während der Hochzeit sei er krank gewesen. Was Wunder. Erste Pläne für die zweite Reise nach Mbe-Mbong. Hellgrüner Polyester für einen Schlafsack. Ein Student bringt ein Weihnachtspäckchen mit sanfteren Tönen und einem himbeerrosa Festgewand. Ein hellblauer Spitzenkittel inspiriert tagelanges Vorwegträumen einer Wanderung nach Bandiri. *Danach* sieben Seiten Tagebuch, Urfassung der *Mittagsfinster-*

nis und einsames Schweifen durch die staubtrockene Hügellandschaft, noch einmal zu Gehöft und Grab. Weihnachten in Altrosa und erduldeter Geselligkeit. Tagelange Phantasmagorien, ehe das Schreiben am Isidor-Roman weiterging. Letzter Satz im alten Jahr: „...saß im sicheren Käfig der *domus,* und durch die liebevoll gezimmerten Gitter fingerte die Seele hinaus ins blaue Absolute, ins blaubeerblaue Sag-es-niemand.'

Wandern und Reisen im Januar. Das neue Jahr begann mit ehelichem Besuch und Wanderungen zu zweit, hierhin, dorthin, durch das Gewirr der in einander verschlungenen Raffiatäler und Hügelwellen. Da war der große Stein in den Feldern von Mbebete. Da waren Gespräche, Schweigen, und die alten Unverträglichkeiten des Zusammenhausens. Die Schmutzphobien. Waschbecken, Kleidung, Bettzeug. Da war noch immer Dankbarkeit, aber wie angeschimmelt von dumpfer Resignation. Da war *All for charity's sake.* Und als Gegengabe gewissermaßen der gemeinsame Besuch in Bandiri und das Einfädeln der zweiten Reise nach Mbe-Mbong. Wäre sie sonst zustande gekommen?

Dann begann das Planen der Reisen in Ellipsen, das Umwege reisen – war es so sorgfältig durchdacht, wie es im nachhinein den Anschein hat? Geschah nicht vieles im Blindgang und aufs Geratewohl? Die Sorgfalt richtete sich auf das Vervielfachen von Spuren in alle möglichen Richtungen, um zu verhindern, daß das eigentliche Ziel sich zeigte in nacktem Glanze. Mochten Zwielicht sich verbreiten und Rätselraten – was will diese Frau? In welchem Auftrage ist sie hier? Wer schickt sie auf Erkundungsreisen? Es fügte sich ganz gut in den Gesamtplan.

Was nach dem Februar-Besuch in Mbe-Mbong allein noch zählte, waren, ab März, eine Geburtstagseinladung nach Mbebete und, wohlabgewogen und wohlbegründet, die letzten vier Besuche in Bandiri. Mit knapper Not kamen über die Runden die *Dogmatic Notes.* Vorweisbares: bitte sehr, ich habe auch solide Geistesarbeit geleistet. Mitte Juni begann etappenweise im Hin- und Herreisen zwischen Mbebete und Ndumkwakwa der vierwöchige Abschied von Afrika.

Für immer?

Für eine zweite Zwischenzeit vor der dritten Reise nach Mbe-Mbong. Achtzehn Monate – eine lange Zeit des Träumens und Wartens, denn am Horizont stand das ferne Leuchten.

Ein Flickenteppich. Etwas der Art war das Jahr in Mbebete. Etwas aus vielen verschiedenen Farben und Strickmustern. Das solideste Muster, zwei rechts, eine links, aus guter Schafwolle, ein wenig Perlgarn dazwischen, waren zweifellos die *Dogmatic Notes*, noch zweiundzwanzig Jahre später für wert erachtet, in einer weithin berühmten ostafrikanischen Bücherei auf gut Leseglück als Fotokopie hinterlassen zu werden: zwei rechtsgläubige Maschen Lutherbibel und Tillich-Ähnliches, eine linksgläubige Masche antike Tragiker und Shakespeare und so über einhundertsiebenzig Seiten *foolscap* Format hin. Dazwischen auch eine linksverdrehte Masche Genesisexegese, gut genug als Grundlage für ein Kapitel in einem späteren Sachbuch. Was in Bandiri zu diesem Opus beigetragen wurde, war eine ästhetisch zweifelhafte Leistung. Es war gegen Ende sogar ärgerlich; im Ganzen achselzuckend annehmbar, gutwillig und mit Aussicht auf hohe Bezahlung ausgeführt. Die Wissenschaft hätte Vorwand sein sollen für die Besuche in Bandiri. Daß sie sich unversehens verselbständigte, war Zeichen und Beweis dafür, daß eine Träumende selbst im Traume sich des Schattens bewußt blieb, den sie warf und der nicht zu überspringen war.

Das, was in Mbebete eigentlich hätte gedeihen sollen, geriet auf Nebenwege. Der Roman der ersten Reise nach Mbe-Mbong uferte aus in einen Bildungs- und Eheroman. Es war, als sollte der Inhalt eines ganzen Bücherschrankes voller Kultur des Abendlandes und eines Falles für Psychotherapie ins Abseits der Berge von Mbe hinaufbefördert werden. Es mochte gewiß nicht unwichtig sein, bewußt zu machen, was da alles mit im Spiele war und dazu beitrug, daß ‚der kühle Sand, vom Mond betaut‘, so unwiderstehlich Seele an sich sog und zum Liegenbleiben einlud. Aber das Vorspiel wurde ermüdend lang und war bestens geeignet, abzulenken vom Eigentlichen.

Zu den Flicken mit verschiedenen Strickmustern gehörten die wechselnden Stimmungen im Verhältnis zu dem Mann, der an allem, was voraufgegangen war, mitgestrickt hatte und weiter Brieflein strickte, deren Muster einmal mehr links verdreht und ein andermal eher glatt rechts verlief. Es war nicht anders zu erwarten. Es war Krisenzeit noch immer, und die da ausgewichen war in ein Jahr Eheferien, verweigerte sich einem schlechten Gewissen. Sie sammelte Erlebnisstoff, das unausweichlich werdende Leben in Europa damit anzufüllen. Und es gelang wirklich. Die Reisen sind das Eigentliche, das Abenteuer des Jahres unter dem Harmattan.

2. Kapitel

Besuche in Bandiri

Einer glücklichen Fügung verdankte sich das Doppelstübchen in Mbebete. Einer nicht minder glücklichen die Besuche auf dem Berg von Bandiri. Dorthin versetzt wurde von Amtes wegen einer, der sich bereit erklärt hatte, für entsprechende Entlohnung die zweiten *Dogmatic Notes* zu Vervielfältigungszwecken auf Matrizen zu schreiben. Die Besuche bei einem sozusagen Lohnabhängigen liegen vor, leise raschelnd, blaß, kaum lesbar auf dünnem Durchschlagpapier, abgeschrieben aus dem Tagebuch mit dem abgeschriebenen Farbband einer alten Schreibmaschine irgendwann zwischendurch. So blaß ist das Schriftbild, daß die Mühsal des Entzifferns beabsichtigt erscheint. Literarisch noch weithin unbewältigte Erlebnismasse liegt hier in der Schublade. Wird das Leben hinreichen? Ein kurzes Kapitel soll nur die groben Linien des Faktischen nachzeichnen. Die Feinheiten und Kleinigkeiten, alles, was da raschelte, duftete, klirrte, glitzerte und wehte, damals – der Wind im Haar, ein Sternenhimmel in der Morgenfrühe, ein Silberkettchen, eine halbe Orange, eine Seerose im Knopfloch einer grau-weiß gestreiften Bluse – es muß in der Schublade bleiben.

Bis auf den eigensinnig unbedachten ersten Besuch waren alle übrigen Besuche sorgfältig geplant, eingewickelt in Vorwände aus bestem Berufsdrillich, doppelt und dreifach abgesichert. Die beurlaubte Tutorin schreibt ein Lehrbuch. *Rite vocata* kommt sie als Gast, um zu amten. Was will man mehr. Es sind nur zwanzig Kilometer. Ein Katzensprung. Die richtige Entfernung für Wanderlust. Eines frühen Morgens mitten in die aufgehende Sonne hinein. Der Besuche waren es so viele, daß die Erinnerung sie nicht mehr zählen und in die richtige Zeitfolge bringen kann. Was war wann, vorher, nachher? Was ist noch vorhanden an Bildern und Stimmungen? Klar vor Augen steht, weil in Tag- und Nachtträume eingegangen und Literatur geworden, der Ort. Auf halber Höhe, weiter oben und bis hinauf in die himmlischen Tiefen bei Nacht. In einer zwanzigjährigen Kette von Verbesserungen ward die Beschwörung vollbracht:

Auf den Berglehnen rings stehen schwarz und steil die Schattenrisse von Eukalyptus und Drazänen. Auf halber Höhe umgeben gewaltige Bumabäume im Halbkreis das niedere Haus, Wellblech und Backstein. Am Rande eines ovalen Rasenplatzes steht es einsam und beherbergt Schlaf.

Bei Nacht ist es der ovale Rasenplatz, welcher zurückhält. Bei Tage ist es der Berg über dem Haus, der an sich zieht, was bei jedem Besuch Zurückhaltung übt, um einzig auf dem Papier eine ‚Mittagsfinsternis' des Abschieds sich vorzustellen in immer neuen Verbesserungen:

> *...den Berg hinan. Es ist der Berg, bei dessen Anblick Na'anya strauchelte, als sie zum ersten Male kam. Am Rande des ovalen Rasenplatzes, vor dem einsamen Haus auf halber Höhe, verlor sie das Gleichgewicht, als sie aufblickte. Im Sande, dicht zu Füßen, ein winziger Tropfen Blütenrot...*

Soweit die Stilisierungen der Örtlichkeit. Im Gestrüpp der Erinnerung hängt ein von der Muse unbeleckter Wurf von Eindrücken und Stimmungen, die aus jeglicher Zeitfolge fallen. Das erschöpfte Ausruhen im kühlen Zwielicht einer Schlafkammer – wann? Die Sterne über Haus und Baumkronen in frühester Morgenfrühe – wann? Das winzige Blütenrot zu Füßen, am Rande eines großen leeren Platzes – wann? Das Gruppenfoto, ein Operettenprinz ganz in Weiß, die Frau an seiner Seite eine Elster – wann? Die Wasserrose aus dem Kratersee und der Wind über der Hochebene – wann? Der Blick über weite Parklandschaft bis zu fernen Horizonten und die dürren Rosenranken über den Fenstern – literarische Erfindung im nachhinein? Wo aber nicht: wann gesehen und mitgenommen? Wann das Übernachten in der Schlafkammer des Hausherrn und wann im Gästezimmer nebenan? Wann das Straucheln im Angesicht des Berges und wie es hinüberglitt in ein sanftes Festgehaltenwerden? Nur der Abschied ist zeitlich klar umgrenzt geblieben: statt der literarischen Vernichtung eines guten Gewissens kam ein Landrover voller Geschenke den Berg hinauf, und die Frau, die so oft alleine kam, kam in Begleitung des Ehemannes. Das Datum, ein Geburtstag, konnte nicht verlorengehen. Bis in die Rahmentage der ostafrikanischen Ameise hat es seinen Platz im Gedächtnis behauptet.

Genügt das? Nein. Was die Erinnerung nur noch verklumpt, verworren und zerstückt erkennt, soll hier mit wenigen, aber genaueren Umrissen aus dem Tagebuch aufgefrischt werden. Die Besuche in Bandiri sind nicht nur ein Kapitel für sich. Sie sind ein Zyklus; ein Kranz aus Orangenschalen, Dogmatikfragmenten, Staubrosen, seliger Erschöpfung, Dämmerstunden, Höhenwind, Nympheen, Schenkseligkeiten, Sternenhimmel, Schweigsamkeiten, öffentlichem Amten, gemeinsamem Tischgebet und tagträumender Ahnungslosigkeit.

Eine Orange. Zwanzig Kilometer. Ein Ehemann

Die ersten drei Besuche: ein Spannungsbogen, der sich entspannte. Eine Konstellation am Rande von heimlichen Verdächten, die sich in öffentlich Statthaftes wandelten.

Der erste Besuch: eine halbe Orange und eine halbe Verlegenheit trotz des guten Vorwandes. Es war die ungünstige Zeit der Ankunft in Mbebete, als gegen schweigende Mißbilligung eine Ehefrau es durchsetzte, sich mit dem Landrover nach Bandiri hinüber und hinauf kutschieren zu lassen. Sie hielt einige dreißig Seiten *Dogmatic Notes* vor sich hin: Hier, bitte, darum geht es und um weiter nichts. Der Überraschte legte eine Orange und das rote Taschenmesser auf den Tisch. Das silberne Kettlein war noch daran. Hier bitte, es ist alles noch da. Na'anya verschluckte sich an der einen Hälfte der Orange, steckte die andere Hälfte ein, fuhr davon und teilte dem Tagebuch mit, was der Fall war. ‚Isi's schwelende Eifersucht hat mir das Schöne des Wiedersehens verdorben. Wir empfinden so qualvoll scharf an einander vorbei. Er hat alles kaputt gemacht und schiebt mir die Schuld zu.'

Der zweite Besuch: zwanzig Kilometer kurz vor Weihnachten querfeldein in die aufgehende Sonne hinein. Notdürftig geschützt durch Hütchen und Mantel drei Kilometer staubwölkende Straße zwischen Ubi und Bandiri; dann den schattigen Berg hinauf. Wieder stand Na'anya unangemeldet vor der Tür, als Vorwand und Weihnachtsgeschenk einen türkisblauen Spitzenkittel überreichend. Durfte zwei Stunden ausruhen im kühlen Dämmerlicht in des Hausherrn eigener Schlafkammer. Dann im hellsten Tageslicht das Straucheln und das winzige Blütenrot zu Füßen. Was der erste Besuch versagt hatte, hielt der zweite bereit: einen Hauch Nähe und Fürsorglichkeit. – Mit Taxi zurück und sieben Seiten Tagebuch. Über Weihnachten dann: ‚Der ganze sublime Sternenhimmel der Symbole ist heruntergedonnert mitten in die Freßfeste der *fraternals.*' Nur das Tagebuch weiß es noch.

Der dritte Besuch, mit dem Ehemann, im Januar. Dankbar sei nach zwanzig Jahren noch dessen gedacht, daß hier ein nachsichtig und großmütig Gewordener einer Ehefrau das Abenteuer des Alleingangs gönnte. Er kannte den Mann von Mbe-Mbong. Und noch besser die eigene Frau. Man machte einen Besuch im Fonsgehöft, stieg zu dritt den Berg hinan und blickte hinab auf die schöne Parklandschaft.

Auf dem Rückweg ergab sich in Mende das Warten bis in die Nacht hinein auf einen, den der Feldforscher interviewen wollte. Am übernächsten Tag nach Bassum, benommen dem staubaufwirbelnden Propellerflugzeug nachheulend, das den letzten Endes Einzigen nach Nga entführte. Telefonat mit der Mutter. Es gehe recht gut. Es war gut gegangen auch in Bandiri. – Am gleichen Nachmittag begann in Mende in aller Öffentlichkeit der Ringelreihen von dem einen zu dem andern: ‚I will come and visit you – and you – and you'. Ein unbefangenes Einfädeln der ersten beiden Umweg-Reisen, so blind und so präzise, so sicher wie nie zuvor und nie mehr danach.

      Sternenrieseln. Kratersee. Operettenprinz. Abschied

Die letzten vier Besuche erforderten von Amts wegen zweimal Übernachtungen und ein Gruppenfoto. Dazwischen ein Ausflug zum Kratersee. Beim siebenten Male und zum Abschied von Bandiri noch einmal ein begleitender Ehemann.

      Der vierte Besuch, Amtshandlungen, bald nach den zweiten Besuch in Mbe-Mbong, ein Wochenende Anfang März, war lange vorausgeplant. Ein Laienkurs oben, ein Gottesdienst unten, daher die Übernachtung. In der gleichen Kammer, im gleichen Bett, und das Silberkettchen war abgenestelt. Am Sonnabend bei Bier und Buschlampenlicht ein Augenblick und eine Möglichkeit, ausgesprochen und von einer Ahnungslosen hingenommen wie ein Geschenk. Morgens um vier, zurück von der Latrine, die Sterne – wie so kühl ihr Licht zwischen den schwarzen Baumkronen herniederrieselte. Beim Herablaufen vom Berg in Abendkleidschuhen rieb sich die rechte Ferse blutig. Beim Amten unterlief eine peinliche Fehlleistung. Als der Gast in ein Taxi stieg, stand der Gastgeber und Kollege abseits im Gespräch mit einer jungen Lehrerin.

Zwischen dem vierten und fünften Besuch ward auf einem Geburtstagsspaziergang durch die Felder von Mbebete der Bau eines Hauses in Mbe-Mbong erwogen als Anknüpfungspunkt für die Rückkehr. Während der Synode saß man neben einander als könnte es anders nicht sein. Aber – das Silberkettchen im Ausschnitt des hellblauen Spitzenkittels war ein anderes. Na'anyas Geschenk? Nun, es sei – zerbrochen. Darüber half auch die wohlig-tropische Atmosphäre nicht hinweg, ein haarfeines Grillenzirpen. Das gedämpfte Glücksgefühl verdunstete. Die Symbolik war allzu symbolisch. Sollte einer Ahnungslosen auf diesem Weg etwas angedeutet werden? Mitgeteilt wurde es erst nach Jahresfrist. Der nächste Besuch in Bandiri wurde abgesprochen. Dann kam der zweiwöchige Besuch, bis Mitte April, in Ndumkwakwa, begleitet von einer gewissen Traurigkeit, die ins Leere sickerte...

Der fünfte Besuch, zum Kratersee über Bandiri, ergab sich Ende April. Eine touristische Sehenswürdigkeit und darüber hinaus abgesichert durch eine Kollegin. Es war ein Wandertag zu viert oder fünft. Der Wind der Hochfläche zauste das Haar; der Abstieg zum See und das beidseitige Stochern an seinem Rand brachte eine Wasserrose hervor. Abverlangt, in die Halskette gehängt und liegengelassen in der Schlafkammer, wo vor einem Spiegelscherben hockend Na'anya das zerzauste Haar in Ordnung brachte, welkte sie dahin.

Im Mai noch einmal nach Ndumkwakwa, nur für ein Wochenende. Die *Dogmatic Notes* gehen mühsam voran. Das Stricken einer grünen Wolljacke für den Ehemann ist einfacher. An Himmelfahrt ein Ausflug ins Föhnblau der Landschaft um Mbebete. Am Horizont Mbe-Mbong oder das ferne Leuchten. Ein theophaner Tag mit den Gebirgen rings um das weite Hügelland. Dann geht die Mühsal der *Dogmatic Notes* weiter.

Der sechste Besuch, noch einmal zum Amten und Lehren eingeladen, beides oben am Berg, war wieder mit Übernachtung verbunden und diesmal gleich für zwei Nächte. Aber zur Verfügung stand nur das Gästezimmer. Mit der weißen Frau kam der lang erwartete Regen. Viele Leute waren da, und ein Gruppenfoto wurde gemacht mit Operettenprinz und Prinzessin Elster. Am Montagmorgen, auf dem langen Weg hinab zum Taxiplatz, war die lange Rede von dem zu bauenden Haus in Mbe-Mbong. Wer hatte hier wen an der Angel?

Der siebente und letzte Besuch, Anfang Juli, nach dem Seekistenpacken in Ndumkwakwa, zusammen mit dem Mann, der die Begleitung beim ersten Besuch verweigert hatte, gab der Kette der voraufgegangenen Besuche einen öffentlich runden Abschluß. Der selbe Landrover, der im Oktober nur die Tutorin und dreißig Seiten *Dogmatic Notes* gebracht hatte, lud Anfang Juli eine Fülle von Dingen eines aufgelösten Haushalts ab, die alle im Hause dessen gebraucht werden konnten, der statt für Weib und Kinder für Nichten und Neffen zu sorgen hatte. Bei diesem Abschiedsbesuch ward auch der apfelgrüne Kittel ausgehändigt, längst schon auserbeten zur Erinnerung an die Gartenarbeit eines Gärtners während der

Jahre im Regenwald. Es war ein kurzer Besuch auf der Fahrt von Mbebete wieder zurück nach Ndumkwakwa zu weiterem Packen. Ein irres Hin und Her und meist mit Taxi.

In Mbebete müssen die *Dogmatic Notes* vollends über die Runden gebracht werden. Der, welcher dann am 11. Juli hunderttausend für das in Mbe-Mbong zu bauende Haus ausgehändigt bekam und dazu eine weiße Rose, kommt ein paar Tage später nach Mende, um die Geldgeberin – wen sonst? – am Taxipark zu verabschieden. Ja, wen sonst.

*

Reisen auf Umwegen und nach Strickmuster

Die sieben Besuche in Bandiri und der eine, der zweite Besuch in Mbe-Mbong, sie waren die beiden geheimen Brennpunkte der Ellipse, die von Mbebete aus ihre Spuren durch den Staub zog. Die Zielpunkte in andere Richtungen dienten dem Zeitzubringen und der Ablenkung. Ein wenig auch dem Abenteuer und der Selbstbestätigung. Es waren die großen Umwege-Reisen im Januar, während der staubigsten Trockenzeit, zusammen mit der noch größeren *Revenant*-Reise zwei Jahre später, das einzige an selbständigem Abenteuer, das ein Leben in ehelichem Schlepptau (‚Wo du hingehst...') länger als ein paar Tage je für sich in Anspruch zu nehmen wagte.

Erst neun Jahre später (im Oktober des Silberhochzeitsjahrs, zu Besuch in Berlin, in der Stille der Grauen Villa) wurden die Tagebücher dieser Reisen ausgeschrieben. Das Wesentliche, Tagtraumhaftes verknüpft mit einem *goût de l'absolu* und romantischer Ironie, die über den eigenen Schatten springt, nahm in glücklichem Zugriff schon bald literarische Form an. Von daher betrachtet: was wäre an dem, was hier in späten Jahren noch nachgetragen wird, Spreu? Was ist noch wert, erinnert und festgehalten zu werden? Das Geschepper durch die Elefantenberge? Die drei Steine der Hestia in der Baumsteppe von Ola? Das zeitzubringende Umherstreunen mit dem Jüngling Eli durch die Hügel von Sanya? Es wird sich ergeben.

Das Umwege-Reisen während des Jahres in Mbebete konnte einen öffentlich formulierbaren Zweck vorweisen: die Theorie der Jahre in Ndumkwakwa mit der gelebten Wirklichkeit zu vergleichen. Die Reisen verliefen nach einem Strickmuster von durchdachter Regelmäßigkeit. Die Regelmäßigkeit des Musters bestand aus sieben Rippen. Jeder Besuch war im voraus abgesprochen auf den Tag genau. Zweitens. Die Reisende reiste wie das gewöhnliche Volk mit Überlandtaxis. Sie nahm Unbequemlichkeiten auf sich und ein gewisses Risiko. Drittens. Der Gast brachte den Gastgebern ein größeres oder kleineres Geldgeschenk für Dach, Bett, Klo, Waschwasser und Bewirtung. Er war willkommen als zahlender und schenkender Gast. Gab er nicht das Erwartete, so holte man es sich nachträglich in Mbebete. Zum vierten. Jeder Besuch, mit seltenen Ausnahmen, war mit Öffentlichkeit außerhalb der besuchten Familie verbunden. Der Gast wurde herumgezeigt; man lud ihm zu Ehren Gäste ein oder er wurde mit einbezogen in Amtshandlungen. Fünfte Längsrippe im Strickmuster der Umwegreisen: die literarisch und zu Reliquien gewordene Reisekleidung. Dunkelbraune Gabardinehosen und ein maronenbrauner Kasack mit tiefen Taschen. Wanderschuhe, ein weißes Baumwollhütchen; und ein teerosenfarbenes Seidentuch vor den Mund gebunden, wenn der Staub aufwölkt. Sechstens: Medikamente für den Notfall: Amöben- und Malariaprophylaxe; Desinfektionsmittel, Kosmetika. Ein paar Teebeutel. Schokolade. Siebente Strickmusterrippe: das Reisetagebuch.

Zu den Reisen allen gehörte die jeweils glückliche Rückkehr nach Mbebete. Rückkehr zu Fruchtsalat, fließendem Wasser und einer Zwischendecke über dem Kopf. Zu Tisch mit Tischtuch, Bett mit Bettuch; zu Büchern im Regal und Musik aus dem Kassettenrecorder. Zu einem Stübchen, dessen Tür man hinter sich zumachen konnte. Zu Dankbarkeit: es ist wieder einmal alles gutgegangen.

Was unterscheidet diese Reisen einer Frau Mitte Vierzig von Afrikareisen anderer Frauen in Geschichte und Gegenwart? Es ist der Mangel an romanreifer Abenteuerlichkeit und journalistischer Flottheit. Hier wurde keine ‚Reise in die schwarze Haut' und in liberale Vorurteilslosigkeit gewagt. Es wurden weder Reptilien gefangen, noch wurde in langen Röcken ein Viertausender oder alte Barkassen bestiegen; es wurde keine Expedition in Richtung auf einen Sechstausender und ins Wandergebiet kriegerischer Nomaden angeführt. Hier war keine Ethnologin unterwegs, um den Eingeborenen in die Kochtöpfe zu gucken; keine Fotografin vom Kaliber einer Leni Riefenstahl und natürlich auch keine Großwildjägerin oder –hegerin. Es ging nicht auf Safari und auch nicht auf missionarische Ziele zu. Hier reiste eine Frau, um im rosenroten Staub am Rande des Harmattan Energien zu verbrauchen. Das Abenteuer war innerlich.

3. Kapitel

Durch die Elefantenberge

Wer wird so unbesonnen sein, geradewegs hineinzulaufen in etwas, das als fernes Leuchten am Horizont steht?! Der erste Umweg führte in die gleiche Gegend wie sechs Jahre zuvor, als das eigentliche Ziel die grünen Hügel von Sanya gewesen waren. Er führte jedoch darüber hinaus, sich verzweigend und tiefer hinein in höheres Gebirge.

Und wie war's? Hätte nicht einer fragen können? Oh, die Elefantenberge haben mächtig Eindruck gemacht. Das kannst du dir denken. Zuvor, in Chaa, saß eine Jungvermählte, treu und traurig. In Bam oben, zwischen den Bergkolossen, drang nachts ein kalter Wind durchs offene Gebälk, und auf dem Rückweg schepperten die leeren Bierkisten. In Kendek, das liegt in der Tiefe eines tiefen Tals, hab ich an zähem Kuhfleisch gekaut, hielt die erste öffentlich freie Rede, saß beim Bier in einer Bar und wunderte mich. Am nächsten Tag fand ich mich auf dem Rücksitz einer leichten Suzuki wieder, die der brave Kollege vorsichtig über die Piste manövrierte. Was noch? Ach ja, die Fama. Mireille. Das erzähle ich dir ein andermal.

Ein Dutzend Zeilen könnten genügen, um eigene Erinnerungen aufzufrischen und Anekdotisches mitzuteilen. Aber die ostafrikanische Ameise läuft über viele Seiten hin, wenn man ihr nur beim Umblättern behilflich ist. Den Urteig der Tagebucheinträge zu kneten und in eine genießbare Form zu bringen steht schulternah die Muse und in Stirnhöhe ein Maschinchen. Was könnte gedeihlicher sein als der Gedanke an die literarische Ameise und ein funktionierender Pe-Tseh.

        Chaa. Da saß eine Jungvermählte...

Jede Reise beginnt wartend am Straßenrand unter einem der schönen, wenngleich kaum Schatten spendenden Eukalyptusbäume, die den kleinen Campus säumen. Hab ich alles beieinander? In der weißen Reisetasche befindet sich eine Kostbarkeit, die es sechs Jahre zuvor noch nicht gab: das Fledermausgewand, dunkelbraun, seidenleicht und von einmaliger Verwandlungskraft. Die Weite ersetzt Schlafsack und Morgenmantel. Der Faltenreichtum und ein festlich über die Brust hin gekurbeltes Ornament in Silbergrau ersetzt Toga, Talar und Abendkleid. Wie das teerosenfarbene Seidentuch, verziert mit schwarzen Hieroglyphen, ist das Prachtstück ein Geschenk des Gemahls. Hinzukommen die Abenteuersandalen der wunderbaren Jahre. Nichts als Sohle und schmale Riemchen. ‚*Leih mir noch einmal die leichte Sandale – bist du die Jugend, werde ich alt?*' Demnächst fünfundvierzig.

Nach Chaa ist es kaum weiter als nach Bandiri. Aber es liegt in der Gegenrichtung. Ein Taxi namens ‚Gentleman' nimmt die Wartende mit. Die Risiken des Taxifahrens erreichen im Tagebuch kaum die Wortschwelle. Sie bleiben *sub limine*, nur halbbewußt. Das Ausgeliefertsein an die jungen Menschen am Steuer, die ihr bißchen Geld verdienen im Staub und in der Hitze, den ganzen Tag und oft bis in die Nacht hinein. In Mende umsteigen. Das Taxi, gedrängt voll, schnürt durch den Staub und in den Nachmittag hinein.

Chaa, zum wievielten Male? Immer war da wer zu besuchen. Diesmal eine Jungvermählte. Das Haus, ein wenig in den Hang hineingebaut, ist leicht zu finden. Leider. Es ist eine Belastung für die junge Ehe, und der Besuch hört teilnehmend zu. Wie die Leute, Patienten des nahen Hospitals und deren Besucher, kommen und das Haus vollsitzen und beköstigt werden wollen. Das andere zu Gastlichkeit verpflichtete Haus liegt höher am Berg; da steigt keiner hinauf. Die junge Frau macht auch noch Schule für ein Taschengeld. Vielleicht erwartet sie schon das erste Kind. Sie sitzt im Holzsessel vorgebeugt, die Arme parallel, die Hände gefaltet, und blickt geradeaus ins Leere. Seit der Hochzeit im Dezember sind noch keine sieben Wochen vergangen. Untergegangen ist ein mögliches Glück. Wer sitzt da und denkt zurück und hinüber nach Bandiri? Einer schläft allein und schweigt hinweg über die traurige Geschichte. In die Ritzen des Schweigens dringt die Einfühlung, hier wie dort...

Der, dem Lilian die Treue gehalten hat, weil der andere zum Glück oder Unglück rechtlich gesonnen ist und sie bestärkt hat auf dem rauhen Pfade der Tugend; der also, den sie ihrem Versprechen treu geheiratet hat, ist bei aller Schmächtigkeit ein sympathischer und energischer junger Mann, der weiß, was er will: Abitur nachholen, weiter studieren, höher hinaus. Hier und jetzt liegen die Finanzen dreier Bezirke auf seinen Schultern. Wem kann man das schon zutrauen. Das viele Geld, das durch Hände geht, die nicht klebrig sein dürfen. Das kärgliche Leben. Aber der junge Mann ist jemand in der Hierarchie seines Stammes; da gibt es sicher Hilfsquellen im Hintergrunde. Danach zu fragen wäre Inquisition. Es interessiert auch nicht.

Ein Besuch oben, unter dem schön gerundeten Hügel, wo sechs Jahre zuvor das Patenkind zu besuchen war, wäre nicht notwendig. Aber womit soll man die Zeit zubringen? Der ältliche Mensch mit großer Familie, der inzwischen da oben haust und amtet, ist eine rundum unerfreuliche Erscheinung. Für den häßlich dicken Bauch kann er nichts; aber die Umgangsformen sind – beleidigend oberflächlich. Vielleicht weiß er, daß nichts zu erwarten ist. Er bekommt trotzdem eine Handvoll; es gehört sich eben. Die schöne Kuppe des Bergs hinter dem Haus ist schwarz abgebrannt... Auf dem Rückweg hinunter, ganz nebenbei, stellt die Tutorin dem ehemaligen Studenten die Frage, ob es Sitte sei, Verlobungen geheimzuhalten. Hätte ein Gerechter um eine offen Verlobte geworben?

Das Haus an der Straße unten ist neu und geräumig. Es gibt ein Gästezimmer. Die Türen quietschen; der Schlaf ist gestört; aber der hellgrüne Schlafsack, aus sechs Metern Polyester eigenhändig genäht, ist eine gute Erfindung. Er sorgt für ein Gefühl hygienischen Wohlverpacktseins in einem Bett, in dem zuvor wer weiß wer geschlafen hat. Am nächsten Morgen erst fällt ein Blick in Lilians kleinen Garten unter dem Fenster – Kohl und Salat und ein paar Tomaten. Kümmerlich. Ja, sogar ihr Gemüse sieht traurig aus. Und sie – sitzt wieder schweigend da. Was soll sie sagen. Sie hat ein Foto in ihrem Album, nur ein einziges, von dem, der ihr in Freundschaft und einer gewissen Traurigkeit zugetan bleiben wird. Ein Foto in ganzer Größe vor einem Raffiapalmenbusch in Ndumkwakwa. Selbstbewußt und überlegen steht der Mann von Mbe-Mbong da; ganz gegen sein sonstiges Auftreten. Ein Anflug von Ironie um den Mund. Ein schmaler Strich. Die Augen verschattet. Die Besucherin sieht es, und alles schrumpft da hinein...

Beim Frühstück – statt des herkömmlichen Fufu Tee und das Weißbrot, das mitgebrachte – kommt zum erstenmal auf dieser Reise die Fama Mireille angeflogen.

Hinauf ins Kolossale

Mittwochmorgen. – Warten auf ein Taxi nach Bam, drei Stunden lang, Tagebuch schreibend unter gastlichem Dach. Nebenan in seinem Büro amtet der Schatzmeister, der hoffentlich weiß, was für ein Schatz von Eheweib ihm zuteil ward, weil ein anderer zum Verzicht bereit war. – Hier, so nahe bei einem Krankenhaus, gibt es noch Zivilisation. Fließend Wasser, Elektrizität, ein richtiges WC. Fortan wird es anders sein. Das Tagebuchschreiben wird aufhören, fast drei Tage lang. Das Leben wird schrumpfen, zäh und einfach werden. Erst die Erinnerung wird, bei Mozart-Adagios hinter muskatfarbenen Vorhängen, am Tage nach der Rückkehr vergegenwärtigen, was da war, sich begab und geredet wurde.

Nach Bam geht es hinauf ins Gebirge und ins Unbekannte, zwei Stunden lang im Landrover auf einer Erdstraße, die sich ocker und rotbraun in die Flanken der Berge gräbt. Es nähern sich und rücken dicht zusammen die Zweitausender, die keine Kamera anzutasten wagt. Eine Herde Riesenelefanten hat sich da gelagert, die breit gewölbten Rücken schwarz abgebrannt, und wie Stoßzähne ragen erratisch in die Gegend ausgewitterte Granitschlote. Felsbrocken liegen herum, übriggeblieben von einer Urzeitjagd auf die Kolosse. Das Vehikel kriecht dahin, ein lahmer, benzinstinkender Sandkäfer. In den Tiefen der engen Täler rauschen die Bäche, und an ihnen entlang grünt saftiger Raffiabusch herauf. Eine Monumental-Landschaft; ein Genuß bei leiblichem Wohlbefinden; die Straße ist breit genug und sicher. Mit solch kolossalem Gebirgsprofil wollte sich im nachhinein ein Mozart-Adagio nicht vertragen...

     Bei der Ankunft in Bam, während die Reisende noch beim Zahlen eines des Gebirges würdigen Fahrpreises ist, kommt im roten Polohemd und leider auch verfettet der Gastgeber angerannt, den Besuch zu empfangen und ins Haus zu geleiten. Ein großes, noch unfertiges Haus, nicht weit von der Straße, umgeben von Cassava- und Bananenpflanzungen. In der Nähe ein neues Kirchenhaus, auch noch im Bau. Der erste Blick, Gesprächsstoff suchend, nimmt es wahr. Der Gast bekommt sogleich ein Gastzimmer und sogar eine Schüssel mit heißem Wasser. Ein Bad ist auch vorhanden: vier Backsteinwände, Lehmboden, ein Hocker, eine unverriegelbare Tür. Nun denn, raus aus den verstaubten und verschwitzten Klamotten; Seife und einen Waschlappen gibt der Waschbeutel her, und die nasse Haut trocknet von selber. Eine frische Garnitur drunter und drüber. Blau in Blau, langbehost und locker umkittelt, erscheint der Gast wieder.

So, und jetzt reden. Fragen stellen. Interesse zeigen. Unbefangen und losgelöst von alten Verkrampfungen im Schatten eines allzu redegewandten Ehemannes. Es kommt wie von selbst, es rauscht und plaudert dahin ohne anzustoßen, ohne Verlegenheitspausen. Es lief wie von selbst und warum wohl? Es gab keine emotionale Beziehung zu den Leuten; weder zu Mann, noch Weib, noch Kind. Es klebte nichts, es klemmte nichts. Der

Gastgeber ist wie ein Vetter (ein fett gewordener) oder sonst ein gleichgültiger Verwandter. Keine Nähe wird spürbar; nichts, das Spannung erzeugt und an sich hält. Da ist zwar noch das markante Jägerprofil: die Adlernase, die Schlitzaugen, das spitze Kinn. Es hätte ästhetisch ansprechen können, wäre der Mann nicht so unangenehm fettleibig gewesen.

Nach dem Mittagessen macht der Gastgeber Anstalten, den Gast auf den Rücksitz seiner Suzuki zu laden, damit *Na'anya* etwas von der Gegend erfahre. Die Suzuki steht da, der Fahrer sitzt schon drauf, und der ganzen Reise einziger Augenblick Verlegenheit steht intensiv peinlich daneben – soll ich etwa, wie schon einmal, Weihnachten sechs Jahre zuvor peinvollen Angedenkens, um einen umfangreichen Kollegenbauch meine dünnen Arme legen, um mich festzuhalten beim Geholper auf und ab? Zum Glück steht die Familienmutter auch dabei, und auf die vorschnelle Frage, ‚Shall I – ?' zeigt sie auf den Haltegriff. Aufatmen, aufsitzen, festhalten. Und gemächlich holpert man bergan, bergab durch die locker hingestreute Ortschaft Bam. Beim Gesundheitsposten steigt man ab, besichtigt, stellt Fragen und trägt sich ins Gästebuch ein. Dann ist da ein großer freier Platz und eine Bar. Da sitzt man und trinkt ein Glas Wein. Das schöne saure Leben, ‚Bellevie'. Die Männer ringsum gucken. Die Angeguckte findet es ganz in Ordnung, daß sie gucken und guckt mutig zurück. Am Abend kommt einer von den Guckern ins Haus und staunt. ‚I thought you were a boy.'

In der Bar saß der ‚boy' und fragte und redete, redete und fragte. Vorwiegend Kirchenpolitisches. Der Gastgeber sehr mitteilungsfreudig, sehr lebhaft. Der Gast erzählte an geeigneter Stelle die Geschichte von Weihnachten sechs Jahre zuvor: wie der Kollege von Meltom, angefeuchtet mit Palmwein, Bier und Whiskey, die Piste nach Ndumkwakwa hinaufsteuerte und erst vor dem Hause und nachdem die Gastpredigerin abgeladen war, umkippte samt der Maschine. Eine hübsche Geschichte? Sie wäre besser nicht erzählt worden, denn es hatte magische Folgen. Auf dem Rückweg nämlich mußte man bei einem Brücklein aus Bananenstämmen absteigen. Die Suzuki wurde geschoben. Ein morscher Bananenstamm gab nach, und der Gastgeber kippte um samt Suzuki. Kam mühsam wieder hoch und hatte sich zum Glück nur den Fuß verstaucht. Zum Glück, ja. Aber wie stehe ich dabei und hier herum und bin ich am Ende noch schuld daran? Ein *comic strip* – nein. Die Leute sind gastfreundlich. Gewiß nicht umsonst, aber trotzdem.

Es mußte dann, zurück im Haus, endlich das Patenkind zur Kenntnis genommen werden. Der Knabe ist inzwischen neun und tut verschämt. Die strenge Tante fragt ihn ab nach dem, was in den Schulheften steht. Ein guter Schüler. Wird für die Sekundarschule und bis zum Abitur ein Staatsstipendium bekommen, und das Schulgeld von der Patentante wird der Vater in sein Haus in heimatlichen Gefilden verbauen. Sieben Kinder sind es inzwischen, und natürlich wird man dem Gast nicht die ganze finanzielle Wahrheit auf die Nase binden. Wozu auch. Die Geschichten aus dem Leben eines Mannes aus der Savanne, der als Pionier in einem Missionsgebiet im Waldland war, sind interessanter. Wie er ein ins Koma verhextes Mädchen ins Leben zurückrief mit Tee und Aspirin. Wie er wettlief mit der Jugend, um sie durch Sport abzubringen von wildem Herumsexen. Wie er schwimmen lernte im Crow River, allein bei Nacht im Mondenschein und ohne Angst vor *mami wata*. Und schließlich, daß er nichts mit der Finanzverwaltung zu tun haben möchte. Die Versuchungen wären zu groß. Die Arbeit auch.

(Während des nachträglichen Tagebuchschreibens, am Wochenende in Mbebete, blühte eine kleine blaue Hyazinthe aus dem Weihnachtspäckchen der Mutter. Sehr kümmerlich blühte sie, und nachts knabberten die Kokrotschen an ihr. Aber sie blühte; sie erinnerte, und sie sei erinnert. Das Alter knabberte auch. An der Mutter seit dreißig Jahren, und sie wartete...)

Was war da noch in Bam? Am Abend kamen Gemeindeälteste, brachten ein Huhn, saßen da, aßen und tranken. Man kann nie wissen. Wenn Weiße in entlegene Gegenden reisen, tun sie es oft in irgendeinem humanitären Auftrag. Sie haben Geld zu verteilen und suchen, wen sie damit beglücken könnten. Diese Weiße, von der man nicht weiß, was sie eigentlich will, sie hat nur schäbige 1'000 für die große Kirche übrig. Na, da ist sie wohl doch nur wegen dem Patenkind gekommen. Ja, und wegen dem Hunger mit Reis und Soße.

Dann endlich kommt die Zeit, wo der Gast sich zurückziehen und eine Tür hinter sich zumachen darf. Ohne Umweg über ein Bad. Man kriecht ungewaschen ins Bett; Wasser gibt es am Morgen. Eine Kulturdifferenz. In der Nacht von Bam wehte ein kalter Wind durchs offene Gebälk. (Ein Vorgeschmack auf den kalten Nachtwind in der Baumsteppe von Ola, der so viel kälter war, daß er den von Bam ins Vergessen wehte.) Der leichte Schlafsack erwies sich als zu kurz. Es gab nur eine dünne Acryldecke. Der Schlaf kam trotzdem, und er war gut. – Der Tag beginnt um 6; die Hähne krähen noch früher. Man kann nicht verschlafen; es quietschen zu viele Türen; es piepsen zu viele Küken. Dann gibt es heißes Wasser und tut den nachtkalten Füßen gut. Die Akrobatik des Waschens von oben nach unten: die Übung macht's. Dann steht heißer Tee auf dem Tisch, und die Welt ist in Ordnung, so lange sie ohne Magenverstimmung bleibt.

Scheppernd zurück nach Chaa

Donnerstagmorgen. Wieder Warten auf ein Vehikel. Ein Karton voll guter Yamsknollen steht da, ein Gastgeschenk, das mit muß. Gast und Gastgeber sitzen vor dem Haus und bereden allerlei Berufs- und Schulprobleme. Die 10'000 für das Patenkind liegen wohl etwas unterhalb der Erwartung. Eine Aufstellung der Ausgaben für die Schulausrüstung wäre nützlich. Realistisch bleiben. Für Träumereien und Torheiten wird genug Raum und Zeit später und anderswo sein.

Das Vehikel, das endlich kommt, ist ein Biertransporter. Die Weiße darf mit und vorne neben dem Fahrer sitzen. Der nimmt nur 500. Merkwürdig. Eine fromme Gefälligkeit? Dann großes Abschiedswinken. Klein-Yuka ließ sich nicht mehr blicken; die weiße Patentante ist ihm wohl nicht ganz geheuer. Sie ihrerseits, vermißt sie das Kind? Kaum. Überhaupt nicht. Sie hat die Gedanken woanders. Bam, erledigt. Good-bye.

Es geht wieder hinab. Wie erholsam erhaben kann Landschaft sein, wenn ein Landrover von sicherer Hand gesteuert gemächlich hindurch und bergab kriecht und nur ein wenig Motorengebrumm hören läßt. Wie schön wäre naturandachtsvolle Stille zwischen den Bergkolossen. Es könnten statt Elefanten auch Riesenechsen der Urzeit sein, versteinert ins Graugelb der Trokkenzeit, schwarz geschuppt und gescheckt von den Grasbränden. Aber überwölbende Stille ist nicht zu haben. Das Geschepper der leeren Bierkästen, dirigiert von dem Gerüttel, das vier Räder und eine steinige Piste komponieren, erfüllt das Gebirge mit einer gläsernen Kakophonie von betäubenden Ausmaßen. Es scheppert zurück aus allen Richtungen und scheppert nach bis in die Vorhallen der Alterstaubheit. Der schrille Schüttelfrost peinigte das Trommelfell. Der gläserne Lärm verscheuchte die Landschaft. Er zerklirrte die Wucht der Elefantenberge. Er schüttete die Nixenromantik der Raffiatäler zu mit Scherbenlärmgeröll. Er zerrüttete jegliche Möglichkeit, die großen geologischen Formen noch einmal groß und andächtig zu genießen.

Auf dem Taxiplatz Chaa, wo die Straße sich in drei Richtungen gabelt, steht die Reisende mit einer kleinen Tasche und einem großen Karton Yams. Wo ist das Haus des Ältesten, in welchem die Knollen unterkommen sollen? Ein alter Mann in hellem Kaftan ist behilflich. Danke. Und nun – Wohin? fragt der Alte. Nach Kendek. ‚No Taxi no deh.' Nur der Biertransporter steht da und daneben stehen der Fahrer und noch ein Mensch, der Reisende anweist, sich hinten drauf zu den Bierkästen zu verladen. Vermutlich der Bierhändler. Keine Angst mehr vor Fragen, die nichts kosten. Und siehe, für den Dreifachpreis darf die Weiße wieder vorne sitzen, wo schon eine junge Mutter mit Baby und ein alter Mann, der krank aussieht, sitzen. Hoffentlich nicht offene Tuberkulose. Die junge Mutter gibt das Baby dem alten Mann und quetscht sich neben den Fahrer mit seitwärts gedrehtem Körper, den einen Arm nach hinten auslagernd. Die sich rechts außen neben die Tür hinzuquetscht, nimmt dem alten Mann das dick eingewickelte Baby ab. So also – fünf Lebewesen vorn, ein halbes Dutzend hinten drauf bei den Bierkisten, setzt der Transporter eine Stunde vor Mittag sich in Bewegung.

Hinab in den Kessel von Kendek

Wieder hinein ins Gebirge, in eine andere Richtung. Die Elefantenherde hat sich in einem großen Bogen gelagert. Das kahle Kolossalgebuckel, grau und gelb und struppig; weniger schwarze Granitstoßzähne. Hier und da ein Blick hinab in sattgrüne, schattige Raffiatäler, wo die kühlen Wasser rauschen mitten in der Trockenzeit und schmalgeschwänzte Halluzinationen aufsteigen. ‚Let me drink...' Nicht träumen. Der Transporter fährt vorsichtig. Klimmt hinauf mit heulendem Motor. Fährt Schritt auf abschüssigen Strecken. Unaufhörlich Stein um Stein und das Lärmen gefüllter Bierflaschen, weniger schrill. Chaa ist Umschlagplatz. Die Leuten haben halt Durst, und der Alkohol ist ein besserer Tröster und Aufmunterer als sämtliche Sonntagspredigten der gesamten Geistlichkeit im Lande. Die so despektierliche Gedanken denkt, ist zwar ebenfalls – aber was soll's. Sie vergißt es halt immer wieder und total.

An einer steilen, hart und hinderlich durch Felsgestein aufgerauhten Steigung müssen alle ab- und aussteigen und laufen. Die Weiße behält das Baby im Arm. Es schläft unerschütterlich. Die Sonne brennt, die Hitze – die dicke Verpackung müßte doch gelockert werden. Diese junge Mutter hat vermutlich noch keine Erfahrung. Diese ältliche Weiße hat auch keine, aber gesunden

Menschenverstand – einsteigen. Es geht schon weiter. Im nächsten Dorf, kurz vor Kendek, ein langer Aufenthalt. Schatten suchen in der Mittagshitze. Jeder Aufenthalt ist willkommen. Keine Eile, irgendwo anzukommen. Denn der Sinn des Reisens ist ein fast beliebiges Umherirren auf ein Ziel zu, das woanders liegt. Ein beharrlich dumpfes Kreisen, elliptisch, um zwei Orte, die aus- und aufgespart bleiben. Und doch und wunderbarerweise beeinträchtigte die Uneigentlichkeit des Reisens nicht die Geistesgegenwart an jedwedem Ort auf der Ellipsenbahn.

Kendek kommt in Sicht, und der Atem stockt zwei Augenblicke lang. Da hinab? In den tiefen Kessel? Auf der Holperpiste? Da möchte ich doch lieber aussteigen und zu Fuß – aber der Mann am Steuer des Vierrad-Antrieb-Toyota tastet sich unbeirrt und eine ungemütliche Viertelstunde lang langsam abwärts ohne umzukippen und ohne daß die Bremsen versagen. Hat nur die Fremde den Atem angehalten? Sind die Einheimischen das gewöhnt? Auf halbem Weg hinab, auf einer Bodenwelle, steht das gastliche Haus. Der Besuch wird erwartet. Aufatmend und dankbar händigt die Reisende dem Fahrer die 1'500 aus im Gedränge des Empfangs. Denn schon ist der Gastgeber samt Kinderschar, herabgesprungen von der kleinen Anhöhe, da und bekundet Erleichterung, daß *Na'anya* gut angekommen ist.

Uff, ja. Gut angekommen. Durchatmen. Dann am liebsten eine Tür zu und ausruhen. Geht leider nicht. Man hat gewartet. Man will auf den Markt. Die Hausfrau ist schon vorausgegangen. Also vollends hinunter zum Markt, ohne Waschwasser gesehen zu haben und mit nichts im Magen als Dankbarkeit.

Hinab zum Markt, munter plaudernd. Hier waltet der Zufall der Örtlichkeit, sonst nichts. Weder Patenkind noch irgendein Unglück sind zu besichtigen oder zu beseelsorgen. Nie etwas ‚gehabt' mit dem weiland Präfekten, weder im Guten noch im Bösen. Ein ältlicher Diplomat. Zeremoniöse Würde. Ein breites, weiblich-weiches Gesicht. Kein Bauch. Redet leise. Manches muß erraten werden. (Das Hörgerät mitgeschleppt, nie benutzt.) Das Marktgetriebe im Talkessel unten, das man ‚bunt' nennt (die bunten Wickeltücher um ausladende Hüften und die kunstvollen Kopfbedeckungen der Frauen); Vielfalt, die nach Durcheinander aussieht, wo es doch Spielregeln gibt und sogar Gesetze. Markt- und Handelsgesetze. Man geht von einem Stand zum anderen, guckt und guckt und sieht doch nichts. Die Frau Gastgeberin ist auch da, inmitten eines lebhaften Weiberhaufens und vielen Händeschüttelns ringsum. Nun aber schnell in eine Bar. Muß der Gast nicht durstig sein?

Kumpel in der Bierbar

Und ob. Man sitzt inmitten, die Fremde und der rings bekannte Kollege. Der trinkt und redet, redet und trinkt und verändert dabei das Profil – das bißchen Alkohol kann's doch nicht sein? – ins Ungewohnte, Eigenartige. Macht das die Behostheit und das männische Auftreten der Frau? Denkt auch hier einer ‚You are a boy'? Oder macht's der Eifer der Diskussion? Eine ungewohnte *Kumpelhaftigkeit*. Man saß neben einander auf einer Bank, und der Kollege, gestikulierend, rückte nah und näher. Rückte auf den Leib. Oberschenkeldruck, nachdrücklich. Soll ich abrücken? Würde es Ungehörigkeit erst zu Bewußtsein bringen und Verlegenheit hervorrufen? Also besser nicht abrücken. Mit gleichem Eifer an der Diskussion weiterhaken. Die gestikulierende Hand des weiland Studenten, nunmehr Kollegen setzte Nachdruck, immer wieder, auf Hand, Arm, Oberschenkel – ganz wie Mann und Mann diskutieren hierzulande oder anderswo. Mann und Mann. So sei es. Tutorin und Ehemaliger: Kumpel in einer Bar zu Kendek. Gleichzeitig freilich durchkramte der Kumpel Tutorin angestrengt das Gedächtnis: gibt es irgendwelche Weibergeschichten über den Kumpel Gastgeber? Sitzt hier ein *lady-man*? Und wenn – wie plump. Wie gedankenlos. Nur ein Weniges davon würde genügen, anderwärts einen ganzen Traumpalast in Trümmer zu legen und das ferne Leuchten zum Erlöschen zu bringen. Dann freilich hätte auch das Mondsicht ein Recht zu grinsen, breit und erbarmungslos...

Zähes Kuhfleisch und ein Brautfoto. Man steigt zurück und hoch ins Haus. Da geredet werden muß, fast pausenlos, geht die Tutorin viel weiter auf vorgebrachte Probleme ein als es je ihre Absicht war. Amtsgewalt und Autorität beschäftigen den Ehemaligen, und, natürlich, ein Stipendium zum Weiterstudieren. Was hingegen könnte den Gast interessieren? Ob es nicht vielleicht und endlich Wasser gibt zum Waschen. Und eine Weile Ruhe vor dem Abendessen. Beides ist zu haben. Wohltaten, und der Tag neigt sich. Dann aber und in der Erinnerung festgehakt die Tortur bei Tisch vor einem Teller, vollgehäuft von der Hausfrau bei grauem Buschlampenlicht. Was ist das? Eine Sorte Fleisch vom zähesten, Knorpel und Sehnen. Etwas vom Ungenießbarsten, das je zwischen die Zähne kam. Es fehlte an Mut zu sagen: das kann ich nicht essen.

Das Zahnfleisch beginnt zu schmerzen, der Gast kaut tapfer weiter und leidet. Der Fisch zum Frühstück, am nächsten Morgen, sollte noch ungenießbarer sein. Knorpel in der Form von Gräten. War es Absicht? Anzudeuten: so schlecht geht es uns? Besseres können wir uns nicht leisten? – Beim gleichen grauen Buschlampenlicht noch Fotoalben, um das Reden zu ersparen. Darunter, interessant an einem Ort wie Kendek, ein Hochzeitsfoto. Die Braut sehr blond, sehr onduliert und sehr verschrumpelt, aber ganz in Weiß samt Schleier und sehr zu Recht. Sie hat's geschafft. Bemerkenswert und mit mehr Mut, wahrhaftig. Zwei Kinder noch in diesem Alter, Mitte Vierzig. Merkwürdig nur, wie das Foto nach Kendek kommt. Etwa im Zusammenhange einer Patenschaft und deren Zuwendungen? Warum bekam eine, die der hilflosen Kollegin einst so behilflich zur Seite stand, das Foto nicht? Der Gedanke huschte vorbei und war weg. – Endlich schlafen. Und zwar gut. Kein kalter Wind wie in Bam. Das Haus hat eine Zwischendecke.

Freie Rede am Freitag

Der Morgen dämmert. Darf ich nun heim nach Mbebete? Nein. Der Gastgeber hat sich für den Gast Öffentlichkeit ausgedacht, eine größere und würdigere als die in der Bar. Ausdruck einer gewissen Unsicherheit – was will sie eigentlich? Will sie sehn, wie mein Laden läuft? Unsicherheit, verziert mit großen Worten und viel Theorie. Begreiflich. Es war alles so locker eingefädelt, und plötzlich ist sie da und diskutiert. – Beim Frühstück (der Grätenfisch, das Geklaube und Gespucke) wird, vielleicht in Anknüpfung an das ähnliche Schicksal der blonden Fotobraut vom Abend zuvor, mitaufgetischt die Geschichte einer schiefgelaufenen Verlobung. Schiefgelaufen durch Davonlaufen der Verlobten. Das scheint hier nichts Ungewöhnliches zu sein. Sie fand einen anderen annehmbarer. Da nahm der Sitzengelassene, damals Lehrer an einer Sekundarschule, eine seiner Schülerinnen. Das scheint hierzulande auch des öfteren vorzukommen. Ein Altersunterschied bis zu zwanzig Jahren. Es ist offenbar ganz gut gegangen. Der Kindersegen bezeugt es.

Nun also noch die große Öffentlichkeit. Es soll am hellen Morgen ein Abendmahlsgottesdienst stattfinden, und *Na'anya* soll mit offiziieren. Wenn es denn sein muß. Natürlich muß es sein. Was zieh ich an? Langer Rock, nein, ist nicht vorgeschrieben. Also dunkelblaue Hosen, weißer Rollkragenpulli und dunkelblauer Strickkasack darüber. Dazu das Hugenottenkreuz, Vätererbe, das sieht nach was Geistlichem aus. Daß es der Geist einer blutrünstigen Religionsgeschichte ist und ein Emigrantensymbol, weiß hier niemand. Wozu auch. – Man zieht los, hinunter ins Tal und auf der anderen Seite wieder hoch. Da ist die Kirche. Leer. Nein, ein alter Katechist ist da. Ward ihm das noch anerzogen von den weißen Missionaren: Pünktlichkeit? Man wartet also, bis sich etwa ein halbes Dutzend Männer und zehnmal so viele Frauen eingefunden haben. Dann fängt der Gastgeber im Talar mit der Liturgie an. Es wird gesungen, und dann kommt die Vorstellung des Gastes. Wie geehrt er sich fühle, der Herr Dekan, seine Tutorin (sämtliche Titel; es sind offenbar ein paar Leute da, die das verstehen) ‚*my tutor who made me what I am*',) hier im Abgelegenen begrüßen zu dürfen. Dieselbe, unvorbereitet, aber wie unter höherer Eingebung, spult zum ersten Male eine öffentlich freie Rede ab, die nicht vertrauter Lehrstoff ist. ‚*I am proud to have produced –*' Wie schön, sich gegenseitig gesellschaftlich so aufzuschaukeln. Ehre von einander anzunehmen. Ein jeder sonnt sich im Glanze des anderen. ‚Meine Eitelkeitsteufelchen grinsten' wird im Brief nach Ndumkwakwa zu lesen sein. Eine Frau steht ein für sich allein und nicht im Schatten des Ehemannes. Ist wer, weiß es und kann es offenbar auch anderen glaubhaft machen. Ein angenehmes Selbstgefühl. Es hätte sich zurückhaltender äußern können. Aber hier drehte eine durch, nicht nach innen, wie am Abend des ersten Besuchs in Mbe-Mbong, sondern nach außen. Ein lehrbuchreifes Beispiel des Umschlagens von gefühlsintensiver Introversion in Extraversion, wortreich und gedankenarm.

Nach diesem Höhepunkt liest der Gast die weitere Liturgie auf Hoch-Englisch, das kein Mensch versteht. Manches wird übersetzt. Dann amten Gastgeber und Gast gemeinsam. Es ist Palmwein, und alles geht *rite* vonstatten. Dann aber geschieht Unerwartetes. Ein alter Mann kommt nach vorn, erzählt von seiner Krankheit und gibt Zeugnis von wunderbarer Errettung aus dem Tode. Dem Gast wird das Wichtigste übersetzt. Die Narkose im Krankenhaus war für den Alten der Tod gewesen. Und der Alte ist eben der, welcher am Tage zuvor, neben die Fremde gequetscht, mit dem Biertransporter von Claa nach Kendek fuhr. Auf dieses Glaubenszeugnis muß reagiert werden, und geistesgegenwärtig gibt der Gast die Liturgie zurück an den, der wissen muß, was hier zu tun ist. So steht am Schluß die Gemeinde samt den beiden Geistlichen danksagend im Kreise. Rechts den Dekan an der Hand, links den alten Mann, steht die weiße Frau und fühlt sich anders als zuvor. Nicht mehr öffentlich und eitel.

Nach dem langen Weg zurück gibt es ein vorgezogenes Mittagessen. Ein gutes Fufu mit guter Soße. Können 3'000 und ein Nadelkissen das bewirkt haben? Und das Wasser im Trinkglas? Ist unabgekocht. Es kommt vom Berg herab. Na denn. Die Folgen abwarten. Und wo wird ein Vehikel herkommen? Das eben ist die Frage. Der Biertransporter kommt nur einmal in der Woche. Der Ort ist so abgelegen, daß Taxis ihn nicht anfahren. Es gibt kein anderes Vehikel als die Suzuki des Dekans.

Die Fama, ein Motorrad und die Piste

Da kommt nun angeknattert die Episode, die ein paar Elementarteilchen Abenteuer abstrahlt. Was ist die Rallye Paris-Dakar gegen sieben Kilometer durch die Elefantenberge auf dem Rücksitz einer Suzuki. Nicht wahr? – Frau und Frau und die Fama gingen vorauf. Das steile Stück bis zum nächsten Dorf kam die Hausfrau mit, die Tasche zu tragen. Zu zweit also steigt man nach dem Essen in der Mittagshitze die Straße hinauf. Zur unbequemsten Zeit fürwahr. Aber war da nicht eben noch ein Prahlen mit zwanzig Kilometern zu Fuß von Mbebete nach Bandiri? Wie leichtfüßig und mühelos die junge Frau trotz Tasche – neben ihr keuchen sechsundvierzig Jahre den Berg hinauf. Und geredet muß auch werden. Das Thema ist höchst aktuell – wieder kommt die Fama angeflogen, die ein Kapitelchen für sich beanspruchen wird. Und worüber soll die weiße Frau, die das alles erzählt bekommt, sich entrüsten? Arme Mireille, so in aller Munde... Die weiße Frau reagiert mit Ohs und Ahs, versteht manches aufgrund beginnender Schwerhörigkeit nicht und ist im ganzen und immer wieder viel zu leutselig, viel zu offen. Merkt es und würde gern zurückhaltender sein, verschwiegener und vorsichtiger. Ist das nun wohl die Folge zu langen Schweigens im Schatten des Gemahls: das Umkippen ins Gegenteil? Zu große Offenheit – vielleicht auch, weil es nur ein einziges Geheimnis, das nach außen hin gar keines ist, zu hüten gibt. – Mit hochgeschobenem Motorrad kommt der Gastgeber nach. Verabschiedung von der Hausfrau, der nach so vielem Kinderaufziehen eine Ausbildung zur Primarlehrerin vorschwebt. Alle guten Wünsche hält *Na'anya* großzügig auf der flachen Hand hin. Mehr nicht. Das Hochzeitsfoto läßt auf anderweitige Geldquellen schließen. – Tasche und Gast sind alsbald auf dem Rücksitz der Suzuki verstaut. Ein Griffbügel ist vorhanden. Fußbügel auch. Der würdige Kollege sitzt bedachtsam auf, das Maschinchen springt mit blechernem Gemecker an. Möge es gutgehen.

Reisen auf dem Rücksitz eines nicht allzu leichten, aber durchaus nicht für rauhe Bergpisten konstruierten Motorrads – es ist nicht das erste Mal, und ein Krankenhaus wäre immerhin in der Nähe. Es kommt alles auf den Fahrer an. Der fährt schweigend und vorsichtig, fast Schritt, und kommt dennoch voran. Wo aber sind die imposanten Elefantenberge? Sie sind auf einmal nicht mehr da. Die Raffiagründe, die rauschenden Bächlein – wo sind sie? Vorhanden ist allein die Straße, oder was man so nennen mag. Jeder größere Stein in der Fahrbahn, jede Unebenheit, jede Rinne, jedes Loch – und aus nichts anderem besteht die staubige Piste – läßt alles ringsum wegsacken. Die Aufmerksamkeit jeder Sekunde klebt am Modus des Vorankommens, Atemzug um Atemzug, denn geatmet muß werden, wenn auch flach und mit ganz kleinen Nasenlöchern. Amtsgewalt und Autorität – hoffentlich hat der Kollege genügend Gewalt über das Maschinchen. Hoffentlich bleibt er mit Autorität im Sattel, wenn es hüpft wie ein junges Geißlein.

Die Hände haben genügend Kraft, um die bockige Lenkstange festzuhalten. Das Gesäß findet immer wieder in den Sattel zurück. Zwischendurch muß man absteigen, und der auch nicht mehr in erster Jugendblüte stehende Kollege hat sichtlich Mühe, das Motorrad die steile Steigung hochzuschieben. Er stöhnt vor sich hin: ‚*Old age*‘ – wie? Ist er nicht immerhin und wenigstens zehn Jahre jünger? Na, vielleicht nur fünf. Und kommt oben an so außer Atem, daß Befürchtungen mit ankommen. Wird er die Maschine weiterhin in der Gewalt behalten? Wenn hier etwas umkippte, wäre selbst in solchem Schrittempo Arm- oder Beinbruch oder beides denkbar. Der Dekan von Kendek zeigt jedoch Entschlossenheit und Vorsicht in gutem Mischungsverhältnis, und so kommt es, daß zwischendurch die Berge und Täler wieder da sind. Der Blick streichelt über die struppigen Rücken; er zwitschert durch die kühlen Raffiapalmen, so oft sie von unten heraufwedeln. Das Gefühl auf dem Rücksitz mit Griffbügel ist kameradschaftlich; weniger zwiespältig als auf der Bank in der Bar. Ist es nicht mutig und tüchtig, mit der weiland Vorgesetzten auf dem Rücksitz eine solche Gebirgsfahrt zu wagen? Wenn es gar zu steinig und steil bergab geht, kommt wohl der flüchtige Gedanke: wie, wenn da ein anderer an der Lenkstange säße? Was hätte sich da anschleichen mögen an Wegrand- und Absturzgedichten, völlig vorbei an gesundem Menschenverstand? – Der Gastgeber erweist sich als sicherer Fahrer bis hinunter nach Chaa. Wird er für sich ein Dankgebet sprechen, daß er diesen Gast wie einen Korb voll roher Eier sicher die schwierige Piste herunter gebracht hat?

Der Gast wird ihm danken mit aufrichtig erleichtertem Herzen. 3'000 in einem Umschlag sind nicht viel; aber mehr wäre peinlich. Für das Benzin reicht es hin. – *Na'anya* sagt, sie habe die Fahrt genossen – es soll ein Kompliment sein. Es ist eine Dreiviertel-Unwahrheit.

Zurück nach Mbebete

Und nun, wo ist ein Taxi nach Mende, und was mach ich mit dem Karton voller Yams aus Bam im Haus des Ältesten? Eine Knolle nehme ich mit; das übrige soll Lilian haben. Schnell, ein Taxi ist da und will abfahren. Der Gastgeber ist auch noch da. Noch ein Abschieds-Sprüchlein. Was für eins? Nochmals Dank für alles und sie sei stolz, seine Tutorin gewesen zu sein – es ist zu dick aufgetragen und bewirkt Verlegenheit. Man sieht's. Schnell weg. Das Taxi wartet. Zurück nach Mbebete.

Das Taxi fuhr nach Mende auf Umwegen, weil bei Ntumwi eine Brücke zusammengebrochen war. Auch von einem Taxiunfall war unterwegs die Rede und von zwei Toten, jungen Leuten. In das Aufatmen, mit der Gebirgspiste im Rücken, mischt sich der Gedanke: wieder hat es nicht mich erwischt, sondern andere. Bin ich nicht gereist wie getragen auf Engelshänden? Und über das Staubgrau der vorüberziehenden Felder und Hügel legt sich, vermischt mit dem warmen Dunst des Harmattan, das dumpfe Bewußtsein, daß sie eben doch passieren, die Unfälle, immer wieder, und wie, etwa durch Zufall? – kommt immer wieder Bewahrung zustande? – Umsteigen. Taxi nach Mbebete. Ankunft gegen 4 Uhr, müde und verstaubt.

Die beiden Stübchen, schilfgrün und colanußbraun, Schmuckkästchen. Ein dämmriges Wohlgefühl. Stille. Wasser. Tee. Ein Bett. Wo war ich? Es war wie ein Streifen Zelluloid, der vorüberzog. Allein im Haus. Abschalten. Die Hausgenossin ist mit den übrigen *fraternals* im Waldland bei einem Treffen. Ohne mich. Sicher flüstert auch da die Fama. Was geht's mich an. Einen Tag lang Tagebuch schreiben neben der dunkelblauen Hyazinthe. Zwei Tage Leerlauf mit Lesen, Musil, *Drei Frauen*. Mann, *Tod in Venedig*. Musik, Tschaikowsky, *Pathétique*. Tanzen hinter zugezogenen Vorhängen. Am Dienstag soll die Reisetasche wieder gepackt sein.

Diesmal für eine volle Woche und in eine andere Richtung.

Vorbei an Bandiri.

4. Kapitel

In der Baumsteppe von Ola

Vorbei an Bandiri. Aber nicht vorbei an dem, der in Ndumkwakwa zurückblieb und wartet. Wieder ist ein Brief da und weckt trübe, ungute Gefühle. Hier scheuern eheliche Bindungen, aber an weniger ordinären Reibungsflächen als üblich. Ist das Umherreisen nicht auch Suche nach einem Weg der Rückkehr ins Ehegehäuse? Habe Geduld. Schulmeistere mich nicht. Verlange nicht, daß ich das bißchen Inspiration abwürge, das aus dem Savannenland kommt, in Mbe-Mbong zu Hause ist und augenblicklich in Bandiri haust. Du weißt es. Niemand braucht dir eine Fama zuzuflüstern. Du gönnst es mir doch und dafür bin ich dankbar. Reisen lenkt ab. Ich brauche Ablenkung. – Ein Brieflein nach Ndumkwakwa, um die einzig lebenswichtige Verbindung aufrechtzuerhalten.

Dann räumt das Planen Briefe und Träume beiseite. Wieviel Geld muß ich mitnehmen? In Mende werden zusätzlich zum Gehalt unerwartete 57'000 ausgezahlt. Ist es nicht nahezu der Betrag, den der Gemahl sich aus der hinteren Hosentasche stehlen ließ, auf einem Taxiplatz in Daladala? Wie kann man nur; Bargeld und da hinten. Wird mir nie passieren.

*

Und nun wieder vorweg: was war's? Wenigstens zwei Dutzend Zeilen müßten zur Verfügung stehen, um an einem roten Faden aufzureihen, was über die Jahrzehnte hin im Verschwimmen noch feste Erinnerungsumrisse hat. Feste Umrisse hat ein über die Berge rollender Vollmond. Ja, er rollte, und das Taxi kroch durch die Nacht. Ob er jedoch über die Berge der zweiten oder der dritten Reise nach Nko rollte, oder gar nur literarische Erfindung wäre: das ist die Frage. Er wurde zusammengeworfen mit einem schwierigen Examensgedicht, das mit Sicherheit der *Revenant*-Reise angehört. Das nächtliche Frieren, drunten in der Baumsteppe, blieb deutlich unterschieden vom Beinahe-Kollaps in der Mittagshitze, zwei Jahre später, weiter oben im Gebirge. Kaum unterscheidbar hingegen ist Nko II von Nko III: das gleiche Gastzimmer, die gleichen Kinder; der gleiche Mangel an Hygiene im Haus ('Hundekot und Bohnenbrei'). Die Unterschiede in der Menschenlandschaft lassen sich erst aufgrund der Tagebücher erinnern. Sie aber waren nicht gänzlich ohne Bedeutung, damals.

Die Plastikperlen der Erinnerungskette.
In Nko kein abendliches Stranden wie sechs Jahre zuvor. Ab Ndudum ging es weiter mit einem der Ehemaligen als Reisebegleiter. In Bekam, vierzig Kilometer weiter, war eine Übernachtung vorangemeldet, am nächsten Morgen ein Vehikel samt Fahrer gemietet und es ging hinab ins Unbekannte. Das war Ola, die trostlose Wildnis in der Flußniederung am nahen Grenzfluß. Nie so weit entfernt von Zivilisation wie hier, in der Baumsteppe. Das unfertige Haus; die drei Herdsteine im Freien, der Trinkwassertümpel, das Feldbett unter offenem Gebälk, der Nachtwind, kälter als in Bam, und das Warten auf eine Amöbenruhr. Ein Abenteuer, grenzend an Leichtsinn, von dem sich im nachhinein so schön erzählen läßt. – Zurück in Nko; was gab es da außer einem Gastzimmer? Knöcheltiefen Staub, eine offene Beinwunde in der einen Hütte, in der anderen einen immensen Busen in roter Bluse. Den Jüngling Eli als Begleiter auf langen Wanderungen gab es und eine Übernachtung in seinem Häuschen in Sanya. Ja, eben dort. Der Rest ist ein Gewimmel von Leuten in Nko. Das sind zwanzig Zeilen. Das Tagebuch hält vierzig Seiten bereit.

Reisetaschenpalaver

Am Dienstag, dem 25. Januar, wieder wartend am Straßenrand. ‚Gentleman' fährt vorbei und läßt die Wartende stehen. Aber ein Volvo, der, wie sonst nur teure Regenschirme, den Neid mancher *fraternals* erregen mag, hält und eine Weiße nimmt die Weiße mit bis zum Synodenhügel. Eine gute Gelegenheit, vom Reisen zu erzählen: da und da war ich schon – nein, nicht nur in Bandiri. Da und da will ich hin, Ehemalige besuchen. Sehen, wie sie zurechtkommen mit dem Beruf, für den sie vier Jahre lang studiert haben. Sehen, was alles sie über Bord werfen müssen, als theoretischen Ballast, um die Praxis flott zu kriegen. Dies und das erzählt die jüngere Frau der älteren im Dahinfahren. Von der Fama schweigen beide. Die Sache, das Kapitel für sich, mag der Älteren zu nahe gehen.

Auf dem Taxipark steht, als die Weiße mit weißem Baumwollhütchen und weißer Reisetasche zu Fuß ankommt, schon ein Vehikel nach Nko. Es ist ein Kleinbus, und auf dem Dach steht ein Bursche und verlädt Gepäck. Verladen wird alsbald auch die Reisetasche der Weißen, die, eine abgeschabte Umhängetasche über der Schulter, aufmerksam die Packerei beobachtet. Die Tasche scheint schlecht gelagert. Sie könnte unterwegs herunterfallen. Die Reisende beginnt zu fuchteln. ‚He, make you

gimmi for down that my own bag!' Der Packer stellt sich taub.
Wo ist der Fahrer? Er steht herum in langem Gewand und mit
Kappe. Offensichtlich ein Fulani; aus den Hirtenvölkern einer,
der jetzt Taxi fährt statt Rinder hütet. Ein Jüngling gertenschlank, mit langem Schädel und schmalem Gesicht, gebogener
Nase, dünnem, beweglichen Mund und scharf geschnittenen
Mandelaugen. Die weiße Frau sieht es – ein schöner Mensch.
Geht auf ihn zu, wiederholt ihr Begehren. Der Mandeläugige
läßt sich auf eine Debatte ein, will aber nicht nachgeben. ‚That
bag for up i deh o.k.' Die Umstehenden scheinen kaum hinzuhören. Es ist trotzdem – es ist irgendwie peinlich. Einerseits
komme ich mir schon fast eingeboren vor mit dem Mut zum
Palaver. Andererseits ist es mißlich. Was mach ich? Die Weiße
zieht ein Heft hervor und einen Bleistift und schreibt etwas. ‚Zu
blöd, daß ich hier Theater machen muß', schreibt sie, mit Ort,
Datum und Uhrzeit, halb elf. Der erste Eintrag ins Reisetagebuch. Das Schreiben hat die beabsichtigte Wirkung. Die Tasche
wird von Taxidach herab wieder ausgehändigt. Dabei fällt ein
Sack Salz herunter. ‚You see na, how weh you bin pack bad' –
eine Bemerkung der Genugtuung läßt sich nicht verkneifen. Im
Bus, verstaut in gewohnt drangvoller Enge, wird die Tasche
zwischen die Beine geklemmt sicher sein. Und nie mehr auf ein
Taxidach verladen werden.

Der Kleinbus setzt sich in Bewegung. Auf dem übelsten Platz,
beidseitig ungenügende Polsterungen, kommen hart auf hart
Knochen und Karosserie miteinander in Berührung. Zur Linken
sitzt besser gepolstert eine dicke junge Frau mit Baby. Die wird
unterwegs und ohne zu fragen der Weißen, die es gewähren
läßt, das japanische Seidentuch aus der Tasche ziehen, um ihr
Baby damit zu bedecken. Vermutlich wird jede allein reisende
Weiße für eine barmherzige Schwester gehalten.

Nsuni-Paß und Männerpalaver

Zwischen Ubi und Bandiri ein langer Blick zu den Vorbergen,
die man vor wenigen Wochen hinaufstieg zu zweit, als Ehepaar,
und der Besuchte konnte beruhigt sein. An der Abzweigung ein
kurzer Blick in den Hohlweg der großen Bäume, die den Weg
säumen, der hinaufführt. – Dann der Nsuni-Paß und Erinnerungen an sechs Jahre zuvor. Das Vehikel hält an abschüssiger
Stelle; zur Linken läuft ein langer Gebirgsrücken zur Ebene
hinab, rechter Hand ragt nahe ein schroffer Kegel aus zerklüftetem Gestein. Vielleicht ist es die gleiche Stelle. Das Gebirge ist
weniger kolossal als die Elefantenberge; es ist vielschichtiger

gegliedert; ohne Großform. Erdbebenhafter. Es liegen mehr Trümmer herum. Und es liegt alles in einem trübgrauen Dunst, passend zu der Stimmung, die der Brief aus Ndumkwakwa hinterlassen hat. Trübgrau auch die Pom-Ebene. Langweilig. Die Straße läuft durch staubige Korridore aus gelbgrauem Elefantengras. Die Steigung nach Kijari hinauf ist ohne Weitsicht über die Ebene, ohne Glanz, nur Dunst, enttäuschend, ermüdend. So anders als sechs Jahre zuvor.

Da oben irgendwo gab es diesmal statt einer Straßensperre (Schlammfalle mit Lastwagen) eine Gefährdung der Fahrt durch Streit zwischen dem Fahrer und einem, der ausstieg und offenbar nicht bezahlen wollte. Der, ein Kleiner, Stämmiger, und der lange, dünne Fulani kamen vom Wortgemenge ins Handgemenge. Vorn auf den besten Plätzen saßen zwei *big men*. Die Weiße, eingepfercht unter dem gemeinen Volk, nahm es zur Kenntnis: es gibt keine Reiseprivilegien mehr für ihresgleichen. Die beiden Privilegierten steigen aus, um den Streit zu schlichten. Der eine: jung, schmal, in hellblauer Agbada, einen gestickten Fez auf dem Gelehrtenhaupt, edel anzusehen und mit Augen hinter Gläsern, so sanft und verträumt wie weiland Jung-Jambi. Da ist nun Seltsames zu beobachten. Der Gelehrtentyp nimmt die Brille ab. Er tut es mit zitternden Händen. Im Gesicht beginnt es zu zucken; das Muskelspiel der Nervosität. Hat er Angst? Der Geistesmensch, fühlt er sich hilflos Handgreiflichkeiten gegenüber? Es wirkt so lebendig-unmittelbar. Es ist so nachvollziehbar. Und es wirkte ansteckend – auf Fahrer und Vehikel. Denn nach diesem Streit holperte es eine Weile hart und zickzack dahin, bis die Erregung des Fahrers sich langsam legte.

*

Von der Ankunft am Dienstagabend bis zur Weiterreise am Donnerstagmorgen stehen im wackeligen und morschen Erinnerungsregal der zweiten Reise nach Nko die ersten fünf oder sechs Gläser einer schimmelnden Erinnerungskonfitüre. Das Alleinsein unter Negerlein, der Alleingang durch das große Hospital, die Rückkehr des Hausherrn, eine Begegnung mit alten Vätern und mit dem Jüngling Eli, das Dauerpalaver, die Absprachen, das Auftauchen des Dekans samt dem Netz der Verpflichtung, das er der Reisenden kurz vor der Weiterreise überwarf – es sei hintangestellt zu den übrigen Konfitüregläsern in der Rumpelkammer Nko. Hier soll es im nachhinein erst weitergehen mit der Reise in die Baumsteppe von Ola über Ndudum mit der Übernachtungsetappe Bekam.

‚Fahr ich dahin mein Straßen...'

Das Taxi nach Ndudum, am Donnerstagmorgen, war eines von den alten Klapperkasten. Bequem eingequetscht, endlich wieder unbekannt unter Unbekannten – die staubig aufwölkende Lateritstraße und das Geschaukel, bald sanft, bald hart, war eine Erholung von der Strapaze des Dauerpalavers und des zweitägigen Mitmenschentums. Freilich ruinös für die Haut. Die Erosionskräfte Wind und Staub rauhten auf und gruben Falten. Eiterherde bildeten sich; das Haar unter dem Baumwollhütchen wurde stumpf und spröde. Um Mund und Nase gebunden das Seidentuch, teerosenfarben mit schwarzen Hieroglyphen; ein Geschenk dessen, der verlassen im Waldland sitzt – ‚fahr ich dahin mein' Straßen ins fremde Land hinein. Endlich, nach Küche, Kindern und Kirchenpolitik, wieder Landschaft. Eine weite Parklandschaft, abwechslungsreich über das mittelgebirgige Hochland hingebreitet. Das halbhohe gelbe Gras ist struppig wie Heidegestrüpp. Die Eukalyptusgrüppchen gleichen Birkenwäldchen, lichtbelaubt und windbewegt, wofern einer weht. Wie waren die Hügel so inspirativ grün beim ersten Besuch in Sanya zur Regenzeit. Hier nun, das fast farblos trockene Gras; der warme Dunst und der rote Staub; das hingesprenkelte Dunkelgrün von Thuja oder Taxus, das dünne Gestrichel der Eukalyptusgrüppchen – ein Anblick, der im Vorüberschaukeln müde macht auf wohlige Weise. Ich weiß, daß ich nirgends ankommen muß und überall umkehren kann. Das ferne Leuchten leuchtet anderswo. – In Ndudum wartete, ersehen als Reisebegleitung, der Ehemalige Asome. Warum und wozu nur hab ich mir den eingetan? Als Vorwand? Finte? Falsche Fährte? Merkwürdige Deviation...

Zeitzubringen in Ndudum

In dem Hochlandflecken, auf halbem Wege, am späten Vormittag, geraume Weile Suchen und Fragen nach dem nunmehr Kollegen, der hier amtet und mitreisen soll nach Ola. In einem kleinen, gemauerten Marktlädchen sitzt eine junge Frau und enthülst Kürbiskerne. Eine hübsche Batalifrau mit Baby. Die Fremde fragt wieder, die Antwort stellt das Kommen des Erfragten in Aussicht. Die Reisende darf über die Schwelle und sich setzen. Sitzt und fühlt sich sofort wohl. Ein Bett, vier Holzsessel, ein Schränkchen; eine Zwischendecke aus mürben Bastmatten. Dahinter noch ein winziger Verschlag, mehr bedarf es nicht. Eine Fremde darf da einfach so herein und bekommt das Kindchen auf den Schoß gesetzt, während die Mutter nebenan auf einem Kerosinkocher Wasser heiß macht zum Waschen. Natürlich erwartet sie etwas dafür – Auskunft über einen Hauswirtschaftskurs.

Während so in dem Markthäuschen die Unterhaltung plätscherte, kam der Verabredete herbeigeschlendert, begrüßte die Tutorin ohne Pathos und ohne Verlegenheit, und man ging zum Pfarrhaus. Seit vier Jahren bringt er hier sein Leben zu, ohne Frau und mit neun Gemeinden. Auf dem Tisch steht ein Mittagessen. Und natürlich denkt auch er ans Weiterstudium. Was taugte dieser Asome als Student? Gänzlich unbegabt kann er nicht gewesen sein. An Dummen oder Faulen war immer ohne Anstoß vorbeizukommen. Was ist hier angeeckt und hat Interesse geweckt? Es ist nicht mehr erinnerlich. War es, nach Ndze, ein *faute de mieux*? Aber da war doch Jung-Jambi, viel hübscher und charmanter als dieser phlegmatische Asome. Da war doch Prinz Elard, kühl und vornehm. Und auch der andere Prinz, den eine verschwiegene Mireille schon in Beschlag genommen hatte – kurz und nicht ganz gut: eine undurchsichtige Sache. Erst ein Foto an der Wand bringt wieder etwas in Erinnerung. Eher Düsteres. Eine Idiosynkrasie aus Melancholie und Sarkasmus angesichts des Versagens vor dem Normalen. Unter lauter Mädchen aufgewachsen; eine Frau könnte er haben, wenn er sich einen besser bezahlten Beruf aussuchen würde. Das will er nicht. Die Tutorin fragt ihn aus bei Reis und braunen Bohnen. Das Wasser, das sie trinkt, ist aus der Wasserleitung, unabgekocht. Dieser junge Kollege ist möglicherweise nicht der richtige Reisebegleiter. Aber das Süppchen ist eingebrockt und muß ausgelöffelt werden. Angefangen bei guten Ratschlägen für ein Weiterstudium.

Nach dem Mittagessen ist es noch zu früh, sich in ein Taxi zu setzen. Die Zeit muß zugebracht werden. Da ist das Seminar einer Denomination, unter deren Namen auch das große Krankenhaus in Nko läuft. Das könnte man besichtigen. Ein kleiner Campus, gepflegt wie alles, was in weißer Hand ist, bis hin zu den Blumenrabatten. Eine schöne Bücherei, größer als die in Ndumkwakwa, und ein freundlicher Amerikaner, der die Besucher herumführte und Fragen beantwortete. Was wird das Tagebuch vermerken? ‚Wieder einmal war ich wer und wußte mich mit klugen Fragen und Bemerkungen zu profilieren.' Und die Leichtigkeit, wie schon bei der Besichtigung in Nko – ein Sich-Bewegen ohne Verlegenheit, ohne Verkrampfung. Die Leichtigkeit des Daseins und des Hindurchgehens und warum? Weil der Schwerpunkt woanders liegt...

Über die Berge rollt der Vollmond...

Donnerstag gegen Abend saß man in einem Taxi nach Bekam. Es ging weiter hinauf durch Mittelgebirge. Es wurde dämmrig; es wurde dunkel. Es wurde Nacht. Es war die Nacht mit den Grasfeuern an den Hängen und dem Vollmond über den Bergen; eine Nacht, die zweimal sieben Jahre später, zusammengeworfen oder verwechselt mit einer der Reisen nach Mbe-Mbong, eine literarische ‚Spur im Staub' hinterlassen sollte.

Es war eine der wenigen Taxifahrten bei Nacht, ‚eigenartig schön im Mondennebel über weitgeschweiften kahlen Bergrücken und dem Glimmen und Glühen der Grasfeuer, die an den nahen Horizonten stehen, rötlich rauchig bewegt'. – Bei Vollmondschein erreichte man gegen 8 p. m. Bekam und das Haus des Kollegen Bom. Der ist nicht da, aber das macht nichts. Es ist alles vorab besprochen. Ein Gastzimmer ist da, ein Klo, und Wasser zum Waschen. Vielleicht noch eine Kleinigkeit zu essen. Ein Schlafsack ist da, und Schlaf ist da – die wenigen Hauptsachen sind vorhanden, und der Schlaf ist wieder gut.

Freitag, 28. Januar. – Der Tag bricht an. Die Hausfrau hat heißen Tee, Milch und Zucker auf den Tisch gestellt. Mit Brot und Sardinen versorgen die Gäste sich selbst. Ein armes Dorfschulmeisterlein aus Beera, auch zu Gast, bedient sich. Während der Reisebegleiter einkaufen geht, Eßbares als Gastgeschenke für die Gastgeber am Ende der Welt, schreibt die Geldgeberin Tagebuch. Dann zwei Tage lang nichts mehr. Zur Verfügung gestellt für entsprechendes Entgelt ist der Toyota Land Cruiser des Reisprojekts, das unten in den Vorbergen von Beera den Bauern Geld bringen soll. Das Vehikel samt dem Fahrer und drei Feldbetten.

Hinab ans Ende der Welt

Bei Bekam bricht das Gebirge plötzlich steil ab und fällt dann von Stufe zu Stufe der Ebene und dem Grenzfluß zu. Von dieser ersten Fahrt in die Tiefe sind keine atemanhaltenden Schrecksekunden erinnerlich oder notiert. Das gehört zur zweiten Reise, zwei Jahre später. Der Fahrer fährt hier nicht zum ersten Mal hinab. Er kennt sich aus zwischen Felswand zur Linken und Absturz zur Rechten. Der Gebirgsabbruch ist schroff, die Täler sind eng, die Piste aus Staub und Geröll klebt locker an den Steilhängen. Der Blick aber löst sich, schwebt und kreist über der Tiefe wie auf Flügeln eines Raubvogels, merkwürdig angstlos. Woher kommt das Gefühl der Schwerelosigkeit, staubrosenrot das Dasein umhüllend wie der warme Dunst die Täler umhüllt und erfüllt? Am Wegrande blüht die blauviolette Blume der ersten Reise nach Mbe-Mbong. Sie erinnert an das eigentliche Ziel des Reisens. Weiter unten geht es dann abwechselnd bergab und bergauf, denn die Täler und ihr Palmenschatten legen sich quer. Mit Bravour steuert der Fahrer das Vehikel durch zwei, drei steinige, fast trockene Flußbetten. Wie das denn in der Regenzeit sei, will die Reisende wissen. Nun, etwas schwieriger. Etwas feuchter. Der Mann ist freundlich gesprächig, läßt sich ausfragen über den Reisanbau und dergleichen. Kurzer Aufenthalt in Beera. Und dann weiter hinab und hinein in die Ebene von Ola.

Die diskreten Reize des einfachen Lebens

Nie geriet das Umwegereisen tiefer in die Wildnis. Die Berge und Hügel treten zurück, Baum- und Gebüschgrün verschwinden, die Ebene öffnet sich V-förmig, das Gebirge streckt eine lechzend trockene und warzige Zunge zum Fluß hin. Das ist die Baumsteppe von Ola, staubig, grau und rauh. Die Bäume, zwergwüchsig, völlig kahl und krumm, verkrüppeln die Gegend ins Trostlose. Das Laub liegt wie verkohlt am Boden und raschelt. Verwilderte Obstwiesen im Spätherbst, mit verschrumpelten sauren Äpfeln und verholzten Birnen, etwas, das man kaum noch zu sehen bekommt in süddeutschen Landen und wenn, dann allenfalls auf der Rauhen Alb: es wäre eine Annäherung an den trostlosen Anblick, den die Gegend bereithält. In dem Gekrüppel hängt nichts, kein Blatt und kein Schatten; allenfalls hier und da ein paar dürre schwarze Schoten. Und doch müssen diese grauen Skelette irgendwann und immer wieder grünen und blühen...

In die Dürftigkeit und den Dunst gestreut hockt eine größere Siedlung. Neben rechteckigen Behausungen aus rohen Brettern gibt es noch Anblicke wie aus dem Skizzenbuch erster Afrikareisender: Rundhütten aus luftgetrockneten Lehmziegeln, strohgedeckt, so grau und so staubig und so geduckt wie alles übrige. Hühner, Hunde, Ziegen, Schafe in brütender Mittagshitze. Die schlägt aufs Hirn, und die Einzelheiten, Leute, Besuche, Gespräche, eines Nach- und eines Vormittags in der Zivilisationswüste von Ola flirren und verschwimmen ins Gespenstig-Unwirkliche. Nur drei Dinge nehmen Konturen an. Eines davon ist das halbfertige Pfarrhaus, irgendwo zwischen den Baumgerippen im Abseits, wo die Reise an ihr Ziel kommt.

Da steht die Bretterbude. Der Gastgeber ist gerade nicht da. Das Haus könne besichtigt werden, sagt seine Frau, zuckt die Schultern und geht zurück an ihren Kochtopf. Halbfertig: ein schmaler Bretterverschlag über dem nackten Erdboden; drei Räume, Wellblechdach, noch keine Zwischendecke, offene Fensterhöhlen mit Holzläden. Und wo ist die ‚Toilette'? Eine Kopfbewegung ins Seitwärts weist den Weg. Zwanzig Meter vom Haus entfernt stehen zwei Dachbleche in rechtem Winkel zu einander. Eine Grube ist abgedeckt mit Knüppeln, die einen Zwischenraum freilassen, daß es hinunterplumpsen oder rieseln kann. Wer sich da hinhockt, ist zum Hause hin notdürftig abgeschirmt; zur Steppe hin ist die Sicht frei. Das ist vertraut. Mbe-Mbong, mit dürren Palmenwedeln statt Blech, hatte zwei Jahre zuvor nichts Besseres, eher Durchsichtigeres, zu bieten.

Die drei Steine der Hestia machten einen nachhaltigeren Eindruck. Wo ist die Küche, will der Gast wissen. Zehn Schritte vor dem Haus, neben einem Abfallhaufen, auf dem eine magere Kürbispflanze rankt, steht unter freiem Himmel ein Aluminiumtopf auf drei Steinen. Die Hausfrau hantiert gebückt. Der Gast steht sinnierend daneben. Hier also sind sie, die urgeschichtlichen drei Steine. Und die Urenergie Feuer, sie wird genährt von allem Dürren an Zweigen und Laub, das sich zusammenscharren läßt. Ein dickerer Ast, der langsamer glüht, verhindert, daß die Glut zu schnell erlischt. Neben dem Sinnieren des Gastes steht Hestia, wohlverhüllt, und wiegt das römische Matronenhaupt: hier könnt ihr sehen und begreifen, ihr fortgeschrittenen Hausfrauen und Schlemmerköche von heute, beglückt mit Mikrowelle und allem übrigen Elektro-Schnickschnack in hochstilisierten Küchen-Studios – sehen und begreifen könnt ihr, warum ich, Hestia, einen Rundtempel auf dem Forum hatte und Priesterinnen, sehr heilig und sehr tabu, die nichts anderes zu tun hatten als ein Feuer am Leben zu erhalten. Die Hausfrau hier in Ola hat auch nichts anderes zu tun, den ganzen Vormittag, als das Feuer nicht ausgehen zu lassen, um die Cocoyams oder den Reis weich zu kriegen. Ihre beiden Kindchen spielen halbnackt in der Nähe herum. Das Jüngere fängt an zu plärren, als es die Weiße sieht, beruhigt sich aber bei einem Stück Schokolade. Der Gast setzt sich auf einen Sitzstein, nicht weit von dem Abfallhaufen und der Kürbisranke. Wie kann das grünen und ranken statt verdrossen hinwegzuschrumpfen? Die Hausfrau, die da gebückt hantiert, schüttet der Pflanze jede Handvoll Abwaschwasser aus Blechtöpfen und Emailleschüsseln zu. Der Gast sitzt und schweigt eine besinnliche Weile.

Der Wassertümpel als dritte Sehenswürdigkeit. Um nicht nur dazusitzen und die Besinnlichkeit mit kleinen Fragen aufzulockern (die Männer, Fahrer und Reisebegleiter, sind vermutlich auf die Suche nach dem Hausherrn gegangen) erbietet sich der Gast, behilflich zu sein und Wasser zu holen. Wo ist ein Gefäß und wo ist Wasser zu finden? Ein Teekessel aus Aluminium steht leer da, eine Kopfbewegung weg vom Haus gibt die ungefähre Richtung an. Auf der Suche nach einer Quelle, die da wohl irgendwo sprudeln muß, macht eine Hilfsbereite sich auf den Weg. Durch ein paar offene Gehöfte hindurch geht es in eine Baumsenke. Die Fremde schwenkt den Teekessel: ‚Wata na for who-side?' Ein paar Halbwüchsige zeigen den Weg. Ein flaches Rinnsal kommt zum Vorschein – aber rinnt es überhaupt? Die Erde ist feucht, das ist wahr. Es grünt auch ein bißchen. Aber das ist Algengrün. Eine flache, stagnierende Stelle. Etwas weiter nach links wird deutlich: es fließt, ganz leicht und dünn und immer noch algengrün. Es fließt unter einem dicken, sperrigen Baumstamm hindurch. Wo sollte hier eine Quelle sprudeln? Der Kessel läuft langsam voll an der Stelle, wo das Wasser leichte Strömung andeutet und der Algenteppich eine Lücke hat. Wasser – sichtlich alles andere als sauber. Man wird es ja wohl abkochen. Ist es die drückende Hitze? Ist es Reisefatalismus? Gottvertrauen? Das seltsame Doppelgefühl: Es kann mir nichts passieren. Ich bin auf alles gefaßt. Ein Medikament gegen Amöbenruhr ist immerhin im Gepäck. Das Wasser wird der Hausfrau überantwortet mit der Vermutung, daß es wohl an falscher Stelle geschöpft worden sei. Was es dann zum späten Mittagessen zu trinken gab, war, der Auskunft nach, unabgekocht, aber sichtlich reiner und auch wohlschmeckend und kühl. Woher es kam, dem ward nicht nachgefragt. Das kalte Koki – gestampfte Bohnen mit rotem Palmöl und scharfem Pfeffer in Bananenblättern gedünstet – schmeckte. Die Amöbenruhr blieb aus. – Und nun wäre etwas späte Mittagsruhe ganz angenehm.

Mittagsruhe? Eine Dorfbesichtigung steht auf dem improvisierten Programm. Der Gastgeber ist da samt zwei Helfern, und die Gäste, alle drei, müssen unverzüglich im Dorf umhergeführt werden. Nun gut. – Ein Kirchlein, natürlich, gibt es. Ein kleiner Gesundheitsposten soll gebaut werden – warum? Damit den Leuten geholfen wird? Nein, sondern weil der katholische Kollege, ein junger Pater aus Holland, schon dabei ist, einen solchen Posten zu errichten. Reine Konkurrenz. Des Paters hübscher kleiner Palazzo steht inmitten der Steppe, weiß mit Zaun drum herum und Blumen im Garten. Hat der Pater eine Zisterne? Anschluß an eine Wasserleitung? Er halte eben Siesta, sagt sein Boy. Gut. Man wird später noch mal vorbeikommen, und der vorzustellende Gast wird ein wenig reden, Kluges, hoffentlich, und Harmloses. – Weiter zwischen Rundhütten, Strohdächern und Termitenhügeln hindurch. Für den Regierungsbeamten des Grenzdorfes wird an einer Residenz und einem Verwaltungspalast gebaut. Wird man eine Elektrizitätsleitung von Bekam herabführen? Einen Generator wird man ihm installieren und einen Dieseltank. Und wer tut etwas für den armen Habakuk? Er scheint bedrückt. Was kann er machen gegen solche Konkurrenz. Die Wüste, in die er von Amts wegen geschickt wurde, ist die der Armut. Nicht mal ein ordentlich fertiggebautes Haus wurde ihm zur Verfügung gestellt. Projektgelder müßten her, aber woher? Nun, vielleicht wird der landwirtschaftlich interessierte Weiße, der demnächst auch zu Besuch kommen will, einen besseren Rat wissen als die mit undurchsichtigen Motiven umherreisende Ex-Tutorin.

                          Müdigkeit im Buschlampenlicht.
Am Abend kommen Leute, den Gast zu begrüßen und herumzusitzen bei Bier und Palmwein im mittleren der drei Räume. Vier Holzsessel und ein Brett, über Ziegelsteine gelegt. Neun oder zehn Leute und deren Schatten in drangvoller Enge. Das trübe Halblicht einer Buschlampe; wechselnde Reflexe auf den Gesichtern, Graphit, Kohle, Sepia. Halblautes Reden. Draußen schrillen die Zikaden. Zum Glück oder Unglück funktioniert das elende Hörgerät nicht. Welche Mühsal, gegen eines langen Tages Müdigkeit so scharf aufzupassen, damit der Faden nicht entgleitet. Notfalls erraten, worum es geht. Am besten selber reden. Reden aus dem Stegreif; Generalprobe für Mbe-Mbong. Nur das Pidgin Englisch verweigert sich nach zwei Sätzen und es muß übersetzt werden. Dann verlegenes Schweigen. Wenn sie doch endlich gingen, die Leute. Es wird spät. Als sie gehen, bleiben zurück fünf Erwachsene, die unter dem offenen Gebälk, verteilt auf drei Räume, die Nacht verbringen müssen.

An diesem späten Abend, in diesem unmöglichen Haus, erwies sich die Nützlichkeit des Reisebegleiters; seine Geistesgegenwart, mit welcher er eingriff und die Situation rettete. Was war's? Der Gastgeber sagte etwas oder fragte etwas, so leise, daß es akustisch unverständlich blieb. Schweigen. Die Reverend Missis, im letzten Augenblick noch fähig zu vermuten, daß es ihr gilt, beugt sich vor, blickt seitwärts in die Buschlampe und sagt: ‚I think I am a bit tired.' Als diese Bemerkung erratisch im Raume stand, beugte sich der Reisebegleiter seitwärts aus seinem Sessel und sagte, er wolle das zweite Feldbett zu dem anderen in den mittleren Raum stellen. Das Begreifen blieb ungenau; die Müdigkeit hatte überhandgenommen. Erst im nachhinein die Vermutung, die Tutorin habe geschwiegen zu der Frage, ob sie zusammen mit ihrem Begleiter und ehemaligen Studenten in dem dritten Gelaß übernachten wolle. Dort hatte man offenbar zwei von den drei mitgebrachten Feldbetten abgestellt. Im Grunde wäre es egal gewesen. Warum sollte eine Tante nicht zusammen mit dem Neffen in einer Notunterkunft übernachten?

Nachdenken über Begleiter und Gastgeber. Asome, ja, die verwaschen familiäre Gleichgültigkeit ihm gegenüber kam Tantengefühlen am nächsten. Unterwegs von Ndudum nach Bekam und hinab nach Ola war er, zurückhaltend und ein wenig schwerfällig, so gut wie nicht vorhanden. Vielleicht ergab sich daraus eine gewisse Vorwegnahme und Annäherung an die zurückhaltende Schwerfälligkeit aus Mbe-Mbong. Freilich, und trotz Unbeweibtheit, ohne das besondere Aroma leidender Gerechtigkeit, frommer Verschwiegenheit und offener Scheu. Asomes Verschwiegenheit war nicht fromm. Sie war schlau. Fast schon Verschlagenheit und der des Bauern Habakuk ähnlich, welcher, in Ndumkwakwa ein Schlußlicht unter Mittelmäßigen, für sein Amt eigentlich nicht taugte. Begabt war er mit dem praktischen Wissen, ungeniert eigenen Vorteil zu wahren. Und möglicherweise ebenso ungeniert der Tutorin anläßlich ihres Besuchs eine praktische Lektion zu erteilen. *Na'anya* soll am eigenen Leibe spüren, wie arm ich bin und wie schlecht es mir geht. Warum hat der Gastgeber es nicht fertiggebracht, eine Decke zu beschaffen für diese eine kalte Nacht? Er hat doch wohl selber eine für das Doppelbett, in dem er mit Weib und Kindern schläft. Warum hatte er nichts verlauten lassen von den kalten Nächten in Ola, als der Besuch abgesprochen wurde? Man hätte doch Decken mitbringen können.

Die eine kalte Nacht in Ola

In dem schmalen Kämmerlein stand auf nacktem Erdboden das Feldbett und sonst nichts. Weder Stuhl noch Kleiderleine. Und natürlich gab es auch kein Wasser zum Waschen. Wo sollte ein solcher Luxus herkommen in dieser Einöde?

Seit den Flüchtlingswintern 1945/46 und 1946/47 im Thüringer Wald, wo nachts im Bett Zehen und Finger erfroren, war dergleichen nicht verzeichnet worden in der Erinnerung. Erst hier in Ola-Afrika, wenige Grad über dem Äquator, ist es so unerwartet und bitter kalt, daß der Schlaf sich versagt. Die tropische Kälte der offenen Baumsteppe kriecht durch jede Ritze des Bretterverschlags, vermischt sich mit der Blindheit der Nacht, tastet zögernd durch den engen Raum, stößt an das aufgeschlagene Feldbett. Wo ist die Reisetasche, wo der Mantel? Die Taschenlampe hilft, Bett und Erdboden abzuleuchten. Ratten, Mäuse, Schlangen, Tausendfüßler – zwischen Bretterwand und Lehmboden könnte dergleichen hereinschlüpfen. Oder durchs offene Gebälk sich herablassen. Angst? Nein. Aber ungemütlich ist es. Hier zieht man am besten nur die Schuhe und den engen Kasack aus. Legt den Polyesterschlafsack zusammengerollt unter den Kopf und deckt sich notdürftig zu mit Popelinemantel und Kasack. Es reicht oben und unten und an beiden Seiten nicht gegen den kalten Luftzug, der nach Mitternacht von oben einfällt, schlimmer als in Bam. Die Hosen des Schlafanzugs um den Kopf gewickelt, zusammengekrümmt die trotz Socken eiskalten Füße abwechselnd mit beiden Händen wärmend, liegt *Na'anya* – oder wer sonst? Eine, die nicht recht weiß, was sie hier eigentlich will – sie liegt frierend und müde auf dem unbequemen Feldbett, tastet an den Pforten des Schlafes entlang, findet nicht hinein, die Kälte sitzt reglos wachend davor. Sind es Moskitos, die da sirren? Ist es das abkühlende Holz, das knistert? Seltsame Geräusche umschleichen das Haus, kratzen, schlurfen, huschen; und das komische Gefühl im Magen, ist es Einbildung? Ist es das Wasser aus dem Tümpel? Durch das Dunkel hangelnd nach der Reisetasche, kramt Besorgnis Würfelzucker und Melissengeist hervor, nimmt es zu sich als Medizin, döst weiter durch die Stunden, die da zähe rinnen, und ist froh, als es gegen 6 Uhr zu dämmern beginnt. So ein Süppchen, eingebrockt ohne Notwendigkeit. Einfach so, nur um einem Umweg zu machen...

      Der neue Morgen. Die bleiche Sonne, der gleiche Dunst, die Kulturdifferenz. Es ist Sonnabend, der 29. Januar, und es gibt Wasser zum Waschen. Heißes Wasser in einer weißen Schüssel, in die Kammer gestellt. Zwei Waschlappen Körperpflege. Erst das Gesicht, dann von oben bis unten, so schnell wie möglich aus- und anziehend, Stück für Stück, alles übrige. Die kalten Füße erwärmen sich, ehe das Wasser lauwarm ist. Alles wie schon in Bam, und es macht, daß Bettzeug, so vorhanden, so schmutzig ist. Das Bett ist wie ein Grab, man fällt hinein, die Müdigkeit stößt hinein. Das Erwachen am Morgen ist wie Auferstehung, man macht sich sauber und schön. Für das Abendland ist der Abend ein Fest – Soupieren, Große Oper. Dafür macht man sich schön und blüht auf im Kerzenglanz, im Scheinwerferlicht. Afrika ist ein Morgenland. Ausgeschlafen aufwachen beim ersten Hahnenschrei und mit neuen Kräften ans Werk. Dafür macht man sich sauber und schön. Mit dem Staub und Schweiß des Vortages und der Nacht wird die alte Haut abgewaschen, abgestreift. So läßt es sich ausdeutend zurechtlegen.

Gibt es wenigstens heißen Tee zum Frühstück, um das Innenleben anzuregen? Oder soll man froh sein, wenn es unangeregt bleibt, eingedenk des Wassers vom algengrünen Rinnsal und angesichts des ungenügenden Sichtschutzes in freier Landschaft? Es gab warmen, dünnen Tee.

Kurzbesichtigung mit Häuptling

Der Gastgeber rafft sich noch einmal auf, die Gäste ins Dorf zu führen, und zwar in ein Viertel, wo es weder weiße Villa mit Pater noch Regierungspalast im Rohbau gibt. Die fensterlosen Rundhütten, graubraun, Lehm, die spitzen Strohhüte tief herabgezogen, hocken in lockerer Ringanordnung im Graugelb, im Staub der Flußsedimente. Ein größerer Dorfplatz. Wenn hier, wie vielleicht einstmals, ein paar bunte Reste von Jujus, Geheimbund-Masken, umherhüpfen würden, fehlte nur noch das Kamerateam und der Kulturfilm wäre perfekt. Auf dem malerischen Platz zeigen sich indes nur Hühner und Ziegen, sowie eine des Tourismus verdächtige Weiße in Begleitung von drei, vier Leuten, die, obwohl schwarz, hier auch nicht heimisch sind. Darf eine Fremde hier einfach so – ? Nein, sie darf nicht. Sie muß dem Häuptling des Viertels vorgestellt werden. Da drüben ist sein Gehöft, sein Viereck-Haus und die Rundhütten seiner Frauen. Ja, es war da ein Häuptling, ein älterer und nicht unfreundlich, an diesem müden Vormittag in Ola, und eine verworrene Situation – was, außer rituellem Wortaustausch in drei Sprachen, fand da statt? Palmwein, Coca-Cola, ein Huhn? Ein Stuhl? Der Gast muß sich wenigstens fünf Minuten lang setzen. Das Gastsein drückt nieder auf den Stuhl. Nur ein Huhn darf einfach so vorbeispazieren. Die Fremde sitzt, froh, daß sie bald wieder aufstehen und weitergehen darf. Die Müdigkeit summt in allen Knochen.

Zurück zu der Bretterbude, die ein Pfarrhaus sein soll. Die Feldbetten sind schon aufgeladen. Ein Briefumschlag mit Geldscheinen wird ausgehändigt von Frau zu Frau. Danksagungen hin und her. Auch ein Wort über die Kälte der Nacht. Die Bemerkung geht ins Abseits. Der Gastgeber stellt sich dumm oder taub. Zwei Jahre später, in Beera, wird es statt der Kälte der Nacht die Hitze der Mittagszeit sein, der dieser Gastgeber den Gast aussetzen wird bis an den Rand eines Kreislaufkollapses. Selber schuld. Wer reist, reist auf eigene Verantwortung.

Schnell wieder weg

Ola – Endpunkt des größten aller Umwege. Die drei Steine der Hestia, die Wellblech-Knüppel-Latrine hockend und liegend im trostlos Abgelegenen. Die Kürbispflanze auf dem Abfallhaufen, möge sie ranken und gedeihen und ein Kürbislein zeitigen. Möge der Herr Pater die Blumen begießen rings um sein hübsches Häuschen und sein Kollege von der Konkurrenz möglichst bald versetzt werden in eine grünere Gegend. So bestünde die Möglichkeit, ihn auch beim nächsten Mal in die Umwege mit einzubeziehen. Hier und jetzt aber: schnell wieder weg.

Es geht in den V-Auschnitt der Baumebene wieder hinein und hinauf in die Hügel und Berge. In Beera, wo das Reisprojekt verwaltet wird, vor der letzten steilen Steigung hinauf nach Bekam, eine Mittagsrast und ein Mittagessen. Der alte Imiri saß da die letzten Amtsjahre ab, und seine Frau war freundlich. Den Steilabfall des Gebirges hinauf ohne besondere Erinnerungen. In Bekam Dank und Bezahlung für das Vehikel an den jovialen Dekan und dem Fahrer ein Trinkgeld fürs Fahren. Dann mit Taxi und Begleiter weiter nach Ndudum. Dieser Asome war der einzige, der nichts bekam, außer freier Fahrt und Verpflegung und dem Versprechen, ihm ein Buch zu besorgen. Die Art, wie der junge Mensch benutzt und abgehakt wurde, war schnöde. Vielleicht und etwas, im nachhinein bedacht. Es war ganz gegen die gewohnte Art, andere nicht als Mittel zum Zweck zu behandeln. Hier fehlte eine Prise Feingefühl, und der Schatten eines nicht ganz guten Gewissens mußte beiseitegeschoben werden.

Ola jedoch und aus großer Entfernung: eine Reise zum Plaudern aus dem Skizzenbuch einer Afrikareisenden, ja, womöglich zum Schwärmen von den diskreten Reizen des einfachen Lebens. Die einzige Annäherung an dergleichen abgelegene Exotik ereignete sich zwölf Jahre später in den hintersten Jagdgründen des Ehemannes im oberen Bomassi. Da half das Lesen von Wielands *Aristipp* die Tage zu überstehen. Ola zu überstehen halfen die Verwunderung – was will ich hier? – und das sich nähernde ferne Leuchten.

5. Kapitel

Erinnerungskonfitüre Nko

Nicht nur, weil es so viele Seiten im Tagebuch sind, ist die zweite Reise nach Nko ein umfängliches Kapitel für sich, das zudem in zwei Teile zerfällt. Ein Kapitel für sich sind die vier Tage und fünf Abende mehr noch wegen der bunten Menschenlandschaft und wegen der Gedanken, die sich der Gast der vielen Leute wegen machen mußte. Dem Alleinsein unter kleinen Kindern am Abend der Ankunft folgten am Tage vor der Rückreise das unerwartete Amten-Müssen, die öffentliche Ehre und die Mühseligkeit des Alles-richtig-Machens. Dies und die langen Wanderungen mit dem Jüngling Eli sind es, die Nko II so bedeutsam von Nko III unterscheiden und bewirkten, daß das Vielzuviele verdrängt und vergessen wurde. Es verhalf nicht zu gesteigertem Selbstbewußtsein. Es tat Abbruch den Tagträumen. Es verstellte das ferne Leuchten.

Die Tage in Nko gleichen im nachhinein einer Rumpelkammer. Geplant war noch einmal Sanya, das ist einigermaßen klar. Aber was war wann? Das lange Dahinlaufen auf staubiger Landstraße bis ins unaussprechliche Ikekiloki – wann? Die Übernachtung im Häuschen des Jünglings Eli – wann und warum? Das Maisbier, die Wunde am Bein, der melancholische Mensch neben dem Fleischtopf, der alte Ndze mit dem Fahrrad, das Huckleberrygemüse beim Kollegen Fam und die pathetischen Reden des Kollegen Fom – wann? Und dann? Durch bis Mbebete? Übernachtet in Mende? Und wenn, bei wem? Der letzte Teil des letzten großen Umwegs vor Mbe-Mbong: eine Trümmerwüste im Tagebuch und Fast-Nacht in der Erinnerung. Es liegt alles durcheinander – Orte, Leute, Reden, Staubstraßen, Dunsthimmel, Hütten, Häuser, Schulen, Krankenhäuser und immer wieder: das viele Reden und die vielen Leute. Nur zwei klar umrandete Eindrücke sind geblieben: die offene Wunde am Bein einer noch nicht alten Frau und der unförmige Busen eines jungen Mädchens in roter Bluse.

Und nun, im ostafrikanischen Nachhinein, warum und woher das Bedürfnis, dieses alles aufzuräumen und an seinen Ort zu stellen? *Nescio.* Es soll halt alles übersichtlich in den Regalen der einzelnen Reisetage stehen. Aus halb verfaultem, halb verdorrtem Tagebuch-Fallobst soll werden – Erinnerungskonfitüre nach ordentlicher Hausfrauenart.

NKO, ERSTER TEIL

Die kleinen Negerlein. Das große Krankenhaus

Ankunft in Nko am Dienstag gegen Abend, unversehrt. Was will ich hier? Nichts als ein Stübchen und eine Matratze, Wasser und heißen Tee und dann weiter nach Ola. Alles übrige wird sich ergeben, und der Gast, wie üblich, wird ebenfalls geben.

Ein weißes Tier, das nicht beißt

Im dem geräumigen Haus sitzt der Gast mit einem Schreibheft auf den Knien, belagert von einem Haufen kleiner Kinder. Etwas Fremdartiges, Langbehostes kam durch die offene Tür und ist einfach da. Seit zwei Stunden schon sitzt es und schreibt und schreibt. Ein pummeliges Mädchen, vielleicht achtjährig, steht furchtlos nahe und begutachtet die winzige Schrift. Ein jüngerer Knabe hält Abstand und bohrt sich in der Nase. Andere der reizenden Kleinen rings im Kreise gucken sich die Äuglein rund, und die beiden Kleinsten, offensichtlich Zwillinge, plärren im Duett. In besabberten Hemdchen, mit nacktem Hintern auf Beton, klebrig verschmutzt, Rotz und Tränen übers Gesicht verschmiert, taufrische Neugier in glänzend schwarzen Pupillen, bekundet der lebendige Inhalt des Hauses Gegenwart. Sitzt zuhauf und lebt und weiß weiter nichts damit anzufangen. Zwischendurch hören die Zwillinge auf zu plärren und werden zutraulich. Was ist das für ein fremdes, weißhäutiges Tier? Es beißt ja nicht. Es streichelt.

Draußen wird es dunkel, aber drinnen nicht. Das elektrische Licht einer Provinzstadt erleuchtet das Haus. Wer kümmert sich denn hier um die Kinder? Die Mama sei verreist, der Papa in Kijari: war zu erfahren von der Frau des hier regierenden Kollegen, die, im Vorbeigehen kurz besucht, ein bißchen Puffreis und eine kleine Limonade spendierte. Der leere Magen war dankbar; aber er knurrt nach mehr. Es lag nicht an den Gastgebern, daß sie fehlten beim Empfang des Gastes. Es lag am fehlenden Telefon. Es lag an der Schwierigkeit, eine Reise mit letzter Genauigkeit zu planen. *Na'anya* wollte am Dienstag nur kurz vorbeikommen, um weiterzureisen. Erst auf der Rückreise wollte sie ein paar Tage bleiben. Wenn sich dann herausstellt, daß das Vehikel nach Ola in Bekam erst drei Tage später als ursprünglich zugesagt zur Verfügung steht, was dann? Dann kommt der Gast auf gut Glück, bleibt und sitzt die Zeit ab, dankbar für ein Dach über dem Kopf.

Und der Magen knurrt. Hunger und Durst lassen sich nicht endlos hinziehen. Das Mädchen Conny bekommt Geld in die Hand gedrückt und geht nach Brot und Büchsenmilch. Das nasenbohrende Bübchen, vielleicht sieben, läuft hinterdrein mit Geld für Zucker. Nun sind ein paar Kalorienspender da, und die Kinder essen selbstverständlich mit. Zu später Stunde kommt wahrhaftig eine Nachbarin mit einer großen Schüssel Mais-Fufu und geht wieder. Die erste und einzige warme Mahlzeit an diesem Tage. An dem großen Tisch, selbsiebt mit den kleinen Negerlein, sitzt der herbeigereiste Hunger und greift zu. Nach dem langweiligen Fufu ein Stück Würfelzucker mit Melissengeist. Es gibt dem Magen innere Wärme und Würde.

Und jetzt schlafen. Von Wasser und Waschen mag nur am Rande die Rede sein. Das Gröbste an Staub und Schweiß läßt sich beseitigen. Aber schlafen? Das elektrische Licht hält die Kinder wach. Niemand bringt sie zu Bett. Manche legen sich in die harten Sessel und schlafen ein. Conny, erst schüchtern, legt sich schließlich zutraulich quer über die harten Knie der Frau, die schon nicht mehr völlig fremd scheint (vielleicht sind noch kindliche Erinnerungsspuren an Ndumkwakwa vorhanden) und schläft für eine Weile ein. Soll das alles nun als ‚merkwürdig' vermerkt werden? Es ist ungewohnt. Und die Zeit vergeht. Der Gedanke an fünf Meter Polyester, hellgrün und frisch gewaschen, macht geradezu glücklich. Das Glück, eines langen Reisetages Müdigkeit in einen Schlafsack zu hüllen, auch ohne hygienische Zeremonien, und an Schlaf, *life's substantial meal,* sich zu ersättigen.

Mittwochmorgen.
Eine kurze Nacht, Schlaf von der vorweggenossenen Güte. Ein WC ist da und ein bißchen Waschwasser auch. Eine Thermosflasche mit heißem Wasser steht auf dem Tisch. Zum Frühstück Brot und Büchsenmilch, im Verein mit sämtlichen Kinderchen, die so zahlreich da sind wie sie spät abends endlich verschwanden. Ungewaschen, in Schmuddelhemdchen und zerschlissenen Höschen oder auch einfach unten ohne. Es riecht nach Urin. Aber sonst scheinen sie gesund und munter zu sein.

‚Hundekot und Bohnenbrei'

Was nun? Ein Blick in die Küche, wie von ungefähr. Die einzige klare Erinnerung an Nko II: dieses, eines Demonstrativpronomens würdige Küchengelaß. Eine schwäbische Hausfrau sieht man förmlich zurückprallen, wo nicht in Ohnmacht fallen. Der Gast ist keine solche; aber erfreulich ist der Anblick trotzdem nicht. War da ein Herd? Ein Tisch? Was der Blick erfaßt, ist auf dem Zementboden verstreut: Schüsseln mit Fufu-Resten und Tassen neben Exkrementen, Lappen, Lumpen, Lachen unbestimmter Herkunft. Gerüche, säuerlich, und Fliegen, natürlich. Ein gelbes Hundchen kneift den Schwanz ein und verdrückt sich. Hundekot? Es könnten auch die Zwillinge sein, die noch nicht stubenrein sind und morgens ihre Häufchen neben das Maisfufu und die Teetassen setzen.

Aber und seltsam – kein Gefühl von Übelkeit kommt hoch, kein moralisches Angewidertsein. Was da steht, ist ein blankes, stilles Staunen. Fast wissenschaftlich distanziert. Vielleicht staunen so Anthropologen. Der unsägliche Dreck; der totale Mangel an Hygiene – es hat so was. Es grenzt an Graswurzeln und tiefere Einsicht. Es zeigt, worauf es letztlich ankommt: zu leben, zu essen, zu schlafen und keine Schmerzen zu haben. Vielleicht werden Kinder auf diese Weise immunisiert gegen Amöbenruhr und ähnliches. Hat nicht ein hungerndes Flüchtlingskind, abgezehrt, tuberkulosegefährdet, einst Kartoffelschalen geklaubt aus den Abfalleimern wohlgenährter Einheimischer, damals, 1947, im Thüringer Wald? Die Kinder sind alle wohlgenährt.

Ein Ruck und das Staunen

An diesem Mittwochvormittag war ein merkwürdiger Anfall von Öffentlichkeitsscheu zu überwinden. Eine Entscheidung mußte gefällt werden, wie ein Baum gefällt wird: mühsam und mit viel Kraft des Willens. – Die älteren Kinder gingen zur Schule, die jüngeren holte die Nachbarin. Was mach ich allein im Haus; weiterreisen kann ich erst am nächsten Tag. Was also, nach dem anthropologischen Blick in die Küche? Muß ich jetzt hinaus auf die Straße und die Stadt erkunden auf eigene Faust? Ach, ich hielte mich lieber versteckt in dem leeren Hause. Es geht doch nur um Ortsveränderung, und sitze ich nicht an einem veränderten Ort? Warum ist es auf einmal so mühsam, sich einen Ruck zu geben, unter die Leute zu gehen und ganz allein etwas zu unternehmen, das einer Reise Erfahrung hinzufügt? Ich muß. Ich muß. Die Sache will's.

Zwei Stunden später: Staunen. Naives und stolzes Staunen über sich selbst. Wie hab ich das gemacht. Wie hab ich das hingekriegt. Eine Unbekannte kommt mit Hugenottenkreuz und pertinenten Fragen. Unbefangen, freundlich und gelassen – wer hätte das gedacht. Etliche Karat Selbstbewußtsein hinzugewonnen. Ich kann, wenn ich will. Und das Interesse, es war am

Ende echt und nicht nur vorgespielt. Das Merkwürdigste dabei: die überraschende Leichtigkeit, Eindruck zu machen, sobald das Gefühl, wichtig zu sein, von den Schultern fällt wie ein schwerer Wintermantel am ersten warmen Frühlingstag. War es das Einverständnis der Weißen untereinander? Niemand wollte wissen, wer ich bin und was ich will. Das fromme Tippfräulein, in dessen Büro ich als erstes geriet und das mich empfing und herumführte, hat mich beinahe in Verlegenheit gebracht. Sie mußte mich *partout* allen wichtigen Leuten vorstellen, auf die ich doch gar keinen Wert legte. Vielleicht hat sie mich für eine in zivil reisende Ordensschwester gehalten. In der Röntgenabteilung stand ich plötzlich drei, vier jungen Männern, weiß in weißen Kitteln, gegenüber. Die guckten leicht verdutzt und ich erklärte mich kurz. Erklärte mich beeindruckt. Winkte gnädig und mit leichter Hand. Der amerikanische Zahnarzt, weißhaarig und allein in einem hellen Raum, nahm das Hugenottenkreuz zur Kenntnis und erzählte. 1945 habe er bei Leipzig den Russen gegenübergestanden. Ob ihn das Überleben nach Afrika gebracht hat? ‚Arzt in Afrika' – ein kulturhistorischer Topos. Die Krankenschwestern, die mich da umherwandeln sahen, die schwarzen, grüßten respektvoll. Eine neue Ärztin? Wie leicht war alles unter dem Schleier des Sich-Wunderns, in den gehüllt ich wandelte. – Das war, eine Stunde lang, das große christliche Krankenhaus von Nko, das noch unter weißer Verantwortung stand. Eine Reisende, freilich eine Weiße, spazierte da einfach hinein, wies sich bei der Verwaltung aus und wurde freundlich umhergeführt. Die Sache, die es wollte, was war's? Sich selbst – Selbständigkeit zu beweisen.

Der Jüngling Eli, Bier und Redseligkeit

Es geht auf Mittag zu. Brot, Tee, Sardinen. Die Kinder sind alle wieder da. Die Kleinsten heulen. Man muß sie heulen lassen, wie man den Regen regnen läßt. In das Heulen hinein kommt eine Suzuki, absteigt der Herr Papa, tritt ins Haus, völlig eingestaubt von der Reise, aber schlank geblieben trotz Suzuki, erblickt *Na'anya* und spielt überrascht in den höchsten Tönen. Hat Säcke voller Plantains und einen Ältesten mitgebracht. Zwei Verlegenheiten retten sich in pausenloses Palaver. Was liegt dem Gast am Gastgeber? Wenig. Das gleiche gilt umgekehrt. In Ndumkwakwa war dieser Ehemalige kein großes Licht; aber er hat einem Feldforscher beim Forschen geholfen. Das war etwas mit Hand und Fuß. Nun reist die Frau des Feldforschers im Savannenland umher, und niemand weiß, warum und wozu. Da kann doch etwas nicht stimmen. Und man redet und redet.

Die Väter der Söhne.
Am Nachmittag, auf dem Weg zum Markt, noch einmal durch das Hospital, zu dritt mit dem Ältesten. Krankenbesuche. In gleicher seelsorgerlicher Funktion begegnen daselbst zwei alte Katechisten, Väter begabter Söhne. Der von Jung-Jambi: klein und zierlich wie der Sohn. Der Vater von Ndze, abgezehrt und knochig, macht einen verschüchterten Eindruck. Aber in den hageren Zügen ist der Sohn ganz vorgebildet. So, wie er einst auf schmalem Pfad der Tutorin begegnete. Der Sohn, längst verheiratet, ist ach und leider inzwischen feist geworden auf seiner Suzuki. Der alte Vater schiebt ein Fahrrad mit sich herum. Eine traurig-edle Gestalt, die anrührt...

Nach den Vätern der Jüngling.
Im Getriebe des großen Marktes beginnt die Suche nach dem Ehemaligen Eli. Mit ihm will *Na'anya* nach Sanya, das wurde doch abgesprochen. Wo also treibt er sich herum? Noch ein fetter Pfaff auf seiner Suzuki rollt in den Weg. Erbietet sich, die Reverend nach Sanya zu fahren. Oh, well – nein, Danke. Lieber nicht. Da kommt von ungefähr und zum Glück der Gesuchte aus einer Bar geschlendert – so schlank und schmalhüftig, wie nur ein Jüngling, unbeweibt und ohne Suzuki, sich durch die Menge bewegen kann. Heute noch nach Sanya? Ist nicht möglich. Also dann erst ans Ende der Welt, nach Ola, und nach Sanya am Montag.

Politpalaver beim Bier.
Gut, und was nun? Da ist ein ‚Hotel', in Anführungszeichen. In dem einen Raum sitzt ein Bischof und hält kirchenpolitisches Seelenstündchen (Brocken davon sind durch die Bretterwand vernehmbar). In dem anderen Raum sitzt man zu fünft und trinkt in der Hitze ein Bier. Liegt es am Alkohol, daß die *fraternal* so ins Fraternisieren gerät? Kommt doch nicht alle Tage vor, daß so etwas, weder Weib noch Mann, eheliches Eigentum einerseits, andererseits freischweifend auf eigene Verantwortung, mit drei Männern und einem Jüngling zusammen in einer Hotelbar sitzt und politisiert, wenn auch in anderen Tönen als der Bischof nebenan. Die weiße Redseligkeit. Bloß keine Verlegenheitspausen. Die weiße Leutseligkeit Gerät es nicht an die Grenze kumpelhafter Anbiederung? Warum? Vierfaches Anderssein muß überspielt werden. Weiß. Frau. Eine Stufe höher in der Hierarchie. Und das Geld. Das alles reist durch Staub und Hitze ohne eigenes Auto und weiß nicht, wie es wirkt. Das Bier hat Na´anya spendiert. War es richtig, daß sie dem Jüngling den Geldbeutel zuschob, damit er bezahle? Es war ein Fehler. Er, der Intelligenteste der vier, er könnte das Theater durch-

schauen und es der Tutorin verübeln. In Männergesellschaft, bei Stammtischgerede über soziale Ungerechtigkeiten innerhalb der Kirche – wie wohl und wichtig fühlte die Missis sich. Fast wie im Klassenzimmer. Zurück im Gastzimmer, ausgestreckt auf der Matratze, senkt sich Nachdenklichkeit herab. Die Euphorie klingt ab mit Nebentönen der Peinlichkeit. Wie sähe die Sache aus, könnte ich mich von außen sehen?

Die Falle der Verpflichtungen

Nach dem Abendfufu, von der Nachbarin gebracht, Besichtigung des Büros. Der Gast will doch vermutlich etwas von der Arbeit erfahren, die hier getan wird. Oh, sicher. Sozusagen. Gewissermaßen. Und es werden Bücher aufgetan mit Zahlen, die manches erklären. Auch die Verschüchtertheit des Katechisten Ndze. Er hat Schulden und eine kranke Frau. Als Spitzenverdiener rangiert natürlich das Haupt der lokalen Hierarchie. Der Kollege Fom ist außerdem ein großer Geschäftsmann. Das macht ihn nicht sympathischer. Auch in einer armen Kirche gibt es Reiche, und das Prinzip ‚wer da hat, dem wird gegeben', es funktioniert. Und diese *fraternal,* hat sie nicht auch mehr als genug? Sie hat. Sie gibt auch. Aber wohl nicht genug. Genug für heut. Ein Waschlappen Wasser und schlafen!

Am Donnerstagmorgen werkelt der Gastgeber in der Küche herum; der Papa kümmert sich um die Kinder. Die Mama ist im Waldland bei der kranken Mutter. Der Gast sitzt und schreibt. Die Reisetasche ist gepackt. Nach dem Frühstück weiter. Weiter ohne weiteres? Die Naivität einer Fremden, die da glaubt, sie reise rein privat, wird offenbar. Aufkreuzt der Oberhirte, Höflichkeit zu bekunden und um nach dem Rechten zu sehen in seinem Herrschaftsbereich. In vornehm überragender Art (ein Meter achtzig) begleitet er den Gast zum Taxiplatz und verpflichtet ihn (es soll wohl eine Ehre sein) zu einer Meditation am Montagmorgen und vor versammelter Herde. Die untergebenen Diener am Wort werden herbeipilgern, sich zu Monatsende eine spärliche Entlohnung abzuholen. Bei der Gelegenheit soll ihnen auch geistliche Nahrung vorgesetzt werden. Überdies winkt die Ehre – oder droht die Maßnahme? –, daß die Fremde dem Stammeshaupt aller Ba-Nko vorgestellt wird. Na, *denn man tau.* Der freie Reisezeitvertreib sitzt in der Falle öffentlicher Verpflichtungen. Die das alles gar nicht will, nimmt es hin. Gelassen? Mit verhaltener Tapferkeit. Es gibt noch ein paar Auftritte, die absolviert werden müssen. *Per aspera ad astra* – als nächstes jedoch hinab ins Unbekannte.

NKO, ZWEITER TEIL

Unter Mißvergnügten. Eli, Sanya und Ki

Die kalte Nacht und Ola waren überstanden. Am Sonnabend in Ndudum, losgehakt vom Reisebegleiter; in einem Taxi nach Nko, wartend, daß es abfahre, der erste Eintrag ins Tagebuch seit Freitagmorgen: ‚Ich war bei Habakuk in der Einöde.'

Zurück in Nko gegen Abend, wieder unter einem Dache und umringt von kleinen Negerlein, endlich Wasser. Das Waschwohlgefühl läßt den Hunger vergessen. Sauber in saubere Unterwäsche zu tauchen und später in den hellgrünen Schlafsack – nur heißer Tee am Morgen ist dem an Güte vergleichbar. Hier und anders als in Ola wird der Gast hygienisch einwandfrei zu Bett gehen und gut durchschlafen.

Abendliche Bierwahrheiten

Aber noch ist es nicht Zeit zum Schlafen. Es wird dunkel und die Hausfrau ist noch nicht zurück. Der Hausherr lädt den hygienisch erfrischten Gast ein in die Bar über der Straße. Ein Bier auf leeren Magen? In der Bierbude befindet sich als einziger Gast ein Primarschullehrer. Derselbe stürzt sich alsogleich ins Gespräch, und was er sagt und wie er seine Meinung kundtut, zeigt: der Mensch ist betrunken. Indes – es ist Scharfsinn in seiner Kritik an Gesellschaft und Kirche. Muß man darauf nicht eingehen? Besonders als Frau und Fremde in einer Bierbar? Offene Meinungsäußerung kann anstecken. Betrunkene können seltsam sympathisch sein, weil sie die Wahrheit sagen. Sie bestätigen das Sprichwort. Freilich, wie, wenn es nur Bierwahrheit war, was da so beeindruckte? Dazu das Bier auf den eigenen leeren Magen... Dem Gastgeber mochte es peinlich sein, die Tutorin so lebhaft im Wortaustausch mit einem Betrunkenen zu sehen. Am nächsten Morgen jedenfalls kommt auf Krähenfüßen die Einsicht: Ich lerne auf dieser Reise die Versuchung kennen, mich anzubiedern. Was geht es einen Betrunkenen an, ob ich mit dieser oder jener Entscheidung eines Ausschusses einverstanden bin oder nicht? Ich bin zu einig mit jedwedem Mißvergnügten.

Weiter über das Mißvergnügen.

Von der Bar zurück ins Haus, in das endlich auch die Hausfrau, zurück von weiter Reise, eingekehrt ist. Sie erzählt ein wenig, ehe sie sich in die Küche begibt. Wird es irgendwann ein ordentliches Abendessen geben? Ehe es auf dem Tisch stehen kann, muß noch viel Zeit mit Reden zugebracht werden. Man redet über Personalpolitik und das Mißvergnügen derer, denen es nicht gelingt, die magere Entlohnung durch eigene Geschäftstüchtigkeit aufzubessern. Sie wollen wo nicht reich werden, so doch auch nicht arm bleiben. Sie wollen Häuser bauen und vermieten oder einträglichen Handel treiben. Erfolgreiche haben nicht nur Kühlschrank und Fernseher, sondern auch ein Auto, und die Kinder studieren in Amerika. Das gibt es, ganz in der Nähe. Gastgeber Zaches bewundert den Mann und preist sein Vorleben. Hart habe er gearbeitet in einem Missionsgebiet und man sollte ihm aus seiner Geschäftstüchtigkeit doch keinen Vorwurf machen. Der Gast ist dagegen, daß die Personalpolitik die einen bevorzugt, andere zurücksetzt. Schlich sich da nicht mit rhetorischem Schwung eine Unwahrheit zwischenhinein? Hat die Tutorin wirklich ,einigen' derer, die es angeht, persönlich die Meinung gesagt? Der Kollege lacht. Vielleicht geht es nur um das Lachen und im Grunde ist es egal. Freilich hat es Tragödien gegeben. Ndze ließ die Verlobte sitzen – sie ihn. Und Nga starb an Typhus, unterwegs in unwegsamem Gebiet. Beide waren gut für Besseres als Fischerdorf und Plantagen. Hier entscheiden Beziehungen, die man hat oder nicht hat. – So, und nun endlich steht ein Abendessen auf dem Tisch. Danach schnell und endlich in den hellgrünen Polyesterschlafsack für eine gute und bequeme Nacht in Nko.

Nachdenken über Armut I

Am nächsten Morgen ist endlich genügend Zeit und Alleinsein vorhanden, sich Gedanken zu machen über den Abend zuvor, einiges davon zu notieren und vor allem die Reise nach Ola einzusammeln ins Reisetagebuch, wie man Fallobst aufliest – wahllos alles in den Korb. Zum Sortieren wird später Gelegenheit sein. Danach sind zwei Punkte abzuhaken: als erstes geht man zur Kirche, wie es sich gehört; als nächstes muß eine Meditation für Montag geschrieben werden.

Der Sonntagsgottesdienst, wohl in einer großen Kirche von Nko – nichts ist erinnerlich. Das Tagebuch sagt, der Dekan habe gepredigt, ,nicht überragend'; habe den Gast vorgestellt, wie es üblich ist; ansonsten, ,gefühlsmäßig', interessiere seine imposante Person wenig. Das mag sein. Obwohl ein so schöner und stattlicher Batali-Mann einer Frau, ob schwarz oder weiß, doch imponieren müßte – so hochgewachsen und darüber hinaus nicht ungebildet. Schade, daß das Wort ,Neger' trotz seiner fünf Buchstaben ein *four-letter-word* ist und nicht mehr benutzt werden darf in wohlwollend neutraler Umgangssprache. Ein ‚Schwarzer' darf es immerhin sein; vielleicht auch ein ‚Schwärzling'. Darf eine weiße Frau wenigstens den Ausdruck ‚Negerjüngling' poetisch finden? Der geschäftstüchtige Dekan ist kein Jüngling; er ist ein gestandener Mann und ein *big man* auch dem Zentimetermaß nach. Der also hat dem Gast die Suppe mit den armen Pfäfflein eingebrockt. Die sollen eine gehaltvolle Auslegung der Anekdote von dem Zöllner vorgesetzt bekommen, der von seiner Einnahmequelle hinweg aufstand, um nachzufolgen dem, der zu ihm sagte ‚Folge mir nach'.

               Innere Müdigkeit macht sich bemerkbar nach der Kirche zurück im Pfarrhaus. Die Aufmerksamkeit läßt nach. Ein Formfehler unterläuft. Statt sich wieder auf ein Gespräch mit dem Gastgeber einzustellen, spaziert der Gast davon zu dem Schulgelände hinter dem Haus, wo es jenseits des Fußballfeldes den Hang hinaufgeht und eine Reihe Backsteinhäuschen unter Eukalyptusbäumen steht. Das ist doch nicht – ? Doch, es ist der Ort, an dem sechs Jahre und sechs Monate zuvor eine Gestrandete gastliche Aufnahme fand. Das Häuschen wird aus sicherem Abstand fotografiert. Aber hin und Gefahr laufen, eine Bekanntschaft aufzufrischen – nein. Nicht zu verkraften. Es läuft genug an Leuten in den Weg. Ich muß zur Besinnung kommen und die Meditation muß auch geschrieben werden. Ich muß –

               Einem Text den Hals umdrehen. Zurück im Haus, wartend auf ein Mittagessen, geht das Reden weiter. Wie die Pfarrer zu dem Geld kommen, das nicht auf der Gehaltsabrechnung steht. Die einen bauen Kartoffeln an, um die Familie zu ernähren; andere bauen Stadthäuser, um sie zu vermieten. Es wiederholt sich. Es dreht sich im Kreise. Und was soll da eine fromme Anekdote von einem, der aufstand, um nachzufolgen? Dem alten Text muß der Hals umgedreht werden, damit er etwas sagt, das den Leuten *heute* etwas sagt. Die altorientalische Eschatologie muß abgewürgt werden. Der antike Mann in Wandersandalen; der Jesus in Jesuslatschen, den gibt es auf den Straßen, wo die Taxis fahren, nicht. Was erzähle ich den armen alten Familienvätern; Vater Ndze mit seiner kranken Frau und den übrigen Kartoffelbauern, deren Häuptling ein erfolgreicher Geschäftsmann und Häuserbauer ist – ich, die Weiße mit genug Geld in der Tasche und auf dem Konto: was erzähle ich ihnen? Ist Armut ein hohes christliches Ideal, für die Reichen unerreichbar? Für die Armen aber ein Fluch, von dem nichts und niemand sie befreien kann? Wie kann ich meditierend etwas empfehlen, was ich selber nicht zu befolgen bereit bin? Der Gastgeber erzählt. Der Gast macht sich Gedanken und wartet auf ein Mittagessen.

Zweierlei Sonntagsmahlzeiten. An diesem Sonntag in Nko gab es eine der wenigen Mahlzeiten, die das Tagebuch der Erwähnung wert fand: zu einfachem Reis eine Fleisch-Tomaten-Zwiebelsoße mit scharfem Pfeffer, garniert mit apfelgrünen Avocado- und pfirsichfarbenen Papayascheiben. In welchem nie besuchten, von Kennern besungenen westdeutschen Feinschmecker-Restaurant hätte es besser schmecken können? Wenn danach ein Stündlein Schlaf, oder wenigstens Ruhe zu haben gewesen wäre – aber der Gastgeber hat auf dem Programm Ibong, das andere der beiden großen Hospitäler. Der Gast soll auch diese Sehenswürdigkeit gesehen haben. Dann mußte es, seufzend, wohl sein. Und was erzähle ich morgen den Pfäfflein mit den Kartoffeläckern?

Das Tagebuch sagt, man habe besichtigt und es sei sehenswert gewesen: noch großartiger, bestückt mit Nonnen und Mönchen – es ist alles weg und vergessen. Kein Stäubchen Erinnerung. Der Mittagsschlaf fand vermutlich während der Besichtigung statt. Hingegen ist bis zu visuellen Einzelheiten das Abendessen im Hause Fam wieder da, mit trockenen Yams und bitterem Huckleberry-Gemüse, dazu Leitungswasser. Die Frau des Hauses saß links, so mager und so still, während der Specksack Fam zur Rechten rhetorisch aufdrehte, penetrant ‚Missis' plus Ehemann-Namen sagte, und die Missis Mühe hatte, mit dem Kollegen auf Konversationsebene fertigzuwerden. Der gute Zaches saß schweigend dabei. Man war, zurück von Ibong, gegen Abend in die Oberstadt gestiegen, quer durch das berühmte St. Monica's College, wo katholische Schwestern unterrichten, und wo der Kollege Fam eigentlich als Schulpfarrer für das protestantische Schülerkontingent amten sollte. Dazu hatte er offenbar wenig Lust. Bekommt er sein Gehalt nicht auch ohne diese Anstrengung? Die Freiheit eines protestantischen Christenmenschen auf afrikanisch...

Ein Reicher rechtfertigt sich

Zurück von Yams und Huckleberry, winkt zur Linken das Gastzimmer. Darf ich mich nun waschen, die Tür hinter mir zumachen, in meine fünf Meter hellgrünen Polyester kriechen und schlafen? Drei Stunden nach Einbruch der Dunkelheit ist es dafür noch zu früh. Der rhetorische Höhepunkt des Tages steht bevor. Aufkreuzt zum andern Male der Dekan, setzt sich an den großen Tisch der *fraternal* gegenüber, fängt an zu reden und hört nicht mehr auf. Er redet wie ein Wasserfall. Gedämpft und eindringlich, und es klingt ganz verdächtig nach Rechtfertigung. Vermutet er eine Spionin überseeischer Geldgeber? Von einem Schlüsselerlebnis erzählt er: wie dem ersten geistlichen Oberhaupt der jungen, unabhängig gewordenen Kirche als altem Mann und da seine Amtszeit zu Ende ging, die Tränen kamen, weil er kein Haus hatte, in das er sich hätte zurückziehen können. Da gab man ihm noch zwei Jahre Amt und Gehalt, damit er ein Haus bauen könne. Der alte Ngum, er sei ein Opfer seiner *Katechistenmentalität* gewesen, die nicht an morgen dachte, sondern nur an den himmlischen Lohn, den die Missionare verheißen hatten. Er, Fom, habe seine Lektion gelernt. Er sorge für morgen. Nun gut, sagt die *fraternal*, als etwas gesagt werden muß. Sie sind ein Geschäftsmann und bekennen sich dazu. Geben Sie den Verantwortlichen doch einen guten Rat, wie die Kirche ‚saubere Profite' machen kann. Das Gegenüber zögert. Weicht aus und redet drum herum und weiter und pausenlos. Ein Schlitzohr, ein aufrichtiges? Hätte dieser Kirchenmann die kircheneigene Druckerei als Manager übernommen, wäre ihm wenig Zeit für die eigenen Geschäfte geblieben. Wie soll er das offen zugeben? Wie soll die *fraternal* offen zugeben, daß sie das alles im Grunde wenig interessiert? Daß sie auch nicht ausgesandt wurde, zu spionieren und den Kollegen in die Kochtöpfe, Geldbeutel und Terminkalender zu gucken? Wie sollte sie zugeben, daß sie aus anderen Gründen reist? Hier streuen sich zwei, die es eigentlich nicht nötig hätten, gegenseitig Sand in die Augen. Nicht eben viel, aber es reicht. Es reicht für diesen Abend. Und die Meditation über ‚Nachfolge heute' schwebt eben mal in Umrissen vor. Der lange Sonntag ist zu Ende.

All das, Gedachtes, Geredetes und Gehörtes, löste sich auf in dünne Luft und wäre, hätte das Tagebuch es nicht festgehalten, weg. Es soll erinnert werden: daß Nko zum Nachdenken zwang über das religiöse Chamäleon Armut.

Nachdenken über Armut II

Montag, letzter im Januar. – Der Vormittag steht zur Verfügung, die Meditation zu schreiben. Was schließlich auf dem Papier steht, ist mehr an die jüngeren Häuschenbauer als an die alten Kartoffelbauern gerichtet. Den alten Pas, die kaum Englisch verstehen, will die Meditation zu verstehen geben, daß die alten Katechistenzeiten samt der Lohn-im-Himmel-Hoffnung vorbei sind. Die Einnahmequelle verlassen, um Jesus nachzufolgen, das tun nur noch die Nonnen und Mönche von Ibong da oben, die zudem noch auf Familie verzichten. Daß heutigentags der ‚Kampf um ein besseres Leben' hier auf Erden den Geist der Zeit bestimmt und allenfalls noch der Gedanke an oder das Gerede über soziale Gerechtigkeit. Dann, an die Adresse der Häuserbauer und derer, die danach streben, es ihnen gleich zu tun: das ‚Folge mir nach' der frommen Anekdote sei über zweitausend Jahr hinweg an das Gewissen gerichtet. Es sei die ‚innere Stimme', die verlauten lasse, wo die Grenze sei zwischen der Zeit, die für den bezahlten Dienst verwendet wird, und der Zeit, die man abzweige für eigene Geschäfte.

Das und so viel etwa ließe sich mit selbsteigenem guten Gewissen sagen. Die Reverend hat kein Haus gebaut. Sie hat nicht einmal ein Auto. Sie hat auch für eigene Kinder nicht zu sorgen. Sie hat der Kirche hierzulande acht Jahre lang gedient, ohne ein eigenes Gehalt dafür zu bekommen. Aber was soll's – sie hat trotzdem mehr Geld und mehr Möglichkeiten. Dazu noch als Frau. Wie so eine aus dem Flüchtlingsnichts der Kindheit zäh und verbissen nach oben gekrabbelt ist auf der Bildungsleiter und in einem Sozialstaat – wen sollte das interessieren? Die Leute sehen nur das eigene Leiden. Mögen sie. Es ist menschlich. Es gehört nicht in die geistliche Ansprache.

Auftritt vor Charakterköpfen. Gegen Mittag ist es so weit. In der großen Kirche sitzen die überwiegend alten und älteren Brüder in Christo beisammen, wartend auf die Auszahlung, und hören sich geduldig an, was die weiße *Brüderliche* zu sagen hat. Das bekleidende Amt macht die Frau zum Mann unter Männern. Zwanzig Minuten und es ist vorbei. Jetzt das Geld? Das gibt's erst ganz zuletzt, damit niemand vorher wegläuft. Jetzt läßt der Dekan seine Verwaltungsmaschinerie laufen. Niemand kann davonlaufen. Die *fraternal* sieht sich um. Unter den Alten sitzt der Vater eines Sohnes, der einmal war, was der Vater noch ist: eine anziehende Erscheinung. Sie verleitet ins Sinnieren. Wo sind die Worte, das Bild behutsam festzuhalten? Was hier zerbrechlich wirkt, ist es Zähigkeit? Das hagere Gerüst, das aufrecht hält, ist es Glas, ist es Stahl? Der Blick, wacht er, träumt er, denkt er? *The almond hills...* Auch hier schließen sich zwischendurch die Lider, und eine Hand legt sich schützend vor das Gesicht. Um Müdigkeit zu verbergen? Um Blicke abzuwehren? Sprödigkeit. Unumgänglichkeit – ein sich abseits haltender Stolz? Oder Scheu, Bescheidenheit? Als die Tutorin seines Sohnes am Ende nach ihm suchte, war der alte Ndze nicht mehr da.

Der Kollege Dekan, er bedankte sich formell und recht zurückhaltend. Ja, geradezu kühl. War der Zaunpfahl, der ihm winkte, zu grob geschnitzt? – Im allgemeinen Aufbruch hält einer von den alten Pas die *fraternal* fest. Ein Charakterkopf anderer Art als der alte Ndze – rund, klein, kahl und mit einem Schnauzbart, wie er selten zu sehen ist in diesem Lande. Der Seehund-*Baya*, er hat offenbar etwas verstanden von der Meditation; aber einseitig auf seine Weise. Er will die *fraternal* festnageln auf die Feststellung, daß es ‚in dieser Kirche' Ungerechtigkeit gebe. Sie gibt zu, daß die theologische Theorie eine andere sei als die kirchliche Praxis. Ja, man sollte Leute wie den alten Seehund einladen nach Ndumkwakwa, um dort ‚auszupacken'. Es könnte vielleicht wenigstens psychologisch hilfreich sein, wenn die Leute ihr Mißvergnügen äußern dürften vor denen, die an der Ungerechtigkeit schuld sein sollen.

Abschiedsgeschenke.
So, das wäre auch geschafft. Die Angst vor öffentlichen Auftritten, einst ein Brocken auf der Seele, hat sich längst verkrümelt. Jetzt ein gutes Koki, dann Geld verteilen, und dann ab nach Sanya. Der abschiednehmende Gast sitzt allein zu Tisch. Der Gastgeber ist mit dem Auszahlen der Gehälter, die eigentlich Hungerlöhne sind, beschäftigt; die Hausfrau mit dem Abfüttern der Kinder in der Küche. Bohnenkoki schmeckt auch kalt, wenn Heißhunger hineinbeißt; dazu Plantains, Yams und eine Limonade statt Leitungswasser. Was will man mehr. Und was erwarten die Gastgeber? Die Kinder bekommen bunte Bälle für 3'000; die Hausfrau 9'000. Das ist die Hälfte eines Monatsgehalts der untersten Stufe. Die Tasche ist gepackt; schnell noch ins Zahlbüro mit Dank- und Abschiedsformeln. Da sitzt unter den anderen auch der alte Ndze. In der Eile muß irgend ein harmloser Scherz gelungen sein, denn die Leute lachen. Und es lacht auch der bislang so traurig-ernste Ndze senior. Er lacht ein schönes Lachen, und ein flüchtiger Blick erfaßt es: reinweißes Ebenmaß, unversehrt. Wie schön hätte es dem Sohne zu Gesicht gestanden...

Und nun hinweg
und noch einmal durch eine Landschaft, in der sechs, fast sieben Jahre zuvor die Hügel so grün waren, daß sie auf quadratische Pappe abfärbten. Es ist Nachmittag, und nach den vielen Leuten, dem großen Tier Fom und den kleinen Negerlein, gibt es jetzt nur noch einen, der Aufmerksamkeit erfordert und als Begleitung ausersehen ist: den Jüngling Eli. Ihn und noch einmal die Hügel von Sanya.

Mit Eli in Sanya

Er lungerte seit dem Vormittag herum – ja, er lungerte. Machte einen seltsam fahrigen Eindruck; behauptete, wieder gesund zu sein und keine Anfälle mehr zu haben. Aber nun mußte er mit der Tutorin durch die Gegend ziehen, sie über Nacht beherbergen und sich von ihr ausfragen lassen. Vermutlich machte ihn das verlegen und nervös.
Melancholie neben dem Fleischtopf. Auf dem Weg zum Taxipark, die staubige Straße entlang, liegt die alte Missionsstation. Einst ein leerstehendes Haus, jetzt ein Rasthaus, und im übrigen ein blinder Fleck im Gedächtnis. Als nächstes ein ‚Hotel' (das nämlich vermutlich, in welchem ein Bischof Seelenstündchen hielt und eine *fraternal* fraternisierte). Es gehört einem reichen Gemeindemitglied von Sanya. Das arme schmale Jung-Pfäfflein Eli kommt, seinen Gast vorzustellen. Der *big man* sitzt allein. Er sitzt nicht *vor*, sondern *auf* einem Tisch, schwerfällig und melancholisch. Er spendiert eine Coca-Cola dem Gast und ihrem Begleiter zwei Stückchen gebratenes Fleisch aus einem Topf. Der große Topf ist noch vorhanden; er steht erratisch im Reisegedächtnis. Der reiche Mann ergeht sich in traurigen Betrachtungen über die Verwahrlosung des Rasthauses Sho. Wo einst heiliger Ort war, sei nun ein Bordell. Die Reisende ist ihm bekannt. Bei Ndzes Ordination, drei Jahre zuvor, war er im Waldland mit dabei. Er sah, wie diese *fraternal* mit Hand an- und auflegte. Im übrigen ist er nicht nur reich, sondern auch hilfreich. Er hilft den armen Pfäfflein beim Bau ihrer Häuschen. Das erzählt er nicht selber, nein. Das ergibt sich später durch hartnäckiges Erforschen von Einzelheiten im Einzelfalle Eli.

Weiter. Etwas verdächtig Schrottreifes, dessen Fahrer angesichts der Weißen, die da mitfahren will, 1000 verlangt, findet sich auf dem Taxiplatz. Man fährt auch wirklich los in Richtung Sanya und ein Stück weit in die Hügel hinein. Die Landschaft ist nicht wiederzuerkennen. Die Trokkenzeit hat das einst lieblich lächelnde Grün der Regenzeit zu mürrischem Gelbgrau gedörrt. Gelbgrau, mürrisch und gleichgültig. Fast so gleichgültig wie der junge Mensch, mit dem ich hier durch die Gegend ziehe. Ndzes alter Vater, wahrhaftig, war mehr Erlebnis. Ich weiß nicht, was ich hier noch will. Durchziehen, was ich mir vorgenommen habe. – An einer Steigung bockt der Klapperkasten, rollt rückwärts und ist nicht mehr flott zu kriegen. Man steigt aus, nimmt das Gepäck, zahlt 500 und geht zu Fuß weiter. Es ist nicht mehr weit.

Idyll in Hellblau.
Eine Überraschung stand dann doch noch bereit, und der Wandergast geriet in verbales Entzücken: beinahe Bandiri *en miniature*. Hinter welchem Berg sollte die Tutorin halten, daß sie in Bandiri gewesen war? Unter anderem *auch* in Bandiri. Das weiß doch jeder. Sie selber erzählt es bei jeder Gelegenheit. Mag das Mondgesicht Grimassen ziehen nach Belieben... Hier nun also und statt rosa lieblich himmelblau, auf einem Hügel mit Bergkulisse dahinter, umkränzt von Bananenstaudengrün, steht das Häuschen, in dem der Jüngling Eli seit einem halben Jahr haust. Idyllisch. Ein Kirchlein rechts, eine Sonntagsschule links, und die Latrine etwas abseits im Schaufelblätterschutz des Bananengartens. Das Wohnzimmerchen ist eng ausstaffiert mit Polstergarnitur um ein Tischchen; mit Stühlen, Schränkchen und Regalen. In dem einen stehen Bücher, wie es sich gehört. Auf dem anderen aber steht doch wahrhaftig ein Plattenspieler mit großem Lautsprecher und daneben ein großes Kassettenrecorder-Radio. Gehört sich das für ein armes Pfäfflein? Das Pfarrhaus in Bandiri ist jedenfalls ärmlicher ausgestattet. Nebenan das winzige Schlafgemach enthält freilich nur Bett, Stuhl und Kleiderleine. Hier wird der Gast übernachten.

Am Maisbierbottich.
Zuvor jedoch ist ein Abend zuzubringen. Na'anya wird Fragen stellen. Das läßt sich verschieben. Es ist noch hell, und der Gastgeber schlägt einen Besuch bei einem Nachbarn vor. Man geht und sitzt eine Weile bei einem ‚Bruder' Schuhhändler, der nicht viel mit der Besucherin anzufangen weiß; lediglich deren handliche Taschenlampe findet Interesse. Und es findet auch einer der ‚toten Augenblicke' statt. Abschlaffen ins Gleichgültige. Es fallen keine Fragen mehr ein. Das Dasitzen sitzt und guckt das Linoleum an. Es ist buntgemustert. Also, weiter. Wohin? Da drüben im nächsten Bananenhain ist ein Mimbo-Haus, da könnte man eben mal vorbeisehen. In der Hütte sitzen ein paar Männer und Frauen im Kreise um einen Holzbottich mit Maisbier. Jeder schöpft nach Bedarf mit einem Plastiknapf aus der gelbgrau fermentierenden, säuerlich riechenden Brühe. Sie trinken und machen ‚*fafang*'; legen ihr Kleingeld zusammen, bis es für einen von ihnen zu etwas reicht. Das nächste Mal ist der nächste dran und so rundherum. Ohne große Begrüßung werden zwei Hocker hingeschoben. Möchte die Fremde unser Maisbier kosten? N – nein, lieber nicht. Lachen. Aber eine Coca-Cola? Ja, danke. Und wieder nur so dasitzen. Neben dem Jüngling sitzt ein ältliches, ein völlig steriles Gefühl. Es fermentiert nichts. Sohn – was heißt hier ‚Sohn'? War Ndze ‚Sohn'? Viel-

leicht, zu vorletzt. Hier ist eine Schwelle überschritten. Bandiri ist zehn Jahre näher, reifer und schattenreicher. Ein Fluchtpunkt in beide Richtungen. Darum sitze ich hier. – Es fängt an zu dämmern und es muß nun bald ein Abendessen geben. Es steht auf dem Tisch, von dienstbaren Frauen gebracht, als man zurück ins blaue Häuschen kommt.

Inquisition und Klage-Arie.
Nun wird es Zeit, Fragen zu stellen, das Inquisitionsverfahren zu eröffnen und sich im Gegenzuge eine große Klagearie anzuhören. Gastgeber und Gast sitzen einander gegenüber. Die Hände sind notdürftig gewaschen. Man ißt, für Na'anya nicht ungewohnt, aber zum einzigen Male auf dieser Reise, mit den Fingern. Der Maisbrei ist kalt; das zartbittere Huckleberry-Gemüse ist auch nicht mehr warm. Das Wasser ist wieder vom Bach. Man wird's ja merken, wenn es so weit ist. Merkwürdig, daß bislang nichts dergleichen sich bemerkbar gemacht hat. Vielleicht kommt's noch.

Nun also muß wieder geredet werden. Na'anya fängt an und zieht nach und nach die einzelnen Fäden eines komplexen Problems aus einem verwickelten Knäuel hervor. Viele Fragen sind zu beantworten, ehe von finanzieller Hilfe die Rede sein kann. Welches Maß an Ehrlichkeit ist angemessen? Ist Übertreibung des Leidens und der Bedürftigkeit dasselbe wie Unehrlichkeit? Eine Suzuki möchte der Jüngling; ein Häuschen muß er bauen; einen Laden in der Stadt will er aufmachen; für die Mutter hat er zu sorgen und für zwei jüngere Geschwister Schulgeld zu zahlen. Und heiraten will er natürlich auch und das bedeutet: Brautpreis. Man sitzt in den Polstersesseln, die üppig mit Häkeldeckchen dekoriert sind, gehäkelt, nebenbei, von Frauen der Gemeinde – ja, er sei beliebt; die Frauen sorgen für den jungen Gesellen, und gesund fühle er sich nunmehr auch; keine epileptischen Anfälle mehr. Was ihn krank mache, seien die familiären Verpflichtungen (der Vater lebt nicht mehr), die nun auf ihm liegen. 20'000 sind einfach zu wenig und er überlege sich, ob er dem Drängen einer Tante nachgeben, den Kirchendienst verlassen und sich um eine Stelle beim Staat bewerben solle. Als Krankenpfleger könnte er das Dreifache verdienen.

So jung und solche Sorgen. Und der Plattenspieler? Er gehöre einem Vetter. Und das große Kombi-Radio? Das habe die ältere Schwester, die bislang die Familie versorgt hat, ihm aus dem Nachbarland mitgebracht. – Und was wird die Inquisitorin am nächsten Morgen ins Tagebuch notieren? ‚Eli macht, daß ich ihm nicht ganz glaube. Die Art, wie dieser junge Mensch seine finanzielle Misere pathetisch übertreibt – es ist so viel aufrichtige Unehrlichkeit dabei. Fast erkenne ich mich selber wieder. Ich habe genügend Geldmittel und sage, ich sei auch nicht reich. Aber was heißt ‚reich', was ist ‚arm'? Eli braucht nicht nur Geld, sondern auch guten Rat.'

Ambrosischer Schlaf.
Die Nacht war gesegnet mit gutem Schlaf. Wenn es so im Tagebuch steht, muß es erwähnenswert gewesen sein. War der Tag nicht lang? Es war ein Montag. Er begann mit der Meditation vor den armen alten Katechisten. Der Sonntag davor war auch nicht kurz, und der folgende Dienstag wird noch länger und anstrengender werden. Es schweigt das Tagebuch zwar von einem nächtlichen Gang zur Latrine im dünnen Gekringel der Taschenlampe; aber es weiß von einer Schüssel mit kaltem Wasser, um die gebeten wurde und die, ins Schlafkämmerlein gestellt, eine notdürftige Reinigung ermöglichte. Und dann der hellgrüne Schlafsack, ein schmales Bett und süße Müdigkeit. ‚Und ambrosischer Schlaf umhüllte die Heldin...'

Aufbruch zu den Müttern

Sanya, Dienstag, 1. Februar. Das letzte Regal mit Erinnerungskonfitüre aus dem Reise-Fallobst einer Gegend, in die der Gemahl nie einen feldforschenden Fuß gesetzt hat. Nur auf dem Papier wird dermaleinst vor ihm ausgebreitet sein, was zwanzig Jahre zuvor am Wegesrand eingesammelt wurde von einer, die sich aufgemacht hatte, um eigene Umwege zu gehen.

Am frühen Morgen vor dem Frühstück (Tee, Brot, gebratenes Ei) ist wieder Zeit zum Tagebuchschreiben: das abendliche Gespräch, Fragen, Klagen und Bedenken. Der Plan, am Abend zurück in Mbebete zu sein, muß aufgeben werden. Es sollen zwei Mütter und eine Verlobte besucht werden, und zwar zu Fuß. – Man zieht los. Der Gast will die Piseta-Schule noch einmal sehen. Man kommt von einer anderen Seite und daneben steht Ntu's neues Haus, das vor sechs Jahren noch nicht fertig war. Das Wiedererkennen macht Mühe. Es sieht alles so anders aus. Es fehlt etwas. Ein Zauber. Der bunte Schleier, der damals die grüne Landschaft umhüllte, und die Gedichte aus Mireilles dunkelblauem Büchlein, sie fehlen beide. Es fehlt als drittes Inspiration. Der Jüngling Eli hat nicht die geringste Ähnlichkeit mit einer Muse. Gewiß, er ist ein Hübscher, ein Ephebe, aus Ebenholz geschnitzt. Aber er ist labil, unreif, unaufrichtig. Ein Problembündel. Nichts für reiferen Geschmack.

Dem Tod entgegenlächelnd

Der Weg windet sich durch das Labyrinth der Kaffeepflanzungen und Bananenhaine zu einer kleinen Anhöhe, hinter welcher die Kulisse der schöngewölbten Hügel sich erhebt – gelbgrau verdorrt. Da steht ein Häuschen, rohgemauert, würfelförmig. An der fensterlosen Ziegelwand ist außen etwas hängengeblieben und haftet in der Erinnerung bis heute: der Gedanke: gleich werde ich einer Kranken gegenüberstehen, für die es wahrscheinlich keine Hoffnung mehr gibt. Von ‚cancer' war die Rede. Innen ein Bambusbett, ein Hocker, und nur das Licht von der Tür her. Auf dem Bett sitzt angekleidet eine noch nicht alte Frau; noch keine fünfzig. Die Mutter Ntu, die damals den Gast mit Kartoffeln in Palmöl bewirtet hatte. Sie wohnt nun, als Siechende und Pflegebedürftige, im Gehöft ihres Bruders. Sie sitzt und lächelt zu dem Besuch empor. Es sind die Augen des Denis Baya, der sich jetzt Ntu nennt, und es ist fast zehn Jahre her, daß die Augen des Sohnes so verträumt in die Gegend guckten, drunten im Regenwald. Das war damals. Hier nun lächelt die Mutter, freundlich und resigniert, und das linke Bein, bloß bis zum Knie, liegt da, die Wade mit einem dunklen Lappen bedeckt. Auf dem Hocker neben dem Bett ein Fläschchen. Die weiße Frau, von Helfen-wollen erfüllt, fragt und sagt, daß sie doch in ein Krankenhaus gehöre. Sie weigere sich, sagt Eli, der übersetzt. Ntu sei kürzlich dagewesen und habe sein Bestes versucht, sie wieder zu hospitalisieren. Sie weigere sich eben. Ob es denn hoffnungslos sei – das wisse man nicht. Was hingegen jeder weiß, ist, daß jede Behandlung Geld kostet. Das will sie der Familie offenbar ersparen – das Geld. Ob *Na'anya* die Wunde sehen wolle. Sie muß wohl wollen. Sie überwindet sich dazu. Der Lappen, langsam weggezogen, hat zwei Handflächen zerstörtes Gewebe bedeckt. Bis auf den Knochen hindurch ist das Fleisch der Wade aufgebrochen und zerfressen. Die Wundränder sind trocken aufgewölbt in vielen Rot- und Graubrauntönen, mit Weißlichem dazwischen. Verwesung? Nekrose? Der Anblick erregt Hilflosigkeit, keinen Widerwillen. Ja, es tue weh und sie gieße Penicillin darauf. Was soll man sagen, wenn man nicht helfen kann? Der Abschied von einer lächelnd zum Sterben Bereiten ging mit als Schatten.

Auf dem Markt von Nko.
Er ging mit bis zum Taxipark Nko. Dort erst schrumpfte er hinweg, dahin, wo er bleiben sollte. – Keine sechs Kilometer sind es. Also nein, auf eine Beihilfe zum Kauf einer Suzuki darf er nicht hoffen. Aber das Haus im Bau und die Verlobte, die wol-

len wir erst mal besichtigen – Auf dem Taxiplatz ist kein Taxi nach Ki. Man läuft wie ziellos durch den Markt. Die Tante Geschäftsfrau, die den Neffen lieber beim Zoll oder bei der Polizei sähe, ist nicht in ihrer Bude. Aber man kann die Tasche dort abstellen. Und Lebensmittel kaufen für die Mutter in Ki. Fleisch, Zucker, Seife, Brot. Dann vergeht Zeit mit Warten auf ein Taxi. Zu reden gibt es nicht mehr viel. In einer Marktbude, wer sitzt da herum? Der Kollege Oberhirte reagiert recht kühl auf Fragen, das Problembündel Eli betreffend. Also doch ein meditativer Fuß im Fettnäpfchen. ‚The simple truth is always dangerous', bemerkt enigmatisch die *fraternal* und entfernt sich. Entfernte sich kurz darauf mit dem Problembündel Eli zu Fuß in Richtung Ki, denn es war kein Taxi zu haben.

Durch den Straßenstaub nach Ki

geht es die Landstraße entlang. Noch einmal sechs Kilometer. Wozu hat der Mensch Beine. Dankbar soll er sein, so lange er laufen kann. Einfach vor sich hin laufen. In leichten Schlenkerkurven geht es im wesentlichen geradeaus. Der Himmel ist dunstig und so gut wie nicht vorhanden. Der Staub – von wegen ‚staubrosenrot' – der Staub ist tief und dunkelgrau. Für ‚rosenrot' bedarf es einer besonderen Brille und Richtung. Hier schrumpft die Landschaft in den Staub der Straße; sie verdunstet an einem ins Konturenlose entweichenden Horizont. Wo sind die Berge geblieben? Auf der breiten Hochstraße wandert man zügig voran, wandert bis seitwärts, unten an der Böschung gänzlich unidyllisch, am Rande einer Kaffeefarm zwei Häuschen auftauchen. Ein altes Haus mit drei Räumen und einer Außenküche, und ein neues Haus im Bau mit fünf Räumen und einem Korridor. Ein Maurer und zwei Gehilfen mauern da. Und nebenbei kommt heraus, daß der reiche und melancholische Christenmensch neben dem Fleischtopf auch zu diesem Hausbau ein ganzes Zinkdach beizutragen versprochen hat.

Hier also ist der Brennpunkt des Daseins für den Jüngling Eli. Hier baut er sein Haus, denn er will heiraten. Die Mutter ist da und eine verheiratete Schwester mit zwei Kindern. Sieben Kinder hat der Katechist und Vater Elis hinterlassen. Der älteste der Söhne hat nun die Familienverantwortung auf schmalen Schultern, und sein hübsches Gesicht ist von Sorgen verschattet. Was tut man nicht alles, um an die Mittel zu kommen, das Leben zu verbessern. Man läßt sich auf den Besuch der Tutorin ein, und die läuft durch den Staub der Straße, als wollte sie beweisen, wie überflüssig eine Suzuki ist.

Und so läuft man noch zwei Kilometer weiter, um die Verlobte zu besuchen, die gerade auf Urlaub weilt. Sie arbeitet als Regierungsangestellte in Olayo, oben oder unten am großen Bogenfluß. Kann also nicht ganz arm sein. Ihr Vater ist auch einer von den alten Katechisten. Die Erwählte und ihr Zukünftiger kennen sich seit Schultagen im berühmten St. Monica's College von Nko. Das alles läßt sich im voraus erfragen, ehe das Haus erreicht ist, das sich an den Rand der großen Straße duckt.

Eine rote Bluse. Kartoffeln in Palmöl

Was steht und sitzt noch herum im nachhinein? Die Zerstreutheit des Verlobten und ein hochgewölbtes Rot. Wieder ging es die Böschung hinab und hinein in ein Haus, in dem Leute saßen. Eli stellte weder den Gast vor, den er mitbrachte, noch seine Leute. Jedenfalls nicht auf Englisch. Er redete einheimisch. Er behandelte die Tutorin, als hätte er einen Sack Kartoffeln mitgebracht und abgestellt. ‚Hier bringe ich euch eine von den Weißen, die meine Lehrer waren unten im Waldland. Die hier reist jetzt in der Gegend herum. Keiner weiß, was sie eigentlich will. Aber sie verteilt Geld, und ich werde auch was abbekommen. Wieviel, wird sich zeigen. Ob sich der Aufwand lohnt.' So etwa. Die Unhöflichkeit ließ kalt. Es war ja warm genug. Aber ein Stuhl und etwas zu trinken – waren zu haben. Zwei kleine Coca-Cola, immerhin. Fragender Blick in die Runde, ohne Scheu von einem zum andern. Who is who? Zwei ältere Männer und ein – ein Mädchen. Da der zerstreute Jüngling es nicht tat, stellte das Mädchen sich selber vor. Ich bin die Verlobte. Und die Männer? Einer war ihr Vater, der andere ein Schneider. Gut. Schön. Aber hier, das da –

Das pralle Gegenbild zu dem Dahinsiechen auf dem Bambusbett in der Hütte von Sanya. Hochrot. Klatschmohnrot. Lebensfülle, überbordend. Der Holzsessel faßt es nicht. Die Dimensionen. Das raumgreifend Runde. Es sitzt nicht, es lehnt auf der Sessellehne. In einem Taxi – zwei Plätze oder der Nebensitzer würde erdrückt. Etwas Unförmiges mit flachem Gesicht. Ein Mädchen? Der schmale Jüngling und das – das Massige. Das Immense, das sich wölbt unter einer roten Bluse. Die ausladenden Hüften, die der Sessel nicht faßt. Das Menschenkind kann nichts dafür; der Schöpfer hat es so geschaffen. Das ästhetische Empfinden der hageren Betrachterin aber, es ist – es kippt ein wenig aus der Fassung. Nein, kein Schockerlebnis wie beim ersten Besuch in Mbe-Mbong. Wenn hier Gefühle am Platze waren, dann am ehesten die einer Schwiegermutter. Was wird der Sohn da für einen Koloß im Bette haben. Die Unterhaltung war mühsam, der ‚Sohn' geistesabwesend. In gewisser Weise sprach das für ihn. Die Tutorin hatte ihn nicht nur ausgefragt; sie hatte auch auf ihn eingeredet. Sie brachte seine Desertier-Pläne durcheinander. Freilich nur vorübergehend. Zwei Jahre später, als sie nach ihm sucht, wird er nicht mehr zu finden sein. – Man bleibt nicht lange. Nur die pralle klatschmohnrote Bluse bleibt und ist geblieben bis heute.

Euphorie auf dem Rückweg.
Auf einmal ist der Himmel blau und weiß statt dunstig. So schnell kann das gehen. So heftig wehen die Winde da oben. Die Kamera ist zur Hand. Ein paar Aufnahmen könnten später der Erinnerung Konturen geben. Das Wandergefühl, auf diesem Stück Straße, an diesem ersten Tag im Februar, ist in Erinnerung auch ohne Tagebuch. Ein merkwürdiges Wohlgefühl trotz Durst und Hunger. Ein geradezu Sichsuhlen in ungewohnter Jugendlichkeit. Staub und Hitze wirken wie ein belebendes Bad. Kein Gefühl der Ermüdung. Wahrlich, *Hebe* lächelnd und in leichter Sandale, mehr schwebend als schreitend. Die Leichtigkeit der Glieder und des Daseins. Geradezu euphorisch. Eine Hormoneuphorie? Dann würde sie bald zusammenbrechen.

Die Köstlichkeit von Kartoffeln.
Im Hause der Mutter in Ki gab es Kartoffeln in Palmöl gekocht. Eine Delikatesse auf leeren Magen. Noch einmal werden Kartoffeln so gut schmecken: fünf Jahre später, nach der Malaria am Kongo. Und wieder Wasser vom Bach. Wie lange – und da geschah es. Während es noch schmeckt, beginnt es zu rumoren. Ein ordentliches Darmgrimmen. Aha, jetzt geht es los mit der Amöbenruhr. Wo, bitteschön – ? Gleich da hinten, am Ende des Zeigefingers, im Kaffee. Der Ort der Notdurft, das Palmwedel-Hüttchen, durchsichtig nach allen Seiten und windoffen, ein Elementar-Topos der Zivilisation. Das ‚Örtchen'. Da hockt man also wieder einmal, und so in der Hocke wäre ein Rock ganz praktisch. Aber das ist Nebensache. Sehr viel wichtiger ist, daß statt der erwarteten Diarrhöe erfreuliche Normalität den Kaffee düngt. Erleichterung, grenzend an Verwunderung. Geht es mit rechten Dingen zu, das Gesundbleiben bei dieser Lebensweise? Man reist mit Klopapier in der Tasche. Und mit Desinfektionstüchlein. Und richtet die Reisen terminlich nach Möglichkeit so ein, daß weitere hygienische Komplikationen vermieden werden. – Nun ist es Zeit, aufzubrechen, um in Nko noch ein Taxi nach Mende zu bekommen. Beim Abschiednehmen, schon im Stehen, hält die Mutter eine kleine Rede; der Sohn übersetzt, fahrig und

auf dem Sprunge. Aber der Gast läßt sich nicht beirren, weiß, was sich gehört und hält ebenfalls eine kleine Rede. Die Worte des Dankes und der guten Wünsche müssen von der Nervosität des Jünglings Eli auch noch übersetzt werden.

Dann stapft man auf einer Seitenstraße zurück. Der Staub ist an manchen Stellen knöcheltief. Um munter zu bleiben, kaut man Cola-Nuß, und *Na'anya* rückt endlich heraus mit Versprechungen. Eine Beihilfe zum Brautpreis zwischen 20 und 30'000 verspricht sie. So viel hatte sein Landsmann Ndze auch bekommen. Vorläufig bekommt der Gastgeber für seine Gastlichkeit in einem Umschlag 7'000 ausgehändigt, unterwegs auf offener Straße. – Gegen 4 p. m. ist man auf dem Taxiplatz. Ein Taxi nach Mende steht schon da. Die weiße Reisetasche ist auch noch da. Verabschiedung ohne weiteres Wortemachen. Es ist wahrhaftig genug geredet worden, und man ist froh, einander los zu sein. Ja, so war es mit dem Jüngling Eli. Die Zeit der Jünglinge war vorbei.

Zurück nach Nko und bis Mende

Wieder allein. Die Weiße stellt sich neben die Tür des noch leeren Landrovers. Sie ist die erste, die da wartet. Eine Stunde und zwanzig Minuten wartet sie und betrachtet das nahe Marktgetriebe. Wer hängt da herum, im Kaftan, gertenschlank, mit schmalem Schädel und Mandelaugen, von welchen sich nicht feststellen läßt, ob sie den Fahrgast wiedererkennen? Der Fulani-Fahrer; eben derselbe, mit welchem eine Woche zuvor Palaver stattfand wegen einer Reisetasche. Er beobachtet die Packerei. Das Vehikel nämlich wird hoch beladen mit dem Hab und Gut von drei Geschäftsweibern, die vom Nachbarland zurückkehren. Es ist Teil der Tagesgespräche unter dem Volk: man wirft die Fremden hinaus, die mit ihrem Geschäft zu viel Geld ins Ausland schaffen. Diese Damen sind davon betroffen. Mit energischen Anweisungen dirigieren sie, wie was zu laden ist. Endlich ist es so weit, und sie stellen sich ebenfalls an. Der Fahrer kommt herbeigeschlendert, öffnet die Tür, und was geschieht – ? Im Taxi ist Platz für das Reisetagebuch: ‚Nko Taxi Park, Dienstag, 1.2., 17.20h. Ich sitze im Taxi und nicht auf dem besten Platz. Zwei mächtige ladies drängten sich mit Aalgewandtheit vor mir herein, obwohl ich die ganz Zeit an der Tür stand und sie hinter mir.' Die Notiz holt das triviale Ereignis aus der Versenkung der Jahrzehnte. Das schweigende Zurückbleiben hinter dem Vordrängeln der Schwarzen. Den besten Taxiplatz bekam die weiße Reisende nur selten.

Die Sterne über den Nsuni-Paß

Ist es nun Zeit zurückzusinken und sich zu entspannen? Nach einem langen Tag und zwanzig Kilometern zu Fuß durch den Straßenstaub... In einer Stunde wird es dunkel sein. Das Taxi fährt los, kurvt aber erst noch durch das Verwaltungsviertel der Stadt. Hat man das also auch noch gesehen: was der Staat für seine Bürokraten tut nach westlichem Vorbild. – Die Fahrt scheint gut und ruhig gewesen zu sein. Notiert sind nur Orangen in Kijari und Sterne über dem Nsuni-Paß. Die Orangen verkaufte eine Frau an der Straße, als das Vehikel hielt. Die billigsten und besten Orangen, zwanzig für hundert Pfennige. Ein rotes Taschenmesser schält, der Durst ißt und die Höflichkeit teilt ‚ein wenig' mit der unbekannten Nebensitzerin.

Es wird dunkel und es geht hinab in die Ebene. Der Fulani-Jüngling fährt langsam und vorsichtig. Über dem Nsuni-Paß, beim Hinauffahren und weil der Fensterplatz einen Blick schräg oben ermöglicht, stehen ein paar Sterne. Nein, kein Kreuz des Südens. Das wäre poetische Erfindung. Ein kurzer Aufenthalt, als die Scheinwerfer aussetzen. Je näher Bandiri kommt, um so mehr flimmern durch die Nacht und das Nervengeflecht die Glühwürmchen der Tagträume. Morgen in einer Woche schlafe ich unter den Sternen von Mbe-Mbong... Die Markthütten von Bandiri zogen vorbei im Dunkeln. Ein Blick zurück und hinauf in den Nachthimmel – ein großer Stern stand über dem Berg und zwinkerte. Zwinkerte er, der Stern? Zwinkert *sie*, die Sternin? Eine alte Melodie, besingend ‚die süße Blum', summte durch die Nachtgedanken – aber nun ist es schon zu lange her; der Duft ist verwelkt, und es singt nichts mehr. Aber es blinkt herüber über das Papier, und die Erinnerung ist noch nicht erloschen.

Orangen aus Kijari für die gastliche Kollegin. In Mende läßt die Reisende anhalten da, wo die Seitenstraße zum Synodenhügel einbiegt. Eine Viertelstunde durchs Halbdunkel; wieder geht es nicht ohne Anpöbelung, aber der Schritt ist energisch und die Haltung grimmig genug, um abzuschrecken und anzukommen. Es ist spät, und die Reisende steht unangemeldet vor der Tür der *fraternal* Kollegin G. Vielleicht ist sie schon zu Bett. Ich muß anklopfen, so peinlich es ist. Es wird aufgetan; Verwunderung; ja, das Gastbett ist frei. Trinken, ein Stück Brot. Ein paar Worte der Erklärung. Und hier, das habe ich Ihnen mitgebracht. Orangen, die ich ganz gerne selber gegessen hätte. Was gibt man nicht hin für Wasser zum Trinken und zum Waschen, für ein Bett und guten Schlaf unter einem gastlichen Dach. – Am nächsten Morgen beim Frühstück gibt es mehr zu erzählen. Die Kollegin, freundlich, aber noch nicht befreundet, bekommt den Wein der Wahrheit vermischt mit dem Wasser der Nüchternheit eingeschenkt. Für das tägliche Leben ist Wasser wichtiger als Wein. Die Orangen aus Kijari lassen sich verschenken; die Sterne über dem Nsuni-Paß nicht. Und der eine über dem Berg von Bandiri, er schon gar nicht. Aber vielleicht könnte man einmal bei Tage da hinaufwandern zu zweit und dann weiter zu dritt zu den Kraterseen...

Katzen und die Fama

An diesem Mittwochmorgen am Frühstückstisch kommt ins Gespräch nicht nur – die Gastgeberin ist eine Katzenfreundin mit tierpsychologischem Tiefblick und viel Einfühlungsvermögen – nicht nur ein geflecktes und gepflegtes Kätzlein, das zwischen Milchkrüglein und Marmeladenglas wie eine Ballerina umherpfötelt; es kommt auch hier und zum dritten Male ins Gespräch – die Fama.

Bei Mireille sind ein paar Kleinigkeiten abzuholen; Haarwasser und Stonsdorfer, Reste aus einer von den *fraternals* im Hospital von Nyema ausgeraubten Seekiste. Im übrigen – was soll man sagen? Am besten nichts. Es ist zu traurig. Ein ganzer trauriger Roman. Der kircheneigene Eheberater ist auch vorhanden und fragt nach dem Oberhirten von Nko, wie es ihm gehe und was er treibe. Nun, der baue Häuser und verwalte nebenbei seinen Amtsbezirk. Die reisende *fraternal* sagt, wie es ist. Aber warum fragt der Frager? Hier argwöhnt doch nicht etwa einer – ? Es wäre *funny*. Ein diplomatischer Rahmabschöpfer. Unaufrichtig. Sie selber schöpft keinen Rahm ab, sie träufelt aus dem eigenen Rahmkrüglein in den schwarzen Kaffee ihrer Brüder in Christo. Und in Diplomatie zwar nicht, aber in Unaufrichtigkeit kann sie es mit diesen Brüdern aufnehmen. Wen geht es schließlich etwas an, welche die geheimsten Beweggründe des Umherreisens sind?

Zurück nach Mbebete

Mende, Mbebete Taxi Park, eine Stunde später. Bequem in einem Taxi verstaut, wartend, daß es abfahre. Kein Bedürfnis nach Einkäufen vom Rest des Geldes. Lieber geruhsam sitzen und warten als grundlos herumlaufen. Nur eine Flasche Wein statt Bier, das genügt zur Feier wohlbehaltener Rückkehr. Wartezeiten sind gut zum Tagebuchschreiben. Seit Sanya am Morgen zuvor nur die Notiz über die drängelnden Geschäftsweiber in Nko. Der ganze Dienstag wäre nachzuholen, und immer ist die unmittelbare Gegenwart das erste, was über die Bleistiftspitze läuft. Am unmittelbarsten und mit leiser Verwunderung wäre die körperliche Befindlichkeit zu notieren: so weit recht munter; nur mäßig von Insekten zerstochen, bei unregelmäßiger Malariaprophylaxe; an den Beinen blaue Flecken; die Gesichtshaut ausgetrocknet; völlig verstaubt das Haar und das rosé-violette Oxfordhemd. Vorfreude auf Tee, Wasser, frische Wäsche, Schlaf. Schlaf wird der Haut, das Haarwasser wird dem Haar guttun – so schnell will ich noch nicht verlottern und verschrumpeln.

Ein Blick aus dem Fenster des niederen Peugeot verfängt sich in fremder Unmittelbarkeit: ein Kind mit verkrümmten Beinen kriecht über den Taxiplatz. Wie – wie ein großer halb zerquetschter Käfer; eine lahmgeschlagene Kreatur. So kroch in Ndumkwakwa das Rahelkind aus dem Dorf über den Campus zur Schule, ehe es starb und die Mutter aufatmete. Und plötzlich ist auch die schlimme Beinwunde wieder vor Augen. Was kann ich tun? Dem Sohn schreiben und ihm Geld anbieten, damit er die Mutter doch noch ins Krankenhaus bringt? Von der ganzen Reise mitgebracht nur diese Wunde am Rande des Grabes? Als Kontrast zum eigenen Wohlbefinden?

Das Warten im Taxi und der Anblick des kriechenden Kindes sind lebendig geblieben in der Erinnerung. Warum wohl? Eine lange Reise, immerhin über eine ganze Woche lang, ging heil zu Ende. Die Umwege waren abgefahren. In Mbebete warteten Wasser und Rosenwasser.

Und das ferne Leuchten, es rückte nahe und näher.

6. Kapitel

Das Unglück Mireille

Ein Kapitel für sich. Ein kurzes; denn die Länge des zu Ende gehenden Romans, fast sieben Jahre seit dem Säuseln im Eukalyptuswald, soll die eigene Episodensammlung nicht über Gebühr verlängern. Gänzlich beiseite schieben läßt es sich freilich nicht. Die traurige Geschichte macht nachdenklich. Wie gut geht es mir doch im Grunde und in dem Käfig, in dem ich seit sechzehn Jahren sitze; und nun mit dem Halsband, an dem ich, seit zweiundzwanzig Jahren angebunden, mich so frei durch die Landschaft bewege. Ach und wie gut, daß es niemand weiß, und die Fama mir gleichgültig sein kann. Mireille ist mitten hineingetappt. Ich reise vorsichtig darum herum.

Rückblick auf Nko

Zurück in den eigenen zweimal vier Wänden, zwischen Schilfgrün und Colanußbraun, vollziehen sich genußvoll die Rituale wohlbehaltener Rückkehr. Das Gefühl, heil wieder angekommen zu sein, darf sich ausbreiten und wohlfühlen in leibhaft elementaren Verrichtungen von Grundbedürfnissen, und die Stunden vergehen. Etwas abseits, in einer der acht Ecken steht der Gedanke: ich habe geplant wie ein Blinder, den die Eingebung leitet. Nun endlich steht Mbe-Mbong bevor. Heute in einer Woche. Möge sich bis dahin alles übrige regeln, damit ich wieder normal und bei Kräften bin, wenn ich hinaufsteige ins Abseits auf schmalen Pfaden. Hinein in das ferne Leuchten.

Am Abend erst Besinnung nach rückwärts. Nun erst kommt das Tagebuch wieder herfür, und eine Landkarte liegt daneben, um bewußt zu machen, wie winzig der Umkreis ist. ‚Ich glaube wohl, wunder was für Reiseheldentaten vollbracht zu haben, und bin doch nur ein wenig in der näheren Umgebung umhergekrochen'. Das Öffentlichste im Gewimmel der Einzelheiten war Einmischung, ohne es eigentlich zu wollen, in die inneren Angelegenheiten einer jungen Kirche, die seit fünfundzwanzig Jahren ‚unabhängig' ist in Anführungszeichen, denn sie saugt noch immer kräftig am Beihilfe-Busen der Mutter Missionsgesellschaft. Wie sollte den zweihunderttausend Seelen und einer vor allem sich selbst versorgenden Hierarchie zu sozialer Gerechtigkeit verholfen werden? Den Kampf um ein materiell besseres Leben haben die reichen westlichen Kirchen mit Erfolg vorgemacht. Jetzt predigen sie ‚Partnerschaft' und ‚Teilen' – für die Ärmeren ist es Evangelium, für die Reicheren Gesetz, unter dem man sich krümmt und windet. Freiwilligkeit, freudige Hingabe von Geld und Gut, Schenken *dürfen* – gibt es nur unter ganz bestimmten und nicht immer legalen Ausnahmebedingungen. Die romantische Mireille hat den legalsten aller Wege gewählt. Ihr Prinz hat ganz schön profitiert und versucht offenbar noch am bitteren Ende, so viel wie möglich für sich herauszuholen. Ist es schnöde? Ist es natürlich und begreiflich?

Da ist es doch einfacher, ein wenig umherzureisen und Geld nach Gutdünken zu verteilen. Verteilen ist nicht teilen. Ist es ein Vorwand? Eine subtile Art von Spionage? Die *fraternal* hörte sich Klagen an und schimpfte mit, wenn Mißvergnügte schimpften. Was ihr abgeht, ist die subtile Diplomatie, die sich durch Zuhören und Verschwiegenheit auszeichnet. Wer sich öffentlich aufregt, hat schon verspielt. Wer Ideale verkündigt, ist eigentlich harmlos. Zudem und falls diese Frau möglicherweise doch nicht in offiziellem Auftrag reist, darf man alles nicht allzu ernst nehmen. Vielleicht macht sie nur Eheferien. Ja, wer weiß, vielleicht bereitet sich auch hier eine Scheidung vor...

Was aber wäre, vom Eigentlichen abgesehen, das Wünschenswerte? Heimliche Macht? Der Wunsch zu helfen ist ein Wunsch, Abhängige zu schaffen. Jedes Jahr einmal so umherreisen und sich alles anhören, anders als die Kirchentouristen, denen man Honig ums Maul schmieren und Bären aufbinden kann, die wehleidig brummen. Wer schon zu lange im Lande ist, fällt darauf nicht herein. Solche Leute würde man lieber los sein. Niemand liebt sie um ihrer selbst willen. Schielen nach Geld und Beziehungen für die eigene Karriere, das ist alles. Es ist traurig. Alle Freundlichkeit täuscht über die Fremdheit nicht hinweg. Freundschaft um nichts als der Freundschaft willen – es ginge gegen afrikanischen Realismus. Und Liebe? Ein *amour-passion*? Wie realistisch dachte Prinz Robert, als er sich von einer verträumten Mireille ehelichen ließ?

‚Ihr Freund da – '.
Briefe schreiben. Es gibt Leute, die es interessiert, was eine ehelich auf Zeit Losgelassene treibt. Das Reisetagebuch ausschreiben für den einen, welchem das Treiben einer Ehefrau am nächsten angeht. Die Hausgenossin, aus Langeweile (der intermittierende Schulbetrieb ist eine Sinekure für die daselbst ‚arbeitenden' Damen) zu einer Distriktsynode gefahren, ist von der Rückkehr nicht sehr erbaut vom Auftritt eines Abgeordneten, der offenbar vorlaut war – „Ja, und vor allem Ihr Freund da – '

Auweia. Ist man mir auf der Spur? Es stellte sich zwar heraus, daß es der scharfsinnig-streitbare Ehemalige M. gewesen war, der das Maul etwas zu weit aufgetan und die *fraternal* agaciert hatte. Trotzdem. ‚Ihr Freund da' – . Nein, es gefällt mir nicht. Selbst wenn es irritiert ironisch gemeint wäre. Es gefällt mir nicht. Bin ich nicht genügend abgesichert durch angegrautes Haar, Ehering und allerlei Titel? Durch das, was ich darstelle sowohl als durch die, die ich bin? Offenbar nicht. Die Zeiten sind fortgeschritten; man weiß inzwischen zu gut, wie's da geht. Schon ein einziges skandalöses Beispiel genügt. Die Fama von Ntumwi, sieben Jahre zuvor, beflügelt von einer Tatsache, die mit Naturnotwendigkeit ans Licht der Welt kam, hat sie nicht vom weißen Porzellan das kostbarste Stück zerschlagen? Man weiß jetzt, was alles möglich ist. Bis über welche Grenzen hinaus und in welche rechtlich und moralisch geheiligten Bezirke hinein. Schade. Oder auch gut so. Weiß ich doch wenigstens, womit das einfache Volk sich die Phantasie beflügeln läßt und verstehe besser die argwöhnische Zurückhaltung dessen, den es auch angeht und den doch schlicht und ergreifend nur die goldenen Eilein interessieren, die ein weißes Huhn in den Sand seines heimatlichen Bergnestes legt.

Nachdenken über Desdemonas Schwestern

Was hat sich nicht alles geändert in diesen tropischen Breiten und in weniger als hundert Jahren, seit die ersten Missionare Seelenheil und westliche Zivilisation zu verkünden begannen, ‚Negerjünglinge' bekehrten und die Frauen züchtig mit Kattun verhüllten, oben sowohl als unten herum. Daß die weißen Kolonialherren sich einst schwarze Konkubinen nahmen, ist nicht weiter verwunderlich. Die aufgehellte eingeborene Nachkommenschaft scheint stolz darauf zu sein. Es nahm sich auch einmal, zwischen den Zeiten, ein aus den Geleisen geratener Missionar legal und monogam eine Afrikanerin zur Frau. Solche Fälle verschwanden im Busch des Darüberhinwegschweigens. Seit es keine Kolonien mehr gibt, aber immer noch Weiße im Lande, setzt sich westlicher Individualismus samt Menschenrechten durch, und nun sind es die weißen Frauen, die sich Afrikaner zur Ehe ersehen. Ledige Frauen mit praktischen Berufen, Sekretärinnen und Krankenschwestern, erheiraten sich eine gesellschaftlich höhere Ebene, tatkräftig entschlossen, und es geht auch meistens gut, mit familiärer Billigung von beiden Seiten und einem Sicherheitsnetz in Übersee, vor allem für die Kinder, die eine immer offenere westliche Muttergesellschaft den unsicheren Verhältnissen im unterentwickelten afrikanischen Vaterlande vorziehen. Da sind sie zwar auch nicht bei jedermann vorbehaltlos willkommen; aber die Gesetze und die mediengemachte öffentliche Meinung schützen sie.

Dergleichen ward bislang kaum bedacht. Man war, im ersten Heimaturlaub, nachbarlich geladen zu einer Hochzeit und siehe, es ist gut gegangen bis jetzt. Ja, besser als in mancher weiß-weißen Ehe. Es ist schon fast gewöhnlich geworden. Ungewöhnlich war zu der Zeit, ein Vierteljahrhundert vor der ostafrikanischen Ameise, was damals in einer benachbarten Gegend geschah: daß eine geschiedene Frau mit Universitätsdiplom und zwei Kindern gegen den Widerstand der Eltern, unter Mißbilligung der Kirche einen polygamen Häuptling ohne höhere westliche Bildung heiratete. Das romanreife Abenteuer mit Haut und Haar und Kindern, ein ‚Ruf des Schicksals‘, eine Erfahrung (und schließlich auch ein lesenswertes Buch), darob manche Ethnologin vor Neid erblassen mochte.

Das alles bleibt im Rahmen modern aufgeklärter Legalität. Es geht hier nicht um eine europamüde, journalistisch ausmünzbare ‚Reise in die schwarze Haut‘, die sich und anderen auf promiskuöse Weise Vorurteilslosigkeit beweisen muß. Es geht auch nicht um blondbezopfte Entwicklungshelferinnen, die sich die gleiche Vorurteilslosigkeit nicht auf der höheren Ebene von Regierungsbeamten und Offizieren beweisen müssen, sondern als *free women* frei herumlaufen, den Rucksack auf dem Rücken und das Abenteuer (mit Pille) im Blick, das dann nachts in der Bar oder sonstwo zu haben ist. Und es geht dabei nicht einmal um den Kulturwert eines Buches. Es ruiniert lediglich das Ansehen weißer Frauen im Lande, und vielleicht ist das letztlich sogar beabsichtigt. Schade. Wenn es sich wenigstens in einen Zusammenhang höherer Werte, höher als das ordinäre Abenteuer, einordnen ließe. In die Bezauberung ästhetischen Wohlgefallens etwa. Ein schöner *Neger* ist etwas Schönes. Nicht unbedingt groß und stark, kein Herkules, nein, das wäre ein Lieschen-Klischee und nicht das Richtige. Es gibt Klassischeres mit dem Ebenmaß eines Apoll; es gibt den schwarzen Adonis, den das abendländische Auge mit Bewunderung wahrnimmt. Oder wenn der Sohn Afrikas teil hätte am Faszinans Geist vom eigenen hellenisch geformten Geiste – das würde möglicherweise alles übrige sublimieren oder gänzlich aufheben. Wie hat es das Schicksal so wohlwollend gut gefügt. Der Mann von Mbe-Mbong ist weder schön noch reichen seines Geistes Gaben an die selbsteigenen. Er ist nichts als fromm und rechtschaffen. Die Fama kann ihm nichts anhaben.

Das Unglück als Fama

Mireille also, die es gewagt und sich genommen hatte, was legal zu haben war, sie ist am Ende ihres Traums. Das Schicksal, das es fügte, sieben Jahre zuvor, hat zugeschlagen. Das Glück liegt in Scherben. Die Fama breitet düstere Schwingen.

Dreimal kam sie angeflogen während der beiden Reisen. Dreimal kam die Rede auf das gemischte Unglück. Immer waren es die Gastgeber, die davon anfingen, vermutlich in der Annahme, es müsse eine Weiße das Schicksal einer Bekannten doch angehen. Es müsse die Sache zudem eine Tutorin angehen, die denjenigen, der nun als Angeklagter dasteht, vier Jahre lang als Studenten gekannt hat. Mag sein, daß es anging. Es ging aber auch seltsam vorbei.

In Chaa beim Frühstück kam die Fama zum ersten Male angeflogen. Es kam die Rede auf die nicht nur traurige, sondern auch höchst ungewöhnliche Geschichte. Es war eben bislang in solchen Fällen alles gut gegangen. Aber dieser Märchenprinz, den eine verträumte weiße Frau sich ehelich eintat – offenbar war sie nicht nur *half the woer*, sondern ganz und gar diejenige gewesen, welche um den Schönen warb – und um dessen Eskapaden während der Studienjahre ganz Ndumkwakwa wußte – die Sache war und bleibt ein Anakoluth. Die Studentenschaft, gab der Gastgeber zu wissen, sei der Meinung gewesen, auch die Tutoren wüßten darum, und man habe sich gewundert, daß nichts geschah; kein Verweis, kein Disziplinarverfahren. Und wer von den Kollegen hat es wirklich gewußt? Einer vielleicht, und der hielt sich heraus. Und warum? Es wäre demnach auch seine Schuld. Aber eine Mireille, hätte sie sich vom Wissen um solche Eskapaden abhalten lassen? Sie hätte sich vielleicht noch mehr als Erlöserin gefühlt. Vielleicht wußte sie es gar. Aber eben. *Omnia vincit...* Der schöne Traum ist zu Ende, und sie liebt ihn noch immer und begreift nicht, wie alles kam.

Die Fama kam zum zweiten Male angeflogen auf dem mühsamen Weg zurück von Kendek den Berg hinan. Die begleitende Hausfrau erwählt sich als Thema das Unglück, das soeben in der Provinzhauptstadt öffentlich über die Bühne geht. Ach, arme Mireille. Was hast du durchzustehen nach allem, was du schon durchgestanden hast. Und was sich die Leute so zurechtlegen. Legenden sind im Umlauf. Da soll es eine Prophezeiung gegeben haben vor der Hochzeit, daß die weiße Frau, ‚*that white lady*‘, keine Kinder bekommen werde. Da habe die Schwester der Weißen sich bereit erklärt, ein Kind für sie auszutragen. Der da nun als Angeklagter, auch wegen Handgreiflichkeiten, steht, er habe von der Verlobten Geld genommen, um die Mutter eines vorehelichen Kindes abzufinden. Daß er dann die Ehe brach, weil keine Kinder kamen, das wäre nach afrikanischem Verständnis das Begreiflichste und durchaus verzeihlich. Hier liegt die Schuld der weißen Frau. Daß sie bereit war, die unehelichen Kinder ihres Prinzen zu adoptieren, half der Ehe nicht. Wie lange und wie viel muß sie gelitten haben... Hat sie sich nicht alle erdenkliche Mühe gegeben? Einfachsten Lebensbedingungen sich angepaßt. In rührender Bemühung versucht, die elende Bretterbude von Dienstwohnung wohnlich zu machen mit Vorhängen, Teppichen, Häkeldeckchen. Hat Gäste massenweise auf dem Halse gehabt und ertragen, die Schnorrer, die Neugierigen und die Geldgierigen. Im ersten Ehejahr fanden auch die Gäste aus Ndumkwakwa Herberge für eine Nacht in enger Seitenkammer mit offenem Gebälk, durch das die Ratten rannten. Was für ein Leben aus der Kraft einer romantisch-idealistischen Liebe und zu welchen Opfern bereit!

Zum dritten Male kam die Fama angeflogen am Morgen nach der Rückkehr von Nko (über dem Nsuni-Paß standen die Sterne und über dem Berg von Bandiri ein besonderer Stern). An dem Frühstückstisch, auf welchem ein weißes gepflegtes Kätzlein umhertänzelt, kommt ins Gespräch das öffentliche Ende. Mireille hat an diesem Vormittag die letzte Verhandlung zu überstehen. Traurig verwirrt, fühlt sich als Opfer und versteht nicht, wie alles gekommen ist. Ihr Prinz, in die Ecke getrieben und um sich schlagend, versuche noch so viel Geld wie möglich aus ihr herauszupressen. (Als ob so etwas ohne die Paraphernalien einer Ehe nicht bisweilen noch viel einfacher ginge...)

Bei einem kurzen Besuch in ihrem Hause steht Mireille verloren herum. Sie hat geliebt, und so schnell vergeht das nicht. Ist sie zu bedauern? Ist sie nicht vielmehr zu beneiden? Sie hat Mut gehabt, die Träumerin. Immer wird sie zurückdenken an die Sterne, wie schön sie strahlten, ehe sie herabfielen auf sie als taube Gesteinsbrocken. Außer dem Eheberater kümmert sich um die Unglückliche das älteste und am beispielhaftesten erfolgreiche schwarz-weiße Ehepaar: das mit Villa und Volvo. Mireille wird zurückkehren nach Europa. Worauf ist eine Weiße hier hereingefallen? Auf Charme und gutes Aussehen? Auf Exotik? Auf Träume vom Glück in Afrika...

7. Kapitel

Die zweite Reise nach Mbe-Mbong

Für die Ameise

Was war's? Was ist geblieben? Was wird bleiben? Das Wunder. Der Bausiberg. Das Buschkatzenfell. Das ferne Leuchten. Diese vier. – Daß die Straße im Rohbau in so kurzer Zeit zustande kam, daran könnte das Dorf sich noch erinnern, wenn die Jugend von damals alt und die Spendenbringerin längst tot ist. An den Ausflug den steilen Bausi-Berg hinauf und hinab wird vielleicht der Begleiter denken, der da aufatmete, als der Gast wieder heil im Hause saß. Das Buschkatzenfell wird vermutlich nur, die es geschenkt bekam, erinnern. Das ferne Leuchten aber, einst aus flimmernder Nähe mit Bleistift in ein dünnes weißes Heft mit rotem Längsstrich Funke um Fünkchen eingefangen, es soll nach langen Jahren, wo nicht zu einem Kunstwerk kristallisieren, so doch ein Buch werden. Und sollte einer fragen: für wen? Nun: für die ostafrikanische Ameise, die an einem Sonntagmorgen zufällig über den ersten Satz hinlief...

Nixenbluse und grünes Buch

Es war ein Mittwoch im heißen Februar. In türkisfarbener Morgendämmerung flötete der Quarzwecker. Tee. Nur schwarzen Tee. Die Reise beginnt mit geduldigem Warten, einen ganzen Vormittag lang. Adventliche Stunden. Die Eukalyptusbäume stehen hoch und in leichter Schräge, Kletterbäume für den Mond von Bandiri. Die Tasche ist gepackt. Sie faßt das Notwendigste und den Luxus: eine meergrüne Nixenbluse. Dunkelbraune Kunstseide und schwarzer Plüsch: ein Morgenmantel und ein Abendkleid im Chiasmus. Im erinnernden Hinblick auf ein durchsichtiges Klohüttchen findet ein Nachttopf aus Plastik Platz dazwischen. Und die leichten Sandalen... Eine ganze Woche ohne fließendes Wasser, ohne Gemüse und Obstsalat, lebend von Träumen und Staubrosen. Schon drei Besuche in Bandiri und der vierte ist geplant...

Die Sonne steigt, die Spannung steigt. Alle Umwege sind abgefahren. Das Unglück Mireille – es streifte mit dem leichtem Flügel der Fama und entschwand. Mach dir nichts vor. Es wirft keinen Schatten auf das ferne Leuchten.

Wie läßt sich das Warten zubringen? Vielleicht lesend? Zur Hand ist ein grasgrünes Buch, eine Kulturgeschichte dieser Gegend. *How they took to the hill tops to escape from the slave raids* – nicht etwa der Weißen, bewahre; die haben die Sklaverei ja schließlich abgeschafft. *They* sind die kleinen, schwachen Stämme; und Sklavenjagden unternahmen die großen, starken Stämme der Gegend. Mbe-Mbong gehört zu den kleinen Stämmen. Aber eine weiterführende ethnologische Neugier ist nicht vorhanden. Nichts will ich als hinauf in das ferne Leuchten und eine ganze Woche die Seele darin baden... Der Vormittag vergeht, es wird Mittag. Schleicht etwa schon Müdigkeit in die Absprungbereitschaft? Das himbeerlila Oxfordhemd, Gabardinehosen und der Kasack: das Staubbraun gegen den Staub; das frischgewaschene Haar noch unbedeckt. Wo bleibt er? Ich sollte noch etwas essen – und dann geht alles sehr schnell. Das Mädchen Mary trägt schon die größere der beiden Taschen zur Straße hinunter. Langsam, nicht rennen. Langsam. Habe ich warten können, mag er auch warten.

Gemütsfinsternis mit Begleitschutz

Um einen offenen Lieferwagen stehen Leute, darunter ein schwarz-weiß-gestreifter Kittel, massig, die Arme aufgestützt. Steht und läßt es auf sich zukommen. Unter einer Filzkappe, schwarz-und-braun gestreift, nicht der geringste Anflug eines Lächelns; kein Hauch Höflichkeit. Gemütsfinsternis. In das abweisende Dunkel hinein streckt eine Hand sich zur Begrüßung aus, und eine Phrase Konversation versucht Normalität herzustellen. Es antwortet das Schweigen einer Mauer, die auch nichts machen kann, wenn Efeu an ihr hochklettert. *Na'anya* – oder wer sonst? – hockt sich vor ihre beiden Taschen und packt eine Thermosflasche aus: ob sie die mitnehmen solle? ‚Send it back.' Das Mädchen will wissen, wann mit Rückkehr zu rechnen sei. Dienstag. So ist das auch geklärt. Die Taschen hinten drauf; die Weiße vorne hineingequetscht auf einen im voraus bezahlten Platz zwischen zwei Männer, die immerhin höflich reagieren, ‚Don't mention'. In der Sitzreihe dahinter Mütter, Kleinkinder. Alle anderen stehen auf der offenen Ladefläche. Auch der Wortkarge und der, den er sich als Begleitschutz mitgenommen hat: der kleine Schatzmeister von Bandiri.

Begrüßung unterwegs und in Muvom.

Nun denn. Die Fuhre fährt los, durch Mbebete hindurch und in Windungen hinab ins Tal des Mchu. Fährt durch roten Staub und grüne Palmenwälder, und mitfährt wohlige Verwunderung über das Gefühl der Zufriedenheit. Schwebend wie auf Rosenblättern. Endlich habe ich, was ich wollte. Möge das Unterwegssein dauern. Kein Gedanke daran, daß die Mitreisenden, stehend und dem Staub ausgesetzt, das Gegenteil wünschen müssen. Nachgeliefert wird später die Erklärung: der Gedanke, *Na'anya* könne ungeduldig werden, habe dazu bewogen, das unbequeme Vehikel zu nehmen; das erste, das zu haben war. Rührend, so viel Rücksicht. Etwas anderes beschäftigt im nachhinein mehr. Warum habe ich *ihn* nicht auf den ersten Blick erkannt? Wie eingeebnet. Wie weggewischt. Ein Stumpf, kein Gesicht. Voll ins Bewußtsein fiel der Begleitschutz: Mr. Matti. Der kennt mich schon. Der weiß schon alles. Es ist in Ordnung. Warum dann das finstere Gesicht, als sei ihm eine Last oder eine Verlegenheit aufgeladen? Oder gar, als umwittere ihn eine Gefahr? – Hinter dieser Finsternis verborgen hielten sich zwei Überraschungen, eine große, öffentliche und eine heimliche, kleine – zumindest ließ es sich so auffassen. Es, die Kleinigkeit zum Sichhineinwickeln wie in ein Geheimnis.

Unterwegs kreuzt ein Taxi und hält an. Wer steigt aus? Der stattliche Oberhirte von Nko – wie gut und notwendig waren die Umwege. Er kommt heran, *Na'anya* zu begrüßen. Er reist mit der Frau eines Kollegen. Man ist unter sich. Die Weiße ist kein tumber Tourist. Sie ist Jemand, den man kennt und auf offener Straße begrüßt. Genugtuung. Weiter.

Es kommen höhere Berge, und auf einer Flankenpiste geht es an einem tiefen Tal entlang nach Muwom. Dort steigt von der Ladefläche ein bis zur Unkenntlichkeit Eingestaubter. Der rote Staub klebt, gelb verfärbt vom Schweiß, auf Stirn und Nase. Der Blick west ab ins Seitwärts. *Na'anya* begrüßt den Schatzmeister, weder in Eile noch in Verlegenheit. Der Staub, die Hitze, die Verschwitztheit – es gehört zum Reisen. Es ist Markttag. Die Leute starren die Weiße an; ein paar junge Burschen kommen herbei und begrüßen sie durch Handschlag. Nanu? Ein bettelnder Krüppel erhält ein Almosen. Dann wird vorgestellt ein kleiner älterer Mann mit rundem Gesicht und schwarzem Hut. Ein Geschäftsmann, aus Mbe-Mbong stammend, der in Muvom Handel treibt. Er stellt ein Vehikel zur Verfügung. Es ist ein leichter gelber Datsun-Lieferwagen, und der kleine Mann gibt seinem Fahrer, einem schmächtigen Bürschchen, den Befehl, *bis zum Fluß* zu fahren. Die Weiße hört es mit halbem Ohr, begreift jedoch nichts. Wundert sich nur; denn der Fahrer reagiert furchtsam – warum? Das große öffentliche Geheimnis, vor dem Gast lag es noch wohlverhüllt.

I DAS WUNDER

Ja, merkwürdig. Ausgegossen ward auf der zweiten Reise nach Mbe-Mbong ein großer Mischkrug öffentlicher Wunderwein – warum drangen Wein und Wunder nur tropfenweise ins Bewußtsein der Fremden, die das Wunder mit bewirkt hatte? War da ein Zuviel an Erinnerung? An uneindeutiger Erwartung? War es ein taxitechnisch unvermeidlicher Druck gegen die rechte Schulter, der ablenkte von dem, was alle Welt ringsum in Staunen versetzte? Im Umkreis des Wunders verliefen nicht nur die Fahrt bis zum Fluß und zwei lange Abende im Hause des Gastgebers. Eine ganze Woche und alles, was dem Gast des Dorfes an Ehrungen widerfuhr und zum Abschied an Geschenken mitgegeben wurde, stand rumdum unter dem Eindruck des Wunders, das eine großzügige Geldspende und der Arbeitseifer der Dorfbewohner gewirkt hatten.

Das Hochtal. Die Straße. Die Staubrosen

Es war schon spät am Nachmittag... Ein erster Satz, Unvollendetes nach sich ziehend, weil ein ganzes Leben die Begründung für die erste Reise nach Mbe-Mbong abgeben sollte, er sei hier wiederholt. Das Hochtal von Ubum hätte alle Aufmerksamkeit auf sich ziehen und in sich saugen sollen, um die Wirklichkeit mit dem literarischen Abbild zu vergleichen.

Während der ersten Reise nach Mbe-Mbong war hier alles in einem Dunst von Ocker und Oliv, aufgerauht von ein paar Graphitstrichen, vorübergeschwommen. Da wäre nun... Allein, das Tal von Ubum – zum einen: ‚es sah ganz anders aus, als ich es in Erinnerung hatte'; zum anderen: ‚es entging mir fast gänzlich'. Die Aufmerksamkeit, die sich der Landschaft hätte zuwenden sollen, staute sich in dem gelben Taxi. Man saß vorn zu dritt und *Na'anya* links außen. Gewohnt, in drangvoller Enge dahinzuholpern – aber hier kann von drangvoll keine Rede sein, zudem ergab sich, viel zu spät, daß zur Tür hin noch genügend Platz war, so daß mit dem Abrücken freieres Atmen möglich wurde. Keine Rede also von ‚drangvoll'. Und es war trotzdem zu eng. Um abzulenken und sich Luft zu machen mußte geredet, erzählt werden, irgend etwas, egal was, von der Reise nach Ola zum Beispiel. Und *Na'anya* erzählte und redete an gegen das gewohnte Schweigen und eine ungewohnte Nähe. An einem im holprigen Fahrrhythmus wechselnden Druck gegen die rechte Schulter – an ihm entging das Tal von Ubum zum anderen Male. Was auf dem Papier steht, blieb – Literatur.

Man erreichte Ubum, das Dorf auf dem Bergsporn am Ende des Hochtals und ehe es hinabgeht zu dem Fluß, der die Reisfelder bewässert. Hier mußte vor Jahresfrist der Landrover zurückgelassen werden. Hier endlich enthüllt sich das öffentliche Geheimnis. Es liegt vor Augen. Es liegt zu Füßen.

Das gelbe Taxi hält am Rande des Bergsporns nicht an. Es fährt vorsichtig weiter, und nun wird wohl auch die Fremde begreifen, warum das schmächtige Männchen am Steuer sich fürchtet. Statt des steilen Fußpfades aus Sand und Geröll, den man seit Menschengedenken hinabstieg, führt da nun breit und rotgelb, aber immer noch steil und steinig und rechter Hand gesäumt von Abgrund, eine Straße hinab. Eine mit Vorsicht befahrbare Straße im Rohbau. Etwas, das wider Erwarten und daher wie durch ein Wunder zustande kam in Jahresfrist. Die neue Straße von Ubum bis zum Fluß, sie soll zum ersten Male ausprobiert und damit gewissermaßen eingeweiht werden. Die weiße Frau, die aus dem Waldland kam, und der Mann von Mbe-Mbong, der vor Jahresfrist zum ersten Male den Gast ins Dorf gebracht hatte und dann die Spendengelder, sie fahren Schulter an Schulter die Straße hinab. *Ihre* Straße. Beider Straße. Die Staubrosenstraße.

Wie legen die Leute im Dorf sich die Geschichte zurecht? Wäre der Ihren einer nicht hinabgezogen ins Waldland auf der Suche nach höherer Bildung, diese Weiße wäre nie auf Gedanken und nach Mbe-Mbong gekommen. Aufgespart blieb die Jungfernfahrt – ihm und ihr. Wie schön ausgedacht. Schön und öffentlich. Wie erhebt es das Selbstgefühl. Es läßt sogar den Druck gegen die rechte Schulter vergessen. Nun kommen die Überraschungsarien, die Fragekaskaden ins Einsilbige hinein. Die bedächtige Fahrt bergab durch den abwechselnd ziegelroten und goldgelben Staub, durch den warmen Nachmittag auf den Abend zu: Warum wollte es sich nicht in schweigender Andacht genießen lassen? Wäre da wirklich etwas durchgesickert?

Was durchsickert ist Erinnerung; ein Wiedererkennen von Landschaft. Die steile Kuppe, an welcher ein Jahr zuvor Abstieg und Aufstieg nahezu scheiterten; jeder Schritt hinab vom Sturz bedroht, jeder Schritt hinauf bedrängt von Atemnot – eine breite Kurve führt nun um diese Mühsal herum. Die breite Ebene durch einen Palmenhain läßt des traurigen Rückwegs gedenken: hier wehte, zur seelischen Erleichterung, ein heimlich Tränenschleierlein. Dann aber, an einer aufgewühlten Stelle rechter Hand, steil abfallend, gibt es

Neues und Auskunft wird von selbst zuteil: hier rutschte vor wenigen Wochen die Planierraupe ab. Seit Urzeiten stand da nichts als mannshohes Elefantengras, grün und glänzend in der Regenzeit, gelb und knisternd in der Trockenzeit, zu beiden Seiten eines schmalen Fußpfades. Nun ist die Flanke des Berges angekratzt und aufgerissen, die gelbrote Erde liegt nackt zutage und leuchtet weithin. Zum Glück wächst hier und da noch knorriges Gebüsch; es hielt die abrutschende Raupe auf.

Diese – und ein unsichtbarer Zeigefinger fährt vorsichtig darüber hin – diese Landschaft, berg- und taldurchflochten, durchfurcht von einem neuen rötlich-gelben Bande nackter Erde, das hinabschlängelt bis zum Fluß; dieser wahr gewordene Traum, umdunstet von warmem Staub – fliegt nicht ein rosenroter Schimmer darüber hin? Blüht hier nicht eine seltene Art von Rosen? Keine aus dem Abendland, betaut von romantischer Poesie. Nein, Staubrosen, raschelnd trocken, erblüht unter dem Harmattan, duftend nach dem Wein des Absoluten, vermischt mit genügend kühlem Wasser der Nüchternheit – davon sind sie aufgeblüht an den Hängen der grünvioletten Berge von Mbe-Mbong. Die Staubrosen der wunderbaren Jahre.

Über den Fluß und mühelos bergan. Der Fluß ist erreicht. Breit, steinig, flach in der Trockenzeit fließt er dahin. Die morschen Bohlen liegen auf Betonpfeilern aus kolonialen Zeiten. Eine Gruppe Jugendlicher steht da wartend, das Gepäck der Gäste hinaufzutragen ins Dorf. Die Gäste stehen eine Weile und sehen dem gelben Taxi nach, das auf dem Rückweg die erste Steigung und Kurve erklimmt und um die große Bergkuppe herum in die Vergangenheit entschwinden wird. Wer hätte hier etwas voraussehen sollen? Zwei Jahre später wird die eingeweihte, aber noch unbefestigte Straße ebenfalls in der Vergangenheit entschwunden sein.

Der Fluß. Noch zweimal sieben Jahre werden hinfließen, ehe er ein literarisch angeeigneter Ort sein wird. Ehe eine orplidische Stunde, überströmt und durchtränkt von Glücks- und Glyzinienschauern, zu sich selbst gekommen und Sprache geworden sein wird. Jenseits des Flusses sollte der alte, schmale Fußpfad beginnen, der zwischen Gestrüpp und Elefantengras durch bald lichter, bald dichter Waldiges hinauf ins Dorf führt. Er ist noch da, aber nicht mehr schmal. Von Hand und in dörflicher Gemeinschaftsarbeit ist er, der Planierraupe voraus, mit Buschmesser und Hacke verbreitert worden. Die Gepäckträger, leichtfüßig vorauf, sind schon um die nächste Wegbiegungen verschwunden. Es steigt hinterdrein und hinan, und die Schultertasche ist diesmal nicht zu schwer. Der Aufstieg, beim ersten Male nur mit letzter Anstrengung bewältigt, diesmal macht er keine Mühe. Ein Wunder, wahrlich, auch dieser Aufstieg, wie schwebend über dem Staub, rosenfüßig auf Rosenblättern. Sogar Unterhaltung mit dem Schatzmeister, dem kleinen, jungen, freundlich-wohlbeleibten Menschen, ist möglich. Der Gastgeber bleibt hinter den beiden Gästen. Er will das Zeitmaß nicht vorgeben. Es ist noch hell. Man wird das Dorf erreichen vor Einbruch der Dunkelheit.

> Erster Abend. Hausherr und Häuptling

Da steht er, der Traum vom einfachen Leben. Ein allein stehendes Häuschen mit freiem Platz davor, dem Abhang gegenüber, wo es hinab in den ‚Krater' geht und jenseits am nahen Horizont der Bausiberg steht. – Die Fotos zeigen: ein Graugelb von außen und grüne Fensterläden. Drinnen, hinter einem leichten, hellgrau gestreiften Türvorhang, zwei Stübchen, hellgrün getüncht; Zementboden, offenes Gebälk; unverglaste Fensterhöhlen. Im Wohnzimmer ein kleiner Tisch, drei Stühle; zwei Sessel vor einem niederen Tischchen; in der einen Ecke ein Schränkchen, in der anderen ein Bettgestell. Nach hinten eine Tür zu einem Blechschuppen, das ist die Küche, und zu einem Verschlag aus Blech und rohen Ziegeln, das ist das Bad. Weiter oben das niedere Klohüttchen aus trockenen Palmwedeln. Die dritte Tür führt ins Schlafgemach. Ja, Gemach. Über dem Türrahmen hängt ein großes, braunstichiges Porträt des Hausherrn. Dahinter das Doppelbett, ein Bücherregal aus rohen Brettern, ein Holzkasten, eine Kleiderleine und sonst nichts unter dem Gebälk des Blechdaches. Das war es: das Glück der kleinsten Hütte und der zweiten Ankunft.

Oder ist es die Erinnerung an das erste Mal, das alle anderen Male nahezu aus dem Gedächtnis löschte? Eine schön erfundene Stolperepisode mit Abendstern war es, so schön, daß sie auch hier stehen soll als Ausdruck inspirierter Innerlichkeit, entzündet an ärmlicher Äußerlichkeit:

> *‚You enter my house'.*
> *Da war die Nacht schon angebrochen und der Himmel, anderwärts vielleicht eine Gänseblümchenwiese; hier aber – hier ein hoch- und weitgespanntes Moskitonetz, engmaschig, daran die Sternelein zuhauf wie Mückenschwärme klebten und mit den zarten Flüglein zuckten, wie sterbensselig verzückt. Es war auch*

kühl. Und westwärts stand und ganz allein ein großer Stern und wie aus Schaumgold. Und zwinkerte. Und war so plötzlich da und nahe, daß beim Übertreten der Schwelle, so flach sie war, Verwirrung sich ergab und ein Straucheln, das sich eben noch abfangen läßt – schreckhaftes Glück, zum Greifen nahe.

So setzt sich Seelenleuchten um ins Literarische und legt sich verklärend über dürftige Wirklichkeit. Nicht das Straßenwunder machte das Leuchten, und es war im Dunst des Harmattan auch kein einzig Sternlein zu sehen. Es war Weniges, Unerwartetes, das da leuchtete heimlich inmitten der Leute, die da kamen, den Gast zu begrüßen und zu besichtigen. Kleinigkeiten, Bier und wohl auch Müdigkeit...

Bad und Wohlgefühl mögen erinnert werden als erste der Episoden eines langen Abends. – Bald nach der Ankunft, und es wird schnell dunkel, wurden eine große weiße Emailleschüssel mit warmem Wasser und eine Laterne ins Badehäuschen gestellt. *Na'anya* durfte sich Staub und Schweiß vom Leibe waschen und frisches Zeug anziehen. Ein knapper Quadratmeter Bewegungsfreiheit. Den Eingang verhängt ein Stück Tuch. Die Laterne in einer Ziegelnische, die Schüssel auf dem Sandboden. Eine Leine für das Handtuch. Ein Trittstein; ein weiterer Stein, um Seife und sonstige Kosmetika abzulegen. Stückweises Entkleiden von oben bis unten, schon eingeübt; Reisen bildet neue akrobatische Fähigkeiten. Danach erscheint der Gast häuslich gekleidet in einem türkisblauen, silbergestickten Meereswellenkittel mit gelben Möndchen zu dunkelblauen Beinkleidern. Das aufgebundene Haar, unverstaubt bewahrt unter weißem Hütchen, spielt mit einem unbefangenen Wohlgefühl. Ein Wohlgefühl wie zu Hause-Sein.

Der Herr des Hauses, er wird alsbald Anlaß geben, darüber nachzudenken, wie trügerisch das Gefühl sein könnte. Der Gast sitzt im trübgelben Petroleumlicht unter den Leuten, die sich zur Begrüßung eingefunden haben. Sitzt und wartet auf ein Abendessen und merkt erst an einer Kleinigkeit, wer hier im eigentlichen Sinn zu Hause ist und Gewohnheiten nicht ändern wird wegen eines Gastes, und sei es – sei es eine weiße Frau. Dieselbe nimmt den Anblick einen Augenblick lang hin und findet es am Rande – befremdlich. Seltsam. Dann gibt sie ihren Augen ein Gesetz.

Erst später, im Tagebuch, schlängelt hinter dem Gesetz hervor eine Wunschvorstellung von heimlicher Absicht. Hätte sich dergleichen nicht einschleichen können in einen festgemauert in der Erden stehenden Turm aus Tugend und Ebenholz? Eine Versuchung im Gegenzug, gegründet auf gutes Gewohnheitsrecht. Wäre es in Worte zu bringen? Alle hier im Hause und im Dorf erwarten etwas von mir. Ich tue, was ich kann. Du aber, eine Fremde, die sich hier einmischt, was erwartest *du* von mir? Dir, *Na'anya*, die du mich bekleidet hast mit diesem und jenem und letzthin mit einem türkisblauen Spitzenkittel – dir schenke ich, was in diesem Hause mein gutes Recht ist. Ich schenke dir, im matten Schein der Buschlampe – Nacktheit bis zum Nabel. Der Hausherr erschien im Lendentuch.

        Ein Häuptling kommt – welcher?
Die Leute kamen und saßen herum an diesem Abend: der Vetter Allan und seine Frau, die Schwestern, die Mutter, die Onkel und Tanten, dazu zwei oder drei der jungen Reisbauern und ein Lehrer. Dann ein Wink: der Häuptling kommt. Es gibt deren zwei (wie im alten Sparta, im alten Rom: archaische Gewaltenteilung). Der da zu einem Höflichkeitsbesuch erscheint ist ein fraulich-sanfter, leicht ironisch wirkender Mensch, noch nicht alt, und die Fremde, leicht verwirrt, weiß nicht mehr, ob sie dem weltlichen oder dem geistlichen Haupt gegenübersitzt. Sie stellt Fragen im Blindgang, Nachhilfe heischend von einem, der im dunklen Glanze seiner Nacktheit auf dem Bett im Hintergrund halb sitzt, halb liegt und ‚Are you asking me?' als indolente Frage zurückgibt. Hier sitzt eine Frau und weiß, daß sie trotz Bier und Müdigkeit und dunklem Glanz im dunklen Hintergrund nicht träumen darf und löffelt wacker an der Suppe, die sie sich eingebrockt hat (das Abendessen ließ auf sich warten). Erkennt schließlich, daß es der Priester ist, der sich um Saat und Ernte zu kümmern hat, kann nun sinnvolle Fragen stellen und erfährt, daß der Mann auch Christ ist. Wäre das nicht ein gefundenes Fressen für eine Ethnologin oder Religionswissenschaftlerin im Blick auf Habilitation? Die Deshabilitation im Hintergrunde beschäftigt viel hintergründiger.

        Die Dorfjugend kommt.
Das wäre die nächste Episode. – Nach dem späten Abendessen sitzt der Herr des Hauses, wieder ordentlich bekleidet, wie König neben Königin mit dem Gast im Doppelsessel vor noch einem Bier, und rings umher sitzt die Jugend des Dorfes, so weit sie christlich ist und einst unter der Leitung eines bedächtig tatkräftigen Mannes eine lebendige Gruppe war. Hier kann man lange zurückhalten mit dem Eigentlichen. An diesem Abend kommen nur Klagen über den Zerfall der Jugendgruppe zu Gehör. Die Mädchen bleiben weg und die Knaben haben auch

keine Lust mehr. Es klingt nach der Melodie ‚Things fall apart'. Als deine führende Hand uns noch führte, war alles in guter Ordnung. Du warst die Mitte, die alles zusammenhielt. Seit du nicht mehr da bist, hat unsere kleine Welt ein Loch. Mittelpunkt, der an sich zieht; Autorität, der sich jeder gerne fügt – der Charismatiker sitzt als König neben der Königin.

Er sitzt reglos und antwortet kaum. Tropft nur wenige Worte der Weisheit in die Ratlosigkeit der Klagenden – Geduld sei vonnöten und eine kameradschaftlich leitende Hand. Jedoch, Kamerad. Die Dinge liegen nicht so einfach. Als Lehrer hattest du die Dorfjugend in der Hand und konntest darauf aufbauen. Dein Nachfolger ist nur ein Reisbauer. Du bist einer der vielen, die auszogen auf der Suche nach Besserem. Aber du kommst immerhin und immer wieder zurück ins Abseits, und nun hast du diese weiße Frau mitgebracht – *Kamerad*. In der gleichen Kammer wirst du nicht mit ihr nächtigen. Aber gleich nebenan.

Lindgrün und Leopardenfell. Die letzte der Episoden eines langen Tages – wie weit liegen das sanfte Flöten des Quarzweckers zurück und die türkisfarbene Morgendämmerung! Die letzte und heimlichste der Kleinigkeiten an diesem Abend, bereitet für guten, traumlosen Schlaf, wird sich alsbald enthüllen. – Die Leute gehen endlich, der Gast kann sich ins Schlafgemach zurückziehen. Dahinein waren bei der Ankunft alle Taschen abgestellt worden, und der Gast hatte angefangen auszupacken, Kleidung, Wäsche, Waschzeug und Sandalen. Auf vorhandenen Kleiderbügeln hängen nun der schwarzsamtene Morgenmantel, die neue türkisgrüne Nixenbluse und das alte dunkelbraune Fledermausgewand. Dann war der Gastgeber eine Weile allein in dem Raum. Vor einem Jahr hatte er sein eigenes Bettzeug, blaugestreifte Tücher und eine rotblau gemusterte Acryldecke, aus Ndumkwakwa mitgenommen, um den Gästen ein halbwegs ordentliches Bett bieten zu können. Es blieb in Erinnerung, weil das Bettzeug bei der Rückkehr die ‚Nacht im Felsgeröll' ermöglicht hatte, damals. Diesmal waren im voraus Mittel bereitgestellt worden, um neues Bettzeug zu kaufen. Nun enthüllt das Licht einer Kerze, welche Wahl der Herr des Hauses getroffen hat: lindgrüne Bettücher sind ausgebreitet und halb darüber gelegt ist eine Acryldecke, auf dunkelbraunem Grunde weiß gefleckt wie ein Leopardenfell. *Na'anya* sieht es und knüpft Gedankenketten, die ihr poetisch erscheinen – Leoparden jagte in dieser waldigen Savannenlandgegend noch vor vierzig Jahren der längst verstorbene Vater und erste Christ des Dorfes. Der Sohn pirschte mit Ausdauer nach höherer Bildung drunten im Waldland. Und in Fanggruben, nicht von ihm selbst gegraben, fing sich ein seltenes Wild, und er geht vorsichtig um mit dem Fang...

So verknüpfen halbgedachte Gedanken sich zum Glühwürmchenreigen. Es flimmert uneindeutig, blinkt mal hier, mal da. Das stille ferne Leuchten ist sichtbar nur von ferne. In der Nähe löst es sich auf in Geflimmer. Wie sollte es still und erhaben leuchten inmitten der vielen Leute und ihrer möglichen oder unmöglichen Leutegedanken? Was will die Fremde, die Weiße, die Frau hier? Was kann ihr an unserer Straße liegen? Was an unserem Dorf? Sicher, Entwicklungshilfe ist immer willkommen, sie mag herkommen, wo sie will. Aber was steckt dahinter? Was können Gast und Gastgeber mit einander und gemeinsam haben? Ach. Wenig. Nichts als ein gutes Gewissen.

Das Verwickelte ist so einfach. Es wickelt sich in die lindgrünen Bettücher und in das poetische Leopardenfell, denn nachts wird es kühl in diesen Bergen. Der Gast schläft auf sanftem Ruhekissen und ganz ungewöhnlich gut, obwohl der Herr des Hauses nebenan die Nacht hindurch so vernehmlich hustet, daß der Schatzmeister im Anbau nebenan ihn lokalisieren kann. – Im Morgengrauen beginnt das Bier zu wirken. *Na'anya* kommt aus dem Schlafgemach, schwarz und schmal im Morgenmantel und mit aufgelöstem Haar, schleicht leise zur hinteren Tür hinaus und hinauf und gebückt in das löchrige Palmwedelhüttchen. Kommt zurück und ‚I hope I have not disturbed you' sagt die Gute, nur um etwas zu sagen. Und sieht, daß der Hausherr angekleidet auf dem Bette liegt.

Der andere Häuptling. Besuche im Dorf

Der zweite Tag war als Ruhetag gedacht mit weiteren Begrüßungen und Besichtigungen. Als erstes aber begann am Donnerstagmorgen nach dem Frühstück (schwarzer Tee und weißes Brot; zwei Finger heißer Maisbrei aus einer Grasschüssel und grünes Gemüse aus einem Topf, gebracht von einer Schwester des Hausherrn) – das Tagebuchschreiben.

‚Ich schreibe, weil ich geheißen wurde, mein Buch zu lesen. Ich kann meine Gedanken nicht disziplinieren. Seine Schwestern irritieren mich. Wie viele hat er denn?' – Der Herr des Hauses also gab dem Gast eine Anweisung, knapp und nüchtern und ohne autoritär zu wirken. Es mußte wohl Teil seines Charismas sein. Wer weiß. Und der Gast gehorchte? Zog sich immerhin nicht in die Kemenate zurück. Blieb im Wohnzimmer, wo die beiden Männer aßen, setzte sich in einen Sessel und zog das schmale Reisetagebuch hervor, um dem Augenblick Dauer zu verleihen, ehe der voraufgegangene Tag eingefangen ward. Erst im nachhinein, zurück in Mbebete, wird eine Merkwürdigkeit auffallen. Wäre die Anweisung, ein Buch zu lesen, einem Mann als Gast gegenüber möglich gewesen oder notwendig geworden? Der Feldforscher hätte den Gastgeber angewiesen. Er hätte ihm gesagt, was er sehen oder wen er interviewen wollte. Er wäre sogar auf eigene Faust ins Dorf gezogen. Der Gast mit dem Tagebuch ist eine Frau. Und nicht einmal eine Ethnologin.

Der andere Häuptling kommt. Daß es der Gastgeber mit einer Frau zu tun hat, deren Aufmerksamkeit und Gesellschaftsfähigkeit mitunter hart am Rande träumerischer Gleichgültigkeit entlangwandeln, wird deutlich in der nächsten Episode, dem öffentlichen Hauptereignis des zweiten Tages im Zusammenhang mit dem Straßenwunder. Die Fremde, immerhin, erinnerte sich. Sie wußte, worauf sie sich gefaßt zu machen hatte, als sie sah, wie der Hausherr ein weißes Tuch über einen der Stühle breitete: der Besuch des weltlichen Oberhauptes stand bevor. Dem hageren, sorgenvoll blickenden ältlichen Manne hatte die ignorante Weiße während des ersten Besuchs die Hand gereicht und sich damit eines Tabubruches schuldig gemacht. Wie peinlich. Fast zehn Jahre im Land und weiß nicht, daß man mit einem Häuptling der Savanne nicht ordinär Hände schütteln darf! Man verzieh großmütig, indem man die Weiße zu einer Art unwissendem ‚Baby' erklärte. Nun Unmündigkeit und Ignoranz behoben sind und die Fremde ihr Teil zum Bau der Straße beigetragen hat, kommt der Häuptling samt seinen Ratgebern, um den Gast zu begrüßen. Eine wie große Ehre das war, sollte deutlich werden erst beim nächsten Besuch, als der Gast sich zum ‚Palast' und vor den ‚Thron' zu bemühen hatte.

Da saß er, der alte Mann in seinen Staatsgewändern und mit seiner Häuptlingsigelkappe auf dem Haupt, und seine Edlen saßen um ihn her. Ihm gegenüber sitzt im Sessel die weiße Frau, und neben ihr steht – Ehrfurcht vermutlich verbietet ihm das Sitzen – es steht ihr zur Linken der Herr des Hauses, um zu übersetzen. Gelassen und in edler Müdigkeit läßt der Häuptling grüßen und fragt nach dem Gemahl. Die allein Herbeigereiste schnappt nach dem Happen, um zu erklären, warum sie ohne ihn gekommen ist. Ja, und sie sieht sich dasitzen, angespannt vorgebeugt, die Hände zusammengelegt, immer wieder hilfesuchend aufblickend zu dem, der da freundlich und gelassen steht und mit leisem, höflichen Lächeln zusieht, wie *Na'anya* sich abmüht mit dem Häuptling und dem Ritual. Sie ist halt doch nur eine Frau und kennt sich nicht aus. Welche Regeln, welche Reihenfolge gilt hier? Es fällt ihr eben noch ein, daß sie auch etwas zu der Straße sagen muß. Wie überrascht sie gewesen sei, sie bis zum Fluß befahrbar vorzufinden. Einer der Ratsherren ergreift das Wort und dankt für die Spendenhilfe. Es sei nur ein Tropfen gewesen, sagt die Bedankte, denn die große Arbeit habe doch die Dorfgemeinschaft geleistet.

Irgend etwas der Art wurde gesagt und übersetzt. Und eine, die an anderem Ort in den oberen Rängen der Hierarchie stand, weisungsberechtigt und befugt zu urteilen, sitzt hier nahe am Rande der Hilflosigkeit und zeigt öffentlich, wie nicht geradezu blöd, aber doch treuherzig ungeschickt sie sein kann. (‚Help me!' und man lacht). Sie läßt sich Anweisungen geben. Dies zum einen, gewiß. Zum anderen jedoch: Augenblicke innerer Gelöstheit und heiterer Gleichgültigkeit! Ein Gefühl wie gewiegt in himmelblauer Hängematte. Was kann mir hier passieren? Ich bin, wo ich sein wollte.

                                                           Besuch im Oberdorf.
An diesem Vormittag und nach beendetem Häuptlingsbesuch machte man zu dritt einen Besuch im Oberdorf in Richtung Kirchenhügel. Das ist die Gegenrichtung zum Häuptlingsgehöft, wo das Dorf zum Unterdorf umbiegt. Die Topographie ist noch unbewältigt und das Dorf ein Gewirr von fensterlosen Würfelhäusern aus Lehmziegeln, teils noch mit Stroh, teils schon mit Wellblech gedeckt. Das Vaterhaus ist ein Trümmerhaufen, das Haus der Kindheit. Das Haus der Mutter steht in der Nähe, und auch die großen Steine finden sich wieder, an deren einem eine Ehefrau ein Jahr zuvor so wurzelschlagend versonnen saß. Das Foto ist vorhanden, der Gemahl hatte die Situation erfaßt.

In der Nähe steht ein länglicher Lehmbau, nahe am ‚Kraterrand', wo es steil hinab geht. Das ist die Kirche. Da hängt an einem Holzgerüst eine verrostete Felge, die als Glocke dient, und daneben stand vor Jahresfrist, aufrecht in majestätisches Dunkelbraun gehüllt, silbergesäumt, Silber im aufgebundenen Haar, *Na'anya* und die Gemahlin in Personalunion. Sie sah hinüber zum Bausiberg wie zu etwas unerreichbar Nahem. Der die Aufnahme machte – er schien zu verstehen und nahm es hin mit ironischer Nachsicht. Ja, auch und gerade in Gegenwart dessen, der diesmal allein für zwei Tage die Aufsicht hat und Anweisungen gibt mit unbewegter Miene oder nachsichtigem Lächeln. Von den Dorfbewohnern verstehen und sprechen nur wenige Englisch. Man ist zu dritt, das ist gut. Der Schatzmeister ist auch noch da.

Am Mittagstisch, nach der Rückkehr von der Oberdorfbesichtigung, ergab sich dreierlei, das eines Vermerks im Tagebuch wert war: ein Hühnermagen, ein Silberkettchen, und offizielle Einladungen nach Bandiri. – Man saß zu dritt am Tisch, auf dem außer drei Tellern gerade noch eine Schüssel mit Reis und ein Huhn im Topf Platz hatten. Das zähe Hühnerfleisch war eine Qual für einen Oberkiefer, wo Zähne in Flüchtlingskindertagen schief nach außen gewachsen waren. Mit dem Hühnermagen, den der Gastgeber dem Gast schließlich zuschob, ging es besser. Warum ist es der Erwähnung wert? Weil der Mbe-Mbong-Mann hier ein Tabu brach. Den ‚gizzard' dürfen nach alter Tradition nur Männer essen. Sollte hier die Ursache gewisser Verwirrungen zum Uneigentlichen und *Na'anya* zum Mann erklärt werden? – Auf dem niederen Schränkchen lag das rote Taschenmesser, und das Silberkettchen war noch damit verknüpft: das Abschiedsgeschenk vom Juni, überreicht in Ndumkwakwa in Gegenwart des Eheherrn (anders wäre es wahrlich nicht möglich gewesen) – es liegt da sichtbarlich. Stummes Erinnerungszeichen – woran? Was war denn? Was ist denn? – Es wurden weitere Besuche in Bandiri abgesprochen; Anfang März für einen Laienkurs oben und Amtshandlungen unten in der Fachschule; einer für Juni oben auf dem Berg für eine weitere Amtshandlung. Schön. Wie läßt sich das unerwartete Geschenk möglichst gleichmütig entgegennehmen? Nur eines macht Kopfzerbrechen. Wie komme ich so früh zu einem Taxi von Mbebete nach Bandiri? Die Lösung wird bei Tisch und in Gegenwart des Schatzmeisters präsentiert, knapp und bestimmt: ‚You will sleep in Bandiri'.

Damit zieht sich die Frau in die Kemenate zurück, breitet sich über das breite Bett und über das Tagebuch, um dem geduldigen Papier in Fortsetzung vom Morgen mitzuteilen, was seit der Ankunft in Muvom tags zuvor zu sehen und zu hören war, was sie sagte und nicht sagte, tat, dachte und fühlte, wollte und nicht wollte. Im Zickzack, ohne Zeit- und Folgerichtigkeit, schreibt und teilt sie mit, was da ungeordnet herumliegt in der warm und rosenrot eingestaubten, noch ganz frischen Erinnerung. Sie beginnt mit einer ahnungsvollen Gnome: ‚realities kill dreams'. Das hätte sie sich für den dritten Besuch, zwei Jahre später, aufsparen können. Für den zweiten Besuch darf gelten:

es überlebten die Träume die Wirklichkeit unbeschadet. Das Leuchten leuchtete, weil längeres Verweilen es noch nicht zu nervösem Flackern und Blaken bringen konnte.

Kinder. Besuch im Unterdorf.

Am Nachmittag ist der Gast sich selbst überlassen. Die Seele kann ein wenig schweifen. Die leichten Vorhänge vor Tür und Fenstern bauscht eine leichte Brise. Das Klohüttchen, vom Schlafkammerfenster aus in Sicht, ist noch löchriger als im Jahr zuvor. Gut, daß die meiste Flüssigkeit durch die Haut verdunstet. Vor dem Haus spielen Kinder mit einem Ball aus Bananenblättern und Bastschnüren. Nach und nach trauen sie sich ins Haus, und auf einmal ist das Wohnzimmer voller kleiner Negerlein. Wie vormittags unter den alten Mannen, so sitzt die Fremde jetzt unter der Kinderschar und läßt sich stumm bestaunen. Zwischendurch kommt der Herr des Hauses kurz vorbei, um mitzuteilen, daß er zum Häuptling beordert sei. Gut. Man kann nicht dauernd mit dem Gast beschäftigt sein. Für den nächsten Tag ist schon der Ausflug nach Bausi geplant.

Gegen Abend geht man noch einmal aus, diesmal am Häuptlingsgehöft vorbei ins Unterdorf. Der Schatzmeister ist ein patentes Bürschchen. Mit ihm kann man sich unbefangen unterhalten. Die andere Gegenwart hingegen fühlt sich merkwürdig ungenau an. Einerseits lenkt sie wie ein starker Magnet die Aufmerksamkeit ab von Häuschen und Leuten; andererseits entzieht sie sich in ein gläsernes Abseits, kommt nie richtig ins Blickfeld und wenn, dann wie durch blinde Fensterscheiben. Es spiegelt nichts zurück. Und das Dorf – nun, das Dorf ist sandig. Ein wenig und von ferne wie das Dorf der Kindheit. Es scheint wie eine halb aufgerollte Schlange um den ‚Krater' herum zu liegen. Die Leute aber – ja die Leute. Was sie von dem Gast wollen, ist eindeutig. Aber was will die Fremde von den Leuten?

Das Planierraupenwunder als Mythos

Am Abend war das Haus wieder voll. Die jungen Reisbauern kamen, saßen auf dem Bett und redeten und redeten. Sie sprachen ihr Eingeborenenidiom. Der Herr des Hauses, ordentlich gekleidet im Doppelsessel neben dem Gast, übersetzte hin und wieder. Es kam zur Sprache nun endlich das große Abenteuer. Der Absturz der Planierraupe. Zum Staunen die Hingerissenheit, die Begeisterung, mit der sie erzählen – fugenhaft ineinandergreifend einer nach dem anderen: die Planierraupe war den Hang hinabgerutscht und drohte abzustürzen; man zog sie mit

List und Muskelkraft wieder hoch. Wie sie ein dickes Seil aus Binsengras flochten; wie sie zogen mit vereinten Kräften und die Raupe ins Gleichgewicht brachten; wie sie Glück im Unglück hatten, weil Gebüsch die schwere Maschine vor dem Umkippen und Abstürzen bewahrte – es klingt wie: das haben wir alles für dich getan; alle unsere Mühe bekommt Sinn und Wert, weil wir dir alles erzählen können. Dir, reglos wie eine Häuptlings-, eine Pharaonenstatue, die alle Bewegtheit auffängt und in sich saugt. Die gleiche hieratische Ruhe, die am Morgen, als der Häuptling kam, die heitere Hilflosigkeit der weißen Frau in sich gesogen hatte.

War es nicht ein schönes Beispiel für Chaostheorie? In die Begeisterung und Tatkraft der jungen Reisbauern im Abseits der Berge von Mbe strahlte herüber ein ferner Augenblick, ein schillernder Flügelschlag Glück zwischen Büchern und Regalen, vier Jahre und weniges zurück (*Wenn das Glück nun autochthon erschiene / Apfelgrün auf melanidem Grunde / Goldbetroddelt, kubisch und tabu...*) und Jahre später entsteht daraus eine Straße im Rohbau, und das Bergen einer Planierraupe ruft solche Begeisterung hervor, weil das Abenteuer erzählt werden darf. Diesem einen. Denn die Frau an seiner Seite – hier, in diesem Sessel – , diese Fremde weiß recht gut, daß die Begeisterung nicht ihr gilt. Nein, ganz und gar nicht. Sie war nur Mittel zum Zweck. Und zweigt sich das Ihre davon ab und beiseite.

          Planen für den Ausflug.
In den Sesseln sitzend, spät am Abend, rückte man zusammen, um die große Landkarte zu studieren. Keine Bedenken warnten vor dem Bausiberg. *Na'anya* muß wissen, was sie will und was sie tut. Muß der Herr des Hauses wissen, was *er* tut? Sitzt er daneben in der gleichen Baby-Unschuld, die einem Häuptling die Hand gab? Wir sind doch hier nicht in einer Bar in Kendek. Nein, wahrhaftig, nie und nimmer. Hier nimmt eine Frau in Männerkleidung und in Männergesellschaft zu vieles an Wenigem und Winzigem wahr, und sie weiß so übergenau, was sich gehört und was nicht. Auch hier gilt, daß nicht sein kann, was nicht sein darf. Wenn es aber doch wäre, dann ‚with no evil intentions' – wie geschrieben stand von des Mannes eigener Hand im *Memoir* der armen Lilian, in das *Na'anya* auch ihr Sprüchlein schrieb, im Jahr zuvor. Absichtslos, gedankenlos und zufällig, wenn man so nahe zusammenrücken muß, um im trüben Licht der Buschlampe den Weg nach Bausi zu erkennen. Vetter Allan wird den Gast begleiten.

II DER BAUSIBERG

Nicht viele Berge stehen so steil in der Erinnerung wie der Berg von Bausi. Lange zurück lag der Aufstieg zur Fuorcla Surlej von Sils-Maria aus, auf halbem Weg zum Gipfel des Corvatch. Da hinauf stieg Jugend, zweiundzwanzig Jahre jung. Am Ende wird stehen ein Aufstieg zum Rastplatz unter dem Gipfel des Ulupeh, mit achtundfünfzig. Dazwischen liegen die Aufstiege nach Mbe-Mbong, Wanderungen im Riesengebirge, Schneekoppe, Spindlerpaß, Reifträger. Nie wurde der Entschluß, einen Berg zu besteigen, mit solcher Naivität und Lässigkeit gefaßt wie an dem Tag, als nebenbei die Frage sich ergab: und was macht der Gast morgen? Ach, da drüben steht ja immer noch der Berg, der mich schon vor einem Jahr so trutzig anguckte – da könnte ich eben mal hoch. Niemand hatte etwas dagegen einzuwenden.

Abschied in Hellblau

Die Nacht verging mit gutem Schlaf, lindgrün und leopardenfellgefleckt. Der Morgen kam hellgrau durch die Ritzen der Fensterläden und des Wellblechdaches. Wieder ging *Na'anya* leise, schwarz und schmal und mit aufgelöstem Haar, hinaus und hinauf zum Klohüttchen aus raschelnd dürren Palmzweigen, und wieder lag der Hausherr angekleidet auf dem Bett im Wohnzimmer. Es war Freitag, der 11. Februar.

Dann, vor dem Frühstück, erscheint er umgekleidet für die Reise. Berufspflichten rufen zurück nach Bandiri, und siehe: was macht den Abschied schön? Ein hellblauer Spitzenkittel. Was es damit auf sich hat, das wissen nur zwei. Ist die Kostbarkeit nicht zu schade für Staub und Schweiß einer Reise? Nicht zu kostbar, der Frau, die einen Mann damit beschenkt hat, zu zeigen: ich weiß es mit aller Vorsicht zu schätzen. Auch die neuen Schuhe hat er sich angetan. Und dann schien es, einen Augenblick lang, als blitzte das Silberkettchen knapp unter dem Halsausschnitt hervor – eine Wunschhalluzination? Der hellblaue Abschied saß und häufte sich den Teller voll mit Reis und Soße. Eine andere Sitte saß dabei und trank Tee.

Es waren noch Geldgeschäfte zu erledigen. Der Gastgeber hatte eingekauft (Zucker, Pulvermilch, Sardinen, Tee, Kaffee, Brot) und die Fahrkosten ausgelegt. Erstattet bekam er das Zehnfache. Ein knappes Danke. Geld ist ein ganz besonderer Nerv im Geflecht vielfältiger und bisweilen undurchsichtiger Beziehungen. *When shall we meet again?* Es wurde noch einmal ausdrücklich festgestellt anhand des Kalenders und im Beisein des Schatzmeisters: am Sonnabend, dem 5. März, kommt die Reverend Missis nach Bandiri und wird im Pfarrhaus übernachten. Dann der Abschied: wie wenn eine Fliege ins Wasser fällt und ohne viel Gezappel aufgibt. Es war da keine Zeit zum Träumen. Von dem Augenblick an, wo der hellblaue Spitzenkittel im Hohlweg Richtung Dorfausgang verschwand, besann sich, die zurückblieb, auf Eigenständigkeit. Eine Mauer? Efeu? Wenn geklettert werden muß, dann den Bausiberg hinauf...

Berg und Hexenpilzring

Wenige Minuten später geht es los. Ein Fotoapparat ist auch dabei. Am Dorfausgang gegen Sonnenaufgang und ehe es hinab geht zum Fluß, bekommt die Wegunkundige einen kräftigen Stecken und Stab in die Hand. Es gesellen sich hinzu Mosi und Nati, der Reisbauern und Straßenbauer zwei. Es geht den Mbe-Mbong-Berg sacht und gut hinab, auf einem Fußpfad steiler als der Pfad herab von Ubum. Festhakte sich die Erinnerung an manche Stellen des Abstiegs – Steinig-Stufiges im kalkigen Hellgrau. Es ist visuell vorhanden bis heute. Hier darf kein Schritt danebentreten. Der Fluß ist ein Seitenfluß des Jolla, nicht zu breit, eher flach und mit Trittsteinen. Vetter Allan trägt dem Gast die Handtasche, die etwas zu essen, aber nichts zu trinken enthält. Es wird doch wohl eine Bar geben in Bausi.

Naivität und Leichtsinn kommen zu Bewußtsein, als jenseits des Flusses der Berg beginnt. Wer dachte da, man könnte eben mal hinanspazieren, eine gemütliche Waldwanderung, und dabei träumen? Ja, vorzüglich träumen. Ein paar Lieblingsträume streicheln, mit glattem, glänzenden Fell, weißgefleckt. Der Berg, die *res*, die Realität zeigt umgehend Zähne und Krallen. Alle vorhandene, ob auch und wenngleich wohlverborgene und romantisch ins Himmelblaue über alle Schwellen möglichen Anstoßes hinweg aufgehobene Afro-Aphro-dies-und-das-Energie muß sich umwandeln in Muskel- sowohl als Willensanspannung. Wären da nicht Morgenkühle und Waldschatten gewesen, das Unternehmen hätte alsbald scheitern müssen. Durch die Wälder, durch die Auen – ? Was will ich in Bausi?

Und es steigt und steigt, und der Schweiß rinnt von der Stirn und über den Rücken, ein seltenes Körpergefühl: wie Schweißperlen kühl auf der Stirn sich runden, an den Schläfen entlanggleiten und den Hals hinabrutschen. Die Faust umklammert den handlichen Stab; das restliche Denkvermögen umklammert den Gedanken: ich tue dies, weil anderes nicht möglich ist. Die Energien müssen verbraucht werden, und sei es auf eine Weise, die sich als riskant erweist, vielleicht sogar *foolhardy* ist, aber doch nicht so *wonderfoolish* wie manche Tagträume, die hier schweißüberströmt auf der Strecke bleiben. Hier. Wer denkt *hier* an mich? Der eine weiß nicht, was ich gerade treibe, dem anderen dürfte es beinahe gleichgültig sein. Beinahe und wenn nicht so viele Hoffnungen am Wohbehaltenbleiben des Gastes hingen. Ja, fürwahr. Würde hier das Mondgesicht von Ndumkwakwa herabblicken, was gäbe es zu sehen? Einen Anlaß zum Grinsen oder eher zu Besorgnis? *Tantae molis* – auf dem rechten Weg zu bleiben...

Die Mühsal also stieg und stieg, und zwei der drei Begleiter blieben ihr im Rücken – für alle Fälle. Aber der Fall verweigerte sich, zu hart bissen Zähne auf einander, und irgendwann betrat der Fuß Gipfel. Ein Wunder? Wer weiß. Oben liegt ein nackter Bergrücken, aufgerauht durch hohes, zundertrockenes Gras. Ein paar Felsbrocken liegen auch herum. Kurze Rast. Dann. Der Augenblick. Der Herzens-Flimmer-Flatterschlag der Überraschung. Der Blick zurück. Nicht die eisigblaue Majestät der Bernina thront da; aber ein Anblick ähnlich unerwartet liegt zu Füßen. Alle Mühe ist, wo nicht vergessen, so doch belohnt: mit dem Blick hinüber und hinunter.

      Mbe-Mbong: ein Hexenpilzring. Ehe die Linse des Fotoapparats sich öffnet, öffnet die Seele sich, die blecherne Ringelblume zu pflücken und das exotische Gewächs dem Erinnerungsalbum einzuprägen. Auf halbrundem Bergrücken wächst etwas wie ein Hexenpilzring. Zwischen dem dunklen Gewipfel der Bäume blinken matt Wellblechdächer. Das ornamentale Kraterrandgewächs zieht sich in einer halben Spirale durch den rötlichen Dunst und das Grünviolett des Waldes. Wie in Trance liegt das Dorf unter dem Harmattan. Steht der Augenblick in den Anblick verloren. Topographie dämmert auf. Ein schiefes Halbrund, wie eine Armsessellehne, die beim Häuptlingsgehöft im Norden umbiegt und mit dem linken, östlichen Arm tiefer liegt. Etwas wie ein Krater, nach Süden offen. *They took to the hill tops to escape from the slave raids.* Hier steht eine Fremde und betrachtet versunken Landschaftslinien und eine seltene Siedlungsform. An Geschichte und Schicksal denkt sie nicht. Sie denkt daran, daß von dem Hexenpilzring da unten drüben das ferne Leuchten ausgeht, das irrationale aus dunklem Wurzelgrund.

Empfang in Bausi: der Stein, der ins Wasser fiel

Auf des Berges breitem Rücken geht es gemächlich weiter, und die Sonne steht schon mittäglich hoch im kreidigen Dunst. Weidehügel und flache Senken wechseln mit einander ab. Ahnungslos wandert die Weiße dahin; sie hat nun endlich ihren Spaziergang und genießt die Weite trotz Hitze und beginnendem Durst. Gegen 11 Uhr, nach drei Stunden, ist Bausi erreicht – ein weites, gehügeltes Tal mit verstreuten Gehöften. Die Ausflüglerin ist müde und sie hat Durst. Man ruht im ersten der Gehöfte ein wenig aus. Als sie nach einer Bar und Bier (Bier!) fragt, zieht man weiter zum Gehöft eines Unterhäuptlings. Auf dem Weg dahin – noch ahnt die Fremde, das unbedarfte Wesen, nichts und hält alles für einen harmlosen Ausflug – kommt singend und tanzend eine Gruppe Frauen entgegen. Was soll das? Was wollen die? Oh! Endlich dämmert es, welche Stunde dem Ausflug geschlagen hat.

Der Anblick der tanzenden Frauen – rot und orange die Wickeltücher und Kopfbünde? Oder wie sonst kam der Farbeindruck zustande, der bis heute die schwingenden Hüften umhüllt? – der Anblick bringt zu Bewußtsein, was es bedeutet, sich in diesen Bergen aufzuhalten. Das ganze Gebiet ist wie ein Revier, in das kein Fremdwesen ohne Begleitung und gute Gründe (es sei denn durch Gewalt, mit Panzer oder Landrover) eindringen kann. Daß die Weiße von Mbe-Mbong nach Bausi kommen will, muß schon tags zuvor gemeldet worden sein. Erst jetzt teilt Vetter Allan mit, daß die drei Dörfer Ubum, Mbe-Mbong und Bausi dabei sind, ein großes, dreitägiges Totengedenkfest zu feiern. Hm. Da störe ich doch wohl? Sollten wir nicht umkehren? Nein. Das Fest fängt erst am Abend an. Der Besuch läßt sich offenbar ganz gut einordnen in die Vorbereitungen.

Nun, da vorauszusehen ist, was kommt, kommt auch die nötige Gelassenheit. Und wieder flüchtig der Gedanke: welch goldene Gelegenheit für Feldforschung! Am Wegesrand blüht es wie eine seltene Orchidee, und ich gehe ohne Neugier vorüber. Seltene Sitten und Gebräuche der Eingeborenen blühen unbeachtet weiter. Ich begnüge mich mit der Notwendigkeit, Gründe zu finden für mein Kommen und Dasein.

Das Gehöft des Unterhäuptlings ist erreicht. Ein paar Lehmhütten um einen freien Platz. Gelbgrauer Sand, Hühner, Hunde und Leute; sitzend, stehend, umherlaufend. Sitzend im Schatten eines Daches ein alter Mann: der Unterhäuptling. Daß man auf den nicht zugeht, um ihm die Hand zu geben, das wenigstens weiß die Fremde inzwischen. Vor ein anderes Haus, aber nicht in den Schatten, werden Stühle gestellt für die Ankömmlinge. Zwischen den Begleitern hin und her, unter weißem Baumwollhütchen der Sonne ausgesetzt, hungrig und durstig, läßt der Gast sich erklären, was die Gesänge und Tänze der Frauen bedeuten. Aha. Soso. Welche Ehre. Im übrigen aber – was habe ich hier zu suchen? Was habe ich, ohne danach zu suchen, gefunden? Einmaliges, zweifellos. Wird mir nie mehr zuteil werden. Aber diese Leute wollen von mir wissen, was ich hier will. Darf in einer entlegenen Weltgegend die Wahrheit gesagt werden – wenigstens die halbe?

Endlich dürfen die Gäste ins schattige Haus. Aber der kühlende Schatten löscht nicht den Durst – gibt es nicht wenigstens Wasser? Ein Topf wird gebracht, und die Weiße schöpft mit den Händen, statt auf ein Trinkgefäß zu warten. Es war sicher nicht korrekt; aber was kümmert es den Durst. Vetter Allan packt Bananen, Brot und gekochte Eier aus. Auch der Hunger konnte nicht warten. Mbe-Mbong-Eilein, winzig und würzig, ein Genuß auch ohne Salz. Bald danach kam Bier, Reis und Huhn, und dazwischen immer wieder die Frage, was sich gehöre und was nicht. Die Gelassenheit des Gastes hatte Wissenslücken.

Spät erst, zur Zeit der ostafrikanischen Ameise, wird die Gliederung des archaischen Rituals bewußt. Wie wurde Odysseus am Hof der Phäaken empfangen? Als erstes gab es zu essen und zu trinken. Dann erst kommen unvermeidlich die Reden – wer bist du? Was willst du? Und am Ende gibt es Geschenke. Nach dem Essen also kommt die eingeborene Willkommensansprache. Sie ist kurz. Wir fühlen uns geehrt. Willkommen, nicht nur in Mbe-Mbong, sondern auch bei uns in Bausi. Vetter Allan übersetzt. Die Zeit läßt sich nicht anhalten. Daher schnell und entschlossen die Sache packen und erledigen.

Die Bildrede von Bausi.

Jetzt. Jetzt kommt der Sprung ins kalte Wasser. Eine unvorbereitete freie Rede. Möglicherweise springt die unerfahrene Weiße wieder zu früh, statt abzuwarten, ob auch der Unterhäuptling noch etwas zu sagen hat. Sie weiß, es muß sein und will es schnell hinter sich bringen. Es ist da ein Bild vor dem inneren Auge, ein rundes, das Wellen schlägt. Es hilft, Worte zu finden. Der Gast erhebt sich. *‚The quarter-head, men and women of Bausi. You all sabi say wheti i deh happen when stone i fall for wata.'* Die Stimme ist fest und laut. Der Entschluß steht auch fest: anhand des Bildes wenigstens die halbe Wahrheit zu sagen. Der Lehrer Nati übersetzt. Es ist die erste größere Rede aus dem völligen Stegreif. Der Steg ist ein schmaler Pfad über allerlei dunkle Wasser und purpurne Abgründe. Der Reif kann alles mögliche sein. Den Steigbügel hält die Inspiration. Aufspringen oder abspringen gilt gleich. Die Rede gerät in Schwung. Zum ersten Male weicht die Mühe, aufzutreten und eine Rede zu halten. Nach dem Sprung ins kalte Wasser schwingt sich aufs hohe Roß ein unerwartetes Selbst- und Hochgefühl.

Der Name, den alle kennen, er wird genannt. Es ist der Stein, der vor Jahren, im Waldland unten, ins Wasser fiel. Ohne diesen unseren Studenten, sagt die Rede, wären *husband and myself* vor Jahresfrist nicht nach Mbe-Mbong gekommen. Daß hier ein Ehemann im Hintergrund steht, ist es ein Schild, Verdächte abzuwehren? (Wenn der Skandal von Ntumwi nicht gewesen wäre, sieben Jahre zuvor. Der Gedanke daran kommt selten; so gut ist das Gewissen. Aber woher weiß ich, was die Leute denken, die von Corneille keine Ahnung haben?) Ja, also, und nun sei sie nach Bausi gekommen, *to see this place*. Vielleicht war *to see* das Stichwort für den Unterhäuptling.

Ehe derselbe das Wort ergriff, bekam die Rednerin Beifall, als sie für den Willkommenstanz der Frauen dankte, ‚whe de bin welcome me like new-born baby'. Die Bedeutung des Tanzes hatte einer der drei Begleiter erklärt. Aber daß hier mit sicherer Hand darauf zurückgegriffen wurde – vielleicht lernt man so etwas in Rhetorikseminaren – das war Eingebung.

         Die Rede des Unterhäuptlings.
Der Alte macht einen verfallenen Eindruck. Die ganze Zeit über saß er reglos. Jetzt tut er den Mund auf. Schon der erste kurze Satz gibt dem Gast das Gefühl, daß die Harmlosigkeit aufhört. Hier wird in drei Sätzen Halbwahrheit mit Ganzwahrheit beantwortet. ‚Warum ist die weiße Frau hierher gekommen? Wollte sie Tiere in der Wildnis sehen? Wenn sie etwas Rechtes tun will, soll sie uns helfen.' Als ‚animals in the forest' übersetzt wird, springt ein unguter Verdacht auf. Was ist hier gemeint? Kommt die Weiße zu uns aus touristischer Neugier? Sind wir ein Zoo? Oder – harmloser? – wollte sie Antilopen und Buschkatzen sehen und uns nur nebenbei? Die moralische Reichweite des ‚Spaziergangs' wird auf's neue bewußt. Ein Fremder kann hier nicht ohne weiteres eindringen. Und seit vielen Jahren scheint sich kein Weißer mehr nach Bausi verirrt zu haben. Die kleinen Kinder jedenfalls staunen die Weiße an, teils furchtsam, teils

neugierig, wie ein seltenes Tier. Die Erwachsenen haben vor sich eine Frau in langen Hosen, die ihre Neugier freimütig zugibt. *I wanted to see this place.* Die Fremde antwortet nicht.

Noch einer ergreift das Wort. Einer, der, wie er sagt, in Mbe-Mbong war, als der Besuch des weißen Ehepaares dort stattfand. ‚Wir' hatte die Frau gesagt im Hinblick auf die Straße und damit den Ehemann, der keinen Finger dafür krumm gemacht hat, mit eingebunden. Ehelich aufgeteilt hat sie das ureigenste Unternehmen. Was hat dieser Redner hinsichtlich des ‚Ureigenen' begriffen? Ja, er kenne diese Frau und ihren Mann, setzt er unvermittelt an. Aber. Es sei doch alles nur dem, dessen Name zum anderen Male genannt ward, zu verdanken, und der Freundschaft zwischen ihm und *you* (und die englische Sprache verhüllt, ob die Frau gemeint ist, die da sitzt, oder das Ehepaar) – zwischen ihm und *you* also. Der Gast sieht sich als Frau zusammengespannt mit einem Mann, den sie doch selber genannt hat als den, der die Ausweitung der Wellenringe verursachte. Auf einmal ist es peinlich. Ich will mit niemandem zusammen genannt sein, weder mit diesem noch mit jenem. Ich will frei und ungebunden sein.

Die mitgenommene Maske

Was schiert die alten Mannen von Bausi, wie und mit wem die weiße Frau zusammengespannt sein will oder nicht. Sie wollen Entwicklungshilfe; sie wollen Geld. Davon ist augenblicks nicht viel vorhanden. Im Aufbrechen von Mbe-Mbong war es der Spaziergängerin nach Bausi eben noch eingefallen, etwas Kleingeld mitzunehmen, um Bier zu kaufen. Die 5'000, in ein Stück Papier gewickelt, sind alles, was hier und jetzt überreicht werden kann; dazu ein paar Münzen für den Chor, der so eingeboren laut und monoton gesungen und getanzt hat. Hier ist eine Falle zugeklappt, Verpflichtungen sind entstanden. Spenden müssen her, notfalls aus der eigenen Tasche. Ehe jedoch ein Gast richtig ausgebeutet werden kann, wird er beschenkt. Für den Ehemann ein Jägerbeutel; für sie selbst ein Körbchen und zwei Hühner. Wäre das alles gewesen, der Besuch in dem Dorf wäre nicht so scharf umrandet in Erinnerung geblieben.

Im Davongehen nämlich nahm der Gast heimlich etwas mit – etwas Seltenes und nie zuvor Gesehenes. Etwas, das alles, was zu Berlin-Dahlem im Völkerkundemuseum zu sehen ist, in den Schatten stellt. So tief beeindruckt der Anblick. In einem Bildband mit afrikanischen Masken, fotografiert vor platingrau abgetöntem Hintergrund, wäre es eine seltene Kostbarkeit gewesen. Ein Kunstwerk von urweltlicher Ausstrahlung. Von geradezu dämonischer Ästhetik. Das viertausend Jahre alte Mumienhaupt eines Pharaos, den pietätlose westliche Neugier in seinem Sarkophage aufdeckt und entweiht, kann keinen ehrwürdigeren und zugleich unheimlicheren Eindruck hervorrufen und hinterlassen als die Maske von Bausi. Es war nicht möglich, sie zu fotografieren. Der Verdacht auf Tourismus-Neugier durfte nicht durch öffentlichen Abbilddiebstahl bestätigt werden. Die weiße Frau mußte sie heimlich mitnehmen – eine Maske von erschreckend degenerierter Hoheit und Würde nimmt sie mit. Einen Turmschädel, gekrönt von einer bunt gestickten Kappe; ein großes, überlanges Gesicht mit kantig zerfurchten Zügen, nicht eines verfallenen Greises, sondern eines Gebietenden, Schauder und Ehrfurcht einflößend. Sie nimmt es mit. Es geht ihr nach. Es ist gegenwärtig.

Die ‚Maske' saß reglos und stumm im Gehöft, etwas abseits, mit dem Festgewande eines Würdenträgers bekleidet: ein uralter Mann mit Herrscherzügen wie aus Latschenkiefernholz geschnitzt. Ein Anblick aus abgelegenen Gegenden und abgelebten Tagen. Ein Ergebnis aristokratischer Inzucht? Von Xenophobie, die sich selbst auf Nachbardörfer erstreckt? Die weiße Frau wagte nur wenige Blicke seitwärts auf das menschliche Monument, bei jedem Blick innerlich erschauernd, angezogen und abgestoßen. Sie nahm es mit. Es ging ihr nach.

Der Abstieg, der Fluß und der Durst

Gegen 2 Uhr brechen die Besucher aus Mbe-Mbong auf. Der weiße Eindringling war nur ein Zwischenspiel. Die Stammesgemeinschaft wird nun unter sich ein großes Totengedenkfest feiern. Zwei Jahre später wird die Fremde in Mbe-Mbong bei einem solchen Fest dabei sein und mitreden dürfen.

Auf dem Rückweg überfällt die Spaziergängerin zum ersten Male etwas wie Angst. Sie weiß, was kommt: der Abstieg. Sie hat Wasser getrunken, ja; aber auch Bier. Wird der Alkohol die Beine lähmen, das Gleichgewicht stören? Noch läuft es sich gut und gerade über die wellige Hochfläche hin. Unterwegs begegnen die beiden Häuptlinge von Mbe-Mbong mit Gefolge. Sie sind auf dem Weg zum Totenfest. Man kommt einander entgegen auf schmalem Pfad. Wer hat hier wen zu ehren und den Weg freizugeben? Da die Begleiter ausweichen, weicht der Gast ebenfalls aus und gibt den Weg frei. Kurze Begrüßung. Wie lange der

Gast zu bleiben gedenke. Bis Dienstag. Da werde der Haupt-Häuptling noch nicht zurück sein; er muß von Bausi weiter und es dem zweiten Häuptling überlassen, den Gast zu ehren. ‚Okay'. Das kommt etwas salopp und statt feierlicher Abschiedsworte. Ein weißer Elefant im schwarzen Porzellanladen? Nein; aber der Gast ist nicht nach Mbe-Mbong gekommen, um Sitten und Gebräuche zu studieren.

Weiter. Nati und Mosi kommen nur bis zum Gipfel mit. Sie wollen bei dem Totenfest dabei sein, aber erst noch auf dem großen Gipfelfelsen fotografiert werden. Dann verabschieden sie sich mit guten Ratschlägen: langsam absteigen. So langsam wie möglich. Und immer seitwärts hinab, nie frontal. Halt suchen an Wurzeln und Steinen. Notfalls sich hinsetzen und rutschen.

Den Bausiberg hinab hat Vetter Allan die ganze Verantwortung allein. Schwerer als ein Zentner Reis. Wäre der Gast abgestürzt; hätte er sich auch nur ein Bein gebrochen, einen Fuß verstaucht – dieser Ersatzmann dessen, der zurückging nach Bandiri; dieser Reisbauer Allan hätte – ja, was hätte er? Hilfe geholt. Benachrichtigt – wen? Daher: ich muß – ich darf nicht – es darf hier nichts passieren. Gegen die Schwerkraft aufwärts steigen mag mühsam sein. Dem Sog der Schwerkraft entgegen abwärts: ist etwas für eiserne Nerven und einen stählernen Willen. Eine Gleichgewichtsübung mit diffizilem Vektorenspiel. Langsam. Vorsichtig. Nicht zu weit vorbeugen. Seitwärts, ja seitwärts absteigen; notfalls rückwärts auf allen Vieren. Hier ist der starke Stab. Da sind die Wanderschuhe, gut und breit und mit Reliefsohle. Von Stein zu Stein tastend auftreten, von Wurzel zu Wurzel greifen mit der einen Hand, mit der anderen den Stock umklammernd so krampfhaft, daß unter dem Druck Blasen sich bilden. Vetter Allan, langsam, aber aufrecht, voraus absteigend, sieht sich immer wieder um, bleibt an manchen Stellen stehen, bereit, einen Sturz aufzufangen. Nein, kein Sturz. Ein vorsichtiger Schritt nach dem anderen. Und Seltsames ist auch dabei und spürbar: die Genugtuung darüber, wie die Beine gehorchen. Wie der Wille Gewalt hat über den Körper. Daß die Knie nicht nachgeben, auch wenn sie nach einer Weile zu zittern anfangen. Es ist nicht selbstverständlich, daß es so gut geht wie es geht.

Die glücklichen Kaulquappen. Es ging gut, man erreichte den Fluß, der Vetter konnte aufatmen. Nun aber die Erschöpfung. Und der Durst, zäh und klebrig. Da ist Wasser. Sand, Kiesel, große Steine und die Wohltat des Ausruhens, mitten im flachen Bett. Wenigstens die Arme abspülen. Das Wasser, wie lächelt es so lieblich kühl – ist es trinkbar? In einer sandigen Senke tummeln sich Kaulquappen. Schwänzeln lustig in der klaren Flut. Es ist ihnen wohl. Sie haben es gut. Und ich habe Durst. Was nützt der Wunsch, eine Nixe zu sein oder auch nur eine Kaulquappe? Das Wasser steht klar über weißem Sand zwischen schwarzem Gestein in flachen Lagunen. Die Kaulquappen vergnügen sich etwas abseits. Eine Frage an den Vetter. Er nickt, schöpft und trinkt. Trinkbar. Für ihn. Aber für mich?

Der Durst sieht das Wasser an, das Wasser sieht den Durst an. Der Durst, wie er brennt und brandet und gegen die Selbstbeherrschung anrennt. Er überflutet die Furcht vor Typhus und Amöben, er beugt sich vor, der Durst, nicht ich, schöpft mit beiden Händen und trinkt. Er möchte den ganzen Fluß austrinken. Und die Kühlung, durch die Kehle rinnend, gleitet hinüber in einen kurzen Tagtraum mit poetisch tiefblauvioletten Nuancen – ‚*Let me drink from the cup of your hands / In the twilight of your darkling eyes*'. Danach kommt die Furcht wieder zur Vernunft und sagt ‚Nein'. Hier soll auch nicht von fern und rein poetisch gespielt werden mit so etwas wie ‚Tod in Mbe-Mbong'. Durchhalten. Noch eine Stunde.

Der Aufstieg ins Dorf, eine mühsame Übung. Eine Frau Mitte Vierzig, sie mußte immer wieder stehenbleiben, um Kraft zu sammeln zum Weitersteigen. Sie stand und sah in der Ferne die neue Straße hinschlängeln am Berg von Ubum. Sah den wahr gewordenen Traum, oder doch wenigstens ein Stück davon, im sinkenden Tageslicht: ein graurosa Schlänglein. Etwas, mit dem zusammen eine Weiße sich eingeschlängelt hat in dieses Dorf. Jetzt freilich schleicht sie erschöpft von der Bausiseite heran, nach nichts so sehnlich verlangend wie nach vielen Litern Tee und einem Bett. Trotz der Erschöpfung drehte sie doch noch auf, als Besucher ins Haus kamen, um die sportliche Leistung zu bestaunen. *What! That woman!* Nicht wahr?

Der steinerne Schlaf

Keine einzige Zeile Tagebuch verzeichnet der Tag. Eine ganze Thermosflasche trinkt die Spaziergängerin von Bausi leer, will nichts essen, sich nicht einmal waschen; nur schlafen. Fällt ins Bett und schläft wie ein Stein. – Erst gegen Morgen kommt ein Stück Traum und bringt nahe den Mann, der im Waldland unten blieb und eine Unzufriedene ziehen ließ am elastischen Halsband eines ernst genommenen Gelöbnisses von einst. Sie sitzen neben einander. Die eine sagt, sie brauche Geld für das Entwicklungshilfe-Abenteuer; der andere sagt, er könne nicht glücklich sein ohne die herkömmliche Zweckerfüllung einer Ehe. Es kommt aus Tiefen, die nicht auszuloten sind. Der Traum fuhr fort und goß in schwarzen Tee Zitrone und Milch zugleich. Die Milch gerann zu bitterer Molke. Die Träumende kaute und versuchte zu schlucken. Es wollte nicht hinunter. Und hinten auf dem hohen Roß, mit dem eine Losgelassene frohgemut durch die Gegend galoppierte, saß etwas wie der mythische Schicksalsdrache. In den Bergen von Mbe-Mbong holte immer noch ein, was zeitlich schon überholt war.

Am Morgen danach ist, wie zu erwarten, der Berg ist in den Beinen. Die Oberschenkel schmerzen. Ein Muskelkater von nie erlebten Ausmaßen. Die Beine sind fast steif. Einreiben mit Franzbranntwein hilft fürs erste nicht viel. Es muß ertragen werden. Milchsäure im Muskelgewebe statt unlauterem Fieber im alternden Gebein. Metabole einer *passion inutile* in sportliche Leistung. *Na'anya*, eine sportliche Frau. Die alte Doppelbedeutung von ‚Sport' mischt sich dazwischen. Der ‚Spaziergang' nach Bausi, in Anführungszeichen, war er nicht Teil eines Blindgangs? Ein paar Tagebuchnotizen. Der erste Eintrag am Sonnabend, seit Donnerstag nachmittag unter der Kinderschar: ‚Ich muß mich nun auf den nächsten öffentlichen Auftritt konzentrieren.'

Der Sonnabend war ein Tag der Zurückgezogenheit. Jeder wußte: der Gast und eine Sonntagspredigt dürfen nicht gestört werden. Was da alles tagebüchelnd in Betracht gezogen und verworfen wurde – über das Leiden und seinen Stabreim, den ungeheuren Schmerz und das Eintagsfliegendasein – es sei dem Vergessen anheimgegeben. Übrig blieb ein Leiden, durch welches Leiden abgeschafft wird. Die Arbeit an der Straße etwa. Das verstehen die Leute. – Eine Predigt und der Muskelschmerz: damit ging der Tag hin. Zu Mittag ein Schälchen Haferflocken, mit heißem Wasser aufgebrüht, Salz, Zucker, Pulvermilch: es genügt. Am Abend eine warme Mahlzeit, und wieder ragt drohend ein Hühnerbein aus der Soße: wohlgemeint und eine Qual für das Zahnfleisch. – Gegen Abend kam der Leiter der zerfallenden Jugendgruppe, Mosi: er habe ein Problem. Aha. Um wie viele Tausend geht es? Ein einziges Mal ging die Vermutung daneben. Er wollte nur Belehrung von einer Lehrerin.

III DAS BUSCHKATZENFELL

Mit dem Bausiberg ist der geographische Höhepunkt des Abenteuers Mbe-Mbong II überstiegen. Der Höhepunkt der öffentlichen Auftritte und Ehrungen spart sich für den Sonntag auf. Am letzten Tag, Montag, nimmt etwas wie Rührung überhand. Ein Buschkatzenfell war des sichtbarlich Zeuge zwölf Jahre lang, ehe es mürbe und eingemottet im Keller verschwand.

Ein Sonntag zwischen Gotteshaus und Häuptlingspalast. Zwischen eigenen Auftritten und guter Zuschauerruh. Im Hause mit den grünen Fensterläden fand die Entdeckung biographischer Brocken statt. Sie verstärkten das ferne Leuchten.

Ein 13. Februar war es und damals noch kein Erinnerungsdatum an Dinge, die immerhin schon fast vierzig Jahre zurücklagen. Europa ist weit. Die Leute hier wissen nicht, was Krieg ist. Sie sind wie Menschen halt sind; sie pflegen nur das eigene Leiden. Die Europäerin, obwohl sie weiß, was Krieg ist, pflegt im Grunde auch nur das eigene Leiden. Es ist freilich von anderer Konsistenz und Farbe als die tägliche Plackerei ums tägliche Brot hier oben. Die Fremde kann sich den Luxus der Innerlichkeit und einer schönen Seele leisten. Und wenn sie wohlzutun und mitzuteilen nicht vergißt, so ist das einerseits der Preis, den man in Europa gewöhnlich für Fernreisen bezahlt, und was darüber hinausgeht, sind Brosamen vom reichen Tisch romantisch inspirierter Leidenspoesie einerseits und eines rousseauschen Tugendpathos andererseits, verknüpft mit der Hoffnung, das merkwürdige Gemisch eines Tages literarisch umzusetzen. Wofern die Muse mitmacht, die eine wie die andere, und das ferne Leuchten wenigstens in der Erinnerung nicht erlischt.

Amtsauftritt

Am Sonntagvormittag hat der Gast eine Rolle zu spielen, in welcher man in diesem Abseits eine Frau noch nicht gesehen hat. Sie zieht die neue türkisfarbene Nixenbluse an und wirft das dunkelbraune Fledermausgewand über. Außer dem Amtswerkzeug Buch und Gesangbuch nimmt sie den Fotoapparat und Schokolade mit. Sie weiß, daß gegen Mittag ein hörbares Hungergefühl zu besänftigen sein wird. Diesmal ist der öffentliche Auftritt einzig und allein der eigene. Als die Prozession mit dem Frauenchor einzieht, ist die Kirche fast leer. Die Leute feiern halt ihr Totengedenkfest in Bausi. Es kommen aber nach und nach doch mehr und immer noch ein paar hinzu; und als die Predigt bei den letzten Sätzen angelangt ist, erscheinen doch wahrhaftig die alten paganen Würdenträger in ihren reichgestickten Feiertagsgewändern, offenbar geradewegs zurück von Bausi, um durch ihre Anwesenheit den Gast zu ehren.

Der Gast steht und amtet aufrecht, sieht abwechselnd ins Manuskript und den Leuten ins Gesicht, die Arme seitwärts und mit durchgedrückten Ellenbogen aufgestützt, bisweilen mit kleinen Bewegungen eine rhetorische Einzelheit unterstreichend. Der Tonfall eine Spur zu emphatisch. Gelassener wäre besser. Aber so ist es eben, wenn Innerlichkeit extravertiert. Immerhin bietet sich dabei der Genuß eines Da-Seins ohne heimliche Fluchtinstinkte. Als könne hier, aufgehoben in der Gastfreundschaft des Dorfes, nichts schiefgehen. Wie erhebend ist doch das Bewußtsein: *Ich* bin gemeint. Hier bin ich nicht Schatten und Anhängsel. Ehelich gebunden, gewiß; aber in offenem Wohlwollen zugetan einem der Eueren, ihr lieben Leute; einem freilich, der welterfahrener, vernünftiger zugleich und frömmer ist als alle, die ihr in diesem Dorf zurückgeblieben seid. Die Predigt lobt die Arbeit der Straßenbauer, als sei es der Weißen eigene Straße, die da gebaut wurde. Sagt zum Schluß: das Leiden und die Liebe, sie gehörten zusammen. Gemeint ist: aus Liebe zu euerem Dorf nahmt ihr Dörfler, und ihr jungen Männer zumal, das Leiden der schweren Arbeit auf euch. Aber die Hände fügen sich, und sie merkt es zu spät, so zusammen, daß eine Geste entsteht, die den Leuten bekannt vorkommen muß. Es könnte – merkwürdig anmuten.

         Weitere Reden, Spenden und Fotos. Dann kommt, nach einem Lied des Chors, schon der zweite Teil. Wieder eine Willkommensansprache, vom Blatt abgelesen von einem verkrüppelten Männchen mit freundlichen und klugen Augen. Von Freude über die Finanzhilfe und Stolz, den Gast im Dorf und in der Gemeinde zu haben, ist die Rede. Man weiß, wem man das letztlich zu verdanken hat. Möge der allmächtige Gott die Freundschaft zwischen *you*, Ihnen, und dem, der *you*, Sie, zu uns brachte (und sich weise zurückzog), wachsen lassen. Die weiße Frau nickt ernsthaft und sieht dem kleinen Mann fest in die Augen. Möge euer Wunsch sich erfüllen. Möge der Sohn eures Dorfes, mir, wenn schon nicht Freund, denn was das auf abendländisch und nach Friedrich Schiller ist, das weiß er nicht, so doch in Freundschaft, wie ihr und euer afrikanischer Realismus sie verstehen, verbunden sein oder bleiben.

Mögt ihr fleißig weiter profitieren von dem weißen Wild, das dieser Sohn eines Jägers nicht erjagte, nein, ferne sei es und ist es. Aber in eine Falle, das ist wahr, ist es gegangen; in eine Falle, die in aller Ehrbarkeit, ohne Furcht und Tadel, gestellt ward und zuschnappte, drunten im Waldland, vier Jahre und vier Monate zurück, als der Tulpenbaum blühte...

Nicht träumen. Der Gast ist an der Reihe und erhebt sich zu freier Gegenrede, mit nichts als dem Stück Papier in der Hand, das man nach Verlesung überreicht hat. Grüße vom Ehemann, selbstverständlich und wenngleich von weit hergeholt. Der Grund, warum sie allein da sei (was wurden da für spanische Wände aufgestellt?) Die Straße, natürlich. Dann eine kleine Wahrheit, ausgeweitet zu einer mittleren Unwahrheit: das Dorf erinnere an das Dorf der Kindheit. Der Sand und keine Elektrizität. Zu Chor und Jugendgruppe gewandt: es sei nicht das Geld, das eine Gruppe aufbaue, und verteilt Briefumschläge mit Spenden. 15'000 der Gemeinde; 3'000 für den Frauenchor, 2'000 für die Jugend. Die Würdenträger sitzen würdig da. Ein paar Männer fangen an zu tanzen – ein Ausdruck der Freude.

Danach zogen alle hinaus vor die Kirche, und es wurde fotografiert, viel zu viel. Auch die Würdenträger wollten aufs Zelluloid. Da war der Film zu Ende, und der Gast zog sich zurück mit wehendem Gewand und nur in Begleitung des Vetters Allan. Zurück durchs Oberdorf und in das Haus mit den grünen Fensterläden. Ein Lehmhaus mit Wellblechdach; eine sichere Burg. Tee, ein gekochtes Eilein, und zum ersten Male wohltuende Mittagsruhe. Freilich kein Schlaf. Unter dem offenen Gebälk zeigte sich das ferne Leuchten und kam ganz nah...

Im Häuptlingsgehöft

Gegen 4 p. m. wurde es laut und fröhlich vor dem Haus. Eine singende und tanzende Prozession holte den Gast ab. In weitem, fürstlichen Gewand und das Theater gut gelaunt mitspielend, zieht die Fremde die Dorfstraße entlang. Sie fühlt sich wie eine Zenobia, die das alles erobert hat, den gelben Sand und die liebe Sonne, die Bananenhaine, die Hütten und die Würdenträger, die im Häuptlingsgehöft sitzen und warten. Zwei Stunden lang, bis Sonnenuntergang, sitzt der wohltätige Gast des Dorfes noch einmal und wieder bunt umringt und läßt sich durch Reden und Tänze ehren. Sitzt in guter Ruh, diesmal nicht unter einem Palmblätterdach, sondern im Schatten eines Daches, und der Vetter übersetzt.

Es war alles so bunt und so hell – Schleier der Maya, der da wallte, und das Dasein verschwamm ins Unaufmerksame, als der Zweit-Häuptling, der sanft-ironische, frauliche Mann, eine Begrüßungsrede hielt. Die Leute, der Staub, das Licht – wo bin ich? Tänze sollte es diesmal keine geben; trotzdem fangen einige an zu tanzen. Es macht offenbar Spaß. Und es war dasselbe urtümliche Tuten, Trommeln und Rasseln wie im Jahr davor, und auch der Häuptling tanzte ein wenig. Ein alter Mann, erklärte Vetter Allan, habe das Abenteuer mit der Planierraupe in Tanzpantomime umgesetzt – das führten sie nun auf. Aha. Ja, die jungen Männer zogen an einem imaginären Seil, das Kuhhorn tutete angestrengt, man sah und hörte, was für ein schweres Stück Arbeit es war. Die Straße. Das Wunder...

Noch einmal erhob der geehrte Gast sich zu einer Rede. Wieder läßt als erstes der Ehemann grüßen. Es soll hier niemand auf Gedanken kommen, auf die bei einem allein reisenden Ehemann keiner käme, nicht wahr? Dann: als Vertreterin derer, die das Geld gespendet haben, die 200'000, sei sie da. Die Leute von Mbe-Mbong, sagt die Wohltäterin und greift zur Bildrede, hätten den vollen, schweren Eimer getragen, die Spende habe nur einen Tropfen hinzugefügt. Das Bild ist schief. Was tut´s. Der Gast geht weitere Verpflichtungen ein. Sie sind der weite, dunkle Mantel, an dem die weiße Frau webt, um sich darin einzuhüllen. Aber gäbe es keinen Ehemann im Hintergrunde und im Vordergrunde so sichtbarlich das erste Silbergrau, dann würde der Mantel wenig nützen. Da ist nun zum Glück alles ein wenig anders, und die Hauptsache bleibt, daß der Spendenstrom weiterfließt.

Die Prozession der Frauen brachte die Geehrte zurück ins Haus. Vielleicht kamen am Abend wieder Leute zu Besuch, die Mutter, die Schwester, die Frau des Vetters. Ein Onkel, zwei Tanten. Es saßen immer irgendwelche Leute herum. Gewöhnt man sich nicht daran? Es wird auch wieder ein warmes Abendessen gegeben haben; mit etwas Glück auch Wasser zum Waschen. Dann wieder die Nacht über den Bergen von Mbe-Mbong und der gute Schlaf auf dem breiten Bett.

Hier, unter offenem Gebälk, nicht in der Kirche und nicht im Häuptlingsgehöft; hinter den grünen Fensterläden hatte am frühen Nachmittag das Hauptereignis des Tages stattgefunden: eine Entdeckung, die das ferne Leuchten nahe heranrückte und mit Konturen umgab. Ein Tagtraum, ganz nahe...

Letzte Runde durchs Dorf

Montag. Über dem Bausiberg steigt dunstverschleiert die Sonne auf; die Dorfbewohner steigen hinunter zum Fluß auf das Gerücht hin, ein Regierungsbeamter wolle kommen, die Straße zu besichtigen. Er kam nicht; aber das Haus gehörte dem Gast den Tag über ganz allein.

Die Erinnerungsbilder des letzten Tages liegen verworren in einander. Das Tagebuch, obgleich ähnlich verworren, hilft, sie in die richtige Reihenfolge zu bringen. Nur drei Dinge hat das Gedächtnis klar umrandet bewahrt, am klarsten das gefleckte Fell einer Buschkatze. Das wilde Abfotografieren des Häuschens und das Abschreiben von biographischen Brocken – ein hemmungsloses Ansichreißen von Raum und Zeit, verursacht durch eine Abwesenheit, die sich aufdrängt – es steht undeutlicher im Hintergrunde. Alles übrige ist gänzlich untergegangen und muß mühsam wiederhergestellt werden.

Vetter Allan kam mit heißem Wasser für Tee und Haferflockenbrei und mit der Nachricht, der Zweit-Häuptling werde erst dann zum Fluß hinuntergehen, wenn er dem Gast noch einiges mehr vom Dorf gezeigt habe. Gut. Das läßt sich vermutlich auch fotografieren. Aber der neue Film will nicht in die Kamera. So zog man ohne los in Richtung Häuptlingsgehöft.

Erste Etappe. Die Schule als biographischer Ort. – Im ‚Palast' sind zwei Klassen der Grundschule untergebracht. Es geht aber erst links ab zum eigentlichen Schulgelände. Das Gebäude liegt auf leicht geneigtem Hang, aber der sandige Weg dahin fällt steil ab. Weil dem so ist und die nicht mehr junge Frau weder einen Stock noch Lust hat, zu guter letzt noch ein Bein zu brechen, läßt sie sich nach kurzem Zögern von Vetter Allan eine hinabgeleitende Hand reichen. Zögernd, denn es ist peinlich: von der Schule her kann man sehen, wie unsicher die Bezwingerin des Bausiberges hier vor sich hintappt.

Das Schulgelände beeindruckt. Es liegt frei und offen da, etwas unterhalb des Dorfes, schön sauber geharkt und gefegt, zwei Klassenzimmer, Latrine und Garten mit Tomaten. Ist es das, was anrührt? Ist es nicht vielmehr der Gedanke: hier hat einer sieben Jahre seines Lebens als Lehrer zugebracht? In großer Geduld und heimatverbunden, mit Autorität und dem Willen, es selber weiter zu bringen auf den Wegen westlicher Bildung.

Hinter der Schule, nach Südwesten, erhebt sich die höchste Kuppe von Mbe-Mbong: die Kulthöhe, der Ahnenberg. Der Gast sieht hinüber und hinauf, sieht wie nahe es ist und denkt: da werde ich hinaufsteigen, das nächste Mal. – Der Schulleiter, ein Mann von Ubum, zeigte sich kühl und distanziert. Erst am Abend wird begreiflich, warum: die Straße wird Mbe-Mbong zum Reis-Konkurrenten von Ubum machen. Die Kinder sitzen brav und still, alle Hände vor sich auf der Bank, alle Augen groß und rund auf die fremde Frau gerichtet. Die soll auch hier etwas sagen; noch eine Rede halten. ‚Follow Jesus‘, sagt sie, obwohl draußen die Fahne der weltlichen Regierung weht. Der Besuch bekommt ein paar Tomaten geschenkt. Da kein Behälter vorhanden ist, wird das weiße Baumwollhütchen die Paradiesesfrüchte fassen und von hinnen tragen. Der Lehrer begleitet ein Stück weit und fragt unterwegs in höflicher Umschreibung, was sie hier suche. Er bekommt Umständliches über eine vorzeitige Demission zu hören. Und über ein zu schreibendes Buch. Ein Lehrbuch. Überdies war da vor Jahresfrist schon der erste Besuch zusammen mit dem Ehemann. Und somit wandelt da gewissermaßen keine ganz Fremde. Kein Wort erwähnt die Straße. Auf halbem Weg nach oben kommt der Zweit-Häuptling entgegen und löst den mißtrauischen Mann aus Ubum ab.

                    Ein Häuptling als Fremdenführer. Im ‚Palast‘ auf des Kraterrandes vorgeschobener Spitze, wortwörtlich auf dem Palatin von Mbe-Mbong, begrüßt den Gast der merkwürdige Mann, der als Stammespriester zuständig für das Gedeihen der Feldfrüchte und als Christ von Beruf ein Handwerker ist. Er kann nicht älter sein als sein Stammesgenosse, der als Vertreter der christlichen Kirche im Lande in erster Linie zuständig sein sollte für das Gedeihen der Seelen; dem jedoch das wirtschaftliche Gedeihen seines Dorfes durch Anschluß an ein Straßennetz nicht minder am Herzen liegt. In der Palastschule, wo der kontaktfreudige Lehrer von Kola die beiden oberen Klassen unterrichtet, muß noch eine Rede gehalten werden. Auf Englisch, ohne Übersetzung und dem Sinn nach: daß die heranwachsende Generation von Mbe-Mbong fleißig lernen solle, um eines Tages zur Entwicklung des Dorfes beitragen zu können. Der Kola-Mann, fett und auch nicht übermäßig sympathisch, zeigt großes Gesprächsbedürfnis. Die Wohltäterin weicht aus. Sie will nicht mehr. Sie ist am Ende eines großen Vorrats an höflichem Interesse an allem und jedem. Sie will möglichst schnell zurück in das Haus mit den grünen Fensterläden. Dort wäre noch etwas zu wollen und zu haben. Dort allein, im offenen Gebälk...

Zweite Etappe. Die Wasserstellen.
Es ging hinab in die Tiefe. An welcher Stelle man hinabstieg, ob vom Unterdorf aus oder gleich beim Häuptlingsgehöft, ist unauffindbar in Gedächtnis und Tagebuch. Der Gast brauchte wieder einen Stock. Der Häuptling bot seinen an. Danke, nein. Könnte es nicht ein Tabubruch sein? Vetter Allan hat schon einen zur Hand. Danke. Hinab. Die Topographie des Kratergrundes ist ungelöstes Rätsel geblieben bis in die Gegenwart der ostafrikanischen Ameise. Es muß Gebüsch und es müssen Bäume da unten gewesen sein, und es floß spärlich ein Bächlein. Die Wasserstellen, ihrer drei oder vier, befanden sich in der üblichen Anordnung: eine oben in Quellennähe zum Schöpfen von Trinkwasser; mehrere weiter unten, zum Wäschewaschen. Die Erinnerung weiß von einer Wanderung, beim bislang letzten Besuch, zwölf Jahre später, entlang eines Baches, der da unten im Baumschatten fließt. Hier ist eine Lücke, die seltsamerweise weit mehr als das lückenhafte Wissen um das dörfliche Sozialgefüge eine Wiederkehr wünscht.

Das gefleckte Fell

Die dritte und letzte Etappe, mit Tränen-Rede. – Da unten im kühlen Grunde muß das Gehöft des Priesterhäuptlings sich befunden haben. In der Erinnerung steht es in einem Bananenhain, und von oben sah hellgrün zerschlissen Himmel herab. Da setzte sich vor sein Häuschen der Häuptling. Der Gast und eine weiße Frau, ja, beide, saßen neben ihm und wechselten einander ab. Die Frau sah die Züge des Mannes, weich und harmonisch, mit einem Hauch lächelnder Ironie um Mund und Augen. Was wäre ein solcher Mann mit einem Mehr an westlicher Bildung? Immerhin hat er Englisch gelernt. Das ist mehr als der alte Erst-Häuptling kann. Er und der junge Lehrer Nati wären nach westlichem Geschmack die fotogensten Männer im Dorfe. Dem Gast ließ der Häuptling nach einer Weile ein schwarz-weiß geflecktes Buschkatzenfell überreichen mit den Worten: Er habe nichts anderes. Aber möge damit die weiße Frau ihre Wohnung dekorieren. Der Gast nimmt das Geschenk entgegen; die weiße Frau überkommt eine letzte Rede, vermischt mit Tränen der Rührung.

Eine denkwürdige Viertelstunde. Der Gast nimmt entgegen, was sich offenbar gebührt. Das Geschenk schien ein offizielles zu sein. Es kam der Wohltäterin des Dorfes zu. Da der erste Häuptling nicht anwesend sein konnte, vertrat ihn der zweite. Oder nicht? Zum Nachfragen fehlen auf einmal die Kräfte. Innere Erschöpfung. (Daß es ein persönliches Geschenk war, ergab sich erst zwanzig Jahre später, als der Geber der Gabe nicht mehr am Leben war und nie ein Gegengeschenk erhalten hatte.) – Erschöpft. Es sitzt da plötzlich nur noch eine weiße Frau und tastet nach Worten. Sagt etwas Allgemeines über den Austausch von Geschenken in Afrika. Dann aber: sie fühle sich reich beschenkt. Mehr bekommen als sie gab habe sie, ‚for my inner mind and soul'. Das Gemüt und die Seele ins Spiel und in Worte zu bringen ist unüblich. Sentimental. Mit fester Stimme zwar und lächelnd kommen die Worte. Aber es kommen unschicklicherweise auch Tränen. Woher? Möglich, daß ein Gefühl der Einsamkeit übermächtig wurde, des Leidens am Doppelleben auf der Suche nach Ersatz und Symbol des Unmöglichen. Vielleicht war es ein Augenblick des 18. Jahrhunderts, ganz ohne Beihilfe von oben und die moralische Rührung darob. Es schlüpfte aus den religiösen Eierschalen und piepste selbständig herum im schattigen Sand. Die Bananenstauden standen hellgrün; der Himmel sah blaß und wie verstört herab, und die Tränlein rannen. Eine Hand hob sich, wischte mit dem kleinen Finger hinweg, was sich nicht gehörte, und der Gast erhob sich ebenfalls. Fin de l'idylle.

Man ging weiter. Noch eine Schöpfstelle. Hier lasse er, Allan, das Wasser für sich und den Gast holen. Um nicht die Last des Schweigens zu tragen, ein paar Fragen nach Familie und Arbeit, und so eine Weile so weiter, ehe es steil hinauf ging durch Kaffeepflanzungen und durch ein Viertel, fast menschenleer an diesem Vormittag, das da labyrinthisch dicht beisammen steht, Haus an Haus, gelbrot im rotgelben Sand, mit Felsbrocken dazwischen, ein verwunschenes Stück des Hexenpilzdorfes auf dem Kraterrand. Dann erst kommt der Kirchenhügel, und dahinter noch ein Stück Dorf, und dann der Durchblick auf den freien Platz vor dem Haus mit den grünen Fensterläden. Der Häuptling setzte sich noch einen Anstandsaugenblick und verabschiedete sich dann. Auch der Vetter Allan machte sich auf und hinab zum Fluß. Es muß gegen 10 a. m. gewesen sein.

Nun sind Haus und Umgebung menschenleer. Ich bin ganz allein. Jetzt kann ich machen, was ich will. Die Frau im Haus macht sich als erstes einen Tee. Dann macht eine technisch Unbegabte sich noch einmal daran, einen neuen Film einzulegen in die alte Kleinbildkamera der Schwiegermutter. Sie erprobt daran zwei Stunden lang eine verbissene Geduld. Sie kriegt es hin und dankt Gott, daß auch weibliche Beschränktheit Grenzen haben kann. Dann geht es los.

IV DAS FERNE LEUCHTEN

Was macht ein Gast alleine in einem Haus, wenn es nicht Nacht ist und Schlafenszeit? Wenn es keinen öffentlichen Auftritt vorzubereiten gibt und es auch nicht darum geht, mit Wasser aus einer Thermosflasche einen halbwarmen Tee aufzugießen oder einen Haferflockenbrei anzurühren? Lesen? Wurde nicht ein grasgrünes Buch mitgebracht, Ethnologie, *they took to the hilltops to escape from the slave-raids?*

Das wilde Alleinsein

An diesem Tag, um die Mittagszeit, nach dem Einlegen des neuen Films, ging es los: ein wildes Fotografieren. Eine Viertelstunde lang, nicht länger, aber so, als könnte jeden Augenblick jemand kommen, eine Räuberin zu überraschen und ihr das Handwerk zu legen. Es rast, es rauscht, es reimt sich. Hier wollte ich sein; hier bin ich; hier werde ich morgen nicht mehr sein. Mitnehmen will ich mehr als die bloße Erinnerung. Als erstes das Porträt über der Tür zum Schlafzimmer. Dann alles übrige, das ganze Haus, innen und außen, jede Ecke, jeden Ausblick, ‚Bad‘ und ‚Küche‘ in Anführungszeichen, das schüttere Klohüttchen und die nähere Umgebung, alles und jedes wird ohne Blitzlicht abgelichtet und eingesteckt. Ohne jegliche Erlaubnis. Einfach so. Ein merkwürdiger Geisteszustand, ein Ansichraffen von etwas, das nicht Ding, nicht Stuhl, Bett oder Tisch ist, nicht Blech oder Lehm – was ist es, was war es? Es war das ferne, in der Nähe verdinglichte Leuchten. Es waren Dinge, die Atmosphäre abstrahlten und wechselwirkten mit Seelensubstanz.

Es blieb – nach einer Besinnungspause: was mach ich hier? Was soll das alles? Bin ich eine Irre? – es blieb nur noch ein gerahmtes Bild kleineren Formats. Es mußte, dem Tagebuch nach, herabgenommen werden, und der Nagel ging schwer heraus. Es war zum Fotografieren zu klein, es mußte beschrieben werden: ein Hochzeitsfoto mit Trachtengruppe aus einem deutschen, mythenreichen Mittelgebirge. Unter den weißen Eingeborenen eine Gruppe Afrikaner; links außen im bunten Festgewand, das hier Häuptlinge und Würdenträger tragen, Rauten gestickt in Rot, Orange und Weiß auf schwarzem Grund: also gewandet steht da der Herr des Hauses, damals zehn Jahre jünger. Man sieht es. Diese Frau sieht es: ein Jünglingsbilde. Die Züge sind schmal und edler gezeichnet als sie es nunmehr sind. Warum gehen, mit wenigen Ausnahmen, Männer hierzulande so unästhetisch in die Breite schon gleich nach dreißig? Legen sich Bauch zu und runden das Gesicht ins Seehundhafte? Die Augen freilich blicken unverändert. Schmal geschnittener Achat, Argwohn in den äußersten Winkeln *,und zwischen diesen Lidern dieser Glanz...'* Auf dem Gruppenfoto ganz gelöst und gelassen, mit hängenden Armen und einem Lächeln nach innen. Wie gar nicht da. Wo war er? Bei der vorweggenommenen eigenen Hochzeit? Traum, der sich wenig später in Schaum auflöste. Im gleichen Jahr, als unten im Waldland eine anderweitig Träumende und Enttäuschte aus Europa eintraf...

Biographische Brocken

Was hatte tags zuvor eine anderweitig Träumende unter dem offenen Gebälk erlebt? Das ferne Leuchten war erschienen, kam ganz nahe, und – ? Zurück von öffentlichem Amten waren für Mittagsschlaf die Gedanken zu rege. Fürs Tagebuch fehlte die Besinnung. Wenn es etwas zu lesen gäbe. Nicht das grüne Buch. In dem wackeligen Bücherregal stehen alte Schulbücher und Schulhefte. Und ein Stapel alter Taschenkalender – alles alt und überholt. Man kann eben mal darin blättern. Das erste, worauf der Blick fiel, ist eine bekannte Handschrift und ein Eintrag siebzehn Jahre zurück, ein schriftliches Gelöbnis: ‚I vow never to take anything from the building fund as a loan.' Das ist nicht nur gutes Englisch. ‚Niemals – irgend etwas': Die Neugier ist geweckt. Zwei Stunden lag der Gast und las in rudimentären Tagebüchern. Der Gast ist eine Frau, der Schreiber von damals ist ein schweigsamer Mann, abwesend und auch sonst unnahbar. Hat er die handlichen Kalender absichtlich dagelassen? Vergessen? Liegt ihm etwas daran, daß *Na'anya* sie liest? *Na'anya* lag und las und eignete sich Einzelheiten eines anderen Lebens an. Zu den Mosaiksteinchen, die bislang und aus eigener lebendiger Erfahrung ein Charakterbild ergaben, fügen sich ergänzende Bausteine, die an allen Ecken und in allen Fugen widerspruchslos ineinanderpassen. Kein Unwürdiger. Ein Schwerfälliger. Ja, und ein Glückloser trotz der Erfolge, die er beruflich bislang gehabt hat. In dem Jahr, als die ‚Komödie unsrer Seele' über die Bühne ging, entging ihm die erste Braut. Was geht das die weiße Frau an? Ja eben. Sie hat an dem Sonntagnachmittag noch einen letzten Auftritt im Häuptlingsgehöft vor sich und weiß: es ist noch nicht vorbei; ich muß noch eine Rede halten. Erst danach – darf ich der kühlen Verführung, dem kühlen Sand, vom Mond tugendlich betaut, nachgeben. Dem fernen Leuchten nachträumen und dem, was dahinter sich verbirgt an gelebtem Leben.

Raubauszüge ins Tagebuch.
Anderen Tags, nach dem wilden Fotografieren, trinkt die fremde Frau im Hause wieder ihren Tee, ißt eine Kleinigkeit, und legt sich dann wieder bäuchlings und quer über das Bett. Sie blättert die Büchlein noch einmal durch und beginnt sie auszuschreiben. In der auf wenige Jahre begrenzten Anzahl biographischer Brocken sucht sie nach dem, was sie besonders interessiert und schreibt es ab in ihr eigenes Tagebuch. Keine Geheimnisse und dennoch: es fühlt sich an wie unlautere Neugier, wie Hintergehen und Vertrauensbruch. Wie Raub. Die Räuberische nimmt sich vor, es dem Beraubten später zu sagen. ‚I read your diaries, since they were lying around.' Ich habe mir angeeignet, was mir aus freien Stücken niemals zuteil geworden wäre. Und warum? Ja, warum.

Was liest die Frau, was sie nicht hätte lesen dürfen? Nichts. Hilfslehrer. Jugendarbeit. Daher zweimal im Ausland. Reisanbau angeregt. Häuschen gebaut. Und es waren schon andere Weiße in diesem Abseits. Kropfforscher und Posaunenbläser. Wenn schon sonst nichts Persönliches herauszubringen ist aus einem Schweigsamen, der gesprächig wird nur, wenn es um sein Dorf und Entwicklungsprojekte geht, dann sind die spärlichen Fakten doch wenigstens etwas; hölzernes Gerüst eines Lebens, das mit diesem Dorf verbunden scheint wie mit einer Nabelschnur. Hölzern ist das Gerüst, aber stabil; Mißgeschick rinnt daran herab wie zähes Harz. Zwei Bräute aus dem eigenen Stamm sind untreu geworden. Die zweite vor kurzem erst. Die ersten schönen Behänge, rosenholzfarbenen Plüsch und hellblaues Spitzengewebe, warf eine weiße Frau über das hölzerne Gerüst; eine Vorgesetzte, zehn Jahre älter und verheiratet, also völlig harmlos. Aber ein guter Fang und Glücksfall in allem, was Geld angeht. Man muß nur vorsichtig damit umgehen. Der Glücksfall liegt bäuchlings auf dem Bett und exzerpiert, und das Tagebuch schwillt sprunghaft an.

Blaßlila Kosmeen.
Am späten Nachmittag kommen die Leute zurück vom Fluß. Es wird laut um das Haus. Ein paar kleine Mädchen gucken zum Schlafzimmerfenster herein, wundern sich, lachen verlegen und verschwinden wieder. Die Taschen sind gepackt. Am späten Nachmittag, als es kühl und lieblich wird und gerade niemand in der Nähe ist, kommt die Fremde aus dem Haus und sieht sich um. Geht über den freien Platz bis an den Kraterrand, der mit alten Kaffeestauden bestanden ist, und streut etwas in Sand und dürres Gras. Im Angesicht des Berges, den sie bezwungen hat, streut die weiße Frau eine Handvoll Blumensa-

men aus. Geht zurück ins Haus und ist wieder allein mit dem Tagebuch, dem eigenen. Die Symbolgeste bedarf der Worte, um sich mit Sinn und Farbe zu füllen. ‚Werden Himmel und Erde sich zusammentun, mich zu verraten? Wenn der Regen kommt; wenn er, der Abwesende, kommt, seinen Reis zu pflanzen, im August oder September, werden da Blumen blühen? Dunkelblau träumende Akelei; eifersüchtig leuchtende Calendula und blaßlila resignierende Kosmeen? Oder auch nicht eine einzige dürftige Blüte? Die Schafe blöken am Haus vorbei. Von meinem Hiersein ist alles Gefühl der Fremdheit abgefallen.'

Hinter dem Haus, hinter der Küche aus Wellblech und mit den drei Steinen, die auf eine Frau warten, darauf zu kochen; hinter ein paar gewölbten Beeten, auf welchen nichts wächst, geht ein schmaler Pfad steil bergab. Wären da nicht hohe Bäume, man müßte den Ahnenberg sehen. Da, wo die Sonne untergeht, die hinter dem Bausiberg aufgeht. Der Ahnenberg – für's nächste Mal. Daß zu seinen Füßen der ‚Palazzo' entstehen würde, lag noch auf den Knien der Götter.

Die Rückseite des Wunders

Am Abend wurde das Haus noch einmal voll. Es kam als erstes der Lehrer aus Ubum, um das Gästebuch der Schule abzuholen, in das der Gast geschrieben hatte, ‚impressed with the well-cared-for compound. May this school bring forth another generation of young men and women able and willing to contribute to the development of this place' – das war nun gerade das, was dem Mann von Ubum nicht gefiel. Steif, einsilbig und mißvergnügt zog er alsbald wieder ab. Der Lehrer Nati und der Jugendleiter Mosi kamen. Der ‚Vater'-Onkel kam, ein unsympathischer älterer Mensch, der sich um einen verwaisten Zehnjährigen hätte kümmern sollen und es nur nachlässig getan hatte. Es lag ihm daran, klar zu machen, wer er sei. Der Gast jedoch, in scheinheiliger Naivität, gab der Verwunderung Ausdruck, daß sein Neffe die Sekundarschule nicht besuchen konnte. Hütete sich, einen Vorwurf zu formulieren. Aber das krumme Pidgin ließ eine geradlinige Unterhaltung sowieso nicht zu. Dann saßen nur noch die jungen Männer da. Erwarteten sie noch Fragen oder Reden oder wollten sie nur so dasitzen?

Siehe, da kam das bucklige Männlein mit den klugen Augen und überreichte die Straßenbaustudie vom Jahr zuvor. Was es damit auf sich hatte, verriet der Vetter Allan erst am nächsten Tag. Mr. Koh zeigte auch eine Quittung über 450'000 für Dieselöl. Es war dies die einzige Quittung, die je gezeigt wurde. Die Geldgeberin ließ das Stichwort ‚Bestechungsgeld' fallen, und man fiel ihr ins Wort: O ja, ohne das wäre nichts in Gang gekommen. Daß mehr als die 200'000 Spendengelder zu diesem Zwecke ausgegeben worden waren, kam erst Tage später zur Sprache, herausgefragt aus dem, der als treibende Kraft hinter allem stand. Ja, hinter allem und jedem und auf besonders undurchsichtige Weise hinter dieser Spendengeldbeschafferin. Immerhin mußten die Leute eine ganz schöne Summe selber zusammengebracht haben. In der Abendluft lag eine gewisse Uneinigkeit – wie viel der Fremden mitzuteilen sei und was besser Lokalgeheimnis bleiben sollte. Sie redeten untereinander ihre Mbe-Mbong-Sprache. Sie nannten keine Zahlen; und die Fremde fragte nicht. Eine erste Ahnung von Landflucht kam auf, als der Anteil der auswärtig lebenden Einheimischen mit 60 Prozent angegeben wurde. Und ihr bester Mann – vier Jahre lang war er im Waldland und studierte auf Höheres zu. Jetzt verdient er seinen Lebensunterhalt in Bandiri, sorgt für Neffen und Nichten und sucht noch immer nach einer Frau zum Heiraten. Der Mann von Ubum aber, der habe immer wieder gefragt, was die Fremde denn hier wolle und warum sie nicht nach Ubum gekommen sei. Auf dem Bergsporn jenseits des Tales, ein Aussiedlernest von Mißvergnügten; eine Kolonie von Mbe-Mbong – das wurde auch erst später klar. So ein Dorf kann menschlich eng werden. Es kann der Frömmste nicht in Frieden leben... Er muß eine Weile weggehen. Wenn er es zu etwas gebracht hat, wiederkommt und Gutes tut, kann er sich vielleicht über den Intrigen und Verdächten halten. Aber alles dies, das dörfliche Sozialgeflecht, seine Tücken und Erpressungsmechanismen; diese Wirklichkeit hinter dem Leuchten – interessiert es die Fremde? – Nach einem späten Abendessen (Reis und das unvermeidliche Hühnerbein) zog der Gast sich ohne weiteres und ohne Waschwasser zurück und schlief trotz einiger undefinierbarer Zwischengeräusche – Ratten? Eine Schlange? – und einiger Mücklein so gut wie durch.

Blick zurück auf das Leuchten

Dienstag in der Früh wird als letztes das Bettzeug eingepackt. Dann bekommt Vetter Allan in einem Umschlag seine 20'000, und seine Frau, trotz Schwangerschaft im achten Monat schmal und schlank, mit ausdrucksvollen Augen und europiden Zügen, bekommt alles, was an mitgebrachten Nahrungsmitteln übrig ist. Es kommen zur Verabschiedung ein paar Gemeindeälteste; es kommt der Zweithäuptling, grüßt auf Mbe-Mbong und ist freundlich; die Trägermädchen lassen auf sich warten; aber eine Stunde nach Sonnenaufgang kann es losgehen. Jemand sagt: ‚Till next time.' Die weiße Frau lacht, erwidert nichts, wickelt sich in ihre Träume. Eine lange Karawane mit Kopflasten: Geschenke des Dorfes, Reis, Hühner, Matten, Körbe, Töpfe, setzt sich in Bewegung. Der Jäger taucht auf, kommt mit bis zu den Reisfeldern im Tal. Dort möchte er ein Foto gemacht haben. Kann er haben für sein Antilopenfell. Dann nimmt die Landschaft überhand.

Wie ist alles so verändert. Die Stelle, kurz vor den Reisfeldern, wo im Jahr zuvor ein Foto entstand, *Na'anya* und der Gastgeber, wie sie dastehen, dicht eingerahmt von gelbem Elefantengras und merkwürdigen Verlegenheiten, verdruckst der eine, weinerlich die andre, sie ist nicht wiederzufinden. Überall ist das Gras geschlagen und ein breiter Weg statt eines schmalen Pfades. Der scheidende Gast macht Aufnahmen von der neuen Straße, die als rotgelbes Band um die steile Kuppe herum nach Ubum hinauf führt. Wo die Planierraupe abrutschte, noch eine Aufnahme. Der Hügel ragt zur Rechten – ‚Und gedenke der Plage...' vom 20. Dezember in der Mittagshitze, den alten Fußpfad da hinauf, steil und steinig, und wie dann oben, auf breiter, ebener Strecke, es in sich hinein heulte vor Schwäche und Elend.

Das letzte Foto: Blick zurück nach Mbe-Mbong. Kurz vor Ubum bekommt der Vetter Allan die Kamera in die Hand gedrückt und gezeigt, wo und wie er draufdrücken muß. *Na'anya* wendet sich zurück und blickt hinüber zu den Bergen von Mbe-Mbong. Und so steht sie da seit zwanzig Jahren, eine langbehoste Melancholie in Dunkelbraun und Himbeerlila, und ein weißes Baumwollhütchen behütet das ergrauende Haselnußhaar vor dem Staub, aus dem die Staubrosen blühen. Da hinten drüben bleibt zurück das ferne Leuchten. – In Ubum bleibt Mosi zurück und Vetter Allan füttert *Na'anya* mit Bananen. Der Würdetitel aus einer Waldlandsprache, ergrauendem Haar angemessen, ward von dem, der den Gast nach Mbe-Mbong brachte, mitgebracht und erwies sich als brauchbar (handlicher als ein Dreifach-Titel vor Doppelnamen, oder, noch zwiespältiger, dauernd namentlich daran erinnert zu werden, eine Ehefrau zu sein). *Na'anya* also erfährt erst in Ubum und nimmt ergeben zur Kenntnis, daß sie mit einem Zentner Reis reisen muß – ein Geschenk des Dorfes für die Spender daheim in Deutschland. Die Trägermädchen werden entlohnt; das gelbe Taxi ist wieder da und fährt die Fuhre Richtung Muvom.

Noch einmal: das Tal von Ubum.
Die Weiße sitzt neben einem unbekannten Gendarmen und hat
nun die Muße, sich das Tal zu besehen und es zu vergleichen
mit der literarischen Beschreibung. Es blühte da keine purpurviolette Staude mehr, ‚*namenlos zwischen Malve und Orchidee*'.
Von den Krüppelbäumen aber hingen die Schoten wie Lametta,
glitzernd weiß und braun. Wann werde ich diese Straße zurückfahren nach Mbe-Mbong – in einem Jahr? In zwei Jahren? Und
wieder allein? Was wird aus der Straße geworden sein? Und was
aus allem anderen?

In Muvom war gleich ein Taxi zu haben, ein Peugeot, der die
sieben Sachen der Weißen auflud. Der Vetter und der Kirchengemeinderatsvorsitzende (ein unsympathischer Mensch und so
dünn wie das Wort lang ist) verabschiedeten sich. Der Gast hat
alles bezahlt, auch die Begleitung. Zählt *omnia quae supersunt* –
es sind noch ganze 5'000 von 85'000. Hübsche Summe. Die
Fahrt von Muvom nach Mbebete sei sehr staubig gewesen, vermerkt das Tagebuch, erwähnt indes keine Staubrosen mehr.
Warum ward da ein grünes Mentholtaschentuch vor Mund und
Nase gehalten statt des teerosenfarbnen Seidentuchs?

           Zurück in Mbebete,
gegen Mittag, hilft ein junger Mensch abladen. Der Sack Reis
liegt am Wegesrand. Das Mädchen Mary wird ihn mit dem
Schubkarren holen. Schulkinder, die herumstehen, schaffen
auf Geheiß die übrigen Sachen ins Haus und die Hühner in den
Holzschuppen. Die ältere *fraternal* und Hausgenossin wundert
sich über die vielen Geschenke. Erklärungen werden notwendig.
Ja, Spenden für eine Straße wurden gesammelt. Der Name des
Dorfes bleibt eifersüchtig gehütetes Geheimnis.

Erlebnisschatz Tagebuch

Und wieder: Wasser, Waschen, frisches Zeug. Heißhunger auf
Gurken- und Fruchtsalat. Das schöne Gefühl, in einem hübsch
eingerichteten Stübchen zu liegen und wieder bei sich selber zu
sein. Am nächsten Tag beginnt das Einsammeln und Ausbreiten der Erlebnisschätze im großen Tagebuch, sehr viel ausführlicher und auch geradliniger, als es oben in den Bergen und im
Reisetagebuch möglich war. Nebenher muß, was durch unregelmäßige Mahlzeiten und Mangel an Obst und Gemüse ins
Stocken geraten ist, wieder in Gang gebracht werden mit Hilfe
von Zwiebeln und Zwiebelsuppe. Und dann muß die Reise beschrieben und mitgeteilt werden gleich dreimal: für den Ehe-

mann, für den anderen Mann, und für die Mutter, die im Grunde nur interessiert, ob die Afrika-Tochter gesund ist und bald wieder und für immer nach Hause kommen wird. Drei Tage Schreiben. Zwanzig Jahre später wird das Geschriebene versunkene Bilder wieder hochschwemmen:

Dienstag, 15.2., gegen Abend. Wieder sehe ich den durstigen Mbe-Mbong-Hühnern zu, wie sie trinken. Ob sie so durstig sind wie ich es war, als ich am Jolla saß, am vergangenen Freitag um diese Zeit? Das Wasser aus dem Fluß, in dem die Kaulquappen schwammen, hat lebendiger geschmeckt als hier das Filterwasser aus dem Kühlschrank. Ich bin wieder in Mbebete, wegelagernd zwischen Mbe-Mbong und Bandiri. Die Seele so beladen mit Geschenken, daß ich noch nicht abladen mag ins Tagebuch. Morgen. Tränlein der Dankbarkeit?

Die durstigen Hühner im Holzschuppen, drei oder vier junge Legehennen: das ‚wieder' erinnert daran, daß auch im Dezember zuvor Hühner unter den Geschenken waren und wie sie nach der langen Reise von Mbe-Mbong nach Ndumkwakwa durstig die Hälse hoben und schluckten und schluckten... Das versunkene Betrachten der Hühner schluckte Zeit.

Drei Tage sitzen und schreiben, Duft und Glanz im frischgewaschenen Haar, letzte blaßrosa Mbebeterosen, wartend, daß von Bandiri Besuch komme, Interesse zu bekunden, ob alles gut gegangen sei. Das Reisebeschreiben kommt indes nicht recht voran, weil die malvenfarbene Dämmer-Ästhetik der beiden Stübchen ins Träumen bringt. In diesem Dämmer sind die Geschenke ausgebreitet. Von der Wand über dem Gästebett springt herab das schwarz-weiß gefleckte Buschkatzenfell. Von den beiden Bastmatten bedeckt die eine den Betonboden, und das Antilopenfell hat da auch noch Platz; die Basttasche mit eingewebtem Willkommensspruch; das geflochtene Jägerkörbchen; und als Kostbarkeit gleich nach dem Wildkatzenfell: die irdene Schale, handgetöpfert und gebrannt, dunkelbraun mit goldenem Glimmer, ein Gegengeschenk für das Doppel, gestickt von der Mutter, eines braun-und-grünen Kelimkissens aus Kindheits- und Flüchtlingstagen, das beim ersten Besuch an die Mutter des Gastgebers ging. – Warum ist das alles auf einmal so schön? Weil das Häuschen mit den grünen Fensterläden so ärmlich und schäbig war? So nackt und ohne jegliche Wohnlichkeit? Aber der Glanz in der Hütte! Das ferne Leuchten! Saß es nicht glückgefiedert im krummen Gebälk? Könnte es etwa nicht hinreichen über eine Woche hinaus?

Warten. Leuchtspurensuche.
Auch der dritte Tag vergeht mit Schreiben und vergeblichem Warten. Die innere Leuchtkraft schattet ab und weicht der Müdigkeit. Träumen, Schlafen. Am Abend ist die Chronik beendet, und ‚nun fange ich doch an zu scharren im großen Haufen sozialer Sägespäne nach glitzernden Spittern von dem, was ich suchte; im trockenen Sand vor dem Haus mit den grünen Läden suche ich nach Leuchtspuren; nach Hieroglyphen; nach einem Abglanz des fernen Leuchtens.' Ein türkisblauer Spitzenkittel, ein Silberkettchen als Erinnerungszeichen sind solche Splitter. Ein ‚Leopardenfell' läßt sich drehen und wenden ins Hieroglyphische. Schulter an Schulter in einem gelben Taxi die neue Straße einweihend hinabzufahren – war es Annäherung und Abglanz? Und was heißt bei alledem ‚Berechnung'? Was heißt hier ‚Geld im Spiele'? Wird hier nicht Rechtschaffenheit belohnt? Sicher, und Glück ist auch im Spiele. Igelglück, das rund und von Stacheln starrend vor die Füße rollte einem, der es aufhob und vorsichtig damit umgeht. Kolibriglück, auf schillernden Flügeln von einer Winzigkeit zur anderen schwirrend. Schillernde Winzigkeiten hier und da, und am Freitagmorgen das Schaudern vor der riesigen Menge Reis, die einer sich auf den Teller häufte. Danach war ein hellblauer Spitzenkittel barmherzige Verhüllung. Da wäre ‚nackt bis zum Nabel' wahrlich nichts weniger als nackt und abstoßend gewesen.

Der Erwartete kommt nicht, kümmert sich nicht. Warum nicht? Weiß er schon alles? Interessiert es ihn nicht? Die Wartende wird einen langen Brief schreiben. Beginnt zu schreiben, gerät ins Tagträumen, träumt Abschiedsszenen, Seelensubstanz verflüssigt sich und es rinnt hemmungslos. So etwas dürfte nicht sein. Es entzieht einem anderen, was nur ihm allein zukommen darf. Von ihm kommt ein Brief, zwei Wochen alt. Der ihn schrieb, schreibt, er habe sehr gelitten unter einem Ekzem, sei ins nächste Spital gefahren, habe sich elend gefühlt und hätte gern den Trost einer mitfühlenden Seele bei sich gehabt. Die Trockenzeit setze ihm in diesem Jahr besonders zu, und er meine zu verstehen, warum die, welche ihn auf Zeit verließ und in die Savanne zog, vor Jahresfrist so mürbe gewesen sei. Verstanden zu werden tut gut. Auch der Gruß, mitgesandt nach Bandiri, tut gut. – Am Sonntag war der Brief nach Bandiri fertig, fast sieben Seiten Kleingeschriebenes auf Großformat. Eine Fotokopie davon soll nach Ndumkwakwa. Der Eine soll wissen, was eine Frau, seine, im Dazwischen einem anderen schreibt, der auf sich warten läßt. Der Brief ist vorhanden.

Besuch im Malvenstübchen

Am Dienstagmorgen, sehr früh, da man noch beim Frühstück saß und nach einer Woche vergeblichem Warten nicht mehr wartete, kam er, der Nicht-mehr-Erwartete. *Na'anya*, Freude zu verbergen, fragt formal: ‚*What is the purpose of your coming?*‘ Der Gefragte, erstaunt: ‚Well, to see how it was.‘ Die Fragerin, nachhakend: ‚How I survived Mbe-Mbong?‘ Und man lacht. Unrasiert, erste graue Bartstoppeln.

Im Malvenstübchen, wo die Schätze ausgebreitet sind, sitzt der Besucher brav auf einem Stuhl neben der Tür und läßt sich erzählen – alles, was in dem langen Brief steht. Läßt sich ausfragen nach Dingen, die der Frau, die ihn so lange wie möglich dabehalten will, gerade einfallen. Wenn er von der Straße erzählt, hört es sich an, als habe er allein alles in die Wege geleitet und vorangetrieben. Dann hat er wohl auch die Höhe des Bestechungsgeldes gutgeheißen, das somit an den Betrag für die Straßenstudie heranreichen müßte. Den Reisanbau habe er auch ins Dorf gebracht, vor fünfzehn Jahren schon. Die Chinesen kamen nur bis ins Mchutal. Da ging er durch die Flüsse und holte die ersten Pflänzchen und machte seinen Leuten vor, wie man das anbaut. Kulturbringer mit zweiundzwanzig. Wegen Bausi – es schien, als sei es ihm ganz recht, daß *Na'anya* da in die Falle ging und sich verpflichtete. Er möchte die beiden Dörfer durch die Straße zusammenbringen. Weitere Pläne: ein großes Haus will er sich bauen etwas abseits des Dorfes, und eine Berufsschule hätte er gerne in Mbe-Mbong, damit die jungen Leute nicht davonlaufen in die Plantagen an der Küste. Hier betreibt ein Mann Entwicklungspolitik. Die Frau ist Mittel zum Zweck; aber es ist das einzig Vernünftige, was hier getrieben werden kann. Aufhebung einer undurchsichtigen Beziehung ins Soziale, ins Entwicklungspolitische. Alles Persönliche bleibt am Rand; ein Lachen wehrt es ab oder ein Schweigen antwortet. *Na'anya* fragt nach dem Zweit-Häuptling, was für ein Mensch er sei. Verlegenes Lachen. Warum?

Dann, um das Gewissen zu erleichtern: ‚*I read your diaries.*‘ Schweigen. Dann: er werde am Freitag die Lilian in Chaa besuchen. Er sagt es so leise, daß Nachfragen notwendig ist. Gut, geh hin mit deinem guten Gewissen. Nie und nirgends wirst du mit ‚evil intentions‘ einer Ehe in die Quere kommen. Das eben ist es. Regenbogen und fernes Leuchten. Und es hat seinen Preis in Deutschen Mark. Die Muse muß entlohnt werden.

Der Besuch aus Bandiri wird das Bettzeug mitnehmen. Es wurde nicht gewaschen. Zum einen, weil Wassermangel im Hause herrscht; zum anderen, weil in Kürze der gleiche Gast darin schlafen wird in Bandiri. *Na'anya* möge am Sonnabend so früh wie möglich kommen. Man konsultiert noch einmal den Kalender. Zu diesem Zwecke muß der Stuhl an den Tisch heranrücken, ganz in die Nähe. Auf dem Tisch liegt ein silbernes Taschenmesserchen. Er nimmt es, spielt damit, kratzt Stearin vom Tischtuch, während er spricht. *Na'anya* malt Ornamente an den Rand ihres Briefblocks. Möchte, als vom Besuch in Chaa die Rede ist, gewisse Fragen stellen. (Wie steht es? Ist eine neue Braut in Sicht?) Sie fragt nicht. Es würde zu nahe treten. Und würde darüber hinaus verraten, was der Fall ist. Freilich: was gibt es hier noch zu verraten? Hat nicht eines Tages, da man zu dritt beisammen saß, ein Ehemann mit nachsichtiger Ironie Dinge gesagt, die seine Frau ins Zwielicht zwischen Eigenwilligkeit und Versuchbarkeit rückten? Jedoch und hinwiederum: Eine Möglichkeit, im Scherz beim Namen genannt und ebenso heiter in Zweifel gezogen ('I may not even succeed'), auf solche Weise exorziert und verunmöglicht, kann sie nicht eben deswegen für lange Jahre ein fernes Leuchten evozieren und eine Aura bilden um das Unmögliche?

,*You are the god of Mbe-Mbong!*'

Ein paar Tage später kam der Vetter Allan, übernachtete in einem Gästezimmer des Campus, ließ sich noch ein wenig ausfragen und bekam 5'000 extra. Was da noch zu erfahren war schränkt die eigene Rolle als Wohltäterin ein. Es kam im Jahre vor dem ersten Besuch eine Dame aus den Niederlanden und riet den Leuten zu einer Straßenstudie. Sie brachten das Geld dafür auf; aber dann war Mbe-Mbong doch nicht auf der Liste der Geldgeber dieser Dame. Da brachte im Jahre darauf der Sohn des Dorfes seine Tutoren an. Von den beiden saß die eine schon in der Falle und verpflichtete sich.

Der Vetter Allan aber, Sprachrohr des Dorfes und so jungafrikanisch wie früh-hellenistisch, sprach das Wort und benannte es heraus: ,*Na'anya, you are the god of Mbe-Mbong!*'

*

ZWEITE ZWISCHENZEIT

DOPPELLEBEN ZWISCHEN EUROPA UND AFRIKA
LITERATUR ALS ZIEL

Zwischen dem Wunder von Mbe-Mbong, in schönstem eingeborenen Enthusiasmus verlautbart und eine Wohltäterin auf den Wellenschaumgipfel der Apotheose erhebend, und der dritten Reise nach Mbe-Mbong vergingen keine zwei Jahre. Wie der Elefantenrücken des Bausiberges zog das Hochplateau des Lebens sich hin unter dem staubrosenroten Dunst der Tagträume. Noch vier Monate, noch vier Besuche in Bandiri – o die Sterne in der Morgenfrühe, der Wind über der Hochebene auf der Wanderung zum Kratersee! Das schöne Gruppenfoto mit Operettenprinz und Prinzessin Elster schwarz und weiß, und Anfang Juli ein apfelgrüner Kittel, eine Reliquie, ausgehändigt beim Abschiedsbesuch. Dies alles und was Wunder, daß es sich zusammenballte von weit her – *geduckt zum Sprunge gegen Glaswände, die zerklirrten. Es flog herbei, lautlos auf Flügeln der Fledermaus* – von einem Bungalow in Babingen mit rundherum Deutschland, West, flog es zurück nach Afrika. Eine kurze Zwischenzeit, ein Doppelleben.

Rückkehr nach Europa

Die achtziger Jahre. Der Zeitgeist, der seit den sechziger Jahren im Westen der Welt gärt und wühlt, scheint an sein Ziel zu kommen. Die Gesellschaft verändert sich zur offenen mit Nischen und Randexistenzen und mit Drogenabhängigen, die keinen Sinn im Leben mehr sehen. Die Asylanten strömen herein; die Gastarbeiter bleiben in Lande und vermehren sich. Die Pershingraketen, der saure Regen und vergiftete Nudeln erregen die Gemüter. Die Feministinnen machen weiter ein großes antipatriarchales Geschrei und mit solchem Erfolg, daß auch die Heimgekehrte *nolens volens* und eben nur, weil sie eine Frau ist, am Rande davon berührt wird und ein bißchen mitmacht.

Da hinein also findet Rückkehr statt. Für den einen mit dem Ziel, beladen mit Forschungsergebnissen – ‚von draußen vom Walde komm ich her, ich kann euch sagen...‘ – einen späten Fuß zu fassen im Lehrbetrieb auf universitärer Ebene. Für die andere ist die Rückkehr Mittel zum Zweck, Geld zu verdienen; ein ordentliches Gehalt zu empfangen, statt sich fromm zufriedenzugeben mit einer kleinen Zulage zu dem, was der Ehemann erhält. Geld muß verdient werden, um es vorauszuschicken und als *revenant* zurückzukehren nach Afrika wie so manch anderer, der Mühe hat, sich wieder einzuwurzeln im fremd gewordenen Heimatland. Statt endlich das unverzichtbare Auto zu kaufen, um die Straßen zu verstopfen und die Wälder zu vergiften, wird eine geistesabwesend Heimgekehrte sich mit Bus und Bahn bescheiden, Unbequemlichkeiten in Kauf nehmen und weite Wege zu Fuß. Statt, wie jeder anständige Bürger mit gehobenem Einkommen, in einem einst schönen, nun zugebauten Tal oder in noch schönerer Hanglage ein schönes Eigenheim zu bauen oder zu erwerben, wird zweien, die ohne Erben sind und die verbleibende Lebenszeit besser zu nützen gedenken, eine Dienstwohnung und späterhin eine Mietwohnung genügen. Denn wir haben hier keine bleibende Statt.

Immerhin, eine leere Dienstwohnung mußte eingerichtet werden; sieben Zimmer, Teppichböden, Sichtbeton à la mode da, wo Tapeten wohnlicher wären, und statt Fenster eine Glasfassade. Mit geschenkten, abgetakelten Gardinen, altem Gemöbel und neuen, einfachen Bücherregalen ward die Leere notdürftig ausgefüllt, und in einem Schlafzimmer zu ebener Erde sprang, schwarz-weiß gefleckt, das Buschkatzenfell von der Wand und den Teppichboden verdeckten Bastmatten und ein Antilopenfell. Irgendwann kamen auch die Seekisten, die Bücher. Die Mutter knüpfte kleinere und größere Teppiche; aber wohnlich, nein, wurde es nicht und sollte es auch nicht werden. Alles war vorläufig. Im übrigen gab es zu Weihnachten wieder einen gutbürgerlichen Weihnachtsbaum, und alle Tage gab es, nach alter Vätersitte, die gutbürgerliche Haushaltsarbeit für eine gutbürgerliche Auch-Ehefrau, die nicht umhin konnte, Wert zu legen – sowohl auf ein kücheneigenes Mittagessen als auch auf ein Mindestmaß an Ordnung und Sauberkeit in dem großen Hause.

Was ereignete sich neben dem Beruf her in diesen zwei Jahren? Ohne das Tagebuch wäre da nur noch ein großes gähnendes Vergessen. Allenfalls die Düsenjäger über dem Schwarzwald wären erinnerlich. Man wollte sich nach der Rückkehr erholen von den Strapazen der voraufgegangenen Wochen und es wurde, von Sonnenkringeln auf dem moosigen Waldboden abgesehen, eine Plage. Im Juni des folgenden Jahres flog man nach Berlin-Ost zu einer Tagung; im Juli reiste man in die DDR, das Dorf im Thüringer Wald zu besichtigen, wo ein Flüchtlingskind einst fror und die Abfalleimer der Einheimischen nach Kartoffelschalen durchsuchte. Wo der Großvater starb und der Bildungsroman begann. Es tauchte kurz auf und versank wieder.

Tagtraum Afrika und Berufspflichten

Wieder da sein und sich zurechtfinden müssen im Lande, das sich ‚Heimat' nennt, nach zehn Jahren in Afrika, es zerstreut die Kräfte. Das Lieblingsthema von gutgemeinten Rückkehrerkursen, ‚Wiedereingewöhnung', ruft das trockene Lachen hervor, mit dem später die Eukalyptusschaukel zu schaukeln beginnt. Jeder Heimaturlaub hatte vor sich den offenen Horizont des Wieder-weg-von-hier. Nun ist die Tür zu. Ein Doppelleben beginnt, ein Pendeln zwischen Außen und Innen. Der Rückzug in die Innerlichkeit: Rückzug in den Tagtraum Afrika; Rückzug in das, was eigentlich und wesentlich und sinnvoll ist und eine ganze Weile bleibt – das ferne Leuchten.

Zum Außen gehört das berufliche Reisen. Der Dienstbezirk ist ausgedehnt, und die Reisende reist in provozierendem, wohl auch mitleidig belächeltem Verzicht auf Führerschein und Automobil und mit unterschwelliger Verachtung des Wohlstandes im Lande. Was kümmert die Leute Afrika? Das Berufliche wird ernst genommen und erledigt nach Maßgabe dessen, was dem erworbenen Sozialstatus geschuldet wird. Wer an Studenten gewöhnt ist, vor einer Synode und vor Häuptlingen geredet hat, mag sich herabgestuft fühlen vor Schulkindern und vergreisten Gemeinden. Sei's drum. Es gibt auch Erfolgserlebnisse und schöne Blumengebinde für die Rednerin. Und es gibt ein Schlüsselerlebnis in Gestalt eines korpulenten Schülers von vierzehn Jahren. Die Frau, die so lange in Afrika war, erzählt und fragt: Hättest du nicht auch Lust, nach Afrika zu gehen und dort so viele neue Dinge zu erleben? Der fette Knabe verzieht lethargisch das Gesicht: ‚Nö'. Fernsehen ist zweifellos bequemer. Die Reisende beginnt, es sich ebenfalls ein wenig bequemer zu machen im Rahmen des Verantwortbaren. Einen neuen Sermon hervorquälen jedesmal, wenn hier oder da einer im Terminkalender steht? Der Kämmerer aus Mohrenland eignet sich sehr gut dazu, von verschiedenen Kanzeln herab gepredigt zu werden. Das Thema ist zudem mit einem Minimum von innerem Sinn behaftet.

Die Heimgekehrte also reist und redet; sie bändigt Halbwüchsige in den Schulen, übernachtet in Gasthöfen und bei fremden Leuten und langweilt sich in den Dienstbesprechungen. Sie ist eben ganz woanders. Sie bewohnt ehelich ein großes Haus, und hört eines Tages mit halbem Ohr ein Gerücht über eine Ehefrau, die aus solch einem von Öffentlichkeit umgebenen Hause davonlief mit einem Besucher aus Schwarzafrika – das gibt es doch nicht! Oder etwa inzwischen doch? Aber darum geht es nicht. Das, worum es geht, ist weit idealer und zwiespältiger.

Des Doppellebens innere Seite war ein leuchtendes Gewebe aus Träumen rückwärts und vorwärts. Es leuchtete nicht nur abends vor dem Einschlafen; es leuchtete auch an Bushaltestellen, auf öden Bahnhöfen und auf langen Anmarschwegen zum Bahnhof hinten herum auf autofreien Seitenwegen – überall leuchtet das ferne Leuchten. Es wurde sogar ein Stück Gedicht daraus, suchend – *im frostigen Morgengrau/ im triefenden Herbstlaub der Birken / Den wäßrig verwesenden Rest / des verblassenden Mondes*. Das war im Oktober oder Anfang November, als anderwärts der Tulpenbaum blühte. Merkwürdig, im nachhinein. Gehört der ‚verwesende Rest' zu einer Spätfassung? Es kam doch der Brief, der einen ‚verwesenden Rest' poetisch gerechtfertigt hätte, erst im Februar. Die Innenseite des Doppellebens war ausgefüttert mit weißer Seide – wie die schwarzen Schoten der Krüppelbäume im Tal von Ubum.

Einen Palazzo bauen

Die graugesprenkelte Außenseite des Geldverdienens hatte einen innerlich glänzenden Sinn. Ein Eigenheim wäre sinnlos gewesen. Aber einen Palazzo bauen mitten in dem fernen Leuchten – es ist etwas mit Ausdehnung in Raum und Zeit und mit Sinn: die Backsteine werden mich überleben. War es ein Wunder, daß Freigebigkeit ein Dürfen wurde? Ich darf. Ich darf mein Geld verschenken. – Beim Abschied in Bandiri, Anfang Juli, unter der Augenzeugenschaft des Ehemannes, waren 700'000 in der einheimischen Währung bar übergeben worden. Eine Summe, die damals ein Vermögen vom wenigstens Zwanzigfachen hätte vermuten lassen. Vorhanden war noch nicht einmal das Zehnfache. Ich verdiene doch nun und ich brauche fast nichts, kein Auto, keinen Mietzins, keinen Bausparvertrag, keine Schulden, keine Wertpapiere, keine neuen Möbel, Nepalteppiche, Goldbarren, Stereoanlage, Dauerwellen, Facelifting, Krokodilhandtasche, Platin, Diamanten und Perlen – nichts brauche ich. Freilich und bisweilen, leider, auch keine Ausstattung und Studiengebühren für eigene Kinder. Davon abgesehen – kostspielige Kreuzfahrten, Fern- und Weltreisen? Habe ich mit Mbe-Mbong und dem fernen Leuchten nicht alles, was ich brauche und zudem etwas Apartes für mich? Vielleicht ist es ein Spleen, überspannt, eine Illusion. Und wenn? Es war nichts Schöneres zu haben: ein im nachhinein kaum noch begreifliches Seelenleuchten erfüllte die Tage und fast zwei Jahre.

Briefe, lange, wohlbedachte.
Das Warten auf Antwort zog lange Wochen hin. Der erste Brief im Oktober berichtete vom Beginn des Bauens an dem großen Hause. Schon der zweite, im November, bat um mehr Geld. Warum begann der reiche Segen an Deutschen Mark nicht sofort zu fließen? Warum erst und ausgerechnet im Februar, nach der Ankündigung einer neuen Braut? Dann aber gleich in Tausenden, bis in den August hinein. Da waren die ersten Zehntausend schon überschritten. Es ward der Mammon mit vollen Händen hineingeworfen in das ferne Leuchten und auch umgehend verzehrt. Einen Teil davon, ein knappes Tausend, ließ der angehende ‚Herr des Palazzo' sich nach eigener Angabe stehlen: aus der Hosentasche ziehen zusammen mit dem roten Taschenmesser. Das Leuchten blakte zum ersten Male. Ein wenig, aber doch. Überwiesen wurde im Spätjahr auch ein größerer Betrag im voraus zu eigener Verwendung; denn eine Rückkehr für zwei Monate und Mbe-Mbong III war geplant für Anfang des folgenden Jahres. Die Überweisung ging zu treuen Händen und sollte auch treu wieder ausgehändigt werden.

Das Geldausgeben für den Bau des ‚Palazzo' – im nachhinein kaum noch begreiflich. Aber damals – damals spielte alles auf der abgehobenen Ebene des fernen Leuchtens. Die Wirklichkeit schielte zwar hier und da schon durch, und das Mondgesicht von Ndumkwakwa hätte Anlaß zum Grinsen oder Grübeln gehabt. Der gewonnene Preis jedoch schien den gezahlten Preis aufzuwiegen. Wer ein fernes Leuchten sieht und davon lebt und träumt, der rechnet nicht, selbst wenn er Abrechnung erwartet.

Der Februarbrief und die Muse

Februar muß es gewesen sein, als die Nachricht eintraf. In der Erinnerung lag noch Schnee, und im Garten unten leuchteten die ersten Krokusse gelb und lila herauf durch das Gitter der Balkonbrüstung. Hinter der großen Fensterfront des Bungalows saß ein Seufzen und ausgebreitet lag der Brief. Vielleicht taute sogar ein Tränlein hinab auf das, was da sehr verspätet, aber doch immerhin vertrauensvoll mitgeteilt ward: ‚I love her.' Die neue Braut war vorhanden. Wie lange schon, das zu fragen wagte eine, die alsbald und wie es sich gehörte Glück wünschte, erst ein Jahr später. Ach, und was sollte da heißen: ‚Ein Jahr lang klug verschwiegen'? Es hatte freilich schon begonnen, als der Besuch von Mbebete noch offiziell und wie nebenbei herüber nach Bandiri kam und daselbst übernachtete. Das fühlte sich nun alles recht betrüblich an.

Und die Muse, Trost der Betrübten, wo blieb sie? Sie hätte doch. Sie kam auch bisweilen geschlichen und hauchte ein paar beschwörend erste Sätze aufs Papier (*Wieder hat ein Mond sich gerundet...*). Aber sie ließ sich zwanzig Jahre Zeit, die Beschwörung ins Literarische zu runden. Die Muse – nunmehr doch eher die alte im Peplos, nicht die neue im Lendentuch – sie stand von ferne und wartete eine Entscheidung ab. Während der kurzen zweiten Zwischenzeit ging es darum, was wichtiger war: den Palazzo zu bauen und die nötigen Mittel zu beschaffen oder ‚die Jahre in Afrika zu verarbeiten', wie es bald darauf im Antrag auf Beurlaubung hieß. Es hieß, die Muse zu bemühen, um aus dem fernen Leuchten ‚etwas zu machen'. Etwas, weder Stein noch Bronze; ja nicht einmal Backstein. Nichts als Papier.

Das Schreiben begann mit dem Abschreiben und Exzerpieren von Tagebüchern. An der ‚Reise nach Mbe' war schon geschrieben worden in Mbebete. Aber es wurde erst Bildungs-, dann Ehe- und Krisenroman, und das ferne Leuchten geriet völlig aus dem Blick. Der Grundgedanke freilich war einfach: Wir haben hier keine bleibende Statt. Ein Flüchtlingskind, arm und in einer Welt, in der es Angst hat, kann sich einwurzeln nur noch in den Bildungsgütern der Muttersprache. Als Behausung genügt die kleinste Hütte, wenn sie nur genügend Bücher und Schreibpapier enthält. Ein großes Haus aus Backstein und Wellblech in den Bergen von Mbe, mitten in dem fernen Leuchten, könnte eine Art Kenotaph darstellen. Andere werden darin wohnen; aber *ich* habe den Bau ermöglicht. Ja, ein Grundgedanke so einfach wie ein Backstein. Die Ausführung jedoch zerfloß ins Breiig-Breite wie Lehmziegel im Regen. Das *Kenotaph* wird später *in medias res* gehen und bei dem fertigen Häuschen auf dem Urhügel beginnen. ‚Als es vollendet war...'

Die Muse also, sie hinkte noch immer und erwies sich auch sonst als schwerfällig, spröde und anspruchsvoll. Die Fülle halluzinierender Tagträume – sie kamen an Wirkung bisweilen einer Droge gleich; es wucherten Szenen, Bilder, Farben, Episoden, Augenblicke aus dem, was in der Blutbahn trieb, eine Fülle der Gesichte, die nach Verwortung geradezu weinten; denn was bleibt, wenn ich es nicht festhalte auf dem Papier? Die Tagträume korrespondierten mit dem fernen Leuchten und mit der anderen Muse im Lendentuch, ‚*apfelgrün auf melanidem Grunde*'. Das ‚Trockenzeitfieber' in schilfgrüner Dämmernis; die ‚Beschwörung' einer mitternächtlich-magischen Rückkehr nach Bandiri unter dem voll gerundeten Mond; das zweisame Wandern durch die ‚Felder von Mbebete,' und schließlich die Verquältheiten der ‚Mittagsfinsternis' – das ganze staubrosenrote, eukalyptusrauschende Phantasiegepränge wollte sich nicht in adäquate Sprache umsetzen lassen. Es sollten Ebenholz- und Elfenbeinschnitzereien werden und es wurde Plumpudding mit Vanillesoße. Die Muse stümperte herum. Sie verbrauchte Unmengen an Konzeptpapier. Sie brachte nichts zustande, das ihren eigenen Ansprüchen standgehalten hätte.

Der Mutterroman

Waren es der Beruf und der wieder aufgehalste Haushalt; war es der Mangel an Muße, der die Muse hinderte, etwas zuwege zu bringen? Auch, aber nicht nur. Es begann nebenher der Mutterroman in der Form mündlicher Überlieferung. Die Mutter erzählte Urmüttergeschichten und ihr eigenes Leben, episodisch anknüpfend an traumatische Erlebnisse und in endlosen Wiederholungen, jedes Wochenende, wenn die Tochter kam, sie zu besuchen. Die Tochter kam und warf sich auf das Eisbärenfell vor dem Fernseher, Müdigkeit vorschützend. Es hätte auch nackter Betonboden sein können – so leuchtend stark, in solchen Gefühlssymphonien rauschten die Tagträume auf. Die Mutter aber saß auf dem roten Sofa, stickte, strickte oder knüpfte einen Teppich und erzählte monologisch ihr glückloses Leben. Sie sorgte sich überdies um den drogenabhängigen Enkel, einen sensiblen und labilen jungen Menschen, dem das Leben auch mißglückte. Hätte die Tochter und Tante hier nicht eine Aufgabe und Pflicht im Familienkreise gehabt?

Hier zweigt ein Weg ab, der den Mut erfordert hätte, sich zurückzuwagen ins Dunkel der Vergangenheit und der Mutterhöhle. Denn Afrika, abgesehen davon, daß es eine Folge der Ehe mit eben diesem Mann und keinem anderen war, war zugleich heilsame Entfernung aus dem Dunstkreis einer kaputten Mutterfamilie gewesen, die in jedem Heimaturlaub von neuem unverträgliche Schwaden ausdünstete. Was einer Witwe des Zweiten Weltkrieges mit einem schwer erziehbaren Sohn unter Erdulden schwerer Demütigungen gelungen war, nämlich ihn zu retten vor dem sozialen Untergrund, gelang einer Großmutter trotz verzweifelten Bemühens nicht mit dem in sich gekehrten Enkel. Die Tante aus Afrika aber wollte, wenn sie ‚nach Hause' kam, Ruhe für ihre Wissenschaft und ihre Afrikaträume und nicht gestört werden, auch nicht von einem Neffen, der bei der Großmutter Zuflucht suchte vor einem Vater, der mit diesem ersten seiner Kinder nicht zurechtkam.

Es gab so viel Verworrenes und Tragödienreifes in der Mutterhöhle, das durch die Entfernung Afrika in heilsames Vergessen geraten war. Nun war es plötzlich wieder da, und wenngleich eine Narbe aus höflichem Wohlwollen die alten Wunden verdeckte – es war ‚irgendwie' zu spät. Die Tochter und Tante blieb den Erinnerungen an Afrika verhaftet und zog damit zweifellos Mitschuld auf sich. Sie blickt in das ferne Leuchten. Sie sieht nicht und sie will nicht sehen, was der Mutter Sorgen bereitet.

Wo hätte der Unterschied zwischen Jung-Afrika und Alt-Europa krasser zum Ausdruck kommen können? Der Mann von Mbe-Mbong: tief verwurzelt in Stamm, Dorf, Familie. Er ist, was er ist, durch Verwurzelung. Die Frau aber, die erst von einem Kontinent zum anderen zog, dann vom Waldland in die Savanne – ist sie der Flüchtling nicht, der Unbehauste? Mit einem Anhauch von Unmensch auch, wenn zum Menschsein Familien- und Heimatverbundenheit gehören. Das alles ist in Auflösung begriffen. In Auflösung begriffen ist eine ganze Kultur und Tradition. Dinge, die in Afrika noch heile Welt zu sein scheinen, geraten in Europa und in Deutschland zumal, nach einem letzten hybrishaften und tragisch scheiternden Versuch, sie zu bewahren, aus den Fugen. Der Mutterroman müßte eines Tages geschrieben werden. Das Kreisen um den eigenen Roman war nicht nur ein Traumwandeln im Bannkreis des fernen Leuchtens; es war auch ein Ausweichen vor dem Unerträglichen, der Verbitterung und dem Unglück, das in der Mutterhöhle hauste.

Die Entscheidung

Die Muse stand und schmollte. Wann bin *ich* dran? Wann wird Zeit für mich sein von morgens sieben bis zur späten Mitternacht? Ich brauche nicht viel. Eine ruhige Mansarde. Den alten Kühlschrank aus ersten Ehejahren, die Kochplatte aus Studententagen, eine alte Schreibmaschine und die Gutwilligkeit des Ehemannes. Du aber – du mußt dich entscheiden.

Die Entscheidung fällt. Für bald nach der großen Revenant-Reise werden zwei Jahre Beurlaubung geplant, um endlich zusammenhängend Zeit für ‚Literatur' zu haben. Allein muß ich sein. Allein mit der Muse, mit Tagträumen und Tagebüchern.

Eine erste Beurlaubungsphase von drei Monaten läuft. Das Visum ist da. Im Ehegehäuse hat ein jeder etwas Bestimmtes vor. Der eine ist mit seiner Habilitation beschäftigt, die andere mit dem fernen Leuchten.

DRITTES BUCH

DIE WIEDERHOLUNG
REVENANT-REISE UND MBE-MBONG III

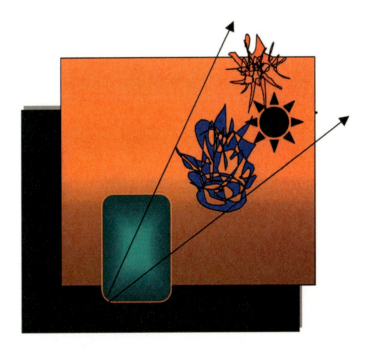

Grünviolett war der Traum umrandet
Backstein geworden der Staubrosenwahn
Der wunderbaren, längst versandeten
Jahre unter dem Harmattan.

Eukalyptus und Palmen, ein Bach.
Einfaches Leben, Einsiedlernest
Kubisch mit Pyramidendach,
Ein Tisch, ein Stuhl, ein Bett und ein Rest

Leben im blauen Dämmerlicht
Der Verwunderung. Was nun?

Drittes Buch

Teil eins

Umwege
Annäherungen an das ferne Leuchten

Überblick

Zweierlei Gestrüpp
Das Brombeergestrüpp der Erinnerung
Das Wortgestrüpp auf dem Papier

1. Wiedersehen mit Ndumkwakwa
Abschied und Ankunft
Erste Etappe. Vergessenes. Abgehaktes
Der Jüngling von einst: feist
Der Oberhirte und das Schäfchen
Zweite Etappe. Afrikanische Ungastlichkeit
Die Bananen der Frau Nok
Ein Taschenmesser für ein Frühstück
Taxiparkimpressionen
Dritte Etappe. Ndumkwakwa. Palaver. Peinlichkeiten
Morning glory und Erinnerungen
Noch einmal Lehrerin und zu brillant
Irre Ideen am Sonnabend
Enttäuschte Erwartungen am Sonntag
Nichts wie weg

2. Wiedersehen in Mbebete
Reise und Ankunft
Rosenöl und Almosen
Wiedersehen durch ein Gazegitter
Sägespäne und Häkelstola

3. Die Ratten von Ntumwi
ERSTE ETAPPE. ZU GAST BEIM SÄBELBEIN
Koki und *free-wheel*
Nachts schlafen die Ratten nicht
Die schönen Bororo-Jünglinge
ZWEITE ETAPPE. DAS SCHÖNE TAL BEI BAM
Fama und Schlüsseltraum
Wanderung und Augenweide
Kamera und Grenzpolizei
DRITTE ETAPPE. ZURÜCK INS RATTENHAUS
Gäste zu Ehren des Gastes
Zurück nach Mbebete

4. Die Braut von Bandiri
Narzissenhaar
Ein Bauopfer und ein Gedicht
Es fließt ein Bächlein...
Friedlicher Vormittag, nixengrün
‚June has come.'
‚You will decorate me.'
Der Abend zu dritt im Ungewissen
Tanz hinab über Stock und Stein
Zauberlehrling und das einzig Richtige
Das Lachen der Simplicitas
Das Examensgedicht und *The Concubine*
Erinnerungsrestmüll
Der Hochzeitskittel

5. Die Lianenbrücke von Beera
Kühler Empfang in Nko
Die literarische Laderampe
Stehfahrt das Gebirge hinab
Lianenbrücke und Beinahekollaps
Noch einmal Ungastlichkeit
Prüfungsfoto und Examensgedicht
Eine Maus in den Chin-Chin
Zurück nach Mbebete
Die Reisetasche
Spur im Staub auf Mbe-Mbong zu

♠

DIE WOCHE VOR MBE-MBONG III
Ein krauses Stück Zeit
Letzte Vorbereitungen

Zweierlei Gestrüpp

Das Brombeergestrüpp der Erinnerung

Es säumt den Wegrand des Lebens. Es wuchert besonders dicht verstrüppt längs der Jahre in Afrika. Darin versteckt finden sich die wilden Beeren, die grünen, ungenießbaren, die roten sauren und die schwarzen süßen. Manches ist in der Blüte verdorrt. Anderes ist überreif abgefallen. Was ist hängengeblieben für eine späte Ernte, zwanzig Jahre danach?

Es findet sich noch eine Handvoll.

Nur wenig angestaubt von ängstlichen Bedenken glänzt saftigreif noch immer das Selbstgefühl: Ich habe es gewagt und das Abenteuer ganz allein bestanden. Alleinverantwortlich geplant, gereist, geredet, riskiert. Nie mehr in diesem Leben wird sich die Wiederholung der Wiederholung ergeben.

Halbreif abgefallen und verfault sind alle Umwege von damals. Überreif den Beerenwanzen des zeitvernaschenden Lebens überlassen hängt im Gestrüpp das eigentliche Ziel von damals, das da mitten in dem fernen Leuchten stand. Alles übrige schmeckt säuerlich – von den Bananen der Frau Nok über die Peinlichkeiten in Ndumkwakwa bis zu der Dosenmilch, die dem Sippensozialismus in Mbe-Mbong geopfert werden mußte. Was war so trüb am erfüllten Traum? Das Straßenwunder war hinweggeschwemmt. Es wurde dafür am Palazzo gebaut. Drei Wochen hat der Gast ausgehalten, Reis geworfelt im Tal und Lehmziegel geformt; ist auf den Ahnenberg gestiegen allein, nach Bausi gewandert zu zweit und hat am Ende ein Fotoporträt mitgenommen, sacht zusammengerollt und in einem schönen bauchigen Bandiri-Korb verwahrt.

Was noch? Auf dem Urhügel über dem Palazzo erschien die Fata Morgana einer Eremitage. Eine späte Blüte, die nach zehn Jahren erst Frucht ansetzen sollte – eine kleine, saure Schrumpelbrombeere im Erinnerungsgestrüpp. An ihr kleben seitdem die Läuslein der letzten Träume, das Wenige, das geblieben ist von einem großen, horizontausfüllenden fernen Leuchten.

Das Erinnerungsgestrüpp allein – es ergäbe keine zehn Seiten, und es wäre schade. Sollte nicht mehr erhalten bleiben vom Glanz des Vergangenen?

Das Wortgestrüpp auf dem Papier

Mehr als im Brombeergestrüpp der Erinnerung ist hängengeblieben im Wortgestrüpp auf dem Papier. – Am struppigsten ist das Gestrüpp im kleinen Reisetagebuch der großen Reise. Kleiner als eine Postkarte, dunkelblau eingebunden mit hellblauen Schwalbenschwingen zwischen goldgepunkteten Wolken, fand es Platz in den tiefen Taschen des Reisekasacks und ist geschrieben mit Bleistift. Abgeschrieben wurde es mit Schreibmaschine in der Grauen Villa zu Berlin, acht Jahre danach, und es war Oktober. Abgeschrieben warum? ‚Um wenigstens etwas anzupacken, in blindem Zugriff, vom immer noch Eigentlichen der *midlife crisis*, Stoff ohne Form und der Sinnlinien ermangelnd. Das, was geblieben ist von der Inspiration der wunderbaren Jahre, von dem, was da kreiste im Blutkreislauf, antrieb, umtrieb und die Stoffmasse des hemmungslos Hingekritzelten aus sich heraustrieb. Das, was nicht mehr ist, was es war.'

In einem Text aus tagebuchfreier Erinnerung, die manches durcheinanderwarf und daraus etwas Lesbares machte; in einem schmalen Bändchen Reisemonolog, *Spur im Staub*, hatte das Wortgestrüpp sich bereits gelichtet, ablenkend hin auf Brautgeschichten und ein schwieriges Gedicht, einblendend den Vollmond, der über die Berge rollte auf der Reise nach Ola, zwei Jahre zuvor.

Die Zeit rollte weiter. Sie rollte weitere zehn Jahre und ins neue Jahrtausend hinein. Die Chronik der großen Wiederholungsreise unter dem Harmattan soll eine Endgestalt erhalten. Schon ist unter den hohen Bäumen eines gepflegten Campus die ostafrikanische Ameise über den ersten, noch handschriftlich auf das Papier geworfenen Satz gelaufen. Bald läuft sie nur noch über den Bildschirm und sitzt nun gespeichert in der Falle einer Festplatte, wird auf Diskette kopiert und von einer Fassung in die andere geschoben, seit zwei Jahren schon und in der Hoffnung, sie werde in einem Buch weiterlaufen über den ersten Satz hinaus – eine kleine, irdisch-eitle Zeit lang.

Das dritte Buch muß unterteilt werden, so gewaltig ist die Masse des Verschriftlichten. Wieder ist das Reisen Ellipse. Wieder werden Umwege abgefahren. Hundert Seiten und viele hundert Taxikilometer müssen abgehakt werden in einem Teil Eins, ehe das Ziel erreicht ist. Und das ferne Leuchten – es wird zu flackern und zu blaken beginnen, ehe allgemach die Zeit naht, da es fast völlig erloschen ist.

1. Kapitel

Wiedersehen mit Ndumkwakwa

Abschied und Ankunft

Es war europäischer Winter, richtiger, mit Januarschnee. Dem fernen Leuchten, das die Tagträume an sich zog, stand entgegen leise Verzagtheit, die zu überwinden war samt der Ferne. Bald fünfzig. Die wunderbaren Jahre neigen sich dem Ende zu. Die große, vielverschlungene Reise allein – ein letztes Aufgipfeln? Der Rahmen der Gesamtplanung scheint einigermaßen stabil; darin aber hängen die Kleinigkeiten, auf die es ankommt. Im Aufbruch begriffen, in Abschied verwickelt, zuckt beim Verlassen des Hauses der erste Schreck auf: unter dem leichten Mantel fehlt das Jackett mit Paß und Flugschein.

Der Mann, der sich abfindet, ist mit der eigenen Karriere beschäftigt. Er kommt im Taxi mit bis zum Bahnhof und harrt aus auf dem verschneiten Bahnsteig, bis der Zug abfährt. Was soll man noch reden? Es ist nicht Krieg. Das Risiko der Reise ist abschätzbar und nicht allzu hoch. Es ist kein Sprung ins Unbekannte. Und während die eine, wurzellos, überflüssige Energien nach rückwärts abreist, wird der andere sich auf Zukunft hin einzuwurzeln versuchen durch eine Habilitation. So phasenverschoben lebten zwei neben einander her.

Am Tag vor Epiphanias. Der Zug fuhr durch die verschneite Landschaft, und der Mann, der eine Entschlossene reisen ließ, stapfte alleine durch den Schnee nach Hause, hoffte, vertraute, betete, und es half irgendwie, das zu wissen. Die Mutter ist sorgenvoll mit dem Enkel beschäftigt; es hält die Sorge um die Tochter im Gleichgewicht. Sie fliegt ja nicht zum erstenmal allein nach Afrika. Gewiß. Und gegen den Sog einer lebhaften Katastrophenphantasie macht mutig allein das ferne Leuchten. Hier muß etwas, das im Glanze dieses Leuchtens eingefädelt wurde, durchgezogen werden. Wie mühsam kann Selbständigkeit sein. Ja, um wie vieles bequemer ließen sich die Tage hinbringen. Bequemer, langweiliger, sinnloser. Der Zug fährt an dem Fluß entlang, auf dem einst das Paddelboot dahinglitt, in dem zwei paddelten, philosophierten und schwiegen, einen Sommer lang. Es ist dreißig Jahre her, und bis zur Silberhochzeit wären es noch sieben. Vielleicht wird man einander irgendwann wieder besser verstehen.

Übernachten im Plüschaquarium. Hier wird ein westdeutsches Durchschnittsleben auf gehobenem Niveau und mit gewissen Extras verziert gelebt. Die Verwandten sind gastfreundlich; möchten mehr über die Gründe und Ziele der Reise wissen, und es ist schwierig, die Wahrheit zu sagen. Ich kann doch nichts von einem ‚fernen Leuchten' erzählen, ohne daß sie mich für tropengeschädigt halten. Eine Einzelgängerin und Abenteurerin? Es gibt Abenteuerlicheres in dieser Familie. Es gibt roten Wein, lila Plüsch und eine freundlich-redselige Schwiegermutter ohne die geringsten Sorgen. Leicht und durchlöchert ist der kurze Schlaf. In der dunklen Frühe mit Taxi zum nahen Flughafen. Noch einmal telefonieren mit dem Mann, der geschehen läßt, was offenbar sein muß. Er wird sein eigenes Abenteuer in Tiliapolis zu bestehen haben.

Ein Traum fliegt der Erfüllung entgegen. Pünktlich in Frankfurt. Schneelandschaft und Wolken; ein Streifen Morgenrot im Osten und ein voller Mond. Noch einmal telefonieren mit dem Mann und den Müttern. Es sollen keine Fäden abreißen. Aus dem Ehe-Bungalow ist zu hören, daß akademischer Besuch kam und palavert wurde bis spät in die Nacht. Da kommt einer so leicht nicht auf sorgenvolle Gedanken. Außerdem ist es gut, um den Sinn eines vernünftigen Gottvertrauens zu wissen. Weiter nach Brüssel. Das Gefühl der Unwirklichkeit will wieder einmal nicht weichen, begleitet von einem Troß von Bedenken. Werde ich durchhalten? Ich muß gesund bleiben. Ich muß wach und geistesgegenwärtig sein und darf nicht in einer staubrosa Wolke verschwinden. – Pünktlich auch in Brüssel, und schon müde. Was hab ich hier? Das grün-gelb gewebte Ashanti-Lesezeichen, erinnernd an Bethabara, und daraufgeklebt je ein Foto vorn und hinten. Isidor und Isidora. Das bunte Gewebe trennt und vereint. Es kleben zwei Rücken an Rücken, untrennbar; aber sie blicken nicht in die gleiche Richtung. Der eine weiß genau, was er will. Die andere weiß es nur ungenau und bei weitem nicht mehr so gut wie noch zwei Jahre zuvor, in Mbebete. Das Gefühl zerfließt in Landschaft, in wohliger Wärme und rotem Staub. Wenn es Konturen annimmt, ist es ein Dorf in grünvioletten Bergen und eine ungenaue, schattenhafte Nähe. Ja, das Leuchten, hat es in der Mitte nicht schon Schatten, etwas wie Sonnenflecken?

Gegen die Müdigkeit anschreiben. Winterlandschaft von oben. Höhenzüge, Wälder, Siedlungen, Grau in allen Abtönungen in verwaschenes Weiß gestrichelt: die Miniaturlangeweile spätmittelalterlicher Landschaftsmaler. Ich reise wie eine Landstreicherin, mit einer gelbrot verschrammten, einst weißen Bordtasche, der Griff mit gelbem Bindfaden repariert, und auf der Stirn habe ich eine Eiterbeule. Schäbig, alt und ausgefranst sehe ich aus, so daß die Vorstellung, einer, der nicht darum gebeten wurde, könnte heute abend am Flughafen sein, gar nicht poetisch wirkt. Und nebenbei besehe ich mir das *pêle-mêle*, das hier nach Afrika will, die Weißen, die Schwarzen und die Milchkaffeekinder. Das hier ist immer noch Brüssel. Die große Maschine wird aufgetankt und beladen. Das Wunder der Technik, ausgebrütet in männlichen Gehirnen, kommt mir am nächsten in der Gestalt von Flugzeugen. Aber es bleibt die Beklemmung beim Fliegen, das Luftanhalten. Außer, wenn vorübergehend, mit Fensterplatz und wolkenloser Sicht, der Erdkundefilm in zehn Kilometern Tiefe die Höhe vergessen läßt.

Erdkundefilm und Klimaschock. Der Film läuft: die Alpen wie gefrorene Schlagsahne, die Côte d' Azure mit spitzem Stift ins blaue Meer gezeichnet, dann Wolkeninseln; die Sahara erst seltsam puderzuckerig überdunstet, später blaßgraurosé mit scharfen blauvioletten Schlagschatten der Gebirge, das nackte Felsgestein und in flachen Mulden der roséfarbne Sand: wie Unfruchtbarkeit und Öde eine solche Welle ästhetischen Wohlgefallens emporspülen können. Dann die Dämmerung und der Mond, so als sollte er heute erst voll werden, heute, Sonntag, Epiphanias. Auf diesem Flug mit Fensterplatz nach Osten wurde als schweigsamer Nebensitzer notiert ‚ein Indianer-Typ, edel-schmal, ein Winnetou unterwegs nach Afrika', der sich als ‚Japanese lecturer' in die Einreisekarte eintrug. Ein anderer hätte Konversation gemacht. Ich nicht.

Aufenthalt in der Sudanstadt bis spät in die Nacht: drei Stunden statt einer. Zum Auftanken erscheinen zwei, gekleidet wie für eine Party. In knöchellangem Kaftan, pastellrosa, und mit Silberbrille intellektualisiert, turnt der eine auf dem Flugzeugflügel herum. Tropenwärme dringt herein und zieht den Leuten die Wintersachen aus. Niesen, ‚Klimaschock'. Anfälle von Verwunderung darüber, in einem Flugzeug zu sitzen. Der Traum verwirklicht sich gegen eine veränderte Gefühlslage. Der Aufenthalt wird zur Verspätung. Über der erleuchteten Stadt steht der volle Mond. Die Leute machen Bekanntschaften. Was mach ich, wenn niemand am Flughafen ist, mich abzuholen?

Im Flugmagazin steht ein Essay über Ägyptentourismus, witzig-ironisch. Da quält sich einer durch die Geheimgänge der Pyramide: ‚until I glimpse a Nefertiti smile I stumble gratefully forward.' Auch die Reisende stolpert dankbar vorwärts und zurück ins Land ihrer Träume. Über locker vorgeschobene, bisweilen willkürlich zugehauene Motive stolpert sie auf gut Glück vor sich hin in Richtung auf ein fernes Leuchten, das noch immer wunderliche Wirkungen zeitigt.

Das Flugzeug fliegt wieder. Der Mond setzt sich auf die Tragfläche. Der gleiche Mond, der über Mbe-Mbong steht, über Mbebete und Bandiri, und auch über Ndumkwakwa. Vorgefühl der wohligen Wärme Afrikas, die durchwärmt bis auf die Knochen. Vorgefühl von warmem Staub und dem Luxus, Zeit zu haben, warten zu können. Wär ich nur erst in Bishoptown und in einem Gästebett. Möge es beim Anflug auf Daladala nicht zu sehr schütteln. Und vor allem: möge einer dasein, mich abzuholen.

Jung-Jambi am Flughafen. Sonntag nacht und vermutlich war es wie immer: das Flugzeug sinkt von Schwelle zu Schwelle, setzt auf, rollt aus, steht und man darf sich losschnallen und aussteigen. Da ist wieder fester Boden unter den Füßen, und um die Schultern legt sich ein dicker Mantel feuchter Wärme, während man hinüberläuft zum Flughafengebäude. Voll dankbarer Geduld stellt man sich in die Warteschlange und wartet. Wartet dann auf den Koffer, und er ist wirklich da. Geht durch die Sperre, sucht und ist schon gefunden. Es war Jung-Jambi. Eifriger Briefeschreiber zwei Jahre hindurch, in Erwartung substanzieller Benefizien. Ein kluges Bürschchen, verheiratet und in Bishoptown stationiert. Er hat dafür gesorgt, daß der bequeme Wagen der Kirchenleitung samt Fahrer zur Verfügung stehen, um die wiederkehrende *fraternal* abzuholen. Die Ankunft ist glücklich beendet.

Die Fahrt durch die Nacht wurde ungemütlich nur entlang der Rennstrecke durch die Plantagen. Aber man kam heil an, und die Reisende fand zu später Stunde freundlichen Empfang bei der Frau des Finanzsekretärs. Das ersehnte Gastzimmer, ein Bett und Schlaf. Dem Tagebuch mußten Ankunft und Dankbarkeit eben noch mitgeteilt werden, als ermangelte es sonst der Wirklichkeit an Wirklichkeit.

Sonntag auf Montag, 0.50 – Ich bin da. Eine Grille zirpt langsam und melancholisch. Ich bin da und wie zu Hause. Dank dem Gott der Wege und der Bewahrung. Gleich morgen, nein heut, schreiben dem, der mich ziehen ließ.

Erste Etappe

VERGESSENES. ABGEHAKTES

Die ersten Tage im Lande – nur das Tagebuch holt sie aus dem Vergessen zurück. Das Wiedersehen mit Orten und Leuten; das Hangeln von einem zum anderen. Vergessen war, vermutlich, weil knabenhafter Charme nichts mehr bewirkte, wer am Flughafen wartete. Vergessen, wo und wie sich befand, der einst eine Reise in die Mangroven wert gewesen war. Selbst die Tage in Ndumkwakwa verhüllte ein graues Sacktuch. Das peinliche Mißverständnis in Bishoptown hat nur spinnwebdünne Spuren hinterlassen. Gröblich in Erinnerung blieb einzig die Situation in Babakum, wo afrikanische Gastlichkeit kläglich versagte. Alles übrige – wie ein alter Koffer im Keller voll abgetragener Sachen. Der Tick, möglichst nichts wegzuwerfen, zieht am Tagebuch entlang Einzelnes noch einmal hervor und steckt es achselzuckend wieder weg.

Am ersten Morgen im Lande, Montag, wurde als erstes der Brief geschrieben. Ich bin da. Es ging so weit alles gut. Dann Besuche; vormittags bei Jambi. Er hat's nicht schlecht. Die Tutorin kommt und sieht sich um: nahezu luxuriös. In der Küche Gasherd und Kühlschrank. Die Frau ist Lehrerin. Man hat lediglich Probleme mit dem Stipendium fürs Weiterstudium. *Na'anya* wird doch hoffentlich einsehen, wie dringend man der Belohnung bedarf fürs Abholen am Flughafen. Es gibt auch ein Mittagessen, weil der Gast um halb zwölf noch im Hause sitzt und Beschaffungsprobleme wälzt, gestört von Besuchern, die zufällig oder neugierig kommen und herumsitzen. – Unerquicklich muß gegen Abend die Begegnung mit Ekuma gewesen sein, unter freiem Himmel, am Rande eines Fußballfeldes, in der Nähe der Schule, wo auch seine Frau beruflich Zugewinn erwirbt. Worüber soll man reden? Die Tutorin belästigt ein Gefühl von Unfairness; Enttäuschung und Melancholie läßt der Ehemalige spüren, und außerdem war Vollmond, noch immer. Da hatte einer, Dandy und nicht dumm, sich drei Jahre lang für den Favoriten gehalten, war beinahe auch als solcher behandelt worden und am Ende doch nur Vorwand gewesen. Ablenkung von einem mit weniger Glück bei den Fraun, *bel ami*. Erledigt? Es ging nach in Traumbruchstücken, in welchen auch der Glücklose sich auf Distanz begab, lauernd und eine Pfeife anzündend, der Nichtraucher. *Illusions perdues* – der Traum nahm es vorweg.

Das erste Mißverständnis ergab sich am nächsten Morgen. Das Kirchenoberhaupt hat Audienz zugesagt in seinem Büro. Die *fraternal* macht sich auf zu dem Hause, in welchem der freundliche ältere Herr wohnt, setzt sich in das offene, mit Büchern ausgestattete Kabüffchen, und wartet. Wartet vergeblich. Hat der gute Pa die Audienz vergessen? Nach mehr als einer halben Stunde – ich kann doch hier nicht endlos warten – läuft die Reverend Missis dem Right Reverend und anderen Leuten, die nach Babakum wollen, noch rechtzeitig vor die Füße, um das Mißverständnis aufzuklären. Die Kabüffchen-Zeiten nämlich sind vorbei. In dem neuen Bürokomplex gibt es ein schönes neues Büro. Man hatte an einander vorbei gewartet. Kann die Audienz am Abend stattfinden? Ja, am Abend. Die Weiterreise kann verschoben werden. Aber der Koffer kann schon mit nach Babakum ins Kirchenzentrum. Die weißen Gastgeber sind freundlich. Die Frau des Hauses wäre gespannt auf einen Rundbrief über die acht Wochen im Lande. Aber ein solcher wird nie geschrieben werden. – Dieses war der erste Streich; ein Danebentappen aufgrund von mangelnder Orts- und Fortschrittskenntnis. Es könnte Schlimmeres passieren. Auf nach Yumula.

Der Jüngling von einst – feist

Die erste Fahrt mit Taxi geht gut vonstatten. Der Straßenrand zieht staubig, struppig und gleichgültig vorüber. Gegen 11 Uhr ist das Ziel erreicht. Der, dem der Besuch gilt, ist nicht zu Hause. Das Wohnzimmer ist gut ausgestattet. In einer Ecke steht statt einer Suzuki eine Yamaha; die Frau des Hauses aber kocht auf drei Steinen. Das ist der Unterschied zu Bishoptown. Das Haus ist belegt mit den Schulkindern von Verwandten. Sieben Jahre ist die Ehe alt, und es sind noch keine eigenen Kinder da. Das ist ungewöhnlich und belastend. Man wird darüber reden, über mögliche medizinische Maßnahmen. Da der Hausherr zögert zu erscheinen, fragt der Besuch den jüngeren Bruder und die Frau des Hauses aus. Dann hilft das dunkelblaue, schwalbenbeschwingte Tagebüchlein die Zeit zu vertreiben. Kritzel-kritzel. Die übliche Berichterstattung, die üblichen Selbstgespräche – ‚und in diesem überfüllten Hause hätte ich übernachten wollen? Wo bleibt er? Mich hier warten zu lassen... Ich habe Hunger. Hoffentlich gibt's bald was.'

Es gab etwas. Dann, am Nachmittag, hat er endlich Zeit. Er, der einst Jüngling war und inspirierte. Seit er verheiratet ist und ein Motorrad hat, ist er feist geworden. Das Einst ist zehn Jahre her. Als ein Unglücklicher einsam am grauen Meere saß, war er einen abenteuerlichen Besuch wert. Auf dem Weg endgültig zurück nach Europa kam man auch noch eben mal vorbei, weil's bequem erreichbar war. Aber nun – eigentlich nur noch anstandshalber. Überlebt. Erloschen. Im Schatten eines halbfertigen Gebäudes steht man fast zwei Stunden und redet und beredet. Da ist einer nicht nur feist, sondern auch besonnener geworden. Keine heftigen Reaktionen mehr. Nichts mehr. So vergehen die Jahre und die tragischen Impressionen. Für Harvard fehlte ihm die dritte Empfehlung. Er denkt jetzt an die landeseigene Universität, aber auch an die BRD. Die versprochenen 100'000 will er in ein Haus verbauen. Die medizinische Behandlung für die Frau sei nicht teuer. Die Verabschiedung am Taxi geht unfeierlich schnell vonstatten. War das nun auch ein Abhaken? Ist gar nichts übrig geblieben? Es säuselt nichts mehr in den Eukalyptusbäumen. Schade.

Der Oberhirte und das Schäfchen

Gegen Abend zurück in Bishoptown. Die Schweizer Gastgeber in dem langgestreckten alten Gästehaus mit Veranda, dicht unter dem großen Berg, der Tiefebene und Meer beherrscht, sind gastfreundlich bei Frühstück und Abendessen. Man sitzt beisammen und es kommt, sich um den Besuch aus Übersee zu kümmern, es bemüht sich höchstpersönlich herbei der aus Babakum zurückgekehrte Oberhirte. Das Mißverständnis vom Morgen wird noch einmal beseitigt. Das waren noch Zeiten, als ein echter Häuptling mit solider Menschenkenntnis sich persönlich um die *fraternals* kümmerte. Der allein und besuchsweise zurückgekehrten Ehefrau und Tutorin wird offiziell Aufmerksamkeit zuteil. Sie wurde auf eigenen Wunsch schriftlich eingeladen. Sie wußte ihre Reisemotive überzeugend vorzutragen. Um ihre ehemaligen Studenten, oder jedenfalls um eine gewisse Anzahl unter ihnen, scheint sie sich seelsorgerlich und finanziell kümmern zu wollen. Außerdem ist da ein Straßenprojekt ganz in der Nähe der Provinzstadt, aus welcher der Oberhirte stammt. Da mag er sich seine Gedanken machen. Der kleinwüchsige erste Mann der Kirche und große Diplomat sitzt im Wohnzimmer seines Finanzsekretärs und erläutert die Hauptprobleme seiner Schafe: Geld und Bier. Von dem einen zu wenig, vom anderen zu viel. Und vor ihm sitzt ein Schäfchen, das Sachverstand bekundet; aber im Grunde vielleicht doch – ein Schäfchen ist. An diesem Abend findet noch die Einladung zum Abendessen beim zweiten Mann der Hierarchie statt. Damit ist dem Gast an höchster Stelle alle Ehre zuteil geworden. Er kann in Frieden weiterziehen.

Am Mittwochmorgen in Bishoptown war die Welt noch in Ordnung und der Koffer vermutungsweise auch in Sicherheit. Ein paar Tagebuchnotizen zum Vortag, Verabschiedung von der freundlichen Floreni Gastgeberin, und dann mit der handlichen alten Reisetasche und einer schäbigen kleinen Schultertasche zu Fuß zum Taxipark. Hier offenbart sich ein weiteres Mißverständnis, denn Jung-Jambi ist nicht da, sich zu verabschieden. Wozu auch. Er hat, was er wollte: die Zusage einer Zugabe zum Stipendium. Es ist kurz nach 9 Uhr und es wird warm. Das braune Jackett mit den vielen sicheren Taschen muß ausgezogen und fest im Arm behalten werden. Das Taxi wird langsam voll. Ein entfernter Bekannter steigt ein, das ergibt eine kleine Konversation und ein Gefühl der Bezogenheit; man steht notfalls nicht völlig fremd in der Gegend. Der Notfall könnte ein kollabierendes Taxi sein.

Zweite Etappe
AFRIKANISCHE UNGASTLICHKEIT

Die Taxifahrt – der abendliche Tagebucheintrag beginnt mit Dank an Gott für heile Knochen und das Leben überhaupt. Der Fahrer sei gerast auf einer Strecke, die kurvenreich und bekannt für tödliche Unfälle ist. In Yumula ließ die Weiße anhalten, rannte zum nahen Haus, um noch irgendetwas zu sagen, und da – ach, wie unschön. Da stand der längst und wenngleich nicht ohne Bedauern aus allen poetischen Gnaden Gefallene im hellen Sonnenschein mit nacktem Oberkörper und einer Zahnbürste vor der Tür. Er hielt sie immerhin in der Hand und nicht im Mund. Es ging alles schnell; denn Weiße haben nie die Zeit oder die Unverschämtheit, andere warten zu lassen.

So ging es denn weiter, rasend auf geraden Strecken, in den Kurven gerade noch abbremsend, und keiner der Fahrgäste wagte auch nur einen Muckser. Da gab es nichts zu genießen an vorhandener Landschaft. Aber der Mensch gedenkt seines Gottes und wird vorübergehend wieder dankbar; steigt aus, und läuft mit dankbaren Beinen durch die halbe Stadt, durch Staub und Hitze, im Herzen das dankbare Aufatmen.

Der Oberhäuptling aller Bomassi, ja, er war es und er war indigniert. – Die Dankbarkeit lief zur Bank, stand Schlange und sah sich ein wenig um. Wer sitzt da mit Stock und Melone, klein und dicklich und bequem in einer

Ecke? Man begrüßt einander mit Kopfnicken von ferne, *big man* und *big woman*, groß allein schon deshalb, weil sie über ein Konto verfügt. Mit 300'000 in der Jackettasche sodann Richtung Seitentür, neben welcher der Honorable sitzt. Der erhebt sich, vertritt den Weg und gibt seinem Unmut darüber Ausdruck, daß der gelehrte Ehemann dieser Weißen in einem dikken Buch gewisse Dinge über den Häuptling verbreitet hat, ohne den Betroffenen selbst um Auskunft zu bitten. Vollkommen recht hat er, und er möge doch, bitteschön, seine Mißbilligung schriftlich fixieren. Mit dem erforschten Wissen ist der Beschuldigte soeben dabei, ein Professor zu werden. Das wird sein ehelich Gemahl dem Verärgerten nicht verraten.

Zum Kirchenzentrum, dem einzigen sicheren Ort in der unsicheren Stadt, geht es mit einem Taxi, denn es liegt etwas außerhalb, eine große Parkanlage, und die überseeischen Millionen, die da hineinverbaut wurden, dienen nicht nur Synoden zum Tagen; sie heben auch den Lebensstandard der wenigen, die das Glück haben, hier angestellt zu sein und in einem schönen Haus zu wohnen. Im Büro ist anzutreffen Jack, der einst in Ndumkwakwa Geld und Akten verwaltete, und Abzo, einer der Ehemaligen, der einen weißen Tutor zum Paten eines seiner Söhnchen ergatterte und sich entsprechender Zuwendungen erfreut. Er bekam auch jetzt einen, wenngleich bescheidenen, Betrag ausgehändigt. Diese beiden Bekannten sind vorhanden, und der schwarze Koffer steht ebenfalls ungestohlen im Büro. Der Gast bekommt eine Zelle mit Bett in einem Nebengebäude angewiesen; der Hauptbau sei leider belegt.

Nun wäre es Zeit für ein Mittagessen. Die beiden Schwarzen haben keine Einladung verlauten lassen. Also geht die Weiße zum Haus der einzigen Weißen im Campus. Leider ist sie mit der Dame, einer resoluten Britin, nicht besonders gut bekannt. Die Nelly, vermerkt das Tagebuch, habe einen zurückhaltenden Eindruck gemacht. Das ist bestens nachzuempfinden. Unwillkommene Gäste, die man höflichkeitshalber nicht abschieben kann, sind bekannt aus Ndumkwakwa-Zeiten. Auch diese Nelly muß mal dagewesen sein, um das Gästezimmer samt Klo zu belegen und war auch nicht willkommen. Das wachsende Hungergefühl überwand zweieinhalb Stunden peinliches Warten auf etwas zu essen. Die Gastgeberin wider Willen saß am Tisch und sprach so leise, daß vieles nicht verständlich war für ein bereits alters- oder resochingeschädigtes Gehör. Die Spende für die Frauenarbeit ist notiert. Sie fiel so dürftig aus wie die Gastlichkeit der Weißen.

Am Nachmittag nach Fang.
Wieder hinaus in die Nachmittagsschwüle und durch den unglaublichen Staub der Vorstadt zu Fuß hoch bis zur Kreuzung. Die Erinnerung ist noch staubig von dem roten Staub, der sich am nächsten Morgen in Schlamm verwandelte. Taxi nach Fang. Was dort zu erledigen war, ist nicht notiert und daher weg. Vielleicht ging es um die zum Verkauf im Bücherladen angebotenen Exemplare der Wissenschaft des Gemahls. Woher sonst hätte der Häuptling mit der Melone wissen sollen, was da über ihn geschrieben stand? Der Leiter des Ladens müßte damals der Lehrer Oko aus Ndumkwakwa gewesen sein. Aufkreuzte auch ein schwarzer Kollege, kontaktfreudig und angesäuselt, Mahti, schenkte einen Kalender und bekam wohl auch irgend etwas, zumindest versprochen.

Die Bananen der Frau Nok

Dann ergab sich die säuerliche Episode, die einen faden Nachgeschmack zurückließ bis heute. Statt selbstversorgend auf dem Markt Brot, Bananen und Coca-Cola zu kaufen, verfügte sich die Reisende zurück ins Kirchenzentrum in der naiven Erwartung, es werde sich unter den Afrikanern daselbst jemand finden, den weißen Gast zum Abendessen einzuladen. Für ein Bett ist gesorgt, aber wo ist ein gedeckter Tisch? Unter den Palmen begegnet die Frau Nok, Lehrerin und ehemalige Studentenfrau. Der Mann ist in Amerika, um zu promovieren. Sie wohnt mit ihren Kindern etwas außerhalb des Campus und ist gut versorgt. Man unterhält sich über dies und das, aber eine Einladung zum Abendessen kommt nicht vor. Vermutlich kam die Frage vor, wo ein paar Bananen zu haben wären, denn die gute Frau ging immerhin und kam nach einer Weile mit einer Handvoll Bananen wieder. Für dieses Minimum bekam sie 5'000, ein blaues Halstuch und eine silberfarbne Anstecknadel aus der Geschenkschatulle. Warum? Vielleicht, um die Enttäuschung zu vertuschen. Es war das nachdrücklichste Erlebnis hinsichtlich Gastlichkeit. Übertroffen nur um wenige Millimeter von der Dosenmilch in Mbe-Mbong. Der Magen hat seine eigenen Gesetze. Der Durst war offenbar erträglich. Niemand von den Bewohnern des Zentrums, und vier von ihnen kannten den Gast persönlich, kümmerte sich. Der Gast verkroch sich in den ansonsten leeren Gästestall.

Überraschung am späten Abend.
Die Enttäuschung schreibt Tagebuch. Auf einmal – 'Was rattert denn da für ein Motorrad vorbei?' – wird es laut vor der Gästebaracke. 'Open!' und eine Faust donnert gegen die verschlosse-

ne Tür. 'Who are you?' fragt es von innen. Und noch wütender und von Verbalinjurien begleitet ballern Fäuste gegen die Tür. Wenn das nun ein Betrunkener ist? Wer hört, wenn ich schreie? Die Tür würde wohl standhalten, aber der Gedanke, ein Feigling zu sein, hält nicht stand.

Wer tritt ins Licht des Korridors mit Bauch und Aplomb? Es ist der Ehemaligen einer. Großes Erstaunen auf beiden Seiten. Zusätzlich Erleichterung auf Seiten der Weißen. Robert B., unter die Eigenwilligen zu zählen und aus derselben Klasse wie der von Yumula, sitzt alsbald auf dem zweiten Bett gegenüber, läßt sich ausfragen und erzählt das meiste von selber. Es hat ihm ein Weißer die missionarische Fortschrittlichkeit von Kassetten aufgeschwätzt, und damit geht er jetzt hausieren. Das heißt, er geht nicht, er fährt natürlich auf dem Motorrad und infolgedessen ist auch dieser junge Mensch – wie jung? Es ist bald zehn Jahre her, daß er in Ndumkwakwa Literarkritik begriff und Nähmaschinen reparierte – auch er ist fett geworden. Es hungert in diesem Lande, in diesen südlichen Gegenden, niemand. Es schwimmt alles in rotem Palmöl.

Ein Taschenmesser für ein Frühstück

Am Donnerstagmorgen, noch in dunkler Frühe, rauschte ein großer Regen herab. Wasser, nach dem die Trockenzeit lechzt. Weiter nach Ndumkwakwa. Aber wo bekomme ich als erstes ein Frühstück in diesem ungastlichen Campus? Wenigstens eine Tasse heißen Tee. Wer wen einlud, ist nicht erinnerlich; aber die Reisende saß schließlich am Tisch des Sekretärs Jack, und derselbe bekam zum Dank ein rotes Taschenmesser – auch das eine Übereilung und ein Mißgriff. Rote Taschenmesser hätten nur an einen Einzigen verschenkt werden dürfen. An einen, der sich ein solches Geschenk zusammen mit 80'000 bei Gelegenheit aus der hinteren Hosentasche ziehen ließ und die Sache in einem Brief – 'poor me', sich selbst bemitleidend, und 'Du Schafskopf!' sprach vernehmlich die Lesende – es also auch brav berichtete. Die Hausfrau bekam eine gestickte Tischdecke, auch das war übertrieben. Es war Überkompensation des Schocks der Ungastlichkeit vom Abend zuvor.

Taxiparkimpressionen

Weiter. Wie kam als erstes der Koffer bis zur Straße, um in ein Taxi geladen zu werden? Er läuft ja nicht von selber. Und wer hätte ihn tragen sollen? Das Tagebuch beginnt gegen halb zehn auf dem Taxipark. Der war damals noch neben dem Markt an der breiten, schlaglöcherreichen Hauptstraße. Ein Taxi nach Meltom ist schon vorhanden; man muß nur geduldig sitzen und warten. Der große Regen hat den Staub in Schlamm verwandelt. Ein lauer und sanfter Wind weht. Die Leute laufen hin und her, und aus den Buden tönen Tanzrhythmen. Da drüben geht eine weiße Bekannte vorüber – verheiratet mit einem Afrikaner, schon eine ganze Weile, ohne Kinder, und es ging gut bislang. Wie mag es der armen Mireille inzwischen gehen? Möge doch alles, was schön und zerbrechlich ist, unsichtbar bleiben, ein Schweben im Möglichen und allenfalls auf dem Papier Gestalt annehmen. Da bin ich vom Linienluftverkehrshimmel gefallen auf meine zwei Beine und sitze in einem Taxi, hoffend, daß es demnächst abfahren und da ankommen wird, wo ich hin will. Inzwischen vertreibe ich mir die Zeit mit den Augen. Mit Gedanken, Worten und einer Bleistiftspitze auf Papier.

Ein junger Mensch sitzt vor seinem Brotwagen und wartet auf Käufer. Ein anderer, wohl ein Muslim, schreitet in langem, blendenden Weiß durch den braunroten Schlamm und balanciert einen Stoß Felle auf dem Kopf. Afrikanische Markt- und Taxiplätze – das Leben zwischen Himmel und Schlamm oder Staub. Das Soziokulturelle. *Sozio* sind die Leute, die da kaufen und verkaufen, feilschen, lachen, schwatzen, schimpfen, einander begrüßen. Bin ich *sozio*, wenn ich nur im Taxi sitze und beobachte und Notizen mache? *Kulturell* sind die bunten Wikkeltücher der Frauen, wo Grün und Orange, Rot und Lila sich in einander verbeißen, das Tragen von Lasten auf dem Kopf und das Einfach-Dasitzen. Was ist Kultur an mir? Der Fotoapparat, mit dem ich nicht zu fotografieren wage? In Ndumkwakwa werde ich anders *sozio* sein als hier. Angemeldeter Gast. Wenn die gute Ulla nicht geschusselt hat. Ein langes Wochenende Vergangenheit wartet, belastet mit zwiespältigen Erinnerungen.

          Die rote Lateritstraße nach Meltom – durch die Vororte, durch die Gummibaumplantagen, über die kleine Brücke, wo es einst keinen Zusammenstoß mit dem von oben herabrollenden Lastwagen gab. Über die große Brücke, unter der ein breiter Fluß mehr steht als fließt; kleinere Ortschaften, Bretterbuden, Kinder, Hühner, Hunde, Schweine, Schafe; manches wird überfahren, und man sieht nicht hin. Man will ankommen. Es rumpelt über uralt vulkanisches Gestein bergan, biegt nach links ab und schaukelt und holpert über das, was hier Straße ist – ach ja, alles alt-vertraut. Aber nun geht es nicht mehr 'nach Hause', zu eigenem Tisch und Bett, Küche, Klo und reiner Innerlichkeit. Hier kommt eine Weiße in der fragwürdigen Gestalt eines *revenant*.

Dritte Etappe
NDUMKWAKWA. PALAVER. PEINLICHKEITEN

Kleinkram. Gekrümel. Hier soll aufgeräumt werden. Alles soll hervorgekehrt und sortiert werden. Es war weg, unterm Teppich, unter der Bastmatte. Überdauert hat eine Art Hautjucken, ein Jigger im kleinen Zeh einer großen Vergangenheit. Groß, gewiß. Hier war des Lebens hohe Mitte, Höhepunkt der äußeren und inneren Berufung zu lehren. Hier freilich zog sich dumpf auch die eheliche Krise hin; es begannen hier hinwiederum auch die wunderbaren Jahre. Der Tulpenbaum blühte. Hier war Idylle, die verfiel. Eins nach dem anderen.

In Meltom, um die Mittagszeit. Ein Pfarrhaus hierzulande muß immer gastfrei offen sein. Wo sollten Reisende sonst hin und was hätten sie von ihrer Mitgliedschaft? Der in dieser Gegend Stammesfremde und ehemalige Kollege Toha weiß Bescheid. Die Reisende sitzt und wartet auf den Landrover des College. Eine Morgenandacht sollte vorbereitet werden. Ein entsprechender Briefwechsel muß voraufgegangen sein. – John the driver kommt, der Postmeister lädt sich hinzu, und man holpert den Berg hinauf Richtung Ndumkwakwa. John ist gesprächig. 'O, he will be waiting for you'. John, der einzige Mitwisser und Augenzeuge vor Ort – beim ersten Besuch in Mbe-Mbong war er dabei, und zweimal kutschierte er *Na'anya* hinauf nach Bandiri. Er nennt den Namen des Mannes, ohne Titel und ohne weiteres. Hier ist ein Kopfsprung in die wasserklare Wahrheit vonnöten: ‚He and others. Yes, and I will be going to Mbe-Mbong again.' Die Kaffeepflanzungen blühen, der Himmel ist bedeckt, eine der Brücken ist fast nur noch Abgrund; es sind weitere Bohlen vermodert. Soll man das fotografieren? Wozu. John balanciert gekonnt hinüber. Vielleicht ging hier beim Hervorkramen der alten Schwiegermutterkamera die Linsenabdeckung verloren.

Wie oft ist das Vehikel an der Flanke des Ulupeh hinauf- und hinabgekrochen. Zehn Jahre lang; aber eine zweite Heimat – nein, ist hier nicht entstanden. Unter solchen Betrachtungen nähert sich die Vergangenheit Ndumkwakwa. Der trutzige Turm des Häuptlingspalastes (ein steinern schwarzer Kasten) verstellt ein Stück Himmel, dahinter ragen die Bäume des Campus. Der Landrover fährt vorbei, biegt ein und rollt vor die zweistöckige Residenz des Prinzipals. Das Tagbuch notierte die 'unechte Wiedersehensfreude' mit dem unsympathischen Menschen, dem lediglich zu danken bleibt, daß er einst einen Vorwand lieferte, in die Savanne zu ziehen.

Morning glory und Erinnerungen

Im Liliput-Bungalow der Sr. Ulla gab es ein Mittagessen, Schwäbisches und fadenzähe Bohnen. Dann ging es hinüber zu dem Haus, das zehn Jahre lang 'unser Haus' gewesen war. Die nunmehrigen Bewohner kamen kurz zur Begrüßung, Friesen, freundlich desinteressiert. Nebenan war der Kollege Tomas nach seiner Amtszeit in Bishoptown auch wieder da und knüpfte ein Gespräch an. Seine Frau kam höflichkeitshalber herzu und verzog sich wieder. Das Bübchen, die Bronze, jetzt zehn, einst ein Mitanlaß zur Krise, stand auch herum. Die Erinnerung züngelte hoch und duckte sich wieder. Nach Möglichkeit nicht zu viel und vor allem nicht die falschen Dinge erinnern.

Im Gastzimmer mit *Morning glory* vor dem Fenster darf der Gast sodann eine Tür hinter sich zumachen. Es ist das selbe Gastzimmer, das einstens jahrelang so viel Ärger bereitet hatte. Eine Stunde schlafen. Dann Tagebuch. ‚Da bin ich – vermutlich. Seit zwei Stunden freiwillig eingesperrt wie ein Jujuchen. Bis 6 Uhr bin ich ein freier Mensch. Dann geht der Ringelreihen los. Ndumkwakwa ist Wallfahrtsort einzig und allein, weil hier der dreijährige Roman stattfand, der die lange Krise hinüberspielte in ein fernes Leuchten.'

Der erste *revenant*-Besuch in Ndumkwakwa – ohne Tagebuch wäre er weg und nicht mehr auffindbar. Nur die Notizen bringen die eine und die andere Szene wieder herbei. Das einzige Bild hingegen, das noch vor dem inneren Auge steht, ist nicht im Tagebuch zu finden: die blauen Winden vor dem Fenster des Gastzimmers, das hinüber sieht zu den waldigen Hängen des Ulupeh. Seitlich hochrankend, dunkelblau mit tiefem Kelch und in der Tiefe in Hauch Rosé: *Morning glory*. Als habe alles andere sich verbraucht im lebhaft angespannten Umgang mit den Leuten. Das Umfeld zerfiel. Das poetische Bild, symbolgefüllt, blieb und blüht noch immer.

'Wie ein Fisch im Wasser'. Am Donnerstagabend diese Notiz mit dem Zusatz, es sei gesagt worden im Kreise der Kollegen vor dem alten Steinbrunnen nach einem Gastvortrag vor den Studenten. Es hatte sich da eine in Ekstase geredet. Und der Kollege Tomas habe dazu bemerkt: 'In the water that does not return to the stream'. Ja, so ist es und so war es. Ein Besuch ist keine Rückkehr. Es ist ein Störfall im Leben derer, die vor Ort weitermachen. Der nächste Morgen bringt die Erkenntnis: 'Vielleicht war ich gestern abend doch zu lebhaft. Ich – *a passing phenomenon*.'

Lebhaft waren die Träume der Nacht und verräterisch. ‚Your favourite?' fragte einer, und die mit dieser Frage Ertappte versuchte zu verallgemeinern. So ist es mit den Geheimnissen. Irgendwo guckt ein Zipfel heraus, und bei dem wird man gefaßt und hervorgezogen in die Neugier der Leute.

Singen und Besucher. Freitagmorgen in der alten Kapelle neben dem Tulpenbaum – noch einmal das ballonhaft erhebende Volumen; ein letztes Mal. Und kein einziger mehr, der ein Gesicht, einen Namen hätte. Kein einziger, der die fromme Versammlung mit glitzernden Spinnwebfäden zu durchziehen das Charisma hätte. Noch einmal 'Holy, holy, holy'; aber Hingabe an den Lobgesang ist nicht möglich, weil anschließend laut Kalender Kluges gesagt werden muß zu 'suffering in the service of the Lord'. Wer will denn noch leiden. Die Zeiten sind vorbei. – Immerhin zeitigte die öffentliche Viertelstunde die Notiz: 'I felt wonderfoolish.'

Der Gast saß wieder im Gastzimmer wie in einer festen Burg. Draußen umherspazieren, als weißes Huhn – es geht nicht. Es mußte auch schon geplant werden für die Weiterreise. Der Koffer braucht einen Bewacher. Wer wäre bereit, mitzureisen gegen Entlohnung? Es kam, den Gast zu begrüßen, der ehemalige Koch mit seiner Frau, einzuladen zum Essen für Sonntagabend. Natürlich nicht umsonst. Was wäre hier schon umsonst. Der liebe Sonnenschein allein und die Weißen, die Gastlichkeit gewähren und weiterhelfen, die sind umsonst – aber sonst? Also der Mr. M. konnte leider nicht mit nach Mbebete, wo er zu Hause ist, denn er hat ein lahmes Bein. Seine Frau kann auch nicht. Na, dann geht hin in Frieden. Ich aber – ich will wenigstens den Garten besichtigen. Das historische Fleckchen Erde, einen Steinwurf nach Sonnenuntergang seitlich des Hauses, hinter dem deplazierten Grabstein einer weißen Missionarsfrau im dichten Gebüsch. Historisch. Der Garten brauchte einen Gärtner, und der Gärtner trug einen grünen Kittel. Apfelgrün. *'Apfelgrün auf melanidem Grunde...'*

Danach verabreichte Sr. Ulla eine Injektion Tetanol. Für alle Fälle. An Malariaprophylaxe ist auch gedacht. Dann ist da ein Gästebuch, zehn Jahre alt, das alte Ressentiments wieder auffrischt gegen die Nachbarn von damals und ihr rücksichtsloses Gästeeinladen. Lieber an etwas Schöneres denken. Welches war hier das glücklichste Jahr? Als der Tulpenbaum blühte und 'der Monde' aufging. Als der Campus in einem türkislila Lichte schwamm. Das Mondgesicht mochte grinsen. Es hatte aufgehört zu greinen. Von Grimassen der Verzweiflung ganz zu schweigen. Das glückliche Jahr – es hat den dunkelblauen Winden die vergängliche Schönheit gegeben und dem Ulupeh die ewigen Konturen. Ich bin nur hier, weil 'es' hier war. Ich suche Spuren. Aber die Bäumchen, die zuletzt noch gepflanzt wurden, sind nicht gediehen. Nur die weißen Lilien sind noch da. Bald, im Februar, werden sie blühen. 'Wie kann das sein, daß diese nahen Tage...' Noch einmal die gleiche Terzine über Vergänglichkeit, und ein paar Tränlein rinnen – endlich eine Anwandlung von Seele in der Wüste. Ich könnte auch bloß dasitzen und den Zementboden angucken. – Mittagessen mit Kollegen Tomas. Pausenloses Reden. Soso, den hohen Brautpreis für die Schwester dessen, der damit zum Verwandten wurde, forderte eben jener Onkel, der dem einzigen Sohn des verstorbenen Bruders die höhere Schule nicht bezahlt hat. Wieviel muß hier erzählt werden? Was weiß man sowieso?

Noch einmal Lehrerin und zu brillant

Am Nachmittag eine Doppelstunde Unterricht. Danach, auf der Terrasse des Schwesternbungalows, ins Tagebuch: 'Ich bin Lehrerin aus Leidenschaft. It keeps the brain bristling. Diese zwei Stunden Dogmatik waren nahe an einem Rausch. Es ist nicht nur der eine oder der andere gewesen, der mich inspiriert hat; es ist das Lehren selbst. Der intellektuelle – das Anagramm der Rose. Fast will mich bedünken, daß ich gestern und heut zu brillant aufgetreten bin.' – Gab es Gespräche mit der Ulla? *Bethabara* lag lange zurück. Damals war sie wichtig gewesen, dafür durfte sie später literarisch die Rolle der 'Blaßblauen' und beinahe auch die einer Brangäne spielen. War sie am Überlegen, ob sie zweite Frau in einer polygamen Ehe werden sollte? Eine Weiße ist immer eine 'Bereicherung'.

Tagträumen auf der Bungalow-Terrasse. Träumen – wovon? Eine Ordination und ein Geburtstag werden auf den gleichen Sonntag im März fallen. Wenn der Blick an den glänzenden Schaufelblättern des Gummibaums abgleitet oder in den zartrosa Kelchgrund einer dunkelblauen Winde fällt, entsteht ein Gefühl von Geheimnis und Nähe. Ein Auf-Einander-Zuwarten, ein jeder mit der ihm eigenen Erwartung. Wieder sollen Spuren im Staub das Ziel verwischen, dahin und dorthin führen und erst am Ende dem fernen Leuchten nachgehen. Hier fing es an. Mbebete und Bandiri sind Zwischenstationen. Wo anders als in Mbe-Mbong sollte es enden? Die Träume der Nacht evozieren Nähe, zurückgelehnt in einen Sessel, weit vorgestreckt die Beine, graulila, vornehmer Stoff, die Hände im Schoß zusammengelegt, das Gesicht im Schatten, und man ignoriert einander unter Leuten. Der Augenblick des Erkennens aber kam nicht. Es fiel wie Gegenlicht auf das Gesicht – ein dunkel glänzender Nebel, der keine Züge erkennen ließ.

Irre Ideen am Sonnabend

Ein konfuser Tag. Er begann mit einem Frühstück beim Prinzipal, dünner Tee mit Rührei und viel Gezeter hin und her wegen der Einladung von Seiten der Gemeinde. Der Gast lehnte rundweg ab. Noch konfuser wurde es, als man Kirchenpolitik zu palavern anfing. Entrüstung und irre Ideen auf beiden Seiten. Das College wird nach Babakum umsiedeln; soll es. Aber daß der eingeborene Emporkömmling das alte Missionshaus abreißen will – es ist der parricide Reflex derer, die mit ihrem Minderwertigkeitskomplex nicht fertigwerden. Die *Revenant* hingegen hatte die nicht minder irre Idee, das alte Monument zu einem Meditations- und Ferienzentrum für *fraternals* und Missionstouristen einzurichten. Als ob die Zwillingspalme hinter dem Haus oder die majestätische Höhenlinie des Ulupeh einen Europäer spontan zum Meditieren bringen müßten. Nach einer Stunde schon würde er zu gähnen anfangen und fragen, wo es Bier und was es zum Mittagessen gibt. Das halbe Dorf käme angebettelt, und nach spätestens drei Tagen wäre es aus mit Ferien und Besinnlichkeit.

Nach dem Frühstück mußten Diplomarbeiten gelesen werden. Nach dem Kaffee gab es fast zwei Stunden kirchenpolitisches Palaver mit dem Kollegen Tomas. Es geht um die Verbesserung des Lebensstandards. Statt Pfarrer zu bezahlen, will er Staatsbeamten eine theologische Schnellbleiche geben, damit sie, vom Staat bezahlt, der Kirche dienen. Umziehen will auch er. Ndumkwakwa sei zu weit hinten im Walde. In Babakum kann man leichter ein Haus bauen und vermieten. Der Prinzipal habe schon vier. In Babakum könnte die Krankenschwester-Ehefrau ihr eigenes kleines Unternehmen aufmachen. So schneidert sich jeder ein besseres Leben zurecht. Denn nicht jedem legt ein weißes Huhn goldene Eier in den vom Mond betauten Sand.

Wozu wurde das alles notiert? Um den Tagträumen Bleisohlen unter die Füße zu binden. Denn flügelt hier nicht eine, mit genügend Geld in den Taschen, durch die Gegend wie mit Libellenflügeln – ? Sie muß doch wenigstens so tun, als interessierte sie, was die Leute hier interessiert. Ihr Leute hier, seid doch froh, daß ihr ein handfestes Ziel für euch und eure Kinder vor Augen habt, und nicht etwas so Ungreifbares wie ein 'fernes Leuchten' und sieben ungeschriebene Bücher...

Suche nach einer Reisebegleitung.
Danach ging der Gast durch den Elefantenpfad in das neue Viertel, wo auch der Koch sein Haus gebaut hat. Es waren nur die Kinder da. Per Zettel gab die Weiße ihren Wunsch kund, man möge ihr eine Begleitung suchen. War es nur wegen dem Koffer? Sind es neue irrationale Ängste? Wie viele hundert Kilometer bin ich vor zwei Jahren Taxi gefahren. Den Landrover mieten wäre das Sicherste und auch das Teuerste. 60'000 bis 80'000 dafür – hab ich nicht. Man müßte sie mir stehlen.

An diesem Tage müssen die beiden Bäume fotografiert worden sein, Eukalyptus und Thuja, vor dem Abendhimmel, ohne türkisgrüne Nacht dazwischen und Astarte darüber. Im Schwesternbungalow wurde das Koki aufgewärmt, das die Mrs. John ohne scharfen Pfeffer zubereitet hatte. Fad. Schade. Und die Ulla war ein zäher Brocken. Bei ihrer Begriffsstutzigkeit und ihren drei Hunden war viel Geduld vonnöten. Hunde riechen nach Tier; zudem war bisweilen nicht klar, ob sie mit ihnen oder mit dem anwesenden Gast sprach. Aber ansonsten war das auch nicht mehr junge Mädchen ein patenter Kerl.

Zum Abendessen wieder zu Prinzipals die Treppen hoch. Worüber war noch zu reden? Vielleicht über *Green Revolution?* Der Drang geht, wie überall, in die Städte. Die Landflucht wird durch Theorien nicht aufgehalten. Kurz vor 9.30 wird der Generator abgestellt. Man darf sich mit Taschenlampe zurückziehen und die dritte Nacht im Gastzimmer verbringen.

Enttäuschte Erwartungen am Sonntag

Das Wiedersehen mit Ndumkwakwa endete am Sonntag in öffentlichen Peinlichkeiten. Davon liegt Graugesprenkeltes und Poröses in der Erinnerung herum. Es wurden Erwartungen enttäuscht. – Durch den Elefantenpfad zur Sekundarschule, denn dort und nicht im Campus fand der Gottesdienst statt – langweilig wie eh und je. Dann wurde der Gast begrüßt, hielt eine kleine Rede, verbrämt mit einer großen Heuchelei ('it was a spiritual pleasure to worship with you' – was nützt denn hier die Wahrheit?) und überreichte einen Briefumschlag mit der Bemerkung, er enthalte eine Fotografie und kein Geld.

Ja, das muß ein Augenblick peinlicher Enttäuschung gewesen sein. Auch der Häuptling Ndo muß dumm geguckt haben, als für ihn nur ein Schlips abfiel. Und der Gast atmete auf, als das peinliche Gewölle – große Erwartungen und diese miesen Mitbringsel – vorbei und überstanden war. Man hielt sich zurück mit dem Händeschütteln; der Koch und seine Frau schienen nicht erbaut von dem Ansinnen, eine Reisebegleitung aufzutreiben. Es habe niemand etwas da oben zu tun. Hilfe erwarten die Leute wie selbstverständlich; aber wenn sie selber einmal helfen sollen, sind sie – wie heißt es auf sozialdeutsch? Überfordert. Also, nichts wie weg. Bei Ulla auf der Terrasse kann man sich verkriechen, Tagebuch schreiben und nebenher feststellen, daß die blonden Kinder im Campus doch immer die gleichen sind seit hundert Jahren. Immer waren da Weiße mit blonden Kindern. Zwischendurch gab es mal nur Mischlinge (gibt es einen neutraleren Begriff?); aber nun haben die Friesen wieder für blonde Tradition gesorgt.

Im Laufe des Nachmittags die Feststellung, daß die große wegabkürzende Wanderung von allerlei Leuten aus dem Dorf am Haus vorbei weitergeht, allerdings etwas abgeschrägt. Vielleicht hat der Friese die Abschrägung erfunden. Der eschatologische Zaun, vier, fünf Jahre zurück – ein psychologisches Schlüsselerlebnis. Das Bedürfnis der Weißen nach Privatsphäre: in Mbe-Mbong sollte es wieder virulent werden. – Es kam die Nachricht, daß die Mutter der Lilian mitfahren werde. Es wurde notiert, wer alles nichts bekommen hat: weder das College noch die Gemeinde; weder die eine Frau aus dem Dorf, noch die andere. Was in Babakum für ein paar Bananen und eine Tasse Tee verschenkt wurde, das fehlt jetzt. – Ein Brief nach Hause wurde geschrieben. Über das Abendessen bei den Kochs keine Notiz. Aber es muß doch wohl stattgefunden haben.

            Verlorenes. Vergessenes.
In einem Brief, der gewiß nie absichtlich vernichtet wurde, aber wohl kaum noch auffindbar wäre, würde man anfangen, danach zu suchen – wo, in den ungeheuren Ablagerungen von Manuskripten, Notizen, Büchern und so vielen Briefen anderer Leute, sollte, zumal nach fast dreißig Jahren und zwei so gründlich ausmistenden Umzügen, danach gesucht werden? – da wäre sicher alles beschrieben, was aus den Tagebuchnotizen nicht mehr erkennbar ist. Jedoch, was liegt an etwas, das so völlig untergegangen war wie das Wiedersehen mit Ndumkwakwa? Erwartungen wurden enttäuscht. Ein sicherer Bezugspunkt war nur die gute Ulla in ihrem Bungalow und trotz der Hunde. Was mit ihr geredet wurde, ist nicht einmal in Andeutungen notiert. Wahrscheinlich ging es um das Krisenkonglomerat, das zwei Jahre später in Berlin weiter verhandelt wurde. Die seelsorgerlichen Bemühungen um diese Seele waren keine Routine. Sie waren Ausdruck des Gedenkens an *Bethabara* und der Dankbarkeit für die Gegenwart eines hölzernen Engels, der Nähe ermöglichte, weil er schützend dazwischen stand.

Ndumkwakwa – nichts wie weg

Sonst war da nichts mehr, außer allem, was da nicht mehr war. Wallfahrtsort, ja. Ein Ort vergangener Erfahrungen von Hoch- und Machtgefühlen als Lehrende und V.I.P. in der Hierarchie. Ort vergangener Theophanien der Astarte im Eukalyptuslaub und am Abendhimmel. Beginn des fernen Leuchtens, das nach Mbe-Mong führte. Ein Weg in die eigene Innerlichkeit und einer Erfahrung Afrikas als unmöglicher Möglichkeit. Möglich war und wird bleiben vieles, so weit Geld vorhanden und verschenkbar ist. In Ndumkwakwa war kein Geld zu verschenken. Das mochte dem vorbehalten bleiben, der hier geforscht hatte und gerade dabei war, sich mit den Ergebnissen weitere akademische Lorbeeren zu holen.

Ndumkwakwa – nichts wie weg. Am Montag, in dunkler Morgenfrühe, vor 4 Uhr wachgeklopft bei leichtem Schlaf. Die Mutter der Lilian steht schon da mit einem Sack Cocoyams für die Tochter in Chaa. Aber das Mitnehmen eines Patienten verzögert die Abfahrt. Wie üblich. African time. Die Mrs. John brachte noch heißes Koki, vermutlich auch nicht umsonst. Alles ist gepackt, der Koffer, die braune Schultertasche ist in der weißen Reisetasche verstaut; in einem Plastikbeutel Tee und belegte Brote. Der Brief an den, der heute an mich denken wird, soll mit dem Friesen nach Daladala. Ich will nichts als weg von hier und heil in Mbebete ankommen. Isi –

(hier ist der zweite Bruch, Juni-November 1993, im Berliner Rahmen)   – wird an mich denken.

Und wartend, daß man abfahre, im Gaststübchen des alten Missionshauses, in der Dunkelheit vor Taganbruch, geht der Monolog im Tagebuch weiter, in theologischer Verfremdung umkreisend, was der Fall ist. Nämlich dies: wenn die Liebe zwischen Vater und Sohn vollkommen war, warum suchte der Sohn die irdische Liebe des undankbaren Menschengeschlechts? Um sie zur himmlischen zu läutern? Es mißlang. Die Liebe des Sohnes war eine geteilte, keine ausschließliche. Das brachte ihn ans Kreuz. Der eine liebt, der andere beutet aus; er will nur Materielles. Segen. Geld. Da muß etwas Drittes dazwischen. Ein Geoetz, *Dogmatic Notes*, eine Straße oder ein Haus.

Es ist noch so dunkel, daß nichts zu sehen ist, weder die Silhouette der Zwillingspalme, noch der Ulupeh. Noch auch der Mond, der schräg neben dem Lyrabaum steht. Es ist zu wolkig. Es ist 5 Uhr und – so steht es im Tagebuch:

Ich hoffe zu Gott, daß ich heut abend in Mbebete bin.

2. Kapitel

Wiedersehen in Mbebete

Mbebete! Eine große Tüte und ein Tagebuch voller Erinnerungen, schilfgrün, staubwarm, rosenrot – damals. Nur ein Jahr und welche Fülle der Bilder! Das Reisen mit leichter Sandale. Die beiden Stübchen, Rosenrankengardinen vor den vergitterten Fenstern. Die Mondaufgänge, die Sterne über Bandiri. Der Wind über der Hochfläche, die Wasserlilien im Kratersee. Das türkisblaue Zwielicht der Tagträume. *Die Felder von Mbebete, das Trockenzeitfieber.* Alles, was hin- und herging zwischen dem Unmöglichen und dem Glück. Möge nur das Schöne in Erinnerung bleiben. Auch hier gilt: es gibt keine Wiederholung.

Reise und Ankunft

Ndumkwakwa blieb dahinten. Am Montag in dunkler Frühe im College-Landrover bis Ulom. Da wurde es hell. Ein Vehikel nach Bassum stand schon bereit, und irgendwann muß es auch abgefahren sein. Nichts ist erinnerlich von dieser Fahrt, zum wievielten Male, hinauf ins Savannenland. War die Beklemmung so groß? War die Fahrt so ereignislos, ohne Schreckmomente? Monotones Dahinrollen auf der Asphaltstraße, hinauf ins Gebirge, hindurch zwischen den Hügeln, geistesabwesend?

In Bassum mußte man wohl, wie üblich, warten und es wurde warm. Das Jackett auszuziehen schien nicht ratsam; Tee zu trinken auch nicht. Warten. Warten auf ein Taxi nach Mende. Dann lag, nach einer weiteren Erinnerungslücke, die große Stadt unten im weiten Talkessel; aber nichts glänzte. Der graueste Staub verschluckte alles. Allein mit dem Koffer, denn die Lilian-Mutter mit ihren Cocoyams und einem Dankopfer von 5'000 zu den 3'000 hinzu, fuhr weiter nach Chaa, stand die Weiße, und ein Stadttaxi wird sie zu dem Taxipark gebracht haben, von wo es die wenigen Kilometer weitergeht nach Mbebete. Da war die gefürchtete Reise ohne Zwischenfall überstanden. Der erste gelinde Schock kam erst in Mbebete.

Es war an selbigem Montag gegen 2 Uhr, als das Taxi vor dem kleinen Campus in Mbebete hielt. Die Reisende stieg aus, stand da und sah sich um – geschockt nicht eben; aber doch höchst unangenehm überrascht. So also. Das also. Noch nicht einmal zwei Jahre und so sieht das aus. Schade. Eine Schande geradezu. Wer hat das zu verantworten?

Der gefällte Baum vor dem Eingang der breiten Allee hinauf zum Haus versperrte nicht nur den gewohnten Weg; er lag da symbolisch und wie eine Drohung. Hier hat nichts mehr zu suchen, wer von Idylle träumt. Von wegen 'Heimkehr'. Die einheimische Prinzipalin kam von oben her entgegen, nicht etwa zur Begrüßung des Gastes, sondern um das Zersägen eines gefällten Eukalyptusbaumes zu überwachen. Was liegt an einem Baum? Er liegt halt da, wird zersägt und verkauft, denn die Prinzipalin braucht Geld. 'Mein Freund, der Baum'? Nö. Nie. So weit geht die grüne Sentimentalität nicht. Es ging um Schatten und Silhouetten. Es ging um das schwarze Filigran, durch das in klaren Mondnächten der Mond stieg. Da war also eine breite Lücke geschlagen in die exotische Romantik. Die Idylle war schon halb verkauft. Eine Säge kreischte.

Ja, von wegen 'Heimkehr'. Die gute Frau Erna schlief den Mittagsschlaf des nahen Ruhestandes. Immerhin, hier war noch einmal ein gastliches Dach, vier Wände, kühles Wasser, ein Klo und ein Bett, Speis und Trank. Die Gastgeberin, vom Mittagsschläfchen erwachend, begrüßte den Gast und stellte alles bereit. Daß schrill und schräg durch den Versuch, noch vor dem Kofferauspacken ein wenig Schlaf nachzuholen, die Säge kreischte, übertönte nicht die Dankbarkeit und das Zurückdenken an einen treulich Gedenkenden, fern im europäischen Winter. Es wurde Abend und es wurde Morgen und das vorläufige Ziel war heil erreicht. – Am nächsten Tag erst erfährt es das Tagebuch: 'It's a pity and a shame.' Das Holz ist für die Emu-Sisters. Die wollen es offenbar verbauen. Frau Erna ist auch nicht glücklich darüber. Aber ihre Zeit hier geht zu Ende und was sollte sie sich da noch groß aufregen.

Dies und das am Dienstag. Am Vormittag zum neuen Postamt, einen Brief einwerfen an den, der als erster ein Recht darauf hat zu erfahren, wie gut die gefürchtete Reise verlaufen ist. Am Nachmittag nach Mende. Ein *fraternal*, der gerade drei Monate Urlaub macht, nimmt die am Straßenrand Wartende mit. Dann die vielen Leute, die einem in den Weg laufen und denen man eine Erklärung schuldig ist. Was will sie hier? Was hat sie hier noch zu suchen als Besucherin? Sie hat eine Menge guter Vorwände gesammelt, einen Sack voller Sägespäne hat sie gesammelt, das streut sie den Leuten so hin. Alles wird sehr kurz abgehakt mit dem Versprechen, zu gelegenerer Zeit vorbeizukommen. Vermerkt wurde das 'psychedelische Geschwafel' des US-promovierten Eheberaters, der einst auch das Unglück Mireille von Berufs wegen behandelt hatte. Der Kollege Jiv wußte, daß der Besuch am Sonntag drauf drüben unten in Bandiri predigen würde und wollte auch in seine Gemeinde einladen. Es wurde ihm ein voller Terminkalender rezitiert. Aber nicht die neuerliche Reise nach Mbe-Mbong. Da war eine Lücke im Gefüge der Termine. Es begegnete auf der Straße die Witwe Nga, die mit einem Patenkind besondere Zuwendungen erwarten durfte. Angerannt kam der Ehemalige Lonjo, fragte, ob *Na'anya* schon – nein, noch nicht. Es ist als wüßten alle, daß da eine nur des einen wegen kam. Nein, nein, keinesfalls, ihr lieben Leute. Ihr seid die ersten, die ich hier wiedersehend aufsuche und begrüße. Wer wird so unvorsichtig sein, als erstes in die Falle zu gehen, in der er schon seit sieben Jahren sitzt.

Vor allem aber gab es an diesem Dienstag, dem 15.1. in Mende eine Möglichkeit, mit der Schwiegermutter zu telefonieren und den Briefen voraus die gute Ankunft zu melden. Der, dem der Anruf eigentlich galt, war wohl beruflich außer Haus; denn das Telefon im Bungalow klingelte, es nahm jedoch niemand ab.

Es war schon dunkel bei der Rückkehr. Nach dem Abendessen war ans Schlafengehen nicht zu denken. Der Besuch mußte Gesellschaft leisten und würde 1000 pro Tag für die Verköstigung zahlen. Der Gast war dankbar für gastliche Aufnahme; die Gastgeberin fürs Nichtalleinsein. Darüber hinaus gingen die Interessen auseinander. War die Kollegin G.H. noch in Mende? Sie fehlt in der Aufzählung der 'Leute'. Es fehlt auch ein Gedanke an den Geburtstag des Vaters. Er lag so weit weg.

Rosenöl und Almosen

Mittwoch, der dritte Tag, war ein Tagebuch- und Besuchertag. Wird der Kollege Motorradchauffeur von Kendek um Geld für sein Häuschen nachsuchen? Der Besuch von Bandiri, nein, brauchte noch nicht zu kommen, um das im voraus überwiesene Geld zu bringen. Wartend, mit Watte in den Ohren, denn die Sägemaschine sägte in schrillen Tönen weiter, wurden Nachtträume notiert. Da war unter vielen Leuten ein Mischtyp aus Lonjo und Etu, ein Bürschchen durchaus gefühlsneutral; dem ward gönnerhaft eine dunkelviolette Dahlie zugeworfen: er solle Lyrik produzieren. Einer von den vielen, die nur als Vorwand dienen? Ein älterer, hagerer Katechist war gestorben und wurde zu Grabe geleitet; stand aus dem Sarg auf und lief umher, bis es ihm zu langweilig oder zu anstrengend wurde und er sich wieder einsargte. Das ehrenvolle Geleit näherte sich; Leute am

Wegrand knieten nieder, die Träumende auch, und zwar neben dem Dahlien-Poeten. Es waren alles Schwarze. Der Traum spielte in Afrika. Wer wollte hier nicht sterben und dann doch – der Traum von Afrika?

Alsdann wurden Düfte registriert. Es waren zwei Jahre zuvor Taschen in Mbebete zurückgelassen worden; sie wurden ausgepackt und zutage kamen der lange schwarze Abendrock mit weißer Volantbluse, ein Set, das die Amtstracht ersetzte; das lange, hellgrüne Empire-Nachthemd, ein gestickter Traum und merkwürdiges Detail, freilich gut passend unter einen Morgenmantel aus schwarzem Kunstseidensamt. Hier schnupperte eine an ihrem Gegenteil: an vergangenen Lieschen-Tagträumen. Es kam auch ein Rest von synthetischem Rosenöl zutage. Düfte! Sollen Düfte sprechen, wenn die Sprache versagt? Oder wenn die Wirklichkeit sich versagt? Und wer wird diesmal versagen? Hier wird einer 'die Lenden gürten' und sich aufmachen, um einer Frau standzuhalten und sie auszubeuten. Ein Fest zur Ordination und Brautpreis – nichts wird er bekommen. Die 300'000 werde ich ihm abnehmen. Nur die 75'000 für die Jubiläumsplaketten werde ich erlassen. So räsonierte es vor sich hin, mit Watte in den Ohren gegen das Kreischen der Sägemaschine, die einen großen, schönen Eukalyptusbaum zersägte.

Es kam, gegen Mittag, klein und drahtig und in einem weißen Jackett, der Vater eines Patenkindes, las den Durchschlag eines Briefes vom Oktober, der verlorengegangen war, und bekam 'ganz ordentlich was', nämlich 65'000. Er kam aus dem Waldgebiet von Femam herauf und bekam auch die Reisekosten ersetzt. Loskauf von lästig gewordenen Verpflichtungen. Froh, als der Mensch wieder weg war. Und die Ulla, bei der er offenbar auch herumbettelte, mußte benachrichtigt werden, damit sie ihm das bei ihr hinterlegte Geld nicht auch noch nachwarf. Wann wird kommen, der irgendwann kommen muß?

Wiedersehen durch ein Gazegitter

Warte ich oder warte ich nicht? Zur Kaffeezeit klopft es. Im Tagebuch beginnt ein neuer Abschnitt, langatmig verworren. So, nein, so – so hätte es nicht sein dürfen. Das Wiedersehen in Mbebete – so grau, so leer, so banal. Hier war eine nicht 'einfach', sondern auf höchst komplizierte Weise noch nicht bereit. Es hätte noch erfüllte Wartezeit vergehen müssen. Es war alles noch unfrisiert und überhaupt – ja, überhaupt. Hier war alles anders, ob 'ganz' ist eine Frage der Emphase. Anders jedenfalls als zwei Jahr lang vorweggeträumt. Am Mangel an Vollmond konnte es nicht liegen. Es lag vermutlich an der geschlossenen Gazetür. Als nach kurzem Zögern die Hausgenossin aufstand und die Wohnungstür öffnete, wurde es in aller Verschwommenheit deutlich: leer und graukariert war der erste Blick des Wiedersehens. Ja, das Gazegitter. Es offenbarte, was der Fall war. Die Erwartung lag noch im Winterschlaf. Der Harmattan hatte sie noch nicht aufgetaut und warmgeweht. So kann es gehen und so mußte es wohl kommen. Die Tag- und Fernträume waren beseelter, lyrischer, anziehender gewesen. Nicht wie ein Gazegitter, das Moskitos abwehrt.

Von Bandiri herüber also kam der noch nicht Erwartete und brachte Geld und Tomaten. Eine Stunde lang habe er bei der Prinzipalin drüben gesessen, weil er Mittagsschlaf nicht stören wollte. Die da ungestört hinter zugezogenen Vorhängen schlief, kann es im romantisch dunkelblauen Kelch der Seele, und besonders im pastellrosa Grunde nicht fassen: daß Nähe nicht zu spüren, nicht zu ahnen war. Die Hausfrau setzt ihm Essen vor. Er häuft sich Reis auf den Teller. Sie schiebt ihm die Schüssel mit Fleisch hin; er nimmt sie entgegen; sie nimmt es entgegen, kurz und kühl. Man hat sich ja offiziell begrüßt, wie sonst auch. Bis wohin reicht die Schwelle des Bewußtseins? Die Gitter vor den Augen. Jetzt ist es ein ruhiger, dunkler Glanz. Wie sonst und all die Jahre auch.

Und *Na'anya* redet und fragt kreuz und quer, noch bei Tisch, ja gerade da; denn wo sonst. Nach der Straße natürlich fragt sie – die ist und bleibt weggeschwemmt. Erdrutsche. Man geht wieder zu Fuß wie eh und je. Termine – am 8. Februar nach Mbe-Mbong. Am Montag geht er, sich um das große Haus zu kümmern. Es ist im Bau. Und die Schuhe, die neuen, geschenkten von zwei Jahren zuvor – ? Eine Handbewegung deutet an: weggeworfen. Durchgelaufen. Die guten Schuhe – ist es möglich? Das Gehalt – 37'000 minus 5'000, die monatlich gespart werden. Zum Nachtisch nimmt er eine Orange. Er hat kein rotes Taschenmesser mehr. Wozu muß sie daran erinnern. Er hat auch eine Frage; eine wenigstens. Ob der Weihnachtsgruß angekommen sei. Ja, gewiß. Ein absoluter US-Kitsch, der doch wohl als Echo gedacht war, Kerzen und Rosen.

Nach Tisch wird der Besucher durch das erste Stübchen in das zweite manövriert, 'You have settled here again', und ein Brief, ein Legitimationsbrief von ehelicher Hand wird ausgehändigt und stehend gelesen, während *Na'anya* hinausgeht, um nicht zu stören. Dann ein Lachen, wie man hier lacht, um Verlegenheiten wegzulachen. Es mochte besagen: weise, überlegene gute Ratschläge sind das, aber es bedarf ihrer gar nicht. Sie gehen schräg am Vorhandenen vorbei. Nun gut. Und hier sind die erforderlichen Lehrbücher für das nachzuholende Abitur. Sie verschwinden in einem schwarzen Aktenköfferchen. Dann die Frage der Fragen, 'How is June?' Eine Frau fragt nach einer Frau. 'Well, I have told you that she is getting funny.' Ja, das stand schon in den letzten Briefen. Ein Verwandter hat zu entscheiden, wenn er im April aus Übersee zurückkommt. Das Mädchen geht wieder zur Schule. *'Funny'* bedeutet, die Erwählte macht Schwierigkeiten. Hm. Ja. Möge der Wahn sich noch ein Weilchen hinziehen...

Nach einer guten Stunde geht man hinunter an die Straße, und *Na'anya* wagt Persönliches: 'You have not changed.' 'How do you mean?' 'I thought you might have grown a grey beard.' Lachen. 'Well, I have not shaved.' In der Tat. Unrasiert. Graue Bartstoppeln und noch nicht vierzig. Wessen Augen sehen was? Das dunkle Polohemd mit den weißen Nadelstreifen und dem weißen Kragen ist immer noch das gleiche. Und drum herum lauwarm. Man stellt sich an den Straßenrand, läßt sich von den Lastwagen einstauben und steht nach einer Stunde immer noch da. *Na'anya* tut, was sie immer tat – sie redet. Da kommt ein Volvo, hält an, aussteigt die Frau eines V.I.P. und fängt an zu erzählen, die Weiße der Weißen und auf deutsch, während der Mann beiseite geht und zwanzig Meter Höflichkeitsabstand hält. Warum bloß? Wäre eine Verdächtigung nicht beinahe wünschenswert? Da seht, noch eine Weiße, die hängenbleibt... Aber dann – wie schnell sie sich abwandte und hinwegging und nicht wartete, bis das Taxi abfuhr. Nun? Wer wird denn hier winke, winke machen? – Geht und setzt sich hinter das Haus, 'wo die Schlange mich erschreckte und ich sie'. Zwei Jahre zuvor. Sitzt und kritzelt das Tagebuch voll. 'Wie alt und müde bin ich.' Und drei Gedankenpünktchen...

Sägespäne und Häkelstola

Am Donnerstag und Freitag wurden Fragmente und Impressionen zum Mittwochbesuch nachgetragen. Eine Predigt mußte geschrieben werden, zehn Tage vorweg, um es los zu sein. Wieder die unendliche Mühe. Sonnenaufgang und Sternenhimmel wurden notiert. 'Die Sonne, die über Bandiri aufgeht, ein Gemisch aus Glanz und Dunst, mattgelb und blaßgold, unpathetisch wie die Nacht, die nur ein fernes Echo der Verwirrung nach dem 20. Dezember vor zwei Jahren nachseufzen ließ und dem Schweigen zurückgab.' ‚Es steht ein klarer Sternenhimmel über den Eukalyptusbäumen, die noch stehen. Aber ich erreiche ihn nicht – noch nicht oder nicht mehr. Es ist dahin. Es steigt nichts mehr durch die Wipfel nach Bandiri hinüber.'

Am Freitagvormittag fuhr Frau Erna zu einem Treffen der *fraternals* ins Waldland. Auf den Trümmern der Eukalyptusbäume saß der Gast zur Gesellschaft, bis ein Taxi kam. Saß und die Sägespäne hatten Farben. Die Sprache kramte nach Adjektiven: blaßgelb, rötlich, ocker, ein ganz vergehendes, ins Grauweißliche verblassendes Rosé. Farben der Zerstörung. Schon vier Bäume hatte die Rev. Mother der Emu-Sisters umlegen lassen. Und so im Adjektivesuchen und *small talk* machen, ergab sich etwas wie Einfühlung in den Besucher vom Mittwoch: zu Dankbarkeit verpflichtet ohne einen Hauch von persönlicher Zuneigung. Entgegenkommend, freundlich, höflich um materieller Vorteile willen, alles mit bestem Recht und reinstem Gewissen. Es bleibt nichts mehr zu wollen als die literarische Bewältigung. Nur noch der Roman. Die Predigt ist wieder Schwerarbeit. Und der Tag endet mit der Feststellung: 'Ich verdiene mir die beiden Nächte in Bandiri wahrhaftig hart und mühsam.' Im übrigen schmeckte es viel zu gut; der Schlaf war gut; die Tage gingen dahin. Über Mbe-Mbong stand das ferne Leuchten und über Bandiri ein trübe flackernder Abglanz.

Am nächsten Morgen wurden am Straßenrande und zwischen den Eukalyptustrümmern wieder schriftlich Betrachtungen angestellt über lebhafte Verdauung, lebhafte Träume und über das, was dem Gefühl nach nicht mehr zu haben war. 'Es werden keine Theophanien mehr stattfinden. Der Seele Kraft, poetische Auren zu erzeugen, ist dahin. Das Habbare hab ich gehabt, und er kam, als ich ihn noch nicht haben wollte.' – In Mende war die verwitwete Mutter eines Patenkindes materiell zu beseelsorgen mit 60'000 auf ein Konto. Sie schenkte dafür – ein solcher Ausdruck von Erkenntlichkeit kam selten vor – ein großes, selbstgehäkeltes Dreiecktuch schenkte sie, karamelfarben. Nicht besonders schön und trotzdem schön. Auf den Reisen schützte es ein wenig vor dem Staub und nachts ersetzte es notfalls eine Decke. – Zurück in Mbebete wieder Tagebuchmeditationen. Es gibt keine andere Möglichkeit, ins reine zu kommen. Ein gutes Gewissen, verbunden mit wohlbedachtem Eigeninteresse wird behilflich sein, eine *passion inutile* in Backstein umzuwandeln. – Mildgrauer Abend. Dem Einen schreiben, dessen Fürbitte nicht umsonst sein soll.

Sonntagslangeweile. Was läßt sich mit dem Sonntag anfangen? Wäre der 20.1. nicht ein Gedenkdatum? Hier ist nicht der Ort, vierzig Jahre zurückzudenken... Am Vormittag ein Spaziergang allein, in langen Hosen und dunkelblauem Strickkasack, hinüber zu den Emu-Sisters. Eine Wanderung durch die literarischen Felder von Mbebete, wieder und noch einmal: *abgeerntet, zu Staub gedörrt; flachhügelig und reizlos unter dem Harmattan, der mit rötlichem Dunst die Horizonte verhängt, den Himmel entwölbt und die Sonne auflöst in lustlos streunendes Licht.*

'Flachhügelig und reizlos'. Beim aufrechten Gang durch die Felder zeigt es sich nicht; aber dann im Sitzen in der großen Kapelle, wölben sich beim Hinabschielen Wülste. Wie es aufweicht und einfällt. Verfall, fortschreitend, irreversibel. Und der zufriedene Blick der Klassenkameradin, fünfunddreißig Jahre zurück, über den vulgärroten Pullover hinab über sich selber und was da schon alles vorhanden war hinter den Strickmaschen – warum fällt das hier und jetzt ein? Hier bei den frommen Schwestern. Wenn die statt in solchem Architekturluxus in einer Hütte aus Lehm und Bambus anbeten würden, wäre es überzeugender, das Leben mit Kühen, Butter und Spenden. Solches meditiert die Weiße, während sie die ausgedehnte Liturgie absitzt. Die Rev. Mother, nachdem sie die Bäume hat fällen lassen, treibt sich wieder in der Hauptstadt herum; sie ist eine Geschäftsfrau. Um die geistlichen Bedürfnisse ihrer Nönnlein kümmert sich ein noch nicht alter Typ mit gerader Nase und ansehnlichem Bart. Ins Französische übersetzt die schöne asketische Resha. Ihr Lächeln der Verlegenheit ist sehr reizvoll. Der Mensch redet nämlich über die 'Schönheit' Jesu und seiner Bräute. Es dauert zu lange. In einer Woche soll die untere Gemeinde von Bandiri noch einmal den Gast ihres braven Hirten hören. Wär's überstanden.

Zurück und alleine im Haus kommt statt Reisefieber oder literarischer Inspiration die Langeweile und blättert in Zeitschriften. Weil die abwesende Gastgeberin eine strenge Resteverwerterin ist, ißt der Gast brav die vertrockneten Mandarinen, die sie hinterließ. Und sonst? Was fangen Urlaubende hier mit der Zeit an, die sie haben? Sie sind gezwungen, 'Nebelspalter' zu lesen oder zu stricken und von einer Mahlzeit zur anderen zu warten. Spazierengehen in diesem Staub und dieser Dürre? Wenn die Seele ohne selbsterzeugte Strahlkraft ist, bleibt diese Landschaft charakterlos und langweilig. Staubiges Gestrüpp und sonst nichts. Bananenstauden ohne tropfendes Mondlicht sind auch langweilig. In den Eukalyptuszweigen raschelt ein wenig Wind. Der Nescafe schmeckt trotz einer Überdosis Dosenmilch scharf und hart. Briefe zu Ende schreiben? Die Sr. Lisa hatte kein Interesse, auf einen Schwatz vorbeizukommen. (Ist sie schon dabei, der Schwesternschaft wieder abzusagen?) – Schlafen. Die Schwierigkeit an diesem Sonntagnachmittag war, nicht zu wissen, was anfangen mit sich selber und der Zeit. Die kleine Reisetasche war längst wieder gepackt.

3. Kapitel

Die Ratten von Ntumwi

Die erste Rundreise stand bevor. In die gleichen Elefantenberge wie zwei Jahre zuvor, aber nicht noch einmal hinab nach Kendek. Nur noch einmal nach Bam, um nach dem Patenkind zu sehen. Wieder ist nur weniges und mit Mühe aus dem dunklen Sack der Erinnerung zu holen. Statt nach Kendek ging es diesmal nach Ntumwi, Gastlichkeit einzufordern für das viele Geld, das zwei Jahre zuvor geschenkt worden war. Der todkranken Mutter in Sanya hatte es nicht mehr helfen können. Aber dem Hausbau. In Bam gab es Landschaft und Erlebnis in einem abgeschiedenen Tal. Bei einem abendlichen Spaziergang wurde geistesgegenwärtig die Kamera vor dem Zugriff eines betrunkenen Grenzsoldaten gerettet. Das ist alles.

War wirklich alles übrige weg? Wäre es ohne Tagebuch unauffindbar geblieben? Die Bambusidylle in einem lauschigen Winkel von Ntumwi etwa. Der Name und der kleine Campus – damit verbinden sich am Rande einige wenige Besuche. Die Fama aber, die da hängen blieb; das, was an Schicksalhaftem und Folgenreichem einer Weißen hier widerfuhr und damals noch im Geruche eines Skandals stand – auch zehn Jahre später wäre es nicht gut gewesen, dergleichen als Ausdruck persönlicher Freiheit in Anspruch zu nehmen, hierzulande. Warum nur. Warum wollte das dumpfe Gefühl nicht weichen, eine Weiße reise noch immer unter der Dunstglocke der alten Geschichte. Sei's drum. Und was die Sache mit den Ratten über der schön geflochtenen Bambusdecke in einem idyllisch abgelegenen Winkel von Ntumwi angeht – sie paßt irgendwie ins große Ganze einer im Grunde einsamen Winterreise in die Tropen. Wie der Abglanz über Bandiri flackerte, so raschelten in stiller Nacht zu Häupten die Ratten von Ntumwi...

Erste Etappe

ZU GAST BEIM SÄBELBEIN

Montagfrüh am Straßenrand, in den Sägespänen. Ein Peugeot hält. In das Vehikel, vollgequetscht wie die sprichwörtliche Sardinenbüchse, paßt ein dreizehnter Passagier samt Tasche immer noch hinein. Bald darauf ein Schlingern und ein abgefahrener Reifen muß gewechselt werden. Die Frauen stehen herum; die Männer dienen als Wagenheber; irgendwann wird es weitergehen. Monstren von Baumaschinen fahren und stehen herum; die Straße wird verbreitert und asphaltiert, in der Nähe ein kleiner Flughafen ausgebaut. Die ländliche Idylle war dabei, dem Fortschritt anheimzufallen.

Dann von einem Taxipark zum anderen, quer durch Mende, und während des Wartens der Versuch, im Stehen zu schreiben. Keine inneren Visionen, kein fernes Leuchten, nicht einmal eine purpurviolette Malve. Tagebüchlein notiert den Straßenrand, an dem entlang der Blick dahinfuhr von Mbebete her. Was das Auge so müde macht – der Staub nicht nur, auch das graue Gestrüpp und dazwischen das Weggeworfene und Kaputte, Papier und Plastik, Blech, Lumpen – alte Sandalen, Dosen, Tüten, Zusammengeknülltes, Unbrauchbares, Unkenntliches. Erst unterwegs nach Ntumwi wird die Landschaft sehenswert. Graurosa Dunst über rötlich angeschnittenen Hügeln und der Wechsel von nackter Erde und dürftiger Vegetation, wie es sich ineinanderverhäkelt über die Hügel und Talsenken hin. Die Staubwolken wölken; die karamelfarbene Häkelstola reist mit. Vor dem Staub schützen, wie vor zwei Jahren, Baumwollhütchen und Seidentuch, das teerosenfarbne mit den schwarzen Hieroglyphen, das eheliche Geschenk.

Koki und *free-wheel*

Es war nicht weit. Das Pfarrhaus ließ sich erfragen, ein altes Haus im Abseits; idyllisch gelegen im Hell- und Dunkelgrün der Bananen- und Thujahaine und innen mit einer schöngeflochtenen Zwischendecke aus Bambus. Hier machte eine schmerzliche Leere im Magen das Warten auf ein Mittagessen zum Elementarerlebnis. Askese als selbstgezimmertes Sprungbrett in die Ekstase? Oder doch eher in die Barbarei? Hier wurde höfliche Geduld geübt. Eine Hausfrau ist nicht vorhanden; aber etwas zu essen muß es doch geben. Als endlich ein gutes scharfes, goldgelbes Bohnenkoki kommt, wird es ohne Griff nach einem Erfrischungstüchlein mit ungewaschenen Händen gierig aus den Bananenblättern gefingert. Ein Höchstwerterlebnis. Es schmeckte mit süßen Bananen noch köstlicher als der Hunger, Hygiene überspringend, es auch ohne genossen hätte.

Daraufhin fuhr der Häuptlingssohn mit den Säbelbeinen den Gast auf seiner Suzuki zu dem Thuja-Campus, in welchem einst die schwarzlockige Careli Blumenrabatten angelegt und Gäste empfangen hatte. Nun ist sie in der Neuen Welt verehelicht, und hinter ihr und den Thujahekken sproßt ein Lehrerinnenseminar. Hier bessern die Pfarrer ihr bescheidenes Gehalt auf, indem sie die Ehefrauen ausbilden lassen. Die Frau des Gastgebers ist nur mit Mühe wiederzuerkennen. Die grünen Hügel von Sanya liegen so weit zurück. Die Lilian ist auch da, Frau Toha und andere. Die Reverend Missis, gewohnt an den Umgang mit Männern, weiß mit Frauen nichts zu reden. Die Welten sind so verschieden. Also schnell weiter und mal eben nach Chaa. Ein Herumhasten und Abhaken – wozu Chaa? Zur Herstellung von Ubiquität. Ein kostspieliger Zeitvertreib. Denn jeder, der sich bereit findet, den Gast zu empfangen oder auch nur unter freiem Himmel eine halbe Stunde sich ausfragen zu lassen, erwartet, daß Freigebigkeit sich durch ein Geldgeschenk erkenntlich zeigt. – Wartend auf ein Taxi nach Chaa, wird der Säbelbeinige befragt nach seinem nächsten Lebensziel. Da er zwei Kinder schon hat und auch ein Häuschen, ist das nächste für einen akademisch Uninteressierten ein Auto. Wunsch und Wille nach freier Fahrt für die Familie ergeben ein Wortspiel, das die Metabasis von der Theologie zum täglichen Leben sinnig wiedergibt: *free will – free-wheel*. Räderfreiheit, freie Fahrt statt Willensfreiheit.

Unter freiem Himmel. Gegen 5 in Chaa. Zwei derer, die zwei Jahre zuvor besucht wurden, stehen wartend im Eingang des Hospitals. Der eine kam von Kendek herauf, anzukündigen, daß er Anfang Februar nach Mbebete zu kommen gedenke. Es bedeutet, daß er einen Beitrag für den Bau seines Häuschens erwartet. Wenigstens 20'000. Die müssen anderen abgezogen werden. Dem Moy zum Beispiel, der da auch auf Verabredung steht und wartet und dann vom Krebs seiner Mutter erzählt, wie er vom Fuß aufwärts gekrochen sei und es keine Hilfe mehr gebe. Man mußte wohl noch ins Haus gegangen sein; denn das Kind, das die Lilian geboren hatte, war zu sehen und sah der Mutter ähnlich – ein Sohn, noch keine zwei Jahre alt. Das Kind zeigte ein melancholisches Schmollen, als wüßte es, daß es den falschen Vater hat.

Nachts schlafen die Ratten nicht

Dann war es Zeit, nach Ntumwi zurückzufahren; denn dort war Übernachtung vorgesehen. Angelangt und ehe es dunkel wurde, stieg der Gast noch zur Wasserquelle hinab. Danach, wie immer, das letzte zuerst: 'Soeben von der Wasserquelle emporgestiegen mit dem kleinen Mädchen, das hier Hausarbeit macht und eine große Blechschüssel voll Wasser auf dem schmalen Köpfchen balancierte. Ich stieg hinab durch Felder mit rotbraunen Hügelbeeten, durch staubiges Gras und lichte Palmenwälder, und mit hinab stieg die Vorstellung: wie es sich anfühlen würde, wenn das ferne Leuchten nahe wäre.' Dann erst wird der ganze Tag nachgeholt, zerstückt in Einzelheiten.

Nach dem Abendessen durfte der Gast sich alsbald zurückziehen. Nichts kann willkommener sein, als eine Tür hinter sich zuzumachen. Das viele Reden ermüdet mehr als das Hin und Her durch den Staub. Fast immer war der Schlaf unter gastlichem Dache gut gewesen. Die Nacht in Ola war eine Ausnahme. Die Nacht in Ntumwi auch. Das Haus steht so idyllisch abseits. Die Zwischendecke aus Bambus ist so rustikal und malerisch; aber sie ist nicht dicht. Und über dem schönen, aber undichten Bambusgeflecht wurde es in dieser Nacht lebendig. Es kratzt, rennt und raschelt durch die Finsternis und verscheucht den Schlaf. Ratten, zweifellos. Wenn da nun eine runterfällt und mir aufs Bett und ins Gesicht... Der erste nächtliche Schreck war, dem Tagebuch zufolge, so heftig, daß er einen stechenden Kopfschmerz hervorrief, aber nicht in der Erinnerung haften blieb. Wie lange Nacht und Schlaf zerkratzt und durchlöchert waren vom Nichtschlafen der Ratten, ist nicht vermerkt. Schreck und Kopfschmerz aber stehen am nächsten Morgen als erstes im Tagebuch. Und: Wie kann das Äußere so täuschen. Hier hätte ich eine Weile leben mögen. Aber nicht schlafen des Nachts unter dieser rattenromantischen Bambusdecke.

Dann ist es merkwürdig zu sehen, wie mit den nächtlichen Ratten auch der Schreck dem Vergessen zufällt. Anderes vom Vortage wuchert darüber. Das pathetische Begrüßungsgetue eines Maba etwa. Und wer hat erzählt, daß die Sr. Donata alias Lisa aus ersten Ndumkwakwa-Tagen gerade von den Kühen der Emu-Sisters zu den *human relations* übergegangen sei und anfange Vorträge zu halten? Da wäre sicher etwas zu lernen. Ziehe ich nicht umher wie ein depperter Weihnachtsmann und Osterhase? Jeder wartet nur auf das, was ich aus den Tiefen meiner Taschen ziehe...

Das Warten auf den Frühstückstee zieht sich hin. Wie mühsam, Wasser herbeizuschleppen; wie mühsam, ein Holzfeuer zwischen drei Steinen zu machen, um das Wasser abzukochen. Die Tagebuchmeditation weicht davon ab und kommt zu melancholischen Ergebnissen: 'Die Landschaft liegt trüb verhangen unter dem Harmattan. Was sich in den sieben Jahren, seit dem Oktober, als der Tulpenbaum blühte, zusammenballte an Seelensubstanz, es ist zwischendurch wie zerstäubt. Es fühlt sich an wie der Staub am Straßenrand, in den ich meine Blicke senke im Vorüberfahren.'

Die schönen Bororo-Jünglinge

An diesem Dienstag war das Ziel Bam in den Elefantenbergen. Nach dem Frühstück also wieder nach Chaa, diesmal verabredet mit Moy und Nkan, wieder unter freiem Himmel unter den Bäumen des Hospitalhofes. Der eine bekam 50'000. Der andere, der nichts bekommen sollte, nötigte ins Haus; seine Frau habe eine Mahlzeit bereit, und da mußte es eben sein. In das Haus oben unterhalb des schön gewölbten Berges, in dem zuvor, in den Regenzeiten elf und neun Jahre zurück, das Patenkind besichtigt und beschenkt worden war, hatte es nun den Waldländer Nkan verschlagen. Hier oben zog der Besuch ein rotes Taschenmesser aus der Tasche und schnitt sich in den Finger. War der Hahn im Topf so zäh? Endlich waren Melissengeist und Hansaplast zu etwas nütze. Vom Hausherrn war bekannt, daß *fraternals* ihn unterstützen. Auch die gute Ulla. Er bekam daher nichts; seine Frau ward mit einem Nadelkissen beglückt. Das Tagebuch erwägt, ihm doch noch 5'000 'nachzuschmeißen'. Der zähe Hahn im Topf krähte allzu vernehmlich danach.

Dann begann das Warten auf ein Taxi nach Bam, hinauf in die Elefantenberge. Nach einer Stunde stand man immer noch vor dem Hospital. Wo nahm *Na'anya* nur alle ihre Fragen her? Und zu welchem Zwecke fragte sie den Leuten Löcher in den Bauch, in den Berufsalltag und in die Familie? Wollte sie ein Buch schreiben, wie das der Weißen Brauch und Sitte ist? Ja, sie wird schreiben, zwanzig Jahre später, und eine Menge Stroh anhäufen und Staub aufwirbeln rund um das ferne Leuchten von Mbe-Mbong. An die Wartezeit in Chaa aber werden vielleicht erinnern 'die königlich-schönen Bororo-Jünglinge in ihren langen Gewändern; so schmal, so edel, daß ich sie kaum anzusehen wagte.' Bronzestatuen, die eine Europäerin sich als Statuetten gern auf den Schreibtisch stellen würde, in geringem Abstand zum Apollo von Olympia.

Zweite Etappe

DAS SCHÖNE TAL BEI BAM

In einem halbleeren Vehikel ging es gegen Mittag schön langsam ins Gebirge hinauf und noch einmal hinein in die Elefantenberge. Zwei Stunden lang bot sich Landschaft dar zu touristischem Genuß. Ja, welcher Reisekatalog bietet dergleichen an. Westlicher Individualismus will immer was Aparts für sich. Da und dort war ich. Du nicht. Nicht in Samarkand war ich und auch nicht auf der chinesischen Mauer. Nein, in hinterste Winkel bin ich gekrochen. An Orten war ich, die auch ein Feldforscher nie betreten hat. Will ich damit angeben? Alleine will ich damit sein. Ein Stück des vergehenden Lebens will ich entlangstreifen lassen am nahen und fernen Panorama der Bergkolosse. Die blaue Blume aus dem Tal von Ubum blüht auch hier, und der Staub, 'stellenweise so schmachtend, so dekadent pastell-lila-rosé –' Da bricht der Satz, geschrieben in Bam, ab.

Fama und Schlüsseltraum

Der Besuch in Bam – ein weites Beispiel für gegenseitige Ausbeutung. Das Tagebuch bekennt freimütig, es sei nicht das mindeste an persönlichem Interesse an der Gastgeberfamilie vorhanden. Mit Hausfrauen und Müttern weiß die Missis nur mühsam und nahezu sprachlos umzugehen. Mit Kindern weiß sie noch weniger anzufangen. Und der kinderreiche Gastgeber hat den Nachteil, daß er suzukibedingt fett ist und der saure Cassavabrei eine halbmeterdicke Atmosphäre um ihn breitet. Ansonsten ist er mitteilungsbereit und nicht gänzlich unsympathisch. Auch sein Interesse gilt nicht der Person des Gastes, sondern Briefumschlägen, die inhaltsschwer übergeben werden. Die weiße Frau frönt einer ausbeutbaren Narretei. Ein Spleen stimmt sie mildtätig. Der Besuch in Bam ist, wie alle übrigen Umwege, ein Zeitzubringen. Das Wiedererscheinen in Mbebete ist jedoch nicht mehr, wie zwei Jahre zuvor, von Gerüchten umgeben, die damals sicher auch Bandiri erreichten und einen Schweigsamen noch mehr vermauerten.

In einem der Gespräche nämlich, zu dritt und vermutlich bei Bier oder Palmwein, im Beisein eines örtlichen Lehrers, scheint das Gespräch auf die Motive des Umherreisens der Reverend Missis gekommen zu sein. Sie erwähnte, mit der linken Hand, sozusagen, was alle wußten, die zwei Jahre zuvor das Seminar-Blättchen mit dem Beitrag des Kollegen Tomas gelesen hatten:

daß, als öffentlich bekannt wurde, die Tutorin verlasse Ndumkwakwa und ziehe nach Mbebete, das Gerücht aufgekommen sei: das bedeute Ehescheidung. Der Gastgeber stimmte lachend zu. Ja, das sei wahr. Ein paar Leute hätten das vermutet. (Und saß nicht während der Synode damals die davongelaufene Ehefrau permanent neben einem ehemaligen Studenten und nunmehrigen Kollegen? Zwei gute Gewissen, wie sie besser nicht hätten sein können. Wer aber konnte wissen, wie gut die Gewissen waren?)

Ein Schlüsseltraum.
Mittwoch ist der Tag mit dem Landschaftserlebnis 'schönes Tal'. Die Nacht und der Schlaf scheinen unerwähnenswert gut gewesen zu sein. Als erstes am Morgen wurden jedoch Träume eines nicht ganz guten Gewissens notiert, davon ein Fragment auch nach zwanzig Jahren noch nachdenkenswert erscheint. Der weißen Frau träumte, sie habe einer schwarzen Frau den Zimmerschlüssel entwendet. Sie zog ihn ab, steckte ihn ein, begegnete kurz darauf der Eigentümerin und wußte nicht, wie und was. War das, drei Tage vorweggeträumt, die Begegnung mit der noch unbekannten Braut von Bandiri? Was hatte der eigene Ehemann weit- und tiefsichtig prophezeit? 'Du wirst ihn daran hindern, eine Frau zu finden.' Endlich eine Frau oder aber Geld, wofür auch immer, konnte das je eine Frage gewesen sein? Wie erfolgreich lenkte der Bau des 'Palazzo' ab von den Langwierigkeiten der Werbung um diese June? Andere, verwandtschaftlich Wohlmeinende, das war in Ndumkwakwa zu erfahren gewesen, versuchten ihn abzubringen von diesem Mädchen seiner Wahl und Werbung. Nie hatte oder hätte etwas dergleichen versucht diejenige, welche im Traum der unbekannten Braut den hoch- und tiefsymbolischen Schlüssel wegnahm. Dessen ist das gute Gewissen gewiß. Aber weiß nur das eine von zwei guten Gewissen, was seit sieben Jahren hin und wieder geht und klebrige Fädlein spinnt und hauchdünne Schleierlein webt?

Wanderung und Augenweide

Was wird dem Gast, der zwei Nächte bleiben will, am ersten Tag geboten? *Na'anya* ist gut zu Fuß; vielleicht hat sich herumgesprochen, daß sie schon zweimal nach Mbe-Mbong hinaufgestiegen ist. Man kann ihr also eine Halbtagswanderung zumuten in ein entferntes Dorf, und auf dem Weg dorthin läßt sich eine ganze Menge fragen und erzählen. Landwirtschaftliches: warum die Leute nicht dazu zu bringen sind, die Ackerfurchen an den Berghängen horizontal statt vertikal anzulegen; Missionsstrategisches: daß die Leute eher bereit sind, Christen zu werden, wenn man ihnen Schulen und Gesundheitsversorgung bietet. Das ist nun wahrhaftig nichts Neues; aber es schadet nichts, eine alte Erfahrungswahrheit zu wiederholen. Siedlungsgeschichtliches wird auch wiederholt (wie die kleineren Stämme auf die Bergkuppen flüchteten, um vor den Nachstellungen der größeren sicherer zu sein) und gibt Anlaß, von den Besuchen in Mbe-Mbong zu erzählen; aber unerwähnt zu lassen, daß ein dritter Besuch bevorsteht. So schlängeln sich die Fußpfade und die Gespräche stundenlang durch Talgründe und um Bergeshöhen, unten verstrüppt, oben grasig oder felsig kahl. Wo kein Gras wächst, ist Staub, wo Himmel sein sollte, ist Harmattan, und das Laufen tut gut.

Dann öffnet sich ein tiefer Talkessel, abgleitend zwischen den hohen Flanken der Elefantenberge; ein weites und gar lieblich modelliertes Tal, in welchem die Hacke der Frauen Felder und die Erfindung der Mutter Natur Raffiawäldchen angelegt haben. Alles sieht so ferienfreundlich aus und ist so grandios umgeben von den elefantösen Höhen, die oben nackte Felsbrocken in den dunstigen Himmel schieben. Hier liegt das Dorf Njeba, und hier ist eine Weile Zeit, auszuruhen. Da zu sein und die Augen zu weiden. Den Blick spazierengehen zu lassen, kleine und größere, schön gewölbte und markant abgesetzte Zwischenräume lustvoll überwindend. *Roaming, rambling, zwischenräumelnd...*

Es sind nur Erinnerungsbilder, keine Fotos, erhalten von diesem Tal. Wo kommt es her, das Gefühl, wenn es kommt und fühlt: hier ist es schön; hier möchte ich bleiben? Wenigstens eine Weile verweilen. Bis der Hunger kommt oder die Müdigkeit oder die Nacht, oder Kälte und Regen oder eine menschliche Feindseligkeit. Denn wilde Tiere, Leoparden etwa, soll es nur noch in ganz entlegenen Bergen geben. – Der Rückweg war schweigsamer. Man kann nicht stundenlang an einem Stück reden. Auch die schönste Wanderung macht müde.

                Am Nachmittag saß der Gast mit der Hausfrau und fünf von ihren acht Kindern ein Stündlein auf der Bank vor dem Haus und half, Kürbiskerne enthülsen. Sah Füße und Hände der zehn Jahre jüngeren Frau: rauh und voller Schwielen von vieler Feld- und Wascharbeit. Wie eine Kartoffel im Acker, so verbraucht eine Mutter vieler Kinder sich. Während der Erzeuger fett und fetter wird. Die Frau war sehr zurückhaltend. Das jüngste Kind ist ein Jahr alt. Der Schwiegervater, reich an Land, will viele Enkelkinder. Die Frau muß sie aufziehen. Wozu ist sie schließlich da.

Kamera und Grenzpolizei

Es scheint, daß Lilians Mann von Chaa heraufgekommen war; denn er war dabei, als man gegen Abend zu dritt einen Rundgang durch das Dorf machte. Etwas außerhalb, in einer schönen Eukalyptusallee, gesellte sich ein Grenzpolizist herbei, der nur das Gespräch zu suchen schien. Christ sei er, aber katholischer; etwas Deutsch habe er in der Sekundarschule gelernt; von einem Mann namens Adolf Hitler hatte er eine hohe Meinung, und ähnliches. Dann aber erkundigt er sich angelegentlich danach, was die weiße Frau in dieser abgelegenen Gegend wolle. Nun, sie besuche Bekannte und ein Patenkind. Und dann, ganz unvermittelt: 'Your camera?'

Die Kamera, unbenutzt, befand sich in der Handtasche, die über der Schulter hing. Nicht so ohne weiteres bereit, sie herauszugeben, behauptete die Fremde, die Kamera befinde sich im Haus und er solle mitkommen. Eine schlichte Notlüge. Und dann redete die Weiße pausenlos Ablenkendes, während die beiden Begleiter angesichts der Staatsgewalt nur Ungenaues vor sich hin murmelten. Auf welche Weise der Grenzwächter dazu gebracht wurde, von dem Gedanken an die Kamera abzulassen, ist entfallen und auch nicht notiert. Möglicherweise fiel den beiden einheimischen Begleitern doch noch etwas ein. Der eine meinte hinterher, der Mensch sei angetrunken gewesen; der andere erklärte, das Corps der Grenzpolizisten sei 'handverlesen', eine Elite-Einheit. Die Fremde indes hatte nur den Eindruck schierer Schikane und fühlte sich vorübergehend nicht mehr ganz so wohl im Lande als geliebtem.

Nächtliche Notmaßnahme. Möglich, daß man am Abend auch nur zu dritt war, und die Ex-Tutorin mit den beiden Ehemaligen das Frage- und Antwort-Spiel hinzog. Keine Frau irgendeines Hauses konnte je mitreden. Wie auch und wozu. Und die Hausfrau von Kendek, auf dem Weg bergauf damals, was hatte sie zu erzählen? Klatsch über eine gescheiterte schwarz-weiße Ehe. – Für die Nacht lokalisiert das Tagebuch eine bislang ortlos in der Erinnerung vagabundierende hygienische Notmaßnahme. Was erfindet die Not, wenn sie in kalter Nacht davor zurückscheut, mühsam und mit Taschenlampe einen Weg durchs Stockdunkle zum abseits stehenden Blech- und Buschklo sich zu ertasten? Ein Waschlappen und ein Plastikbeutel dienen als Notbehelf. Schmerzlos rinnt ein Stück Leben dahin. Am nächsten Morgen läßt es sich auswaschen. Das war in Bam, nicht in Mbe-Mbong.

Das Patenkind. Warten und Politik. Donnerstag: Rückkehr nach Mbebete. Vier Tage und drei Nächte sind genug. Gastsein ist anstrengend. Zuvor muß noch das Patenkind begutachtet werden. Es müßte jetzt zwölf sein. Zeig mal deine Schulhefte. Was hast du denn Schönes und Nützliches gelernt. Wie hätte hier auch nur die Illusion einer persönlichen Beziehung aufkommen sollen? Der Knabe war begabt, bekam später vom Staat ein Sekundarschulstipendium und wird bald gemerkt haben, daß er für den Vater nur Mittel zum Zweck war, aus der weißen Patenschaft Geld herauszuholen, um es in ein Haus zu verbauen. Was Klein-Yuka, als er größer wurde, wohl kaum erfahren konnte, war die andere Seite der Medaille: daß er für die weiße Frau auch nur ein Vorwand unter anderen war, Umwege abzureisen.

Dann beginnt das Warten auf ein Taxi, und der größere Teil des Vormittags vergeht damit. Natürlich ist, und auf nichts anderes läuft alles hinaus, ein Umschlag mit Geld ausgehändigt worden. Vielleicht bekam auch die Gemeinde etwas. Danach scheinen die Gesprächsthemen mit den Männern erschöpft. Bleibt noch einmal die Hausfrau. Bleiben Cocoyams und Cassava und wie man Stampfbrei daraus macht. Das weiß die Hausfrau in einfachem Englisch zu erklären, und die Zeit vergeht.

Was noch abzustehen ist an der Straße, wird ausgestopft mit Anekdoten über den politischen Putsch des Vorjahres und wie nahe das Land sich am Abgrund befunden habe. Der Himmel war voller Helikopter, die Hauptstadt wurde bombardiert und schuld an allem war die Palastgarde, die ihr hohes Gehalt und ihr *high-life* vermißte. So entsteht Geschichte: aus Gerüchten, die im Volk 'umgehen' und sich erst zu Sage und später zu Schreibe verdichten. Es war auch die Rede von leichten Bibelausgaben, um das Wandergepäck nicht mit den dicken Exemplaren zu beschweren. Was man umsonst haben kann, nimmt man, ob es gebraucht wird oder nicht. Und die teuren Exemplare wurden tatsächlich beschafft.

Dann war Bam überstanden, und auf dem Weg hinab nach Chaa gab es mit Moy nicht mehr viel zu reden. Die Landschaft kam noch einmal in den Blick und nachträglich auch ins Tagebuch. Fotografiert wurde auch diesmal nicht. Das Elefanten-Gebirge zeigte sich beim zweiten Besuch weniger beeindruckend. Das ist der Abnützungseffekt. Aber das Felsgestein auf den nackten Bergkuppen inspirierte noch immer Vergleiche, diesmal mit Burgruinen. Die tiefen

Schluchten zwischen den graugelben Wölbungen, angefüllt mit Wald, wurzelnd an Wasserläufen, die Raffiapalmen grüngefiedert und grüngekraust das übrige, Namenlose. Der undurchsichtige Himmel, ein Staubgrau, das müde und gleichgültig macht, während der Landrover bergab dahinrumpelt und der Fahrer die Kurven sorgsam ausfährt.

Um die Mittagszeit in Chaa, und der kleine Moy war so verdattert, daß er 1000 statt 500 zahlen mußte, daß er vergaß, sich zu verabschieden. Wer viel bekommt, erwartet mehr. Hatte er erwartet, daß *Na'anya* für ihn zahlen würde? *Na'anya* zahlte diesmal nicht. Noch 5'000 für Nkan (und die 5'000 für die Bananen der Madame Nko ärgerten noch immer). Es ist nichts zu machen ohne Geld. Hier werden nicht Freunde besucht, die sich freuen, wenn lieber Besuch kommt. Es sind Leute, die sich freuen, daß eine Weiße offene Taschen hat. Und die enttäuscht sind, wenn das Geschenk nicht ihren Erwartungen entspricht. Fremdenverkehr auf privater Basis, nicht auf persönlicher.

Dritte Etappe

NOCH EINMAL INS RATTENHAUS

Weiter also und noch einmal, wie abgesprochen, ins Bambus-Ratten-Haus von Ntumwi. Hier vergeht Zeit in Erwartung eines Mittagessens. Zuvor kommt unerwartet ein Hustenanfall im gleichen Augenblick, in welchem die Hausfrau erscheint. Sie hat Sondererlaubnis bekommen, nach Hause zu gehen, um für den Gast da zu sein. Sie ist dabei, ein großes Essen vorzubereiten, denn ihr amtierender Ehemann hat noch einen Haufen anderer Gäste eingeladen.

Gäste zu Ehren des Gastes

Der Hausherr, wo ist er? Er ist unten am Bach, Wäsche waschen. Er kommt, begrüßt und begibt sich in die Küche, um zu helfen. Dreht Kürbiskerne durch den Fleischwolf, und *Na'anya* ist des Lobes voll, wie hier ein Mann der Frau im Haushalt hilft. Was der säbelbeinige und starrköpfige Häuptlingssohn hier tut, ist völlig gegen Brauch und Sitte und ein schönes Beispiel dafür, daß Marx recht hat: das ökonomische Sein bestimmt das Bewußtsein. Die Frau ist auswärts in Ausbildung, um später als Lehrerin mitzuverdienen. Ein zehnjähriges Mädchen ist die einzige Hilfe im Haus. Also sieht der Mann die Notwendigkeit, mit anzupacken, die beiden Kinder täglich zur Schule zu bringen und abzuholen, Wäsche zu waschen und notfalls Kürbiskerne durchzudrehen. Der erstrebte Wohlstand ist stärker als Sitten und Gebräuche. Aber die Frau, und hier bleibt die Tradition intakt, ist nur Mittel zum Zweck. Das von ihr verdiente Geld wird der Mann nach Gutdünken, wenn auch nicht ohne Zustimmung der Frau, ausgeben. Als erstes: für *free-wheel.*

Von den Gästen kam als erster der nicht näher bekannte Dekan Tju. Kam sichtlich nur anstandshalber und weil er nicht wußte, was die Weiße wollte. Dann kamen ihrer drei oder vier, zwei Lehrer, ein Baptistenprediger und dann die Röstkartoffeln in Kürbiskernsoße samt dem gebratenen Fisch. Es schmeckte trotz der Unmöglichkeit einer Entspannung. Die Unterhaltung war lebhaft, angeregt von den Fragen der Reverend Missis. Und es wunderte sich dieselbe nachträglich im Tagebuch. 'Ich weiß nicht, welche guten Geister mit mir sind, daß mich in der Versammlung der Männer kein Schweigekomplex befällt. Daß ich munter und ohne Verkrampfungen meine Fragen stelle. Woher mir der Witz kam und dann das Pathos, mit dem ich den jungen Baptisten darüber belehrte, daß man ein Schulpfarramt auch ohne Suzuki versehen kann. Ich habe das Improvisieren gelernt. Das zwanglose Gespräch. Ntu stellte mich ohne Titel vor. Es war mir recht. Denn nach betitelter Akademikerin sehe ich nicht aus. Eher nach Landstreicherin.'

Die Situation war eine andere als im Lehrbetrieb oder einst auf dem Gymnasium, wo ein Mädchen sich gegen zwanzig Knaben behauptete. Die Situation glich den Gesprächsrunden bei Einladungen unter Kollegen, wo der Eheliebste, wenn er dabei war, rücksichtslos das große Wort führte und das Gespräch an sich riß. Und die Weibe saß dabei, kam sich unterbelichtet vor, ärgerte sich und schmollte. Da war nun also bewiesen, daß nicht die Ehe, aber eheliches Zusammensein ein Hindernis für kommunikative Selbstentfaltung sein konnte.

Zurück nach Mbebete

Die Selbstentfaltung ist überstanden. Die Reisende sitzt wieder in einem Taxi und stellt, da es steht, fest, daß ein Taxipark der einzige Ort ist, wo in Ruhe Notizen gemacht werden können. Der lehmrote Staub, der ins Bewußtsein dringt, während die Landschaft mit allen ungefällten Eukalyptusbäumen vorüberrumpelt, kann dem Papier Sprachspuren einprägen. Ein halber Nachmittag kann besinnlich in einem leeren Peugeot 353 verbracht werden. Was ist das für ein seltsamer Traum, den ich achtzehn Monate lang geträumt habe? Was ist hier anders als in einer süddeutschen Innenstadt? Hier bin ich der einzige Ausländer, eine verschwindende Minderheit. Gleich werde ich nicht mehr da sein. Die Leute hier sind oder scheinen weniger verbiestert und kaum einer hastet. Viele lachen, und das Lachen ist *indolent,* schmerzlos wie der Staub. Sag es keinem. Ich habe es niemandem gesagt, daß ich wieder nach Mbe-Mbong gehe. Aber wer weiß, ob nicht im rosenroten Staub eine dünne Gerüchtespur mir vorausläuft ...

Zurück in Mbebete, eine halbe Stunde vor Dunkelheit, ist zwei Stunden später alles Übliche erledigt: trinken, waschen, auch die Reisekleider; etwas essen und etwas erzählen; denn die Hausgenossin ist zurück von der Reise ins Waldland. Jetzt steht als zwiespältiger erster Höhepunkt Bandiri bevor.

4. Kapitel

Die Braut von Bandiri

Sieben Besuche waren es gewesen, zwei Jahre zuvor. Merkwürdig, wie die magische Zahl sich ergab. Zweimal übernachtet; das zweite Mal zwei Nächte hintereinander. Beim ersten Betreten der Schlafkammer war heller Tag, ein Jahrestag im Dezember. Im März war es Nacht. Und im Juni war die Gästekammer frei. Das schiebt sich nun schon ineinander, und die literarische Beschwörung, *Wieder hat ein Mond sich gerundet,* ist wirklicher als die Wirklichkeit. Während der *Revenant*-Reise gab es nur einen einzigen Besuch in Bandiri, kurz nach der Rückkehr von Ntumwi, verbunden mit einer Übernachtung. Denn von Bandiri ging es gleich weiter zur großen Reise bis Beera.

Narzissenhaar

In Bandiri ist die neue Auserwählte zu besichtigen. Wer aber – was aber für eine aberrante Variante von Frau ist es, die in Mbebete im Bad vor dem Spiegel steht und halb skeptisch, halb bewundernd frisch gewaschenes, schnell getrocknetes ‚Narzissen'-Haar aufbindet? Wer hat Augen, zu sehen, wie schön das Schöne im Vergehen ist? Des einen Augen sind dafür blind oder was sie sehen, bleibt sprachlos. Warum hat er immer nur die eigene Blondlockenpracht bewundern und durchwühlen lassen? Des anderen Augen sind gehalten, sie wollen nichts sehen. Vermutlich. Ein resignierter Wunsch nur wünschte vielleicht bisweilen und am Rande anderes. Der Botticelli-Engel von einst, der selbdritt durch die Juniwiesen Helvetiens schwebte, ist um zwölf Jahre gealtert; aber frischgewaschenes Haar knistert noch immer unter dem Anhauch narzißtischer Bewunderung. Schlafen und dankbar sein.

Freitag – ein Unglückstag in Mbebete. Die Oberin der Emu-Sisters ließ weiter Bäume fällen; sie hatte offenbar genügend Geld, das Holz, das Fällen und das Sägen zu bezahlen. Es sollte zum Bau eines schönen Hauses auf einem schönen Hügel nahe den Meditations- und Weidegründen der frommen Schwesternschaft dienen. Darinnen sollte dermaleinst ein Geistlicher residieren, einzig und allein dazu ausersehen, sich um das Seelenheil der Nönnlein zu kümmern. Schön ausgedacht. Drei Jahre später, vom Kongo her, bei einem hastigen Besuch in Mbebete, wird das Hügelhaus mit dem weitschweifenden Rundblick im Rohbau zu besichtigen sein. Wer dachte noch daran, daß ins hölzerne Gebälk ein Menschenleben verbaut worden war?

Ein Bauopfer und ein Gedicht

An diesem Freitagvormittag wurde das Nachrechnen der Reiseausgaben gestört durch Taxis, dröhnende Lastwagen und knatternde Motorräder, die am Haus vorbeifuhren. Eine Umleitung. Immer wenn ein Baum entlang der Straße umfällt, müssen die Vehikel einen Umweg fahren, und der geht dicht am Haus vorbei. Also wird gerade wieder ein Eukalyptus gefällt. Der wievielte schon? Soll der ganze Campus abgeholzt werden? Wie gut, daß ich hier nicht zu Hause bin. Wird das neue Haus in Mbe-Mbong friedlich abseits liegen? Wie kann ich mich bei dem Lärm konzentrieren! Da kam Frau Erna und erzählte von dem Unfall: daß ein Mensch erschlagen worden sei von einem gefällten Baum, der auf ein Auto fiel, das noch vorbei wollte, statt vor der Straßensperre zu warten. Das war das eine. Es verstörte.

Das andere war das Gedicht von der Bushaltestelle im nordischen Herbst, als Nebelregen in den Birken hing und die Nachricht von der neuen Umworbenen noch nicht eingetroffen war. Da spielten merkwürdige Traumgespinste von Babingen nach Bandiri hinüber, und es entstand noch ein Gedicht, das vierte, fünfte oder sechste, je nachdem, was gelten soll. Es halluzinierte im triefenden Herbstlaub der Birken, es transportierte zurück nach Mbebete; der halbe, 'verwesende' Morgenmond rief dem vollen Abendmond von 'damals', zwölf Monde zurück – *Wachend, wartend, geduldig / Daß er aufgehe, der Ersehnte / Und erhelle die uralte Nacht / Rund vor gebändigter Sehnsucht* – kein gutes Gedicht, allein schon wegen einer Vokabel, die bei Goethe noch Seelentiefe hat, zweihundert Jahre später jedoch zum sentimentalen Vulgarismus verkommen ist. Abgeschrieben und verbessert, sollte das Gedicht zur Einstimmung auf Bandiri verhelfen. Die Mitteilung über das Unglück am Straßenrand verunmöglichte die Übung. Am Steuer des Wagens habe ein Weißer, einer von den Straßenbauern, gesessen. Der habe es eilig gehabt und wollte weder warten noch einen Umweg fahren. Der Erschlagene aber sei ein Schwarzer. Und die Bauherrin sitze am Straßenrand, ein Häuflein Elend, als fühlte sie sich schuldig an dem Unfall. Und mitschuldig war sie gewiß; ihre baumfällende Baulust, ihre Geschäftstüchtigkeit. – Am Abend ein Blick in den Nachthimmel. Mondsichel und Abendstern stehen nahe bei einander. So werden sie morgen über Bandiri stehen. Aber nicht mehr inspirativ interferieren.

Es geht alles viel zu schnell.
Am nächsten Morgen hält das Frühstückzubereiten davon ab, sich einzustimmen auf Bandiri – noch einmal und vermutlich zum letztenmal. Und plötzlich und ohne erkennbaren Anlaß gerät etwas ins Schleudern – wo bin ich? In Afrika oder wo, in welchem Traumkokon? Was will ich hier? Was habe ich hier noch zu suchen? Es war nur ein kurzer Schwindelanfall. Der Blick durchs vergitterte Fenster gab nach Osten eine Lücke mit Blick Richtung Bandiri frei. Der große Eukalyptusbaum, der einen Menschen erschlagen hatte, lag quer über dem Autowrack. An dem Ort des Unglücks vorbei schlich scheu die neurlich Reisende zur Abzweigung hinüber, wo jetzt die Taxis fuhren; viel zu schnell war eins da, und viel zu schnell, nach einer knappen halben Stunde schon, waren, quer durch die Felder, die Markthütten von Bandiri erreicht. Einstimmung? Rückbesinnung? 'Hier? Ging ich hier an einem 20. Dezember in die aufgehende Sonne hinein' – ? Es ging alles viel zu schnell.

Es fließt ein Bächlein...

Bandiri, viel zu früh und daher: langsam. Langsam aus dem großen öffentlichen Platz in den schattigen Laubenweg ab- und eintauchen. Er windet sich zwischen halb versteckten Häuschen hindurch und steigt erst eine Weile später an. Die Reisetasche ist nicht schwer; aber irgendwo unterwegs war da ein Knabe mit einer Schubkarre, und der schob das leichte Gepäck den Berg hinan. War es vor der Begegnung? Danach? Das Entgegenkommen hielt die Zeit an. Aus den Wipfeln der Bäume senkte sich ein fliederfarbner Vorhang, sanft bewegt von einer Brise von den Höhen, dort oben bei den Kraterseen von damals.

Es fließt ein Bächlein quer zum Weg in einer Senke. In der Nähe ist eine Dorfschule. Über den Bach führt eine Bohlenbrücke. Auf beiden Seiten führt der Weg von oben herab und der Blick ist unbehindert. Hier stand die Zeit still. *Moment parfait?* Beinahe. Langsam von beiden Seiten und von oben herab auf das Bächlein zu. So kühl und so langsam. In vollkommener Gelassenheit. So als habe des einen in sich gesammelte Ruhe der anderen Geruhsamkeit ermöglicht. Es wehte der lila Vorhang dazwischen und ein Hauch wie von welkenden Buschveilchen. Dann lief die Zeit weiter, und bei dem Bächlein angekommen, streckte eine Hand sich zweimal aus, 'Welcome'. Es ist Sitte, einen Gast mehrmals willkommen zu heißen. Anderes spricht vielleicht eine geheimere Sprache – der schöne Plüschpullover von Ndumkwakwa, muskatbraun mit rosenholzfarbenen Zierblenden; durch Waschen delikat-dekadent ins Lilaliche schielend, er bringt sich darin entgegen, als ließe sich damit etwas sagen, wofür es keine Worte gibt. Der Gastgeber kam doch wohl, den Gast abzuholen? Nn – Nein. Es nahm der Begegnung nichts von dem milden Licht, das da floß, fliederfarben, morgenrötlich gesäumt inmitten melancholisch gedämpfter Baumschatten. Sacht und kühl wie das Bächlein unter den Bohlen fließen zwei an einander vorbei.

Friedlicher Vormittag, nixengrün

Die morgendliche Begegnung am Bächlein – nahezu wie ein Tagtraum. Eingesponnen im Weitersteigen, langsam und allein und jeden Schritt hinzögernd, ereicht eine Träumende trotz allem Zögern den offenen Platz auf halber Höhe, den ovalen. Jenseits davon steht das einsame Haus.

Vor dem ovalen Platz ein letztes Innehalten. Ein langer Blick hinüber. Das Haus ist neu angemalt, hellbeigerosé statt ziegelrot. Auf einer langen Wäscheleine hängt der schwarze Morgenmantel, der von Mbe-Mbong II, der gleichzeitig und für immer mondnachtbeschworen an der gekalkten Wand der Schlafkammer hängt, *schmal und aufrecht wie ein Wächterengel*. Er hängt da, und das schwarze Jackett des Hausherrn hängt daneben. Kopflose Marionetten. Viel zu mühelos ward der Platz überquert, der in Einschlafträumen so merkwürdigen, nahezu magischen Widerstand entgegengesetzt hatte. Der Gast trat über des Hauses Schwelle und ward empfangen von jungen Knaben. Bekam Tee und Bot, saß, aß, zog das Tagebuch hervor und begann zu schreiben.

'Bandiri, 9.20. Hier bin ich. In diesem Haus und als sei es mein eigenes. Was gibt es hier, das ich nicht als einst mein eigen wiedererkenne. Ein Haus sauberer und wohnlicher als alle, die ich bisher gesehen habe. Gib mir Zeit. Laß mich noch eine Stunde allein.' – Es wurde in der Tat eine reichliche Menge von Gegenständen als geschenkt wiedererkannt – von den schilfgrünen Vorhängen, die in Mbebete das eine der beiden Stübchen in kühles Unterwasserlicht getaucht hatten, über den blau-goldenen Wecker, der auf der schmalen Kommode neben der Rosenkarte zum Geburtstag tickte, bis hin zu den Bambushockern. Überall Geschenke, die eine Schenkende verraten. Ja, wäre es an dem, daß hier einer seine Glossen machen könnte, was könnte ihm Sarkastisches einfallen? Vielleicht 'der Würgegriff der Anhänglichkeit, mit dem du ihm am Halse hängst' – ja, mein Bester. Ein Griff und ein Begriff, der vieles lächerlich und zuschanden machen kann. Aber wer hätte hier Geschenke verschmähen sollen? Der Beschenkte hatte nichts zu verheimlichen, schlicht und geradezu enttäuschend – nichts. Nicht einmal sein Schlafgemach. Alle Türen standen offen, die zur Rechten und die zur Linken. Zur Rechten erhaschte ein flüchtiger Blick die Rosendecke von damals. Das Bett aber ward dem Gast von einem der Knaben (und gegen eine heimliche Hoffnung) in der öden Kammer zur Linken bereitet.

Nach einer Weile bekam der Gast warmes Wasser ins Außenbad gestellt, durfte sich waschen und umziehen, erschien in Dunkelblau und Nixengrün, und dann lagen da auch die Fotoalben bereit für jeden Besucher, der darin blättern will. Damit setzte der Gast sich auf eine Bank vor dem Haus. Mit dem Betrachten der Vergangenheit ergab sich eine erste Anwandlung von Verzweiflung, die das Tagebuch auffing. 'Wenn ich das sehe, möchte ich zwischendurch doch die Fassung verlieren. Die Tugendübung hat mich versteint. Ich bin wie ertötet und möchte doch noch ein bißchen lebendig bleiben. Eine sehr rote Blume blüht. Sie ist größer und röter als das Blümchen vom 20. Dezember.'

Es tauchten zwei Leute aus der Gemeinde auf, den Gast zu begrüßen; darunter Mr. Matti, der zwei Jahre zuvor mit nach Mbe-Mbong hinaufgestiegen war. Nach zwei Stunden kam der Gastgeber zurück. Der Tagebuchmonolog wurde dadurch nicht unterbrochen. Ruhig und friedlich war der Vormittag auf der Bank vor dem Haus und wurde auch nicht aufgeregt durch ein kurzes Gespräch zwischendurch. Über den Arbeitsalltag, und daß es manchmal zu viel werde, so ohne Suzuki, und er lieber woanders wäre. Über das Jungvolk im Hause, Kinder der Verwandtschaft, die ihm anvertraut auf der Tasche liegen. Der Bleistift hat das Vergängliche festgehalten und hält es noch einmal hin: 'Es ist schön, so ruhig und abgeklärt mit einander reden zu können, während eine sanfte Brise die beiden Kleidungsstücke auf der Leine bewegt. Wer mag sie da hingehängt haben. Sie hängen nahe genug bei einander; die Ärmel, die armen, die leeren und luftigen Arme, die schwebenden. Wer hat das hingehängt? Des Hausherrn Stimme ist im Haus, etwas rauh und ungepflegt. Auch die Bartstoppeln stehen noch. Ein Sanfter, der sich etwas Rauhes umtut? Ein Schwerfälliger und Langsamer, der sich inzwischen in Sicherheit weiß. Nur noch darauf bedacht, Wohlwollen zu erhalten. Hier war ich, wie oft. Hier bin ich noch einmal. Und könnte Stunden und Tage so vor dem Hause sitzen und träumen und kritzeln. Hier, wo physische Erschöpfung nach stundenlanger Wanderung durch rosenroten Staub ein abgedunkeltes Gemach und ein Bett fanden. In Gemächern schlafen Königin und König; in Kammern Mägde und Knechte. Diesmal wieder Kammer.' Das Foto mit Lilian vor der Raffiapalme wurde zurückgegeben; ein Farbfoto mit Examenskandidaten vor schwarzer Wandtafel und Tutorin vor rot- und-gelben Blüten wurde erbeten für eine Kopie.

'June has come.'

Es gab wohl ein verspätetes Mittagessen, und es saßen nur Gast und Gastgeber bei Tisch. 'Our sister', betete der Hausherr leise, und *our sister* hatte das Hörgerät im Ohr, damit dem vorzeitig alternden Gehör kein Wort entgehe. Alles blieb leise und nur halb gesagt. Das Ungesagte bewegte sich im blauvioletten Halbschatten zwischen Resignation und Ratlosigkeit. Es war da keine Spannung, kein Zittern, kein Herzklopfen. Es kam die Nachmittagsmüdigkeit. Aber nun mußte die Predigt gekürzt werden. Zu diesem Behufe und während der Hausherr das Haus wieder verließ, installierte der Gast sich in seinem Büro an der Schreibmaschine, auf welcher zwei Jahre zuvor die Matrizen der '*Dogmatic Notes*' geschrieben worden waren.

Die wackere Schreibmaschine und die höhere Geistesbeschäftigung, die durch abgegriffene Tasten aufs Papier schlug, sie waren eine feste Burg und Zuflucht, als gegen Abend der, den es anging, kam und der, die es auch anging, leise mitteilte: 'June has come.' Da war das Schreiben eine Stützmauer, dem emotionalen Zerfall entgegenzuwirken. Ob das Mädchen sofort, wenn auch nur kurz begrüßt wurde; ob die Begrüßung aufgeschoben wurde, ist nicht erinnerlich und nicht notiert. Aber daß Sonntagsansprache und Schreibmaschine Vorwand waren, noch eine Weile im Büro zu bleiben und damit zu zeigen: anderes ist wichtiger als eine Unterhaltung mit der Auserwählten, das ist erinnerlich.

Die Braut von Bandiri also, sie kam und wurde vorgestellt. Sie blieb auch über Nacht. Erinnerung und Tagebuch haben sie samt ihrer beachtlichen Raumverdrängung – verdrängt. Eine, die mit vollem und wohlgerundetem Recht sich dazwischenschob, ward mit freundlichen Floskeln beiseitegeschoben. Es gibt Wichtigeres. Ja, freilich. Ach, es war traurig und lächerlich und nicht zum erstenmal. Was kann das arme Kind dafür. Wofür? Wer? Auf welcher schiefen Ebene? War der Gast nicht offiziell zum Amten eingeladen? Was ging ihn, den Gast, die Braut des Hausherrn an. Ja, eben.

'You will decorate me.'

Am frühen Abend fand eine öffentliche Ehrung durch Vertreter der Gemeinde statt, welche Anerkennung zu bekunden wünschten für das unentgeltliche Besorgen von Jubiläumsplaketten zwei Jahre zuvor. Man kam, aß und trank, und dann kam der feierliche Augenblick. 'According to the power conferred upon me – ' Pause. Und die Frau schnellt vor und dazwischen: ‚You will decorate me'. Großes Lachen der Männer. Die es verbal vorwegnahm, erhebt sich und bekommt unter Rezitierung einer liturgischen Formel, die hier völlig fehl am Platze ist, eine grüne Plakette an die obere Tasche des blauen Meereswellenkittels geheftet. Was rauschte da wohl, unter dem Herumnesteln und bis die Nadel hinter dem dünnen Metall durch den Stoff hindurch geschlossen war – was? Zwischen Lehmkloß und Mimose und wie unter Narkose durch drei Lagen Stoff hindurch in aller Bedächtigkeit und Züchtigkeit ward der Reverend Missis die Plakette angeheftet unter dem Beifallklatschen der Honoratioren. *Bless you.* Wer wagte hier etwas wahrzunehmen? So mit dem linken Handrücken, dreieinhalb Grad oberhalb.

Dreieinhalb Stunden stak das Hörgerät im Ohr, aber die Frage, ob sie roten Wein wolle, mußte der Hausherr dreimal wiederholen. *Old woman that pathos has worn.* Es muß peinlich gewesen sein; denn das Tagebuch hat es festgehalten im Durcheinander der Notizen über mehrere Tage hinweg. Notiert ist auch die Überreichung eines Korbes, vier Handbreit hoch und elegant gewölbt, ein schönes Ton-in-Ton Flechtwerk aus blaß-goldenem Bast. Na'anya erhielt einen Korb. Den ersten nicht. Als Dank? Zum Trost? Wie gut, auf jeden Fall und immerhin, daß es Offizielles abzuwickeln gab. Denn der Besuch in Bandiri, galt er nicht der Besichtigung einer in Aussicht genommenen Braut?

Der Abend zu dritt im Ungewissen

Der späte Abend brachte als Klimax die literarisch gewordene Szene; das, was sich einprägte und der *Spur im Staub* als Finale das stoische Prinzip aus Ndumkwakwa-Zeiten aufprägte: 'Mit Anstand über die Runden kommen'. Ja, auf dem Papier ist der herbe Abend zu dritt stilvoller über die Runden gekommen.

Man saß um den Tisch, hatte nicht irgend etwas, sondern herben roten *Bellevie* vor sich, und das zweijährig verworrene Knäuel Brautpalaver lag daneben. Es ist noch nichts endgültig entschieden. An diesem Abend in Bandiri und nur hier wünschte eine ansonsten rundum Selbstbewußte den fernen Ehegefährten herbei, seine Menschenkenntnis und seine fromme Vernunft. Was soll ich sagen. Sag du was. Sag du, was hier gesagt werden muß. Ich weiß weder Worte noch Wege. In dunkellila Traurigkeit gehüllt, soll ich einen Hoffnungsschimmer verbreiten und gute Ratschläge geben. Ich – ?!

Es haben Gast und Gastgeber an diesem späten Abend nur weniges geredet; und das Mädchen saß stumm dabei. Zwanzig Jahre Altersunterschied. Und die Hand, die sich auf den nackten Arm legt. Man tappe noch im Ungewissen, weil die Familie des Mädchens Schwierigkeiten macht. Aber in dem ungewissen Dunkel sei doch sicher ein kleiner Mond und ein Stern, wie draußen am Himmel: die weiße Frau versucht, leise und freundlich zu sein; aber es fallen ihr vor großer Traurigkeit die richtigen Worte nicht ein. Was helfen hier poetische Metaphern? Am Tisch sitzt schweigend die Zukunft. Das Mädchen ist ein stabiler Brocken mit einem Busen von archaischen Ausmaßen. Aber die Ausmaße verwirren weit weniger als die offensichtlich beabsichtigt symbolische Überlassung des Plüschpullovers. Warum verschenkst du mein Geschenk... Die Buschlampe blakt. Und vorüber geht als Schatten an der Wand ein flackerndes Gefühl des Weggeworfenseins und der Annihilation. Es wird die Müdigkeit gewesen sein, die so dem Nichtsein entgegensank.

Und wie mochte dem Mann zumute sein, der da zwischen zwei Frauen saß, eine ganze Generation und zwei Kontinente weit auseinander? Ging es ihm gut? Fühlte er sich wohl im Bewußtsein eines guten Gewissens? Dachte er bei der einen nur an die drei Millionen, die er für ein Haus brauchte? – Es wurde gebetet vor dem Schlafengehen. Der Gast wurde gebeten zu beten und griff nach dem Strohhalm einer liturgischen Formel. 'The night has come, the day is gone' – die Umkehrung des Gewohnten. Und dann noch irgend etwas Allgemeines, Formelhaftes.

In der Kammer, auf dem Bett, noch ein paar Zeilen Tagebuch, so weit entfernt vom Dezemberbesuch, damals, mitten durch die aufgehende Sonne hindurch. Kein Bedürfnis mehr, im Sand vor der Schwelle des Hauses wie eine Handvoll Wasser zu versickern. Das Bedürfnis nach Schlaf war stärker als die Traurigkeit. Das Beten auf dem Papier bat um Schlaf und übergab sich der Fürbitte dessen, der eine Ruhelose hatte ziehen lassen, einem fernen Leuchten nach, das, wenngleich es schon zu flakkern begann, noch nicht blakte. Ruhe suchte eine Ruhelose bei dem, der die Angetraute durch den Staub Afrikas reisen ließ im Vertrauen darauf, daß sie zurückkommen würde, geläutert durch Enttäuschung.

Das Mädchen blieb über Nacht im Haus. Wo sie schlief, in welchem und in wessen Bett, das wissen zu wollen, verbot die Selbstachtung. Eifersucht – eine unverzeihliche Schwäche. Hinaus und hinter das Haus zu gehen, um sich des Sternenhimmels über Bandiri zu vergewissern, schien auch nicht ratsam. Sich zurückziehen in den Schlaf: war ratsam und gut.

        Chinablaue Teller und Chin-Chin.
In der Sonntagmorgenfrühe, nach einem frühen Schlurfen und Husten durchs dunkle Haus, ist beim ersten Tageslicht Zeit zum Tagebuchschreiben. Der Schlaf hat nicht alles hinweggeschwemmt, was der späte Abend an Seelenbetrübnis heraufgewühlt hatte. Wieder gibt Halt der Gedanke an den Mann, der zu Hause wartet (ja, doch wohl und wenn vielleicht auch nur nebenbei, denn eine Karriere erfordert große Aufwartung) – gibt Halt und hilft, die Gegenwart zu überstehen. Eine weitere Stütze ist der Gedanke: es hängen zwei Männer ab von meinem Wohlverhalten. Ich darf mich nicht zermahlen lassen zwischen den Mühlsteinen eines Leidens, das offizieller Genehmigung entbehrt. Es ist nicht Eifersucht; es ist eine Art Lebensmüdigkeit. Es gehört sich nicht. Mit Tagebuchschreiben und Konzentration auf den öffentlichen Auftritt ist es im Zaume zu halten.

Nach dem 'Bad' und einer Morgenbegegnung, schwarzer Samtmantel und geblümter Schlafanzug, erschien zum Frühstück der Gast in 'Amtstracht' – schwarzer Abendrock mit Silberschnalle am Gürtel und satinweiße Volantbluse: ganz wie zwei Jahre zuvor. Für eine türkisfarbne Nixenbluse war die Stimmung zu ernst. Auf dem Tisch standen chinablaue Teller von den geschenkten. June in der Küche buk Chin-Chin, kleines, engerlingähnliches Hefegebäck. Der Gast wollte noch einmal die Predigt überdenken und begab sich ins Büro. Da ging indes nur der Monolog im Tagebuch weiter, und seitlich an die Wand geklebt war eine Ölkreidenskizze *'apfelgrün auf melanidem Grunde'* – sieben Jahre war es her. Und eine plötzlich in graue Mutlosigkeit absinkende Stimmung nahm vorübergehend überhand: ich möchte in diesem Zustande eigentlich nicht weiterreisen, sondern 'nach Hause'. Es verging.

Tanz hinab über Stock und Stein

Es wurde Zeit, sich auf den Weg zu machen hinab ins untere Bandiri. June jedoch, in einem himbeerlila Kleid, genau die Farbe des geschenkten Oxfordschlipses, den der Gastgeber trug zu sandbeigem Anzug, June ließ sich Zeit; aß wenig (wegen 'Magenbeschwerden', wie der um sie Besorgte erklärte) und zögerte die Zeit hin. Man würde zu spät kommen. Der Weg hinab jedoch – wie ging das zu? Es wurde ein leichter Tanz über Stock und Stein mit einer Abkürzung über den Bach – achtundvierzig Jahre fühlten sich plötzlich aller Traurigkeit enthoben und wie zwanzig, während die füllige Achtzehnjährige mühsam in Stöckelschuhen hinterherhoppelte. So frei und leicht, so sicher und so beschwingt auf flachen Sohlen, in wehendem Abendrock und mit aufgebundenem Haar – vor und neben dem, der da mit zwei Frauen vom Berg herabkam durch die *winding lanes*, die schattigen Laubengänge: es kam einem Alkoholrausch nahe, durchflimmert von Augenblicken glückhaften Selbstverlustes – vermutlich eine hormonelle Euphorie. Eine *white woman*, und nicht irgendeine, fühlte sich wie ein *first wife*, und die Sprache kann es nicht anders als verfremdet wiedergeben. Die arme June: so sportlich überholt von einer uberlegenen Unmöglichen. Der Freiersmann machte der Umworbenen tatsächlich den Vorwurf der Unsportlichkeit. Für die Leichtfüßigkeit *Na'anyas* fand er die Erklärung: es sei Vorübung für Mbe-Mbong. Im übrigen fand das 'first wife' halb rührend und halb lächerlich, was der zweifach Umweibte sich als 'Kavalierstüchlein' in die Jackettasche gesteckt hatte: ein kunstgesticktes Vasendeckchen, ein geschenktes.

Zauberlehrling und das einzig Richtige

Am Sonntag um 11 Uhr war alles überstanden. Wer erinnerte sich wohl noch der peinlichen Versprecher vom März zwei Jahre zuvor? Eine halbe Stunde lang unterhielt die Gastpredigerin die Gemeinde mit Goethes Zauberlehrling, sprach mitunter auch frei und brachte die Leute zum Lachen. Während der Versteigerung saß sie ganz hinten neben dem, der hier verantwortlich war, zog das Tagebüchlein herfür und begann zu schreiben. 'Gestern war meinen Emotionen kein Bleistift zur Hand. Morgen um die Zeit sollte ich in Nko sein.'

Nach der Veranstaltung, als die Leute wie üblich nicht auseinanderliefen, sondern in Grüppchen plauderten und lachten, standen zwei Frauen zwei Augenblicke allein und ein wenig abseits. Dort drüben eine junge Mollige in Himbeerrosa; hier ratlos um sich blickend eine Angegraute, schwarz-weiß gewandet. Niemand kam sofort auf sie zu. Der Hirt der munteren Herde war mit anderen Schäflein beschäftigt. Im nächsten Augenblick konnte jeder sehen, daß eine vielleicht nicht zu Unrecht Verdächtigte das einzig Richtige tat: sie ging auf das Himbeerrosa zu und machte kleine Konversation. Worüber? Über das Examen im Juli und daß es sinnvoll sei, es zu machen, vor der Heirat. Jeder konnte sehen, daß die weiße Frau sich um die Braut des Mannes kümmerte, mit dem sie selbst seit vielen Jahren auf undurchsichtige Weise liiert war. Und hatten nicht beide unter dem gleichen Dache genächtigt? Ein großes und stabiles Mädchen; es konnte sicher bockig werden. Die Lilian war sanfter und wäre als 'Nebenfrau' willkommener gewesen. Was zog den Mann an diesem Fleischkoloß an? Was meinte derselbe, wenn er sagte: 'I love her'? Daß sein Fleisch sich erhob? Solches und ähnliches vermerkt das Tagebuch. Das Gesicht des Mädchens hat sich nicht eingeprägt. Es ist, als sei da nur Busen gewesen. Der damals noch im Dunkel der Zukunft liegende Rest der Geschichte gehört nicht hierher.

Es gab anschließend noch laute Musik, zu essen und zu trinken für eine Auswahl von Geladenen. Die Ausstattung des Wohnzimmers ließ auf einen wohlhabenden Mann schließen. Man saß in tiefen Sesseln, und links hinter die Gastpredigerin setzte sich wie ein Leibwächter oder *prince-consort* der weder schöne noch elegante, aber so überaus redliche Mann von Mbe-Mbong. Man aß und trank und machte *small talk*. Ein Privatauto brachte die beiden Frauen, das Hausmädchen Tinju und den Redlichen hinauf und zurück ins obere Bandiri. Die in Aussicht genommene Braut fuhr mit dem gleichen Auto wieder hinunter und war ohne weiteres weg. Kaum war das Mädchen nicht mehr da, fühlte das weiße *midlife-crisis-wife* sich wieder wie zu Hause in dem Haus hinter dem ovalen Rasenplatz. *Na'anya* wünschte Wasser, um wenigstens die verstaubten Füße zu waschen; mit Mühe waren zwei Handvoll zu haben. Dann Mittagsruhe in der Gästekammer zur Linken.

Das Lachen der Simplicitas

Der Sonntagnachmittag und der Abend müssen dann noch recht friedlich gewesen sein. Der Gast saß wieder auf der Bank vor dem Hause, kritzelte ins Tagebuch und fühlte sich wohl im langen schwarzen Rock. Der Herr des Hauses bringt zwischendurch auf einem Rosenteller Chin-Chin. Heißt, er zeigt nach und nach alle die Schätze vor, die *Na'anya* schenkte, als sie das Land verließ. Er bringt auch Coca-Cola. Hier muß wieder die Geldgeberin versorgt und bei Wohlwollen erhalten werden. Rechter Hand jenseits des ovalen Rasenplatzes stehen die Bumabäume des Häuptlingspalastes. Hühner ziehen umher mit winzigen, eben geschlüpften Küken. Frauen gehen in einigem Abstand vorüber, sehen die Weiße sitzen und lachen. Einfache Frauen. Ihre *simplicitas* erfühlt das Einfache. Eine Frau zu Besuch bei einem Unbeweibten. Es läßt sich nur mit einem Lachen sagen – sie lag mit ihm in den Feldern von Mbebete. Sie umarmten einander im Höhenwind von Bandiri, oben am Kratersee. Sie erraten alle die Tagträume und papierenen Machwerke. Eine ältere Frau kommt näher, grüßt, fragt: 'You go for silip for here?' Ja, I go for silip for here. Diesem Hirten könnt ihr lieben Leute alle eure Lämmlein, Küchlein, Ehefrauen und Töchter anvertrauen. Er wird keiner ein Kraushärlein auszupfen. Was ist Ungehöriges an den Vermutungen der einfachen Leute? Daß eine Weiße mit diesem Unmöglichen liiert ist? Daß sie die Falle und die Ausbeutung vermuten? Was sonst wäre denkbar?

Fotos vom Ausflug zum Kratersee sah man sich an. Der Gastgeber hatte Leute im Haus und war mit ihnen beschäftigt. Fand aber zwischendurch Zeit, sich neben dem Gast auf die Bank zu setzen. Man redete dies und das, wie am Vormittag tags zuvor und wie lange war es schon her... Man sah sich diese Fotos vom April-Ausflug an, die *Na'anya* mitgebracht hatte. Er suchte nach einem, das nicht da war. 'You were struggling with your hair' – oder 'hand'? Ein Foto nämlich war aussortiert worden: aufgenommen aus unschicklicher Perspektive, beim steilen Wiederaufstieg den Kraterrand hinauf. In der einen Hand den Stecken, mit der anderen tief gebückt an Grasbüscheln Halt suchend – nein. So nicht. Diese Aufnahme hätte nicht gemacht werden dürfen. Das Bild hingegen mit dem Wind im grauen Haar und der abverlangten Wasserlilie, in der Öse des Malteserkreuzes über graugestreifter Hemdbluse geknickt herabhängend wie der Orden des Goldenen Vließes – eine schöne Erinnerung.

Das Examensgedicht und *The Concubine*

Dann muß die Rede auf das nicht bestandene Examen gekommen sein. Ein Langsamer und um so vieles schon Verspäteter wollte damals noch das Abitur nachholen, um besser ausgerüstet zu sein für ein Weiterstudium. Es mißlang. Der Berufsalltag hatte wenig Zeit gelassen zu gründlicher Vorbereitung. Vielleicht war der Kandidat auch einfach schon zu alt. Aber *Na'anya* hatte Bücher mitgebracht, die auf der Leseliste für die nächste Prüfung standen. Sie hatten den Koffer so schwer gemacht. Die drei Wochen in Mbe-Mbong sollten auch der Vorbereitung auf das nächste Examen dienen, neben dem Hausbau her, abends. Wer hätte besser geeignet sein können als Na'anya mit ihrer pädagogischen Erfahrung und ihrem Anglistikstudium – noch eine Illusion. Was lag an einer mehr oder weniger.

Von diesem späten Nachmittag und frühen Abend auf der Bank vor dem Haus ist geblieben ein Examensgedicht und eine Erzählung. Das Gedicht, an dessen Interpretation der Kandidat gescheitert war, wurde nach einigem Zögern ausgehändigt. 'Let me try.' Zwölf Jahre später war es verarbeitet in der *Spur im Staub*. Gelesen hatte der Kandidat *The Concubine*, eine Erzählung, die, Psychologie und Mythos ineinanderwebend, ihn offenbar interessiert hatte. Und da begab sich etwas, das noch lange Bedauern und Selbstvorwürfe nach sich zog: er wollte erzählen, was es mit der Geschichte auf sich hat – eine Tochter des Meereskönigs sei die Heldin, die den Männern Unglück bringt; so fing er an – und eine alte Pedantin unterbrach mit sterilem Allgemeinwissen über ‚mami–wata'. Da sagte er nichts mehr. Ja, schade und für immer.

Auch von der Familie muß noch die Rede gewesen sein; vom frühverstorbenen Vater; von einem älteren Bruder, der als kleines Kind starb; und eine Schwester starb auch. Zwei sind noch da und er, der einzige Sohn seiner Mutter, ist noch ohne Kinder – hart für die alte Ala Ukem, die auf Enkel wartet. Das große Haus, das im Bau ist, wird für eine Familie gebaut – 'if we are blessed and have children'. Kinder gönnt ihm die wunderliche Weiße, die selber keine hat. Aber eine Frau gönnt sie ihm im Grunde ihres Herzens nicht. Sie treibt sich, wie schon einmal, umher im Dunstkreis eines Glücklosen...

Am Abend kam die Schwester Sharon, bekannt aus der Zeit in Ndumkwakwa, wo sie das erste Kind erwartet hatte in der Obhut der Familie, in die sie eingeheiratet hat. Diese Schwägerin eines Akademikers mit weißer Frau hatte damals Topfuntersetzer aus trockenem Gras geflochten und geschäftstüchtig teuer verkauft an die Weiße im gleichen Haus nebenan. Ihr Herr Bruder war durch sie entfernt verwandt mit den Oberen der Hierarchie. Aber die bauten ihm natürlich kein Haus in Mbe-Mbong.

The ripest moment...
Es ergab sich auch noch ein Blick in das Knabenzimmer: drei Betten, und der Gast legte sich zurecht, daß der Hausherr dann wohl hier die Nacht verbracht habe, um June und der kleinen Nichte Tinju sein Bett und Gemach zu überlassen. Aber hier war wirklich eine Grenze. Die Selbstachtung und der gute Geschmack verboten es, sich den würdigen Mann, dessen Stimme bisweilen seltsam tief durch das Haus hallte, zwischen den monumentalen Brüsten und prallen Schenkeln der June vorzustellen. *The ripest moment is saddest encounter* – eine Gedichtinterpretion sollte sich als willkommene Therapie des Beinahe-Traumas Bandiri erweisen. Am Abend vor dem Schlafengehen betete der Hausherr: 'And cleanse us from all impurity' – von welcher im besonderen? Und vergaß auch die Fürbitte für den Ehemann der Frau nicht, die in seinem Hause eine zweite und letzte Nacht verbrachte.

Erinnerungsrestmüll

Am Montagmorgen ist der Gast wieder reisebereit. Es soll weitergehen nach Nko und bis Beera. Das Tagebuch, bisweilen ein Mülleimer, gibt trotz wiederholtem Kramen eine gut erinnerliche Kleinigkeit nicht her: es kam tags zuvor einer der Gemeindeältesten, sah, daß die weiße Frau am späten Nachmittag noch vorhanden war und fragte bestürzt, was passiert sei. Ob etwa kein Taxi zu finden sei. Der Mann gab sich erleichtert auf eine Erklärung hin, die ohne weiteres einsichtig gewesen sein muß. War es zwei Jahre zuvor gewesen? War es bei diesem letzten Mal? Daß die Reise am nächsten Tage weitergehen sollte und es umständlich gewesen wäre, zum Übernachten nach Mbebete zurückzufahren: es mußte doch einleuchten.

Was der Mülleimer Tagebuch indessen hergibt, ist eine Beschreibung der Morgentoilette des Hausherrn. Derselbe war zu der aus Mbe-Mbong II vertrauten Gewohnheit zurückgekehrt, im Lendentuch zu erscheinen, 'mit dem selben traurigen Ernst im Gesicht, der mir schon zu Ndumkwakwa-Zeiten die Seele belämmert hat. Nun hängt das bunte Tuch über der angelehnten Tür, hinter welcher die Geräusche der Morgentoilette hervordringen – als werde da Schwerarbeit verrichtet. Der Bleistift kämpft mit des Geistes Auge und mit Worten, die ungewohnt sind.' Es war auf einmal alles wie es gewesen war. Der Zauber ließ sich erst zwei Jahre später vergraulen, als das Ausmaß des Problems June bekannt wurde. Armer Mann im nachhinein. So lange erprobt in Tugend und Geduld und am vorletzten Ende ein Kind ohne Ehefrau. Er ließ sich Zeit. Vielleicht überlegte er, warum *Na'anya* das Hochzeitspäckchen sehen wollte. Danach nämlich hatte sie gefragt, und er schien nicht erbaut. Also, eins nach dem anderen. Während die eine sitzt und schreibt, steht der andere, wieder im Lendentuch, mit einem Spiegel in der Hand und kämmt sich. Wie weit können Welten auseinanderklaffen und wie heftig Kulturen aufeinanderschlagen. Hier schepperte es nur. Es quietschte ein bißchen in den Angeln. Der ästhetische Reiz konnte jederzeit umkippen ins Peinliche. So schmal war der Grat.

Der Hochzeitskittel

Unter dem Erinnerungsmüll, aufgezeichnet in den folgenden Tagen während der Reise nach Nko-Beera, mühsam zusammengekratzt, um etwas Zusammenhängendes aufs Papier zu bringen, findet sich noch ‚der Hochzeitskittel'. Beim Abschied zwei Jahre zuvor war wohlverpackt ein Päckchen übergeben worden, zu öffnen im Falle einer Hochzeit. Darin befand sich unter anderem eine Armbanduhr für die Braut und ein schneeweißer Spitzenkittel. Das wollte *Na'anya* sehen. Es ward hervorgebracht aus dem Schlafgemach und geöffnet. Die Armbanduhr, schön und gut und 'for your future wife', ward zurückgepackt. Eine weiße Damenbluse, in welche der überdimensionale Busen der June nicht passen konnte, bekam das Schwesterlein Sharon. Der 'Hochzeitskittel' jedoch, schneeweiße Nylonspitze, darin verwoben die Erinnerung an das Umherirren durch den großen Markt von Mende – wie auf himbeerrosa Kräuselkreppwolken vor blaubeerdunklem Plüschhimmel und ganz benommen; das einsame Fest der Suche nach etwas Schönem für einen äußerlich Unschönen, dessen Seelenschönheit in matten Perlmuttönen interferierte mit dem fernen Leuchten von Mbe-Mbong – dieses erlesen Schöne wurde nun überreicht im voraus. Es würde doch bald Hochzeit sein, nicht wahr? Wer konnte ahnen, wie lange die Sache sich noch hinziehen sollte. Der Candidus, als ahnte er etwas, hat den Kittel vorweg zur feierlichen Vermählung mit seinem Beruf getragen.

Schwarz-weißer Batist zum Abschied. Beim Frühstück erzählte *Na'anya* von der Herkunft der Teller, der china-blauen und des Rosentellers, und ließ etwas einfließen von eigener Flüchtlings- und Armutsvergangenheit. Was mochte es interessieren? Nie eine Frage gestellt. Nichts. Diesen Verschwiegenen interessiert nur der gute Ruf, das gute Gewissen und das Geld. Um die Wohltäterin bei guter Laune zu halten – o, wirklich? Nichts als berechnendes Gaukelspiel? Aus dem teuren schwarz-weiß geblumten Baumwollbatist vom Abschied zwei Jahre zuvor hatte der Beschenkte sich ein Oberhemd schneidern lassen. Vielleicht wurde es ein wenig zu lebhaft bewundert. Damit angetan, die Reisende wieder staubbraun verhüllt, machte man sich auf den Weg. Gab es noch Gesprächsstoff? Das Silberkettchen? Es sei noch da, wohlverwahrt. Was noch? Der schwarze Morgenmantel möge zusammen mit den restlichen 150'000 nach Mbebete gebracht werden. Die Examensfragen? Auch wohlverwahrt. Ein kurzer Abschied. Bis Ende nächster Woche. Da werden zwei, *sub conditione*, zum dritten Male gemeinsam hinaufsteigen in das ferne Leuchten.

5. Kapitel

Die Lianenbrücke von Beera

Die Reise über den Nsuni-Paß begann unten bei den Markthütten von Bandiri. Dankbar, nach gut durchschlafener Nacht in der Kühle eines gastlichen Hauses auf halber Höhe, für das Gefühl, gesund und fit zu sein, sitzt die Weiterreisende nach knapper Verabschiedung wartend im Privatauto eines Lehrers, schmorend in der Hitze, aber geschützt vor dem Staub. Warum ging es erst zurück nach Mende? Vielleicht war ein Taxi nach Nko dort am sichersten zu haben. Nach einer Stunde, verbracht mit dem Versuch, die ausgehändigten Examensfragen zu beantworten, setzt sich kurz nach Mittag ein Bus in Bewegung. Von der Landschaft – Paßhöhe, Ebene, Gebirgsanstieg – ist diesmal nichts erwähnt außer dem sichtbehindernden Staubgewölk, das dem Regen vorausging.

Was in Erinnerung blieb von dieser Reise ist wiederum nur weniges. Drei Episoden, alle in oder nahe bei Beera; davon zwei am Rande der Erfahrung von Gefahr. Augenblicke, an die ein empfindlicheres Gemüt sich nicht gern erinnert. Wenn davon die Rede ist; wenn es in einer Reisebeschreibung nicht unterschlagen wird, dann bedarf es der Überwindung einer gewissen Scheu. Mit so etwas gibt man nicht an. Da geriet zum einen während der Fahrt hinab nach Beera das Vehikel in einer Kurve so nahe an den Abgrund, daß der Atem stockte und die Schrecksekunde wie ein Blitzschlag im Gehirn stecken blieb. Da drohte, zum anderen, während der Rückkehr von einer langen Wanderung in praller Mittagshitze der Kreislauf zu versagen. Die Stelle des Stehenbleibens und des Abwartens, ob der rasende Puls sich beruhigen und das Schwindelgefühl vorübergehen würde, steht noch vor Augen: geologisch und botanisch. Das dritte, harmloseste, war die Überquerung eines flachen Flusses, erst über eine Lianenbrücke und dann zurück watend durch das kühle Wasser. Hier wäre Angeberei möglich: 'Kletternd über Lianenbrücken, watend durch Flüsse', ein Hauch von 'African Queen'. Aber es war bei weitem nicht so riskant wie der Abstieg vom Bausiberg oder so ungemütlich wie die Nacht in Ola zwei Jahre zuvor. Wurde denn hier ein Abenteuer gesucht? Es war Zeit zuzubringen. Es mußte ein letzter Umweg abgefahren werden. Der Unterschied zu den beiden Reisen zuvor war spürbar, nicht nur unterschwellig: die Reise nach Nko ging diesmal nach außen hin 'irgendwie' ins Leere. Sie war mehr Tagebuchmonolog als Begegnung mit Leuten oder Landschaft.

Kühler Empfang in Nko

Alpin anmutende Pässe, weitgedehnte Ebenen und steile Gebirgsanstiege, sie sind beim dritten Male nicht mehr das, was sie beim ersten Male waren. Sie sind, abgesehen vom sichtbehindernden Dunst, einen wiedererkennenden Blick, aber kein Wort im Tagebuch mehr wert. – Zusammen mit dem Regen gelangte das Vehikel am Montag gegen Abend nach Nko. Diese plötzlichen Schauer mitten in der Trockenzeit, die den Staub in Schlamm verwandeln, durch den die Angekommene stapfte. Das Haus war erreicht, der Hausherr nicht da, die Hausfrau im sechsten Monat, und die vielen Kinder machten einen kindgemäßen Lärm. Das Gastzimmer stand zur Verfügung, Wasser und Bad auch; aber eine Coca-Cola mußte sich der durstige Gast selber holen aus der nahen Bar. Die Frau des Hauses schien nicht sehr begeistert von dem Besuch. Der Empfang war spürbar kühl. Das Haus war 'maßlos verdreckt' und ans Schlafen war noch lange nicht zu denken bei dem lebensvollen Lärm. Gab es irgendetwas zu essen, Kochbananen und Fischsoße? Das Wichtigste war das Gastzimmer, vier Wände und eine Matratze. Beim trüben Licht einer Sparbirne noch ein paar Notizen; dann in den grünen Polyesterschlafsack und eine gute Portion Schlaf.

Am Dienstag gleich weiter nach Bekam und Beera. Zuvor taucht noch Begrüßungsbesuch auf; man kann nie wissen, warum und zu welchem Zweck die Reverend Missis hier wieder durch die Gegend geistert. Während des Wartens auf ein Frühstück – es wird doch hoffentlich und wenigstens heißen Tee geben – erscheint ein Mensch, dem das Gerücht anhängt, er habe im Waldland unten eine Filiale zugrundegeleitet. Dann noch einer der Ehemaligen, von dem zu erfahren ist, der stattliche Oberhirte des Distrikts sei inzwischen nur noch Geschäftsmann in der Stadt und der Jüngling Eli sei auch irgendwie ausgeflippt und nur noch sporadisch in der Gegend zu sehen.

Die literarische Laderampe

Dann scheint es problemlos in einem Peugeot-Taxi weiter und durch bis Bekam gegangen zu sein, ohne Aufenthalt oder Umsteigen, ohne Erinnerung und ohne Notizen. Das heißt: die Laderampe, die Großmutter-Mutter-und-Kind-Gruppe und die Kleinstadt in der Mittagshitze aus der *Spur im Staub* lassen sich nachträglich als literarische Erfindung bestimmen. Hinzugeklebt wurden die Vollmondnacht (*Über die Berge rollt der Vollmond...*) und die Grasfeuer an den Hängen der Berge. Das waren Erinnerungen an die Reise zwei Jahre zuvor. Das einzig Nicht-Erfundene der dritten Reise ist das Examens-Gedicht. Das hatte die Reisende in der Tasche, und die Notizen bestätigen, daß Wartezeit damit verbracht wurde, wenn auch nicht auf einer Laderampe in einer häßlichen Kleinstadt. Das Gedicht war der eigentliche Inhalt der Reise. Es regte an, über Probleme der Interpretation nachzudenken: sagt das Gedicht, was der Dichter sagen wollte, oder sagt es, was der Leser hinein- und herausliest? Es sagte, was zu sagen war, auf eine symbolisch hart zerstückte Weise. Es verweichlte und verschleimte seine ideelle Substanz nicht durch den Gebrauch von zu viel Süßstoff und zu oft gestreicheltem Plüsch. Außerdem war es auf Englisch, und damit – es war ein Gedicht über Brautpalaver und Ahnenlibation – waren jeglicher 'Sehnsucht' und 'Zärtlichkeit' sprachliche Riegel vorgeschoben.

Stehfahrt das Gebirge hinab

In Bekam war zwei Jahre zuvor ein Fahrzeug samt Fahrer gemietet worden. Diesmal stieg die Reisende in das erstbeste Vehikel, das sich bereit fand, das Gebirge hinabzufahren. Vor des Geistes Auge sind stehengeblieben ungewöhnlich große alte Bäume, knorrig grau und mit dichtgewölbten Kronen sehr weit oben. Die standen am Rande des Taxiplatzes, wo es hinabging. Zu ihnen muß sich wohl der Blick erhoben haben, als die Reisende das Fahrzeug WN 965 sah und sich die Zahl notierte – warum? Es war ein alter Landrover mit offenem Ladeteil. Darauf wurden Kerosinfässer, Gepäckstücke, sechs Männer und drei Frauen, darunter die Weiße, verladen. Vorne im Fahrerteil saßen zwei dicke Frauen, vermutlich Geschäftsweiber. Die hatten, höchst wahrscheinlich, für die privilegierten Plätze extra bezahlt. Kam die Weiße zu spät? War sie zu schüchtern? Wollte sie absichtlich das 'Abenteuer' einer solchen Stehfahrt durch den Staub und hinab? Da Tagebuch vermerkt die Erfahrung des Nicht-mehr-privilegiert-Seins.

Die Fahrt hinunter nach Beera, am Dienstag um die Mittagszeit, wurde erst am folgenden Morgen notiert. Es muß wohl ein Minimum an Zeit vergehen nach dergleichen. Man muß darüber hinwegschlafen können. Man muß sich erst wieder des täglichen Lebens vergewissern und der heilen Knochen. Und wenn es dann erwähnt wird, muß es nach Möglichkeit eingepackt werden zwischen anderem und darf nur wie nebenbei einfließen. Das Tagebuch fließt am Mittwochmorgen über von dem Versuch, Tagtraumähnliches festzuhalten, das später, beim Abschreiben im Berliner Rahmen, in eckigen Klammern als 'unentschuldbarer Kitsch' kommentiert werden mußte.

Mitten in solchem ‚Kitsch' findet sich eine Notiz über die Fahrt hinab, 'an den Abgründen entlang, gestern in dem offenen Landrover; da war es nicht möglich, die grandiose Tiefenlandschaft zu genießen. Es war der Abgrund immer zu nahe, und das Vehikel kurvte so dicht daran vorbei. Da bleibt nur das Vertrauen darauf, daß einer an mich denkt und für mich betet und daß die Erhaltung meines physischen Daseins irgendwie damit zusammenhängt.' Die eine Schrecksekunde, die in Erinnerung blieb, ist bezeichnenderweise nicht in Worte gebracht. Für dergleichen finden sich erst nach zwanzig Jahren sprachliche Annäherungswerte. Ein Verzögerungseffekt wie sonst gewöhnlich nur bei Jahrhundertkatastrophen...

Habakuk und eine Frauengruppe.
Was nach heiler Ankunft in Beera am Dienstagnachmittag und am Abend für ein Programm ablief, war offenbar eine Notiz im Tagebuch nicht wert. Die Gastgeberfamilie war beidseitig von ähnlicher Gleichgültigkeit wie die in Nko. Ein Dach über dem Kopf, ein Bett, ein Klo, Wasser zum Waschen, etwas zu trinken und zu essen, und dafür eine angemessene Bezahlung – mehr war nicht im Tauschhandel. Der Habakuk von Ola, der nicht imstande gewesen war, für den Gast und eine kalte Nacht eine Decke zu besorgen, scheint jedoch, *ut aliquid fieri videtur*, die Frauengruppe zusammengetrommelt zu haben. Der Gast fand es 'grotesk', wie der Weiberhaufen auch die unsinnigsten Anordnungen des bäurisch-tappsigen Menschen befolgte. Der hielt eine Ansprache, die dem Gast so verwaschen vorkam, daß die Flucht in Tagträume berechtigt schien. Beträumt ward die nahe Vergangenheit, eine 'Elegie' von malvenfarbener Entsagung durch raschelnd dürres Elefantengras hindurch, mit den ausfransenden Rändern des immerhin Möglichen. Die ganze Reise Nko-Beera und zurück scheint vom Harmattan solcher Tagträume staubrosenrot umdunstet gewesen zu sein. Die verstaubte Reisekleidung konnte noch gewaschen werden; das Tagebuch notiert am nächsten Morgen, daß sie über Nacht nicht getrocknet sei. Es war zu kalt. Freilich nicht so kalt wie in Ola. Der Schlaf der Nacht war keiner Erwähnung wert. Also muß er gut und gesund gewesen sein.

Lianenbrücke und Beinahekollaps

Mittwoch, 30. Januar. Drei Wochen und zwei Tage im Lande. Was steht auf dem Programm? Es wurde zum ersten Male auf dieser Reise Wanderkraft erprobt bis an den Rand des Unzuträglichen. Am frühen Morgen, während des Wartens auf den Fotografen, der von den wieder versammelten Frauen samt dem Gast eine Gruppenaufnahme machen sollte, ist Zeit für das Eigentliche: Tagebuchnotizen.

Um 8 Uhr hätte man losziehen sollen, in der angenehmen Morgenkühle, um vor der Mittagshitze zurück zu sein. Aber hier ist Afrika. Zudem kümmert es den guten Habakuk, der einst nur durch milde Nachsicht seiner Tutoren durchs Examen kam, wenig, welcher physischen Belastbarkeit der Gast ausgesetzt werden darf. *Na'anya* hatte ja nichts einzuwenden, die fernen Reisfarmen und die Palmkernmühle zu inspizieren und bei der Gelegenheit über eine Hängebrücke zu klettern. Das ist richtig. Falsch war nur, daß man zu spät aufbrach. Eine Stunde lang sitzt man und wartet auf ein Frühstück; auf wenigstens eine Tasse Tee zur Belebung des Innenlebens. Sitzt und kritzelt ins Tagebuch. Ein Ziegenbock kommt ins Wohnzimmer spaziert, guckt dumm und listig und wird gleich mit festgeschrieben.

Um 9 zog man endlich los, der Gastgeber, der Gast und drei junge Burschen. Es ging leicht bergab und die Morgenkühle war noch nicht völlig aufgesogen von der steigenden Sonne. Eine waldige Gegend, sehr viel freundlicher als das weiter unten in staubdürrer Steppe gelegene Ola. Der Hinweg brachte einen Hauch von Abenteuer mit der Hängebrücke über dem Fluß. Man mußte da nicht hinüber; aber diese Weiße würde doch gerne mal. Die Gelegenheit gab es noch nie und wird sich nie wieder ergeben. Hier ist sie. Und es soll auch dokumentiert werden. Sie erklärt einem der Burschen, wie die Kamera gehandhabt werden muß. Es ist ganz einfach; idiotensicher. Daß dieser Idiot aufs Geratewohl den ganzen Film verknipsen würde... Und das war's dann.

Immerhin werden unter dem nichts als Wipfelgewirr der Aufnahmen auch zwei sein, die ihr Objekt nicht verfehlten. Auf dem einen Foto – es läßt sich tatsächlich vorzeigen – klettert *etwas* vorgebeugt, in Kriechtierhaltung durch den engen, luftig geflochtenen Übergang, zehn oder dreizehn Meter über dem Wasser und etwa zwanzig Meter von einem Ufer zum anderen. Hinter den graugrünen Luftmaschen der Lianenseile sieht man ein weißes Hütchen, einen türkisblauen Kittel, vorwärts hangelnde Arme und gebogene Knie in dunkelblauen Hosen. Auf dem anderen Foto sieht man die Weiße in staksender Schräghaltung, den Oberkörper nach rückwärts versteift, in der einen Hand einen Stecken, in der anderen Schuh und Strumpf, sich durch das nur wadentiefe Wasser tasten. Es ist ja Trockenzeit. Die Hosenbeine sind bis zu den Knien aufgerollt. Die nackten Beine sind sehr nackt. Aber das Wasser war wunderbar kühl; es umspülte nicht nur die Beine; die ganze Seele schwamm darin. Es war sehr schön und wäre wohl auch ohne Foto in Erinnerung geblieben. Wenn nur nicht der Vormittag schon so weit vorgeschritten gewesen wäre.

Sicher gab es unterwegs Fragen zum Thema Reisbau und Projektverwaltung. Das ganze wurde von *fraternals* aufgebaut und geleitet; nun hat ein Einheimischer die Verantwortung, und es wird auch schiefgehen. Man wird wieder einen *fraternal* holen, um die Sache in Ordnung zu bringen. Aber noch macht Habakuk einen engagierten Eindruck. Es heißt, der Tod seines

Söhnchens habe ihn später aus dem Gleichgewicht gebracht. Da wäre im nachhinein noch Mitgefühl angebracht, wenngleich der Mensch sonst wenig Sympathisches an sich hatte.

Die Palmkernmühle, die man sodann besichtigte, befand sich irgendwo in einem Ölpalmenwalde. Große Haufen braunroter Palmkerne lagen da; in einem oberen auszementierten Trog wurden sie durch Stampfen zerquetscht, und das Öl floß durch eine Rinne in einen unteren Trog. Mehr ist von der Prozedur nicht in Erinnerung geblieben. Es müssen Frauen da gearbeitet haben; aber nur ein Mannsbild beeindruckte, jung mit schön geschnittenen schmalen Zügen. Fast eine Bororo-Bronze. Die weiße Frau stand da, sah zu und vielleicht dachte sie wieder einmal: welch ein Glück, daß anderwärts zu den Schönheiten der Seele und den Stärken des Charakters nicht auch noch äußere Mannesschöne sich hinzugesellt. Was für ein Glück – der Bauch, der Seehundbabyschädel, das Entenschnabelprofil, der ganze, proportionslose Maikäfer im Salat...

Die Sonne stieg; der Wald dunstete feuchte Hitze aus; das Atmen wurde mühsam. Die Bluse unter dem Kittel war zu viel an Textil; aber es gab keine Möglichkeit, sie auszuziehen. Man bewältigte vier, höchstens fünf Kilometer, ehe man umkehrte; aber es war zu viel. Der Mund wurde trocken; die Füße brannten; die Vorstellung von Wasser löschte alle Gedanken und damit jegliche Unterhaltung aus. Als man auf dem Rückweg an ein Wassersammelbecken kam, setzte eine Unerfahrene sich auf den Betonrand und kühlte eine Weile beide Beine. Danach lief es sich besser bergauf; aber vermutlich fand der Blutkreislauf die Maßnahme weniger gut. Unter der Mittagsglut kam es zu dem starken Herzklopfen und den Schwindelgefühlen, die zum Stehenbleiben zwangen an jenem Felsüberhang, auf dem die gelben Grashalme auf einmal so nahe waren. Ein Felsabbruch am Wege, mit gelbem Gras bewachsen. Dünne, gelbe Grashalme in Augenhöhe und merkwürdig nahe. So nahe und so dünn wie der Gedanke: idiotisch, sich auf so etwas einzulassen. Was nun? Wird mir gleich schwarz vor Augen werden? Werde ich im nächsten Augenblick umkippen und daliegen? Was wird der bauernschlaue, aber tappichte Habakuk dann machen? Der Mensch weiß zwar, wie man eine Ziege schlachtet und zu eigenen Gunsten zerlegt und teilt; davon jedoch, wie der Kreislauf einer älteren Weißen auf tropische Mittagshitze reagieren könnte, hat er offenbar keine Ahnung. Wie? Ich habe ja selber keine. Und will Verantwortung abschieben? Es ging, nach kurzer Ruhepause, weiter. Es ging langsam; aber es ging.

Noch einmal Ungastlichkeit

Zurück im Haus mit dem Gefühl, am Verdursten zu sein, mußte ausdrücklich um etwas zu trinken gebeten werden. Zwei Glas lauwarmes Filterwasser waren zu haben. Zum Mittagessen, langweiliges Maisfufu, gab es dann immerhin eine große Flasche Coca-Cola. Womit wurde der Nachmittag zugebracht? Das Tagebuch vermerkt nur das eigenhändige Waschen der staubverkrusteten Kleidung. Niemand half. Etwas nahezu Unerhörtes. Die Bluse wurde nicht sauber; der kleine Manny hatte mit schmutzigen Händen sein Teil dazu beigetragen. Möglich, daß der Gast auf Veranlassung des famosen Habakuk, dem nichts Besseres einfiel, die Frauengruppe noch mit einem Vortrag aus dem Stegreif beglücken mußte. Etwas dergleichen schwimmt im Trüben der Erinnerung. Etwas achselzuckend Absolviertes. – Am Abend erst ein paar Notizen zu der Vormittagswanderung und dem seltsam ungastlichen Verhalten der Frau des Hauses. Daß ein Gast seine Kleider eigenhändig waschen mußte – es geschah nur einmal. Es geschah in Beera. Vielleicht gab es Gründe. Sie blieben im Dunkeln.

Prüfungsfoto und Examensgedicht

Der Donnerstagmorgen in Beera ist ein Warte- und daher ein Tagebuchmorgen, sitzend auf einem Bambusbett, darauf es sich offenbar gut geschlafen hat, auf ein Frühstück wartend. Das Innenleben stockt schon; der Körper trocknet aus. Das hat immerhin den Vorteil, daß Beckenknochen, die schon von Altweiberspeck überwuchert waren, wieder spürbar werden. Das Warten auf eine Tasse heißen Tee ist schreibend ausgefüllt mit der Betrachtung eines Fotos und der Übersetzung eines Gedichts. Die monologische Beschäftigung mit Dingen, die mit der gerade vorhandenen Außenwirklichkeit nicht das mindeste zu tun haben, ist symptomatisch für diese Reise. Die *Spur im Staub* hat es richtig nachempfunden.

Das Prüfungsfoto in Farbe war in Bandiri im Album des Hausherrn entdeckt und auserbeten worden zum Anfertigen einer Kopie. Ein Foto, aufgenommen während der Kandidat seine Prüfung bestand. Bestaunt wird eine Symbolik, die sich allein in den Farben offenbart. Vor einer schwarzen Wandtafel sitzt hinter einem Tisch eine Frau in dunkelblauem Anzug und weißer Bluse mit sportlich-spitzem Herrenkragen. Die Frau ist vertieft in ein Blatt Papier. In die linke Hand stützt sie nachdenklich das Kinn; in der Rechten hält sie einen Kugelschreiber schreibbereit. Das Haar ist reich und dunkel und nach hinten aufgebunden. Die gesenkte Stirn ist glatt, die Nase begradigt durch die Perspektive. Eine Frau in den besten Jahren. Eine Dozentin, die einen Kandidaten öffentlich examiniert. Der Prüfling steht rechter Hand und liest von einem Blatt Papier ab. Er hat eine Diplomarbeit zu verteidigen. Der sandbeige Dreiteiler und ein himbeerrosa Schlips tragen nicht viel bei zur Verschönerung der Erscheinung. Es steht da breit und viereckig mit vorgewölbtem Leib, unschön proportioniert und mit dem kleinen, runden und kahlen Kopf einer Kokrotsche. Es. Sie, die Erscheinung. Er. Die Augen freilich und sie allein – aber die sieht man nicht. Vor der schwarzen Wandtafel, zwischen dem Dunkelblau der Frau und dem hellen Sandbeige des Mannes steht auf dem Tisch eine Blechbüchse mit Blumen leuchtend rot und gelb. Das Amaryllisrot, *auflachend wie aus einer tiefen Wunde*, und ein Trompetengelb, breit und naiv danebengekleckst, sie übertönen den akademischen Ernst der Szene mit verräterischer Symbolik. Freilich, wer, außer der Betroffenen, kann die Stimme der Farben hören? Wer käme auf den Gedanken, daß zwischen Dunkelblau und Sandbeige Seele versickerte und ein wenig abhanden kam? So kühl, so korrekt, so konzentriert sitzt die Reverend Missis da und liest mit, was neben ihr vom Blatt abgelesen wird. Es war nichts Überragendes. Die akademischen Leistungen des Kandidaten waren solide, aber bescheiden. Nicht Geist; nicht Schönheit. Etwas lächerlich Altmodisches brachte die Amaryllis zum Blühen und Duften: Rechtschaffenheit, schwerfällig, leidensbereit. Und freilich – *zwischen diesen Lidern dieser Glanz.*

Ein Frühstück und ein Almosen. Ersteres, hartnäckig erwartet, fiel ausgefallen gut aus. Die verdruckste Frau des Habakuk riß sich zum Abschied noch am Schürzenbändel, haute Eier in die Pfanne, schüttete Mehl, Milch und Salz dazu und machte Pfannkuchen. Gute und teure; denn sie bekam dafür 5'000 und eine gestickte Decke. Für den bescheuerten Einfall, oder die schiere Gedankenlosigkeit, den Gast, drei Wochen zuvor aus dem europäischen Winter herbeigeflogen und noch kaum akklimatisiert, tropischer Mittagshitze auszusetzen, bekam Habakuk 20'000. Nach diesem Loskauf also begann das Warten auf ein Taxi. Vermutlich ging der Gastgeber zum Marktplatz, sich nach einem Vehikel zu erkundigen. Wie sonst hätte der Gast stundenlang im Hause sitzen und Zeit mit einem Gedicht verbringen können. Zwischendurch ließ die Spannung der Denkanstrengung nach; ein Gefühl von Müdigkeit kam auf. Wann endlich komme ich weg von hier? – Ein Kuriosum ist in Erinnerung geblieben. Als ein jüngerer, offenbar pflichtbewußter Regierungsangestellter, vielleicht der Bezirksleiter, erfuhr, daß sich eine Weiße in seinem Revier befand, kam er vorbei, entschuldigte sich, daß er den Gast nicht zu sich einladen könne und legte 1'000 hin. Das waren immerhin vier Flaschen Coca-Cola. Die Weiße kam sich vor wie eine Almosenempfängerin; aber es war wohl nicht so gemeint. Es wurde Mittag und es gab noch Yams mit Grünzeug. Inzwischen aber, wartend auf ein Taxi:

Das schwierige Examensgedicht. Es gab dem Warten Sinn und Inhalt. Die 'Laderampe' befand sich im Wohnzimmer der Habakuks. Was haben wir da vor uns? Keine erstklassige Lyrik; aber genau das altmodische Thema, um das es geht: Tugendübung, Askese vor der Ehe. – Das Gedicht ist den Prüflingen ohne Angabe des Verfassers vorgelegt worden. Für einen unter ihnen, der die Mühsal, angedeutet in merkwürdig irregulären Bildern, aus jahrelanger eigener Erfahrung kennt, muß es eine Zumutung sein, so etwas interpretierend zu entbildern. *As if men hung here unblown / Their mildewed buds of love* – entweder ist es ganz einfach oder die Vorstellung befindet sich auf einem Irrweg. Die Frau, die sich hier mit dem Gedicht befaßt, hat sich, wenngleich seit bald zwanzig Jahren verehelicht, höchst selten und wenn, nur in theoretischem Abstande mit Männersexualität und deren Frustrationen befaßt. Wie ein Unbeweibter, *aetate provectus,* sich damit befindet, liegt sehr weit ab von eigenen Befindlichkeiten. Es gibt Wichtigeres und Interessanteres als den Hormonhaushalt. Interessanter ist der Umgang mit solchen Befindlichkeiten und wichtiger sind die Prinzipien, welche zu Grunde liegen. Zunächst soll eine Übersetzung helfen, sich im Gestrüpp der Bilder zurechtzufinden.

Das Gedicht ist eines der modernen Produkte, die dem Leser erratische Brocken hinwerfen, welche in aller Freiheit assoziativ behandelt werden können. Schwierig wird es nur, wenn der Prüfer anderes assoziiert als der Prüfling. Im übrigen ist das Gedicht ein schönes Beispiel dafür, wie sprachlich vorformuliertes Leiden formlose Gefühlsmasse an sich ziehen und zurechtdenken kann. Wer denkt, leidet anders. Gespannter; geordneter, radiolarienhafter. Weniger moluskenhaft. Ein schönes Siliziumskelett von Leitideen gibt den Weichteilen der Gefühle und Affekte Haltung. Außer puritanischen Vorstellungen von Selbstbeherrschung und Leidensbereitschaft gehört zu den Leitideen im weiteren Sinne und konkreten Falle auch ein großes Haus

aus Backstein und das Geld, es zu bauen. – Zwischendurch kam der kleine Manny, stellte sich neben die weiße Frau, die da sitzt und schreibt, und streichelte ihr mit zögernder Hand über das Haar. Der kleine Manny darf das.
               Zurück nach Nko.
Gegen 1 Uhr war ein Vehikel abfahrbereit. Wieder ein Landrover, voll beladen mit dreiundzwanzig Leuten hintendrauf und vorne mit 'Allah' beklebt. Durfte die Weiße diesmal vorne sitzen? Möglich. Das Hintendraufverladenwerden ist nur von der Fahrt herab erinnerlich. – In höchsten Tönen heulte das Vehikel ins Gebirge hinauf, dem Kaliber nach immerhin mittlere Alpen. Der jähe Absturz des Hochlandes hinab zum Grenzfluß: ein großzügig modellierter geologischer Faltenwurf; aufgebockte Bergrücken, abgesackte Talschluchten – eine Landschaft, die viel Zeit außerhalb eines schwer mit den Steigungen kämpfenden Fahrzeuges gebraucht hätte, um ästhetisch genossen zu werden. Um mit beiden Augen und einem Opernglas zu wandern, am besten in der Übergangszeit, wenn der rote Staub sich im ersten Regen gelegt hat und das gelbe Gras von grünem überholt wird. Die Fahrt hinauf scheint von keinerlei ungemütlichen Gefühlen begleitet gewesen zu sein. – Als in Ndudum der Landrover Reifen wechseln mußte, war von einem Augenblick zum anderen ein kleinerer Wagen zu haben, der, gemächlich von einem *gentleman-driver* gesteuert, ohne unbequemes Gequetsche bis Nko durchfuhr. Punkt 4 Uhr war wieder ein Dach über dem Kopf und ein Gastzimmer zu Verfügung.

       Eine Maus in den Chin-Chin

Bei der Ankunft erklärten die beiden älteren Kinder, Mama schlafe; Papa sei noch nicht zurück. Der Gast okkupierte das Gastzimmer, ging ins Bad und tat, als sei er zu Hause. Coca-Cola war beschaffbar; die vorhandene Zeit konnte abgesessen werden. Die müde Hausfrau wird sich bereit gefunden haben, dem Gast noch etwas vorzusetzen. Dann der saubere Schlafsack. Der Schlaf jedoch war gestört. Eine Maus raschelte in einem Plastikbeutel, knabbernd an den letzten, vergammelnden Chin-Chin der June.

          Zeitzubringen mit Landkarte.
Freitag war der 1. Februar. Am Morgen, wie üblich, das lange Warten auf ein Frühstück, eine Tasse heißen Tee, und sei er noch so dünn. Währenddessen im Tagebuch Überlegungen, wie der Vormittag zu verbringen sei. 'Auf Zaches werde ich nicht endlos warten. Eli ist im Grunde gleichgültig. Nach Fom zu

suchen habe ich auch keine Lust. Ich muß nur die Zeit hinbringen.' An dem Gedicht weiter knabbern? Die Landkarte weckte an diesem Morgen intensiveres Interesse. Sogar das Bergnest Mbe-Mbong war darauf verzeichnet; das schiefe Oval auf dem Kraterrand war durch Punkte angedeutet. Das kartographische Detail wirkte zwiespältig. Einerseits nahm es dem fernen Leuchten etwas von seinem Geheimnis. Auf der anderen Seite bestätigte es die irdische Realität des Mythos. Beim Betrachten der Karte überkam indes eine seltsame Müdigkeit und kroch ins Tagebuch: 'Die Hochgebirge der starken Eindrücke weichen zurück. Es begegnen keine Theophanien mehr. Es geschahen keine in Bandiri. Was noch war und absank ins Unterbewußtsein ist auch nur Ausdruck der Bravheit und nichts an sich selbst: der kühle, feuchte Duft von Seifenessenzen nach dem Bad, beim Auspacken und Überreichen des Hochzeitsgewandes, am Montagmorgen, und der Tisch war dazwischen. Der Tisch, an dem man saß zu dritt am späten Abend. Es neigt sich alles dem Staube zu. Die Er-fahr-ungen werden äußerlich: ich fahre durch die Gegend und durch den Staub; die Szenen wechseln; ich muß trinken, essen, mich waschen, schlafen, ein Buschklo aufsuchen; Geld verteilen, irgend etwas reden. Es liegt die Seele nicht mehr im kühlen Sand, überwältigt von später Leiderfahrung.' Es raschelte in vergammelnden Resten wie die nächtliche Maus in den Chin-Chin.

Um nicht den ganzen Vormittag herumzusitzen, ein Gang zum Buchladen. Fast 10'000 für Bücher, darunter *The Concubine*, eine Geschichte von der Frau, die allen Liebhabern Unglück bringt. 'I like that story'. Auf der abendlichen Bank vor dem Haus, oben auf dem Berg von Bandiri, sagte es ein bislang Glückloser, und die Frage Warum? blieb aus. Warum? – Den Jüngling Eli aufzuspüren, war wenig Lust vorhanden. Sein Dasein oder Nicht-Dasein war gleichgültig. Der Betreffende hatte zudem alle Ursache, weiterer Inquisition auszuweichen.

Zurück nach Mbebete

Als am Freitag gegen Mittag der abwesende Familienvater immer noch nicht zurück war, fiel der Entschluß leicht: nichts als weg und zurück nach Mbebete. Die Hausfrau raffte sich, wie die in Beera, am Ende noch auf und setzte ein eßbares Mittagessen aus Kartoffelchips und Rührei vor. Weder in Beera noch in Nko hatte man sich viel Mühe gegeben mit der Bewirtung. Die Erwartungen waren gegenüber der ersten Rundreise spürbar abgeschlafft. Allzuviel über gute Wünsche für die bevorstehende

Entbindung hinaus wird die müde Frau für den dünnen Tee und das Rührei nicht bekommen haben. Das war diesmal Nko: wo zwei Jahre zuvor alle möglichen Leute den Gast umwimmelten und Öffentlichkeit herstellten, verbreitete sich diesmal eine ebenso vielsagende Gleichgültigkeit.

Die Reisetasche

Auf dem Taxiplatz stand die Weiße und begann mit der Lektüre der *Concubine*. Kurz danach fuhr ein Kleinbus ab und fuhr sehr schnell. Vier Stunden später war der Transfer durch Mende von dem einen zum anderen Taxipark geschafft. Hier wartete die Reisende vergeblich auf das Abladen der weißen Reisetasche. Entgegen den guten Vorsätzen von zwei Jahren zuvor war dieselbe doch wieder aus den Händen gegeben worden. Der Taxiboy hatte sie vermutlich auf dem Ankunftspark abgeladen. Ein merkwürdig früher Fall von – wovon? Waren die Tagträume so dicht? Hatte die Geistesabwesenheit so überhandgenommen? Eine knappe Stunde später kann das Tagebuch die verwunderte Notiz aufnehmen: 'Seltsam. Die weiße Tasche ist noch da, samt dem braunen Plastikbeutel mit Orangen. Ich blieb ruhig. Dachte nur: Schade. Sie hat mich seit zwölf Jahren auf allen meinen Reisen begleitet. Schade um das Fledermausgewand. Sonst nichts Kostbares. Ich nahm ein Stadttaxi und fuhr zurück – da stand sie. So klein, so schäbig, und so liebgewonnen. Das war ein seltsames Erlebnis von Verloren und Wiedergefunden.'

Spur im Staub auf Mbe-Mbong zu

Mit der Rückkehr nach Mbebete gegen Abend und den üblichen Ritualen war der Umweg Nko-Beera auch abgefahren. In der *Spur im Staub* ist das Erfahrene auseinandergenommen und neu zusammengesetzt. Das schwierige Examensgedicht ist verknüpft mit 'Brautgeschichten', mit Kulturanthropologie und einer Wasserfrau, die den Mann, dem sie begegnet, daran hindert, eine richtige Frau zu finden. Eine Weiße reist allein dem Ziel, einem Dorf in abgelegenen Bergen, entgegen. Sie hat die Begegnung mit 'June' hinter sich und hält sich im Gleichgewicht mit dem Interpretieren des Gedichts, das sie dem erfolglosen Kandidaten abverlangt hat. Literatur – immer *bricolage?* Die Lianenbrücke von Beera war das einzige Detail der Reise, das vorzeigbar gewesen wäre. War es dadurch wirklicher als rollende Räder am Steilabfall oder eine Kreislaufstörung in tropischer Mittagsschwüle?

♠

Die Woche vor Mbe-Mbong III

Ein krauses Stück Zeit

Mit der Rückkehr von Beera-Nko waren die selbstauferlegten Bedingungen für die dritte Reise nach Mbe-bong erfüllt, alle Umwege abgefahren. Noch eine knappe Woche Vorbereitungen, innerlich, äußerlich. Zersplitterte Erinnerungen an den Besuch in Bandiri vermengt mit dem Nachrechnen von verschenktem und noch vorhandenem Geld; neue Erkenntnisse zu dem Examensgedicht, Betrachtungen zu den Farben des Prüfungsfotos, eigenhändiges Waschen der Reisekleidung. Die Lektüre der *Concubine* beenden, Almosenempfänger abfertigen, ein Gedicht verbessern, Einkäufe in Mende.

Ein krauses Stück Zeit, ohne klare Konturen; Stunden und Tage aneinandergestrickt ohne erkennbares Muster. Am Sonnabend, dem 2. Februar, war Halbzeit. Am Montagabend, dem 4. März, sollte der Ausflug aus dem europäischen Schnee in den afrikanischen Staub nach Plan auf dem Flughafen von Daladala zu Ende gehen. Zwei Monate – eine Ellipse. Mbebete der eine Fixpunkt, Mbe-Mbong der andere. Ndumkwakwa nur noch Vergangenheit; Eierschale, abgestreift. Das Küken ausgewachsen zu einem weißen Huhn, das goldene Eilein von ganz unterschiedlicher Größe ringsum in die Gegend legt und entschlossen scheint, sich ein endgültiges Nest in den Bergen von Mbe-Mbong zu bauen.

Reinigungsrituale. Mbebete zwischen Sonnabend und Donnerstag. Schlaf, Tee, grüner Salat, Orangen aus Kijari, wie schon zwei Jahre zuvor. Das Waschen der Reisekleidung – die Hosen, den Kasack, die Acrylstola und das Seidentuch; das weiße Hütchen, die Reseda-Bluse, das braune Batistoberhemd und das Fledermausgewand – ein Ritual, zelebriert unter den noch ungefällten Bäumen, langsam und andächtig, durchflimmert von Tagträumen, zurück nach Bandiri, voraus nach Mbe-Mbong. Danach müssen die Hände mit Nivea-Creme gepflegt werden. Vor der Haustür zum hinteren Stübchen blühte eine dürftige weiße Sternblume. Keine prangend rote Amaryllis. Gesund sein, sich wohlfühlen; darauf vertrauen, daß über viertausend Kilometer hinweg einer Aushäusigen hin und wieder gedacht wird.

Konsonantenschrift. Wovon träumen der Tag und das Warten? Zurück nach Bandiri. Läßt Unsägliches sich im Schriftbild verwischen durch phönizische Konsonantenschrift? Das Anheften der grünen Plakette, im Schutz und Schatten einer hochoffiziellen Zeremonie unter dem Applaudieren der Honoratioren. Wie energisch, heiter, sachlich kam der Kommentar vorweg, ‚You will decorate me.' Es kommt wieder. *Dry season fever.* Das Haar, vom Halbmond gebleicht, mit lauwarmem Wasser gewaschen, glänzt silbergrau wie Mondennebel. Das Examensfoto – das helle Blutrot der Blume. Laß es eine Amaryllis sein, rote Lilie, auch wenn das schlappe Blütengelapp keine sein kann. Ohne das Belladonna- und Blutrot wäre das Bild der Symbolik bar. Unter dem Dunkelblau einer kühlen Attitüde und selbstüberlegener Ironie schwelt es. Das aufrecht Sackartige daneben, samt dem unsäglichen Himbeerlila in Schlipsform – ein Bild, balancierend am Rande einer Groteske.

Dann: wie lange werden die Verbesserungen der Poeten sich an der ‚Bushaltestelle' aufhalten? *Stehe, warte und suche / Im frostigen Morgengrau / Im triefenden Herbstlaub der Birken / Den halben, verblassenden Mond... Was aus der Rundung der Sehnsucht fällt / Das ist verloren* – wo findet sich Ersatz für eine nicht mehr verträgliche Vokabel? – Die ‚Konkubine' ist eine Witwe mit drei Kindern. Die Psychologie ist subtil, aber abseits abendländischer Tradition. Wie kann eine *Mami wata*, eine Wasserfrau, Kinder haben? Die autochthone, die erdennahe Mentalität weiß nichts vom Faszinosum der *virginitas*. Nichts von Artemis und den Vestalinnen. Nichts von einem Priestertum, das zu verzichten weiß. Es wird als unnatürlich empfunden. Um so ungewöhnlicher der Versuch, einer Sexualmoral strenger Observanz zu genügen und durchzuhalten. So lange schon. Ist das Examensgedicht davon beeinflußt? Die Wirklichkeit sieht doch anders aus. Aber hier ist ein Mann, der verkörpert, was in der Spätantike, christlich und pagan, auch einfache Gemüter ins Religiöse hinein verzaubern konnte. Strenge Übung, Askesis als Seltenheit und nicht ohne Leiden. Wieder phönizische Konsonantenschrift. Was ist der Mensch ohne den Konflikt zwischen Natur und Geist? Nicht viel mehr als das liebe Vieh auf der Weide, *quae natura prona atque ventri oboedientia finxit*, aber ohne die Unschuld der geistlosen Kreatur. Die Große Mutter segnet es ab von unten her; Astarte im Eukalyptuslaub ist zu hoch oben, daher zieht sich alles in die Länge. Aber der Trieb, der wilde Harm, ist der gleiche. Mit allen Schätzen der Erfahrung beladen geht der Mensch ins Grab.

Europa denkt zurück.
In den Radionachrichten wird des Zweiten Weltkrieges gedacht, der vierzig Jahre zuvor seinem doppelten Ende entgegenging. Der Pferdewagen war Anfang Februar erst wenige Tage unterwegs, Richtung Görlitz. Nicht daran denken. Aber dieser frühe Flügelschlag des Chaos hat mitbewirkt, daß Afrika ein Vierteljahrhundert später als kleineres Übel erschien, ehe aus dem Übel durch eine lange Krise hindurch eine neue Heilsverheißung aufleuchtete. Vor vierzig Jahren war der Vater schon tot. Am 13. und Dresden führte der Zufall oder ein gütiges Schicksal oder Gott selbst, er oder es führte knapp daran vorbei. ‚Feuerschlag', ein merkwürdiges Wort. Inzwischen schlägt eine andere RAF zu, rot statt royal. Muß man hier Radionachrichten hören? Und dabei Kaffee trinken aus zierlichen Wedgewood-Täßchen; Socken stopfen und auch das Polohemdchen, dunkelblau mit grauen Nadelstreifen, franst schon aus. Am frühen Abend wieder Vollmond im schwarzen Sichellaub der Bäume, die noch stehen. Bleich blühen die weißen Mbebete-Rosen...

Einen Sonntag zubringen.
Die Hausgenossin schlägt einen Spaziergang vor. An einem Bachübergang aus zwei Baumstämmen will Frau Erna nicht weiter. In vierzehn Jahren werde ich auch nicht mehr weiterwollen. Ein halbfertiges, großzügig angelegtes Haus steht im Elefantengras. Innerhalb der Mauern wuchert die Natur. Es stehen viele solche Entwicklungsruinen in der Umgebung. Mittwoch sollen weitere 150'000 abgehoben werden von einem Konto, das auf Anweisung der Geldgeberin eröffnet wurde. Am Abend muß die Einladung zu einem Touristen-Pärchen angenommen werden, das sich im Campus eingemietet hat. Die beiden sind unverheiratet, wie es zunehmend Mode wird. Sie haben sich hübsch eingerichtet mit handgewebten und gestickten Baumwolldecken, Bastkörben und Fellen, setzen Wurstsalat vor und planen eine Rundreise. Von diesen Weißen könnte eine Weiße im Notfall Hilfe erwarten. Von all den Eingeborenen, die rundherum Hilfe annehmen, wäre keine zu erwarten. So ist das mit der ‚Partnerschaft'.

Almosen. Müdigkeit. Einkäufe.
Am Montagvormittag kam ein Brief, kurz und in Eile geschrieben, von der Mutter mit einem Gruß vom Ehemann. Mehr ist nicht notwendig. Es ist gut, daran erinnert zu werden, daß die Reise nicht nur von einem fernen Leuchten und dem verfügbaren Geld abhängt. Am Nachmittag kam der zwei Jahre zuvor in Kendek Besuchte, sich mit geziemender Verzögerung einen Zuschuß für sein Häuschen zu holen. Das Geld, 20'000, wird

kaschiert hinter einem länglichen Gespräch über Pläne zum Weiterstudium. Der ältliche Mensch spricht so leise, daß es ohne Hörgerät nicht möglich gewesen wäre, ihn zu verstehen. Es kam die Witwe Nga und bekam weitere 50'000 aufs Sparbuch eingezahlt, unten im neuen Postamt.

Am Dienstag ein Tief. Müdigkeit. Als ginge es irgendwann irgendwo nicht weiter. Da sind mehrere Meter teurer dunkelbrauner Stoff, und eine Ahnung sagt: es wird daraus nie ein Festgewand werden – für mich. (Es wurde fünf Jahre später eins für die richtige Braut.) Das Schenken und das Geschenk ist zweierlei. Wenn die äußere Wirklichkeit sich lange genug verweigernd hinzieht, schleichen herbei Gefühle des Verfalls. Ein leiser Tod. ‚Ich denke nicht mehr ans Tanzen, es leuchten keine Visionen mehr auf. Der Wind aus der Wüste, der Harmattan, der staubrosenrote, inspiriert nicht mehr. Beginnt die Zeit der Negationen?' Der erste Brief, geschrieben und eingeworfen in Daladala vor dem Abflug im Juli, zwei Jahre zuvor, ging verloren. Darin stand das Wort ‚pretext'. Ein kleiner lila Plastikeimer könnte gut zu gebrauchen sein, um das löchrige Klohüttchen von Mbe-Mbong wenigstens nachts zu vermeiden. Merkwürdig milchig-grau und rauchig ist das Mondlicht.

Am Mittwoch nach Mende. Warten auf ein Taxi am Straßenrand. Der Baumstumpf von früher steht noch, sich daran zu lehnen. Aber rings umher ist Kahlschlag. Einige der gefällten und zersägten Bäume liegen noch da. Das zerknautschte Auto steht auch noch, wo es stand. Es muß eingekauft werden. Kerzen, Haferflocken, Dosenmilch. Die ersten 150'000 gehen zu Ende. Ein volles Taxi fährt vorbei; ein *fraternal* hält auch nicht an. Wahrlich, ein Mensch mit Auto ist ein höheres Wesen. Ein Wesen mit *free-wheel*. Während eine Autolose am Straßenrand steht, sich vollstauben läßt und Milton liest. *Samson Agonistes* steht auf der Examensliste. Hier will eine noch einmal Lehrerin spielen, oben im Abseits der Berge von Mbe.

Während des Einkaufens, lustlos, fast widerstrebend, in den Supermärkten von Mende, ging es hin und her. Eine, die mit vollen Händen Tausende verschenkte, feilschte um Pfennige und wunderte sich. Das Gehalt der Frau Erna, 177'000, wurde auf Wunsch abgeholt und mitgebracht. Ein Mittagessen gab es nahe Nke Taxipark bei Lonjo. Könnte bedeuten, daß die Kollegin G.H. nicht mehr im Lande war. Und erklärt, warum drei Jahre später, als auch Frau Erna nicht mehr in Mbebete war, man bei Lonjo auf dem Kirchenhügel logierte.

Ein Gockel und Tiergeschichten.
Bei der Rückkehr gegen Abend war, extra von Nko kommend, Zaches mit einem Hahn da und wollte es keinesfalls versäumt haben, *Na'anya* zu sehen. Im Spiele waren 20'000, die entweder der Frau in Nko übergeben worden waren oder die er sich jetzt holte. Er wollte sofort zurück. Aber *Na'anya* fühlte sich verpflichtet, ihn zu verköstigen und zu beherbergen. Da war noch allerlei zu erfahren, auch über den Jüngling Eli (seine Verlobte habe ihn sitzen lassen; er habe aber eine andere plus Kind minus kirchlichem Segen, und an Kirchengeldern habe er sich auch vergriffen. Eine weit verbreitete Methode der Geldbeschaffung. Begreiflich, daß er der Tutorin nicht mehr beggenen wollte.) Am Nachmittag habe er Bekannte und auch den von Bandiri getroffen und mit letzterem geplaudert. Nach weiteren Reiseplänen befragt, wich *Na'anya* aus. Die Kunst des Verschweigens hatten bislang die Gesprächspartner beherrscht, während die *white woman* meistens alles ausplauderte. Nun einmal nicht; und vielleicht gerade hier am falschen Platz. – Mit der Beherbergung des zum Bleiben Genötigten war es nicht getan. Als der gute Zaches wenige Jahre später einen Deutschlandbesuch *en groupe* erwischte, bestand er darauf, bis nach Berlin zu reisen, natürlich nicht auf eigene Kosten. Die Frau des Hauses war leider oder zum Glück gerade nicht in Berlin. Dies der Wechselkurs der Gastlichkeit im Rahmen von ‚Partnerschaft'.

Irgendwann dazwischen kam von Bam herab Yuka, bekam noch Mittagessen und brachte ein dickes Heft Tiergeschichten. Das war wohl abgesprochen. Dann stand man an der Straße, wartend auf ein Taxi, und es kam noch einmal Historisches über die Sklavenjagden der beiden kriegerischsten Stämme der Gegend zur Sprache. Yukas Vorfahren waren Sklavenjäger. Die Vorfahren des Mannes aus Mbe-Mbong gehörten zu den Gejagten. Die Urenkel sind Kollegen und schätzen einander. So ist das mit der Zerstörung von Kultur durch Kolonisierung. Es ließen sich zwischendurch so abgehobene Gespräche führen mit Leuten, die im Grunde gleichgültig waren. Vielleicht gerade deswegen.

Etwas anderes war wichtiger. Bei der Rückkehr von Mende war nicht nur Zaches mit dem Gockel da. Es lag im vorderen Stübchen auf dem Bett ein schwarzes Bündel Plüsch: der Morgenmantel. Die 150'000 lagen offen daneben. Vor dem Bett stand der schöne Bandiri-Korb, ausgefüllt mit der schwarz-weißen Ritualgarderobe. Es war alles da wie abgesprochen. Und es könne spät werden am Freitag, habe er ausrichten lassen, fiel der Frau Erna verspätet noch ein.

Letzte Vorbereitungen

Donnerstag. – Drei Taschen sind gepackt. Eine mittelgroße graublaue, fast zu groß; aber es müssen Extra-Vorräte für drei Wochen mit, Haferflocken, Pulver- und Dosenmilch. Und, ja, auch eine Packung für das immer noch Regelmäßige. Eine zweite kleinere Tasche, hellbraun, kastenförmig, stabil; eine Büchertasche. Als drittes die weiße Reisetasche. Auf wie wenig die ‚persönlichen Effekten' schrumpfen können. Das Bündel der Flüchtlinge und der Wandervögel. Ein neues Mini-Tagebuch liegt ebenfalls bereit, denn das Oktavheft mit den Schwalbenschwingen ist fast voll. Das neue ist in graue Schulheftpappe gebunden. Ein Pappdeckelgrau, dem sich Mbe-Mbong III in wahrlich seltsamer Symbolik gelegentlich annähern sollte. – Für die Frau Erna muß zum nahen Geburtstag eine blaugestickte Tischdecke, Papierservietten und ein handgemaltes Pastellblümchen bereitgelegt werden. Noch einmal Haare waschen und schlafen. Der Vollmond nimmt ab.

□

Drittes Buch

Teil zwei

MBE-MBONG III
DAS NAHE LEUCHTEN BLAKT

ÜBERBLICK

DAS TAGEBUCH MBE-MBONG III
RÜCKBLICK AUF MBE-MBONG I UND II
DIE SIEBEN TEILE DER DREI WOCHEN
EIN FREITAG IM FEBRUAR

1. Glück ohne Zwischendecke
— ANMUTUNGEN VON IDYLLE —
Ich bin, wo ich sein wollte
Sonntagsprinzessin am Morgen
Odaliske am Nachmittag
Dämmerung am Kraterrand
Staub und Seelenfrieden
Pfannkuchen – und dann?
        DREI-WOCHEN-CHRONOLOGIE

2. Das Dorf als Kulisse
— BEIM HÄUPTLING. AUFTRITTE. TOTENFESTE —
Ein fremdes weißes Huhn im Dorf
Besuch beim Häuptling
Nächtliches Totenfest
Kreuz und Juju
Ein desolates Schrumpfereignis
Das große Toten- und Tanzfest
Auftritt im Häuptlingsgehöft
Geräucherte Kaulquappen
Abschiedsaudienz beim Häuptling

3. Initiation in Sippensozialismus
— DOSENMILCH UND NACHTPALAVER —
Erste Irritation und Ahnung
Dosenmilch-Monolog und Nachtpalaver
Meine Dosenmilch. *Stingy*?
Freßegoismus
Mireilles Schatten im Gebälk
Die Initiation – mißlungen

4. Der Palazzo
— BACKSTEIN GEWORDEN DER STAUBROSENWAHN —
Am Fuße des Ahnenberges
Verzögerungen am Bau
Der steile Westhang
I mnimi katiki mesa sta litharia
Der Lehmpalast wird gezeichnet
Mitspracherecht? Rechenschaft!
Steine zerklopfen. Steine schleppen
Endlich Lehmblöcke formen

5. Ahnenberg. Reisfeld. Bausi
— ALLEINGANG. ARBEIT. AUSFLUG ZU ZWEIT —
Allein auf dem Ahnenberg
Reisworfeln im Tal
Selig verschollen
Die Wanderung nach Bausi
Mondsichel im Drachenbaum

6. Das Traumhäuschen
— ETWAS APARTES FÜR MICH —
Wie es anfing am vierten Tag
Abgehoben auf dem Urhügel
Holzwurm und Glücksdroge
Von der Eremitage zum Kenotaph

7. Einsam. Allein. Zu zweit
— SZENEN EINER (NICHT-)BEZIEHUNG —
Einsam inmitten. ‚*You must feel lonely.*'
  Abendeinsamkeit unter Frauen
  Tagebucheinsamkeit. Unleserliches
Allein im Haus. Dasein mit sich selbst
  Ein Porträt und Sternengischt
  Häusliche Rituale. Störfall und Verstörung
  Verriegelte Ruhe. Narzißmus und Eifersucht
Zweisamkeit. Diffiziles Rollenspiel
  Häusliches ohne Idylle
  ‚*Let us go now, you and I…*'
  Saturnische Abendstunde
  Gespräch in der Disconacht
  Heiter chaotisch auf deutsch
Abschied I

NACHSPIEL
Abschied II
Nachtflug und Heimkehr
WIE DAS FERNE LEUCHTEN LANGSAM ERLOSCH

DAS TAGEBUCH MBE-MBONG III

Gewölle und Staubrosen

Was soll bleiben, über zwanzig Jahre hinweg, von dem dritten Besuch in Mbe-Mbong? Vorhanden ist eine neuerliche Anhäufung von Materialien; ein ungeordnetes Nebeneinander von Dingen (Dosenmilch, Lehmziegel, Kaulquappen), Ereignissen (Totengedenkfeste mit Tanz, Wanderungen, öffentliche Auftritte), Stimmungen (Anmutung von Idylle, Einsamkeit, Eifersucht), Beziehungen (die Großfamilie, der Hausherr, der Häuptling), Tätigkeiten (Schreiben, Reisworfeln, Steineklopfen), von Gesprächen und Tagträumen – was da anfiel und einfiel ist manisch notiert ins völlig Unübersichtliche. Augenblicksgewölle, Unverdautes. Was soll aufbewahrt, was weggeworfen werden? Läßt sich Gewölle ordnen, formen und mit anderen Augen betrachten? Wäre es am Ende ein Korb voller Staubrosen? Rosen, lehmrötliche und kalkweiße; Rosen, die welkten, aber nicht faulten. Ein Arm voll trockenen Geraschels...

Mbe-Mbong III war der Versuch, als Weiße drei Wochen allein und im Abseits unter Afrikanern das einfache Leben zu leben. Wäre das stabile Gerüst eines Forschungsprojekts vorhanden gewesen, hätte ein planmäßiges Ausfragen der Leute stattgefunden – es wäre manches, wo nicht alles einfacher gewesen. So aber, ohne ein formulierbares und einsichtiges Absichtsgerüst, war es ein mysteriöses Umherflundern. Niemand wußte, was die Fremde eigentlich wollte. Der Straßenbau war aufs Unabsehbare hin unterbrochen; der Hausbau bedurfte nur des Geldes, nicht der Anwesenheit der Weißen. Vor den Augen der Einheimischen lag Undurchsichtiges. Das Dasein war erhellt allein von innen her. Nur das Tagebuch kann nachzeichnen, was es eigentlich war – und wie es sich wandelte. Wie das nahe Leuchten zu flackern erst und dann zu blaken begann. Es soll, nach einem Rückblick auf die ersten beiden Besuche in Mbe-Mbong, ausführlich nachgezeichnet werden.

Und für den Fall, daß sich wiederum die Frage einschleichen sollte: für wen? Nun und noch immer: für die ostafrikanische Ameise, die an einem ferienblauen Sonntag im Februar über das erste Wort hinkrabbelte...

RÜCKBLICK AUF MBE-MBONG I UND II

Das ferne Leuchten

‚*Es war schon spät am Nachmittag...*' Inzwischen, zweiundzwanzig Jahre später, ist es schon Abend. Wieder stellt sich in den Weg die Frage: Was ist geblieben? Was *soll* bleiben? Vergleiche drängen sich auf. Äußerlichkeiten, Innerlichkeiten, Folgen. Mbe-Mbong I, drei Tage, begleitet vom ehelichen Gemahl und einer schleppfüßigen Muse. Die Inspiration geriet auf die Um- und Abwege eines Bildungsromans. Mbe-Mbong II, eine Woche, unbegleitet. Der rote Lehm einer Straßentrasse, der Bausiberg, das Redenhalten, es übertraf alle Träume und hängte die Muse vollends ab. Hier vorweg noch einmal ein Vergleich, vorbereitend auf das, was die dritte Reise nach Mbe-Mbong hinzutat und hinwegnahm.

Mbe-Mbong I – poetisch und innerlich. Der Sand vor der flachen Schwelle des Hauses mit den grünen Fensterläden, ‚*der kühle Sand vom Mond betaut*', saugte Seele in sich. Im Häuptlingsgehöft das wilde Tanzen des Mädchens Tana, ‚*im Bersten begriffen, saftstrotzend, eine pralle Schöne, sechzehnjährig*' – die Braut und so kurz nach traurigem Verzicht auf die sanfte Lilian. Es rührte eine Menge Seele um. Dann die Nacht in Mah, Astarte, das Sternenhaupt verhüllend, und am nächsten Morgen die rote Amaryllis: das ferne Leuchten geriet ins Symbolisieren. Und in zielbewußtes Planen auf Mbebete hin.

Mbe-Mbong II, im Jahre des Abschieds, nach zehn Jahren in Afrika, war anders. Die schattenlose Selbständigkeit einer weißen Frau allein verpflichtete zu öffentlicher Zurechnungsfähigkeit. Wenig Zeit war da zum Träumen. Es bleibt der Ausflug nach Bausi und was sich, nach der Mühsal des Aufstiegs, vom Gipfel des bezwungenen Berges hinabwarf auf das Dorf. Wie da statt Hüttengewirr ohne Durchblick, statt verriegeltem Horizont unerwartet Weite und Überblick, ein Raum-Begreifen um sich griff von oben herab – vergleichbar nur dem frühen Blick hinab auf Nietzsches silbernes Sils-Maria und dem späten Blick hinab auf Ariadnes Kykladen, rosenrot in blauer Ägäis. Über Mbe-Mbong flog kein Linienflugzeug. Hier segelte Seele beseligt hinab und hinüber und mitten hinein ins luftbildhaft Geoffenbarte. Ringelblume? Hexenpilzring? Es war gewißlich mehr im Spiel der Gefühlsanwandlung, und das Mehr war Teil des Mythos – Abglanz von Orplid und Elysium. Es war das ferne Leuchten, materialisiert zu Wellblech und Geometrie. Und es rief herüber

– wer oder was wem? *Heimat* einer Heimatlosen? Der Blick auf Mbe-Mbong offenbarte etwas vom Mythos der wunderbaren Jahre. Möglich, daß hinzukam frühe Entwurzelung, die vierzig Jahre später romantische Luftwurzeln trieb in den grünvioletten Bergen von Mbe-Mbong. Luftwurzelheimat, abseits von *tu mihi solus domus*.

Zu Mbe-Mbong II gehört die Maske von Bausi. Der Uralte, das schwarze Schnitzwerk, kantig, überlang und reglos, Anmutung menschlicher Hoheit an einem äußersten Ende möglicher ästhetischer Wahrnehmung. Was ist Erhabenheit? Der Apollo von Olympia, der unnahbare Jünglingsgott? Der thronende Zeus des Phidias ebendaselbst, wie Dion von Prusa ihn beschreibt: mit den Zügen Frieden schenkender herrscherlicher Milde? Hier in Bausi begegnete Erhabenheit in einer Ehrfurcht und Schaudern gebietenden Überzeichnung menschlicher Züge ins Dämonisch-Abstrakte. Von Begreifen weder Spur noch Rede. Die Formulierungen sind nachgetragene Rationalisierung. Der Anblick damals ergriff, stieß zurück und ging nach unterschwellig.

Mbe-Mbong II, Bausi und der Berg: die Augen sahen, der Geist begriff; die Knie widerstanden dem Sog des Abstiegs. Wie aber hätte der Durst einer Handvoll Wasser aus dem Fluß widerstehen sollen? Es ist geblieben und fühlt sich an wie etwas Wunderliches, nicht ganz Glaubhaftes: ich habe aus dem Fluß getrunken, der Mbe-Mbong zu Füßen fließt. Köstlich kühles Wasser. Und ganz in der Nähe schwänzelte vergnügt ein Schwarm von schwarzen Kaulquappen.

Alles übrige läßt sich zusammenraffen und bündeln – das schwarz-weiß gefleckte Buschkatzenfell, ein Wandschmuck für viele Jahre; das Bettzeug für den Gast, gekauft auf Geheiß und betrachtet durch eine staubrosenrote Brille als hoch- und tiefbedeutsame Anmutung. Silberkettchen und rotes Taschenmesser und ein hellblauer Spitzenkittel: eine Anhäufung von Materialien und Stimmungen und wie es durcheinandergeriet mit dem Frauenlachen vor dem Haus, in der Morgendämmerung nach dem ersten späten Abend. Schließlich, am letzten Tag, das Habenwollen und Ansichraffen; das wilde Fotografieren und Exzerpieren. Ein fremdes Leben in elementarsten Fragmenten, eingesammelt wie kostbare Papyrifetzen verschollener antiker Lyrik. Eine ärmliche Behausung, Lehm und Wellblech ohne Zwischendecke – als sei es eine Villa in der Toskana. Wie lange wird es nachvollziehbar sein, ehe es nur noch Papier ist?

Die sieben Teile der drei Wochen

Nachvollziehbar in der Seele tiefsten Erlebnisgründen ist nur noch weniges – farblose Abschattung dessen, was einst leuchtete sowohl als blakte. Auf Bildschirm und Papier hingegen kann der Menge des Augenblicks- und Tagebuchgewölles eine Art Ordnung und ein Anhauch von Dauer verliehen werden. Ordnung nicht durch Chronologie, sondern Thematik – Idyll zu Idyllischem, Dorf zu Dörflichem, Ärger zu Ärger, Backstein zu Backstein, Ausflug zu Ausflug, Traumhäuschen zu Träumen; Einsamkeit zu Alleinsein und zu Zweisamkeit, die Fremdheit nicht aufhebt, sondern vorsichtig umschweigt und umredet.

Die Siebenzahl, apollinisch, hat es in sich. Gerades, das so läuft wie es soll; Ungerades, das anders läuft als erwartet, und vor allem hat die Siebenzahl eine Mitte. Da steht der Palazzo, vier Grundmauern aus graurosa Bruchstein. Mit Hilfe der Siebenzahl läßt sich das Tagebuchgewölle von damals entwirren, glätten und zu Zöpfchen flechten. Zu Beginn etwas Schönes, das wirklich so am Anfang stand und wie eine Ouvertüre klang. Der Augenblick leuchtete, Gefühl blühte beglückt; und weil es so schön war, haben sich wenige ähnliche Anmutungen von Idylle angelagert. Aber die Idylle war schief gewickelt.

Überwiegend gerade und nach Plan läuft alles, was mit dem Dorf als Kulisse zu tun hat, vor der die öffentlichen Auftritte der Fremden stattfinden. Schief geht es dann mit der Großfamilie. Ein klassischer Fall von *clash of cultures*, der das nahe Leuchten zum Blaken bringt. Die leeren Dosen der mitgebrachten Kondensmilch scheppern; rücksichtsloses Palaver vertreibt den Schlaf, und der glücklosen Mireille Schatten erscheint im Gebälk. Wie gut, das ich hier nur drei Wochen bin...

Der Palazzo: Mittelpunkt des Interesses von zweien, die es zwei Wochen lang miteinander aushalten. Auch hier beginnt es zu blaken, und anschließend wäre eigentlich das Traumhäuschen an der Reihe. Aber Ausflüge, allein zum Ahnenberg; schwere Feldarbeit, und schließlich, zu zweit, eine Tageswanderung, sorgten für Ablenkung. Ein Zöpfchen Erzählstoff.

Dann freilich nimmt das Träumen überhand. Das Tagebuchgewölle, die Einsamkeit inmitten der Leute; und das wenige an nächtlichen Gesprächen des Gastes mit dem Gastgeber, einer Frau mit einem Mann. Gehört nicht ein Nachspiel ans Ende? Wie das ferne Leuchten am Blaken langsam erlosch...

EIN FREITAG IM FEBRUAR

Warten, Reise und Ankunft

Keine türkisfarbne Morgenfrühe hinter Rosenrankengardinen. Es kann Mittag werden. Als erstes eine Anwandlung von Ahnung angesichts der drei Taschen: umpacken. Alle wichtigen Dinge, Morgenmantel, Fledermausgewand, Nixenbluse, in die weiße Reisetasche. Das Polohemdchen paßt sogar in die Schultertasche. Leibesnah in den tiefen Kasacktaschen wie immer das Geld, ein Bleistift, das Reisetagebüchlein. Reisepaß? Überflüssig. Ein ganzes Dorf könnte notfalls die Identität der Fremden verbürgen.

Dann ein Blick in den Spiegel. Ist schon kein Foto vorhanden, so lassen doch wenigstens Worte sich finden für das späte Wohlgefallen an sich selbst. Der Altweiberspeck ist weg. Der Bauch paßt flach in die engen Gabardinehosen. Das staubbraune Batistoberhemd stünde einer Großwildjägerin gut. Vor allem aber: Was kein Ehemann je gesehen hat; was ein anderer wohl sehen, aber weder mit Worten noch Händen berühren darf, es bringt eine Frau nahe Fünfzig an diesem Morgen in eine milde, narzissenduftende Ekstase: Das frisch gewaschene Haar; das leichte, lockere, noch nicht aufgebundene Haar, wie wallt es bescheiden-schön um die Schultern, nicht mehr haselnußbraun im Sommerwind; nein, schöner, weil schon durchsponnen von Vergänglichkeit und Abschied, von Mondlicht und Herbstnebel, bei beginnendem Absinken des Hormonspiegels. Das Spieglein an der Wand lächelt den Anblick gedämpften Entzückens zurück. Eine Frau an den Pforten des halben Jahrhunderts. Sie spitzt den Bleistift, den kostbaren Augenblick festzuhalten. Demnächst fünfzig, und wann beginnt das Leben? Musik und Tanz sind schon dahin; eine schmerzliche Euphorie der frühen vierziger Jahre. Was bleibt? Ein paar Zeilen im Tagebuch.

Der Vormittag vergeht mit Warten und Lesen. Diesmal ist es kein grasgrünes, es ist ein lila Buch, dick und teuer, Literaturkritik. Nie begriffen, was sieben Jahre lang Gegenstand des Philologiestudiums war. Dazwischen der praktische Gedanke, Klopapier mitzunehmen. Warten ohne Magenflimmern. Beinahe gefühlsblank. Als griffen Skepsis und Zögern aus sich nähernder Entfernung über. Was soll's und wozu? Ein Haus wird gebaut. Das allein scheint den Aufwand noch zu rechtfertigen. Damit Zeit vergeht, werden die Schuhe geputzt, auf daß der Staub sich auf Glanz ablagern kann. Es sind die Schuhe vom Bausiberg und vom ersten Aufstieg. Die Zeit vergeht. *I feel so careless. What is it that will overtake me?* Gegen ein Uhr gibt es noch ein hastiges Mittagessen. Eine halbe Stunde später rollt das Taxi die breite rote Straße ins untere Mbebete hinunter.

Unbequem bis Muvom sitzt man neben einander. Wie ging wieder alles schnell. ‚*They are in a hurry*'. Das war zu erwarten. Die drei Taschen – da lag wohl ein Mißverständnis vor. Wer auf Komplikationen gefaßt ist, nimmt es mit Gleichmut hin. Alles Gepäck wurde in dem Minibus vorne verstaut, da, wo eigentlich Füße hingehörten. Die hatten keinen Platz mehr und befanden sich sehr unbequem. Die Füße dessen, der für die zusteigende Reisende im voraus bezahlt hatte. Die saß ohne Fußbehinderung. Und statt sich mit der Güte des Sitzens zu begnügen und stille zu sein, fing die *white woman* an, lebhaft zu werden und von der Nko-Beera-Reise zu erzählen, geradlinig vor sich hin, die rote Staubstraße entlang und in das Schweigen rechts daneben hinein. ‚*I was hunting for Eli.*' Eine runde Unwahrheit. Es sollte besagen, daß hier eine Reisende saß, die schon viele Straßen abgefahren hatte und nun *inter alia* auch die Straße nach Muvom abfuhr.

Zum dritten Male geht es in Windungen und durch Palmenwälder hinab ins Tal des Mchu. Unter der großen Brücke liegt das breite Flußbett steinig leer; Wasser fließt nur in Rinnen. Zur Rechten tauchen Berge auf, erst beim fünften Male erkannt als die Berge von Mbe-Mbong: von hier aus wäre das Dorf geradlinig erreichbar, wenn der Fluß nicht wäre. An der Biegung stehen leere Marktbuden, Frauen verkaufen Bananen und Erdnüsse an die Reisenden, die hier kurz aussteigen. Hier, in dem tristen Flecken, fiel an den Wegrand die Bemerkung, hier habe die Erstverflossene der Bräute das Dasein gefristet.

Weiter und ins Gebirgige, Kraterberg zur Rechten, tiefes Tal zur Linken, die steinige und schmale Flankenpiste entlang, wo Gebüsch und Felsbrocken den Steilabsturz verdecken. Dann kommt wellige Hochfläche und die breit verstreute Siedlung Muvom, die eine Stadt sein will. Die Landschaft, abwechslungsreich, war wiederzuerkennen. Die Innerlichkeit scheint sich eintönig und spannungslos hingezogen zu haben. Der so dicht Schulter an Schulter saß und so unbequem, er blieb einsilbig und merkwürdig nicht-vorhanden.

In Muvom am späten Nachmittag ging der schweigsame Begleiter Zement kaufen. Nägel und Eisendrähte hatte er schon in Mende besorgt. Das Haus im Bau warf Schatten voraus, weder

grünviolett wie die Berge von Mbe, noch staubrosenrot wie der
Harmattan. Ein nüchterner Backsteinfarbton. Von der Fahrt
durch das Hochtal von Ubum ist nichts notiert. So langweilig?
Die malerischen Krüppelbäume, die schwarzen Schoten; das
dunkelgefleckte Granitgrau an den Hügelabsprüngen, die purpurviolette Blume: wo war das alles geblieben? Der Zauber der
ersten Reise nach Mbe-Mbong – nichts als Literatur?

       Palaver in Ubum. Aufstieg bei Nacht.
Es ging auf Abend zu, und in einem Winkel der Erinnerung ist
noch vorhanden, daß wider vorherige Absprache keine Träger
da waren. Vor einem Hause unterhalb der Dorfstraße, so daß
man über das Dach hinwegsehen konnte, stand man mit den
drei Taschen und beschloß, die beiden größeren zurückzulas-
sen. Die Ahnung vom Morgen. Man hätte umpacken müssen.
Die weiße Reisetasche, in der sich das Wichtigste befand, nahm
ein Dritter, und zu dritt machte man sich auf den Weg. Es muß
schon tiefe Dämmerung gewesen sein. – Der Aufstieg nach Mbe-
Mbong ist vergessen. Eine Tagebuchnotiz sagt, daß Ab- und
Aufstieg leicht gewesen seien, ‚bei kühler Nacht', und daß man
eine Stunde nach Einbruch der Dunkelheit da gewesen sei.
Kein Wort über die weggeschwemmte Straße und daß da nur
noch ein schmaler Fußpfad durch hohes Gras war, der nun den
flachen Abwärtswindungen der Trasse folgte. War der Mond,
war ein Stern zu sehen? Nichts als der Lichtkegel einer Taschenlampe? Der dritte Aufstieg – ein stummes Steigen ohne
äußere Belastung oder innere Beschwingtheit? Man kam an
und war da.

1. Kapitel

Glück ohne Zwischendecke
— ANMUTUNGEN VON IDYLLE —

Ich bin, wo ich sein wollte

Das Kapitel ist kurz. Das Glück der Ankunft und des Daseins
dauerte einen Abend lang. Die ersten Zeilen im Reisetagebuch
beginnen mit einer Vokabel, mit welcher die Ankunft in die
Sphäre der Wunschlosigkeit sich erhebt: *Mbe-Mbong, 22 Uhr.
Das Glück hat keine Zwischendecke. Es liegt auf einem Doppelbett mit zwei Kopfkissen. Es wundert sich und befühlt die Erfüllung eines Traums, der zwei Jahre lang von ferne leuchtete. Ich
bin, wo ich sein wollte.*‘

Zu dem Wichtigsten, das die weiße Reisetasche an diesem ersten Abend hergab, gehörte der schwarze Plüschmorgenmantel. Die restlichen zwei Zeilen besagen, man habe zusammen am Tisch gesessen bei Tee und Brot, der eine in geblümtem Schlafanzug, die andere in samtenem Schwarz. Eine Buschlampe leuchtete mit still vergittertem Schein. So still und vergittert wie das Beisammensein von Gast und Gastgeber. Was wäre da viel zu reden gewesen. Man hatte ein Recht darauf, müde zu sein.

Die Erinnerung fügt hinzu, daß eine ordentliche Latrine mit Wellblechverkleidung gebaut worden war, die ausreichend Sichtschutz bot. Ob es Wasser zum Waschen gab? War es das gleiche Bettzeug wie zwei Jahre zuvor, lindgrün und leopardenfellgefleckt? Oder war da diesmal nur der hellgrüne Polyesterschlafsack? Einzig wert, erinnert zu werden ist der Anflug von erfülltem Traum: noch einmal und wieder in dem Haus zu sein, das so seltsame Züge von ‚Zuhause' angenommen hatte. Als sollte frühe Heimatlosigkeit hier eine Heimat finden. Ja, so fühlte es sich an. Wie vertrug es sich mit *tu mihi solus domus*? Wie vertrug es sich mit dem Wissen um die nicht zu habende bleibende Statt? Es war ja nur ein Dorf. Nur ein baufälliges Häuschen mit grünen Fensterläden war es.

Dem Glück ohne Zwischendecke war die kurze Spanne eines Abends und wohliger Ahnungslosigkeit gewährt. Die kurze Spanne aber ist in Erinnerung geblieben – sie liegt auf dem breiten Bett, sie schwebt im offenen Gebälk unter dem Wellblech schwerelos wie unter einem damastenen Baldachin. Die liebe Seele, blaugefiedert, zwitscherte und schlief zufrieden ein.

Sonntagsprinzessin am Morgen

An das kurze ‚Glück ohne Zwischendecke' am Abend der Ankunft fügen sich, schwimmend im Zeitlosen wie Inseln, aufgetaucht aus dem Vergessen und dem Gewölle, unberührt von Verstimmung, wenige Bildchen und ein stilles Leuchten. Die Erscheinung verdient, mit leise ironischem Nebenton, die Bezeichnung ‚Idylle'. Es ist nicht viel. Eben darum.

Der Sonntag begann in großer Seelenruhe, so kühl wie draußen der Sand und der Morgen. Es sind zwei noch allein im Haus. In stiller Selbstverständlichkeit gehen sie häuslichen Tätigkeiten nach. So schmal wie ein Türspalt des Leibes unproportionierte Breite erscheinen läßt, steht der Herr des Hauses und fragt an, ob der Gast ein ‚Bad' wolle. Auf dem Bett, im schwarzen Morgenmantel und mit offenem Haar sitz *Na'anya* und verbessert ihre Predigt. Ein zweiter Blick über die linke Schulter: im Türspalt steht ein Schlafanzug, den man hier wohl für einen Hausanzug hält. Freundliche Augen betrachten die Prinzessin, die da im Schlafgemach sitzt. Ja, ‚Gemach' und ‚Prinzessin', damit der Augenblick schön sei und bleibe, still und glänzend und schmal gerahmt. Die Prinzessin sagt, sie brauche ein Bad am Abend, nicht am Morgen. Der Herr des Hauses hat darauf weiter nichts zu sagen. Ein dritter Blick in Richtung Tür sieht noch immer Zögern und stillen Glanz. Hätte er nicht erlöschen müssen in der winzigen Andeutung von *clash of cultures*?

Etwas später geht es ein und aus, nackt im Lendentuch, denn die Sonntagskleidung hängt da auf der Leine. Rasieren, anziehen, ein Frühstück zurechtmachen. *Na'anya* trug vermutlich das lila Eimerchen in die Wellblechlatrine hinüber. Eine Handvoll Wasser zum Händewaschen. Kosmetikwässerchen. Vor einem Stück Spiegel bindet die ‚Prinzessin' sich alsbald das Haar auf mit einem grauen Samtband, und darüber legt sie, statt der landesüblichen Kopfbünde, das dünne Netz des zögerlichen Glanzes, das Geschenk aus dem Türspalt. Man hat den halben Vormittag zur Verfügung. Beim Frühstück eine Frage nach dem Totentanzfest der vergangenen Nacht. Irgend etwas muß man ja reden. Die Initiation hatte tags zuvor begonnen. Eine erste kleine Ungemütlichkeit. Die große stand für den Sonntagabend bevor. An diesem Morgen also war man friedlich allein, und die Gedanken schweiften in eine mögliche Zukunft – jedes Jahr ein paar Wochen in das ferne Leuchten tauchen. Würde eine Ehefrau stören? Unter solchen Gedanken ward das silbergestickte Fledermausgewand übergeworfen und man machte sich auf den Weg. Das Wohlgefühl blieb zur Seite, als man durch das Oberdorf zum Kirchenhügel schritt, erhobenen Hauptes die Fremde und ganz unbefangen. Es flüsterte in den Falten des weiten Gewandes. Es lag feinkörnig zu Füßen im falben Sand. Es umspülte warm das Dasein. Es muß schön gewesen sein und war doch ganz vergessen; verschüttet unter dem Ärger, den der Abend brachte.

Odaliske am Nachmittag

Nach öffentlichem Auftritt und einer Prozession zum Friedhofshang ist man zurück im Haus. Und während der Hausherr zu kochen beginnt, schreibt *Na'anya*, über das Bett gebreitet wie eine Odaliske, Tagebuch. Zwischenhinein streunen die Gedanken. Die Vertauschung der herkömmlichen Rollen. Sitten und

Gebräuche werden auf den Kopf gestellt, wenn Geld und Macht dazwischenfunkeln. In Buschwerk aus vertauschten Rollen läßt sich gut Verstecken spielen. Neffe Philippus und Vetter Allan gehen ebenfalls aus und ein im Schlaf- und Gästezimmer, wenn es etwas zu holen gibt aus den Taschen, die da stehen. Es stört eine Schreibende nicht. Was ist eine Odaliske? Ein Gemälde von Ingres. Eine weiße Haremssklavin, dem Sultan vorbehalten. Versklavt wodurch? Der Sultan kocht.

Dämmerung am Kraterrand

Es wurde dunkel. Die kleine Welt war noch in Ordnung. Seit zwei Stunden ist ein Bauherr unterwegs, um Verabredungen für den Weiterbau des großen Hauses zu treffen. Er muß am nächsten Tag für eine Woche wieder hinab, um Berufspflichten nachzugehen. Der Gast sitzt allein im Hause, liest ein bißchen, schreibt ein bißchen, stellt fest, daß wirklich alles sehr sandig ringsum ist; fragt sich, wie lange das Hörgerät die tropische Feuchtigkeit und der Magen das ungewohnte Essen samt dem Wasser vertragen wird. Werde ich, ohne krank zu werden, drei Wochen hier hausen dürfen?

Im letzten Tageslicht kommt der Hausherr zurück und man begibt sich an den Kraterrand. *Na'anya* läßt sich anhand der Landkarte die Gegend erklären. Ja, der Bausiberg steht noch immer wo er stand. Und dicht neben einem dunkelbraunen Fledermausgewand steht ein langärmeliges weißes Oberhemd. Leichtbeflügelt wie Zitronenfalter sind Regungen und Bewegungen Schulter an Schulter. Nur wenige Pond per Quadratzentimeter mehr, und sie wären es schon nicht mehr.

Staub und Seelenfrieden

An einem Sonnabend spät fand Rückkehr statt und bis tief in die Nacht der letzte Akt der Initiation. Wie friedlich und von veilchenblauen Gespinsten umsponnen hätte der Abend sein können, zu zweit allein im Buschlampenlicht. Es kam anders. Sogar Mireilles Schatten tauchte auf. Am nächsten Morgen jedoch, seltsam, ist nichts vergessen, aber alles vergeben. Die Idylle ist zwar ironisch gestimmt; das Tagebuch jedoch zeichnet ein Bildchen friedlicher Häuslichkeit zu zweit.

Es ist Sonntag. So frisch und früh am Tag müßte man nach einer Tasse Tee sich hinsetzen und studieren, wie einst in Ndumkwakwa. Statt dessen ergreift der Herr des Hauses den

Reisstrohbesen und wirbelt Staub auf. Muß das sein? Der Morgengruß ist sanft und freundlich, beiderseits. Wäre nicht Verärgerung zu erwarten? *Na'anya* tritt aus der Kemenate langsam, schmal, schwarzgewandet und mit offenem Haar. Der Hausherr, im Pyjama, kommt und fegt auch das Gastzimmer, der Prinzkonsorte und Edelsklave, und die Tagebuchschreiberin ist schon wieder romantisch-ironischer Stimmung. Vor dem Haus geht das Fegen weiter. Das ist der Sonntagmorgen vor dem Frühstück. Von nun an müssen zwei zusehen, wie sie fast zwei Wochen lang mit einander zurechtkommen.

Während der Besen innen und außen Staub und Sand aufwirbelt, werden die Traumfragmente der Nacht notiert und: ‚Schade, wie die Morgenstunden vertan werden. Ich hänge herum, im Morgenmantel, und schreibe eben. Und könnte den Traum aufschreiben, der gegen Morgen kam – ein Versöhnungsgeschenk zu gestern nacht. Zur Besänftigung und zum Trost für die gestörte Nachtruhe ward mir auf diesem breiten Bett ein Tisch bereitet. Über das hellgrüne Bettuch ward ein reinweißes Leintuch gebreitet. Darauf stellte er mir ein Glas mit Mbebete-Rosen; früh verwelkliche, zarte, rötlich-weiße. Dazu zwei Kugelväschen, in dem einen das runde Blatt eines Veilchens, in dem anderen ein Grashalm. Symbole des Wenigen, an dem ich mir genügen lasse. Selten war mir die Seele so friedlich wie an diesem Morgen. Wie fließt des Lebens Rhythmus leicht dahin. Ich lebe hier meinen eignen Roman; was soll mir, uns, der Weltschmerz des Eliot'schen Prufrock.'

Auf dem Bett schreibt es vor sich hin. Der Herr des Haus geht ein und aus, holt sich Hemd und Jackett; holt liturgische Tücher aus der alten Truhe. Philippus kommt und kramt ein Holzkohlebügeleisen hervor. Wartend auf ein spätes Frühstück kommen von ungefähr und auf den Spuren des Examensgedichts, ‚*the ripest moment is saddest encounter*‘, Gedanken zu einer Hochzeitspredigt. So vergeht die Zeit. Und was zieh ich an? Den schwarzen Abendrock und die türkisgrüne Nixenbluse. Hilft der Seele Friedlichkeit über das Hungergefühl hinweg? Was rumort da im Wohnzimmer?

An diesem Sonntagmorgen wurde das Bett aus dem Wohnzimmer in die schmale Nebenkammer geschafft, in der Vetter Allan sich ein Lädchen eingerichtet hatte. Damit war ein halbes Problem gelöst. Einerseits schade, andererseits vernünftig. Er werde da mehr Ruhe haben, wenn er schlafen wolle, merkt *Na'anya* klüglich an. Auch die Sachen aus dem Schlafzimmer kamen hinüber. Das hellgrüne Prinzessinnennachtgewand wurde doch wohl wahrgenommen. Es hängt da an der Wand, wenn *Na'anya* es nicht unter dem schwarzen Plüschmantel trägt.

Dann endlich ein Frühstück. Wo die Eilein seien. Weggeworfen. Und *Na'anya* teilt nebenbei mit, daß die meisten Hühnereier, welche die lieben Christen brachten, schlecht gewesen seien. – Gegen halb zehn sitzt man zu zweit am Tisch: eine Frau in grüner Nixenbluse und ein Mann mit nacktem Oberkörper. Wo sind wir? In den Bergen von Mbe. Ein Gespräch klärt, was durch die siebentägige Initiation ohnehin klar geworden ist. Und der nackte Mann am Frühstückstisch fügt hinzu, was ebenfalls keiner Offenbarung mehr bedarf: ‚I am a Mbe-Mbong man.' Neben ihm sitzt *Na'anya* in der Falle, in die sie freiwillig ging, angelockt von einem fernen Leuchten, das nun nahe ist und schon eine Woche lang, gleich vom ersten Tage an, bedenklich und ärgerlich blakt. Ist es ein Wunder oder keins, daß die Gegenwart des Hausherrn wieder friedlich stimmt?

Pfannkuchen – und dann?

An einem Montagmorgen, dem dritten und letzten; am Morgen nach dem Abend, an welchem ein rotes Strickhütchen und neue Verdächte auftauchten, war es noch einmal möglich, ein kleines Glück leichtbewegt am Busen zu halten, ohne es sofort auf dem Papier plattzudrücken. Eine ganze halbe Stunde lang, aber auch nicht länger, ausgestreckt auf dem breiten Bett, schwarz und schmal im Morgenmantelplüsch, sich selbst ein ästhetischer Genuß. Das kleine Glück? Es hatte einer nach der ersten lauwarmen Tasse Tee den Einfall ‚Pfannkuchen' – ob man nicht zusammen welche backen könne. Zwei Eier brachte er an und wusch die ersten Teller, noch ehe Philippus kam. *Na'anya*, schälte und schnitt Zwiebeln, rührte und briet, und er stand und sah zu, stumm. Da er offenbar lernen wollte, ward das Schweigen unterbrochen durch gelegentliche Erläuterungen. Sonst war es stille im Haus. Wehte ein Lüftlein durch die offene Tür? War da ein leises Rascheln wie von getrockneten Rosen?

Als die Fladen auf dem Tisch standen, war der Hausherr plötzlich weg. Merkwürdig. Rückzug in die Kemenate. Warten. Wollte man nicht gemeinsam essen? Er kam – das Schlafgemach zu fegen. Seltsam. Es erforderte statt des Liegens ein Sitzen. Das Sitzen zog das Tagebuch nach sich. Da war die halbe Stunde um und das kleine Glück war plattgeschrieben. Wer die Pfannkuchen schließlich aß, ist nicht notiert.

Woher kam das Rascheln? Das Gespräch vom Abend zuvor, spätgereift und ratlos traurig, hing sozusagen noch im Haar, im aufgebundenen; es war noch in den Falten des Morgenmantels. Es regte, da es sich gelegt hatte, an zu Betrachtungen über das Los der Ehefrau, wie es doch so bedauerlich gleich sei in allen Kulturen. Wie am Kochtopf der rötlich-zarte Schmelz der ersten Rosen verdampft. Dann doch lieber das trockene Rascheln von Staubrosen, getrocknet unter dem Harmattan und länger haltbar. Wie lieblich und leise es raschelt, bewegt von einem lauen Lüftlein, in der Schwebe und in Form gehalten durch Nichtanfassen. Wie das Leuchten am längsten von ferne leuchtet. Ehe es nahe rückt und zu blaken beginnt...

*

So weit die idyllischen Inseln, ein erstes kurzes Kapitelchen. Wofern nun der Gedanke aufkäme, geradlinig zu fragen: was war nacheinander? Wann war das Reisworfeln im Tal, wann das Lehmziegelformen auf der Baustelle? Wann die gemeinsame Wanderung nach Bausi, wann das einsame Besteigen des Ahnenbergs? Wann der vergebliche Versuch, ein Gedicht zu interpretieren? Wann begann der Häuschenwahn? Was war an den drei Sonntagen? Für diesen und ähnliche Fälle sei den weiteren Kapiteln ein chronologischer Überblick vorangestellt. Stichworte sollen einen Überblick vermitteln und schwankenden Erinnerungen ein Gerüst verschaffen.

Drei-Wochen-Chronologie

Erste Woche. Initiation. Ahnenberg. Reisworfeln

1. Sonnabend, 9.2. – Ausräumen der Vorräte. Familie kommt. Besuch beim Häuptling. Durchs Dorf zur Baustelle. Maurerpalaver im Haus. Predigtschreiben. (Im Dorf Totentanzfest.)
2. Sonntag. 10.2. – Häusliche Idylle. Predigt. Prozession zum Friedhof. Im Haus allein. Mit Landkarte am Kraterrand. Beginn der Initiation: Dosenmilch und Nachtpalaver.
3. Montag, 11.2. – Der Hausherr verabschiedet sich (bis Sonnabend). Mit dem Onkel durchs Dorf. Hinüber zum Bau. Auf den Ahnenberg. Zu Mittag kochen. Schlafen. Abend mit Phil und Al.
4. Dienstag, 12.2. – Verzögerung am Bau. Im Haus mit dem lila Buch. Der Häuschenwahn beginnt. Abends Besucher.
5. Mittwoch, 13.2. – Reisworfeln im Tal. Phil nach Muvom, die aufgebrauchten Vorräte nachzukaufen. Abends Besucherärger.

6. Donnerstag, 14.2. – Kleinfamilie bei Tisch. Zur Baustelle den steilen Westhang hinab. Das Haus voller Kinder. Haarewaschen. Abends Frauenpalaver. Phil: ‚You must feel lonely.'
7. Freitag, 15.2. – Familienfrühstück. Vormittag mit lila Literaturbuch am Lehmziegelhaufen. Kinder bringen Wasser. Faule Eier, Pfannkuchen und wieder Kinder.

ZWEITE WOCHE. STEINEKLOPFEN. POETRY. BAUSI

8. Sonnabend, 16.2. – Vormittags lila Buch. Nachmittags auf der Baustelle. Das schiefe Gästezimmer. Abends Rückkehr des Hausherrn. Letzter Akt der Initiation. Das NACHTPALAVER wiederholt sich (Mireilles Schatten in der Kemenate).
9. Sonntag, 17.2. – Morgenidylle. Desolater Gottesdienst. Besucherpalaver (mit spätem Mittagessen) über die verlotternde Gemeinde bis zum Abend.
10. Montag, 18.2. Tagsüber am Bau, Urhügel und Lehmpalast zeichnend. Im Laubhüttchen. Frostiger Abend bei Maisfufu.
11. Dienstag, 19.2. – Frostiger Morgen. Vormittags allein im Haus. Nachmittags kurz auf dem Bau, im Fensterrahmen.
12. Mittwoch, 20.2. – Süßkartoffeln. Nachmittags am Bau. Zurück am Westhang und voraus. Abends der einzige Versuch einer Examensvorbereitung.
13. Donnerstag, 21.2. – STEINEKLOPFEN und Lehmziegeltragen. Abends ‚Saturnische Stunde' beim Bier. Danach Besucher.
14. Freitag, 22.2. – Wanderung nach BAUSI. Vorbereitungen für das große Totengedenkfest.

DRITTE WOCHE. KAULQUAPPEN. LEHMBLÖCKE. DAS PORTRÄT

15. Sonnabend, 23.2. – Frühstück zu zweit. Dosenmilch stößt auf. Eine Rede schreiben. Nachts am Kraterrand: das Tam-tam.
16. Sonntag, 24.2. – Flau im Magen. Die Kirche voll. Die Rede im Häuptlingsgehöft. Eine Ziege und KAULQUAPPEN. Das Dorf tanzt bei Tag. Die Jugend tanzt bei Nacht. Das rote Strickhütchen taucht auf. Gespräch in der Disco-Nacht.
17. Montag, 25.2. – Pfannkuchenidyll. Steinetragen am Bau. Urhügelsaga. Im Laubhüttchen. Am Abend noch einmal das Rothütchen. Eifersucht?
18. Dienstag, 26. 2. – Auf dem Bau LEHMBLÖCKE formen. Abschied nehmen. Ein Mahagonibrettchen. Das Porträt.
19. Mittwoch, 27.2. – Vormittags allein im Haus. Abends Abschiedswein beim Häuptling und die Folgen.
20. Donnerstag, 28.2. – Das zweite rote Taschenmesser, übergeben beim Aufbruch. Rückkehr nach Mbebete.

2. Kapitel

Das Dorf als Kulisse
— BEIM HÄUPTLING. AUFTRITTE. TOTENFESTE —

Das Dorf – zwei Jahre zuvor war es Gastgeber gewesen. Beide Häuptlinge und junge Reisbauern hatten sich um die Weiße bemüht, mit deren Spendengeldern das Straßenwunder zustande gekommen war. Diesmal blieb das Dorf auf Abstand und im Hintergrund. Es feierte seine Feste und nahm die Fremde nur am Rande wahr. Warum? Die Straße ist nicht mehr da. Das große Geld fließt diesmal in den Bau eines großen Hauses. Es betraf nur einen. Weil jedoch die Hoffnung auf weitere Spenden für die Straße wach blieb, gewährte der Häuptling Audienz, der Palast schenkte eine Ziege und Kaulquappen und am letzten Abend noch Wein auf leeren Magen.

Das Kapitel sammelt Einzelheiten wie Mosaiksteinchen; kein Material zu einer Feldstudie – Topographie und Geschichte des Dorfes, die Hierarchie, das Miteinander und Durcheinander von Stammesreligion und Kirchenchristlichkeit, die bunte Mischung aus beidem beim großen Tanzen zum Totengedenkfest – nein. Nichts dergleichen. Die Begebenheiten werden nacheinander so heruntererzählt, wie sie in den Weg liefen.

‚Ein fremdes weißes Huhn im Dorf'

Warum die selbstironische Verfabelung zum Federvieh; zu etwas, das gutartig, fromm und dumm herumscharrt, niemandem gehört und gefüttert wird, damit es goldene Eilein legt? Nun, aus oberwähntem Grunde. Die Weiße, die da zum zweiten Male allein, nämlich ohne eheliche Begleitung, nach Mbe-Mbong heraufgestiegen kam, sie weiß, daß sie gänzlich unqualifiziert wäre, wenn es darum ginge, die Sozial- und Interessenstruktur eines Dorfes im Abseits der Berge von Mbe zu erfassen und zu verstehen. Sie ist einfältig; sie *will* es gar nicht wissen. Es fehlt ihr durchaus an Feldforschungsdrang. Sie nimmt zwar, was man ihr hinwirft, fragt auch gelegentlich nach diesem und jenem; aber im Grunde ist es ihr gleichgültig. Sie ist, wie bekannt, keine Ethnologin und will nichts zur Mehrung akademischer Gelehrsamkeit beitragen. Ach, hätte sie doch gewollt. Wenigstens ein wenig. Es wäre vieles einfacher statt einfältig gewesen und manches weniger peinlich. Aber sie ist ein dummes Huhn. Sie läuft einem fernen Leuchten nach wie das Huhn dem Heuschreck, der davonhüpft.

Besuch beim Häuptling

Gleich am Vormittag des ersten Tages, nach beendetem Frühstück mit erster Irritation und erster Ahnung, erschien der Hausherr im hellblauen Spitzenkittel. Den gibt es also noch über zwei Jahre hinweg. Das Textil hat durch Tragen und Waschen etwas an Glanz eingebüßt; was tut's. Die Symbolik tut ihre Wirkung. Wohin gehen wir? Als erstes zum Häuptling, ihn zu begrüßen. Das ist der Unterschied. Vor zwei Jahren bemühte sich das politische Oberhaupt höchstpersönlich herbei, um den Gast zu begrüßen. Nun kehrt sich die Rangordnung um. Der Gast muß dem ‚Palast' einen Höflichkeitsbesuch abstatten. Gut, gehen wir. Gehen wir durch den Hohlweg hinunter, wo das Dorf umbiegt zum Unterdorf und der ‚Palast' liegt.

Der Häuptling sitzt, umgeben von ein paar Honoratioren, in einer Ecke seines Gehöfts, in einer Art Gartenlaube, hat ein hellblaues Staatsgewand angetan und eine Kappe auf, die mit schwarz-weißen Perlen verziert ist. Die Besucherin hat gut versteckt ein Hörgerät im Ohr, um zu verstehen, was mit leiser Stimme übersetzt wird. Ein paar Höflichkeitsfloskeln und dann, ja, die Straße, die ist leider nicht mehr da. Bedauern. Hoffnung, daß bald etwas geschehen möge zur Wiederherstellung. Hat diese Weiße den alten Mannen noch einmal die Geschichte vom wiedergefundenen Dorf der Kindheit erzählt? Es war die halbe Wahrheit. Warum glaubte man ihr diese *Hälfte* nicht? Es sei *alles* wegen der Freundschaft zu dem Sohn des Dorfes, sagte einer der Alten, bei dieser Gelegenheit oder später. – Es ward die Erlaubnis erteilt, den kleinen Hofstaat zu fotografieren. Das Foto war nie zu sehen. Es ist wie weggehext. Welche Macht hatte der alte Häuptling und Anhänger der Stammesreligion? Wieviel Macht war übergegangen auf den Emporkömmling, der die neue Religion vorzog, sich jedoch die Entwicklung des Dorfes angelegen sein ließ und daher diese Weiße anbrachte?

                                              Durch's ‚Dorf der Kindheit'.
Am Nachmittag ging man händeschüttelnd durchs Dorf. Es war mühsam. Mühsam war es, Gesichter wiederzuerkennen. Vor einem Gehöft tanzte ein Juju, eine Maske im Bastkostüm. Es fand da eine Totengedenkfeier statt und Leute standen herum. Ein großer, schlanker Mann wurde vorgestellt als Polizist. Und es entstand eine Szene. In dem Lärm ringsum verstand die Fremde, ob nun mit Hörgerät oder ohne, sie verstand nicht, was an sie hingeredet wurde. Es ging offenbar um die weggeschwemmte Straße und man fragte nach ihrer Meinung. Was

sie rate, was zu tun sei. Das Stichwort ‚advice' war zu verstehen, ‚What advice?' kam als Gegenfrage, offenbar schon mit erhobener Stimme, irritiert durch Lärm, Taubheit und Nichtbegreifen. ‚*Your* advice!' kam es mit ebenfalls erhobener Stimme zurück, und man blitzte einander an. Es wurden zwei, die bislang stets in gemäßigtem Ton mit einander verkehrt hatten, plötzlich laut und heftig. Da dachte die Frau: Aha. Und man ging weiter händeschüttelnd durch das Dorf.

‚Dorf der Kindheit' – ? Der Sand war zweifellos so sandig wie einst im Sandkasten, in der Sandgrube und in der Erinnerung an ein Stück Kindheit im Urstromtal der Oder. Das Leben war da auch einfach gewesen, ohne Auto, Kühlschrank, Wasserklosett und dergleichen. Elektrizität und fließendes Wasser sei erst in den letzten Jahren ins Dorf und ins Haus gekommen, sagt die Familienfama. Die letzten Jahre, das war der Krieg und dann die Flucht. Und jetzt spaziere ich durch dieses ‚Negerdorf' und fühle mich wie zu Hause...

Als man zurück ins Haus kam, brachten zwei alte Männer Reis und einen Hahn. Vielleicht waren es diese beiden und nicht die Alten im Häuptlingsgehöft, denen die Fremde die Geschichte vom Dorf der Kindheit erzählte und die es so genau besser wußten. Ach, mochten die Leute glauben, was sie wollten. Es änderte nichts an dem nahen Leuchten und an dem falben Sand.

Nächtliches Totenfest

Am gleichen ersten Tage abends ging der Herr des Hauses, während der Gast, an einer Predigt schreibend, bäuchlings auf dem Bette lag, zu der Totenfeier, bei welcher am Nachmittag das Juju getanzt hatte. Nachts gegen halb zehn kommt er kurz zurück und fragt, ob *Na'anya* mitkommen wolle. Wie wäre ein Feldforscher aufgesprungen, wenn er nicht schon längst vor Ort gewesen wäre! Welcher Fremde hätte sich die Gelegenheit entgehen lassen, ein Juju oder mehrere dieser Geheimbundmasken bei Nacht tanzen zu sehen! Hier mußte es vor Exotik und Tradition nur so knistern und Funken sprühen. Der Gast hätte gewiß auch gern zugesehen im Flackerlicht der Buschlaternen, dicht neben dem Gastgeber. Aber hier mußte am nächsten Morgen eine Predigt auf dem Papier stehen. Und es ist wieder so mühsam. Hier sitze ich mit zähem Hühnerfleischgefaser zwischen den Zähnen und muß, kurzfristig davon in Kenntnis gesetzt, einen öffentlichen Auftritt vorbereiten. Der erste Tag endete mit einem Sieg des Willens über das Schlafbedürfnis.

Kreuz und Juju

Der erste Sonntag. Nach häuslicher Idylle am Morgen (die ‚Prinzessin' in schwarzem Plüsch, der Hausherr nackt im Lendentuch) zog man durchs Oberdorf zum Kirchenhügel, und das kurze Sonntagmorgenwohlgefühl war als Flüstern in den Falten des weiten dunkelbraunen Gewandes.

Das aufgeschlagene Wort Gottes. Als man in das Lehmkirchlein einzog, waren nur wenige Leute da. Sie sangen andere herbei; aber die meisten waren wohl müde vom nächtlichen Tanzen. Der Gastgeber übernahm die Liturgie. Auf dem Tisch lag eine große alte Bibel, zweiter Teil. Die ersten Seiten fehlten. Es fing an bei Matthäus 5, mit der Überschrift ‚About Adultery'. Was für ein Zufall und göttlicher Fingerzeig. Beide mußten es sehen. Rief es bei der Frau ein verinnerlichtes Lächeln hervor? Konnten die Leute sich etwas dergleichen vorstellen? War die Fama von Ntumwi bis ins Abseits der Berge von Mbe geflogen? Wie absichtlich lag es da? Wer hatte das für wen zur Warnung hingelegt? Dergleichen Gedanken kamen erst nachmittags, im nachhinein. Es kommt vor, daß bei alten Folianten die ersten Seiten fehlen...

Das Singen, nebeneinander, war nicht erhebend. Die Einsätze kamen zu hart, fast keuchend. Es gab noch Erinnerungen an Zeiten, wo Stimme mit Stimme sich weniger theatralisch verband. – Die Predigt lief vom Stapel und war in einer halben Stunde samt Übersetzung erledigt. Eine Themapredigt über große Erwartungen und Enttäuschungen und wie man damit umgeht. Da die Predigerin anschließend nicht wußte, wie weiter und sich verständnislos lächelnd zu dem Sitzenden hinabbeugte, streckte jener, das Lächeln erwidernd, beruhigend und berührend den Arm aus – es sei alles in Ordnung. Als der Liturge sich kurz darauf erhob und eine Rede in der Stammessprache hielt, setzte sich der Gast, zog ein Büchlein hervor und fing an zu schreiben. '11.40. Die Predigt ist überstanden. Jetzt redet er. Eine eckige, sonore Sprache mit vielen stimmhaften Sibilanten und Kehlverschlußlauten.'

Prozession zum Gräberabhang. Hier wird es nun schwierig mit dem säuberlichen Unterscheiden zwischen der alten und der neuen Religion. Der reguläre Gottesdienst mit der Predigt war zweifelsohne christlich zu nennen. Aber was war das, was dann folgte? Danach nämlich zogen die Leute, die eben noch als Gemeinde auf den Bänken saßen, hinab zu dem Abhang, wo zwischen großen Steinen die Toten beerdigt lagen. Auch der frühverstorbene Vater des Gastgebers. Der Sohn hielt eine weitere Rede im Urlaut. Unterwegs war der Fremden erklärt worden, was hier vor sich ging: bei der Totengedenkfeier nach Jahr und Tag tanzt nicht nur ein Juju, eine Geheimbundmaske, es wird auch das Kreuz ‚gepflanzt'. Was der Mann von Mbe-Mbong redete, blieb im Unverständlichen seiner Muttersprache, und die Fremde fragte nicht danach. War es eine Zusatzpredigt der Hoffnung über den Tod hinaus?

Dann ging es wieder hinauf ins Dorf. Die Leute rissen unterwegs grüne Zweige ab und begannen zu tanzen im Rhythmus zweier Trommeln. Der Liturge zog tanzend voran; die Gastpredigerin schritt gemessen hinterdrein. Staub wirbelte auf. Der Pfarrherr als Vortänzer. *Funny.* Anderswo vielleicht; aber nicht hier. Als die Tanzenden vor einem Gehöft angelangt waren und weitertanzten, trat die weiße Frau beiseite und sah zu. Sah in die bunte, staubige Menge, die sich erhitzte. Beim Tanzen zu Ehren der Toten holen die Leute sich den Tod. Aus dem Staub wirbeln sie die Krankheitserreger auf. Das Zusehen macht sich so seine Gedanken. Jeder Blick hinüber zu dem Vortänzer – es war nicht schön. Der Schweiß rann von der Stirn; rann in das weiße, langärmelige Oberhemd und verfärbte sich häßlich in den Achselhöhlen. Unter den jüngeren und älteren Männern, die da tanzten, gab es markantere Profile, edlere Züge. Und wieder der Versuch, sich am Schopfe der Selbstironie aus dem romantischen Seerosenteich zu ziehen.

Noch einmal: Der Stoff, aus dem Ethnologinnen ihre Doktortitel basteln, lag in Reichweite, im Sand des Dorfes sozusagen. War diese Weiße zu faul, zu dumm, oder zu hochnäsig, um sich danach zu bücken? Sie war, und es war sehr einfach, zu sehr mit sich selbst beschäftigt und mit dem nahen Leuchten, das noch an selbigem Abend mächtig zu blaken begann.

Was tut das Dorf für die Straße? Die weggeschwemmte Straße war doch wohl eine dörfliche Angelegenheit von höchstem öffentlichen Interesse. Im Tagebuch der Wohltäterin von Mbe-Mbong III finden sich nur wenige und winzige Spuren zum Thema. War die Sache für sie erledigt? Nein; aber nun hatte sich das Entwicklungskomitee um Verhandlungen mit der Baufirma zu bemühen. Das geschah auch; nur reichlich spät. Am dritten Tag nämlich, als der Herr des Hauses wieder zurückging nach Bandiri, versammelten sich vor dem Hause palavernd alte Männer. Was wollen die? Es wird sogleich klar, als der Reisebereite sich an den Tisch setzt und einen Brief an die Straßenbaugesellschaft schreibt, den die einfältige Weiße längst geschrieben glaubte. Sie sollte doch wissen, daß hierzulande alles auf die letzte Minute verschoben wird. Nun aber, was tut's. Die Straße interessiert im Grunde nicht mehr. Möge das Dorf so abgelegen und unzugänglich bleiben, wie es war beim ersten Besuch. Es erhöht den Reiz des fernen Leuchtens. Der ‚Palazzo' ist ein übersichtlicheres Projekt.

Die dörfliche Fama.
Sie schlug nur einmal und leicht mit den Fittichen und aus gänzlich anderem Grunde. Es ließ sich erschließen aus einem Mißverständnis bei der Rückkehr des Hausherrn nach einer Woche Abwesenheit. Als er sich formell erkundigte, wie es gegangen sei, begegnete ihm ein Zögern. Welche Dinge dürfen sofort herausbenannt werden? Na'anya verweist auf den Vetter und den Neffen: die mögen erzählen. Nämlich von den Verzögerungen am Bau. Er mißversteht, meint, es gehe um die arbeitseifrigen Heldentaten der weißen Frau und hakt lebhaft ein: O ja, er habe schon in Ubum gehört, daß die Weiße im Reisfeld arbeite und auf dem Bau Lehm anmache. So also entsteht Fama. Das mit dem Reisfeld war richtig. Aber aus der bloßen Frage: ‚Can I not learn how to mix mud?' hat die Fama eine Tatsache gemacht, die keine ist. Und auf Drachenflügeln war sie bis Ubum gerauscht und hatte etwas zu erzählen auf die neugierige Frage: Was treibt die Weiße in Mbe-Mbong? Was?! Will sie etwa – ?

Ein desolates Schrumpfereignis

Am Morgen des zweiten Sonntags begann auf dem freien Platz vor dem Haus das Bauen am Gesundheitsposten. Da wurde kein Feiertag geheiligt. Wie denn auch, wenn das halbe Dorf noch ‚heidnisch' ist. Jaja, in Anführungszeichen, wenngleich der Ausdruck wenn irgend so hier ins Schwarze trifft. Ins ländliche Abseits, wo Traditionen nicht so schnell aufgegeben werden wie in der Wurzellosigkeit der Städte. – Im Hause selbst fand Hausputz-Idylle statt, und das nach dem zweiten Nachtpalaver, durch welches Mireilles glückloser Schatten (ihr lebendiges Selbst inzwischen auf glücklicheren heimischen Pfaden wandelnd) herbeibeschworen ward. Das Bett kam in die Nebenkammer, und beim Frühstück saß Nixengrün neben nativer Nacktheit. Man hätte längst unterwegs sein sollen zum Lehmkirchlein; aber wer hält hier schon etwas von Pünktlichkeit? Hier herrscht *African time*. Man geht, wenn man so weit ist. Und dann zieht die weiße Frau in großer Robe, langem schwarzen

Rock und grüner Bluse, neben einem eben noch halbnackten, nunmehr brav europäisch, Jackett und Schlips, gekleideten Mann durch das Dorf zum Kirchenhügel.

Keine zehn Seelen waren versammelt, als man ankam und sich hinten in der letzten Reihe niederließ. Am Ende waren es immerhin sechzehn Frauen und vier Männer. Man sang aus dem Church Hymnary. *Na'anya* fand ihre Stimme nicht. Zu hoch, zu schwach. Der Bariton neben ihr klang auch nicht erhebend. Er hielt das Gesangbuch hin, zu hoch. Sie nahm's ihm aus der Hand. Außerdem mußte sie. Der Hilfspastor erzählte hilflos den Text nach, Vetter Allan übersetzte. Ein Zeitzubringen von überwältigender Langweiligkeit. Was Wunder, wenn die Leute wegbleiben. Am Ende erst kommt die Predigt aufs Wesentliche: wo sind die Christen? Warum ist die Kirche so leer? Amen. Es folgte noch die Gardinenpredigt eines Gemeindeältesten. Das einzig Interessante an der ganzen Veranstaltung war der Aufzug der weißen Frau in ihrer großen Garderobe neben dem schwarzen Anzug des schwarzen Mannes. Das einzig Dringende war, das Haus und die Wellblechlatrine zu erreichen.

           Warum alles so desolat ist. Zurück im Haus, würde die Fremde nun doch gern erkunden, was kaputt ist mit der Gemeinde. Kaum hat sie das Hörgerät im Ohr, fängt das Geklätter der Pötte an. Philippus wäscht das Geschirr hinter dem Haus. Im Wohnzimmer sitzen der Hilfspastor, ein Ältester, eine Älteste, und der Onkel Ngab. Die warten wohl alle auf ein Mittagessen? Der Herr des Hauses scheint wenig Lust zu haben, Auskünfte zu geben über die Pathologie der Gemeinde. Er sucht nach Dosen mit Tomatenmark. Die sind alle weg. Eine languide Stimmung breitet sich aus. Dann erzählt Frau Mae, die Älteste, ein wenig und es hört sich so an: Alles ist gut gegangen und die Gemeinde wuchs, so lange es einen Charismatiker gab, der sich vor allem der Jugend annahm. Als er wegging, da ging es mit dem Nachfolger schief, denn der wurde Polygamist. Nun sitzt der Charismatiker hauptamtlich und die meiste Zeit in Bandiri. Was kann er von dort aus tun? Er kommt und baut ein Haus im Abseits. Er sitzt vertieft in die Straßenbaustudie, läßt die Mae reden und den Philippus kochen. Sehr spät und wie vorausorakelt von der Frau Erna in Mbebete, nämlich um 3 p.m., gibt es ein Mittagessen. Huhn mit Reis. Wenigstens der Reis ist eßbar. Über das Huhn machen sich der Pastor und der Älteste her. Der Hausherr hält sich zurück. Das desolate Palaver über eine desolate Gemeinde geht bis zum Abend.

Das große Toten- und Tanzfest

Feste fallen in die Trockenzeit. Wenn es draußen in Strömen regnet, wo sollten die Leute tanzen? Lieber Staub als Schlamm. Und so fanden während der drei Wochen zwei dörfliche Totengedenkfeste statt, ein kleines und ein großes. In das große wurde der Gast einbezogen; es galt, zweier guter Christenmenschen zu gedenken, einst Säulen der Gemeinde, nun geehrt mit Festschmaus, Tänzen und Reden.

Vorbereitungen. Am Abend des dreizehnten Tages verläßt der Hausherr das Haus samt Gästen: er habe im Dorf noch einiges zu bereden und werde spät zurückkommen. Irgendwann gingen die letzten Besucher. Kurz vor elf hört es sich an, als würde vor dem Haus ein Tier geschlachtet. Vorbereitung für das Totengedenkfreßfest? – Um elf ist der Hausherr zurück. Fand in dieser Nacht der Disput über die Wand zur Nebenkammer hinweg statt, die Verträglichkeit von Totenfesten mit Kirchlichkeit betreffend? *Na'anya* hatte zu viel Bier getrunken. Es machte sie diskutierfreudig. Wollte sie den ehemaligen Studenten dogmatisch belehren? Zwei Traditionen kamen sich ein einziges Mal theoretisch in die Quere. – Am nächsten Morgen, Freitag, ging man nach Bausi. Am Abend, als Mistress und Master zu Tische saßen, ward in Andeutungen mitgeteilt, was im Dorfe vor sich ging: das große Totengedenkfest hatte begonnen. Dem Gast sollte die Ehre zuteil werden, am Sonntag eine diesbezügliche Rede zu halten – und wo, bitte? Im Häuptlingsgehöft.

Die Nacht des Tam-Tam am Kraterrand. Sie gehört eigentlich zum Thema Einsamkeit. Sie wird hier eingebaut des Hintergrundes wegen, der die Einsamkeit eindrücklich hervorhob. – Am späten Sonnabendnachmittag erst – der Hausherr ist fast pausenlos im Dorf; er habe da Verpflichtungen – macht sich der Gast seufzend daran, eine Rede zu schreiben. Am Abend Rückzug in die Kemenate vor den palavernden Besuchern; Schreiben bis spät in die Nacht, während der Hausherr wieder ausgeht. Es muß viel los sein im Dorf. Die Fremde ist dabei offenbar nicht willkommen. Man will unter sich sein und schiebt ihr eine öffentliche Rolle zu für den nächsten Tag. – Sie sitzt also allein im Haus und schreibt, und das Hörgerät, aus unerfindlichen Gründen im Ohr, holt das ferne Tam-Tam heran. Es ging auf Mitternacht zu. Einen Schritt vor das Haus. Weder Mondsichel noch Abendstern waren zu sehen. Aber der übrige Sternenhimmel mit dem Orion fast im Zenit sah so traurig schön gesprenkelt herab, daß es hinüber zog hinter das neue Lehmblockhaus, an den dunklen Kraterrand. – Das Trommeln kam vom ‚Palast' durch den Hohlweg herauf durch die Bananenstauden. Vier schnelle Takte, der dritte leicht betont, unendlich wiederholt, ta-ta tám-ta, die übliche Monotonie. Wo bin ich? Auf welchem fremden Planeten? Viel näher bei den Sternen als unter Menschen. Kühl bis ans Herz hinan. Nicht Glück, nicht Gram. Tanzen – nein. Der Traum ist ausgeträumt. Die Einsamkeit am Kraterrand, der Sternenhimmel und das ferne Getrommel, bei dem man die Weiße nicht haben wollte, sind noch dünn erinnerlich. Hingegen ist, was offenbar mühsam zu einer Ansprache zusammengeschrieben und wohl kaum frei vorgetragen wurde, weg und findet sich auch im Tagebuch nirgends erwähnt. Aus der Sternennacht aber und dem fernen Getrommel wurde später das nächtliche Tanzfest zu Ehren des Gastes ‚Unter dem Mangomond' zusammenphantasiert und ausgemalt in barocken Formen.

Auftritt im Häuptlingsgehöft

Über den Ereignissen des dritten Sonntags liegt dicker Dunst, sowohl im Tagebuch wie in der Erinnerung, und das nicht von ungefähr. Die Fremde, von zwanzig Minuten abgesehen, ging unter in der Menge; sie blieb am Rand und zog sich zurück – ins Haus erst, am Abend dann in ein Gespräch, das alles übrige abdunkelte, und als es Nacht war, in eifersüchtige Tagebuchmonologe. Was soll da von einem großen Dorfereignis übrigbleiben? Am Morgen sind vermerkt ein flaues Gefühl im Magen (nach dem verdächtigen Wasser von Bausi) und eine kuriose Frage nach der Farbe des Klopapiers, die offenbar keine Folgen im Sinn von Enteignung zeitigte. Wie aber ging es dann weiter?

Es ging erst zur Kirche und dann zum Häuptlingsgehöft; so kriegte man alles auf die Reihe. Von wegen ‚Synkretismus'. Zwei der Toten, derer man gedachte, waren gute Christen gewesen. Aber in erster Linie Stammesgenossen. – Die Kirche war voll. Viele sind von auswärts gekommen, von Ubum, von Bausi, und von noch weiter weg. Sie sind herbeigepilgert zu Ehren der Toten. Die Toten bringen die Lebenden zusammen. Die Nachkommen nicht nur, sondern das ganze Dorf. Hier ist noch nicht Spätzeit mit Wanderpredigern ohne bleibende Statt. Wer predigte in der Kirche? Ist unwichtig und weg. Auch das Tagebuch gibt nichts her. Die *rite* berufene Weiße hielt ihre Rede nicht im christlich durch ein Kreuz markierten Gotteshaus, sondern im Häuptlingsgehöft unter den Auspizien der heidnischen Hierarchie. Auf diese Weise hatte man alles unter einem Hut, aufs beste verschränkt, zwei rechts, zwei links. Was die vielen Leute zusammenbringt, für zwei Tage wenigstens, ist der Wurzelgrund der Stammeszugehörigkeit.

Die Rede im Häuptlingsgehöft – war es nicht die idealtypische Gelegenheit für eine ‚Heidenpredigt'? Und was hätte eine solche zu sagen gehabt? ‚Die falschen Götzen macht zu Spott'? Schafft die Jujus ab; laßt die Toten tot sein und erwartet nichts von ihnen? Etwas so Altmodisches und nahezu Peinliches wie eine Missionarin ist diese *fraternal* leider nie gewesen. Wahrscheinlich hat sie lauter dogmatische Richtigkeiten gesagt; wozu hatte sie *Dogmatic Notes* verfaßt bis hin zur Eschatologie. Die Toten ‚aufgehoben' bei Gott dem Schöpfer; der Auferstandene Grund der Hoffnung für – ja, wofür? Für das Unvorstellbare personhafter Neuerschaffung *in* Gott? Sein und Zeit sind abgehandelt; dem Abgrund der Präposition ‚in' ist noch kein Denker auf den Grund gekommen.

Der Auftritt im Häuptlingsgehöft ist nur noch in zerfaserten Umrissen erinnerlich. Und er muß doch bühnenreif gewesen sein. Die weiße Frau, umgeben von einer bunten Menge, muß da aufrecht in dunkelbraunem Faltenreichtum gestanden und ihre Ansprache gehalten haben, in praller Mittagsglut ohne Hut auf dem Kopf, Staub im Haar von dem langen Marsch durch das Dorf; laut und streng und zwanzig Minuten lang muß sie gesprochen haben, und der Mann an ihrer Seite übersetzte. Geredet mußte werden. Also redete sie. Redete hoffentlich doch wohl nicht gänzlich Gleichgültiges.

Eine Ziege und Kaulquappen

Sie gehören hierher. Aber hier klafft eine Lücke im Gedächtnis. Das Tagebuch vermerkt am Montag nur knapp: ‚Eine Ziege habe ich geschenkt bekommen; gestern Kaulquappen.' Die Ziege verblieb dem Gastgeber. Der zwei Handteller große Ring mit den schwarzgeräucherten Schrumpelmonstern jedoch, dreizehn Jahre lang Zier oder Unzier an der Tapete über dem Schreibtisch in der Grauen Villa zu Berlin – wurde er bei dieser Gelegenheit im Häuptlingsgehöft übergeben? Ein überaus exotisches Angebinde, das nie in einer Suppe landete, wohl aber in mancher kleinen Angeberei. Wie war es da oben? Oh! Ich habe aus einem Fluß getrunken, Reis geworfelt, Lehmziegel geformt, vor Häuptlingen Reden gehalten und geräucherte Kaulquappen geschenkt bekommen...

Mit einem weißen Spitzentaschentuch. Anschließend an die Rede wurde wieder getanzt, in Prozession, in Staub und Hitze; wie am ersten Sonntag, so am letzten. Eine Stunde lang, in schwarzem Anzug mit Krawatte, tanzte einer, von dem alle wissen, daß nun ihm allein statt dem ganzen Dorf die Geldmittel zufließen. Er tanzt inmitten der Menge mit kleinen, ruckartigen Bewegungen, den rechten Arm leicht erhoben, und schwitzt. Schwitzt und es ist peinlich, dazustehen und zusehen zu müssen. Das weiße Spitzentaschentuch in erhobener Hand hilft auch nichts. Es ist da nichts, gar nichts, auch von ferne nichts an Glanz und Anmut. Nichts von dem Traum ‚Nachts in der Bar' und *noch einmal vorm Vergängnis blühn*. Es war heller, heißer Mittag, und der feine falbe Sand stäubte auf. Sogar dem Tagebuch scheint es die Sprache verschlagen zu haben. ‚Ich begriff nicht, warum – ' Das Nichtbegreifen bricht mitten im Satz ab.

Gegen 3 Uhr ist man zurück im Haus; *Na'anya* zieht das Fledermausgewand aus, wäscht sich den Staub ab, zieht zu dunkelblauen Hosen ein blütenweißes Hemd an und legt sich auf das Bett, während nebenan eine Kopie der bisherigen Ausgaben für das Haus im Bau angefertigt wird. Die Geldgeberin wünscht Rechenschaft. Danach taucht kurz und Verwirrung stiftend das rote Strickhütchen auf, und als der Sternenhimmel sich wölbte und während zwei um ein Gespräch saßen, fand im Unterdorf der dritte Teil der Festlichkeit statt.

Der nächtliche Disco-Tanz der Jugend: die städtisch-säkulare Moderne als dritte Macht im Dorf. Wie war das möglich? In beiläufigen Gesprächsfetzen war es mitgeteilt worden. Die zum Totengedenkfest über das Wochenende von höheren Schulen und auswärtigen Arbeitsplätzen heimgekehrte Jugend hatte einen ausgeliehenen Generator hochgeschleppt, um im Unterdorf einen Plattenspieler mit Tanzmusik laufen zu lassen und für Beleuchtung zu sorgen. Denn es schienen nur Sterne, der Mond war noch jung und dünn. Das Jungvolk wollte tanzen; aber anders als die Alten. Es wollte auch nicht zu Ehren der Toten tanzen. Die Jugend wollte nichts als ihre Jugend genießen. – Auf die verwunderte Frage, warum er nicht zu diesem Tanzfest der Jugend gehe, gab der Mann von Mbe-Mbong zur Antwort: zu Tanzveranstaltungen dieser Art gehe er nie. Wohl aber liebt über alles solche Veranstaltungen die Braut von Bandiri. Man war beim Thema des Abends, und der Tag mit allen Ereignissen, samt Rede im Häuptlingsgehöft und Kaulquappen, versank in wesenlosem Dunst...

Abschiedsaudienz beim Häuptling

Es sagte am Abend vor dem Abschied der Gastgeber: ‚Na'anya, can we go to the palace?' Ach ja, der Häuptling. Der Gastgeber weiß, was sich gehört. Er wünscht nicht nur, seinen Gast offiziell abzumelden. Es geht auch um die Straße: um weitere Spenden zu ihrer Wiederherstellung. Gut. Gehen wir zum ‚Palast'. Keine sieben Minuten. Es ist noch hell.

Der ‚Thronsaal' ist ein düsterer Raum aus Lehmziegeln, fast ein Stall. An den Wänden Lehmbänke, in einer Ecke eine Erhöhung mit dem ‚Thron'. Die weiße Frau und ihr Begleiter treten ein. An den Wänden entlang sitzen abgezählt zwölf ‚Edle' in Staatsgewändern und stummer Würde. Es ist eine Ehre. Wem passiert es schon, daß seinetwegen sich ein Thronrat versammelt? Wer von meinen Ahnen sieht mich hier sitzen? Sie würden das Haupt schütteln – was macht unsere Nachfahrin unter *Negern*? Was hat sie da verloren und zu suchen? Ja, ihr meine Ahnen. Ihr unbekannten Bäcker, Böttcher, Schneidermeister und Kunstgärtner auf der einen Seite, auf der anderen ein legendärer Kommandant von Brieg und eine nur namensgleiche, von Pesne gemalte Tänzerin am Hofe des Alten Fritzen...

Der Thron ist leer. Die Weiße und ihr Begleiter – er ist ja eigentlich die Hauptperson, auch wenn er hier nur wie ein *prince consort* auftritt – haben Ehrenplätze angewiesen bekommen. Der Häuptling erscheint nach geziemender Weile. Von seinem Thron herab bietet er als erstes roten Wein an. Beiden wird ein Glas voll eingeschenkt und sie trinken. *Na'anya* trinkt auf leeren Magen. Das Mittagessen war dünn und ist durch. Sie merkt, daß der Alkohol schnell zu wirken beginnt und weiß, daß sie eine freie Rede halten muß. Sie hält die Rede, des vermutlichen Inhalts, daß sie auch weiterhin für die Straße sorgen wolle. Etwas anderes will man nicht hören, und die Ehre erfordert es, Erwartungen nicht zu enttäuschen. Da saß also die weiße Frau unter den schwarzen Männern und wußte nicht, wie komisch oder wie bedeutend sie sich vorkommen sollte. Ein zweites Glas Wein wurde angeboten und konnte nicht abgelehnt werden. Und so kam es, daß der Aufwand an Willenskraft auf dem Rückweg so ungewöhnlich groß war.

Was für ein Rückweg! Sieben Minuten aufrecht ankämpfend gegen die Unordnung eines Alkoholrausches. Alles übrige gehört in ein anderes Kapitel. Ins letzte, zusammen mit *Poetry* und Zweisamkeit.

3. Kapitel

Initiation in Sippensozialismus
— DOSENMILCH UND NACHTPALAVER —

Hier begann und sammelte sich das Blaken des nahen Leuchtens. Zweimal sogar rußte es in der Kammer, und einmal so kräftig, daß Mireilles Schatten durchs Gebälk huschte, traurig und wissend herablächelnd. Der Eheliebste aber hätte mit Genugtuung hinzugefügt: Siehste!

Ja. Dumpf und bockig ist es in Erinnerung geblieben, das Auseinanderklaffen und lautlose Zusammenklirren zweier Kulturen. Lautlos; denn die Formen der Höflichkeit blieben gewahrt auf Seiten einer Weißen, deren Individualismus rücksichtslos eingeweiht wurde in afrikanischen Sippensozialismus. Zwischen dem Dorf, das mit allen seinen Vierteln und Festen Kulisse blieb, und dem Hausherrn, der das singuläre Leuchten mit zu verantworten hatte, gab es etwas, das sich diesmal völlig unerwartet dazwischendrängte: die Großfamilie. Sie stellte Ansprüche. Gab es das bei uns nicht auch einmal, in schlechten Zeiten? Die Großfamilie hielt zusammen, selbst um mehrere Ecken herum. Die Eltern nahmen Tochter und Enkelkind auf, als der Schwiegersohn arbeitslos wurde. Ein Onkel sorgte dafür, daß die kriegsverwaiste Nichte in den Westen kam und in die Oberschule gehen konnte. Sogar eine Großtante kümmerte sich um eine Großnichte. Solche Selbstverständlichkeiten zerfielen mit fortschreitendem Wohlstand, der Individualismus und Egoismus fördert. Alle diese Überlegungen brütet das Nachtgefieder des Minervavogels hervor. – Die Sache mit der Dosenmilch war das eine. Es ging an eigens zum eigenen leiblichen Wohle mitgebrachte Vorräte. Dem Gast wurde Nahrung entzogen. Das zweimalige Nachtpalaver, als grobe Rücksichtslosigkeit empfunden, entzog einer Schlafbedürftigen den Schlaf. Das alles samt den Tagebuchmonologen ergibt das dritte Kapitel.

Erste Irritation und Ahnung

Sonnabend, erster Tag nach der abendlichen Ankunft. – Ein wohliges Gähnen. Der Schlaf war gut, aber leicht; leicht, aber gut. Der Herr des Hauses schlief nebenan. Er wünscht einen guten Morgen, als *Na'anya* im schwarzen Morgenmantel aus der Kemenate tritt und sich zur ‚Toilette' begibt. Als sie von dorten zurückkommt, ist er dabei, die beiden größeren Taschen des Gastes nach Lebensmitteln zu durchsuchen. Die Taschen sind offenbar schon sehr früh am Morgen von Ubum herübergebracht worden. Was sich findet, wird in das Schränkchen im Wohnzimmer gestellt. Vetter Allan hilft dabei. Na'anya sieht dem Ausräumen schweigend zu. Auf Nachfrage gibt sie auch noch das Wenige an Extras aus der weißen Tasche heraus, eine Dose Haferflocken und Pulvermilch. Alles gibt sie her, unbefangen und arglos. Sie weiß noch nicht, daß dies der Anfang einer *Initiation* ist. Der Anfang sitzt schon da in Gestalt des Onkels Ngab. Ein unsympathischer Mensch.

Das Transistor-Radio quäkt. Eine weitere Variante von Einweihung in Ungewohntes schiebt sich dazwischen: ‚Where is that your Swiss knife?' – in einem Tonfall, als sei hier eine kleine Schwester oder eine Ehefrau angeredet. Anflug von *Irritation*. ‚Das hätte man höflicher formulieren können', notiert der Gast, der allerdings und eben auch eine Frau ist, ins Tagebuch. ‚Familiarity breeds contempt.' So ist das also. Das ferne Leuchten ist zu nahe. Die Erfüllung des Traums zu wirklich. Die erste Nacht unter dem offenen Gebälk, auf dem breiten, bequemen Bett, war zu wunderbar, um allein und einzig wahr zu sein.

Beim Frühstück die erste Ahnung. Der Onkel muß eine Tasse Tee mit Dosenmilch und viel Zucker haben. Als die Mutter des Hausherrn kommt, teilt die weiße Frau, die der Sohn heraufgebracht hat, freigebig mit. Der Mutter – gerne. Aber dieser fiese Onkel, der dem Neffen nicht, wie es seine Pflicht gewesen wäre, die Sekundarschule ermöglicht hat – dem, nein. Die Lebensmittel, mitgebracht, um die eigene Gesundheit zu erhalten: ohne weiteres wäre ein Teilen mit dem Herrn des Hauses denkbar. Auch noch mit der Mutter. Aber nicht mit der übrigen Verwandtschaft. Indes, es dämmert. Eine Ahnung von *extended personality*. Der Hausherr ist kein Individuum im europäischen Sinne. Ein erstes Unbehagen schleicht herbei. Grau. Mager. Krummbeinig. Ein bucklicht Männlein.

Die Ereignisse des Tages, die Baustelle, das Schreiben einer Predigt, ließen die morgendliche Ungemütlichkeit vergessen. Der Sonntagmorgen brachte häusliche Idylle mit Prinzessin. Dann kam das Amten im Lehmkirchlein und das Zuschauen beim Tanzen zum Totengedenken. In der Dämmerung stand man am Kraterrand. Der Rest des ersten Sonntags jedoch bringt die Fortsetzung in Sachen Dosenmilch nicht nur, sondern eine weitere, als höchst rücksichtslos empfundene Variante von Initiation. Afrikanische Geselligkeit sitzt und palavert schlafstörend bis in die späte Nacht.

Dosenmilch-Monolog und Nachtpalaver

Sonntagnacht. Es ist halb zehn im Tagebuch, und die kleine Welt ist nicht mehr in Ordnung. Es kamen gegen 8 Uhr durch die Dunkelheit die ersten Besucher. Es kam einer nach dem anderen und es wurden immer mehr. Der Mosi und seine Frau brachten immerhin einen Hahn und Reis. Die anderen sind einfach da. Auch die Schwester Lilian. Das Wohnzimmer ist voll. Der Hausherr im Schlafanzug erscheint nicht ganz auf westlich gebildetem Niveau. Er bewirtet seine Gäste. Er bewirtet sie mit Tee und Dosenmilch und Zucker, die allesamt aus *Na'anyas* Vorräten stammen. Sie reden alle ihren Dialekt. Die Weiße sitzt dazwischen. Es wird ihr kein Wort übersetzt. Worum geht es? Wieder schleicht auf krummen Beinen Irritation herbei. Auf was für eine Rolle werde ich hier reduziert? Wo bleibt die Höflichkeit? Soll ich mich zurückziehen?

Zuflucht Tagebuch. ‚Ich weiße Blödfrau'. Auf dem Nachttisch neben dem Bett brennen drei Kerzen und geben genügend Licht zum Schreiben. Schreiben ist die einzige Möglichkeit. Das Reisetagebüchlein schwillt sprunghaft an in dieser Nacht. ‚Nun ist es mir doch zu blöd geworden und ich habe mich zurückgezogen. Was ich hier erlebe, ist *African socialism*. Es gibt kein Mein und Dein. Alles gehört allen. Und warum habe ich das nicht vorher bedacht, ich Schafskopf? Ich hätte nicht alle meine Vorräte offenlegen sollen. Aber in der ersten Ankunfts- und Daseinsfreude habe ich alles ausräumen lassen. Die Leute stürzen sich wie die Kinder auf die seltenen Nahrungsmittel. Soeben habe ich auch noch die letzte, wahrhaftig zurückbehaltene Dosenmilch herausgegeben. Er fragte danach, und ich konnte nicht lügen. Er solle mehr kaufen, und gab ihm 40'000, ich weiße Blödfrau: in Gegenwart der Lilian gab ich ihm das Geld, und er gab ihr sofort einen Teil davon. Natürlich bin ich großzügig. So großzügig, wie ich es vermutlich nie mehr sein werde in diesem Leben. Man denkt wohl, seine Hand sei in meinem Geldbeutel. Das ist neu und ungewohnt. Da hocken sie ihm nun auch noch nachts die Bude voll.'

Palaver bis Mitternacht. Eine Stunde später waren die meisten gegangen. Aber nicht alle. Um zu erkunden, wer sich da erkühnte, immer noch weiter zu quatschen, ging der ruhebedürftige Gast im schwarzen Morgenmantel aufs nächtliche Buschklo und sagte beim Wiederverschwinden im Schlafzimmer ‚Good night.' ‚Rest from your dancing.' Das sagte sie nicht. Das schrieb sie ins Tagebuch. Was sie tatsächlich in leicht pikiertem Tonfall sagte, war um eine Nuance nüchterner. ‚I thought you must be tired from the day's activities.' *You* – du. Warum duldest du, daß man dich nicht schlafen läßt. Und mich auch nicht. Es saßen da noch der kleine Keli und ein Dritter.

Das ‚Glück ohne Zwischendecke' hatte sich von einem Abend zum übernächsten in eine Ärgerlichkeit ohne Zwischendecke verwandelt. Es war nicht möglich, zu schlafen, so lange nebenan geredet wurde. Die Kerzen brannten. Das Tagebuch füllte sich weiter Seite um Seite. Es kommt zu Selbstkritik. ‚Muß ich die Dosen zählen? Die wenig haben, regen sich über den Verlust des wenigen weniger auf als der europäisch-kleinliche Krämergeist, der in mir sitzt.' Trotzdem, ‚in zwei Tagen sind alle drei Dosen Milch weg. Ich bin doch nicht für diese Leute hier einkaufen gegangen in der Hitze, in Mende. So sind also die Flittertage schon vorbei; die Euphorie, der erfüllte Traum. Es ist fast 23 Uhr. Bei jedem Scharren der Füße meine ich, sie müßten endlich gehen. Ich mache das Hörgerät abwechselnd aus und an, weil ich hören möchte, ob er noch etwas zu sagen hat. Aber er sagt kaum etwas. Es ist eine andere Stimme, die unentwegt redet. Da will der Mann morgen ‚very early' aufbrechen und läßt sich so um den Schlaf der Nacht bringen. Und vor allem: auf mich, den Gast, wird keine Rücksicht genommen. Von den beiden Kerzen brennt nur noch eine. Wäre das innere Leuchten nicht, daß mich durchwärmt, ich könnte anfangen, mich zu ärgern. Aber so wie die Dinge stehn und liegen, bin ich geneigt, auch der Unverschämtheit noch tiefere Bedeutung zuzumessen. Es ist eine halbe Stunde vor Mitternacht. Sie sind immer noch da und ich schreibe immer noch.' – Wenn da ein Anflug von Verärgerung war, so hatte er wenigstens zu neuen Einsichten verholfen. Das Tagebuch bezeugt es.

Es dämmerte nach kurzer Nacht der dritte Tag. Während der Hausherr wieder halbnackt im Lendentuch herumfuhrwerkt, sitzt *Na'anya* im Morgenmantel, das Kinn in matronale Falten gelegt, und schreibt, wartend auf ein Frühstück. Eine längere Bemerkung über die Kürze der Nacht scheint unangebracht. Hier ist weder für vorwurfsvolles Pathos noch für feinere Andeutungen Verständnis zu erwarten. Hier ist ein Kulturunterschied zu ertragen. Der Herr des Hauses geht für eine Woche zurück nach Bandiri. Er bricht auf ohne Frühstück. Fühlt sich immerhin bemüßigt, *Na'anya* zum Abschied die Hand zu geben. ‚Till I come back on Saturday.' Geh hin in Frieden. Ich komme hier auch alleine zurecht.

Meine Dosenmilch. *Stingy* – ?

Eine ganze Woche hatte die Fremde, der Gast, die Weiße Zeit, alleine mit der zudringlichen Verwandtschaft des abwesenden Hausherrn zurechtzukommen. Sie vermochte kein Interesse abzugewinnen. Die Mutter, gut. Eine Mutter ist eine Mutter. Die Schwester? Ginge auch noch. Aber deren mickriger Mann, die ununterscheidbaren Tanten und das unsympathische Geonkel? Vetter Allan und Neffe Philippus standen auf einem anderen Blatt. (Die übrigen Neffen, Vettern, Nichten, Basen waren vermutlich auswärts in Schule und Lehre. Ein monetäres Problem für die nahe Zukunft.)

Der Morgenschnorrer.
Wartend auf das Frühstück, während der Jüngling Phil die Töpfe putzt, schreibt die Weiße weiter. Was ihr gerade so einfällt. Was soll sie sonst machen? So, und wer kommt da angeschlappt? Der fiese Onkel Ngab. Er wünscht seinen Tee mit allen Zutaten. Die Frau im Haus bestimmt, daß Pulvermilch zu nehmen ist und nicht Dosenmilch. Und grollt ins Tagebuch. ‚Diese gefräßige Verwandtschaft ärgert mich. Wie werde ich den Schnorrer wieder los?' Da der Onkel etwas Englisch versteht, packt die Fremde ihn nach der ersten Tasse Tee, beim Kragen sozusagen, und schleppt ihn Richtung Kirchenhügel: er solle ihr die Namen der Dorfviertel erklären. Ein beliebiger Vorwand und der Mensch war aus dem Haus.

Glimpfliches. Neue Vorräte.
Am gleichen Tag, nach der Rückkehr von Baustelle und Ahnenberg im Haus allein, kochte sich eine Hungrige ein Mittagessen. Ein Kerosinöfchen war gekauft worden; ein Topf, ein Tiegel und zwei Löffel sind vorhanden. Aus Öl, Zwiebeln, Tomatenmark, Maggi und Salz kommt eine Suppe zustande. Wie, wenn der Gast die Zutaten nicht mitgebracht hätte? Woher kommen die Hemmungen, die Vorräte einfach wieder wegzuräumen und unzugänglich zu machen? Wie dumm, alles sofort herauszugeben. Wer dachte an die Gier der ungeladenen Gäste? Wie soll ein Gast auf Gäste reagieren? Erst einmal das Haus abschließen und schlafen.

Es ging an diesem dritten Tage gut. Mit dem Neffen Philippus und dem Vetter Allan teilte die Frau im Haus am Abend ihre Dosenmilch gern. Am vierten Tag wurde es Abendessenzeit, und wie steinerne Gäste tauchten die Besucher auf. Es muß glimpflich abgegangen sein; das Tagebuch verzeichnet erst für den Mittwochabend neue Meditationen über Initiation in afrikanisches Sippenethos. In dasselbe wurde die Weiße ohne gefragt zu werden einbezogen. Es paßte wie eine Zwangsjacke. – Am fünften Tag ging Phil mit 5'000 nach Muvom, um die aufgebrauchten Vorräte an Dosenmilch und Zucker nachzukaufen, und *Na'anya* ging mit dem Vetter ins Tal, um Reis zu worfeln. Bis dahin alles schön und gut. Dann aber ging das Ritual ‚African socialism' weiter. Die Initiation nahm ihren Fortgang und gestaltete sich um nichts erfreulicher.

Wieder Schmarotzer. *Meine* Dosenmilch. Das Tageslicht geht, und die ungebetenen Gäste kommen. Auch ein unbekannter Pastor kommt und fragt, wie es dem Gast in Mbe-Mbong gefalle. Bereits irritiert durch die Besucher, hält die Weiße einen strengen Lehrvortrag über das einfache Leben und die westdeutsche Konsumgesellschaft. Nach einer Stunde zieht sie sich in stummem Protest zurück. Letzte Zuflucht wieder das Tagebuch. ‚Ich lerne. Meine Vorräte füttern einen Haufen Leute, die kommen und hier herumschmarotzen. Der Schwager, das dürre Männlein; zwei Kerle vom Bau, die essen hier, ohne zu arbeiten. Die Kochbananen und das Palmöl sind nicht von mir. Der Gockel, das Vorderbein einer Ziege und die faulen Eier auch nicht. Aber alles übrige ist *mein* Tee, *meine* Dosenmilch, *mein* Würfelzucker. Ich versteh es einfach nicht. Das Bürschchen vom Bau schwindelte mich frisch-fröhlich an und griff ungeniert nach dem Zucker. Eine ganze Packung ist schon weg. Wie komme ich los davon? Dankbar sein, daß es zur Latrine ging, nach einem Liter kaltem Tee.'

Vor dem Haus zeterten zwei Frauen, erregt und zungenfertig. Auf die Dauer wurde es unheimlich. Das eine Weib ratterte wie ein Maschinengewehr. Niemand griff ein. Was bedeutete das? Nichts weiter. Die beiden Frauen des anderen Onkels hatten sich wieder einmal in den Haaren. Zwischendurch Kindergebrüll. Und im Tagebuch die Bemerkung: ‚Das ist die Rückseite der Idylle. Was ich hier mitmache; richtiger: wovon ich mich zurückgezogen habe, das hat die Mireille mehrere Jahre lang erduldet mit der Kraft der Liebe. Mit einer romantisch starken Leidenschaft und idealistisch leidensbereiten Liebe. Na gut, daß ich eine solche Suppe nicht auszulöffeln habe. Ich rechne aus, für wie viele Tausend ich hier Sippschaft füttere. So degeneriert das ferne Leuchten ins hautnah Monetäre, ins Ungeneröse, in schieren Futterneid. Schlafen.' – Es fehlte nicht an herber Selbstkritik. Das nahe Leuchten aber geriet ins Blaken. Einmal mehr, einmal weniger; aber es blakte. Mireilles Schatten glitt vorbei. Das war am fünften Tag.

,Stingy' – ? Ein Stich ins Gewissen.
Am Donnerstagmorgen erschien statt des Onkels die Mutter.
Sie versteht kein Wort Englisch. Wozu auch. Ein freundliches
Gesicht und Gesten sprechen auch. Die fremde Frau, die im
Hause des Sohnes wohnt, bietet von selber Tee an samt Milch
und Zucker. Al und Phil sind auch schon da. Man sitzt beim
Frühstück. ‚I was confused with the many guests who invited
themselves', bemerkt die – nun, wer? Ist die Fremde nun ‚Herrin
des Hauses'? Und die beiden, was sollen sie dazu sagen? Phil
findet ein anderes Thema. Er macht Komplimente zu *Na'anyas*
Arbeit im Reisfeld – eine Nuance zu charmant. Aber es schadet
nicht. Dem Vetter fällt auch etwas ein: er sehe zum erstenmal
in seinem Leben Käse. Es sind chemisch gut konservierte
Schmelzkäseecken, und *Na'anya* bietet ihm sofort die letzte
Ecke an und schiebt Phil den Rest der eigenen hin.

Die psychologische Delikatesse ist sofort klar; die indirekte Aufforderung, zu teilen. Tischgemeinschaft ohne Teilen – eine Sünde. Es sondert ab und isoliert. Es fällt auch das Wort ‚*stingy*' mit Bezug auf den Katechisten, der sich von der Schwester Lilian schon seit einem Jahr durchfüttern lasse, ohne sich irgendwie erkenntlich zu zeigen. Das stechende Adjektiv bog sich sofort um. Hier mußte das Gesicht gewahrt, moralische Integrität in jeglicher Hinsicht gezeigt werden. Großzügigkeit im Großen entschuldigte offenbar nicht Kleinlichkeit im Kleinen. Damit war zwar immer noch nicht erklärt, warum ein Gast Gäste durchfüttern mußte. Warum nicht einfach um eine Erklärung bitten? Weil es so einfach nicht war. Die Initiation erzeugte eine Perplexität, die sich nur im Tagebuch äußern konnte.

Haus voller Kinder.
Daher der Gast dann unter den drei Verwandten im Wohnzimmer saß und *stream-of-consciousness*-Tagebuch schrieb in Fortsetzung vom Vorabend. Wer wird noch auftauchen? Müßten unwillkommene Besucher nicht mit einem strengen Blick verscheucht werden? Mit dem Mosi geht das nicht. Er will auch nur wissen, was *Na'anya* heute vorhat. Sie wird zur Baustelle gehen. – Als sie gegen 11 Uhr zurückkommt, ist das Haus voller Kinder. Wo kommen die her? Sind sie Dorf, sind sie Sippschaft? Sie sehen aufmerksam und schweigend zu, wie die Fremde trinkt und schreibt. Sie bekommen ein paar übrige Kartoffelschnitze. Vielleicht werden sie sich dermaleinst erinnern... Was gab es zu Mittag? Reis, Mais, Bohnen, Kochbananen, Süßkartoffeln, Cocoyams: es gibt genug an Grundnahrungsmitteln im Dorf; aber weder Obst noch Gemüse. Nach

dem Mittagsschlaf geht der Monolog im Tagebuch weiter. Wo zwei Jahre zuvor exotische Landschaft lockte, hocken jetzt Onkel Ngab, Bürschchen vom Bau und die namenlose Sippschaft, die sich morgens und abends im Wohnzimmer versammelt, um Tee, Dosenmilch und Zucker zum Verschwinden zu bringen.

Freßegoismus

Freitag war der siebente Tag. – Der frühe Morgen ist Besinnungs- und Tagebuchzeit. ‚Manchmal, morgens, stehe ich da und weiß nicht, was ich will. Es ist alles und sehe ich ab von der Verstimmung wegen Dosenmilch und Zucker, alles so – flach. Flache Dünung, wo einst hohe Wellen den Sand vor diesem Haus aufwühlten. Ist ja gut so. Friedlich-eben liegt der Seelenspiegel. Und daran wird sich kaum etwas ändern, wenn er morgen zurückkommt. Das einzige Problem ist die Sippschaft, die mir meine Vorräte wegfrißt. Die Tausende in DMark, die ich in den letzten Jahren diesem Dorf habe zugute kommen lassen, greifen meine Stimmungssubstanz nicht an. Das kritische Moment hier und jetzt ist das rapide Schwinden der mitgebrachten Nahrungsmittel. Das ist das Neue, das ich hier mühsam und verärgert lerne: daß alles, was an Eßbarem ‚eigentlich' mir gehört, mir nur uneigentlich gehört. Daß alles jedem gehört, der ins Haus kommt. Alles, was ich an unbewußt-egoistischen Eßgewohnheiten über den ehelichen Tisch und die Jahre hinweg kenne, muß ich bei mir selber wiederfinden. *Freßegoismus*. Ich denke an mich selbst zuerst. Das Beste gehört mir. Das Teilen-müssen fällt schwer. Leichthin teilen könnte ich nur mit dem, der mich am ersten Morgen zur Herausgabe meiner Vorräte bewogen hat. Ich warte auf die Rückkehr dessen, der mir das hier eingebrockt hat. So könnte man die Sache zur Abwechslung, und um das Schicksal aus dem Spiel zu lassen, auch einmal betrachten. Es sind nur noch 13 Tage. Dann werde ich wieder in Babingen sitzen und vor mich hin alternd über meinem Roman brüten.'

Sippenfrühstück zu sechst. Die Initiation läuft nun schon bald eine runde Woche. Das Nachrechnen und Räsonieren läuft mit. Jeden Tag eine Dose der kostbaren Kondensmilch, da sind von den zehn schon sieben weg. Eine Packung Würfelzucker von zweien hat sich auch schon aufgelöst in den Teetassen der morgendlichen und abendlichen Besucher. Die eine Dose Ovaltine, als Stärkungsmittel gedacht – sie müßte einfach entrückt werden. Aber hier ist nichts mehr einfach. Es hört sich nur einfach an. ‚Ich brauche nicht viel; und das wenige, das ich brauche, das sollte man mir doch lassen' – räsoniert die Fremde, halb weinerlich, halb verbiestert. – An diesem Morgen brachte die Mutter ein Gericht braune Bohnen, die Schwester Eier. Das Frühstück zu sechst dauerte fast eine Stunde. Dann, gegen halb zehn, geht der Vetter wieder in sein Reisfeld und der Neffe zum Bauplatz. *Na'anya* muß ein Buch lesen und bleibt zu Hause. Außerdem wird sie hinter einem Haufen Backsteine am Kraterrand über den Holzwurm im Glück ohne Zwischendecke meditieren.

Kinder und Pfannkuchen.
Die Sonne des siebenten Tages steigt, und hinter dem Lehmziegelhaufen wird es unangenehm heiß. Im Haus ist es angenehmer. Draußen ziehen geruhsam Schafe und Ziegen vorbei. Dann kommen Kinder. So langsam wie die Schafe und die Ziegen kommen sie näher und sind da. Schweigen und lächeln. Etwas später kommt mit einem Eimer Wasser auf dem Kopf ein etwas größeres Bübchen, vielleicht sechsjährig. Wie heißt du? Danny. Schön. Andere Kinder bringen ebenfalls Wasser in kleineren Gefäßen. Das Bübchen Danny geht wieder und kommt noch zweimal mit einer Last Wasser. Langsam und ernsthaft. Wird das Kind sich später einmal erinnern?

Gegen Mittag sind sie auf einmal alle weg – hat eine falsche Handbewegung sie verscheucht? Die Bohnensuppe der Mutter Asa sieht unappetitlich aus. Der Appetit wünscht eine kräftige Tomaten-Zwiebel-Fleischbrühwürfel-Suppe. Und Eierpfannkuchen. Die Eier der Christengemeinde stinken. Angebrütete sind auch dabei, aber zwei sind noch brauchbar. Wo sind all die jungen Legehennen geblieben, die zwei Jahre zuvor so köstlich würzige Eilein legten? – Die Suppe, zubereitet in einem Blechtopf auf dem grünen Kerosinkocher, ist alsbald fertig und schmeckt. Der Pfannkuchenteig zischt im heißen Öl der Pfanne und – auf einmal sind die Kinder wieder da. Stehen herum und sehen zu, wie die weiße Frau ihre Mahlzeit zubereitet und ißt. Was die Fremde da macht, muß wie Kino oder Fernsehen für die Kinder sein. Sie sagen nichts. Sie haben nur Augen. Zwei größere Mädchen, vielleicht zwölfjährig, sind dabei. Das ist peinlich. Muß hier auch geteilt werden? Ein einziges Flädchen schneidet die Fremde in winzige Stücke und verteilt nach Verdienst – diejenigen, die Wasser brachten, bekommen zuerst und etwas mehr. Ich kann doch nicht für den ganzen Haufen und von den wenigen Eiern, die brauchbar sind, Pfannkuchen bakken, sagt die praktische Vernunft. Wie bitte? ‚Freßegoismus' sagt die innere Stimme.

Ovaltine und Wolle.

Als am nächsten Morgen die ersten Besucher erscheinen, bekommt die Schwester Lilian Ovaltine angeboten – das hat die Fremde nun wider Erwarten gelernt. Auch das Bübchen Danny, das dreimal Wasser hochschleppte, bekommt von dem kostbaren Stärkungsmittel eine Tasse voll. So scheint zwischendurch der Freßegoismus überwunden und alles recht friedlich und erholsam. Als die beiden größeren Mädchen auftauchen, während die Fremde Käse, Zwiebeln und Bananen ißt, bekommen sie Wolle und eine Häkelnadel in die Hand gedrückt. Hier, beschäftigt euch. Ich will das Spielzeug nicht umsonst mitgebracht haben. Morgen kommt der Herr des Hauses zurück.

Mireilles Schatten im Gebälk

Er kam im allerletzten Tageslicht. Und über eine immer noch Naive und Ahnungslose kam der letzte Akt der großen Initiation, so schmerzhaft ärgerlich wie der erste Akt, eine Woche zuvor, und ebenso länglich verzeichnet im Tagebuch über viele Seiten hin. – ‚Wie schön und friedlich und von veilchenblau getönten Traumgespinsten umsponnen hätte...' Ja, Pustekuchen. Oder auch: Ach, ach, ach. Gab es nicht sogar Zeichen und Vorbedeutung? Der Abendstern war ausgerechnet an diesem Abend nicht zu sehen. Der letzte Akt bestand in nichts anderem als einer schlicht rücksichtslosen Wiederholung des Nachtpalavers vom dritten Tag. Als erstes jedoch fällt dem Herrn des Hauses etwas anderes ein:

Er *fordert* Dosenmilch.

Es kamen die abendlichen Besucher. Das Wohnzimmer füllte sich; es waren alsbald ihrer sieben oder acht, alles Männer, und der Hausherr machte sich daran, sie zu bewirten. Nicht mit Bier oder Palmwein, sondern mit dem ungewohnt guten süßen Milchtee aus den Vorräten der weißen Frau. Philippus hatte begriffen, daß die Dosenmilch nur für *Na'anya* gedacht war und stellte die Pulvermilch auf den Tisch. Was tat der Hausherr? Er fragte nicht, er bat nicht; er forderte – ja, er forderte *Dosenmilch*. Was tun? Eine pragmatische Lüge, ein Verschweigen noch vorhandener Vorräte ließ die Selbstachtung nicht zu. Also wäre dies der Augenblick gewesen, offen ins Angesicht und vor allen Anwesenden zu widerstehen. Tut mir leid. Jetzt ist Schluß! Die letzten Dosen Kondensmilch sind für mich! Es kam nicht zustande. Es fehlt an allem – an Geistesgegenwart, an Selbstbewußtsein, an Mut. Die weiße Frau war schlicht bedeppert und wußte es. Sie war leider keine Ethnologin. Sie war romantisch und ratlos. Sie holte die vorletzte Dosenmilch hervor, und als es darum ging, die Dose zu öffnen, holte sie auch ihr Taschenmesser. ‚It's really a pity that you lost yours.' ‚Well, certain bitter experiences.' Damit hatte der Mann von Mbe-Mbong vermutlich allen bewiesen, daß er diese Frau, einst seine Vorgesetzte, nunmehr sein Gast, in die Sitten und Gebräuche seines Dorfes und Stammes einzuweisen imstande war.

Die Eingewiesene saß perplex, während die Leute ihren Tee tranken. Was geht hier vor? Wer oder was bin ich hier? Im trüborangenen Licht der Buschlampen, hinter dem Rücken der Frau in versammelter Männergesellschaft, die unbekümmert einheimisch dahinpalaverte – sie könnten ja Englisch reden, aber so durch Höflichkeit verdorben sind sie nicht – , da also fing der Hausherr an, sich auszuziehen, um, wie er verlauten ließ, ‚ein Bad' zu nehmen. Statt es zu nehmen, sitzt er eine Weile im Schlafanzug dem Gast gegenüber, der nun eben eine Frau ist und sich dessen auf einmal deutlich bewußt wird. Das Tagebuch wird es ungeniert festhalten. Ungeniert mit breit gespreizten Männerbeinen saß er da und hielt nach Männerart eine Hand vors Geschlecht, umfaßte es fast, und die Frau, die nicht hinsieht, sieht es trotzdem im Halbdämmer des Buschlampenlichts. Bald darauf zieht sie sich zurück in ihre Kemenate und ins Tagebuch.

Letzter Akt der Initiation. Im Schlafgemach, in der krummwandigen Kammer, wo am Abend der Ankunft das Glück ohne Zwischendecke sich im Gebälk einnistete und verzückt vor sich hin zwitscherte; in der Kemenate, wo eine Frau hingehört, brennen zwei Kerzen. Neun Uhr abends ist vorbei. Die erste Hälfte des letzten Akts der Initiation ist vorbei. ‚Also er bewirtet weiterhin seine Besucher aus meinen Vorräten. Ich werde deswegen in drei Wochen nicht schwach und krank werden. Aber ich denke wieder an Mireille. Sechs Jahre lang hat sie ausgehalten, was für mich in einer Woche schon zu viel wird. Ich werde hier behandelt, als hätte dieser Mann Brautpreis für mich bezahlt, als sei ich sein legaler Erwerb, so daß folglich alles, was mir gehört, auch ihm gehörte. Das ist doch in höchsten Tönen *funny. Run softly, sweet tadpole river, till I end my adventure...*' Im Gebälk saß Mireilles Schatten und lächelte trauervoll-wissend herab...

‚Wenn ich das nächste Mal komme, dann soll, so Gott will und wir leben, der Staubrosenwahn zu Backstein und Wellblech geworden sein und ich werde mein Zimmerchen haben und niemand wird es wagen, meine Vorräte anzugreifen. Ich brauche nichts als eine gut isolierende Thermosflasche mit abgekochtem Wasser, eine Tasse und einen Löffel. Damit und mit dem, was ich in meinen Reisetaschen behalten werde, kann ich mich selbst versorgen über das hinaus, was man mir als Gast an fadem Fufu und zähem Hühnerbein vorsetzen wird.'

Das nächtliche Palaver. Es wiederholte sich, pappgrau. – Die zweite Hälfte des letzten Aktes der Einweihung in Stammessitten und Gebräuche, die für das Gefühl der Fremden immer näher an den von Rücksichtsvorstellungen einem Gast gegenüber unbeleckten Busen der Natur rücken, zieht sich hin bis kurz vor Mitternacht. So lange nämlich bleiben der Besucher einige, scharren mit den Füßen und palavern und lassen auch den müden Heimkehrer nicht schlafen. Das gibt wiederum und weiteren Anlaß, nachzudenken und Tagebuch zu schreiben.

Wie würde der Feldforscher und Ehemann, besser vertraut mit *pensée sauvage,* auf eine solche Situation reagieren? Gegen halb elf macht die Frau in der Kemenate einen Versuch, anzudeuten, daß sie jetzt schlafen möchte. Sie wandelt im schwarzen Plüschfutteral hinaus ins ‚Bad', wäscht sich ein bißchen, kommt zurück und sieht, daß sich der Hausherr aufs Bett gelegt hat. Er muß inzwischen auch im Schlafzimmer gewesen sein; denn da hängen jetzt auf der Leine ein schwarzes Jackett und ein langärmeliges weißes Oberhemd. Von den Besuchern sind noch da Vetter Allan und ein Onkel. Sind das nicht wirklich Primitive? Nahe Verwandte des Urmenschen?

Die teuren Kerzen brennen herunter. Die Zeit vergeht. Das Tagebüchlein mit den Schwalbenschwingen zwischen goldgepunkteten Wolken wird genau in dieser Nacht voll, mitten im Satz, kurz nach halb elf. ‚Ich weiß, daß' – und mit dem nächsten Wort fängt das pappgraue Büchlein an: ‚wir nie mehr so ohne Zwischendecke alleine in einem Haus schlafen werden.' Als müßte ein solcher Gedanke hinweghelfen über die Rücksichtslosigkeit der nächtlichen Besucher. Das Hörgerät im Ohr soll dazu dienen, die Stimmen zu unterscheiden. Es kommt eine dritte Stimme hinzu; aber es ist nicht der Bariton des Hausherrn. Er scheint weiterhin schweigend auf dem Bett zu liegen. Als könne er sich nur mit Schweigen wehren. Zwischendurch ist es stille. Werden sie nun gehen? – Eine Stunde vor Mitternacht findet ein weiterer und letzter Versuch statt, den Leuten zu bedeuten, daß sie das Haus verlassen sollen. Die schwarzbeplüschte schmale

Weiße erscheint wieder und, indem sie auf die hintere Tür zugeht, sagt sie trocken: ‚This will be a short night again.' Vom Bett herüber kommt es ebenso trocken: ‚Yes.' Zurück von der Latrine, um wieder in der Kemenate zu verschwinden, verlautbart sie ein indigniert vernehmliches ‚Good night'. Soll heißen ‚Haut ab.' Das Echo aus der Bettecke ist noch eine Nuance trockener. Wie das Zuklappen eines Buches. Es war elfe vorbei.

Und die Kerzen brennen herunter. ‚Da ist nichts zu machen.' Diesmal ist es weniger das eigene Schlafbedürfnis als die Einfühlung in das Schlafbedürfnis des Mannes auf dem Bett nebenan. Begegnen sich die Gedanken im sperrigen Gebälk unter dem Wellblech? Ist das alles romantischer Gefühlskitsch, der hier erfolgreich ad absurdum geführt wird? ‚Die Nacht, ehe er ging; die Nacht, da er zurückkam – was sind das bloß für Leute? Gehört der Vetter Allan auch zu den Barbaren?' Ärger – nicht geradezu; eine irritiert ungläubige Neugier kritzelt das Tagebuch voll. ‚Sie scharren mit den Füßen; aber sie gehen nicht. Sie schweigen zwischendurch. Aber sie gehen nicht. 11.20 – Hat dieser Mann keinen Mut, keine Lust oder kein Recht, die Kerle rauszuschmeißen? Vermutlich ist alles Hausbaupalaver; aber dafür wäre doch morgen noch Zeit. Da dachte ich in meiner Einfalt, in Afrika, und besonders in so abgelegenen Bergen, da gehe man mit den Hühnern schlafen. Und da hocken sie einem die Bude bis Mitternacht voll. Da hustet doch einer, als ob er sehr wach sei. Zwischendurch reden sie, offenbar absichtlich, sehr leise. Die Batterie im Hörgerät müßte bald aufgebraucht sein. Würde Isi sich amüsieren oder die Sache unverschämt finden? Ja, das wüßte ich gern. Das ist nun die Suppe, die ich mir eingebrockt habe. Ich müßte ihn fragen, morgen, was das alles bedeutet. Zehn Minuten vor Mitternacht. Damit habe ich nicht gerechnet, daß dieses nächtliche Palaver sich wiederholen würde.' – Das Rätsel blieb ungelöst. Warum griff der Hausherr nicht ein und durch? Warum sorgte er nicht für seine und des Gastes Nachtruhe? War er sich des Wohlwollens der weißen Frau so sicher – sicherer als der Hilfe seiner Stammesgenossen?

Die Initiation – mißlungen

Am nächsten Morgen, Sonntag, ergab sich, als wäre nichts gewesen, die Morgenidylle mit Staub vom Hausputz und am Frühstückstisch ein klärendes Gespräch. Was ohnehin durch die siebentägige Initiation ärgerlich sich aufgedrängt hatte, kam zur Sprache: es gehört zu den Sitten und Gebräuchen, daß man die Sippschaft nicht nur, sondern jeden, der ins Haus kommt, bewirtet mit dem, was vorhanden ist. Wäre nicht so viel vorhanden gewesen – und wieder verschlägt es der Weißen die Sprache. Warum hat dieser Mann gleich am ersten Morgen die Herausgabe der mitgebrachten Vorräte verlangt und alles in den Wohnzimmerschrank gestellt? Warum hat er keine Rücksicht genommen auf die Eßgewohnheiten seines Gastes aus Europa? Nun, vermutlich, um deutlich zu machen: hier herrschen andere Sitten. Ja, und: ‚I am a Mbe-Mbong man.' *Na'anya* bringt es immerhin fertig, zu erwähnen, wie unerwartet schnell die Vorräte abgenommen haben. Woraufhin der Mann es für angebracht hielt, zu versprechen, daß dem ein wenig Einhalt geboten werden sollte. Vermutlich merkte er, daß *Na'anya* dem Sippensozialismus nicht gewachsen war.

Es leuchtet und blakt durcheinander. Es kamen weiterhin Leute ins Haus. Wie auch nicht. Es wäre sittenwidrig gewesen, zwei allein in einem Haus und sich selbst zu überlassen. Die Mutter kommt. Gut. Sie bekommt ihren Milch-und-Zucker-Tee. Der Hausherr empfängt Besucher in der Kammer nebenan und Männerlachen tönt herüber. Doch wohl nicht über den seltenen Vogel, den er gefangen hat? Wenig später hocken Allan und ein Dritter doch wieder im Wohnzimmer und schlürfen ihren Tee mit Dosenmilch. Und die Weiße weiß nichts Besseres, als dem Tagebuch genau Rechenschaft zu geben, was hier alles und nach ihrem Gefühl widerrechtlich verbraucht wurde. Nämlich mit fünfzehn Dosen das Dreifache dessen, was exklusiv für den Eigenbedarf gedacht war. – An diesem Vormittag holte der Vetter Allan die vorletzte Dose Tomatenmark. Das Haus ist erfüllt von Kerosingestank. Ja, es stinkt. Der ‚Historische Augenblick aus Mahagoni' färbt die Stimmung wieder rosa. Die Frau, die eben noch Dosenmilch nachrechnete, ist ‚erfüllt von stiller Freude'. So flackerte es auf und nieder, leuchtete und blakte durcheinander. – Als sich das Haus wieder mit Kindern füllte, wurden Frau Ernas angebrannte Brötchen verteilt. Dann kommt der Einfall, Mehlfladen zu backen und auch der Schwester Lilian im Oberdorf davon zu bringen. Etwas scheint doch – nun ja, *semper aliquid haeret*, auch von Belehrung und Einsicht. Aber eben nur vorübergehend und nur in Auswahl.

Noch einmal stößt die Dosenmilch auf am Tage nach dem Bausi-Ausflug und dem Frühstück zu zweit allein. Einundzwanzig Dosen hat der Gast bezahlt und davon ganze vier, höchstens fünf selber verbraucht. Es blieb im Grunde genommen unverziehen. Die Initiation war letztlich mißlungen.

4. Kapitel

Der Palazzo
—BACKSTEIN GEWORDEN DER STAUBROSENWAHN—

Die Mitte. Das Backsteinherz von Mbe-Mbong III. Hier wird allmählich zu Bewußtsein kommen, wie eng der für eine Fremde unverträgliche Sippensozialismus verknüpft und verfilzt war mit dem, was vom ersten bis zum letzten Tag im Mittelpunkt stand. Das ferne Leuchten, das in der Nähe zu blaken begann, sobald es in den Sog der Tee mit Dosenmilch und Würfelzucker schlürfenden oder bis in die Nacht hinein palavernden Großfamilie geriet, sammelt sich um ein stattliches Haus, dessen Grundstein ein zwei Jahre zuvor diskret als ‚Darlehen' getarntes großes Geldgeschenk gelegt hatte und dessen Lehmziegelmauern während der zwanzig Tage emporwuchsen. Zwar lief auch hier nicht alles stetig und nach Wunsch. Es ändert nichts daran, daß etwas entstand, das noch immer steht und so bald nicht aus der Welt zu schaffen sein wird. Die Mitte von Mbe-Mbong III war der Lehmziegelpalazzo unter dem Ahnenberg jenseits des Tales.

Am Fuße des Ahnenberges

Das erste am ersten Tage nach der abendlichen Ankunft und dem ‚Glück ohne Zwischendecke' war, nach einer ersten Irritation und dem Besuch beim Häuptling, die Wanderung hinüber zur Baustelle und ein erster Blick auf das so weit Gebaute. Und der Zauber, der angeblich jedem Anfang innewohnt, war auch hier am Werke und bewirkte Wunderliches. An dem hellblauen Spitzenkittel, den der Gastgeber und Bauherr trug, kann es doch wohl nicht gelegen haben.

‚Hinüber' führte der Weg an der abschüssig gelegenen Schule vorbei weiter hinab durch ein schmales Tal über einen Bach und wieder ansteigend Richtung Ahnenberg. Steil hinab und etwas weniger steil hinauf, einen kleinen Hügel halb umrundend, an dessen Hang wie ein glückliches Omen die purpurviolette Blume, ‚weder Malve noch Orchidee', blühte. Jenseits einer grasigen Bodenwelle stieg der Ahnenberg auf, nahe und mit gelbem Elefantengras bewachsen. Zu seinen Füßen lagen die Grundmauern des neuen Hauses. Linker Hand ein Raffiagrund, wo ein Bächlein fließt und jenseits gen Westen eine halbhohe baumlose Umwallung aufsteigt. Rechter Hand geht es hinab in eine baumbewachsene Senke.

Ein schöner, stiller, abgelegener Ort. Von Palmen umstanden. Hier waren Grundmauern zu besichtigen. In der Tat: großzügig geplant und begonnen. Zwanzig Meter mal zehn. Ein fürstliches Haus. Ein wahrer *Palazzo*. Das Wort fiel ein und blieb. Hier hatte einer zugegriffen auf gut Glück. Drei Millionen? Davon war nie die Rede gewesen. Es wird sich zeigen. *Na'anya* ist im Augenblick und beim Anblick der zweihundert Quadratmeter nicht imstande zu rechnen. Sie hört zu. Das Haus sei ursprünglich auf dem kleinen Hügel geplant gewesen, an dessen Fuß der Pfad entlang führt. Da oben hätte man einen schönen Rundblick gehabt. Aber der Wind. Die Winde der Übergangszeit hätten an die vier Ecken des Hauses gestoßen und das Dach abgedeckt. Sicherer sei es hier unten auf der Bodenwelle, im Schutze von Westwall und Ahnenberg. Ein schmales Lächeln des Einverständnisses. Der Zauber des Anfangs wirkt, wenngleich hier weit über zugestandene Mittel hinaus zu bauen begonnen worden war. Der Mittelfinger – die ganze Hand. *Na'anya* fotografiert.

Die Nordostecke des Hauses, über der Senke aufragend, ist festungshaft gemauert aus grobbehauenem rosagrauen Bruchstein. Die Längsmauern müssen durch Außenpfeiler aus dem gleichen Material verstärkt werden. Der Bauherr ist sein eigener Architekt. Er hat neben einer geräumigen Wohnhalle, zwei Schlafzimmern, einem Arbeitskabinett, zwei Nebenstübchen und einem Bad auch ein Gastzimmer eingeplant. Na schön. Es wird mir nicht gehören. Und sollten die Mittel ausbleiben, bliebe immer noch eine beeindruckende Entwicklungsruine. ‚Cementing a dream', sagt *Na'anya*. Er versteht nicht, was gemeint ist, und das Lachen der Verlegenheit ist unangenehm. Dieser Mann träumt nicht. Er rechnet. Er weiß endlich, was er an dieser Frau hat. Eine Geldquelle, wofern und so weit sie ihm gewogen bleibt. Ob das Haus einen kleinen, unbelüfteten Keller haben könne. Nein, sagt der Bursche Maurer. Keller kennt man in dieser Weltgegend nicht.

Zurück gegen Mittag in dem Häuschen ohne Zwischendecke, hat *Na'anya* Durst und bekommt ein Glas Wasser, trinkt zu hastig, merkt es und zieht sich zurück ins Tagebuch. Die Frau, aus deren Händen und Wohlwollen das Geld für den Bau des unerwartet großen Hauses kommt, stellt sich die realistische Frage: ‚Bin ich wirklich nur eine Geldquelle?' Die Welten sind so verschieden. Eine purpurviolette, namenlose Blume und ein idyllisches Plätzchen genügen, um eine Frau zum Einverständnis mit dem kostspieligen Bauvorhaben zu bringen. Den Bauherrn beschäftigen ganz andere Dinge. Er muß sich um Material und Arbeitskräfte kümmern und sich mit Leuten herumärgern, die schlecht arbeiten. Und muß er nicht vor allem *Na'anya* bei guter Laune halten? Er hat's nicht leicht. Das zeigte sich allsogleich in einer lebhaften Auseinandersetzung zwischen Bauherrn und Maurer. Der verbalisierte Ärger, unverständlich der Sprache nach, wird deutlich im ungewohnten Tonfall. Offenbar versucht der junge Mensch, der hier keine Konkurrenz hat, eine Erpressung. Der Grund ist unschwer zu erraten: die Weiße und ihr Geld. Dennoch dürfte das Verdienen des Geldes, das hier verschenkt wird, bei aller Unbequemlichkeit der Fortbewegung ohne Automobil, leichter gewesen sein als das angemessene Ausgeben desselben beim Bau eines solchen Hauses in den abgelegenen Bergen von Mbe.

Verzögerungen am Bau

Der erste Schatten auf den Baufortschritt fiel schon am vierten Tag. Die beiden *mud-boys* blieben weg. Ohne sie, die in einer Grube Lehm mit Wasser verkneten, können keine Backsteine geformt werden, die dann erst einen Tag oder zwei trocknen müssen. Es können an diesem Tag nur die noch vorhandenen Lehmblöcke vermauert werden. – Gegen Abend kam der Vetter Allan von ‚drüben' und erzählte, die Arbeit könne erst am Montag, also fast eine Woche später, weitergehen. Die verschiedenen angeheuerten Leute hätten verschiedene Gründe, nicht zur Arbeit zu erscheinen. Die Geldgeberin konnte die Schwierigkeiten, mitten in dem fernen Leuchten ein großes Haus zu bauen, an Ort und Stelle miterleben. Das Bürschchen von Bausi etwa, angestellt zum Lehmmischen, habe in seiner Eigenschaft als ‚Prinz' den ‚Thron' seines Häuptlings nach Wubum tragen müssen. Ein Häuptlingshintern darf nicht durch profane Stühle entweiht werden.

Ein schiefes Gastzimmer sorgte für weitere Verzögerung. Die Schiefe nahm sichtbarlich Gestalt an gegen Abend des Tages, an welchem der Bauherr zurückerwartet wurde. Da mauerten zwei Neuangeheuerte an dem Viereck, das ein Gastzimmer werden sollte. Der Gast schritt es aus – 16 mal 13 Fuß. Da hätten ein Doppelbett und ein Wandschrank mal eben Platz. Die beiden Burschen mauerten hastig und sorglos; die Backsteinschichten liefen aus dem Lot, sie schwankten wie beschwipst. Hat die Geldgeberin hier etwas zu sagen? Sie wird stille sein und warten, bis der Bauherr die Bescherung sieht. Er sah sie dann am Montag. Sah, was die Weiße im Herumsitzen schon am Sonnabend gesehen hatte: Pfusch. Der Bauherr will die Mauern neu gebaut haben. Die beiden Bürschchen sind nicht begeistert. Werden sie den Lohn für schlechte Arbeit und Abriß trotzdem bekommen? Es ist ja letztlich das Geld der Weißen. – Wie gut, daß der Häuschenwahn schon am vierten Tage begonnen hatte...

Der steile Westhang

Am sechsten Tag, am Tag nach dem Reisworfeln, erkundigt sich Philippus, was Na'anya heute vorhabe. Sie muß sich schnell etwas einfallen lassen. Nach dem Tag im Reisfeld wäre die Baustelle wieder dran. Aber was soll ich da? Sitzen und zugucken, wie die anderen arbeiten? Ich habe gelernt, Reis zu worfeln. Kann ich nicht lernen, wie man Lehm anmacht? Verlegenes Lachen. Zum Lehmanmachen in der Grube läßt sich hier niemand herab. Das macht der ‚mud-boy'. Da er zugleich ein ‚Prinz' ist, muß er für diese niedrigste der Arbeiten vielleicht besonders hoch entlohnt werden. Also Na'anya hat da eine unmögliche Vorstellung in ihrem phantasievollen Weiß-Weiber-Kopf, und man kann nur höflich-verlegen lachen. Aber mitkommen kann sie immerhin.

Um 9 Uhr geht der Vetter zu seiner Reisfarm; Philippus lädt sich einen Türrahmen auf die Schulter. Er warnt: er gehe einen anderen Weg als den gewöhnlichen Umweg an der Schule vorbei. Der kürzere Weg gehe sehr steil den Westhang hinab, nicht weit hinter dem Haus. Na'anya zögert einen Augenblick. Denkt an den Abstieg von Bausi, zwei Jahre zuvor, und daran, daß sie nun um diese zwei Jahre älter ist. Aber dann entschließt sie sich zu neuerlichem Wagnis und geht hinter dem Türrahmen her. Es gibt immer die Möglichkeit, statt unsicher auf zwei Beinen abwärts zu staksen, sicher auf dem Hintern hinab zu rutschen. – Es ging tatsächlich, und streckenweise auf dem Hintern hinter dem jungen Menschen her, der, mit dem Türrahmen beladen, leicht und aufrecht den steilen Waldpfad hinab balancierte. Von nun an wird es der Weg ‚hinüber' sein, sowohl hinab wie zurück. Langsam und vorsichtig, eine auf zehn Minuten abgekürzte Variante des Bausibergabstiegs.

Auf der Baustelle arbeiteten zwei Maurerburschen von auswärts, die es tatsächlich fertiggebracht hatten, in Abwesenheit des Bausi-‚Prinzen' Lehm anzurühren. Die Weiße setzte sich an den Hang des Urhügels und sah zu. Sie mauerten am Kinderzimmer. Größer als das Gästezimmer und ganz so, als habe der zukünftige Herr des Palazzo und hoffnungsvolle Familienvater vor, fünf Kinder zu zeugen wie sein eigener Vater. Wie mutet es an? Fast schon wie überholt. Es fühlt sich an, als sei doch einiges schon ‚den Bach hinunter'. Es berührt nicht mehr. Vielleicht macht das die Begegnung mit der Dosenmilch und Zukker vertilgenden Großfamilie. Gütiges Schicksal, das mir hier nur den Status eines kurzweiligen Gastes bestimmt hat, der sich jederzeit wieder davonmachen kann, Zuflucht suchend in einem Gehäuse, das auf weniger staubrosenroten Grundmauern erbaut wurde. – Gegen 11 Uhr kletterte eine, die auf der Baustelle weiter nichts zu tun hat, allein den steilen Pfad zurück. Das Haus war voller Kinder.

I mnimi katiki mesa sta litharia

An dem Tage, als abends der Hausherr zurückerwartet wurde, belustigte die Frau im Haus sich über die Tagebuchschulter hinweg – es wird ihn keine gefangene Prinzessin in hellgrünem Negligé empfangen. Eine staubbraun Verschwitzte wird kurz vor Einbruch der Dämmerung von der Baustelle zurückkommen.

Nach kurzer Mittagsruhe also hinüber. Von der Baustelle sprechen alle von ‚over there' – als ginge es in eine Transzendenz. Ja, übersteigt der Palazzo nicht alle Erwartungen? Auf dem steilen Pfad geht es Schritt für Schritt tastend hinab und hinüber. Auf der Baustelle arbeiten ihrer sieben. Auch der schwächliche Apollonius, noch einer von den vielen Neffen, strengt sich an und mischt Mörtel. Und der ‚Prinz' ist wieder da, der Anmacher des Lehmschlamms. Auch er schmächtig und man würde ihn für minderjährig halten, wenn er nicht beringt wäre mit Ehering nach westlichem Vorbild. Nie wird die Weiße erfahren, nach welchen Tarifen hier die Arbeit bezahlt wird. Es scheint eine Sache des Dauerfeilschens zu sein. Und der Erpressung. Zwischen den Arbeitenden schlendert die Fremde müßig umher, sitzt bald auf dem niederen Gemäuer, bald daneben und sieht zu und sinniert.

‚Backstein geworden der Staubrosenwahn'
sollte dermaleinst in unsichtbaren Lettern über dem Eingang stehen. In hundert Jahren noch sollte man in diesem Dorf davon reden. Wenn die Welt bis dahin nicht untergegangen ist. So klar wie vormittags sind die Vorstellungen am Nachmittag nicht mehr. Halb vorhanden, halb abwesend sitzt die Fremde da, irgendwie sich selbst fremd geworden, in einem merkwürdig schwebenden, schmerzlosen und leicht süßlichen Daseins- und Doch-nicht-Zustand. Es fühlt sich an wie Milchpulver, das auf der Zunge vergeht. Nicht einmal die Abwesenheit des Bauherrn

nimmt Konturen an. Nach Ubum hinüber ist die Aussicht dunstig verhangen. Es ist, als ob der wachsende Palazzo nicht nur alle Erwartungen übersteigt, sondern auch alles, was war, seit der Tulpenbaum blühte in Ndumkwakwa. Ist dieser Februar nicht die Mitte des siebenten Jahres? Zieht sich das Leuchten zurück in die schwarzen Lehmblöcke? Lehm ist doch eigentlich gelb; aber der Schlamm ist schwarz. Zumindest dunkelgrau. Erst wenn er trocknet, wird er – schmutziggelb.

Etwas ist im Übergang begriffen. Es geht über in das Haus, von dem gerade einmal die Grundmauern stehen. Das noch nicht Vorhandene zieht Seelensubstanz an sich, die sich dem Bauherrn entzieht. Nur noch ein gemeinsames Objektinteresse und Geldmittel sind wichtig, um Arbeitskräfte und Material, Zement, Eisenstangen und Nägel zu bezahlen. Das eine vergeht, das andere bleibt eine kleine Weile länger. ‚*Backstein geworden der Staubrosenwahn*'. Die Pyramidenbauer sind dahin seit fünftausend Jahren. Die Pyramiden stehen, angebröckelt. Der Parthenon, mit venezianischer Zahnlücke. Zeugen dessen, was war. *I mnimi katiki mesa sta litharia....* Wird eine Erinnerung bleiben? Bei wem? Und was für eine? In diesem großen Haus scheint etwas zur Ruhe zu kommen. Möge die literarische Inspiration bleiben. Möge die Muse, bitteschön, die echte, antike, möge sie sich *nicht* zurückziehen in den geformten Lehm. Was sind die Tagebücher? Eine Lehmgrube, in der nur Material liegt... An diesem Tag gegen Abend wurden die Mauern des Gastzimmers schief hochgezogen, und in der Nacht tauchte Mireilles Schatten in der Kemenate auf.

Der Lehm-Palast wird gezeichnet

Der Bauherr ist zurück. Nach einem desolaten Sonntag ging man zusammen den längeren Weg zur Baustelle. Der Schulmeister stand am Weg und fragte, was für eine Arbeit der Gast heute tun werde. Die weiße Frau erwiderte fröhlich, daß sie heute vielleicht Lehmblöcke formen werde. Und man lachte.

Konnte nicht das ganze Dorf sehen, wie diese Frau diesem Manne nachstieg? Freilich – wie anders wäre Fortbewegung auf schmalem Pfade möglich gewesen? Mit einer hohen, braunschwarz gestreiften Narrenkappe auf dem breiten Kopf; derselben, die ihn schon auf der Reise nach Mbe-Mbong II verunziert hatte; einem verschossenen grünen Oberhemd auf dem Leib und einem Federn in den Hüften, das einem Panther auch gut gestanden hätte, schritt er voran und hinab, und *Na'anya* folgte in heiterer Verwunderung. Ist hier nicht alles möglich, weil eines unmöglich ist? Der Lehmblock-Palast, ist er nicht ein hohes Symbol? Für die romantische Weiße gewiß und warum auch nicht. Für den ‚Herrn des Palazzo' ist er vermutlich nur Zweck. Aber was heißt hier 'nur'? Das 'nur' heißt ein Gewissen gut, das materielle Vorteile zieht aus etwas, das eigentlich peinlich auch *funny* sein könnte. Es heißt, daß das Material überhandnimmt. Daß keine Idee das Material durchleuchtet und veredelt und zum Ausdrucksmittel macht. Wurden nicht einst Kathedralen aus Steinen zwar, aber wesentlich aus frommer Inbrunst gebaut, Gott zur Ehre? Und wem zur Ehre hier? Es baut hier eine Frau einem Traum von literarischer Inspiration zur Ehre. Sie möchte auch sich selbst ein Denkmal bauen. Nur – wer wird dermaleinst daran denken, daß es einmal als Mal, als Memorial gedacht war?

Auf der Baustelle angekommen, sorgt der Bauherr als erstes dafür, daß die schiefen Wände des Gastzimmers begradigt werden. Dann macht er sich daran, abwechselnd Erde aufzuhakken und Steine zu behauen. Stöhnend. Körperliche Arbeit ist er nicht mehr gewöhnt. Das Studieren hat die Muskeln erschlafft. Der Mann ist auch nicht mehr dreißig, sondern nahe an vierzig. Und die Frau nahe an fünfzig. *Fancy.* Von Zeit zu Zeit muß einem das einfallen. Als *Na'anya* eifrig auch etwas tun und ihre *'symbolical mud-blocks'* beitragen will, wehrt er ab. Sie möge warten, bis andere damit anfangen. Gut. Und was mach ich inzwischen und bis ich darf?

Lehmblöcke auf Zeichenkarton.
In der Schultertasche finden sich zwei Blätter hellbrauner Zeichenkarton. Damit setzt eine Unbeschäftigte sich vor einen Haufen getrockneter Lehmblöcke und beginnt, den Lehmziegelhaufen und den Urhügel dahinter zu zeichnen. Zwischendurch steigt sie zwischen den noch niederen Mauern des Hauses umher, entdeckt eine dritte Tür neben dem großen Schlafzimmer, zu der ein kurzer Korridor führt, will wissen, was das sei und wozu, und die Erklärung des Bauherrn fällt leicht unwillig aus, so als vermutete er Begriffsstutzigkeit. Vielleicht ist es kein durchweg angenehmes Gefühl für ihn, so abhängig zu sein von Geld und Wohlwollen dieser Frau. Eine Stunde später sitzt sie am Hang des Urhügels und zeichnet die Gegenansicht: die Grundmauern des Hauses, dessen östliche Schmalseite dem Hügel zugewandt ist; dazu die Lehmgrube und die Lehmblockhaufen, und im Hintergrunde den Ahnenberg. Das Tagebuch hat hier ein einziges Mal die einheimische Bezeichnung für den

wachsenden Palazzo notiert. Sie sitzt und zeichnet und fühlt sich zeitlos wohl in der dunstigen Wärme. Das Gefühl ist so angenehm, daß sie beschließt, zu bleiben. Die Arbeiter arbeiten über Mittag hinweg. Rosinen und Backpflaumen in der Schultertasche, endlich können sie ihren Zweck als Notnahrung erfüllen.

           Im Laub-Bauhüttchen.
An diesem Tage lockte vom Urhügel hinunter das Laubhüttchen, wenige Schritte seitwärts vom Bau errichtet, ein Bambusgerüst mit Palmwedeln gedeckt, Schatten spendend für kaum mehr als zwei Leute. Die Arbeitenden holten sich von Zeit zu Zeit einen Schluck Wasser aus der Kalebasse, die sich darin befand. Davor spielten ein paar Kinder. Seit geraumer Zeit schon befand sich der Bauherr in der schattigen Konstruktion. Er saß und aß Palmkerne. *Na'anya* kam herbeigeschlendert, bückte sich, kroch hinein und setzte sich dazu, gab den Kindern ein paar Rosinen und blieb einsilbig der Einsilbigkeit gegenüber. Das Hüttchen beherbergte in der Tat weder Freundlichkeit noch Höflichkeit. Ob die Skizzen interessieren? ‚Look.' Hm. Na und? Zeichnen – was soll das? Eine völlig überflüssige Zeitverschwendung. Dann doch lieber dösend die Zeit zubringen oder Palmkerne kauen. Er kroch jedoch alsbald hinaus und ging wieder an seine Arbeit: Lehmblöcke karren. Während eine Müßige noch eine Weile saß und zusah. Und zwischendurch Blick und Gedanken hinüber zum Urhügel schweifen ließ...

Man geht einander nach Möglichkeit aus dem Weg. Gesprächigkeit läßt sich nicht erkaufen. Und dieser da – welche Verdächte nimmt er auf sich, um die Geldquelle am Fließen zu halten? Sein gutes Gewissen kann dem Spleen der Weißen standhalten. Es war da nur ein einziger Augenblick, an der Nordmauer, als bei irgendeiner Frage, umgeben vom sicheren Schutz und Schirm der anwesenden jungen Männer ringsum, der düstere Mann aufhellte und der Frau voll und freundlich ins Gesicht lachte. Merkwürdig. Oder nicht?

         Die Straße am Palazzo vorbei?
Gegen vier Uhr machte man sich auf den Weg zurück, schweigend. Jeder macht sich wohl seine eigenen Gedanken. Von der Straße, die er an seinem Haus vorbei nach Bausi führen wollte, war zwischendurch die Rede gewesen. Die Fremde – es befremdete sie in der Tat – sagte nicht viel dazu. Sie dachte sich ihr Teil. Die Idylle am Ahnenberg, Ruhe und gute Luft, soll das dermaleinst durch Autolärm und Abgase gestört werden um der Bequemlichkeit willen? Damit Kerosin, Reissäcke und Reisende

unmittelbar vor der Haustür abgeladen werden können – möge es noch lange ein unerfüllbarer Albtraum bleiben! *Dafür* werden sicher keine Geldspenden fließen.

Mitspracherecht? Rechenschaft!

Am zwölften Tag stieg die Idyllikerin am späten Nachmittag ‚hinüber' und fing noch einmal an, von einer Mauer zu reden, die gleich links hinter dem Hauseingang eine Art Flur von der Wohnhalle abtrennen sollte. Der Maurer Nueli hörte zu. Der Bauherr war nicht dafür. Vielleicht hörte er zu viele Gründe. Einer hätte genügt: die drei Schlafräume rechter Hand abzuschirmen gegen Licht und Lärm, ‚when you have visitors late in the night'. Ein Lachen antwortet. Nein, eine solche Mauer sei nicht nötig. Die Geldgeberin hat kein Mitspracherecht. Sie wird ja nicht auf Dauer hier wohnen.

Vetter Allan und Rechenschaft.

Die Geldgeberin ohne Mitspracherecht wandte sich ab und sah dem Vetter Allan zu, wie er mit einer Brechstange unermüdlich große, graurosa Gesteinsbrocken aus der Erde grub. Er mühte sich ab; er war so fleißig. Dafür sollte er 30'000 bekommen. Welche Naivität diese Summe offenbarte, zeigte sich wenige Tage später, als die Geberin der Gelder Rechenschaft wünschte über die bisherigen Ausgaben. Nicht nur 90'000 für Steine waren aufgeführt, sondern weitere 40'000 Transport und Taschengeld für den Vetter figurierten. An dem Wunsch nach Rechenschaft sollte ein Jahr später vieles scheitern und der Bau des Palazzo sich beträchtlich verzögern. Fünf Jahre später sollte das Ausmaß dessen, was der tüchtige Vetter sich erarbeitet oder aus dem Bauherrn herausgepreßt hatte, sichtbar werden in dem auch nicht kleinen Neubau auf einem Hügel in der Baumsenke unterhalb des Palazzo. Die Sippschaft half; die Sippschaft verlangte ihren Anteil – ohne Quittung. Dreieinhalb Monatsgehälter waren bereits verbaut. Weitere 5'000 sollten überwiesen werden. Das war damals eine Dreiviertelmillion.

Sittenwidrig voraus.

An diesem zwölften Tag hob *Na'anya* probeweise den schweren Vorschlaghammer und ließ ihn auf einen der großen Steine fallen, die Vetter Allan aus der Erde grub. Gegen 5 Uhr machte man sich langsam auf den Weg zurück und stieg den steilen Hang hinauf. Man läßt sich Zeit. Schweigend steigt der Mann voran und die Frau hinterdrein. Auf dem letzten Stück jedoch des Weges, wo der Pfad am Gehöft eines Nachbarn vorbeiführt, überholt die Frau plötzlich und geht sittenwidrig voran. Ich lasse mich doch hier nicht an Stammessitten binden und tappe ohne Not einem Manne hinterher! Die Sittenwidrigkeit prägte sich ein; das Stückchen Weg blieb ohne Tagebuchnotiz gegenwärtig – hier schlendere ich entlang, durch falben Sand und kurzgedörrtes Gras; rechts und links stehen unverständlich Baum und Staude und Gebüsch, und ich bleibe mit mir allein. Der da hinter mir hergeht, in einem Abstand, der das Sittenwidrige der Reihenfolge von außen gesehen vielleicht aufhebt, ist eine Hieroglyphenwelt für sich. Näher bei Baum und Busch als bei mir. Die einzigen Berührungspunkte sind mein Geld und seine altertümliche Tugend. So wie ich sie mir zurechtlege. So als könnte es irgendeine Möglichkeit zur Untugend geben, bezogen auf *Na'anya*. Es wäre – *funny*. Am Gelde wird es zu bröckeln beginnen. Der Abend seufzt ein Ach und hüllt sich in grauviolette Melancholiegespinste, hinübersilbernd ins beinahe Heitere. Diese stammverwurzelte Seele ist kein Weib vor mir. *Far be it.* Wir bauen ein Haus – ich für ihn; er nicht für mich.

Steine zerklopfen. Steine schleppen

Am folgenden Tag, nach ‚gelindem Morgenschock', wurden erst wie üblich die kühlen Stunden vertrödelt. Um irgend etwas Sinnvolles zu tun, wusch *Na'anya* ihr staubbraunes Oberhemd und hatte daher das enge Polohemdchen an, dunkelblau mit hellen Nadelstreifen. Gegen halb elf endlich macht man sich den Weg zur Baustelle und zwar auf dem Umweg vorbei am Häuptlingsgehöft. Da sitzen die alten Mannen, der Senat des Dorfes, und die Fremde ist wieder einmal froh, daß ihr als erstes die Straße einfiel: etwas für alle; danach erst das Haus: etwas für nur einen (wie sie meinte). Sie hat einen Stecken zur Hand, obgleich sie glaubt, ‚fast freihändig' die beiden kurzen steilen Strecken bergab bewältigen zu können. Sie fühlt sich wohl. Und sie hat die Kamera mit.

Auf dem Bauplatz überkommt an diesem Donnerstag der Eifer. Es will hier eine über das, was sie am Vortag zaghaft versuchte, hinaus und nun richtig einen großen Stein in kleine Stücke schlagen. Der Bauherr erlaubt es. Er bekommt die Kamera in die Hand gedrückt, und die schmächtige weiße Frau packt den schweren Hammer. An der Nordseite des Hauses, wo die Mauer schon mannshoch steht, ist der historische Augenblick festgehalten. Sehr schlank in der Tat (der Bauch ist wieder flach; die engen braunen Hosen sitzen wie angegossen um die Hüften knabenhaft, und das Polohemdchen tut ein übriges, die Erscheinung ins Sportliche zu verjüngen) – das also steht da und hält in erhobenen Armen den schweren Hammer, der sogleich auf den Gesteinsbrocken zu Füßen niederfallen wird. Eine Viertelstunde lang ward der Stein attackiert und in mehrere kleine Stücke zerschlagen. Danach zeigte sich eine Blutblase am linken Ringfinger zwischen Wappenring und Ehering. Desinfektionstüchlein und Wundpflaster sind zur Hand. Na´anya läßt sich beides applizieren und macht sich dann weiter nützlich, indem sie Lehmblöcke von der Trockenstelle zum Haus hinüberträgt, wo am Gastzimmer gemauert wird. Sie zählt und kommt auf fünfundfünfzig. Dann schickt ein besorgter Gastgeber sie nach Hause. Langsam und allein steigt sie zurück.

Bald danach ist auch der Hausherr zurück: die Wassergrube im Bach ist ausgeschöpft. Der dicke Schlamm, aus dem die Lehmblöcke geformt werden, sowie das Anrühren des Mörtels verbrauchen viel Wasser, und es ist Trockenzeit. Da können nur die schon getrockneten Blöcke vermauert, aber keine neuen gemacht werden. Bäuchlings auf dem Bett ein Versuch, Tagebuch zu schreiben. Die rechte Hand, die den schweren Hammer fester umklammerte als die linke, ist so kraftlos, daß die Finger kaum den Bleistift halten können. Für den nächsten Tag war der Ausflug nach Bausi geplant.

Dies sine linea.
Der siebzehnte Tag verging auf der Baustelle, ohne daß das stets griffbereite Tagebüchlein ein einziges Mal hervorgezogen wurde. Am Abend nur zwei Worte: ‚Steine getragen'. Das war keine ganze Zeile und vermutlich die größtmögliche Annäherung an das Leben der Leute im Dorf: schriftlos. Die Steine waren Steine und keine Lehmziegel. Große, graurosa Bruchsteine, wie der Vetter Allan sie aus der Erde grub und die Maurer für die Eck- und Zwischenpfeiler vermauerten. Zwei Proben, von geologischem Allgemeinwissen nicht bestimmbar, kalkig weich die eine Probe, mit dem Fingernagel ritzbar; härter und rauher, porös anmutend wie zusammengebackener Kieselgries aus einem Fluß die andere – diese zwei Proben nahm die Schlepperin der Steine mit nach Hause. Fast zwanzig Jahre später liegen sie noch immer als Nippes auf einer weißen Spiegelkommode vor zwei Fotos des Palazzo: auf dem einen das noch offene Mauergerippe vom Februar Mbe-Mbong III; auf dem anderen die stattliche Entwicklungsruine von Dezember Mbe-Mbong IV. – Die *communio*-Szene im Laubhüttchen holte erst der nächste Tag nach.

Endlich Lehmblöcke formen

Auch der letzte Tag auf der Baustelle war ein langer Tag der Arbeit und ein kurzer im Tagebuch. – Am Morgen lud der Bauherr sich zwei schwere Bretter auf den Kopf. Ob er damit den steilen Westhang hinab wolle, fragt *Na'anya*. Er will. Ein wortlos zweifelnder Blick. Kann das gut gehen? Wo nimmt der körperlicher Arbeit entwöhnte Mann die Sicherheit seiner Schritte her? Zum ersten Male kommt der Gedanke, daß beim Bau des Palazzo ein Unglück geschehen könnte. Was würde der Aberglaube der Leute daraus machen? Es ging gut.

Das also war der Tag, an dem die Weiße endlich, gemeinsam mit den Frauen der Gemeinde, Lehmblöcke formen durfte. Der zähe Schlamm wird mit den Händen in die Holzform geschaufelt, festgeklopft, zum Trockenplatz getragen und dort umgekippt. Das Geld, mit vorläufigen 17'000 schon das Dreifache des Üblichen, wurde, mit dem Versprechen, mehr zu schicken, den Ältesten ausgehändigt. Sechshundert Lehmblöcke. Die Frauen des Dorfes arbeiteten. Die weiße Frau arbeitete auch. Ein dunkelblaues Polohemdchen mit Nadelstreifen erinnert daran. Die Sonne bräunt die bloßen Arme. Zwischendurch tut es gut, in das Laubhüttchen zu kriechen und einen Schluck Wasser aus einer halben Kürbisschale zu trinken. Hier saß man tags zuvor zu zweit und trank aus ein und der selben Schale. Der eine füllte sie aus der großen Kürbisflasche; *Na'anya* trank, ließ einen Rest, und diesen Rest – *communio* auf Bauhüttenweise. Es war das Wenige, das genügte. Warum wurde es verdrängt? Es wird erst aus dem Tagebuch wieder erinnerlich. Das Formen von Lehmblöcken hingegen als ‚Arbeit auf dem Bau' ist festgemauert im Gedächtnis stehengeblieben, ebenso wie das Reisworfeln im Tal. Auf die Frage: ‚Was haben Sie in Mbe-Mbong gemacht?' konnte die Antwort lakonisch lauten: ‚Reis geworfelt, Steine geschleppt, Lehmblöcke geformt.'

Am Mittwoch ging die Arbeit auf dem Bau weiter. Noch einmal hinüber? Nein. Die Mauern des Gästezimmers waren tags zuvor noch hochgezogen worden bis zur Dachkante, so daß der Gast sehen konnte: es wird alles bereit sein für eine Rückkehr. Mit diesem Anblick und ein paar Aufnahmen war Abschied genommen worden. Jetzt muß gepackt werden. Am nächsten Tag geht es zurück nach Mbebete. Müdigkeit wird spürbar. Die Luft riecht nach Regen. Und der Palazzo, das Backsteinherz von Mbe-Mbong – ist er nicht schon überholt?

5. Kapitel

Ahnenberg. Reisfeld. Bausi
— ALLEINGANG. ARBEIT. AUSFLUG ZU ZWEIT —

Um die backsteinerne Mitte von Mbe-Mbong III und das, was sich überholend von ihr abspaltete, gruppieren sich drei Episoden. Drei Zöpfchen Erzählstoff, geflochten aus entwirrtem Tagebuchgewölle und abgeblaßter Erinnerung. Der Alleingang auf den Ahnenberg, vermutlich achselzuckend hingenommen, fand schon am dritten Tage statt. Die harte Arbeit im Reisfeld hingegen wirbelte Spreu auf, der dem zurückkehrenden Gastgeber auf den Flügeln der Fama bis Ubum entgegenflog. Die Höhenwanderung nach Bausi, irgendwann gegen Ende, ist im Harmattan verweht; im Tagebuch finden sich nur wenige Spuren. Auch sie eignen sich zu besinnlichem Nacherzählen.

Allein auf dem Ahnenberg

Am Vormittag des dritten Tages, nach entschlossener Abfertigung des morgendlichen Onkels Schnorrer, kam über die allein im Haus Zurückgelassene die ‚Lust zu stromern'. Wohin? Es wird schon warm, die Sonne beginnt zu brennen. Da kommt die Schwester Lilian mit drei Kindern vorbei: Sie gehe zur Baustelle. Schön. Da gehe ich mit.

Arbeit und Landschaft im Tagebuch. Nach gemächlichem Abstieg und Aufstieg sitzt die Fremde, von deren Geld das Unternehmen abhängt, auf den Grundmauern ihres ‚zementierten Traumes' und tut, was sie nicht lassen kann: sie kritzelt in ihr Tagebüchlein. Vier Leute arbeiten mit afrikanischer Ruhe und Bedächtigkeit. Mosi zum einen, zum anderen sein Genosse, der Erpresser; ein Steineklopfer und Philippus. Letzterer karrt Backsteine von der Grube zum Bauplatz. Mosi denkt und gibt Anweisungen; der andere tut danach. Lilian und vier Kinder tragen Wasser vom Bächlein im Raffiagrund herauf und gießen es in die Lehmgrube. Der Bursche, der den Lehm mischen soll, ist nicht erschienen, sagt Mosi. Die Arbeit geht nicht so voran, wie sie sollte. Es berührt die müßige Frau auf der Grundmauer merkwürdig wenig. Sie gibt sich der Landschaftsbetrachtung hin. Nach Norden, über die Baumsenke hin, ist der Bergsporn von Ubum zu sehen. Nach Westen erhebt sich der ‚Ahnenberg'. Nach Osten, sanft ansteigend, der ‚Urhügel'. Beides erfundene Namen. Am Rande der Senke steht ein unansehnlicher Baum mit Akazienfiederblättern und giftroten Früchten, aufgeschwollen wie Taschen. Das läßt sich alles dem Tagebuch sagen und sieht nach einer Beschäftigung aus. Ich kann doch nicht einfach nur dasitzen und zusehen, wie die anderen arbeiten. Was könnte ich sonst anfangen? Ich könnte auf den Ahnenberg steigen. Kein Bausiberg. Ein erhabener Hügel mit ebenmäßig gewölbter Kuppe.

Und ohne jemanden zu fragen macht sich die müßige Weiße auf und davon und nebenher noch ein paar Gedanken. Ja, ich muß mich bewegen, irgendwohin. Ich werde hier hoffentlich keinen so heiligen Boden betreten, daß ein Sakrileg daraus wird. Ein pagan-sakraler Ort ist es freilich. Mythos und Ritual, die dazugehören, sind irgendwann mitgeteilt worden. Wenn es verboten wäre, würde man mich wohl hindern. Aber sie lassen mich ja laufen. – Gemächlich, um so viel Zeit wie möglich hinzubringen, geht es einen verwachsenen Pfad hinan. Schritt um Schritt durchs kniehohe dürre Gras geht es langsam bergan. Von dem schulterhohen gelben Elefantengrase, das alsbald zu beiden Seiten steht, stäubt heißer Staub. Die hellblauen Hosen eignen sich schwarze Streifen an von der Grasfeuerasche, ein feiner Staub, der durch die Gegend fliegt und sich über alles hin ablagert. Geruhsamen Schrittes, im Spaziergang, drängelt es sich durch das widerspenstig raschelnde Riesengras, vorbei an kahlen Baumgerippen. Dann irgendwann wird es flach, da müßte die Kuppe erreicht sein. Das Gras ragt über den Kopf. Kein Durchblick. Kein Ausblick. Ein Dickicht.

Was will ich hier?

Aussicht wollte ich. Sehen, wo ich bin, in welchem Abseits. Aber was wäre zu sehen, wenn das Elefantengras Sehschlitze freigäbe? Ein Graurosa aus Saharasand, Lateritstaub, Feuchtigkeit und Flugasche; ein Dunst, der Täler und Berge verhängt. Das ist der romantische Harmattan, der staubrosenrote. Wiederkommen müßte man in der klaren, grünvioletten Übergangszeit und wandern. Vom Ahnenberg könnte man vermutlich weit über das Bergland, vielleicht sogar bis Mbebete sehen. Hier oben gibt es nichts – kein Höhenheiligtum, keinen granitenen Findling und nicht einmal einen Baum. – Aber hier, was ist *das*? Etwas von ethnologischem Wert. Das ist eine Feuerstelle. Ein Aschenplatz. Hier müssen tatsächlich vor kurzem noch irgendwelche Riten zelebriert worden sein. Man steigt herauf und macht ein Feuer. Heißt, man ißt gemeinsam. Vermutlich.

Das war doch etwas. Oder nicht? Eine Entdeckung. Eine Vermutung. Näher nachgefragt wurde dem nie. – Der Abstieg war leichter. Und da ist sie wieder. Hosen und Hütchen sind schwarz verstaubt; man sieht, wo sie herkommt. Niemand sagt etwas, als die Weiße wieder auf der Baustelle auftaucht. Sie arbeiten alle. Aber der einsame Ausflug nach oben war doch vermutlich wohlbewacht von unten. – Der Vormittag war zugebracht. Alleine, auf eigene Faust. Während die Mauern des Hauses wuchsen, Lehmziegelschicht um Lehmziegelschicht. Der Ausflug hatte Kräfte verbraucht. Um die Mittagszeit entfernte sich die allein von Beinarbeit Ermüdete wieder, Wege ab- und aufsteigend, die sie inzwischen kennt. Sie kochte sich ein Süppchen und hielt einen langen Nachmittagsschlaf.

Reisworfeln im Tal

Der Besuch in Mbe-Mbong III und die forcierte Arbeit am Palazzo fielen mitten in die Reisernte. Der Vetter Allan, er, der schon bei Mbe-Mbong II die Verantwortung für den Gast übernommen hatte, war der zweitwichtigste Mann beim Bau des Palazzo. Er mußte aber auch seinen Reis ernten.

Gegen Abend des dritten Tages kamen Vetter und Neffe sichtlich ermüdet vom Steineausgraben und Lehmblöckekarren zurück. Beim gern geteilten Tee mit Dosenmilch ergab sich die Frage: Was könnte *Na'anya* unternehmen in den nächsten Tagen? Als der Vetter nebenbei erwähnt, daß er am übernächsten Tag seinen Reis im Tal worfeln müsse, damit die Vögel ihn nicht vollends fressen, wirkt es wie ein Köder. Könnte ich dabei nicht helfen? Da der Vetter schweigt, erklärt sie kurz und bestimmt, daß sie am Mittwoch mit ihm ins Reisfeld gehen werde, und fügt auf weiteres ratloses Schweigen hinzu: ‚You may think that I am a funny woman.' Beide lachen. Mit Lachen überbrückt man Verlegenheiten, die entstehen, wenn jemand eine Wahrheit sagt, die man nur denken darf.

Die Reisfelder eines Kulturheros. Am Mittwoch, dem fünften Tage, zog man morgens um 8 Uhr los. Es ging den Berg hinab nach Nordwesten, offenbar ohne Schwierigkeiten. Eine Stunde später war man unten. Der Vetter Allan nahm sich die Zeit, *Na'anya* seine und seines Vetters Farmen zu zeigen, insbesondere letztere, den historischen Ort, an welchem eine der kulturheroischen Taten des Mannes begann, der mit siebzehn eine Schule, dann den Reisanbau und schließlich, als er dreiunddreißig war, eine weiße Geldgeberin ins Dorf brachte. Die Reisfarm, die er damals als erster im Dorfe anlegte, ist jetzt aufgeteilt zwischen der Gemeinde und dem Schwager. Es könnte die Weiße ja interessieren. Gewiß, und sie stellt auch Fragen. Die Farmen liegen in einer Talbucht, am nordwestlichen Busen von Mbe-Mbong. Jede Farm besteht aus vier bis sieben unregelmäßigen Fleckchen, von einem Erdwall eingefaßt, damit das Wasser, aus den Kanälen vom Fluß herübergeleitet, darin stehenbleiben kann. Jetzt ist natürlich alles trocken. Der reife Reis ist schon in Schwaden geschnitten und liegt da in graugelben Haufen. Die Ähren werden mit Flegeln ausgedroschen und die Körner dann geworfelt. Ein kleines Lüftlein genügt schon, um die Körner von der Spreu zu sondern. Wie man das macht, das will *Na'anya* jetzt lernen und zeigen, was sie kann.

Die weiße Frau worfelt. Was will der Vetter machen? Er läßt geschehen, was diese komische Weiße sich in den Kopf gesetzt hat. Er gibt ihr eine große flache Schüssel und macht vor, wie es gemacht wird. Und dann packt sie an. Eine Stunde lang steht sie da, leicht vorgebeugt, hält eine weiße Emailleschüsel mit beiden Händen fest umklammert vor sich hin und wirft die ausgedroschenen, mit Spelzen vermischten Reiskörner in die Luft. Eine Stunde lang reicht die Muskelkraft der Oberarme, trainiert durch allerlei gymnastische Übungen auf heimischem Teppichboden, hin. Der Vetter bekommt die Kamera in die Hand gedrückt für eine historische Aufnahme. Damit sie es sich später selber glaubt. Reis geworfelt hab ich in einer Talbucht von Mbe-Mbong.

Abkühlung auf einem Stein im Fluß. Nach einer Stunde freilich, und es geht auf Mittag zu, sind die Kräfte erschöpft. *Na'anya* läuft davon. Sie läuft zum Fluß, der nicht weit entfernt vorüberfließt. In der Trockenzeit ist er flach und von schwarzen Felsbrocken durchsetzt. Die Schuhe aus, die Socken runter, die Hosenbeine aufgerollt. Mit nackten Füßen durch den Fluß, da wo das Wasser flach ist und der Grund sandig. Da ist ein Stein, auf dem sich sitzen läßt, so daß die Füße ins Wasser hängen. Hier sitze ich. Niemand sieht mich. Nur ich selber sehe mich. Wenn es ein *moment parfait* war, warum ist er nicht glänzender in Erinnerung geblieben? Ein graurosa Nebel hängt über der Szene und vermischt den Fluß des 13. Februar (es war der dreizehnte Februar) mit dem Fluß des Besuchs von Mbe-Mbong IV, als vor dem Aufstieg in praller Mittagsglut die gleiche Frau die gleichen Beine auch so wohlig ins Wasser hängen ließ und anschließend, nach wenigen Metern Aufstieg, beinahe kollabierte. Wie schon einmal, in Beera.

Aber hier, auf dem schwarzen Stein mitten im flachen Fluß, der die Reisfelder wässert, blieb die Abkühlung ohne Kreislaufprobleme. Es ging anschließend nicht bergauf, sondern zu besinnlicher Mittagsruhe in ein Laubhüttchen.

Selig verschollen

Zurück vom Fluß; genug vom Reisworfeln. Schatten und Ruhe wären etwas Schönes. Die Müdigkeit kriecht in ein Laubhüttchen, das unter einem Baum steht. Es ist nicht größer als eine Hundehütte. Da ist Schatten, recht angenehm, auch wenn das Holzbrett hart ist, weil die Sitzpolsterung fehlt. Es geht auf Mittag zu. Niemand denkt daran, nach Hause zu gehen. Für alle Fälle ist da ein gekochtes Ei. Aber das Ei entpellt sich als ungenießbar. Warum schenken die Leute faule Eier? Vier Zuckerstückchen, Melissengeist, Hustensaft und ein Eukalyptusbonbon – mehr ist nicht zu finden in der Handtasche. Wo sind die wohlbedachten ‚Notvorräte' – Erdnüsse, Rosinen, Dörrpflaumen und Schokolade? Wenn man sie braucht, sind sie nicht da. Aber das Tagebüchlein ist da, und das schattige Hüttchen tut gut in der Hitze.

Also schreiben. Im rechten Zeigefinder ein taubes Gefühl vom Festhalten der großen Schüssel. Ich habe gearbeitet. Jetzt ruhe ich mich aus. Mango- und Avocadobäume hat es hier und ein paar Ananaspflanzen. Warum sind keine Früchte zu haben? Ich muß schon Abführtabletten nehmen. Es ist die falsche Jahreszeit. Die Leute, die mich hier im Vorbeigehen sehen, lachen verlegen. Was ist das für ein komisches Huhn. Weil ich den großen Luxus nicht haben kann, gehe ich zurück ins einfache Leben. Das ist einfach auch nur, solange man gesund bleibt. Malaria und Amöben – und dieses idyllische Laubhüttchen wäre für die Katz. Für eine jämmerlich miauende.

Was macht mich so ruhig und friedlich, was entweltlicht mich so? Was bringt mich so nahe an ‚selig verschollen'? Eine Hängematte wäre schön, und das Dasein wiegte sich lieblich im leisen Vogelzirpen. Jetzt ist es Mittag und die Brise wird fast windig. Wieder: Wie wirklich ist das alles? Es ist und wird gewesen sein. Ich könnte mich auf diesen Reissack legen, den Kopf auf das Sitzbrett gestützt und die Zeit vergehen lassen mit nichts als vergehendem Dasein, leicht bewegter Luft und leisem Vogelzirpen. Nur was ich hier schreibe, wird vielleicht bleiben...
Die Landschaft müßte beschrieben werden. Die Kamera erfaßt sie nicht. Das grünviolette Wellen- und Wogenspiel der Hügel

und Täler. Hingeworfen mit großer Gebärde, ein blaugrüngelb geschecktes Gras- und Baumlaubgewebe, sich kräuselnd in Längs- und Querfalten und kleinen rundlichen Kraterformen. Ubum auf steil abfallendem Bergsporn, das Ende das Hochtals. Seitwärts geht es in Hügelschwellen herab, da wo der Fußpfad entlangführt und die Straße nicht mehr ist. – Die Stunde im Laubhüttchen, am Rande des Reisfeldes: eine Ahnung seligen Verschollenseins, umzirpt von leisen Vogel- oder Insektenstimmen, sie ist in blassen Linien gegenwärtig geblieben.

Mühsamer Aufstieg.
Der Aufstieg zurück ins Dorf – es ging langsam voran. Müdigkeit kraxelte hinter dem Vetter her, vornübergebeugt steinig Stufiges überwindend, Gesträuch und Abschüssiges zur Rechten, und zur Linken lag der Bausiberg jenseits des Tales. – Dann, nach so vielen Stunden ohne einen Tropfen Trinkbares, das gute Kreaturgefühl, das sich der Neuschöpfung durch kalten Tee erfreut. Bis dahin war alles schön und gut. Dann kam ein unerfreulicher Abend mit unwillkommenen Besuchern. Die unfreiwillige Initiation ging weiter. Schade, nach dem schönen Tag. Die Nacht aber hielt bereit, was dem leisen Vogelzirpen der mittäglichen Stunde im Laubhüttchen antwortet: den mitternächtlichen Sternenhimmel über Mbe-Mbong.

Die Wanderung nach Bausi

‚Let us go now, you and I‘ – der Ausflug nach Bausi, nicht den steilen Berg hinauf, sondern auf einem langen Umweg über weniger mühsame Steigungen, muß wohl irgendeinen Grund gehabt haben; aber der ist nirgends mehr aufzuspüren. Das Unternehmen zu zweit ist nach achtzehn Jahren hinter grauem Dunst verschwunden. Und das, obwohl zwei Fotos vorhanden sind, von welchen das eine, vergrößert, fast zehn Jahre lang die Bildergalerie längs der Schlafstatt im Babinger Atelier zierte.

Die beiden Fotos vom Ausflug
sind der Beschreibung wert. Das vergrößerte ist strohig gelbbraun, ein warmer Sommerton. Über einem sanft gewölbten Hang der Hochfläche steht blaßgrau ein Stuck Himmel. Im Hintergrund lagert eine stattliche Rinderherde, dunkelbraun und weiß gefleckt, im dürren Gras unter Krüppelbäumen. Die weiße Stirn und das halbmonden gebogene Gehörn eines Rindes ragt seitlich über das bare Haupt des Mannes, der im Mittelgrunde auf einem niederen Stein sitzt, lässig mit gespreizten Beinen. Der orangebraune Kittel fügt ihn farblich in die dürre Land-

schaft ein. Das streunende Licht erhellt die eine Seite des frontal zugewandten Gesichts – breit; aber schmal zusammengezogen in beherrschtem Lächeln Augen und Mund. Die Lässigkeit hängt in den Händen offen über die Knie. Zwischen den aufgestemmten Fersen hätten Platz ein Schaf, lagernd, oder zweimal *Na'anya,* hockend. In Stein gehauen wäre das Ganze ein Trapez, gekrönt von dem Kuhgehörn. Das Lächeln aber unter dem Halbmond des Gehörns – ist es verkniffen? Nein. Hier werden keine Gefühle unterdrückt. Hier wird Selbstbewußtsein zum Ausdruck gebracht und eine Prise Ironie beigemischt. So, *Na'anya,* kannst du mich haben. Anders nicht. I am a Mbe-Mbong man. My father was a hunter. Nicht ein Sonntagsjäger zum Zeitvertreib, sondern um die Familie zu ernähren und Felle zu verkaufen.

Unter den gleichen Krüppelbäumen, aber ohne Rindvieh im Hintergrunde, sitzt auf dem zweiten Foto auf einem höheren Stein *Na'anya,* hat ein weißes Hütchen auf und den blauen Meereswellenkittel an; sitzt seitlich und lächelt skeptisch. So haben die beiden Wanderer über die trockene Hochfläche einander festgehalten, als man an einen historischen Ort kam, wo im Kreis Sitzsteine standen: da habe einst der Ältestenrat getagt, als das Dorf noch nicht auf dem Kraterrand angelangt war und die erste Siedlung des kleinen Stammes sich in dem nahen Palmenhain befand. Also gibt es doch so etwas wie Geschichte, auch wenn sie kaum zweihundert Jahre zurückreicht. Der Rinderhirt im Hintergrund sah zu und vermutlich wunderte er sich. Was hat die Weiße in diesen abgelegenen Bergen zu suchen? Das sind die beiden Fotos, und seltsam ist, daß alles übrige verloren gehen konnte und ohne Tagebuch weg wäre.

Was das Tagebuch weiß.
Kurz ehe man aufbrach, entstand vor dem Haus ein großes Frauenpalaver. Der Ältestenrat hatte Wassertragen befohlen, denn an diesem Tage sollten die Mauern des Gesundheitspostens auf dem freien Platze am Kraterrand hochgezogen werden. Bis zum letzten Augenblick blieb verborgen, daß außer dem Gastgeber niemand mitgehen würde. Auf Nachfrage erst wird es offenbar; daher muß das Hörgerät mit. Ein Zipfelchen von einem schon aufgegebenen Traum wird sich verwirklichen – man wird zu zweit allein durch die Gegend wandern. Nicht in Mbebete, nicht über Bandiri, sondern hier. – Aufgelöst in graurosa Dunst hat sich der ganze Tag, die lange Wanderung; alles. Das Tagebuch enthält am Freitag nichts über den Ausflug. Die Müdigkeit nach der Rückkehr muß groß gewesen sein. Und was

wäre mit Mühe noch erinnerlich? Ein steiler Hang vielleicht; ein Raffiapalmenhain; ein Bach und wiederum Durst auf dem Rückweg. Was in Bausi war; ob man das Dorf überhaupt erreichte oder nur so durch die Gegend wanderte – ist nur noch durch Nachblättern festzustellen. Warum war das alles weg und vergessen? Es ist, als ob das Miteinander-allein-sein in freier Landschaft dazu angetan war, die leibhaftige Gegenwart des Begleiters zu verdrängen und die eigene Erlebnisfähigkeit zum Erlöschen zu bringen. Ein kurioses Phänomen. Als habe der lange Tag nur aus dürrem Gras und grauen Krüppelakazien bestanden. Aus dunstigem Himmel und der körperlichen Anstrengung, zwanzig Kilometer oder mehr zu bewältigen. Der ganze Ausflug – ja, wahrhaftig: wie aufgelöst in graurosa Dunst. Und am folgenden Tag eine bezeichnende Notiz: ‚Das Hügelhaus interessiert mich mehr als der gestrige Tag und der vorgestrige Abend, als unser Gespräch über die June unterbrochen wurde.'

Verhangene Tallandschaft und kühler Fallwind. Eine Stunde später als geplant zog man am Freitagmorgen los. In weitem Südostbogen wanderte man durch Raffiapalmenhaine und am Rande über dem Meghem-Tal entlang. Dort stand man einige Male still, weil Na'anya die verhangene Tallandschaft betrachten wollte. Still stand man und nahe nebeneinander; die steigende Sonne erwärmte den Dunst, und der blieb grau. An historischem Ort, wo einst der ‚Palast' gestanden hatte, weidete ein Fulani seine Rinderherde. Ein junger Mensch, schmal, edelrassig, großäugig, gegen welchen der Begleiter absackte zum ‚paillasse', zum Stroh- und Mehlsack. Hier wurden die Aufnahmen gemacht. Dann kam ein steiler Hang hinauf zur Hochfläche von Bausi, und Schritt für Schritt stieg dem braunorangenen Kittel nach. Es war die einzige steile Steigung und mühsam. Zum Glück war da ein wenig Wald und Schatten und dann ein kühler Fallwind. Ein Wind, der kühlte und ausblies, was sich etwa hätte erwärmen oder entzünden wollen. Ein kühler Fallwind fiel der mühsam steigenden Frau in die offenen Arme und in die hart atmenden Lungen. Ein sonst so Schweigsamer redete während des Steigens und fast zu viel. Was und worüber? Erläuterungen zu der Straße; zur Anlage der Reisfarmen, zum Bewässerungssystem. Manches fiel ins unbewaffnet taube Ohr, anderes wehte der Wind weg.

Lauer Empfang, schlechtes Wasser. Oben auf den kahlen Höhen des Bausiberges brannte die Sonne durch den Dunst, der wie eine dicke Decke alles erstickte. Was hätte da flackern sollen? Es hüpfte kein bläuliches Flämmchen, nichts an Verirrtem oder Verwirrtem durch die graugelbe Eintönigkeit. Das dürre Gras, es knisterte nicht einmal. Man wanderte zügig voran. Der Empfang in Bausi, nach vier Stunden, war lauwarm, das Wasser schlecht, der Reis ohne Salz. Die Fremde saß da und diesmal völlig abgeschlafft im Schatten des Begleiters. Der redete und die Fremde saß gleichmütig dabei. Es kann mir nichts passieren. Nur das Wasser – das Wasser stand bräunlich im Glas. Ist das trinkbar? Wird der Begleiter warnen? Er warnte nicht. Man trank. Man besichtigte einen Gesundheitsposten im Bau, irgendwo außerhalb der Streusiedlung, etwas erhöht am Wegesrand, ein offenes Mauergeviert aus rohen Lehmblöcken, und statt 3'000 gibt die Fremde 5'000. Warum, wozu und was will ich hier? Es ist nur, damit das Wandern ein Ziel hat, an dem man wieder umkehren kann, zwischen 2 und 3 Uhr. Und die Hitze drückt durch den Dunst.

Rückweg. Sanfter Sturz. Durst.
Auf dem Rückweg war man zu dritt. Man nahm Rücksicht und ließ die Frau voraufgehen. So schnell oder so langsam sie vorankam, folgten die beiden Männer. Man ließ der Weißen ihren Lauf; paßte sich an dem Zeitmaß ihrer mühsamen Steigungen und zögernden Abstiege. Und wieder, zum wievielten Male in diesem Lande unter dem Harmattan, kam der Durst. Der trockene Mund füllt sich mit dem Geschmack von frischen, kühlen Erdbeeren. Der steile Abstieg ruft ein Stück Morgenliturgie aus der Kapelle von Ndumkwakwa herbei – *let our feet make safe steps*. In jeglicher Hinsicht. Als man in der Senke zwischen der Hochfläche von Bausi und Mbe-Mbong in den dicht verwachsenen Palmenhain eindrang, in welchem sich einst die alte Siedlung befand (ein Mühlstein und Reste einer gemauerten Feuerstelle waren noch zu sehen) stolperte *Na'anya* über eine Wurzel und fiel sanft hin, auf Knie und Hand. Der Begleiter machte auch nicht die Andeutung einer Bewegung, zu helfen; eine Hand zu reichen oder festzuhalten. Ferne sei es. Das rappelt sich schon von selber wieder hoch. Nach drei Stunden ist man am Südostabhang von Mbe-Mbong. Da fließt ein Bach, den man auf Trittsteinen überquert. Da hilft die Einbildung von frischen Erdbeeren nichts mehr. Das Wasser zieht herab wie es herabzog nach dem Abstieg vom Bausiberg zwei Jahre zuvor. Die Arme kühlen, das Gesicht abwaschen, zwei Hände voll trinken. Die beiden anderen tranken auch, und ein jeder trank aus den eigenen Händen. Die Erinnerung fügt noch zwei Würfelzucker mit Melissengeist hinzu – eine unsinnige Zutat. Der Alkohol trocknete die Mundschleimhaut aus und verstärkte das Durstgefühl während des langsamen Aufstiegs ins Dorf. Die Beine

schmerzten nur mäßig; der Durst aber peinigte übermäßig. Man kam zurück bei sinkendem Tageslicht, und der Gast ließ vier Flaschen Bier holen. Wenn schon sonst nichts, dann wenigstens Alkohol mit Maßen. Der Durst war größer als die Enttäuschung darüber, daß die Aussicht auf den Bausi-Berg im Verlaufe des Tages verbaut worden war.

Ein Wimpernschlag am Rande. Nun da alles Vorhandene aus Tagebuch und Erinnerung nacherzählt ist, hat der Dunst sich gelichtet und manches ist wieder gegenwärtig, Gewesenes und Nichtgewesenes. War der Hinweg zu zweit nicht zu nahe, um wirklich zu sein? Weder im kühlen und heimlichen Schatten der Raffiawälder, noch im heißen Sonnendunst auf den kahlen Höhen wich irgendetwas vom Wege ab oder kam auch nur einer Vorstellung davon nahe. Am Rande des Meghemtals, da, allenfalls. Da glitt der Blick in die steilabfallende Tiefe und schwebte über die verhangene Tallandschaft nahe, zu nahe und dennoch vorbei an einem An- und Augenblick, der nicht hätte sein sollen. Und es wußte und die eigene Flüchtigkeit mit einem Wimpernschlag und einem selbstironischen Kräuseln im Mundwinkel beiseite tat.

Mondsichel im Drachenbaum

Der Hausherr, nach der Rückkehr sofort beschäftigt mit anderen Leuten, nahm dennoch Kenntnis von Wünschen nach warmem und kaltem Wasser und besorgte es eigenhändig. Im Badeschuppen hinter dem Haus ward ein Haarwaschritual mit weißer Emailleschüssel zelebriert, vorsichtig den knappen Vorrat an warmem und kaltem Wasser dosierend und Rosmarindüfte verbreitend. Dabei stieg ein Blick durch die Ziegelöffnung schräg nach oben. Im Drachenbaum über dem alten Klohüttchen stand eine ganz junge Mondsichel. Das war der einzige Augenblick Glück an diesem Tage. Ein schmales Glück.

Dann saß *Na'anya* im schwarzen Plüschmantel und mit weißem Handtuchturban, befestigt unter einem lila Haarnetz, mit dem Herrn des Hauses zu Tisch beim Reis. Man trank Bier, Mistress und Master. Derselbe saß im frisch gewaschenen hellblauen Spitzenkittel und teilte dem Gast mit, daß ein großes Totengedenkfest bevorstand und der Gast eine Rede halten sollte vor allem Volk. Der Ausflug nach Bausi ging unter in der Vorbereitung auf einen neuerlichen öffentlichen Auftritt. Für das Tagebuch blieben nur ein paar Brocken taubes Gestein.

6. Kapitel

Das Traumhäuschen
— *ETWAS APARTES FÜR MICH* —

Das schmale Glück im Drachenbaum überglänzte den graurosa Dunst und das taube Gestein der Wanderung nach Bausi. Den Palazzo überholte ein Traum. Schon am vierten Tage begann der *Häuschenwahn*. Es wölbte sich ein Bogen, heraus aus der unmittelbaren Gegenwart hinüber in eine noch unbestimmte Zukunft. Die Initiation in Sippensozialismus war mit schuld daran. Von einer aufdringlichen, die Hände naiv und gierig nach Dosenmilch und Würfelzucker ausstreckenden Großfamilie überrumpelt und verärgert, zog sich die Fremde mit einem Rest des fernen Leuchtens, das von nahem so belästigend blakte, zurück und hinauf in einen abgehobenen Tagtraum von einem ‚Häuschen ganz für mich allein'. War es verwunderlich? Was in dem alten Haus mit den grünen Fensterläden vor sich ging, war ohne besondere Hellsicht vorauszusehen für das, was im Palazzo in noch größerem Umfange vor sich gehen würde. Was nützte da ein Gastzimmerchen.

Ein ‚Palazzo' – ist er im alten Europa nicht ein herrschaftlich öffentliches Gebäude? Man wohnt darin nicht wie in einer ordinären Eigentumswohnung. Man kann sich nicht in völlige Privatheit zurückziehen, die Türen zumachen und, wenn einem danach ist, den Leuten bedeuten: geht nach Hause. Laßt mich in Ruhe. In einem Palazzo kann keine schöpferische Einsamkeit gedeihen. Die Fremde aber, die Europäerin, die Frau aus dem abendländischen Westen, wäre in das abgelegene Dorf nicht hochgestiegen, hätte sie sich bei aller Bereitschaft zur Entwicklungshilfe nicht auch den Luxus eines romantisch-ironischen Individualismus leisten können. Um nach dem blakenden dritten Male wiederzukommen, mußten Bedingungen geschaffen werden, die einer inspirativer Ruhe Bedürftigen genehm waren.

Wie es anfing am vierten Tag

Die erste Etappe der Initiation vom Sonnabend-Sonntag war überstanden: die unwillkommenen Besucher und das nächtliche Palaver ohne Rücksicht auf den Gast. Am frühen Morgen des vierten Tages tauchte der Schnorrer-Onkel wieder auf, brachte jedoch diesmal Bananen und sagte, er gehe nach Ubum. Gut. Im Laufe des Vormittags füllte sich das Haus vorübergehend mit zwölf kleinen Negerlein. Sie wurden mit Marzipanschokolade gefüttert und fotografiert. Wo war da Zeit und Ruhe für das lila Literaturbuch und konzentrierte Vorbereitung für Nachhilfestunden auf ein Examen zu?

Am Nachmittag des vierten Tages beginnt es auszurasten. Etwas, das gegen Jahresende in Berlin den Gemahl am gesunden Verstand der Gemahlin wird zweifeln lassen. Es beginnt das Entwerfen eines Häuschens auf dem Urhügel. Das ferne Leuchten nimmt eine neue Gestalt an. Es erlischt nicht. Es inspiriert. Wo wäre ein exklusiverer Urlaub denkbar als im Abseits der Berge von Mbe? Touristenscharen sonstwo allenthalben, Clubreisende auf Luxusschiffen, in Hotelpalästen, an Swimming pools und Palmenstränden. Das ganze für die vielen inszenierte Weltreisetheater mit Schlemmerbüfetts, Tanzkapelle, Modeschau, niederer und gehobener Fleischbeschau, Alkohol, Sex und Videokameras. Sogar die gebildeten Studienreisen zu den Kulturdenkmälern dieser Welt streifte ein blasierter Blick – Mbe-Mbong bot den Luxus des exotisch einfachen Lebens, grenzend an ‚selig verschollen'. Nur krank durfte man in den grünvioletten Wäldern nicht werden. Außerdem müßte man einen absolut sicheren Vorrat an Dosenmilch, Würfelzucker und Haferflocken zur Verfügung haben. Kurz: an diesem Nachmittag ward Mbe-Mbong zur künftigen Ferienresidenz ausersehen.

Jedoch. Was war vorauszusehen nach gehabter Erfahrung? Der Feriengast säße im Gästezimmer, eingeklemmt zwischen Weib und Kindern und sämtlicher Verwandtschaft. Umtrieb, Lärm, Besuche – nein, so nicht. Ein Häuschen etwas abseits muß her, so klein wie möglich, da allein wäre Sicherheit vor Weib-und-Kinder-Lärm nicht nur, sondern auch vor unerwünschten Besuchern, die Bewirtung erwarten. Es darf sich nicht wiederholen, was hier vor sich geht zwischen Gast und Gästen. Groß genug freilich müßte das Häuschen sein, um notfalls auch zwei Gäste statt einen zu beherbergen: auch den Mann, den rechtmäßigen. Er könnte hier Feldforschung treiben, und ich – ich würde meinen Roman schreiben.

Abgehoben auf dem Urhügel

Am vierten Tage des dritten Besuches begann der Häuschenwahn. Auf dem kleinen Hügel über dem Palazzo, da wo nach Aussage des Bauherrn ursprünglich der Palazzo hätte gebaut werden sollen, daher ‚Urhügel', da sollte das Ferienhäuschen stehen. Es nahm Gestalt an auf kariertem Papier. Die Frau, allein im Haus und auf dem Bauche quer über dem Bett liegend, zählte Quadrate ab und zeichnete. Das Häuschen war anfangs gedacht als Nachbildung eines Teils des alten Fachwerkhauses von Ndumkwakwa. Vom Fenster eines winzigen Arbeitskabinetts sollte der Blick über ein Stück Veranda hinüber zum Abendstern gehen und hinunter zur Schmalseite des Palazzo, zu den Schlafgemächern. Der Hügel war nahe und dennoch abgehoben. Man hatte von dort oben einen schönen Rundblick, und ein paar Schattenbäume gab es auch.

Am sechsten Tag vormittags stieg *Na'anya* hinter dem Jüngling Philippus den steilen Westhang hinab, saß etwas oberhalb der Baustelle am Hang des Urhügels und meditierte, ‚Gütiges Schicksal...' Dann wurde der Hügel noch einmal inspiziert. Die Umrisse eines großen Hauses waren abgesteckt im dürren Grase sichtbar. Wie? Könnten die Besucher nicht auch bis hier heraufgestiegen kommen und herumsitzen? Ein Häuschen, viel kleiner als der erste Entwurf, vielleicht viermalvier, wäre sicherer und würde genügen als Eremitage. Nicht mehr als zwei hätten Platz auf einer winzigen Veranda. Das Tagebuch verzeichnet den Verzicht auf eine Nachbildung des Ndumkwakwa-Traktes für die Nacht vom siebenten zum achten Tag.

Holzwurm und Glücksdroge

Am siebenten Tag, nach dem Sippenfrühstück zu sechst und ehe das Wohnzimmer sich wieder mit Kindern füllt, Rückzug an den Kraterrand mit lila Literaturbuch. Ein Haufen Backsteine im Rücken gibt das Gefühl: hier bin ich ungestört. Der große Platz vor dem kleinen Haus, der sandige, umrahmt von alten Kaffeesträuchern und Bananenstauden und mit Blick auf den Bausiberg, ist nicht mehr, was er war. Er wäre inzwischen ungeeignet für literarische Dorftanzfeste im Kulturfilmformat ‚unter dem Mangomond'. Es liegen haufenweise Lehmblöcke bereit zum Verbauen in einen Gesundheitsposten. Die schöne Aussicht soll verbaut werden. Auch das ein Grund zur Flucht in den Traum von einem Häuschen auf dem Urhügel.

Im Gebälk des ‚Glücks ohne Zwischendecke' bohrt der Holzwurm. Bei nüchternem Tageslicht betrachtet, statt unterm Rauschgold der Sterne oder in der staubrosenroten Aura eines fernen Leuchtens, macht das Häuschen mit den grünen Fensterläden samt Umgebung doch einen recht unwohnlichen Eindruck. Schuld daran ist nicht die Schiefe des Gemäuers oder

der bröckelnde Verputz. Es liegt einfach und geradlinig an der Lage längs der Dorfstraße. Jeder und alles trottet da vorbei. Es liegt zudem zuviel herum an Abfällen und altem Gerümpel – ein kaputter Stuhl, ein vergammelter Schuh, verrostete Blechdosen, Tierexkremente. Hinzu kommt nach hinten hinaus die Aussicht auf die beiden Latrinen. Das alles wird jedoch erst sichtbar unter dem Einfluß der Erfahrung von Alltag unter Leuten, deren leutselige Besuchsseligkeit das nahe Leuchten zum Blaken bringt, ja schwarz durchlöchert. In dem schwarzen Loch Sippschaft verschwindet das Leuchten gänzlich.

Das Traumhäuschen wird zur Glücksdroge. Die Träume fliegen hinüber zum Urhügel und ranken um ein zukünftiges Häuschen viermalvier mit Pyramidendach. Dort, im Schatten einer winzigen Veranda, hinter Bambusgeflecht, umgeben von Palmen und Drazänen, werde ich sitzen, ungestört meinen Tee trinken und meinen Roman schreiben. Und am Abend wird zu Besuch kommen der Herr des Palazzo. Wir werden sitzen und plaudern, und den Wein des Absoluten wird er tropfenweise, so viel er halt vertragen kann, zu kosten bekommen... So läßt sich Zeit hinbringen mit Träumen und Tagebuch, und das Entwerfen des Urhügel-Häuschens wirkt wie ein Narkotikum. Wie eine Glücksdroge. Der Abendstern wird in das Fenster blinken, hinter dem das Bett steht. Die Vorstellung davon versetzt in einen Zustand ekstatischen Absinkens und Aufgesaugtwerdens von Glückserfahrung. Faustische Vorwegnahme des höchsten Augenblicks. Präsentische Eschatologie.

Unter solchen Tagträumen verflüchtigte sich nicht nur der Ärger über schwindende Dosenmilch; auch das lila Buch wurde zu einer Pflichtübung. John Donne und T. S. Eliot, was haben die in den Bergen von Mbe verloren? Sie könnten ebensogut auf der erdabgekehrten Seite des Mondes ihre lyrischen Weisheiten verbreiten. ‚Let us go now, you and I / When the evening is like a patient etherized upon a table' oder so ähnlich. ‚Had we but space enough and time / This coyness, lady, were no crime' – das ist Marvell und nicht Donne, und das ist alles, was geblieben ist von sieben Jahren Anglistikstudium...

Von der Eremitage zum Kenotaph

Am nächsten Morgen gibt das Tagebuch Auskunft über den Gestaltwandel des Traumhäuschens. ‚Vergangene Nacht habe ich die Idee, den Ndumkwakwa-Trakt auf den Urhügel zu versetzen, aufgegeben. Nd soll in meinem Roman wiedererstehen.

Hier in Mbe-Mbong soll es eine *Eremitage* sein. Drei winzige Stübchen.' Am Ende werden es, zugunsten eines ebenso winzigen Verandaviertels, nur noch zwei sein; ein Schlaf- und Arbeitskämmerlein (Bett und Tisch) und eine Vorrats-, Koch- und Eßnische, zweimalzwei. Ein Würfelhaus wie die Häuser im Dorf soll es werden; freilich keine verräucherte fensterlose Höhle.

Am zehnten Tag, als die müßige Weiße auf der Baustelle zeichnete und auch ein Weilchen in der Bauhütte saß und dem Karren von Lehmblökken zusah, schweiften Blick und Gedanken auch hinüber zum Urhügel – meine Eremitage, wann wird sie dort oben stehen? Wann wäre es Zeit, etwas verlauten zu lassen und planend darüber zu reden? Es ist noch zu früh. Erst muß der Palazzo stehen. Aber dann und wenn wirklich die Straße am Palazzo vorbei geführt werden sollte – liegt der Urhügel dann hoch genug und genügend abseits?

Am elften Tag, vormittags im Hause verbracht, ergaben sich am späten Nachmittag zwei Stunden ‚over there'; abwechselnd in einem Fensterrahmen hinten hinaus, zur Baumsenke, und auf einem Palmenstumpf neben dem Sandhaufen. Dasitzen und zusehen, wie die anderen arbeiten. Zwischendurch ein Gespräch mit dem Bauherrn. Verschwommenes. Kein Keller, kein Kamin, kein Korridor. Nur ein Gästezimmer soll *Na'anya* haben – und ist schon ausgezogen aus dem Palazzo, hinauf auf den Urhügel und in ihre Eremitage viermalvier... Wie sehr das Traumhäuschen von nun an im Zentrum des fernen Leuchtens stand, wird ersichtlich aus der bezeichnenden Notiz beim Notieren des Ausflugs nach Bausi, das Hügelhaus interessiere mehr als der voraufgegangene gemeinsame Tag. Die Obsession der folgenden zehn Jahre hatte bereits feste Konturen. Noch war der Staubrosenwahn Palazzo nicht zu Ende gemauert, da wandelte er auf kariertem Papier in unzähligen Entwürfen (allein deren sechs finden sich auf den letzten Seiten des Reisetagebuchs) die Gestalt und ward zur Eremitage.

Am siebzehnten Tag ergab sich am Morgen die Möglichkeit, ‚ein kleines Glück leichtbewegt am Busen zu halten...' Auf der Baustelle beschäftigte sich eine Arbeitswillige mit Steinetragen. Das Urhügelhäuschen aber beschäftigte die Tagträume und bewegte die Beine immer wieder hinauf auf den Hügel. Der Blick schweifte in die Runde. Zwischen den Drachenbäumen ließen sich nach der einen Seite hin Blechdächer des Oberdorfes jenseits des Tales erspähen. Vor allen aber flogen Blick und Seele leicht und frei hinab auf den Palazzo und darüber hinweg zum Ahnenberg. Wer sich hier für ein Jahrzehnt einwurzeln könnte, um in einem unsterblichen Denk- und Schreibwerk Sein, Zeit und Nicht-mehr-sein zu bedenken... Vielleicht war an diesem Tage zu erfahren, daß der Hügel kein jungfräulicher Boden war. Daß da einmal das Gehöft einer Familie stand, die dann nach Ubum emigrierte. Sie erfuhr den Namen, und vielleicht entfuhr ihr dabei ein ‚Aha'. Die Tatkräftigen und Eigenwilligen siedeln erst abseits des Dorfes und wandern dann aus. Ein Nachkömmling der Emigranten hatte es zu viel gebracht: zu hoher Position in der Hierarchie und zu zehn Kindern, für deren etliche er auch weiße Patinnen fand. Einer von den Agilen und Charmanten, der weiß, wie man weiße Frauen einwickelt, um in den Genuß von allerlei Benefizien zu gelangen. Der angehende Herr des Palazzo aber will in sein Dorf zurückkehren, spätestens auf seine alten Tage. Zuvor muß er freilich die richtige Frau finden.

Es zog sich hin mit den Jahren. Das Tagebuch ist nicht die ganze Wirklichkeit. Es ist ein luftiges Gerüst, das der Erinnerung aufhilft. Der Tagtraum von einem Häuschen auf dem Urhügel überstieg die vorhandene Wirklichkeit um ein Vielfaches und in jeglicher Hinsicht. Es war die Metamorphose des fernen Leuchtens. Es stand über dem Urhügel als Fata Morgana zehn Jahre lang und während die Vollendung des Palazzo sich hinzog. Sie zog sich hin, weil die Geldgeberin Gelder vorenthielt. Sie vorenthielt, weil ordentliche Abrechnung vorenthalten wurde. Die bewährte Ehrlichkeit des Mannes von Mbe-Mbong zog sich zurück in hartnäckiges Schweigen. Es kam auch dem Häuschen auf dem Urhügel zu ungute. Es konnte davon keine Rede sein, so lange der Palazzo nicht bewohnbar war.

Zehn Jahre nach Mbe-Mbong III, während Mbe-Mbong VI und einem dritten kurzen Aufenthalt im Gastzimmer des inzwischen bewohnbaren Palazzo, wurde, nach länglich-brieflichem Hin und Her, der Grundriß des Häuschens abgesteckt. Der Herr des Palazzo hatte inzwischen die richtige Frau gefunden, war seit fünf Jahren verheiratet, hatte drei Kinder und damit das Lebensziel auf etlichen Umwegen erreicht. Er war bereit, Na'anya für weitere Überweisungen von Geldmitteln das Häuschen zu bauen.

Aber wie es so geht mit dem Vergehen der Jahre und des Lebens, war zu der Zeit, als endlich mit dem Bauen auf dem Urhügel angefangen wurde, auch dieser Traum überholt. Eine

Eremitage für das Schreiben eines Romans? Dazu war das Leben schon zu weit vorangeschritten. Es konnte sich nur noch um ein *Kenotaph* handeln, in dem ahnungslos andere wohnen würden. Aber ein Kenotaph aus Lehmziegeln war im Grunde auch schon überholt. Das Bauen daran lief zeitlich parallel mit einem Kenotaph aus Papier. Mit jenem unförmigen Memoirenwerk, das im Jahre der Silberhochzeit begonnen wurde und das, unter der doppeldeutig schwebenden Überschrift ‚Häuschen im Eukalyptusmond', also beginnt:

Als es vollendet war und dastand, lehmgelb inmitten der grünvioletten Berge; als der Traum sich erfüllt hatte wie ein voller Mond, der eines Abends durch die Dämmerung ins schwarze Sichellaub der Eukalyptusbäume steigt, schwerelos, nach mancherlei Mühsalen durch die Jahre hin; als das Erträumte, kubisch, viermalvier, strohgedeckt mit Pyramidendach, umwuchert von wilden Malven purpurblau, von dichtem Elefantengrase mannshoch umstanden in geziemendem Abstande von wegen der Schlänglein; von wegen der Blitze in weiterem Halbkreis umgeben von Drachenbäumen und Kokospalmen; als es endlich, gegründet auf graurosa Bruchstein, den Urhügel krönte, seitwärts über dem Palazzo, und bewohnbar war, da – '

– da saß gegen Abend auf dem winzigen Verandaviertel, zu Füßen glatt und kühl Zement, im Rücken rauh das Backsteingemäuer, warm vom Tage und der festgehaltenen Glut der Oktobersonne, eine Frau saß da allein und nicht mehr jung. Sie sitzt in ihrem tropischen Arkadien und wartet – wartet worauf?

Zur Zeit, da die ostafrikanische Ameise über die Morgensonne lief, waren acht Jahre vergangen seit Mbe-Mbong VI. Von dem Häuschen wurden Fotos geschickt. Es steht wirklich da, wo es hingeträumt wurde, auf dem Urhügel über dem Palazzo. Zwar nicht auf graurosa Bruchstein gegründet und auch nicht mit Stroh gedeckt, sondern mit Wellblech – aber es steht da, wenn den Fotos und dem, der sie schickte und berichtete, Glauben geschenkt werden darf. Der geschenkte Glaube freilich hat einen bitteren Beigeschmack, seit auf den ersten Rechenschaftsbericht keine weiteren für weiter überwiesene Summen folgten. *Not money has been misused, but confidence* – eine Gutgläubige und Enttäuschte schrieb es sich selbst ins Poesiealbum. Das Traumhäuschen auf dem Urhügel aber, die Eremitage, das Kenotaph – wäre es bewohnbar, wenn ein letzter Besuch, wenn Mbe-Mbong VII sich noch ergeben sollte in diesen späten Jahren?

7. Kapitel

Einsam. Allein. Zu zweit
— SZENEN EINER (NICHT-)BEZIEHUNG —

Das Häuschen auf dem Urhügel – ein Tagtraum aus dem Bedürfnis nach Rückzug, Ruhe und Alleinsein mit eigenen Gedanken und Papier, Haferflocken und Dosenmilch. Das Alleinsein auf dem nahen Ahnenberg, im flachen Flußbett, auf dem Urhügel und im Haus, es war besinnlich, weil es ein Tagebuch gab. Das Alleinsein mit dem Tagebuch zeitigt zwanzig Jahre später ein Buch. – Einsamkeit, ein Mehr oder Weniger, wuchs aus dem Fremdsein unter Fremden. Es förderte Nachdenklichkeit und Schreibbedürfnis. Was aber beförderte die Zweisamkeit mit dem Gastgeber und Herrn des Hauses? Im Gefolge des erstabendlichen Glücks ohne Zwischendecke beförderte sie eine kleine Sammlung Idyllik. Das nahe Leuchten blakte nicht zwanzig Tage lang. Es verdichtete sich hier und da zu kleinen Bildchen. Die großen Szenen sind erinnert und festgeschrieben. Die kleinen und mittleren, wenige davon kostbar, Szenen einer (Nicht-)Beziehung sollen nun aus der Zerstreuung gesammelt und wie in ein Album geklebt werden

Wenn hier nur Erinnerungen aufzuzeichnen wären – das Album enthielte viele weiße Blätter, aus deren Klebeecken die Bilder herausgefallen sind. Noch vorhanden wäre der Abend inmitten versammelter Sippschaft und des einfühlsamen Jünglings Philippus treffliche Bemerkung. Des weiteren vielleicht die Trommelnacht am Kraterrande mit dem Gefühl des Ausgeschlossenseins. Diese Art Einsamkeit verstört. Mehr wäre vorhanden an Bildern selbstgenügsamen Alleinseins. Dazu gehört auch der Sternenhimmel. Vor allem aber Häusliches, vom guten Zwiebelsüppchen auf dem Kerosinöfchens bis – ja, wäre da Raum für einen rücksichtslosen Naturalismus, bis in die Latrine.

Zweisamkeit. *Let us go now, you and I'* – wohin? Nach Bausi, gut. Und sonst? Das Eigentliche, wie könnte es anders sein angesichts des nahen Leuchtens, das da nicht nur blakte, sind Szenen häuslicher Zweisamkeit. Gelungener und gescheiterter, schweigender und gesprächsbereiter, abweisender und bemüht entgegenkommender. Gemeinsam geplant war ein Doppelziel: Wir wollen am Palazzo bauen, und wir wollen Gedichte interpretieren als Vorbereitung auf das nächste Examen. Das eine gelang, das andere mißglückte.

EINSAM INMITTEN
'You must feel lonely...'

Eine Fremde zu sein unter Fremden, es blieb bewußt. Wie auch nicht. Aber es breitete sich darüber das Gefühl: ich bin, wo ich sein wollte. Eines Abends jedoch verdichtete sich das Dasein zu Einsamkeit und stand mit verhülltem Haupt inmitten der versammelten und naiv nativ palavernden Sippe. Der Jüngling Philippus war es, der es erkannte und benannte. Es hält die Erinnerung wach an einen früh Dahingegangenen.

Was für Gedanken... Wie geduldig. In der Großfamilie gab es nur zwei, die sich ohne Schwierigkeiten auf englisch unterhalten konnten: der Vetter Allan und der Neffe Philippus. Beide übernahmen auch die Anrede ‚Na'anya'. Phil war von Bandiri mit heraufgekommen, um die groben Hausarbeiten zu erledigen und am Bau mitzuarbeiten. Das Tagebuch beschäftigte sich mehrmals mit ihm. – An dem Montagmorgen, an welchem der Hausherr zurück nach Bandiri ging und ehe der schnorrende Onkel kam, sitzt, wartend auf ein Frühstück, der Gast und schreibt Tagebuch. Was gerade so einfällt. Dann wendet sich das Interesse dem Jüngling zu, der die Töpfe putzt. Mit seinen zwanzig Jahren ist er in Abwesenheit des Hausherrn der einzige interessante Charakter: geistig beweglicher als sein bedächtiger Onkel; dafür wohl auch labiler. Als einziger reicht er an die Unbefangenheit heran, mit der sonst nur sein Onkel Na'anya zu begegnen weiß. Wenn irgendeiner etwas begreift, dann am ehesten er. ‚Manchmal blickt er um sich mit Augen, die schon alt anmuten. Er hat einen großen Kopf und wer weiß, was für Gedanken darin.'

Ein paar Tage später. Die morgendliche Körperhygiene verbreitet Arnikaduft. Die Haushaltshygiene verbreitet ganz andere Düfte: alle Töpfe, Teller, Tassen riechen nach Seife und Waschpulver. Es fehlt an kaltem Wasser zu gründlichem Spülen, und heißes Wasser wäre Luxus. Das Geschirrhandtuch ist so widerlich verschmutzt, daß die Fremde ein sauberes aus ihren Vorräten hervorgeholt und es dem geduldig seine Haushaltsarbeit verrichtenden Phil wortlos in die Hand drückt. Morgen wird er in den Krater hinab gehen, um Wäsche zu waschen. Wie geduldig und demütig tut der junge Mensch alle grobe Arbeit und sitzt, wenn es ein Huhn im Topf gibt, bescheiden wartend im Hintergrund. Vielleicht bleibt ein Knöchelchen für ihn übrig. Er muß die Kosten höherer Schulbildung mit Sklavendiensten, wie sie sonst einer Hausfrau zufallen, ableisten.

Abendeinsamkeit unter Frauen

An diesem Donnerstag, nach einem halben Tag auf der Baustelle und dem diffizilen Ritual des Haarewaschens, sitzt der Gast, umduftet von Rosmarin, mit weißem Handtuchturban und schwarzem Plüschmantel unter den Abendbesuchern im Wohnzimmer. Die Mutter, die Schwester, die Frau des Vetters, die Tanten, lauter Frauen. Die Buschlampen, mehr Düsternis als Helligkeit verbreitend, werfen die Schatten durcheinander. Der Blick, in der blakenden Düsternis schweifend von einem Gesicht zum anderen, versucht zu unterscheiden – wer ist wer? Die breite Nase; der dicke Mund, das Gesicht alt und vergrämt: nur am mißtrauischen Blick ist die Schwester erkennbar. Die ähnliche Häßlichkeit. Die Mutter noch mehr vergrämt. Sie reden ihren Eingeborenendialekt. Die Frauen der Sippe, sie saßen drei Stunden lang, bis die Elfe im Tal elfe rief. Sie saßen und die Fremde saß hartnäckig unter ihnen; ohne mitreden zu können und ohne Tagebuch, einfach so saß sie die Zeit ab und machte sich ihre Gedanken. Auf den Gedanken, den einzigen Mann, Phil, als Dolmetscher einzuschalten, kam sie nicht. Eine merkwürdig lauwarme Stimmung ist erinnerlich. Nicht zu laut und nicht zu lebhaft plätscherte die Unterhaltung dahin.

Hätte sich der Europäerin Herz nicht erwärmen müssen, wie in einer Spinnstube, wo die Volksseele am Spinnrad sitzt? Philippus saß schweigend dazwischen. Woher kam die Einsamkeit, die er bemerkte? Sie kam von weit her. Im Gegensatz zu einer religiös verwurzelten Dorf- und Sippengemeinschaft, deren Lichtseiten und hehre Ideale die westlich gebildeten, vom Kolonialismus beleidigten Eliten Afrikas nicht müde werden zu verklären, ist die Europäerin ein Einzelwesen, das geistig weithin für sich zu existieren vermag mit Hilfe eines Tagebuchs. Ja, wurzellos ist die Fremde. ‚Bin ich der Flüchtling nicht, der Unbehauste...‘ Ein Notgehäuse auf schmalster Basis ist, was sich auch in der Krise bewähren soll: eine Ehe ohne Nachkommen, ohne Eigenheim. Abgesichert freilich im engmaschigen Netz eines Sozialstaates, der individuelle Freiheiten gestattet. Hinter allem ein Abgrund von Geschichte, von dem die Leute in diesem Dorf und selbst der halbwegs gebildete Mann von Mbe-Mbong kaum eine ferne Ahnung haben.

‚*You must feel lonely.*‘
Der Jüngling Philippus, in dieser Hinsicht offenbar sensibler als sein Onkel (den bei aller Unbefangenheit vernünftiger Argwohn an zu viel Einfühlung hindern mag), er empfand die Einsamkeit der Fremden inmitten seiner Sippe. Er sah, was da verhüllten

Hauptes im Halbdunkel stand. Er sprach das Wort und benannte es heraus, an jenem Donnerstagabend: ‚Na'anya, you must feel lonely.' Die Einsame wehrte ab: ‚I feel quite comfortable.' Das herausbenannte Wort hatte den Schleier vom verhüllten Haupt der Einsamkeit gezogen, die eine Selbstgenügsame nicht sehen und nicht fühlen wollte.

(Die Einsamkeit in der Nacht des Tam-Tam wurde in die Ethno-Kulisse Dorf abgeschoben. Auf Mitternacht zu saß die Fremde am Kraterrand, vom Häuptlingsgehöft herauf kam das Trommeln des Totengedenkfestes, bei dem man die Weiße nicht haben wollte. ‚Wo bin ich? Auf welchem fremden Planeten? Viel näher bei den Sternen als unter Menschen.' Ein einziges Mal näherte sich das Alleinsein dem Gefühl der Einsamkeit. Man feierte, und die Fremde blieb ausgeschlossen.)

Tagebucheinsamkeit. Unleserliches

Aufgehoben wurde Einsamkeit gemeinhin im Tagebuch. Wo bin ich? Bei mir selbst. Schreiben fand statt inmitten von Arbeitenden oder Palavernden. Die schriftlichen Monologe, die hier als Hauptzeugen des Alleinseins sowohl als auch der Szenen zu zweit aufgerufen werden, lassen keine klare Grenze zwischen äußerem und innerem Alleinsein mit sich selbst in Gegenwart anderer feststellen. Ist die Frau, die auf einer Wanderung zu zweit auf den heißen Höhen einem kühlen Fallwind in die Arme läuft, einsam? Macht Fremdheit eo ipso einsam? Das sind Fragen für Zergliederer von Seele und Gesellschaft. Das Schreiben, gewiß, es sonderte ab. Niemand sonst schrieb. Das Schreiben war eine Weise, bei sich selbst zu sein. Das Tagebuch ist der beste Beweis für das Auseinanderklaffen der Daseinsweisen.

Unleserliches im Urtext.
Das Tagebuch, es ersetzte bisweilen sogar die Willensrichtung über sich selbst hinaus, in die Transzendenz. Es ersetzte das Gebet. Es hielt im Gleichgewicht. Es nahm hin wie ein göttliches Ohr, es erhörte und verhinderte Ungehörigkeiten. Nur ein einziges Mal widerfuhr Weigerung in der Form eines Kugelschreibers. Am letzten Abend, zurück von der Abschiedsaudienz im Häuptlingsgehöft, war nicht der gewohnte Bleistift zur Hand. Der Kugelschreiber aber, ergriffen wie ein Strohhalm, er weigerte sich nach wenigen dahintorkelnden Zeilen, weiterzuschreiben. Wie ein vernunftbegabtes Wesen widersetzte er sich dem, was er auf dem Papier offenbaren sollte. Er streikte nach wenigen Satzfetzen, als könne er das, was da über seine Kugelspitze

sollte, nicht billigen. Ein willfähriger Bleistiftstummel vollendete, was allenfalls in phönizischer Konsonantenschrift wiederholbar wäre. Im Abstand der Jahre läßt sich in nachträglich veredelten Umrissen andeuten, welcher Art von Alleinsein das Tagebuch zum Rettungsanker und Therapeuten wurde.

Nach der Abschiedsaudienz im ‚Palast' und mühsamer Beherrschtheit auf dem Weg zurück ergab sich im Haus ein ‚heiter-chaotischer Wortwechsel' vor Ohrenzeugen. Danach, während der Hausherr ein Abendessen bereitet, befindet sich *Na'anya* allein in der Kemenate, hinstürzend auf Bett und Tagebuch. Über zwei Seiten hin verweht die Handschrift und torkelt von den vorgezeichneten Linien. Beim Abschreiben Jahre später stieg es wieder auf: das Schreiben-Müssen, um nicht durchzudrehen, die streikende Schreibpaste, das willfährige Graphit. Die auflösende Wirkung von Alkohol, selten erlebt. Wie der Gedanke an eine Verschwörung der alten Mannen im Häuptlingsgehöft aufkam – irre Verdächte; was hätten die Edlen von Mbe-Mbong nicht alles gebilligt für entsprechenden Geldsegen? Das Delirium des Schreibens hielt im Gleichgewicht. Schreiben – Ersatz für das Unmögliche, das doch im Ernst nie gewollt war. Um so verführerischer muß die Vorstellung davon gewesen sein für eine, die sich so sicher am Mast der Ehe festgebunden fühlte, daß sie des Heiligen Geistes als Warner und Wächter gar nicht bedurfte. Was für die *anima simplex atque christiana* des Mannes von Mbe-Mbong vielleicht ein kurzschlüssiger Gedanke war, zu dessen Abwehr ihm das primitive Tabu ‚Unreinheit' zuhanden war (‚impure thoughts'), es war für die überzivilisierte Europäerin eine ästhetische Kategorie. So jedenfalls legte sie es sich zurecht und hob das Unleserliche des Urtextes in eine reflektierende Endfassung – auf.

ALLEIN IM HAUS
Dasein mit sich selbst

Hätte der Fremden Feldforschung am Herzen gelegen, sie wäre unentwegt im Dorf, in den Feldern, bei den Wasserquellen zu finden gewesen. Am Herzen so weiß der Fremden aber lag allein das nahe Leuchten, das, wenn es nicht blakte, das Dasein mit einem rosenroten Dunst umgab.

In dem Häuschen mit den schiefen Wänden und grün gestrichenen Fensterläden fühlte sich die Fremde wohl, wenn sie allein war. Da war es die Vorstufe der Eremitage. Oder zu zweit.

Da war es Rahmen für Idyllik. Davon hat das Tagebuch einiges notiert. Etwa von der Art der sanftgrauen Taube, die durch das offene Gebälk spazierte und vorübergehend beunruhigt wurde durch den Gedanken, daß das Leben nicht hinreichen könnte, den großen Roman zu Ende zu schreiben. Zwanzig Jahre später ist der Roman noch immer unvollendet... Aber hier nun werden ins Erinnerungsalbum ein paar Bildchen eingeklebt, die in jenen zwanzig Tagen das Eremitendasein vorwegnahmen.

Ein Porträt und Sternengischt

Am dritten Tage, als der Herr des Hauses wieder nach Bandiri gegangen war und es nun sozusagen eine Herrin im Hause gab, kam selbige zur Mittagszeit von Baustelle und Ahnenberg zurück und kochte sich ein Süppchen nach ihrem Geschmack. Mit dem Kerosinöfchen auf einem zweiten, leeren Bettgestell im Wohnzimmer war gut zurechtzukommen. Ein Tiegel und ein Topf und Vorräte sind vorhanden, weil richtig geplant worden ist. Öl, Zwiebeln, Tomatenmark und Käseecken können nicht so roh verschlungen werden wie Dosenmilch und Zucker.

Das Porträt des Hausherrn. Mit ihm beschäftigen sich die letzten Tagebuchgedanken an diesem Tage: Warum steht, was zwei Jahre zuvor über der Tür der Schlafkammer hing, nun auf dem Nachttisch rechter Hand? Es mutet an. Es sieht aus als ob. Was kann ein Nachtfalter für merkwürdige Geräusche machen... Wie ist alles so friedlich. Möge Gott doch nicht zulassen, daß ich mich ärgere wegen dem, was der fiese Onkel mir wegfrißt. Es gibt doch schönere Gedanken. Denk ich daran, wie leicht ich diesmal hinter dem Mann von Mbe-Mbong ins Dorf heraufstieg, dann bekommt das viele Radfahren hinter Isi her Sinn und der morgendliche kalte Waschlappen auch. Ich denke an Isidor und an meine Mutter. Ich weiß, daß beide an mich denken. Ich bin hier allein, aber nicht ‚selig verschollen'. – Am sechsten Tag nach dem Mittagsschlaf, allein im Haus. Das Doppelbett ist so bequem. Es lädt ein, meditierend Zeit zuzubringen. Das große Foto, braunstichig und der Schimmel zieht schon darüber hin, hängt inzwischen an der Wand. Das kann doch wohl nur der Philippus gewesen sein, der sich zu viel denkt. Oder wäre er der verlängerte Arm seines Onkels? Soll das Bild symbolisch Anwesenheit eines Abwesenden sichtbar machen? Das wäre noch ein Körnlein, und ein besonders delikates, für den raren Vogel, das weiße Huhn, das die goldenen Eilein legt... Das Körnlein ward aufgepickt, das Porträt am Ende mitgenommen.

Allein unter Sternengischt.
Nach dem Tag im Reisfeld und dem abendlichen Ärger und
Gezeter kam Frieden um Mitternacht und es öffnete sich eine
Lücke im Schlaf. Das Fenster der Kammer stand auf, das hintere zur Latrine. Soll ich es schließen? Ich sollte wohl. Und aus
der Fensterhöhle erhob sich der Blick über Latrine, Bananenstauden und Drazänen und stand in Andacht stille. Sterne wie
Rauschgold. Ein kosmisch-kosmetisches Schaumbad. Sternengischt, versprüht über das schwarze Gewand der vorüberwandelnden Nacht. Das Tagebuch holt das Bild wieder hervor.

Häusliche Rituale

Gegen halb sieben weicht die Nacht. Zwischen Wellblechdach
und Backsteingemäuer, wo das roh behauene Gebälk aufliegt,
und durch die Ritzen der Fensterläden sickert lautlos das Licht,
ein kühles wäßriges Grau. Wie gut war der Schlaf der Nacht.
Wie schön das Sternenrauschgold nach Mitternacht. Tagebuch
schreiben. Um 7 ist es an der Zeit, aufzustehen. Waschwasser
gibt es nicht, aber abgekochtes Wasser ist in einem roten Plastikeimerchen mit Deckel. Es steht auf dem Regal in der Schlafkammer. Den schwarzen Morgenmantel über dem hellgrünen
Nachthemd durchgeknöpft (Al und Phil können jederzeit kommen), und mit einem Glas Wasser hinter das Haus. Da steht
der neue Tag, putzt sich die Zähne und spuckt in den Sand.
Das Zahnfleisch blutet. Und dann? Dann wieder Tagebuch. Die
einzige Möglichkeit, sich des Daseins zu vergewissern und das
Alleinsein gedanklich zu beleben.

Nach einer Woche hat die Weiße, nur begrenzt anpassungswillig, es fertiggebracht, ihre Morgenrituale rudimentär durchzusetzen. Dazu gehörten ein kalter Waschlappen und eine Tasse
Tee so früh am Morgen wie möglich. Das Wasser in der Thermosflasche ist gerade noch imstande, eine bräunliche Brühe
aus den Teekrümeln zu ziehen. Damit sind Blutkreislauf und
Verdauung *rite* angeregt. Es müßte eine Portion Haferflocken
folgen, aufgebrüht mit heißem Wasser, angereichert mit Dosenmilch, Salz und Zucker. Danach zum Kraterrand hinüber,
um hinter einem Haufen Lehmblöcke die Morgensonne zu begrüßen. Über dem Bausiberg steigt sie durch den Dunst. Sei
mir gegrüßt, du Berg mit der sportlich-steilen Erinnerung...

Das Tagebuch ist nun bereit, sich die Träume der Nacht einkritzeln zu lassen: Buntes, Verworrenes, Leute im Haus, Geistesgegenwart, intuitives Wissen-was-zu-tun-ist. – Gegen Abend langsam und gebückt von der Baustelle zurück den Westhang hinauf. Der Magen knurrt. Die Kochbananen samt der Fleischwürfelbrühe zu Mittag sind längst verdaut und verdunstet. Bis es etwas Solides zu Abend gibt, läßt sich das Knurren mit rohen Zwiebeln und Vache-qui-rit beruhigen. Da es weder Orangen noch Avocados noch Ananas gibt, sind schwarzer Tee und Zwiebeln die Eckpfeiler eines notdürftig geregelten Innenlebens. Und dann ist da wieder das lila Literaturbuch. Es soll doch eine Examensvorbereitung stattfinden. Statt dessen beginnt der Häuschenwahn... Das Alleinsein im Haus ist fortan umnebelt von der Glücksdroge ‚Eremitage'.

Störfall und Verstörung

Kinder als Störfälle des Alleinseins sind schon abgehakt bis auf eine Episode. Am zehnten Tage gegen Abend, nach Tisch und mühsamer Konversation, geht der Herr des Hauses ins Dorf. Die Frau, allein im Haus, wirft sich bäuchlings aufs Bett und schreibt Tagebuch. Es ist noch hell. Bei beginnender Dämmerung setzt sie sich hinter das Haus – kein ästhetisches Plätzchen, nein, so im Anblick der Latrinen und des Abfalls, der da herumliegt. Aber das unverputzte Gemäuer im Rücken gibt das Gefühl, allein und trotzdem in Sicherheit zu sein. Und es ist so schön ruhig. Nicht lange. Und es naht nicht etwa scheu auf Zehenspitzen – es rennt, hüpft und kraucht herum in völliger Nacktheit; auch die größeren Kinder sind ohne Höschen. Sie sind auch nicht andächtig stille beim Anblick der fremden Prinzessin – sie vollführen ein ungeniertes Geschrei. Wo kommt das her? Was hat es zu bedeuten? Sollen damit Angst und Abstand überwunden werden? Wer fürchtet sich vor der weißen Frau? – In dieser Nacht Niesen und leichte Schleimabsonderung. Vielleicht auch erhöhte Temperatur, unbemerkt in der allgemeinen Wärme. Der Blutverlust ist normal, und das Ganze dauert nur noch zwei bis drei Tage statt eine peinvolle Woche. Ein kühler Morgenwind kommt durch die unverglaste Fensterhöhle. Es war der Morgen, der frostig begann. Das Tagebuch nimmt es ausführlich zur Kenntnis. Und fügt hinzu die Traumfragmente der Nacht: Lang vergangene Vergeblichkeiten. Noch einmal und immer noch, eine Verstörung, *Bethabara*, zwölf Jahre zurück. Vielleicht knüpfte sich der Traum an das buntgewebte Lesezeichen, das Geschenk, fast zehn Jahre zurück, das täglich vor Augen ist. Xenias. Tristan. Welche Seiltänzerkunst der Seelen; welche höhere Bildungs- und feinabgestimmte Seelenharmonie, *spätgereift und zart und traurig, die Komödie unsrer Seele,* damals, drei kurze Monde, erlebt, erduldet, verschuldet für immer. Welche wahlverwandte Leichtigkeit gegen die schwerfällige Tugendübung allhier und *faute de mieux*, so peinlich eingeklemmt zwischen schnödem Mammon und – ja, was? Das Ehegehäuse ist eine feste Burg, kein Gefängnis...

Verriegeltes Alleinsein

Nach dem frostigen Morgen riegelt, während alle auf der Baustelle sind, die Frau im Hause sich ein. Sie igelt sich ein, um ermäßigter Plage Ruhe zu gönnen. Noch einmal Exzerpte aus den rudimentären Tagebüchern. Dreizehn Jahre zurück liegt der erste Versuch, ein Haus zu bauen. Dreimal Pech gehabt, zweimal durch Untreue, einmal durch Treue. Jetzt wird er's hoffentlich schaffen mit der Braut von Bandiri. Und seit sieben Jahren folgt seinen Spuren auf gewundenen Pfaden – *don't you think it's rather funny?* Ein komischer Vogel. So fromm und so – unmöglich. Ein Abend ohne Abendstern und ohne ‚Poetry'.

Am Tag nach den Gesteinsbrocken und Lehmblöcken stieg eine rechtschaffen Ermüdete gegen Mittag allein zurück ins Haus, trank etwas, aß etwas, legte sich hin und spürte die geleistete Arbeit in den Armen. Nun sind Entscheidungen zu treffen. Das mitgebrachte Geld muß verteilt werden. Könnte ich nicht erwarten, versorgt zu werden? Statt dessen... Wunderliche Welt im Abseits der Berge von Mbe. Den Löwenanteil von 50'000 wird der Hausherr erhalten, zu den Hundertausenden hinzu, mit welchen er baut. Jede kleinste Ausgabe für den Haushalt, einschließlich einer großen weißen Émailleschüssel und sämtliche hinzugekauften Dosen Kondensmilch wird Freigebigkeit ihm ersetzen und noch das Vierfache hinzutun. Ein halbes Dutzend anderer Leute erwarten auch ein ‚Geschenk'. Ich bin allein mit meinem Geld. – Allein im Haus blieb die Müdigkeit am Tage nach Bausi. Die lange Wanderung steckte in den Knochen; eine Ansprache mußte geschrieben werden. Durch das Gebälk spaziert das Alleinsein als sanftgraue Taube...

Narzißmus und Eifersucht

Es spazierte auch durch zwei weitere Bildchen im Album. Das eine alltäglich, das andere eher sonntäglich getönt; beides Episoden des Alleinseins im Häuschen. Das eine dominiert von Hochrot – ein Strickhütchen; das andere lindgrün fließend, ein Nachthemd. Letzteres war zuerst im Spiele. Ein leichtes Gewebe, fast bodenlang, Empire, verziert mit Lochstickerei, einer Prinzessin würdig. Getragen ward es unter dem tiefschwarzen

Plüschfutteral von Morgen- und Abendmantel. Wenn Gast und Gastgeber zu Tische oder in den Sesseln saßen, trug *Na'anya* beides, das festlich-zarte Lindenblütengrün wohlverhüllt unter feierlich-strengem Schwarz. In der spiegellosen Schlafkammer aber und bis hinauf in die Latrine wehte ein Hauch von Narzißmus. Ich allein weiß, wie edelschön ich mir, nicht euch, nicht dir, ich mir selbst daherwandle morgens und abends. In was für ein Nixen- und Narzissenwesen das langbehoste, staubbraun Verkleidete des heißen Tages, der Baustelle, des Reisfeldes, sich im Alleinsein verzaubert zu einsamem Selbstgenuß. Am vorletzten Tage wurde die textile Heimlichkeit eigenhändig gewaschen und zum Trocknen in den Badeschuppen gehängt. Dann machte die Prinzessin sich etwas zu essen, Rührei, Fleischbrühwürfel, Zwiebeln und Käseecken. Wieder kommen Kinder ins Haus. Die Fremde übersieht sie. Ißt ihr Süppchen allein. Zum Narzißmus gesellt sich – Freßegoismus.

Das rote Strickhütchen tauchte auf am Abend des Totengedenksonntags, während eines der seltenen Gespräche mit dem Hausherrn. Da tauchten zwei junge Frauen auf, Gäste von auswärts. Der jüngeren von beiden, einer kleinen Fetten, legte der Hausherr die Hand auf den nackten Arm und stellte sie als seine ‚Tochter' vor. Eine der vielen Nichten also, und zu einem flauen Gefühl im Magen kam ein flaues Gefühl weit unangenehmerer Art hinzu. Die spröde Zweisamkeit zerbrach; zurück blieben Scherben und eine lächerliche Eifersucht, als der Hausherr die beiden Damen hinwegbegleitete und die weiße Frau alleine im Haus zurückblieb. Das Tagebuch notiert Ratlosigkeit. ‚Was bedeutet das nun wieder? Wieder diese schwammig überquellenden Brüste. Die verschwommene Verwandtschaft. Bin ich eifersüchtig?' Ratlosigkeit stand am Kraterrand, und hinter dem Kaffeegesträuch stand der Abendstern als Fragezeichen. Wird er heut nacht mit dem roten Strickhütchen tanzen? – Als am nächsten Abend die ‚Tochter' noch einmal ins Haus kam und die weiße Frau am Verhalten des schwarzen Mannes zu erspüren glaubte, daß der Vorrat an Tauglichkeit zu mönchischem Leben erschöpft war, legte sich Eifersucht wie ein grau-und-gelb gestreiftes Sacktuch atembehindernd über die abschiednehmende Seele. Wieder ging der Hausherr nächtlich hinweg mit den Damen und kam am nächsten Tage bis Mitternacht nicht zurück. Mit dem Tagebuch allein im Hause bleibt ein ratloses Fragen. ‚Wo war er so lange? Daisy? Will er zwei Eisen im Feuer haben? Torschlußpanik? Was dreht sich da im Kreise? Was bleibt mir? Ich werde das Porträt mitnehmen.'

ZWEISAMKEIT
Diffiziles Rollenspiel

Vorweggeträumt als das Eigentliche, das Herz der zwanzig Tage von Mbe-Mbong: etwas Sinnvolles anfangen zu zweit. Bauen am Palazzo; wandern über die Höhen; hausen im Häuschen; Gespräche zu zweit, und als Höhepunkt ‚Poetry' mit der alten Rollenverteilung, Vorbereitung auf ein Examen.

Die Zweisamkeit war nicht einfach. Das Rollenspiel war diffizil. Die Machtverhältnisse schillerten; sie verschoben sich ständig. Die Frau hatte Geldmittel, einen gehobenen gesellschaftlichen Status, war älter und Ehefrau. Sie hatte aber auch Schwächen: eine romantische Phantasie und wenig Menschenkenntnis. Der Mann war im Besitz der Dinge, danach die Frau strebte. Er hatte Heimat; ein exotischer Hexenpilzring auf einem Kraterrand, eine wellblecherne Ringelblume unter dem Harmattan. Er besaß Tugenden, die nicht oft zu finden waren. Unter seinesgleichen war er eine Respektsperson, und obgleich ohne Weib und Kind, war er Patriarch in der matrilinearen Großfamilie und Kulturheros des Dorfes. Was war *Na'anya's* Status neben dem des Gastes und Geldgebers? Sie wollte immer noch Vorgesetzte und Lehrerin sein und kam als Hausgenossin morgens mit offenem Haar aus der Kemenate, um auf die Latrine zu gehen. Die Latrine und das Literaturbuch; ein schwarzer Plüschmantel und familiäre Nacktheit kamen knapp an einander vorbei. Das einfache Leben ebnete ein. Nur zweierlei ließ sich nicht einebnen: die Geldmittel auf der einen Seite und die Armut auf der anderen, und daß hier häuslich miteinander zurechtzukommen versuchten eine Frau und ein Mann.

Was im Rahmen häuslicher Zweisamkeit wie Idylle anmutete, ist bereits aussortiert und mit dem kurzen ‚Glück ohne Zwischendecke' des ersten Abends dem nahen Leuchten zugeordnet, das alsbald zu blaken begann. Es blakte indessen nicht nur im Sippenrahmen der Initiation. Es blakte bisweilen auch zwischen *Na'anya* und dem rechtschaffenen Mann von Mbe-Mbong. Es gab viel Schweigen; es gab Mürrisches, Frostiges, Ratlosigkeit; Wortwechsel, emphatisch. Es gab nacktes Fleisch und zähes Huhn. Es gab eine ‚saturnische Stunde' beim Bier am dreizehnten Abend und ein unerwartetes Gespräch in der Disco-Nacht. Es gab ein einziges Mal auch Examensvorbereitung – ‚Poetry'. Über allem aber lag wie graurosa Dunst die Frage: Was will diese Frau eigentlich? – Sie will im nachhinein Kleinigkeiten, ein paar Bildchen, in ihr Album kleben.

Häusliches ohne Idylle

Zwölf Miniaturen lassen sich ausschneiden und einkleben. Eine kleine Heiterkeit darf sich daruntermischen, ein Morgenschock und ein historischer Augenblick aus Mahagoni.

Zähes Huhn und nachlassendes Gehör. Beim Abendessen zu zweit am ersten Sonnabend, nach Häuptlingsgehöft, Baustelle, Juju-Tanzlärm und erhobener Stimme beidseitig, saßen zu Tisch außer Gast und Gastgeber der Plagen zwei und nickten bedeutsam: Ja, meine Liebe, die Zähne werden stumpf, das Zahnfleisch ist empfindlich, und das Huhn im Topf ist zäh. Peinlicher die andere Plage: Du wirst vorzeitig schwerhörig, meine Liebe. Ja, leider; was ist da zu machen. Ein Hörgerät ist vorhanden, aber es taugt nicht viel. Es hat schon in Ndumkwakwa zu schaffen gemacht und während der letzten Jahre das Diskutieren durch Dozieren ersetzt. Hier nun berührt es seltsam, zu hören, wie der Mann lauter wird, wenn die Frau zu verstehen gibt, daß sie nicht verstanden hat. Bei *small talk* die Stimme erheben zu müssen, bringt einen angestrengten Ton mit sich und stört das Idyll. Es war nicht zu ändern. So wenig wie zwischen den Zähnen das zähe Gefaser.

Rückkehr und kleine Heiterkeit. Im letzten Tageslicht nach einer Woche Abwesenheit war der Herr des Hauses zurück. Vorausgegangen waren ihm das Gepäck und ein Fisch. Er kam, brachte eine Zeitung mit und sich selbst im hellblauen Spitzenkittel, verstaubt und verschwitzt. *Na'anya* saß am Tisch und las. Er gab die Hand, die sie sitzend einen Augenblick festhielt. Begrüßungsformeln. Zurück von drei Tagen ermüdendem Prüfen von Gemeindefinanzen. Und was sagt eine Frau, die zwischen den Stühlen sitzt, auf die formelle Erkundung hin, wie es ihr ergangen sei? Sie zögert – welche Dinge dürfen sogleich gesagt werden und welche nicht? Am besten etwas Allgemeines. ‚Oh. Well. I've been learning a few things by trial and error.' Nicht die schlechteste Art, etwas zu lernen. Nicht wahr? Dann fiel gelassenes Schweigen ein. Weder freudiges Herzklopfen noch peinliche Verlegenheit ließen sich spüren. Das lila Buch wollte andeuten, daß man sich als nächstes mit Examensvorbereitungen beschäftigen werde. Erzählen mögen Allan und Philippus. Vom Ärger auf dem Bau. Er mißversteht. Oh ja! Die Fama vom Reisworfeln und Lehmanmachen sei ihm schon in Ubum entgegengelaufen. Anlaß zu einer kleinen Heiterkeit. Weiter nichts. Er setzte sich und sitzt da. Redet Dialekt mit dem Vetter und dem Neffen, der den Fisch und Reis kocht. Man ist nicht zu zweit allein. Auch nicht beim Abendessen. So, wie sie von der Baustelle kam, saß *Na'anya* danach im Sessel und schrieb. An diesem Abend folgte der letzte Akt der Initiation. Mireilles Schatten geisterte durch die Kemenate. Am nächsten Morgen erst saßen am Frühstückstisch zwei allein; eine grüne Nixenbluse und eine bereits formelhafte ‚Nacktheit bis zum Nabel'. Wie exotisch. Wie autochthon. Welch subtile Kontrastharmonie. Die Freundlichkeit des Hausherrn stimmte friedlich. Der Rest war ein ‚desolater Sonntag' mit erneutem Palaver am Abend. – Am folgenden Morgen ist, nach gut durchschlafener Nacht, die Welt noch in Ordnung. Sie wird noch ordentlicher dadurch, daß auf eine im Frageton vorgebrachte Bemerkung *Na'anyas* hin der Hausherr alsbald schicklich in Tagesbekleidung erscheint. Will hier eine erziehen? Ist ein Mann im Schlafanzug peinlich? Unästhetisch? Unexotisch?

Verwechslung im Montagmorgengrau. Eine Stunde zuvor hing die kleine Welt zwei Augenblicke lang schief in den Angeln. Zu noch halbnächtlicher Stunde nämlich wandelte *Na'anya* zur Latrine hinüber, ungekämmt und den schwarzen Plüsch nicht ordentlich zugeknöpft. Da ergab sich im ungenauen Dämmer eine merkwürdige Verwechslung. Beim Zuziehen des knatternden Blechs fiel der Blick zufällig hinüber zum Haus. An der Schmalseite rechter Hand stand etwas Halbwüchsiges. Nanu, ist das Bürschchen Andy wieder da? Das schmächtige Halb-Kind bückte sich, kratzte sich am Bein und sah herüber. Da war es hell genug, um den Schlafanzug zu erkennen. Und hinter dem Wellblech der Latrine hockte ein Augenblick der Verstörung über der Öffnung zwischen den Baumstämmen. Wie kann Morgendämmerung eine solche Schrumpfung kompakter Proportionen bewirken? Man traf auf einander vor der Hintertür. Man entbot einander den Morgengruß und fügte ein paar weitere Floskeln hinzu. Oder enthielt das unverständliche Gemurmel eine wichtige Mitteilung? ‚Ich alterndes Weib hatte nur ein taubes, unbewaffnetes Ohr. Das Hörgerät ist eine Plage. Taub macht doof.'

Der Herr des Hauses bereitete ein Frühstück. Das letzte Ei stank auch. Da blieb außer Tee nur Haferflockenbrei für die eine und für den anderen ein Rest Reis vom Vorabend. War noch irgend die Rede von Literatur und Vorbereitung auf das Examen? Man ging hinüber zur Baustelle. *Na'anya* saß und zeichnete; kroch in die Einsilbigkeit des Laubhüttchens und wieder heraus. Man ging einander aus dem Weg, und machte sich gegen Abend schweigend auf den Weg zurück.

Nackt und *sullen* am Abend.
Als man im Hause ankommt, steht auf dem Tisch eine Schüssel mit Maisfufu und ein Pot mit Huckleberry-Gemüse. *Na'anya* geht als erste ins 'Bad', um sich den Staub abzuwaschen, während der Hausherr das Kerosinöfchen zum Stinken bringt, um die Hühnersuppe aufzuwärmen. Als aus Blech und Backstein eine Anadyomene in weitem Fledermausgewand über hellgrünem Nachthemd auftaucht, sitzt der Mann mit nacktem Oberkörper auf der Bambusbank und sieht der Frau, die soeben ähnlich und doch anders nackt in dem Blechschuppen stand, entgegen. Ob er nun ins 'Bad' wolle, fragt sie, um etwas zu sagen und die nackte Vorstellung zu bedecken. Die Antwort kommt in einem Ton, für den nur das Englische den passenden Ausdruck hat: *sullen.* Mürrisch, düster, verfettet. Als gleich darauf die Frau mit der abgebrochenen Türklinke zur Schlafkammer nicht zurechtkommt, hantiert der Mann, hilfsbereit vornübergebeugt, und eine Ästhetin hat seitlich vor sich einen schwarzen Klumpen Fleisch, dem sich auf ein Danke hin ein stöhnendes 'Ja' entringt, leise und verschüchtert wie aus einer Bedrücktheit. Was plagt den Mann?

Bei Tisch zu zweit kann man nicht schweigend sitzen. Ist es nicht eine Gelegenheit, alles bislang Aufgesparte hervorzuholen und auszubreiten? Ob er die handgeschriebenen Briefe habe lesen können. Ja, aber das Entziffern habe manchmal lang gedauert. So war es auch gedacht. Seine Briefe seien immer kürzer gewesen; er habe so viele Fragen nicht beantwortet. Ja, er habe oft gezögert und Fragen nicht beantworten wollen, wenn er sich der Antwort nicht ganz sicher war. Das hört sich gut und vernünftig an. In Einzelheiten zu gehen, wäre nicht ratsam. Das Maisfufu sei von einer Tante; von der Mutter des Mädchens, das ihn als erste 'enttäuscht' habe. *Na'anya* nennt fragend den Namen des Ortes, nicht des Mädchens, den sie aus den Kalendern kennt. Schließlich: Wann man mit der Vorbereitung zum Examen anfangen solle. Noch nicht.

Frostiger Abend. Frostiger Morgen.
Der Hausherr geht anschließend ins Dorf. Am späteren Abend kommt auf die wiederholte Anfrage die Absage knapp und bestimmt über die Trennwand zwischen Wohnzimmer und Nebenkammer. Ohne eine gute Nacht zu wünschen geht der Gast zu Bett. – Der nächste Morgen, Dienstag, beginnt nicht nur kühl, sondern geradezu frostig. Ein frostiges ‚Guten Morgen'. Der Hausherr sucht nach dem Ei, das er am Morgen zuvor verbraten hat. Das scheint er vergessen zu haben. Er stund in der

Kemenate, denn da suchte er, als könnte es da versteckt sein. Kurz darauf, vor dem Eßtisch: 'What is this?' Ohne darauf zu warten, ein Frühstück vorgesetzt zu bekommen, hat *Na'anya* sich eine Tasse Tee zurechtgemacht und einen Teller mit Haferflockenbrei. Er steht und guckt – doch nicht ‚dumm'? Auf den Wunsch nach ein paar frischen Eiern ist der Bescheid knapp: Es gebe keine. Häusliche Verstimmung wegen nicht vorhandener Frühstückseier? *Fancy. Funny.* Welche Rollen spielen wir hier? Das also ist der Ton, in welchem er mit der June umgehen wird. Darum beneide ich sie nicht. Bin ich nicht gekommen, mich desillusionieren zu lassen? Mein Wunsch ist ihm keineswegs Befehl. Er wird nicht einmal den Philippus schicken. Soll mir das imponieren? *My souls ripples* – leichte Wellen. Wie ein blechernes Waschbrett. Das Tagebuch nimmt's zur Kenntnis.

       Zu Tisch bei *porridge und chips.* Das Kerosinöfchen war eines Tages in der Kammer nebenan. Warum? Aha, deswegen. Nicht lange und der Herr des Hauses kam von nebenan mit frisch gebratenen Kartoffelschnitzen. Man setzte sich zu Tisch und frühstückte, die eine Porridge, der andere Chips. Wieder zu zweit allein. Wie hölzern, glanzlos und korrekt. Er ißt und schweigt. Nicht der leiseste Duft; nicht die leiseste Ausstrahlung. Alles, was ich gern hätte, muß ich erst geben; überwerfen muß ich es ihm wie ein schönes Gewand. Und dann das elende Hörgerät. Ich habe es im Ohr, weil ich alles, was er etwa zu sagen hätte, hören möchte. Aber alles, was ich verstärkt ins Ohr bekomme, ist das Gekreische der Kinder, das gellende Krähen eines Hahns, das Blöken der Schafe, das Geklätter der Aluminiumpötte und *native palaver.* Es dringt schmerzhaft in die Gehirnwindungen. Dieser Mann aber hat von sich aus nichts zu sagen. Wenn ich frage oder selber etwas sage, sitzen wir stumm, wie Blödmann und Blödfrau, über *porridge* und *chips.* – Um nicht als Blödfrau dazusitzen: eine Bemerkung des Inhalts, wie vernünftig es gewesen sei, das Bett in die Nebenkammer zu stellen. Ja, es wirke. Wenn Besucher kämen und sähen, daß er schon im Bette liege, gingen sie wieder. Na also. Er wird zur Baustelle gehen. Sie werde später nachkommen. Und schließt sich im Hause ein.

       Süßkartoffeln für *Na'anya* und ein Mißverständnis gab es am Mittwochmorgen. Was höre ich? Nebenan ein Bruzzeln und Kinderstimmen. Oh. Ach. Er frühstückt für sich allein und füttert nebenher Kinder. Na schön. Ein Tee aus der Thermosflasche tut's fürs erste. Die Mutter Asa kommt, setzt sich und sitzt einfach da. Am Tisch sitzt die Fremde und schreibt. Weint ein trocken Tränlein ins Tagebuch. Der Sohn kommt, sieht *Na'anya* schreiben, scheint überrascht – ‚Are you writing?' Wie trocken oder wie beträgt hörte sich die Antwort an? ‚If I have nobody to talk to I have to write.' Was soll er sagen? Er steht und denkt. Bekümmert? Er läßt sich Zeit. Dann, auf ein kleines Lächeln hin, weiß er, was er sagen wollte. Er habe doch Süßkartoffeln für *Na'anya* gebraten. Oh. Ach. Aber erst bekommt die Mutter eine Tasse Tee. Das kleine Radio quäkt. Er summt vor sich hin. Dann: er habe Kinder nach Eiern ins Dorf geschickt. Ach. Oh. Und auch welche bekommen. Soso. ‚I did it on trial and error' fügt er hinzu und lacht. Und *Na'anya*, in pädagogischem Ton: 'You see, a good method.' Er will ein Ei für sie braten. Nein, sie sollen für Eierkuchen aufgespart bleiben. Aber die Süßkartoffeln – ja, die werde sie essen. Sie aß, um einen Fürsorglichen nicht zu enttäuschen und obgleich Haferflocken besser geschmeckt hätten.

Historischer Augenblick in Mahagoni. Es folgte der vorletzte Anfall von Dosenmilchärger. Dann klopft es an die Tür und in die Kemenate tritt der Hausherr. Entschuldigt sich, will nicht stören und hält in Händen ein Mahagonibrettchen. ‚I have this for you.' – Da steht er, der Mann, der an alles denken muß, und vor allem daran, *Na'anya* bei Geldgeberlaune zu halten. Und die Frau, die eben noch Dosenmilch nachrechnete, ist wie verwandelt. Erfüllt von ‚stiller Freude', nimmt sie das Geschenk entgegen und drückt ihren Dank durch freundliche Fragen aus. Nichts als ein Stückchen Holz und eingeschnitzt zwei Namen zwischen betend erhobenen Händen. Tiefsinnig ausgedacht. Der Name der Empfängerin ist vollständig – ‚My identity'. Ein Lächeln. Der Name des Dorfes ist so geschrieben, daß der Name des Gebers der Gabe mit einer kleinen Veränderung bedeutungsvoll in der Mitte steht. Er hat etwas begriffen. Ein historischer Augenblick. Ganz sicher weist er voraus auf bedenkenlose Ausbeutung weiterhin, ohne einem guten Gewissen den geringsten Schaden zu tun. Das ist ein Spätgedanke. Damals war da nichts als Rührung und rosenroter Dunst. Wann die Geschenke für Mutter und Schwester überreicht werden können, fragt *Na'anya*. Jederzeit. Gut. Aber was sie für *ihn* habe, werde sie erst zum Abschied geben. *Er* bringt das rote Taschenmesser zurück, das zum Öffnen der letzten Tomatendose benutzt wurde. Eine Dankeschönhand hat *Na'anya* ihm nicht gegeben. Sie hat dafür Fingerspitzengefühl beim Entgegennehmen ihres Eigentums. – Am Abend ergab sich, nach einem langen Tag auf der Baustelle und einer weißen Emailleschüssel, die einzige ‚Poetry'-Sitzung.

,Morgenschock' – wie gelind? Donnerstag. Dreizehnter Tag. Um 7.10 schon wußte es das Tagebuch in nackter Sachlichkeit. Hier im nachhinein eine rhetorisch dezente Verhüllung. – Da war die Latrine, die neue. Gut. Die Konstruktion ist primitiv, aber ein Fortschritt in Richtung Sichtschutz für eine hinter dem Wellblech hockende Geistesabwesenheit; eine nach unten absinkende Betrachtung von Leiblichkeit, befremdlich, den Geist beleidigend noch immer; dunkelkrause Feigenblattmentalität, unerhellt von griechischantiker Unbefangenheit.

Wohlverhüllt in schwarzem Plüsch kommt *Na'anya* hinter dem knatternden Blech hervor und sieht in geringer Entfernung, bei den Bananenstauden, den linken Arm angewinkelt in die Hüfte gestemmt, die rechte Hand vorn beschäftigt, nackt und schwarz in hellen kurzen Hosen, einen Mann, breitbeinig. Er tut was vermutlich alle Männer im Dorf tun. Trotzdem. Es hätte nicht sein sollen. Die Rückenansicht eines halbnackt vor sich hin urinierenden Mannes ist für eine Nicht-Ethnologin und das Tagebuch ein ,gelinder Morgenschock'. Daß dieser hinwiederum ein Zeichen von altmodischer Prüderie sein könnte, bleibt dahingestellt, nackt, breitbeinig, neben Bananenstauden. Es lag nichts mehr ,im kühlen Sand, vom Mond betaut' vor der nahen Schwelle. Es lastete nicht mehr, bedrängte die Vorstellung nicht mehr. Die Ränder des fernen Leuchtens vibrierten nicht mehr. Kein ,Delirium in Zeitlupe' mehr. Or something like ,*some symbolic performance*'. Es war alles zu nahe. Es blakte.

Zahnbürste im Mund. Fünf Minuten später ist alles wieder normal. Man wünscht einander einen Guten Morgen. Und weil eine Zahnbürste im Mund und hervorquellender Zahnpastaschaum ein unschöner Anblick sind, sagt *Na'anya*, um sich davon abzulenken, sie habe von so vielen Lehmblöcken geträumt. Der Mann sieht sie verständnislos an – will *Na'anya* damit irgend etwas sagen? Sie will nicht. Sie redet nur, um nicht schweigend mit Zahnpastaschaum und Zahnbürste konfrontiert zu sein. Immerhin und wenigstens. ein Messer nahm der Gastgeber bei Tioche nicht in den Mund, um es abzulecken... Dann werden die Morgenstunden wieder vertrödelt. *Na'anya* wäscht ihr staubbraunes Oberhemd. Man wird spät zur Baustelle aufbrechen, und der Bauherr wird die Frau, die einen Gesteinsbrocken zertrümmert und Lehmziegel geschleppt hat, alsbald besorgt nach Hause schicken. Am Abend ergab sich beim Bier die halbe, die ,saturnische Stunde'. Ein Gespräch zu zweit allein, ehe wieder Besucher kamen.

Auri sacra fames? Beschenkt, nicht gekauft.
Am Tag nach Bausi. In der Kemenate der morgendliche Waschlappen und ein Duft von Arnika. Draußen vor dem Haus wieder die Zahnbürste im Mund und das Zahnpastaweiß wie ein Grinsen im Gesicht – ein grotesker Anblick. Warten auf eine Tasse Tee. Das Vorübergehende des Daseins. *A woman walks by, playing light against darkness.* Der Versuch, es leicht zu nehmen. Noch einmal gibt der Gast 10'000 für den Haushalt. Es bleibt ein Rest, der gerade für die Rückfahrt reicht. Anlaß, den Bleistift in die noch immer vom schweren Vorschlaghammer gelähmte Hand zu nehmen. ‚Wenn ich gesund bleibe, trotz dem schmutzig braunen Wasser in Bausi gestern, dann soll es das Geld wert sein, das man – das dieser Mann mir hier aus der Tasche gezogen hat.'

Am frühen Nachmittag ist der Bauherr von ‚drüben' zurück und bekundet Hausherrenschaft damit, daß er sich wieder entblößt bis zum Nabel. Will *Na'anya* nicht *native life* kennenlernen? Nun, das läuft eben nackt herum in den eigenen vier Wänden. Oder wäre hier einer gar der Meinung, *Na'anya* finde etwas daran, an dem nackten Fleisch, dem wölbigen Bauch und dem bißchen Kraushaar unterhalb des Nabels? Bekleidet mit dieser Blöße, fragt er an, ob *Na'anya* ‚any one thousand' greifbar habe. Verpflichtungen im Dorf wegen der Totengedenkfeier. Und diese Frau gibt den letzten Zehntausender her und denkt sich Klassisches dabei: *Auri sacra fames.* Von den ‚any one thousand' wird er immerhin 5'000 zurückgeben. Als später wieder Besucher kommen, erfolgt die Antwort auf eine Frage ausgesprochen mürrisch. Die Besucher, sitzen sie ihm nicht wie Wanzen im Pelz? Diese Frau hätte diesen Mann am liebsten für sich allein. So sind sie, die weißen Frauen: *possessiv.* Und der Mann von Mbe-Mbong? Er läßt sich beschenken, aber nicht kaufen.

Das Herz von Mbe-Mbong.
Am späten Nachmittag vor der Abreise ist alles gesagt. Ach nein, nicht alles. *Na'anya* dankt noch einmal für das geschnitzte Mahagonibrettchen mit den beiden Namen und den frommen Händen. Sie sagt: das Gebet möge sein, daß das Verhältnis bleibe, wie es ist. Nun einmal ist. Und weist darauf hin, daß er seinen Namen so geändert habe, daß es ‚Herz und Mittelpunkt von Mbe-Mbong' sei. Er lacht das Lachen der Verlegenheit. Er kennt die Scherze eines Ehemannes. Die Brettchen-Szene fand in der Kemenate statt. *Na'anya* hatte da ihre zu verschenkenden Spielsachen ausgebreitet, auch das grüne Spielzeugauto als Symbol des nicht gekauften eigenen Autos. Den Palazzo baut

ein Verzicht auf etwas, das jederman für unverzichtbar hält. *Na'anya* sitzt auf der Kante des Bettes, über dessen Doppelbreite ein Widmungen Schreibender sich herüberbeugt. Es präsentiert sich noch einmal nackter Bauch, es schwappt so vor sich hin, matt, dunkelporig, konvex, schwarzer Vollmond von Mbe-Mbong, und als Kontrast die sehnige Nähe der schreibenden Hände. Es drängt da nichts. Es liegt freundlich still und flach wie ein Seerosenteich, mit allenfalls einer Andeutung von konkav in der Mitte, da wo das milde Licht hinfällt und Kreise abwärts zieht... Erst gegen Abend und unter Alkoholeinfluß driftete es ins Heiter-Chaotische...

Nach den zwölf Bildchen drei bedeutendere Episoden der Zweisamkeit, ohne Tagebuch in Erinnerung geblieben, drei Kostbarkeiten, Geist von Geist: eine Belehrung, zwei Gespräche.

'LET US GO NOW, YOU AND I...'

Die Episode ist kurz; die Vorgeschichte lang. Verkürzt auf wenige Zeilen: Für den Mann, *aetate provectus*, von Mbe-Mbong scheiterte der Aufstieg zu höheren Weihen westlicher Bildung nicht nur an Kopfschmerzen, Hausbau und Brautpalaver. Er scheiterte auch am gesunden Menschenverstand. Was waren ihm Hekuba und was die poetischen Schätze angelsächsischer Literatur, die nun einmal zum Examensfach Englisch gehörten. Hier sollte einer, noch immer tief verwurzelt in Stammestraditionen und um das Wohlergehen seines Dorfes besorgt, sich mit Dingen befassen, die seinem Leben und Denken so fremd waren wie es der Fremden der afrikanische Sippensozialismus war. *Na'anya* freilich hätte sich nichts Schöneres an *paidagogia* und nichts Vertraulicheres vorstellen können, als dem Mann von Mbe-Mbong die literarischen Schatztruhen westlicher Kultur zu öffnen. „Should I have the strength to force the moment...'.

Das dicke lila Buch Literaturkritik und ein Teil der gemeinsamen Tage in Mbe-Mbong hätten der Vorbereitung auf einen zweiten Versuch, das Examen zu bestehen, dienen sollen. An einem Sonnabend kam der Kandidat zurück – sollte nicht endlich etwas Literarkritisches geschehen? Am Sonntag – nein. Da muß das Haus gefegt, das Bett umgeräumt und ein desolater Gottesdienst abgesessen werden. Dann sind Gäste im Haus, sowohl nachmittags wie abends – wo soll da Zeit für Literaturkritik sein? Am Montag vielleicht – auch nicht. Tagsüber auf dem Bauplatz, der eine schief Gemauertes bemängelnd, die andere das Gebaute zeichnend und im Laubhüttchen Schatten suchend, wird abends die Frage, wann man denn nun anfangen solle, ausweichend beantwortet. Es gebe so viel anderes zu tun. Und geht ins Dorf. Als er gegen 8 Uhr zurück kommt, ist die Tutorin daran interessiert zu erfahren, ob man sich nun noch ins Rosen- und Dornenbett der Literaturkritik stürzen werde. Lakonisch die Antwort: ‚I want to rest. I have worked.' – Dienstag? Dasselbe. Der Morgen begann frostig. Der Hausherr verbrachte den Tag auf dem Bau. Am Abend sind wie die Fliegen die Besucher da. Dann ist 8 Uhr vorbei, und der Anwärter auf höhere Bildung hat wieder keine Lust zu höherer Geistestätigkeit. ‚As you like it', sagt *Na'anya*, empfiehlt ein Bier und alsbaldige Nachtruhe. Geht in die Kemenate und sinniert auf dem breiten Bett vor sich hin. ‚Ich habe nichts weiter zu tun als hier zu sein. Die Tage, Abende und Nächte fließen schmerzlos dahin. Trockenzeit ohne irgendeinen sanften Tau aus höheren Höhen. Und ohne Abendstern im Eukalyptuslaub.'

Am zwölften Tage, wider Erwarten. An dem Mittwoch, der morgens mit Süßkartoffeln begann; nach einem Arbeitstag auf der Baustelle für den einen, für die andere nach nur kurzem Besuch ‚drüben'; an dem Tag, an welchem die weiße Frau den schweren Vorschlaghammer hob und auf einen großen graurosa Steinbrocken fallen ließ, ergab sich nach der Rückkehr ins Haus als erstes eine kleine Überraschung. Über die Wand, der keine Zwischendecke aufliegt, dringt in die Kemenate die Frage, ob *Na'anya* jetzt ‚baden' wolle. Sie öffnet die Tür und hat vor sich eine große weiße Emailleschüssel. ‚It has come. You inaugurate it.' ‚No, you'. Über der Anrede und dem weißen Rund der Schüssel wölbt es sich in kompakter Schwärze. Das Licht der Buschlampe fällt auf die rechte Brust, und ein Stück Bildungsgut flügelt herbei: der Hermes des Praxiteles *e contrario*. Das hier ist weder Marmor noch gemeißelt für ein fühlendes Auge. Es ist oval und schwammig. Kein Distichon wert. Um die Hüften das orange-blau gemusterte Tuch, altbekannt. Es bewegt sich langsam von hinnen. Wenig später plätschert im Badeschuppen das Wasser.

Wider Erwarten ergab es sich dann. ‚Ich weiß, daß es nicht sein muß. Ich nehme alles leicht. Ich erfreue mich großer Gemütsruhe.' Der Bogen der Erwartung hatte sich schon zu oft vergeblich gespannt. Der Maurer Nueli saß nach dem Abendessen noch eine Weile da; man unterhielt sich über das kostspielige Unternehmen, in einem so abgelegenen Nest ein so großes Haus zu bauen. Es muß schon 9 Uhr gewesen sein, als man ‚endlich allein' war und *Na'anya*, leichthin fragte: Und jetzt?

,Poetry', seufzte der Mann.
Und ein staubrosenrotes Gefühl, das schon müde und am Verwelken war, schlich herbei. Es raschelte. Es begann zu zirpen. Man holte Bücher, setzte sich mit zwei Buschlampen an den Tisch und – nein, nicht das Examensgedicht vom letzten Mal. (,As if men hung here unblown'). Was dann? Die lila Literaturgeschichte sieht unter anderem den *Lovesong of Alfred Prufrock* vor. Also T.S. Eliot? Gut. *Lovesong.* Liebeslied. Ein kleines Lächeln, unbefangen und geradeaus, antwortet auf die Frage. Wer sieht es? Eine Frau sieht das dunkle Licht, sieht etwas vom fernen Leuchten nahe und weicht aus. Wischt sich etwas wie Spinnweben vom Gesicht. Sich zulächeln lassen das Zwischengeheimnis, das ungesungene Lied – nein, das will sie nicht. Es wäre eine Grenzüberschreitung. Sie sitzt aufrecht und ernst, ganz Lehrerin, und doziert mit leiser Stimme und als erläuternde Einleitung große Traditionen des Abendlandes, Dante und Vergil. Von ferne Beatrice. Denn wer spricht hier zu wem: ,*Let us go now, you and I*'? *Vous, hypocrite lecteur*? Nein. Es spricht der Einsame zu seinem Seelengeleiter. Also letztlich zu sich selbst. Ein Selbstgespräch. Ein Monolog. Ach, was ist das für dich und dein müdes Hirn! Narkotisiert von Müdigkeit ganz anderer und viel natürlicherer Art als dieser timide Londoner Gentleman aus dem Dunstkreis europäischer Dekadenz. ,*You and I, When the evening is like a patient etherized upon a table*'. Merkwürdig, nicht wahr? Gutwillig, um *Na'anya* einen Gefallen zu tun, hat er eingewilligt in die abendliche Lehrveranstaltung. Macht sich sogar Notizen, wie einst in Ndumkwakwa. Man saß bis kurz nach 10 Uhr. Und *Na'anya* dozierte.

Am nächsten Morgen im Tagebuch: ,Ich sah, wie müde er war, und wie er mir trotzdem den Gefallen tun wollte. Er hielt durch bis kurz nach zehn. Da ließ ich los. Und er, als wollte er trösten: man habe doch wenigstens einen Anfang gemacht. An diesem gestrigen Abend lasen wir nicht weiter und ich schrieb auch nichts mehr auf. Ein blindes Ende. Übermüdung. Es saßen da kein Paolo und keine Francesca. Literatur als Kupplerin – ferne sei es und ferne ist es. Literatur als Ersatz für ungelebtes Leben – *das* ist mein Problem.'

Der Anfang war auch das Ende. Das lila Buch blieb fortan zu. Ein zweiter Versuch, das Examen zu bestehen, kam auch nicht zustande. Der Palazzo und das Brautpalaver waren lebenswichtiger. Aber und immerhin. Wenigstens ein einziges Mal noch durfte eine Lehrerin ihrer Lehrerinnenleidenschaft frönen.

SATURNISCHE ABENDSTUNDE

Am nächsten Tag, spät in der Nacht, hängt der Hammer noch immer so schwer in den Sehnen, daß Schreiben Mühe macht. Geschrieben aber muß werden. Noch einmal Unerwartetes, eine günstige Spanne Zeit, zwei Finger breit, zu zweit allein zwischen Dämmerung und Nacht: die Bereitschaft, zu reden über Dinge, die näher liegen als ein lila Literaturbuch und die Aussicht auf höhere Bildung nach westlichen Maßstäben. Eine dunkellila Stimmung breitete sich aus. Eine sanft nach unten sinkende Ratlosigkeit. Es hätte eines besonderen Planeten bedurft, die Abendstunde darauf anzusiedeln. Des alten Saturn etwa der Astrologen, unterkühlt, düster, schwerblütig. Weit entfernt von saturnalisch. Es blinkte kein Abendstern. Und das Mondgesicht, wäre es zugegen gewesen, es hätte – gegrübelt.

Es war noch nicht dunkel, als der Gastgeber mit zwei Flaschen Beaufort aus dem Dorf zurückkam. In den Sesseln saß er gegenüber, und die alternde Frau vertraute dem nachlassenden Gehör. *Na'anya* fing an, über weitere Studien zu reden, wie er sich das denke. So einfach wie möglich natürlich – in die USA, wie alle, die schnell und ohne allzu große Anstrengung zu akademischen Weihen kommen wollen. Da aber blieb die Gönnerin hart: für die USA dürfe er mit keinerlei finanzieller Unterstützung rechnen. Deutschland oder ins Frankophone – da mangelt es an Zeit und Begabung zum Sprachenlernen. Über dem Erwägen der Zeit- und Prioritätenfrage (das Haus, das Studium, die Heirat) wurde es dunkel. Der eine stand auf, die Buschlaterne anzuzünden; die andere ging, sich nun doch zu behelfen mit dem Hörgerät.

Dann, wieder im hölzernen Sessel, sieht die Frau sich ‚vorne ins Amorphe schrumpeln', und sieht den Mann gegenüber, bekleidet immerhin mit einem braun-orangenen Kittel. Wieder die peinlich weit gespreizten Beinen mit der beschützenden Hand dazwischen, während im trübgelben Kerosinlicht das Gesicht vor Müdigkeit in die Breite fließt. Die Augen, schmal und dünnlinig umrandet – blicklos. Nur Pupille, nur gedämpfter Glanz. Das war der Kairos, die Frage zu stellen. Und während er antwortet, krümmt sich der Raum und alles steht schräg. Er sagt, er würde weitere Studien dem Heiraten vorziehen. Und fügt hinzu: er habe es doch schon gesagt – das Mädchen sei in letzter Zeit ‚komisch' geworden, und erzählt von ihrer städtischen Herkunft und daß sie nicht bereit sei, als Ehefrau in eine abgelegene Gegend zu ziehen. Auch daß er in seinem Dorf ein großes Haus baue statt in der Stadt, sage ihr nicht zu. Sie komme nur selten aus der Stadt zu ihm nach Bandiri hinauf, und an dem Tag, da *Na'anya* in Bandiri war – wann war das? Noch keine vier Wochen her und schon wie aus der Welt – da sei sie nur ungern gekommen. – Der dichteste Augenblick aus Nähe und Vertrauen steht im Raum, als *Na'anya* zugibt, sie habe nicht gewußt, was sie sagen sollte, an jenem Abend in Bandiri, der auf einmal wie teleskopisch herangeholt wieder da ist. Die Befangenheit, kaum verhüllt; die Düsternis der Beleuchtung; der dumpfe illegitime Schmerz. Und plötzlich die direkte Frage, jetzt oder nie: ‚When did you start courting her?' Es sei zwei Jahre her. Das war's. Es war die Zeit, da in Mbebete eine weiße Frau vor blaßroten Rosen saß und wie Kostbarkeiten ihre Besuche in Bandiri aufzeichnete. – Er saß da, ratlos vor seinem Bier. Ratlos vor einer ratlosen Ratgeberin. Die sagte, es bekümmere sie. Aber es tat ihr in tiefster Seele gut, zu hören und zu sehen, daß dieser Mann auch nicht glücklich war und sich in seinem Unglück anvertraute. Tat er mit solchem Anvertrauen nicht instinktiv das Richtige: *Na'anya* in die einzig mögliche Rolle der ‚ehrwürdigen Mutter' und damit von sich und weniger würdigen Anmutungen wegzuschieben?

Eine halbe Stunde später war der saturnnahe Stern untergegangen, die stille Insel vorübergedriftet. Die Besucher kamen, das Wohnzimmer füllte sich mit Palaver; der Abend wurde wieder ordinär. – Später, auf Mitternacht zu, wurde dem Tagebuch noch Ungeheuerliches, als solches voll bewußt, mitgeteilt: das Unglück möge dem Mann, der das ferne Leuchten mitverursacht hat, es möge die Muse im Lendentuch – unbeweibt lassen. ‚Sein Kummer mit den Mädchen sitzt mit traurigem Lächeln um mein Herz – wie ließe es sich poetischer, egoistischer und perfider sagen als mit Shakespeare?'

Gespräch in der Disco-Nacht

Drei Tage vergingen mit Wanderung nach Bausi, Schreiben einer Ansprache und Reden im Häuptlingsgehöft. Am Sonntag gegen Abend, als wieder einmal nackt bis zum Nabel der Hausherr mit *Na'anya* zu Tische saß und gerade das Thema Weiterstudium angeschnitten war, unterbrach die Zweisamkeit ein rotes Strickhütchen. Als weitere Besucher kamen, war der Hausherr im Handumdrehen nicht mehr halbnackt. Er hat sich den hellblauen Kittel übergeworfen. Das ist doch – ja, was ist es? Ist es ein naives Zeichen häuslicher Intimität, wenn er mit *Na'anya* halbnackt bei Tische sitzt? Es kann doch wohl nicht

Respektlosigkeit bedeuten. – An diesem Abend fand inmitten der Besucher ein merkwürdiger Putzanfall statt, bei welchem der Hausherr Wasser, Seife und das rote Hütchen involvierte. Dann steht auf dem Tischchen eine rote Plastiknelke und im Raum die Bemerkung: das sei ein Andenken aus Deutschland. Was soll das? Die Besucherinnen wurden hinwegbegleitet, die Disco-Nacht begann. Wenig später fanden sich bei Buschlampenlicht und wider alles Erwarten Gast und Gastgeber zu zweit allein in den Sesseln wieder und waren ein Gespräch.

Warum er nicht zum Disco-Tanz gehe, will *Na'anya* wissen. Er gehe nie zu Tanzveranstaltungen dieser Art. Nanu? Wohl aber die June. Aha. Ja, das Mädchen tanze gern und gehe auch ohne ihn und mit anderen jungen Männern in die Tanzbars. Er nimmt an, das sei ihre Art, ihn zu ‚testen'. Dann: Etwas bekümmere und quäle ihn; er wünschte, sein Tutor, der ihn einst Ethik lehrte, wäre da, ihm zu raten und zu helfen. Das spürt er ganz richtig, daß *Na'anya* nicht die richtige Ratgeberin sein kann. Aber sie kann ihm das Stichwort zum Weiterreden geben. Das Problem mit dem Heiraten? Ja. *Na'anya* erinnert kurz und wie nur so vor sich hin an die Scherze eines Ehemannes aus Ndumkwakwa-Zeiten. Ein freundliches Lachen umspielt das nicht ganz harmlose, aber durch solche ehelichen Mitwisser-Scherze weise entschärfte Geheimnis.

Er zweifle, ob June die Richtige sei. Aber er liebe sie. Und wolle endlich heiraten. Es gebe zu viele Versuchungen und zu viele Verdächte für einen unverheirateten Mann in seinem Beruf. Er habe immer heiraten wollen. Und sei immer enttäuscht worden, ergänzt *Na'anya*. Und erwähnt in Andeutungen, was sie weiß. Weiter, daß die Lilian, obwohl verlobt, ihn geliebt habe. *Na'anya* hat es erspürt mit dem Spürsinn der Eifersucht. Das sagt sie natürlich nicht. Und erfährt, was sie ahnte: daß er selbst das Mädchen dazu bewogen habe, ihrem Versprechen treu zu bleiben. Dann Tana, kurz und auch eine Enttäuschung. Und jetzt – daß ihm Zweifel kommen. Es könnte sein, daß er sich wieder und noch einmal anderweitig umsehen werde. Ja. Begreiflich. Nach einem roten Strickhütchen zum Beispiel?

Hier sitzt ihm gegenüber eine Frau, über jeden gröblichen Verdacht erhaben. Aber welche Rolle soll sie spielen? Fällt nicht ein Schatten Eifersucht zwischen den Heiratswilligen und die Mädchen, die in Frage kämen? Er redet indes nicht nur von der Frau, die er braucht; er redet auch von seinem Dorf. Es höre sich an, als ob er mit dem Dorf verheiratet sei, wirft *Na'anya* dazwischen. Er gibt es zu. Das Dorf liegt ihm am Herzen wie ein Weib. Er will es entwickeln. Da kommt die weiße Gönnerin gerade recht. Stellt freilich auch Ansprüche im Rahmen des Möglichen. Und notiert ins Tagebuch: ‚Seine Nüchternheit macht mich besonnen. Ich bin an keinen Unwürdigen geraten. Das ist immerhin etwas. Es darf auch etwas kosten.'

Heiter-chaotisch auf Deutsch

Im Unterschied zu solch besinnlichen Gesprächen kam es nach der Abschiedsaudienz beim Häuptling zu einem lebhaften Wortwechsel. – Auf dem Rückweg – was für ein Rückweg! Welche Willensanstrengung, geradeaus ohne Stab und ohne Stütze! Nicht stolpern über die eigenen Füße, nicht stürzen und keinen Unsinn reden! Der Unsinn ist fürs Tagebuch. Das Gehen ist ein Schweben wie auf Wolken. Dicht unter den Wolken aber liegen die Steine des Anstoßes, wartend, daß ein linker Fuß daran stoße. Die abschiednehmende Frau schwebte knapp darüber hin. Sie stürzte nicht, sie schwankte nicht, weder haltsuchend zur Seite noch haltlos in den Sand. Vielleicht wurde sogar Sachliches geredet. Erst im Hause drohte das diffizile Rollenspiel auszurasten. Wird die Weiße, vom Abschiedswein berauscht – ? *Na'anya* driftete ins Heiter-Chaotische.

Es kam ganz harmlos, auf Taubenfüßen. Es kam, als der Gastgeber dem Gast einen Topf Reis hinhielt und es dem kleinen Lehrer einfiel, *Na'anya* wie ein kleines Kind zu behandeln. Er werde buchstabieren, und sie werde ‚lesen'. Er buchstabierte das Wort ‚rice', zufällig ein Vier-Buchstaben-Wort und erwartete gelehriges Nachsprechen. Statt die Sache mit einem Lachen abzutun, weigerte *Na'anya* sich. Er insistierte. Auf deutsch läßt es sich in diesem Zusammenhang nicht anders sagen; eine Redensart kann sich ihrer Bedeutungen nicht erwehren. – Die Sache wurde merkwürdig, denn es waren Besucher da. Heiter nicht nur, sondern angeheitert, trugen zwei da einen Machtkampf aus. Was dem einen vermutlich ein freundlicher Scherz war, erschien der anderen als Schulmeisterei. Ein willkommener Anlaß, Aufgestautem nachzugeben? Auf das Insistieren hin redete die Fremde deutsch und wurde heftig. ‚Ich habe Ihnen gesagt, daß ich verstanden habe. Ich werde Ihnen nicht den Willen tun, nachzusprechen, was Sie mir da vorbuchstabiert haben. Hast du mich verstanden? Nein?' Etwas dergleichen warf die Frau dem Mann ins Gesicht, und der wiederholte das letzte Wort: ‚Nein'. Vermutlich lachte man ringsum beifällig. Und *Na'anya* lachte auch.

ABSCHIED I

Porträt und Taschenmesser.
In dunkler Donnerstagmorgenfrühe klopfte es an der Tür der Kemenate, und dann ging alles sehr schnell. Das Bettzeug zusammenpacken. Was ist diesmal mitzunehmen? Ein Ring geräucherter Kaulquappen und ein Porträt, rahmenlos. Eine Tasse Tee, und dann Warten auf den Kairos, das Abschiedsgeschenk zu überreichen, ein rotes Taschenmesser. Das zweite. *Na'anyas* höchsteigenes. *Do I dare –* ? Oh! Bloß keine Lyrik. Drei knappe Sätze, ‚Before I leave this house – '. Er hielt die rechte Hand hin. Eine geschlossene Faust öffnete sich in den offenen Handteller. ‚Thank you, *Na'anya.*'

Der Morgen war kühl; man zog los, und selten war ein Abstieg von Mbe-Mbong so leicht und beschwingt und ein Aufstieg nach Ubum so mühelos. Man war noch einmal zu zweit allein. Ja, heiterer und einsamer nie. Das Gegenglück – kein Gedicht, kein Tagebuch, kein Roman. Ein Wandern in der Morgenkühle. Leichtfüßig hinab zum Fluß und stetigen Schrittes hinauf nach Ubum stieg *Na'anya*, den Wanderstecken über der Schulter, und der Mann von Mbe-Mbong ging voraus, als Kopflast die große graublaue Tasche, das eigene Gepäck am Riemen über der Schulter. Ein Foto hielt den Voransteigenden von hinten fest. Im ockerroten Staub, im grauen Grasgestrüpp am Wegesrand blühte eine Blume. Nicht die purpurviolette. Der Kelch war der einer Winde, rötlichblaßviolett mit dunklem Grunde. Der Blüten eine, gepflückt, ging verloren. Aber wie unerwartet leicht das Wandern war auf dem sandigen Pfade. Und wie leicht die Seele, blaßviolett, mit dunkelblauem Kelchgrund...

Allein vor der Bar in Ubum.
Auf dem Bergsporn ergab sich Wartezeit. In einer Bar seitlich auf einer kleinen Anhöhe, wo das Hochtal abfällt zur Flußniederung, läßt der Begleiter die Begleitete sitzen unter trinkenden, rauchenden und palavernden Männern. Mit einem Tonic und in vollkommener Gelassenheit setzt die Weiße sich alsbald auf eine Bank im Freien. Die Leute von Ubum wissen, was es mit dem weißen Huhn auf sich hat und wie die Straße von ihrem Berg hinab bis zum Fluß zustande kam. Sie waren dagegen, und nun ist sie auch glücklich wieder weggeschwemmt. Eine Stunde verging auf der Bank vor der Bar in guter Ruh. Wie schön Warten sein kann, wenn man weiß, daß es irgendwann weitergeht. Ein Warten ohne Tagebuch, ohne Interpretation eines schwierigen Gedichts. Ein Warten, das blaßviolett vor sich hinblüht...

Platzwechsel im Taxi nach Muvom.
Als ein Taxi kam, begann das Problem. In dem niederen Peugeot saß die Weiße vorn in der Mitte auf hartem Gestänge. Als die Körperfülle des Mannes von rechts hereinwuchtet, wird es ungemütlich. Den rechten Arm Raum schaffend auf den Rücksitz auslagern – es sieht aus, als legte die Frau den Arm um des Mannes Schultern. Peinlich. Die kurze Strecke durch das Dorf geht es gerade noch; dann haben beide zugleich den Gedanken, daß man die Plätze wechseln sollte. So ging es dann durch das Hochtal von Ubum. In der Wärme und durch das Schütteln gerann ein halber Liter süßer Milch der Träume zu Molkenwirklichkeit. Die schmeckte nicht bitter; sie schmeckte fad. Es war nicht genügend Platz für die Füße, und das Taxi, wie alle Taxis, war einfach zu klein. Es war auch keine purpurviolette Blume zu sehen. Weder rechts noch links. Man rüttelte so dahin über kleine Steigungen und Steiniges und war vermutlich beidseitig froh, als es vorbei war. Eine schwarze Muse im Lendentuch und auf zwei Armeslängen Abstand – sehr poetisch, ja, bisweilen mbe-mbongidisch-pieridisch inspirierend. Aber solche Rüttelnähe – nein. Nach Möglichkeit und lieber nicht.

Lieber hinten bis Mbebete.
In Muvom wurden die Personalien polizeilich notiert, und der Reisepaß geriet in die Hände dessen, der da *Na'anyas* Alter in sieben Zahlen aufgezeichnet sehen konnte. Na und? Man saß noch eine Stunde vor einer Bar. Hunger. Die letzten Backpflaumen. Ein Mensch kam, redete viel und behauptete, die Idee mit der Straße gehabt und gefördert zu haben. Der Mann von Mbe-Mbong sagte nichts dazu. Als ein Taxi da ist, sucht er sich einen Platz hinten. Es ist gut. Es ist die beste Lösung. Bezahlen. Ganze zweitausend bleiben. – Dann wieder Landschaft, und wenn ein Fahrer vorsichtig fährt, verlieren die nahen Abgründe ihre Anziehungskraft; die Knöpfe am braunen Kasack rücken näher; dem schweifenden Auge vergleichgültigen sich dunstige Berge, Hüttenlehm, blechernes Gerümpel und das Federviehgeflatter in den Siedlungen an Straßenrand.

Im Unterdorf von Mbebete ein Reparaturaufenthalt. Palaver wegen dem Gepäck der Weißen. Als der Fahrer zu schimpfen anfängt, erklärt ihm der Mann von Mbe-Mbong in höflich bestimmtem Ton, was falsch gemacht wurde beim Verladen im Muvom. Die Weiße steht herum wie ein Stück Gepäck. Romantische Vorstellungen von einem vollkommenen Abschied? Dergleichen konnte doch erst vier Tage später in Mende enttäuscht werden.

NACHSPIEL

Alles nach Mbe-Mbong III kann nur Nachspiel sein. Das Tagebuch verzeichnet zwei Rückblicke, einen gleich nach der Ankunft in Mbebete, den anderen, vier Tage später, bei eisgekühltem Pampelmusensaft im Flughafen von Daladala. Letzterer erinnert den unvollkommenen Abschied auf dem Taxipark von Mende, sucht nach bunten Herbstbeeren im Gefühlsgestrüpp und will in einem Brief den Faden festhalten.

ABSCHIED II

Zurück in Mbebete am Nachmittag. Da sind die gefällten Eukalyptusbäume; das Haus ist verschlossen; der Schlüssel nicht da, wo er sein sollte. Wartend vor dem Hause sitzend, wird dem Tagebuch als erstes der höfliche Gruß eingeprägt, der soeben noch an der Straße unten aus dem Taxi nachgereicht wurde: an Frau Erna. Dann die Frage *ad se ipsam*: wo ist die Inspiration? Als müßte die irgendwo im Gepäck und nur gerade nicht zu finden sein, wie der Hausschlüssel. Die zartblaue Morgenwinde, gepflückt am Wegesrand und wieder verloren, sie immerhin ist wie zum Greifen nahe. Ein Krümelchen Seele sinkt ins Innere des hingehauchten Kelches – schnell aufschreiben, ehe der Sand der kommenden Tage es verweht. Viel zu schnell war alles wieder da und zu haben: Wasser zum Waschen, heißer Tee, ein WC, Obst und Gemüse. Auch Briefe waren da von Mann und Mutter. Die ferne Heimat griff zu mit liebender Sorge und schob das eben noch Nahe zurück. Oh, nicht so schnell!

Das ferne Leuchten, wie war es von nahem? Nun, es hatte bisweilen geblakt. Großfamilie und Dosenmilch. Die alten Mannen, die weitere Hilfe erwarteten und dafür eine Ziege, Kaulquappen und roten Wein schenkten. Das Zusammenhausen mit einem halbnackten Mann. Dann aber die Romantisierung und am Ende schrumpften drei Wochen zu drei Sätzen zusammen und zu einem pathetischen Schnörkel: ‚O Herz von Mbe-Mbong'!

Der 1. März, Freitag, vergeht mit Wäschewaschen, Packen und Planen. Es fanden sich noch vergessene 50'000 in braunem Satin, und so waren noch 100'000 vorhanden. Es wurden Taschen gepackt mit Sachen, die dableiben sollten. Die blaugraue Reisetasche; die mittelbraune, kleinere quadratische, stabil und gut für Büchertransport; die alte olivbraune Aktentasche aus Referendarzeiten, darin verstaut der Ölfarbkasten und die übrige Malutensilien. Nach Bandiri gingen oder es blieben dort der alte grün-bunte, geflickte Schlafsack aus den Jahren des Koreakrieges; der schwarze Plüschmantel, der alte braune Reisemantel, die Vorhänge aus der Barackenzeit, die creme-bunt-geblümten; die große Verlobungspfanne mit dem roten Deckel. Bis auf den Morgenmantel alles Dinge, die an Vergangenheit, erinnerten, an Angst und Flüchtlingsarmut. Es war der erste Anlauf, Dinge, daran Erinnerungen hingen, zu vererben.

Die Abreise planen.
Am Sonnabend nach Mende. Auf dem Markt findet sich ein Stoff für die Schwiegermutter; sie könnte damit ihr kleines Sofa neu beziehen. Für den Ehemann ein festlicher Kittel. Der muß gestickt und genäht werden. Dunkelbraun mit Silber. Sitzend in der Schneiderbude, wartend, bis die Ärmel eingenäht sind, schreibt die Weiße Tagebuch. Bei den Baptisten ist für Montag keine Mitfahrgelegenheit zum Flughafen vorhanden. Also muß die lange Fahrt mit Taxi gewagt werden. Am Nke Park wohnt ein Ehemaliger mit Übernachtungsmöglichkeit. Und von Bandiri wird jemand kommen und einen Brief bringen. Der schön gewölbte Bastkorb ist schon mitgebracht worden, um das Gepäck zu entlasten, das am Sonntag von Mbebete nach Mende muß. Am Abend ein Besuch bei dem Touristen-Pärchen, das sich im Campus niedergelassen hat. Ein Glas Rotwein und ein bißchen Gespräch und dann der eigentliche Zweck: eine Beförderungsmöglichkeit zu erkunden und de facto zu erbitten. Etwas zögerlich und sichtlich unter moralischem Druck sagte der junge Mensch zu. Für eine, die sonst nie Gefälligkeiten erbitten kann (zu bitter steht das Betteln-Müssen des Flüchtlingskindes um ein Stück Brot, im Sommer 1945, in der Erinnerung), war es zum ersten Male nicht peinlich, bitten zu müssen.

Eine Blümchenkarte.
Am Sonntagvormittag, wieder abschiedsbereit, wurde schreibend nach dem Wesentlichen der drei Wochen in Mbe-Mbong gesucht. ‚Es wird ein Haus gebaut. Das ist beständiger als alle vergehenden Passionen. Es liegt noch manches herum, das noch nicht ins Tagebuch aufgeräumt ist. Am Sonntagabend, dem letzten im Februar, als wir alleine zu Tische saßen, hat er manches gesagt, das ich nicht wörtlich, aber der Melodie nach erinnere. Eine Art trotziger Resignation, falls es Gottes Wille sein sollte, daß er auch diesmal die Frau, die er haben möchte, nicht bekommt.' Die Erinnerung an diese Bereitschaft zur Resi-

gnation scheint in den folgenden beiden Jahren in einer Weise nachgewirkt zu haben, daß das, was dann tatsächlich sich begab, unerwartet war. – An diesem Sonntagvormittag bastelte *Na'anya* eine Blümchenkarte zur bevorstehenden Ordination. Auf braunbeigem Karton eine gelbe Passionsblume, dunkel gefleckt, mit olivgrünen Blättern; darüber eine rötliche, ins Violette schielende Sternenblume; ein winziges, hellblau zerfasertes Blümchen; eine dunkelblaulila, veilchenähnliche Blüte mit hellgelbem Auge; zwei Ranken der Passionsblume, nach links geringelt, und eine weiße Sternenblüte mit purpurrotem Kelchauge, freischwebend. Während die andere, schmal und schlank, in Längsformat aufragt. Die Beschreibung läßt die symbolische Überladenheit erkennen. Hinzuformuliert der Wunsch, daß der Glaube, anders als die Blüten und Blätter, nicht welken, sondern blühen möge von Erinnerung zu Hoffnung. Dies der Luxus-Überbau zu weiteren 30'000. Und dazwischen die Aura um das Häuschen auf dem Urhügel. Die Zauberwirkung des Nichtvorhandenen war größer als die des Palazzo im Bau.

Noch zu erledigen war die lästige Pflichtübung, eine Diplomarbeit wenigstens anzulesen. Nichts Überragendes. Nichts als Verpflichtetsein für eine Übernachtungsmöglichkeit. An dieselben Regeln der Höflichkeit und Dankbarkeit hält sich der, welcher am Sonntagnachmittag noch einmal von Bandiri herabkommen will, um *Na'anya* zu verabschieden. – Es gab noch ein Mittagessen in Mbebete und ein längeres Nachtischgespräch mit Frau Erna, der gegenüber die Dankbarkeit auch formell und leicht verlegen blieb. So ähnlich mußte der Mann von Mbe-Mbong empfinden. Dankbarkeit, die formell, schwerfällig und bisweilen verlegen ist oder lästig.
                                        Übernachtung in Mende.
Am Nachmittag bringt der Tourist, weil er darum gebeten wurde, die Rückreisende und ihr Gepäck nach Mende. Um ein Herumsitzen zu vermeiden, noch einmal zum Synodenhügel. So als wäre noch Wichtiges mit den Kollegen Jiv und Ume zu bereden. Beide sind nicht da, und die Zeit vergeht. Durch die Nacht mit elektrischer Stadtbeleuchtung lassen sich gleichgültige Wege gedankenlos ablaufen – nur das Warten auf den Abschied füllt die Stunden. Die Tutorin sieht sich auch noch die Malereien des Ehemaligen an, nichts Überragendes, und wartet. Und auch das Warten vergeht.

Gegen 21 Uhr ist er da und bringt einen Bekannten mit, der nicht lange bleibt. *Na'anya* fragt, ob die beiden, der Gastgeber für diese Nacht, und der späte Besucher, einander kennen und muß im nächsten Augenblick ihre Zerstreutheit zugeben: ‚*I am growing old.*' (Die ganze Klasse des einen weiß, daß der andere als Student der Tutorin Gärtner war.) Der gibt augenblicklich ebenfalls Vergeßlichkeit zu – seine Gemeinde habe dem Gast einen Korb geschenkt, einen von den schönen, und er habe vergessen, ihn mitzubringen. Sie werde ihn das nächste Mal mitnehmen, sagt *Na'anya.* Der eine Korb von Bandiri genügt. In des Bauches schön geflochtener Wölbung liegt vorsichtig zusammengerollt und gut verpackt das braunstichige Foto-Porträt des Mannes von Mbe-Mbong. Das braucht niemand zu wissen. Es bleibt wohlverpacktes Geheimnis.

Versuch einer Abschiedsrede. Dann fängt das gealterte Urbild des vorsichtig zusammengerollten Geheimnisses eine Art Abschiedsrede mit Rückblick an: man habe wenig Zeit gehabt für ‚Poetry'. Als sei ihm bewußt, daß es für *Na'anya* eine Enttäuschung war. Und fügt, mit Rücksicht auf die Zuhörer, hinzu: ‚She has been with me in my village for three weeks.' In den Ohren der Frau eine Unhöflichkeit, auf jemanden, der dabeisitzt, mit dem Personalpronomen zu verweisen. Aber was ist ein Personalpronomen neben einem nackten Bauch und einer Zahnbürste im Mund beim Morgengruß? Dann noch die gute Nachricht, daß sein Vorgesetzter ihm zwei Wochen Urlaub im voraus gegeben hat, damit er an dem Haus weiterbauen kann, ehe der Regen kommt. Das zweite Gästezimmer wird ihm zum Übernachten angeboten. Merkwürdig, daß der Mann auf einmal ungewöhnlich gut aussah. Lag es an der Beleuchtung? Der Blick freilich blieb mißtrauisch, wie in Gegenwart einer latenten Gefahr. Was hat *Na'anya* wohl noch auf Lager an Abschiedspathos? Ach, sie fragt nur, ob seine ‚Tochter' ihm irgendwelche Briefe mitgegeben habe. Er sieht sie von unten herauf an, ehe er antwortet. Nein. Noch eine letzte Nacht unter einem Dach. Ruhe und Dankbarkeit. Guter Schlaf.

Rückblick vom Flughafen aus

Montag, 4. März. – Der erste Tagebucheintrag an diesem Tag, gegen halb zwei im klimatisierten Flughafenrestaurant, bekundet: die lange Taxifahrt, sieben Stunden, ist heil überstanden. Ich bin erst einmal in Sicherheit. Ein ganz leichter Kopfschmerz. Noch acht Stunden bis zum Nachtflug. Eisgekühltes auf heißen Durst ist Unvernunft. Aber so ist der Mensch in seiner Gier und Bedürftigkeit. Und dann die Wiederholung des Abschieds in möglichst jeder Einzelheit.

Ein unvollkommener Abschied.
Um halb 5 wach; um 6 mit der Taschenlampe allein hinaus ins noch Dunkle und zum nahen Taxipark, ein Vehikel nach Daladala ausfindig zu machen. Da war ein schwarzer Peugeot, ‚*Mon ami car*‛ und die Auskunft, in einer halben Stunde wolle man losfahren. *African time*? Besser sitzen und warten als zu spät kommen und noch länger warten müssen. Auf dem Weg zurück kommt es im Halbdunkel entgegen – eine halbdunkle, halbe Wirklichkeit. Langsam, schweigsam. Schon entrückt. – Zurück im Haus wurden die 30'000 in einem Umschlag übergeben mit der Bemerkung: das sei die Ersparnis durch Taxifahren. 5'000 für eine Decke als Geschenk an den Häuptling seien auch dabei. Und die Blümchenkarte war daruntergemischt. Dann der kurze Abschiedsdialog. Es sei *nice* gewesen, in Mbe-Mbong, sagt *Na'anya*. Zu sehen, wie das Haus gebaut wird. Ja, und die Totengedenkfeier. Sie greift wahllos nach irgendetwas, das nach dem Hausbau von Bedeutung gewesen sein könnte. Und greift bewußt daneben, indem sie so etwas wie ethnologisches Interesse vorspiegelt. Er sagt: ‚*It was pleasure*‛, und sagt es so leise, daß er auf ein ‚Pardon‛ hin die peinliche Floskel wiederholen muß. Weiter, sie hoffe, sie sei seinem Haushalt und dem Dorf nicht zur Last gefallen. Nein, natürlich nicht. Sie habe, tastet *Na'anya* sich weiter und ein Stück an die Wahrheit heran, sie habe sich fast vollkommener Gemütsruhe erfreut – bis auf ein paar Dinge, die sie bekümmert hätten. Da mochte er sich zwischen dem Nachtpalaver, der Dosenmilch und dem ‚komischen‛ Verhalten der June aussuchen, was ihn am wahrscheinlichsten dünkte. Letztere ward mit keinem Wort erwähnt. Er sagte nichts. Was ließe sich noch fragen? Ob er das Geld, die 300'000 für Dachsparren und Schreiner, habe borgen können. Natürlich nicht. Wurde da etwas versprochen? Erst im Flughafenrestaurant wird nachgerechnet, denn ‚auf monetäre Weise kann man sich wunderbar ablenken von den klebrigen Gefühlen des Versagens und graurosa verfilzter Abschiedstrauer‛.

Dann schleppte der eine den Koffer, der andere die Reisetasche und seine eigene, und *Na'anya* hatte die kleine weiße Bordtasche und den Bastkorb bei sich. Auf dem Weg zum Taxi, wollte da einer der abreisenden Frau nicht noch etwas Freundliches sagen? Ach, die Worte dafür waren nicht zu finden. Und wozu auch. Die halbdunkle Morgenstunde, hätte sie nicht zu irgendeiner Kleinigkeit verführen können, trotz der Leute ringsum, oder so klein, daß sie übersehbar gewesen wäre? Nichts. Es liefen halbhohe, hüfthohe Mauern parallel neben einander. Beim Taxi verabschiedete *Na'anya* erst den einen und hielt, als dieser sich von dem anderen verabschieden wollte, auch dem Mann von Mbe-Mbong die Abschiedshand hin mit dem unausgesprochenen Wunsche, er möge noch ein klein wenig bleiben. Der eine ging auch wirklich, und der andere blieb einen kleinwenigen Augenblick länger. Stumm. Das Blumenkärtchen, unter die Geldscheine gemischt, von Schweigen überholt. Sie werde ihn das nächste Mal mit dem neuen Titel anreden, sagte *Na'anya*, um etwas zu sagen, das auch die Leute ringsum hören konnten. Und er? Er wolle eben schnell noch zu seinem Onkel, sehen, ob die Daisy (das rote Strickhütchen) einen Brief mitzugeben habe. Wollte er zurückkommen? Wollte er nichts als weg? Man werde sehen, wann man sich wiedersehe, sagte *Na'anya* noch, ließ ihn laufen und klammerte sich an den wölbigen Bastkorb. – Bald darauf fuhr das Taxi los. Die Weiße hatte sich in die hinterste Reihe gequetscht, sah sich im Abfahren um, ob er etwa noch angerannt komme. Nein, zum Glück nicht. Als er kam, falls er kam, war *Na'anya* fort.

Bei eisgekühltem Pampelmusensaft im klimatisierten Lufthafenrestaurant sind acht Stunden abzusitzen. Das Tagebuch füllt sich mit ungeordneten Gedanken und wahllosen Worten. Was gerade einfällt; Gegenwärtiges verknüpfend mit Vergangenem – der eisgekühlte Saft erinnert an das Lauwarme dieser Art sieben Wochen zuvor in Fang. Das Geld, das fast alles ermöglicht, der Nerv aller Dinge, vermag sogar Gefühlsverwirrungen ins Sachliche zu entwirren. Der Palazzo, auch ein guter Gefühlsverwerter. Mehr davon saugt das Häuschen auf dem Urhügel an sich. Unangenehmes stößt auch auf. Nein, nicht die Dosenmilch. Die Nähe im Taxi von Ubum nach Muvom. Peinliche Nähe neben rauh Vernarbtem, räudig Anmutendem. Und nun und überhaupt – ‚Ich möchte zurück zu meinem Roman und zu Isi. Wenn sich etwas erschöpft hat, was bleibt da – ein Flugsandgefühl, eine Leere, ein dunkelblaues Nichts wie eine Nacht ohne Sterne.' Was sich andererseits alles aufheben läßt ins Wohltätige. Ein ganzer Sack voll unerfüllbarer Träume; Tanz, Rausch, Ekstase – alles, was nicht zu haben ist. Der Wunsch nach begrenztem Zusammenleben müßte doch nun kaputt sein. Aber die Lehrerinnenleidenschaft ist noch da und sucht nach einem ungestörten Ort. Was könnte ich ihm alles beibringen. Bildung will er, aber nicht, wie ich einst, um ihrer selbst willen, sondern zum Zweck eines besseren Ein- und Auskommens. Was ist ihm Prufrock. Was sind ihm Brutus und Cassius, ihr Streit und ihre Versöhnung kurz vor dem Tod? ‚*If we should meet again – why, we will smile. If not, this parting was well done.'* Es gibt sie also, die vollkommenen Abschiede, die selbst mit dem Tode versöhnen können. Aber vielleicht nur bei Shakespeare.

Der Tagebuchmonolog erwägt einen Brief. Aber – ‚ich weiß nicht, was. Erschöpfung. Ich fühle nur, daß ich ihm im Gedankenpelz hänge wie eine Klette. Er möchte mein Geld, aber mich los sein. Er denkt an das Haus allein. Für mich ist noch *ein* Ziel zu erreichen: Isi und Babingen. Der große Boeing-Vogel steht schon da. Das ist beruhigend.' – Im weiteren Verlaufe des Monologs droht das ungebaute Häuschen auf dem Urhügel den ungeschriebenen Roman zu verdrängen. Geschrieben waren bis dahin nur vier kurze Texte, vier Tagträume, darunter auch einer über den vollkommenen Abschied. Im klimatisierten Lufthafenrestaurant sitzt neben dem Glas eisgekühlter Pampelmuse wie ein Heuschreck mit Stecknadelaugen die bohrende Frage: wenn die Inspiration *jetzt*, nach diesen Wochen in Mbe-Mbong nicht kommt – wann soll sie kommen? Die vielen Briefe, die erst einmal zu schreiben sind, sie werden auswählen und ums Eigentliche herumschreiben. Von einem ‚fernen Leuchten' wird keine Rede sein. Allenfalls vom Blaken der Initiation in afrikanischen Sippensozialismus. Die Inspiration also, wo ist sie? Was ich gesucht habe, blieb auch in der Nähe unnahbar. Je näher, um so unnahbarer. Es blieb fernes Leuchten, und das ist gut. Ich habe *einen Korb bekommen*. Darin liegt eingerollt und aufgehoben das Bild, gerettet in meiner Seele.' – Eremitagenträume, Häuschenentwürfe auf kariertem Papier und schließlich doch noch ein Briefentwurf füllten die restlichen Stunden in Afrika.

Nachtflug und Heimkehr

Bei der Paßkontrolle gab es Palaver. Der junge Kerl in Uniform las im Visum ‚trois mois' frechweg als ‚trois jours' und erhoffte sich damit wohl ein Schmiergeld. Die Weiße mußte sich einiges an tonaler Unverschämtheit gefallen lassen. Als sie in das hinausgezögerte Paßstudium hinein erklärte, daß sie soundsolange im Lande gewesen sei und nun und so weiter und wirklich viel zu viel redete, da sagte der Lümmel, sie brauche nicht so viel zu reden, das Visum sei für drei Tage ausgestellt. Da lachte die Rev. Dr., so wie sie im Passe stand; sie lachte einfach, und das wirkte. Ohne einen Franc Bestechungsgeld zu zahlen, bekam sie den Stempel, hängte sich den Bastkorb über die Schulter und ging durch. – Pünktlich um 21.30 setzt sich das Flugzeug in Bewegung; gegen 22 Uhr Zwischenlandung und Aufenthalt bis kurz vor Mitternacht. Gegen 1 Uhr in der Früh vertrockneten Reis mit einem Stück Papphähnchen. Dann läuft ein Film, und das Teerosenseidentuch, über die Augen gebunden, ermöglicht ein halbes Dahindösen. Gegen 5 Uhr, im Anflug auf europäischen Boden, ist es als stünde die Maschine still in der Luft. Entsetzlich müde. Wie auch nicht.

Die Afrikaheimkehrerin. Es ist Dienstag, 5. März. Es ist wieder Europa, wo es so viele schöne und überflüssige Dinge gibt, die das Leben innerlich aushöhlen. Der ganze Tinnef an Schmuck und Uhren. Der knurrende Magen. Von dem Foto in dem wölbigen Bastkorb ist einiges abgeblättert wie schuppiger Kalk. – Weiter in der Frühdämmerung und so bedusselt, daß beim fünfzehnten Flug eine *boarding card* Rätsel aufgibt. Die kleine Maschine ist besetzt mit männlicher Geschäftswelt, dunkler Anzug, gepflegt und seriös. Der einzige weibliche Fluggast mit dem verbotenen Aussehen eines Tramp ist die Afrikaheimkehrerin, die gegen 8 Uhr in der Früh bei 3 Grad Celsius im Rieselregen daran denkt, daß sich in Mbe-Mbong gerade einer Süßkartoffeln brät. – Vom Flughafen zur Schwiegermutter mit Taxi. Alle sind sie nett und freuen sich, daß die Ausflüglerin wieder da ist. Die Ankunft wird telefonisch an Mutter und Mann gemeldet. Die atmen auf. Etwas essen, etwas schlafen, dann fährt der Schwager zum Bahnhof. Man unterhält sich über Leute, die den Ehemann bemitleideten, während seine Frau in Afrika herumabenteuerte. Nun ist sie wieder da und reist dem heimischen Herd entgegen.

Ein blonder, jünglingshafter Mann. In Babingen am Nachmittag. Eine Bekannte sieht die Afrikaheimkehrerin aus dem Taxi steigen, geht und benachrichtigt den dazugehörigen Ehemann. Dieser unterbricht seine Amtstätigkeit, kommt herbei und es ist sehr schön. Ein blonder, jünglingshafter Mann, der sanft ist und sich freut, daß die Frau wieder da ist. Das ist der Unterschied. Im Haus überall Willkommensbildchen, in drei Sprachen. Im Eßzimmer weiße Nelken, im Arbeitszimmer blaue Iris. Eine rosa Primel mit dickem Schokoladenmaikäfer von der Mutter, der sicher auch die Sauberkeit im Hause zu verdanken war. In der Vorfreude auf die Rückkehr der Tochter hat sie mit ihren siebenundsiebzig Jahren geputzt und aufgeräumt. *The goodness of homecoming* – das gute Gefühl der Heimkehr und des heil wieder zu Hause Seins.

□

WIE DAS FERNE LEUCHTEN LANGSAM ERLOSCH

Mbe-Mbong oder das ferne Leuchten – der Roman einer Desillusionierung? Auch, aber nicht nur. Das Leuchten, Inbegriff der Tagtraumjahre unter dem Harmattan, wirkt inspirativ auch noch nach dem Erlöschen, und was davon dem Papier sich einprägt, ist gerade richtig für eine ostafrikanische Ameise.

Erinnerung und Tagebücher zeichnen eine Spur durch zwanzig Jahre und den Wandel der Zeiten und Dinge. Das Zeitgerüst ist einfach: jeder weitere Besuch in Mbe-Mbong fand im Anschluß an ein Gastsemester im Ausland statt – von Zentral-, Ost- und wieder Westafrika. Der Gemahl erweiterte das Feld seiner Forschungen nach der Stichprobenmethode. Der Rückflug wurde jedesmal von einer kleinen Besuchsrundreise unterbrochen. Daß seit Mbe-Mbong VI zehn Jahre ohne einen siebenten und letzten Besuch vergangen sind – woran mag es liegen?

Mbe-Mbong IV hatte hinter sich die Sonnenuntergänge über dem Zaire, eine bedrohliche Malaria und den konfusen frankophonen Campus einer zur Kirche geronnenen Prophetenbewegung. Konfus müßten auch die wenigen Tage in Mbe-Mbong gewesen sein, nach allem, was im Berliner Sommer voraufgegangen war, als der Herr des nunmehr bewohnbaren Palazzo mehrere Wochen lang Gast in der Grauen Villa war und seine Kopfschmerzen das Erlernen der deutschen Sprache erfolgreich verhinderten. Kopfschmerzen, ein Kind und immer noch keine Frau. Und auch keine Abrechnung über die teils verbauten, teils anderweitig abgezweigten Gelder. Vielleicht – ja, den Umständen nach müßte es bei diesem Besuch zu dem Eklat am Frühstückstisch gekommen sein. *Na'anya* drang in den Mann mit monetären Fragen, und wie gut, daß ein Eheman zugegen war und vermittelte, zwischen seiner Frau und ihrem Spleen. Vom Tisch aufstehend ging sie hinaus und stieg hinab in den Raffiagrund, wo das Bächlein fließt. Es ist noch gegenwärtig, das Bächlein und der Gedanke: das ist das Ende.

Das Tagebuch berichtigt. Der Eklat fand erst zwei Jahre später statt. Merkwürdige Verschiebung. Zu Mbe-Mbong IV gehört der Beinahe-Kollaps beim Aufstieg zwischen abgeholzten und verkohlten Vorbergen. Zwiesprache hielten zwei hinter dem Fenstergitter des Palazzo und ‚kein Wort über die June und das Kind'. Beim Abstieg ein ziegelrotes Taschentuch, das noch vorhanden ist, und das schöne Foto hoch über den Bergrücken, das der begleitende Gemahl von der Gemahlin und dem Gastgeber machte. Es zeigt ein ungleiches Paar im Profil; die weiße Frau überragt ihren eingeborenen Spleen (mit Bauch) um Haupteslänge und mit weißem Baumwollhütchen, denn sie steht höher. Das wohlkomponierte Foto ist, jenseits von Afrika, an die Tapete über dem Schreibtisch gezweckt, über dem noch manch andere Erinnerungen hängen und kleben.

Mbe-Mbong V hatte hinter sich blühende Jakarandabäume und den Kilimandscharo von ganz nahem auf einem Umweg über Addis Abeba. Von Babakum, wo man zu Gast im noch kahlen Campus des umgezogenen Seminars war, wollte man weiter nach Ndumkwakwa, als die Einladung zur Hochzeit kam. Es war Anfang Dezember. Erinnerlich ist die Entschlossenheit, mit welcher umgeplant wurde: nach Mbe-Mbong will ich, aber nicht zur Hochzeit. In einem besseren Stadtteil von Mende war man zu Gast, begrüßte die blutjunge Braut und manches war eben schon ziemlich lange her, nämlich zwölf Jahre. Zu dritt fuhr man Taxi bis Ubum, wartete dort den kühleren Nachmittag ab, und der Aufstieg verlief ohne Zwischenfälle.

Da also, am nächsten Morgen, kam es zum Eklat und zum Abstieg in den Raffiagrund, allein. Wegen dem elenden Geld, über dessen Verwendung der Gastgeber keine Auskunft zu geben bereit war. Der Palazzo stand da als halbwegs bewohnbarer Rohbau; das Straßenprojekt war noch nicht aufgegeben, daher man sich noch einmal im Häuptlingsgehöft versammelte, um sich eine Rede der weißen Frau anzuhören. Danach: ‚Die Nacht ist warm; die Stimmung ist frostig. *Was hoffe ich noch und harre...*' Zitat aus dem großen Rundbrief, der nur wenige erreichte. Der Roman, das *Kenotaph* aus Papier, wurde wichtiger. Das Häuschen auf dem Urhügel hob ab ins Utopische.

Auf den Besuch in Mbe-Mbong folgte Ndumkwakwa; der Campus war abgeholzt und alles trostlos. Aber es war da Zeit zur Besinnung im Tagebuch. Alles war Enttäuschung. Die Muse hatte demissioniert, der Mann war endlich dabei, zu heiraten und ehelich Kinder zu zeugen. Nichts bleibt, außer dem ungeschriebenen Roman. Im Oktober des folgenden Jahres begann das Schreiben am *Kenotaph*. Die papierene Utopie begann. Der geographische Ort Mbe-Mbong hätte als beendet betrachtet werden können. Es leuchtete da nichts mehr.

Mbe-Mbong VI
kam dennoch zustande. Nach dem Tief, fünf Jahre zuvor, war genügend Zeit vergangen, um ein Hoch zu ermöglichen, mitten in der Regenzeit. Sogar der Grundriß des Häuschens auf dem Urhügel wurde abgesteckt. Es wurden auch wieder Reden gehalten und Spenden übergeben. Verklärte Landschaft breitete sich hin, darüber zu schweben wie Alkmans Eisvogel über ‚der Wogen blumige Krone, befriedeten Herzens'. Ein Ehrentitel ward verliehen zusammen mit einem Ehrengewand – alles war wieder, wie zwölf Jahre zuvor, große Öffentlichkeit, und der Gemahl hielt sich bescheiden geistreich im Hintergrunde.

Wie kam es zu Mbe-Mbong VI? Wieder war ein Forschungssemester fällig; die kleine Urwald-Alma-Mater wollte ihre ehemaligen Kollegen gerne zu Gast haben, und so flog man hin und gastdozierte ein Trimester lang. Anschließend eine dreiwöchige Reise in die alten Jagdgründe des oberen Bomassi; dann verregnete Ferien in der Savanne, Batali mit abendlichem Kaminfeuer. Von dort aus ging es noch einmal zu dritt in die grünvioletten Berge, die nun wirklich in feuchtem Wald- und Grasgrün glänzten. In Mbe-Mbong, drei Tage nur, war es schön und friedlich. Die wunderbaren Jahre waren längst vorbei; das ferne Leuchten war immer schwächer geworden und schien schon erloschen. Da glänzte es noch einmal auf, als Landschaft und in der Bereitschaft des Herrn des Palazzo, für *Na'anya* das Häuschen auf dem Urhügel zu bauen.

*

Zu der Zeit, da die ostafrikanische Ameise über die Morgensonne lief, waren acht Jahre vergangen. Das letzte halbe Jahrzehnt in Afrika ging dem Ende entgegen. Zu Ende gegangen war wenige Monate zuvor, im düsteren europäischen November, ein langes, glückloses Leben, und die eigenen Lebenskräfte schienen erschöpft. Auf dem Rückflug nach Europa kam es daher zu keinem Besuch in Mbe-Mbong. Anderes war zudem wichtiger. Schreiben, schreiben, schreiben.

Seit dem Sonntag im Februar, im Jakarandacampus nicht weit vom Kilimandscharo, als die ostafrikanische Ameise über die Sonnenlichtung lief, sind weitere zweieinhalb Jahre vergangen. Der immer noch geplante siebente und letzte Besuch in Mbe-Mbong wird noch einmal aufgeschoben. Immer noch ist anderes wichtiger. Schreiben, schreiben, schreiben – für wen? Für die ostafrikanische Ameise.